栃木県

〈収録内容〉

便利な DL コンテンツは右の QR コードから ⇒

解答用紙　過去年度　リスニング

※データのダウンロードは 2025 年 3 月末日まで。
※データへのアクセスには、右記のパスワードの入力が必要となります。 ⇒ 246693

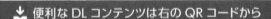

本書の特長

POINT 1　解答は全問を掲載、解説は全問に対応！

POINT 2　英語の長文は全訳を掲載！

POINT 3　リスニング音声の台本、英文の和訳を完全掲載！

POINT 4　出題傾向が一目でわかる「年度別出題分類表」は、約 10 年分を掲載！

実戦力がつく入試過去問題集

▶ 問題 ……………　実際の入試問題を見やすく再編集。
▶ 解答用紙 ……　実戦対応仕様で収録。
▶ 解答解説 ……　重要事項が太字で示された、詳しくわかりやすい解説。
※採点に便利な配点も掲載。

合格への対策、実力錬成のための内容が充実

▶ 各科目の出題傾向の分析、最新年度の出題状況の確認で、入試対策を強化！
▶ その他、志願状況、公立高校難易度一覧など、学習意欲を高める要素が満載！

解答用紙ダウンロード	解答用紙はプリントアウトしてご利用いただけます。弊社ＨＰの商品詳細ページよりダウンロードしてください。トビラのＱＲコードからアクセス可。
リスニング音声ダウンロード	英語のリスニング問題については、弊社オリジナル作成により音声を再現。弊社ＨＰの商品詳細ページで全収録年度分を配信対応しております。トビラのＱＲコードからアクセス可。
famima PRINT	原本とほぼ同じサイズの解答用紙は、全国のファミリーマートに設置しているマルチコピー機のファミマプリントで購入いただけます。※一部の店舗で取り扱いがない場合がございます。詳細はファミマプリント（http://fp.famima.com/）をご確認ください。
UD FONT	見やすく読みまちがえにくいユニバーサルデザインフォントを採用しています。

～2025年度栃木県公立高校入試の日程（予定）～

☆特色選抜

願書等提出期間	1／30・1／31

↓

面接等	2／6・7

↓

合格者内定	2／13

☆一般選抜

願書等提出期間	2／19・20

↓

出願変更期間	2／25・26

↓

受験票交付期間	2／27・28

↓

学力検査	3／6

↓

合格者発表	3／12

※募集および選抜に関する最新の情報は栃木県教育委員会のホームページなどで必ずご確認ください。

2024年度/栃木県公立高校一般選抜合格状況（全日制）

学校名・学科（系・科）名		一般選抜定員	受検人員	合格人員	合格倍率	前年倍率
宇 都 宮	普　　通	251	310	251	1.24	1.16
宇 都 宮 東	普　　通	0	−	−	−	−
宇 都 宮 南	普　　通	208	265	208	1.27	1.39
宇 都 宮 北	普　　通	270	425	271	1.57	1.55
宇 都 宮 清 陵	普　　通	119	158	119	1.33	1.16
宇 都 宮 女	普　　通	249	286	249	1.15	1.28
宇 都 宮 中 央	普　　通	201	328	202	1.62	1.53
	総 合 家 庭	30	43	30	1.43	1.23
宇 都 宮 白 楊	農 業 経 営	26	36	26	1.38	1.74
	生 物 工 学	26	40	27	1.48	1.48
	食 品 科 学	26	49	27	1.81	1.70
	農 業 工 学	26	36	26(2)	1.50	1.43
	情 報 技 術	29	37	29	1.28	1.48
	流 通 経 済	26	28	26	1.08	1.67
	服飾デザイン	26	33	26	1.27	1.56
宇 都 宮 工	機械システム	78	91	78(8)	1.30	1.12
	電気情報システム	54	73	54	1.35	1.13
	建築デザイン	26	30	26	1.15	1.42
	環境建設システム	52	61	52(6)	1.33	1.26
宇 都 宮 商	商　　業	130	175	130	1.35	1.20
	情 報 処 理	60	61	60(11)	1.24	1.12
鹿 沼	普　　通	179	209	179	1.17	1.04
鹿 沼 東	普　　通	104	140	104	1.35	1.06
鹿 沼 南	普　　通	30	36	30	1.20	1.04
	食 料 生 産	26	28	26	1.08	1.04
	環 境 緑 地	30	31	30	1.03	1.00
	ライフデザイン	26	30	26	1.15	1.19
鹿 沼 商 工	情 報 科 学	30	32	30	1.07	1.00
	商　　業	78	90	78	1.15	1.09
今 市	総　　合	106	134	106	1.26	1.12
今 市 工	機　　械	59	23	23	1.00	1.04
	電　　気	31	4	4	1.00	1.00
	建 設 工 学	34	5	5	1.00	1.00
日 光 明 峰	普　　通	49	24	24	1.00	1.00
上 三 川	普　　通	121	136	121	1.12	1.37
石 橋	普　　通	177	236	177	1.33	1.33
小 山	普　　通	119	134	119	1.13	1.01
	数 理 科 学	30	35	30	1.17	1.00
小 山 南	普　　通	62	71	62	1.15	1.18
	スポーツ	36	31	31	1.00	1.11
小 山 西	普　　通	150	150	150	1.00	1.14
小 山 北 桜	食 料 環 境	28	24	24	1.00	1.00
	建築システム	28	33	28	1.18	1.00
	総 合 ビジネス	26	29	26	1.12	1.10
	生 活 文 化	26	33	26	1.27	1.07
小 山 城 南	総　　合	130	181	130	1.39	1.16
栃 木	普　　通	186	175	175	1.00	1.14
栃 木 女	普　　通	180	194	180	1.08	1.11
栃 木 農	植 物 科 学	30	32	30(1)	1.10	1.08
	動 物 科 学	30	43	30	1.43	1.24
	食 品 科 学	30	49	31	1.58	1.20
	環境デザイン	31	38	31(4)	1.41	1.18
栃 木 工	機　　械	52	57	52	1.10	1.11
	電　　気	26	17	20(3)	1.00	1.08
	電 子 情 報	26	26	26(1)	1.04	1.42
栃 木 商	商　　業	78	88	78	1.13	1.01
	情 報 処 理	26	27	26	1.04	1.00
栃 木 翔 南	普　　通	149	153	149	1.03	1.05
壬 生	普　　通	110	110	110	1.00	1.10
佐 野	普　　通	43	38	38	1.00	1.25
佐 野 東	普　　通	150	171	150	1.14	1.45
佐 野 松 桜	情 報 制 御	53	49	49	1.00	1.17
	商　　業	26	30	26	1.15	1.00
	家　　政	26	30	26	1.15	1.48
	介 護 福 祉	21	16	16	1.00	1.20
足 利	普　　通	180	233	180	1.29	1.28
足 利 南	総　　合	113	110	108	1.02	1.00
足 利 工	機　　械	53	46	48(2)	1.00	1.00
	電気システム	26	22	22	1.00	1.12
	産業デザイン	26	28	26	1.08	1.46
足 利 清 風	普　　通	52	61	52	1.17	1.03
	商　　業	52	65	52	1.25	1.00
真 岡	普　　通	150	134	134	1.00	1.00
真 岡 女	普　　通	150	152	150	1.01	1.00
真 岡 北 陵	生 物 生 産	26	25	25	1.00	1.00
	農 業 機 械	30	19	19	1.00	1.00
	食 品 科 学	26	30	26	1.15	1.00
	総 合 ビジネス	26	20	19	1.05	1.00
	介 護 福 祉	20	10	10	1.00	1.00
真 岡 工	機　　械	26	26	26	1.00	1.00
	生 産 機 械	26	25	25	1.00	1.00
	建　　設	26	21	21	1.00	1.00
	電　　子	26	23	23	1.00	1.00
益 子 芳 星	普　　通	79	57	57	1.00	1.01
茂 木	総　　合	104	69	69	1.00	1.00
烏 山	普　　通	111	75	74	1.01	1.02
馬 頭	普　　通	30	29	29	1.00	1.05
	水　　産	17	17	17	1.00	1.00
大 田 原	普　　通	150	151	151	1.00	1.00
大 田 原 女	普　　通	150	145	145	1.00	1.10
黒 羽	普　　通	51	58	51	1.14	1.00
那 須 拓 陽	普　　通	52	48	48	1.00	1.00
	農 業 経 営	26	27	26	1.04	1.12
	生 物 工 学	26	29	26	1.12	1.00
	食 品 化 学	26	27	26	1.04	1.04
	食 物 文 化	26	28	26	1.08	1.00
那 須 清 峰	機　　械	26	29	26(3)	1.26	1.12
	機 械 制 御	26	21	26(5)	1.00	1.10
	電 気 情 報	26	37	26	1.42	1.35
	建 設 工 学	26	23	26(4)	1.05	1.04
	商　　業	26	25	25	1.00	1.12
那 須	普　　通	26	29	26	1.12	1.00
	リゾート観光	28	26	26	1.00	1.00
黒 磯	普　　通	150	140	140	1.00	1.45
黒 磯 南	総　　合	104	110	104	1.06	1.08
矢 板	農 業 経 営	26	24	24	1.00	1.00
	機　　械	29	13	13	1.00	1.00
	電　　子	32	17	17	1.00	1.00
	栄 養 食 物	25	25	25	1.00	1.00
	介 護 福 祉	20	17	17	1.00	1.00
矢 板 東	普　　通	67	46	46	1.00	1.00
高 根 沢	普　　通	53	41	41	1.00	1.02
	商　　業	52	44	44	1.00	1.02
さ く ら 清 修	総　　合	155	168	155	1.08	1.16

※ 合格倍率＝受検人員÷第1志望合格人員
※ 一般選抜定員＝募集定員−特色選抜内定者数−A海外特別
　　選抜内定者数−内部進学による内定者数
※ 合格人員欄の（ ）内の数字は第1志望以外の人数で、内数

栃木県公立高校難易度一覧

目安となる偏差値	公立高校名
75 ~ 73	
72 ~ 70	宇都宮
69 ~ 67	宇都宮女子
66 ~ 64	宇都宮東，栃木 石橋
63 ~ 61	栃木女子
60 ~ 58	宇都宮中央，大田原，鹿沼 宇都宮北，小山，矢板東
57 ~ 55	真岡 足利，宇都宮中央(総合家庭)，大田原女子，小山(数理科学) 佐野
54 ~ 51	宇都宮南，黒磯，栃木翔南 宇都宮商業(情報処理)，真岡女子 小山西，鹿沼東 宇都宮商業(商業)
50 ~ 47	宇都宮工業(機械システム／電気情報システム／建築デザイン)，佐野東，那須拓陽 さくら清修(総合) 今市(総合)，宇都宮工業(環境建設システム)，宇都宮清陵，宇都宮白楊(流通経済)，烏山，佐野松桜(商業)，栃木商業(商業)，茂木(総合) 宇都宮白楊(情報技術)，小山城南(総合)，佐野松桜(情報制御)，栃木商業(情報処理)
46 ~ 43	宇都宮白楊(農業経営／生物工学／食品科学／農業工学／服飾デザイン)，黒磯南(総合) 足利清風，栃木工業(機械／電気／電子情報)，壬生 上三川，高根沢(商業)，那須清峰(商業)，那須拓陽(農業経営／生物工学／食品化学／食物文化) 小山北桜(総合ビジネス)，佐野松桜(家政)，那須清峰(機械／機械制御／電気情報／建設工学)，益子芳星
42 ~ 38	足利工業(機械／電気システム／産業デザイン)，足利南(総合)，小山南，真岡工業(機械／生産機械／建設／電子)，矢板(介護福祉) 小山北桜(建築システム／生活文化)，佐野松桜(介護福祉)，高根沢，真岡北陵(総合ビジネス／介護福祉)，矢板(農業経営／栄養食物) 足利清風(商業)，小山北桜(食料環境)，鹿沼商工(情報科学／商業) 鹿沼南 那須(リゾート観光)，真岡北陵(生物生産／農業機械／食品科学)
37 ~	今市工業(機械／電気／建設工学)，鹿沼南(食料生産／環境緑地／ライフデザイン)，栃木農業(植物科学／動物科学／食品科学／環境デザイン)，那須，矢板(機械／電子) 小山南(スポーツ)，黒羽，日光明峰，馬頭(水産)，馬頭

＊(　)内は学科・コースを示します。特に示していないものは普通科(普通・一般コース)，または全学科(全コース)を表します。
＊データが不足している高校，または学科・コースなどにつきましては掲載していない場合があります。
＊公立高校の入学者は，「学力検査の得点」のほかに，「調査書点」や「面接点」などが大きく加味されて選抜されます。上記の内容は想定した目安ですので，ご注意ください。
＊公立高校入学者の選抜方法や制度は変更される場合があります。また，統廃合による閉校や学校名の変更，学科の変更などが行われる場合もあります。教育委員会などの関係機関が発表する最新の情報を確認してください。

数学 ●●●● 出題傾向の分析と合格への対策 ●●●●

出題傾向とその内容

〈最新年度の出題状況〉

本年度の出題数は，大問が6題，小問数にして28問で例年とほとんど変わらなかった。

出題内容は，[1]が数・式の計算，平方根，絶対値，2次方程式，反比例，おうぎ形，球，相対度数，[2]は近似値，連立方程式の応用，数の性質，[3]は作図，線分の長さ，三角形の合同の証明，[4]は代表値，箱ひげ図，確率，[5]は変域，図形と関数・グラフ，1次関数の利用，[6]は規則性，文字を使った式であった。

〈出題傾向〉

[1]では，数・式の計算，式の展開，平方根の計算，1次方程式，2次方程式，角度，関数の変域，平面図形・空間図形の簡単な計算問題などが毎年出題されており，代表値，確率なども出題されている。教科書を中心とした基礎的な学力が求められている。[2]では，方程式の文章題と数の性質などをテーマとした文字式を利用する問題が出題されている。いずれも途中式を書かせたり，証明させたりする問題で，簡潔かつ的確に表現，説明することができるかが問われている。[3]では，平面図形・空間図形の問題が出題されている。ここでは，合同や相似の証明問題や三平方の定理を利用して，線分の長さや面積，体積を求める問題が出題されると考えられる。[4]では，データの活用の問題が出題されている。確率や箱ひげ図などの問題が出題されると考えられる。[5]では，1次関数や関数$y=ax^2$を利用する問題が出題されており，途中計算を書かせる問題が含まれている。[6]では，規則性の問題や図形，関数，確率などを融合した問題が出題されている。ここでも，途中計算を書かせたり理由を説明させたりする問題がふくまれている。[2]～[6]では，記述式の設問やいろいろな分野を組み合わせた問題が出題されており，説明する能力やさまざまな視点から問題を解く総合力が試されている。

来年度の予想と対策

例年出題される作図は，コンパスを使うことが求められる。また，証明問題では，短い言葉でわかりやすく表現することが求められる。日頃から類題に取り組み，練習をすることが必要であろう。

平面図形の相似を利用して長さを求める問題や，一次関数のグラフから傾きやxとyの関係式を求める問題の対策としては，入試問題集などで，図形と関数・グラフの総合的な融合問題を解くことにより，さまざまな視点から問題を解く思考力，応用力を身につけることである。

とにかく，問題数が多く，後半部分は決して易しい問題ばかりではないので，かなり時間的に厳しいはずである。日頃から，スピードを意識して，正確かつスムーズな解答を心掛けよう。

⇨学習のポイント

- 過去問や教科書などで記述問題の練習をして，説明する力を養おう。
- 入試問題集などを利用して応用力を身につけよう。
- 日常の学習から，速く正確に問題を解く練習をしよう。

年度別出題内容の分析表　数学

※　　は出題範囲縮小の影響がみられた内容

出題内容			27年	28年	29年	30年	2019年	2020年	2021年	2022年	2023年	2024年
数と式		数の性質		○		○	○				○	○
		数・式の計算	○	○	○	○	○	○	○	○	○	○
		因数分解	○		○				○			
		平方根	○	○	○	○	○	○	○	○		○
方程式・不等式		一次方程式	○	○	○	○	○	○	○	○	○	
		二次方程式	○	○	○	○	○	○	○	○	○	○
		不等式	○	○		○			○		○	
		方程式の応用	○	○	○	○	○	○	○	○	○	○
関数		一次関数	○	○	○	○	○	○	○	○	○	○
		関数 $y = ax^2$	○	○	○	○	○	○	○	○	○	○
		比例関数	○	○	○	○	○	○	○	○	○	○
		関数とグラフ	○		○	○	○	○	○	○	○	○
		グラフの作成					○					
図形	平面図形	角度	○	○	○	○	○	○	○	○	○	○
		合同・相似	○	○	○	○	○	○	○	○	○	○
		三平方の定理	○	○	○	○	○	○	○	○	○	○
		円の性質	○	○	○	○	○	○	○	○	○	○
	空間図形	合同・相似										
		三平方の定理										
		切断								○		
	計量	長さ	○		○		○	○	○	○	○	○
		面積	○	○	○	○	○	○	○	○	○	○
		体積	○	○	○	○	○	○	○	○	○	○
		証明	○	○	○	○	○	○	○	○	○	○
		作図	○	○	○	○	○	○	○	○	○	○
		動点	○			○						
データの活用		場合の数										○
		確率	○	○	○	○	○	○	○	○	○	○
		資料の散らばり・代表値(箱ひげ図を含む)	○	○		○	○	○	○	○	○	○
		標本調査			○			○		○		
融合問題		図形と関数・グラフ	○		○				○	○	○	○
		図形と確率										
		関数・グラフと確率										
		その他		○								
その他			○	○	○	○	○	○	○	○	○	○

―栃木県公立高校―

英語 出題傾向の分析と合格への対策

出題傾向とその内容

〈最新年度の出題状況〉

本年度の大問構成は，リスニングが1題，文法と条件英作文問題が1題，長文読解問題が2題，会話文問題が1題の5題であった。

リスニング問題は，英語の質問の答えを選ぶものが2題，英語の対話を聞いて英語のメモを完成させるものが1題であった。配点は100点満点中26点で，他の都道府県と比較すると割合は高い。

文法問題は，文章中の空所に当てはまる適切な語句を選択するもの，単語を並べ換えて短い対話文を完成させるもの，メールの返事として5文程度の英作文を書くものの3問であった。

長文・会話文読解問題は，日本語による説明，指示語，内容真偽，語句補充，選択問題，条件英作文等のさまざまな問題形式で，英文の内容理解が問われた。

〈出題傾向〉

文法問題が語句補充・選択問題，語句の並べ換えの形式で出題されており，基本的な文法事項の知識を問われている。

会話文・長文読解問題では，論理的な読み取りができているかを問うものが多い。指示語や下線部の内容を問うことで，具体的な理解の程度を試している。日本語で説明する問題も含まれている。また，内容真偽問題で全体を把握する力も求められている。

条件英作文問題では，自分の考えを5文程度の英語で書くことが求められた。書く力はこれからも重視されるだろう。

来年度の予想と対策

本年度は問題そのものの出題傾向，出題数ともに大きな変化はないと思われる。

対策としては，長文・会話文読解の練習に重点を置くと良いだろう。ただし，単語や連語，文法の知識は英文を読み書きする際の基盤であり，基本的な会話表現を記述する問題もよく出題されているので，教科書レベルの内容は，日ごろからワークブックや問題集も活用してしっかり身につけよう。

リスニングの対策は，音声を使って英語を聞き慣れることが一番の対策である。ある程度慣れたら，質問に答える問題や資料を読み取る問題，英語のメモを完成させる問題に挑戦するとよいだろう。

長文・会話文読解問題の対策は，文脈の流れを意識して読む練習をすること。比較的読みやすい短い文章から始め，段階的に内容の難しい長文へと移行していくのがよいだろう。日本語でまとめるトレーニングをするのもよい。

英作文問題の対策として，身近な話題に関して自分の考えを簡単な英語で書く練習を早めに始めたい。書いた英文を先生に見てもらいアドバイスをもらうとよいだろう。

⇨学習のポイント

- 英文読解の基盤として，基礎的な文法や会話表現の知識を確実にしておこう。
- 長文に多く触れ，問題演習に取り組もう。英作文は短い文から書き始めよう。

年度別出題内容の分析表　英語

出　題　内　容			27年	28年	29年	30年	2019年	2020年	2021年	2022年	2023年	2024年
設問形式	リスニング	絵・図・表・グラフなどを用いた問題	○	○	○	○	○	○	○	○	○	○
		適文の挿入	○	○								
		英語の質問に答える問題	○	○	○	○	○	○	○	○	○	○
		英語によるメモ・要約文の完成			○		○	○	○	○	○	○
		日本語で答える問題	○	○	○	○						
		書き取り										
	語い	単語の発音										
		文の区切り・強勢										
		語句の問題					○	○	○	○	○	○
	読解	語句補充・選択（読解）	○	○	○	○	○	○	○	○	○	○
		文の挿入・文の並べ換え		○	○	○	○	○	○	○	○	○
		語句の解釈・指示語	○	○	○	○	○	○	○	○	○	○
		英問英答（選択・記述）		○		○						
		日本語で答える問題		○	○	○	○	○	○	○	○	○
		内容真偽	○	○	○	○	○	○	○	○	○	○
		絵・図・表・グラフなどを用いた問題		○	○	○	○	○	○	○	○	○
		広告・メール・メモ・手紙・要約文などを用いた問題		○	○	○	○	○	○	○	○	○
	文法	語句補充・選択（文法）	○	○		○	○	○	○	○	○	○
		語形変化										
		語句の並べ換え	○	○	○	○	○	○	○	○	○	○
		言い換え・書き換え										
		英文和訳										
		和文英訳	○									
		自由・条件英作文	○	○	○	○	○		○	○	○	○
文法事項	現在・過去・未来と進行形			○		○	○	○	○	○	○	○
	助動詞		○		○	○	○	○	○	○	○	
	名詞・冠詞・代名詞			○		○	○	○	○		○	○
	形容詞・副詞			○		○	○	○	○	○	○	○
	不定詞		○	○	○	○	○	○	○	○	○	○
	動名詞				○	○	○	○	○	○	○	○
	文の構造（目的語と補語）			○		○	○	○	○	○	○	○
	比較			○	○		○	○	○	○	○	
	受け身			○	○			○	○	○	○	
	現在完了		○		○		○	○	○	○	○	
	付加疑問文											
	間接疑問文			○	○	○		○				
	前置詞			○			○	○	○	○	○	○
	接続詞				○		○	○	○	○	○	
	分詞の形容詞的用法					○	○	○	○	○	○	○
	関係代名詞		○	○	○		○		○	○	○	
	感嘆文											
	仮定法										○	

— 栃木県公立高校 —

理科 出題傾向の分析と合格への対策

出題傾向とその内容

〈最新年度の出題状況〉

昨年と同様，大問9題で，小問数は35～40問ほどである。物理・化学・生物・地学の各単元からバランスよく出題されている。[1]は広い範囲からの基礎事項を確認する小問集合である。[2]～[9]はいずれも実験や観察を中心にした出題になっており，出題内容も幅広い。また，1つの大問における小問数は3～4問と比較的少ないため，各単元を全体的に把握しておかないと，苦手な部分から出題された場合に大きな失点となる可能性があるので注意が必要となる。

〈出題傾向〉

作図，短文記述，用記記入，記号選択，計算による数値記入など，解答方法はさまざまである。短文記述の問題では，現象とその理由をしっかりと理解していないと，要点を的確に表現することが難しい。

全体的には標準レベルの学力を問う問題であるが，実験や観察，調査についての出題の中には，結果を読み解いて考察するものや，仮説を立てて確認に必要な実験を組み立てるものも見られるので，思考力も必要になる。また，自然現象が起こる理由をしっかりとおさえておかないと，正解を導き出すことができない問題も出題されているので，学習内容に関して深い理解が必要だ。

物理的領域　大問は電流，浮力についての出題であった。実験結果についての考察，知識問題，計算問題など内容展開や解答方法は幅広くなっている。原理の理解に重点を置いて学習する必要がある。

化学的領域　大問は化学電池，化学変化についての出題であった。よく見かけるような問題が多いので，基礎的な内容を理解できていれば解けるだろう。ただし，化学変化と物質の質量をからめた問いや，水溶液の状態をモデルで考えたほうがわかりやすい問いもあるので注意が必要である。重要事項は必ず覚え，頻出されている問題を中心に練習を積んでおこう。化学式や化学反応式を正確に書けることもポイントになる。

生物的領域　大問は微生物のはたらき，植物の分類についての出題であった。実験方法の把握と考察や，仮説を立ててそれを確認するため行う実験などが求められ，確かな知識と分析力が必要になった。実験の設定を示す部分の分量が多いので読むだけでも時間がかかる。実験結果を示す表の読み解きにも，落ち着いて対応しなければならない。

地学的領域　大問は天気，大地の成り立ちについての出題であった。調査結果から必要な情報を的確に読み取り，その内容を使った分析力も問われた。また，与えられた資料を読み解くのにも注意が必要である。基本的事項をしっかりと理解し，練習を積んでいれば解けるはずである。

来年度の予想と対策

例年，教科書の内容からの出題ではあるが，実験設定が工夫されていたりして，基礎力と思考力を問う問題がバランスよく出題され，この傾向は今後も続くものと考えられる。また，分類表からわかるように，第一分野，第二分野の各項目から幅広く出題されている。作図や文章記述は必ず出題されている。

具体的な対策としては，どの単元もおろそかにしないことである。学校の授業内容を理解することを第一として学習を進めるとよい。実験や観察では，目的や原理をまとめ，結果をグラフや表にしたり，その理由を簡潔な文章でまとめるとよい。また，実験装置をふくめた作図問題に慣れておくことも大切である。問題数も比較的多いので，時間内に解答できるように練習しよう。まちがえた問題は正答をうつして終わりにせず，公式や原理を復習し，解けるようになるまで何度もくり返して演習しよう。

⇨学習のポイント

- 短文記述の問題では，要点をおさえ，短く，簡潔に記述するための練習をしておこう。
- 出題単元が広いため，全単元における基礎事項は，必ず覚えておこう。

年度別出題内容の分析表　理科

※★印は大問の中心となった単元／　　は出題範囲縮小の影響がみられた内容

分野	学年	出題内容	27年	28年	29年	30年	2019年	2020年	2021年	2022年	2023年	2024年
第一分野	第1学年	身のまわりの物質とその性質						★				
		気体の発生とその性質	○		★				★		○	○
		水溶液				★		○	○		★	
		状態変化	○	★			★			○		
		力のはたらき(2力のつり合いを含む)					○		○		○	
		光と音	○	○	★	★			★	○	★	○
	第2学年	物質の成り立ち		○		○	○		○	○		○
		化学変化，酸化と還元，発熱・吸熱反応	★		★	★	○	○	○		○	○
		化学変化と物質の質量	○		○			★		★	○	○
		電流(電力，熱量，静電気，放電，放射線を含む)	★	★	○	★	○	★	○	★	○	★
		電流と磁界				○	★		★			
	第3学年	水溶液とイオン，原子の成り立ちとイオン		★	○							
		酸・アルカリとイオン，中和と塩	★			○	★			★	○	
		化学変化と電池，金属イオン			○				★			★
		力のつり合いと合成・分解(水圧，浮力を含む)	★	○				★				★
		力と物体の運動(慣性の法則を含む)			★			○		★		
		力学的エネルギー，仕事とエネルギー	○	○	○	○	★				★	
		エネルギーとその変換，エネルギー資源								○		
第二分野	第1学年	生物の観察・調べ方の基礎			○							
		植物の特徴と分類				○					○	★
		動物の特徴と分類						○		★		○
		身近な地形や地層，岩石の観察	○	★								○
		火山活動と火成岩				★		○	○	★		○
		地震と地球内部のはたらき	★		○		★	○			○	○
		地層の重なりと過去の様子			○	○			★	○		○
	第2学年	生物と細胞(顕微鏡観察のしかたを含む)			★	○	○					
		植物の体のつくりとはたらき	★	★	○		★	★	★	★		
		動物の体のつくりとはたらき	★	○	★	★	○	★	○	○	★	○
		気象要素の観測，大気圧と圧力	○	○	★	○	★	★	★	○	★	○
		天気の変化		★								○
		日本の気象									○	
	第3学年	生物の成長と生殖	○		○	★			○		★	
		遺伝の規則性と遺伝子		★				○	★			
		生物の種類の多様性と進化		○								
		天体の動きと地球の自転・公転	★	○			○			★		
		太陽系と恒星，月や金星の運動と見え方		○	★	★	○	★	○		★	○
		自然界のつり合い	○				★			○		★
自然の環境調査と環境保全，自然災害												
科学技術の発展，様々な物質とその利用												
探究の過程を重視した出題			○	○	○	○	○	○	○	○	○	○

社会 ●●●● 出題傾向の分析と合格への対策 ●●●●

出題傾向とその内容

〈最新年度の出題状況〉

本年の出題数は，大問6題，小問44問である。解答形式は，語句記入が13問，記号選択は25問で，短文記述も6問出題されている。大問は，日本地理1題，世界地理1題，歴史2題，公民2題となっている。地理，歴史，公民からほぼ同量出題されており，小問数は各分野のバランスがとれている。全体として，内容は基本事項の理解を確認するものが中心となっている。

地理的分野では，地図・グラフなどを用いて，諸地域および国の特色・地形・気候・自然・産業などを問う問題が出題された。歴史的分野では，調べ学習のまとめ文や資料から各時代の特色・政治・経済・外交などを問う問題が出題された。公民的分野では，経済一般・国の政治の仕組み・国際社会との関わりなどを問う問題が出題された。

〈出題傾向〉

地理的分野では，略地図・統計資料・グラフなどを読み取らせることで，基本知識の定着度を確認している。また，記述問題を通して，知識の確認とともに，説明する力も併せて確認している。

歴史的分野では，歴史の流れを理解しているかを確認している。また，記述問題を通して，歴史的な重要事項の理解度に関しても確認している。

公民的分野では，政治・経済を軸にして，今日の日本社会に対する理解を確認している。また，記述問題を通して，現代日本の政治や産業上の問題等を考察する力を確認している。

来年度の予想と対策

来年度も今年度と同様に，基本的な内容を確認する出題が予想される。また，記述問題が出題され，資料を正確に分析する力と表現する力が試されるので，普段から重要事項を短くまとめたり，資料の意味を読みとり，説明したりする練習をしておくことも大切である。

地理的分野では，教科書を通して基礎知識を徹底的に身に付けるだけでなく，日本の諸地域や世界の諸地域の地形・気候・風土などの特色について各種資料を通して確認しておくと良いだろう。

歴史的分野では，年表や各種資料を活用して時代の流れを把握するようにしたい。さらに，できごとの原因・結果・影響などの因果関係を理解しておくことも必須と言えるだろう。

公民的分野では，教科書に出てくる基本事項の理解を徹底することが大切である。また，今日的課題に関心をもち，新聞やテレビのニュースなどを毎日見る習慣をつけると，理解が深まるはずである。

⇨学習のポイント

- 地理では，略地図や統計資料から，諸地域の特色を読みとり分析する力をつけておこう！
- 歴史では，基本的事項を確認し，現代史も含め，各時代の特色をまとめて整理しておこう！
- 公民では，政治・経済一般の基本的事項を整理し，日本・世界のニュースを見て考える習慣をつけよう！

年度別出題内容の分析表　社会

※　　は出題範囲縮小の影響がみられた内容

分野	区分	出題内容	27年	28年	29年	30年	2019年	2020年	2021年	2022年	2023年	2024年
地理的分野	日本	地形図の見方	○		○				○			○
地理的分野	日本	日本の国土・地形・気候	○	○	○	○	○	○	○	○	○	○
地理的分野	日本	人口・都市			○	○			○	○		○
地理的分野	日本	農林水産業		○		○	○	○	○	○	○	
地理的分野	日本	工業	○		○	○		○	○	○		○
地理的分野	日本	交通・通信		○				○	○	○	○	○
地理的分野	日本	資源・エネルギー			○		○				○	
地理的分野	日本	貿易	○								○	
地理的分野	世界	人々のくらし・宗教	○			○	○	○	○	○	○	
地理的分野	世界	地形・気候	○	○	○	○	○	○	○	○	○	○
地理的分野	世界	人口・都市				○			○	○	○	
地理的分野	世界	産業	○	○	○	○	○	○			○	○
地理的分野	世界	交通・貿易		○	○	○	○		○	○		
地理的分野	世界	資源・エネルギー				○			○	○		○
地理的分野	地理総合											
歴史的分野	日本史―時代別	旧石器時代から弥生時代	○									○
歴史的分野	日本史―時代別	古墳時代から平安時代	○	○	○	○	○	○	○	○	○	○
歴史的分野	日本史―時代別	鎌倉・室町時代	○	○	○	○	○	○	○	○	○	○
歴史的分野	日本史―時代別	安土桃山・江戸時代	○	○		○	○	○	○	○	○	○
歴史的分野	日本史―時代別	明治時代から現代	○	○	○	○	○	○	○		○	○
歴史的分野	日本史―テーマ別	政治・法律	○	○	○	○	○	○	○	○	○	○
歴史的分野	日本史―テーマ別	経済・社会・技術	○	○		○	○	○	○	○	○	○
歴史的分野	日本史―テーマ別	文化・宗教・教育		○	○	○	○	○	○	○		○
歴史的分野	日本史―テーマ別	外交	○	○	○	○	○	○	○	○	○	○
歴史的分野	世界史	政治・社会・経済史	○	○		○	○			○	○	○
歴史的分野	世界史	文化史										
歴史的分野	世界史	世界史総合										
歴史的分野	歴史総合											
公民的分野		憲法・基本的人権	○	○		○	○	○	○	○	○	○
公民的分野		国の政治の仕組み・裁判	○	○	○	○	○	○	○	○	○	○
公民的分野		民主主義									○	○
公民的分野		地方自治			○		○	○	○	○	○	○
公民的分野		国民生活・社会保障	○	○		○			○		○	
公民的分野		経済一般	○	○	○	○	○	○	○	○	○	○
公民的分野		財政・消費生活	○	○	○	○	○	○	○	○		○
公民的分野		公害・環境問題			○							
公民的分野		国際社会との関わり	○	○	○	○	○	○			○	○
時事問題			○	○	○							
その他			○	○								

— 栃木県公立高校 —

国語　出題傾向の分析と合格への対策

出題傾向とその内容

〈最新年度の出題状況〉

大問5題の構成であった。小問数は18問であった。

大問1は，漢字の読みと書き取りであった。

大問2は，論説文読解。内容理解に関するものが多くを占めた。また，脱文・脱語補充問題，50字程度の記述問題もあった。

大問3は，小説文読解。登場人物の心情や行為の背景にあるものを読み解く問題が多く見られた。また，脱語補充問題もあった。40～60字程度の記述問題があった。

大問4は，古文読解。仮名遣いの問題，内容読解の問題で構成された。30字程度の現代語で説明する問題もあった。

大問5は，作文。2つのポスターのうち，どちらがよいかを選び，自分の考えを書くというものであった。文字数は，200字以上240字以内であった。

〈出題傾向〉

知識問題においては，幅広い分野での基礎力が求められていると言える。漢字の読みと書き取りは必出。文法問題は，品詞や用法，敬語に関するものが取り扱われることが多い。熟語や慣用句なども，基本的なレベルのものが出題される。また，和歌や俳句，漢文の知識が問われることもある。

古文は，文章全体を理解できるだけの読解力を試していると言えよう。

説明文は，内容理解が中心だが，文章全体の構成をつかんでいないと理解できないようなものも扱われる。また，記述問題が必ず含まれるので，内容を端的に説明する力も必要となる。

小説文は，心情理解が中心。しかし，文章全体の表現の特徴を問う問題もある。記述問題では，登場人物の心情を自分の言葉で表現できるかがポイントになる。

作文は，条件に合わせて自分の意見をまとめることが重要である。

来年度の予想と対策

出題内容には変化がないので，過去の問題に挑戦し，傾向を把握しておきたい。

知識問題については，漢字の読み書きや，語句の意味や文法の用法の識別などまんべんなく基礎力をつけることが必要である。普段の学習をおろそかにしないこと。

古文は，基本的な知識だけでなく，文章全体の内容をつかむ力も求められている。

論説文は，段落ごとの要点を整理しながら，論旨を理解していくこと。小説では，状況描写・行動が描かれた表現に留意し，登場人物の心情の変化を読解する練習が不可欠である。また，表現の特徴にも気を配って読めるようにしたい。

作文では，標語や意見などを複数ある中から選び，それについて自分の意見を述べるものや，提示された資料から読み取れることをまとめた上で意見を述べるといった形式のものに取り組んでおくとよいだろう。

⇨学習のポイント

- 過去問に取り組み，出題パターンに慣れよう。
- 語句や文法について，幅広く基本を身につけよう。
- さまざまな出題形式で，作文の練習をしよう。

年度別出題内容の分析表　国語

		出題内容	27年	28年	29年	30年	2019年	2020年	2021年	2022年	2023年	2024年
内容の分類	読解	主題・表題										
		大意・要旨	○	○	○	○	○	○	○	○	○	○
		情景・心情		○	○	○	○	○	○	○	○	○
		内容吟味	○	○	○	○	○	○	○	○	○	○
		文脈把握	○		○	○	○	○	○	○	○	○
		段落・文章構成		○	○	○	○	○	○	○	○	○
		指示語の問題		○	○				○	○	○	
		接続語の問題			○	○		○			○	○
		脱文・脱語補充	○	○	○	○	○	○	○	○	○	○
	漢字・語句	漢字の読み書き	○	○	○	○	○	○	○	○	○	○
		筆順・画数・部首	○		○	○						
		語句の意味										
		同義語・対義語										
		熟語		○	○	○		○		○	○	○
		ことわざ・慣用句・四字熟語						○				
		仮名遣い	○	○	○	○	○	○	○	○	○	○
	表現	短文作成										
		作文(自由・課題)	○	○	○	○	○	○	○	○	○	○
		その他										
	文法	文と文節	○							○		
		品詞・用法		○	○	○	○	○	○	○	○	○
		敬語・その他	○	○	○	○	○		○	○	○	
	古文の口語訳		○	○	○	○	○					
	表現技法・形式		○	○			○		○		○	
	文学史											
	書写											
問題文の種類	散文	論説文・説明文	○	○	○	○	○	○	○	○	○	○
		記録文・実用文										
		小説・物語・伝記	○	○	○	○	○	○	○	○	○	○
		随筆・紀行・日記										
	韻文	詩										
		和歌(短歌)				○	○					
		俳句・川柳						○	○		○	
	古文		○	○	○	○	○	○	○	○	○	○
	漢文・漢詩		○				○					
	会話・議論・発表											
	聞き取り											

— 栃木県公立高校 —

MEMO

大切なことはメモしておこうネ！

栃木県公立高等学校

2024年度

★★★★★★★★★★★★★★★★★★★★★★★

入　試　問　題

2024
年
度

●くわしい解説……47ページ

＜数学＞　時間　50分　　満点　100点

1　次の1から8までの問いに答えなさい。

1　$(-4)\times(-3)$ を計算しなさい。

2　$\sqrt{28}+\sqrt{7}$ を計算しなさい。

3　絶対値が3より小さい整数は全部で何個か。

4　2次方程式 $x^2+5x+6=0$ を解きなさい。

5　右の図は，関数 $y=\dfrac{a}{x}$（a は0でない定数）のグラフである。このグラフが点（2，−3）を通るとき，a の値を求めなさい。

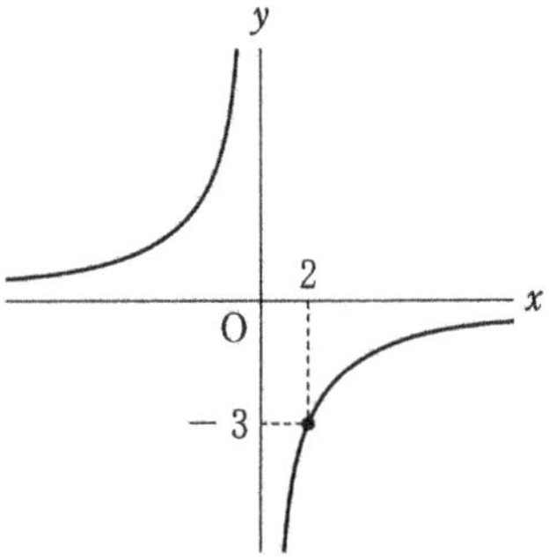

6　右の図は，半径が2㎝，中心角が40°のおうぎ形である。このおうぎ形の弧の長さは，半径が2㎝の円の周の長さの何倍か求めなさい。

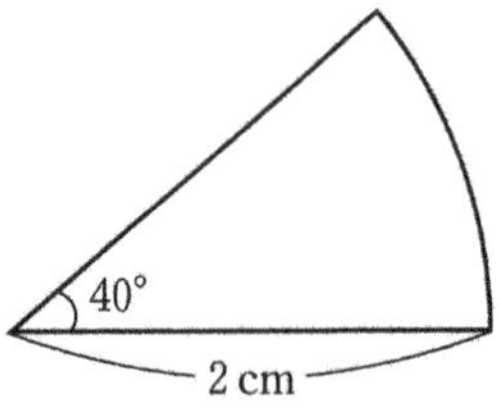

7　半径が6㎝の球の体積を求めなさい。ただし，円周率は π とする。

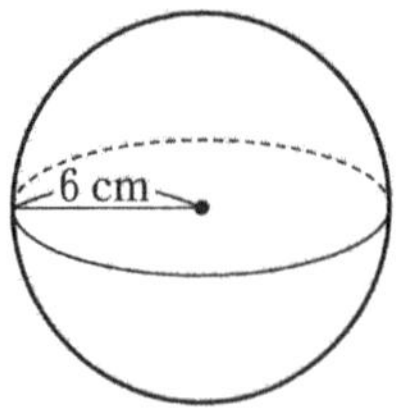

8　次のページの度数分布表は，生徒20人の20mシャトルランの記録をまとめたものである。度数が最も多い階級の相対度数を求めなさい。

階級(回)			度数(人)
以上		未満	
40	～	55	1
55	～	70	2
70	～	85	6
85	～	100	7
100	～	115	4
計			20

2 次の1，2，3の問いに答えなさい。

1　小数第1位を四捨五入した近似値が表示されるはかりがある。このはかりを用いて，いちご1個の重さを測定したところ，右の図のように29 gと表示された。このときの真の値を a gとしたとき，a の範囲を不等号を用いて表しなさい。

2　陸上競技場に1周400mのトラックがある。つばささんは，スタート地点からある地点までは，分速300mで走り，その後分速60mで歩き，ちょうど2分でトラックを1周するトレーニングを計画している。

このとき，走る距離を x m，歩く距離を y mとして連立方程式をつくり，走る距離と歩く距離をそれぞれ求めなさい。ただし，途中の計算も書くこと。

3　次の□内の先生と生徒の会話文を読んで，下の□内の証明の続きを書きなさい。

先生「連続する3つの自然数をそれぞれ2乗した数の関係について考えてみましょう。最も小さい数の2乗と最も大きい数の2乗の和から，中央の数の2乗の2倍をひくと，いくつになりますか。例えば3，4，5のときはどうでしょう。」
生徒「最も小さい数3の2乗と最も大きい数5の2乗の和9＋25＝34から，中央の数4の2乗の2倍である16×2＝32をひくと，2になりました。」
先生「それでは6，7，8のときはどうでしょう。」
生徒「最も小さい数6の2乗と最も大きい数8の2乗の和36＋64＝100から，中央の数7の2乗の2倍である49×2＝98をひくと，また2になりました。」
先生「実は，連続する3つの自然数では，この関係がつねに成り立ちます。文字を使って証明してみましょう。」

(証明)
連続する3つの自然数のうち，最も小さい数を n とすると，
連続する3つの自然数は n，$n+1$，$n+2$ と表される。
最も小さい数の2乗と最も大きい数の2乗の和から，中央の数の2乗の2倍をひくと

3　次の１，２，３の問いに答えなさい。

1　右の図の△ABCにおいて，辺ABと辺ACからの距離が等しくなる点のうち，辺BC上にある点Ｐを作図によって求めなさい。ただし，作図には定規とコンパスを使い，また，作図に用いた線は消さないこと。

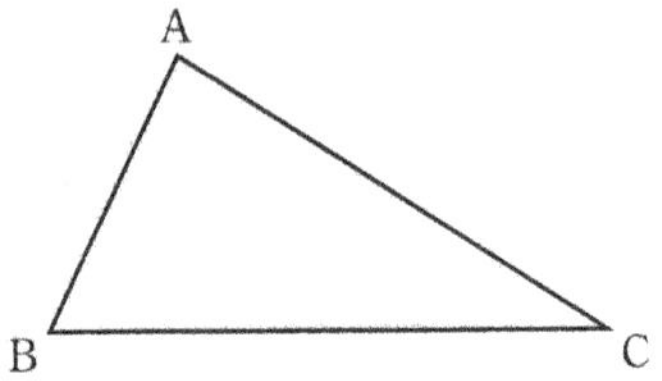

2　右の図のような，AC＝５cm，∠Ｃ＝90°の直角三角形ABCがある。辺BC上に∠ADC＝45°となるように点Dをとると，BD＝７cmとなった。さらに，点Dから辺ABに垂線ＤＥをひく。

このとき，次の⑴，⑵の問いに答えなさい。

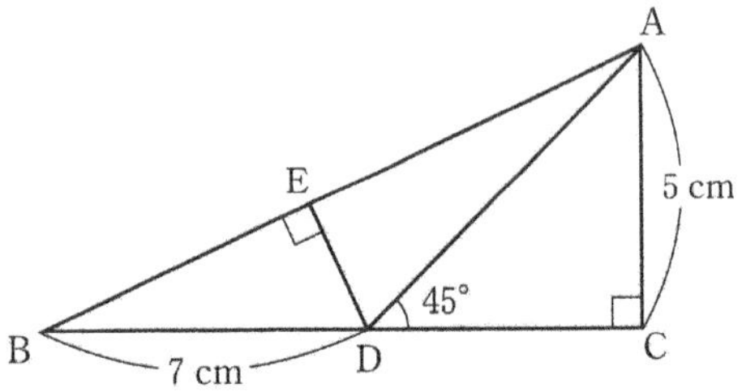

⑴　線分ADの長さを求めなさい。

⑵　線分DEの長さを求めなさい。

3　右の図のように，４点Ａ，Ｂ，Ｃ，Ｄは同じ円周上にあり，AD // BCである。

このとき，△ABC≡△DCBであることを証明しなさい。

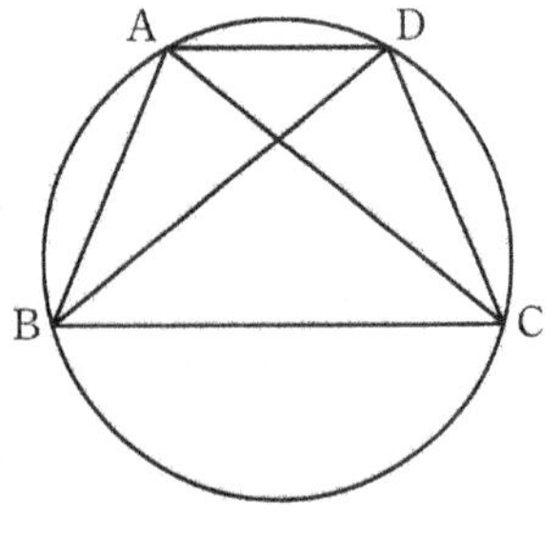

4　次の１，２の問いに答えなさい。

1　右の図は，生徒35人の通学時間のデータをヒストグラムに表したものである。このヒストグラムは，例えば，通学時間が０分以上５分未満である生徒が２人であることを表している。

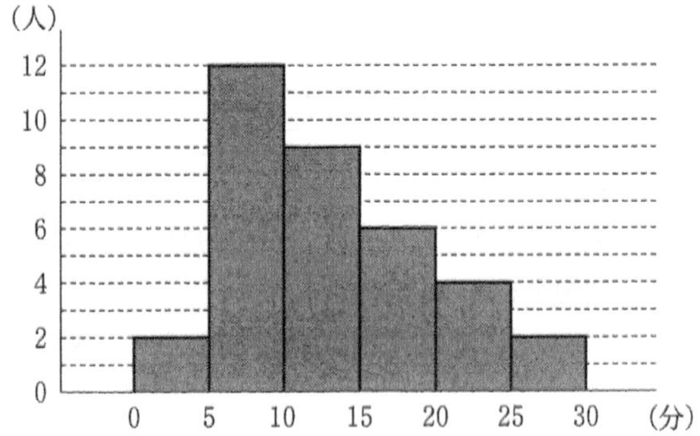

このとき，次の⑴，⑵の問いに答えなさい。

⑴　生徒35人の通学時間のデータの最大値が含まれる階級の階級値を求めなさい。

⑵　生徒35人の通学時間のデータを箱ひげ図に表したものとして最も適切なものを，次の**ア**，**イ**，**ウ**，**エ**のうちから１つ選んで，記号で答えなさい。

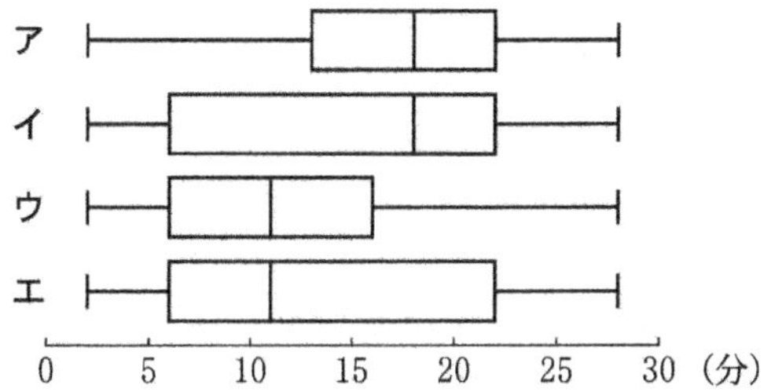

2　袋の中に，１から５までの数字が１つずつ書かれた５個の玉が入っている。

このとき，次の⑴，⑵の問いに答えなさい。

⑴　Ａさんが玉を１個取り出し，取り出した玉を袋の中に戻さずに，続けてＢさんが玉を１個取り出す。２人の玉の取り出し方は全部で何通りか。

⑵　Ａさんが玉を１個取り出し，取り出した玉を袋の中に戻した後，Ｂさんが玉を１個取り出す。２人が取り出した玉に書かれた数字の和が７以下となる確率を求めなさい。

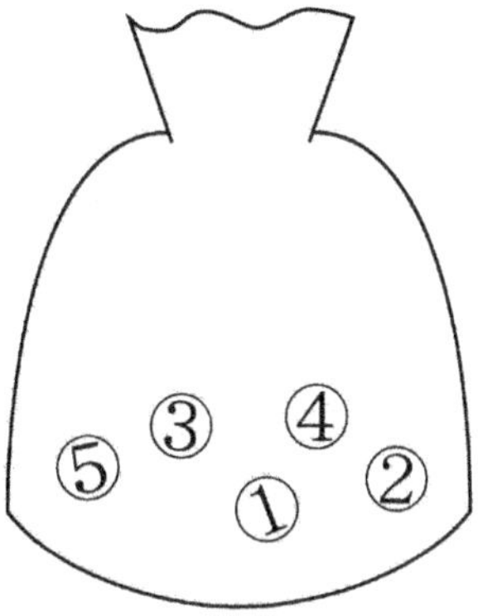

5　次の１，２の問いに答えなさい。

1　右の図のように，２つの関数 $y=ax^2\ (a>0)$，$y=-x^2$ のグラフ上で，x 座標が２である点をそれぞれＡ，Ｂとする。点Ａを通り x 軸に平行な直線が，関数 $y=ax^2$ のグラフと交わる点のうち，Ａと異なる点をＣとする。また，点Ｄの座標を（－３，０）とする。

このとき，次の⑴，⑵，⑶の問いに答えなさい。

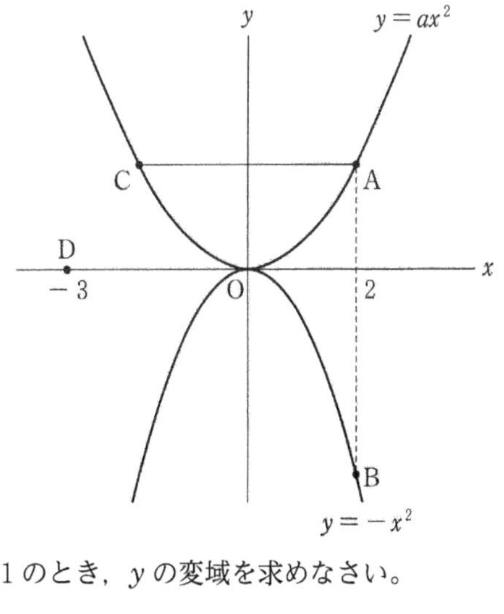

⑴　関数 $y=-x^2$ について，x の変域が $-3 \leqq x \leqq 1$ のとき，y の変域を求めなさい。

(2) 次の □ 内の①，②に当てはまる適切な語句を，下のそれぞれの語群のア，イ，ウのうちから１つずつ選んで，記号で答えなさい。

> $y = ax^2$ の a の値を大きくしたとき，直線ADの傾きは（ ① ）。
> $y = ax^2$ の a の値を大きくしたとき，線分ACの長さは（ ② ）。

【①の語群】
ア 大きくなる　　イ 小さくなる　　ウ 変わらない

【②の語群】
ア 長くなる　　イ 短くなる　　ウ 変わらない

(3) △OABと△OCDの面積が等しくなるとき，a の値を求めなさい。ただし，途中の計算も書くこと。

2 図１のように，AB＝ a cm，BC＝ b cmの長方形ABCDと，１辺の長さが６cmの正方形の右上部から１辺の長さが３cmの正方形を切り取ったＬ字型の図形EFGHIJがある。辺BCと辺FGは直線 ℓ 上にあり，点Ｃと点Ｆは同じ位置にある。図形EFGHIJを固定し，長方形ABCDを直線 ℓ に沿って秒速１cmで点Ｂが点Ｇと同じ位置になるまで移動させる。図２のように，長方形ABCDが移動し始めてから x 秒後の２つの図形が重なった部分の面積を y cm²とする。ただし，点Ｃと点Ｆ，点Ｂと点Ｇが同じ位置にあるときは $y = 0$ とする。

このとき，次の(1)，(2)，(3)の問いに答えなさい。

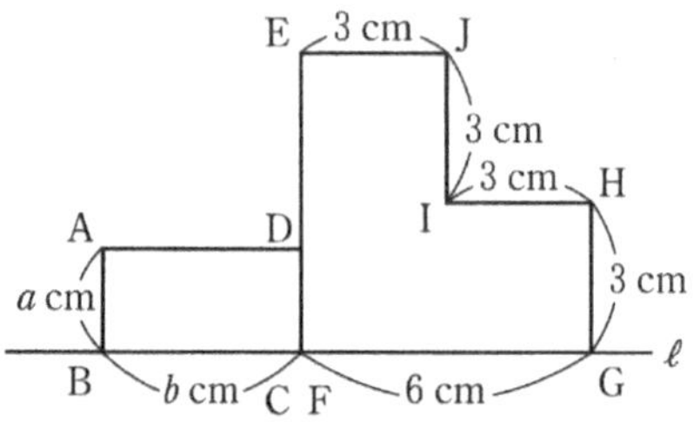

図１

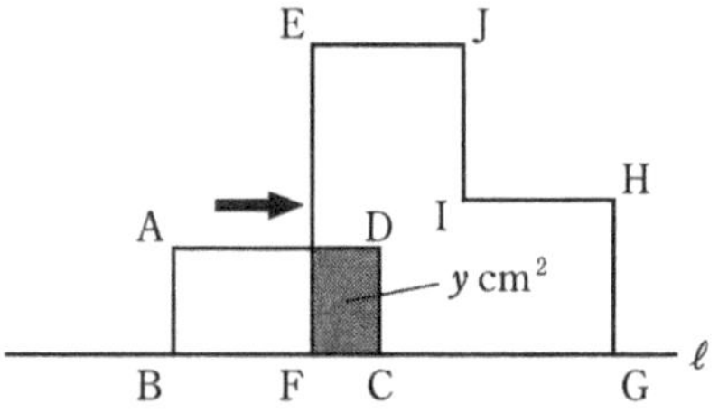

図２

(1) $a = 2$，$b = 4$ とする。下の表は x と y の関係をまとめたものである。表の①，②に当てはまる数をそれぞれ求めなさい。

x	0	1	…	4	…	7	…	10
y	0	2	…	①	…	②	…	0

(2) $a = 4$，$b = 2$ とする。長方形ABCDが移動し始めてから移動が終わるまでの x と y の関係を表すグラフとして適切なものを，次のページのア，イ，ウ，エのうちから１つ選んで，記号で答えなさい。

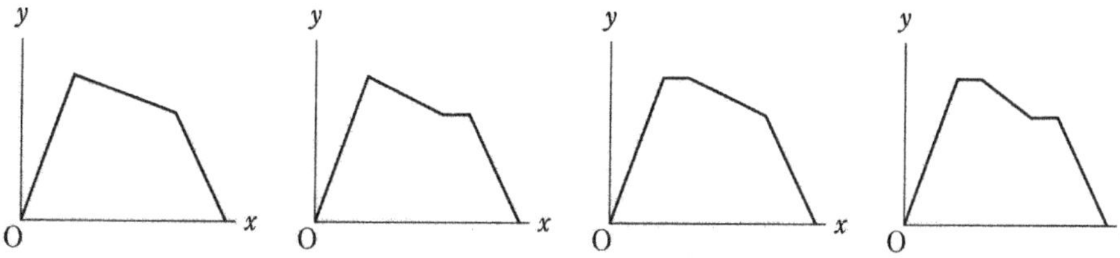

ア　　イ　　ウ　　エ

(3)　$a=4$，$b=4$とする。xとyの関係を表すグラフは図３のようになった。２つの図形が重なった部分の面積が，長方形ABCDが移動し始めてから３秒後の面積と再び同じ値になるのは，長方形ABCDが移動し始めてから何秒後か求めなさい。ただし，途中の計算も書くこと。

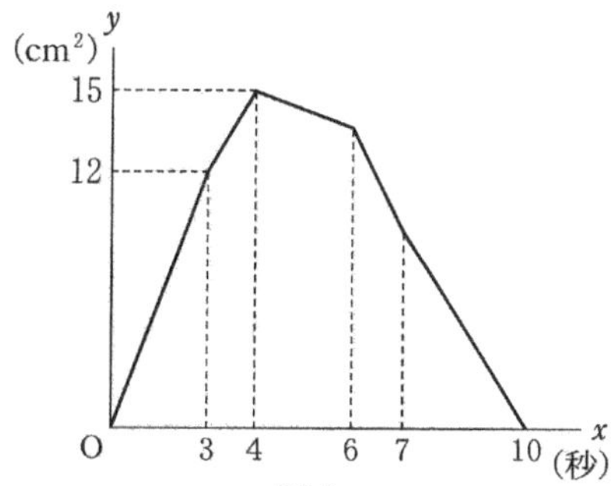

図３

6　ある市のＡ中学校とＢ中学校は修学旅行でそれぞれＸ市を訪問する。各中学校とも，横一列に生徒が５人ずつ座ることができる新幹線でＸ市へ向かい，到着後，1台に生徒が４人ずつ乗ることができるタクシーで班別行動を行う。ここでは，修学旅行の生徒の参加人数ごとに，必要な新幹線の座席の列数と必要なタクシーの台数を考えるものとする。例えば，生徒の参加人数が47人のとき，新幹線では，生徒が５人ずつ９列に座り，残りの２人がもう１列に座るので，必要な新幹線の座席の列数は10列である。また，タクシーでは，生徒が４人ずつ11台に乗り，残りの３人がもう１台に乗るので，必要なタクシーの台数は12台である。

このとき，次の１，２，３の問いに答えなさい。

1　Ａ中学校の生徒の参加人数は92人である。このとき，Ａ中学校の必要な新幹線の座席の列数を求めなさい。

2　Ｂ中学校の必要な新幹線の座席の列数は24列であり，必要なタクシーの台数は29台である。このとき，Ｂ中学校の生徒の参加人数を求めなさい。

3　次の □ 内のＢ中学校の先生と生徒の修学旅行後の会話文を読んで，文中の①，②，③に当てはまる式や数をそれぞれ答えなさい。

先生「先日の修学旅行では，必要な新幹線の座席の列数は24列，必要なタクシーの台数は29台で，タクシーの台数の値から新幹線の座席の列数の値をひくと５でした。今日の授業では，台数の値が列数の値より10大きいときの生徒の参加人数について，考えてみましょう。」

生徒「とりあえず，生徒の参加人数が40人から47人までの表（次のページ）を書いてみましたが，具体的に考えていくのは，大変そうです。」

生徒の参加人数	40 人	41 人	42 人	43 人	44 人	45 人	46 人	47 人
必要な新幹線の座席の列数	8 列	9 列	9 列	9 列	9 列	9 列	10 列	10 列
必要なタクシーの台数	10 台	11 台	11 台	11 台	11 台	12 台	12 台	12 台
(台数の値)－(列数の値)	2	2	2	2	2	3	2	2

生徒が書いた表

先生　「それでは，式を使って考えてみましょう。例えば，必要な新幹線の座席の列数が9列のとき，考えられる生徒の参加人数は41人，42人，43人，44人，45人の5通りです。これらは，$5\times8+1$，$5\times8+2$，$5\times8+3$，$5\times8+4$，$5\times8+5$と，すべて5×8を含む形で表すことができますね。まずは，この表し方をもとに，必要な新幹線の座席の列数から，生徒の参加人数を文字を用いた式で表してみましょう。」

生徒　「必要な新幹線の座席の列数をnとすると，生徒の参加人数は(　①　)$+a$と表せます。ただし，nは自然数，aは1から5までのいずれかの自然数です。」

先生　「そうですね。次に，必要なタクシーの台数をnを用いて表してみましょう。」

生徒　「台数の値は，列数の値より10大きいから，$n+10$と表せます。」

先生　「では，必要なタクシーの台数から，生徒の参加人数をnと1から4までのいずれかの自然数bを用いて表すこともできますね。これらの2つの式を使うと，考えられる生徒の参加人数のうち，最も少ない生徒の参加人数は何人ですか。」

生徒　「必要な新幹線の座席の列数は$n=$(　②　)と表すことができるので，aとbの値を考えると，最も少ない生徒の参加人数は(　③　)人です。」

先生　「正解です。文字を用いた式を使って生徒の参加人数を考えることができましたね。」

＜英語＞

時間　50分　　満点　100点

[1]　これは聞き方の問題である。指示に従って答えなさい。

1　〔英語の対話とその内容についての質問を聞いて，答えとして最も適切なものを選ぶ問題〕

(1)　ア

イ

ウ

エ

(2)　ア

イ

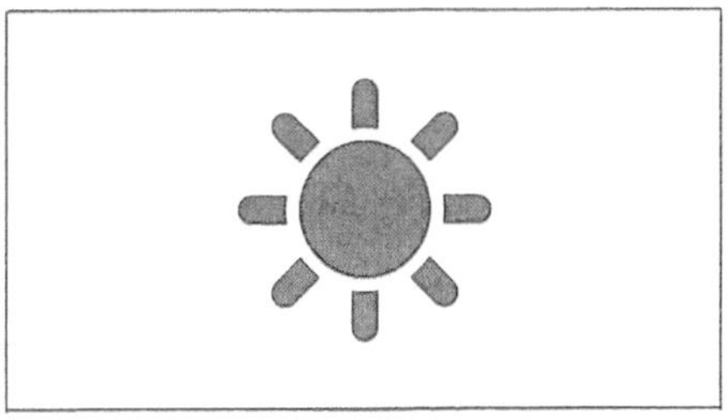

ウ

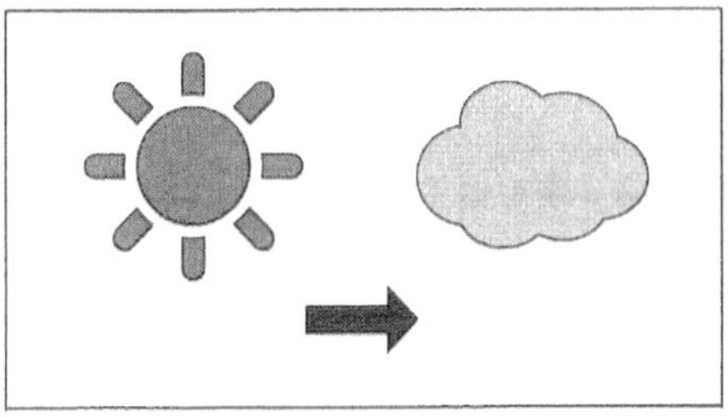

エ

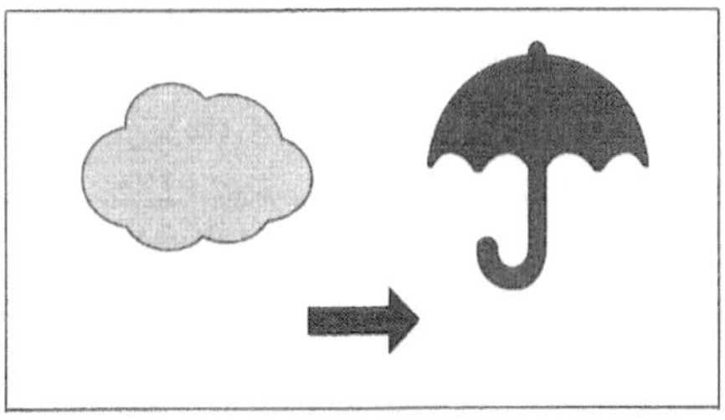

(3)　ア　Because they can’t find the theater.

イ　Because they can’t find their seats.

ウ　Because they don’t have money.

エ　Because they don’t have time.

(4) ア　Go to the second floor to look at the books.

イ　Go to the second floor to look at the soccer balls.

ウ　Go to the third floor to look at the books.

エ　Go to the third floor to look at the soccer balls.

2　〔英語の対話とその内容についての質問を聞いて，答えとして最も適切なものを選ぶ問題〕

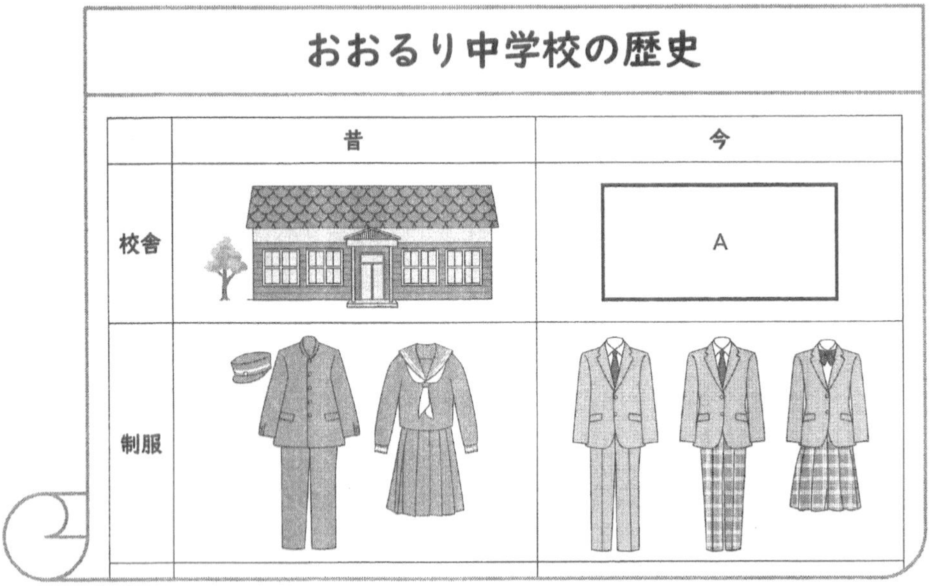

(1) ア

イ
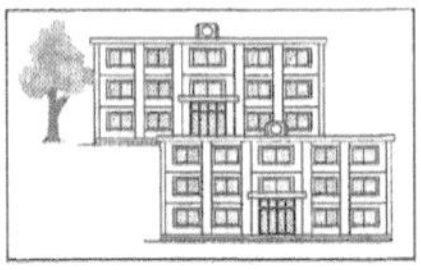

ウ

エ
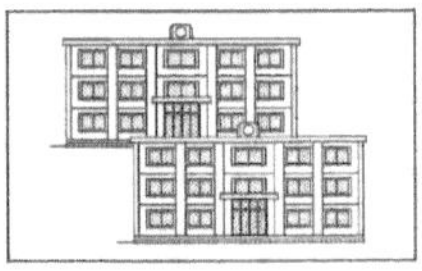

(2) ア　The hat.　イ　The jacket.　ウ　The skirt.　エ　The tie.

(3) ア　Ami’s favorite noodle on the school lunch menu.

イ　The pictures of the students eating school lunch.

ウ　The most popular school lunch in the past and now.

エ　How to cook the students’ favorite school lunch.

3　〔英語の対話を聞いて，メモを完成させる問題〕

メモの(1)，(2)，(3)には英語１語を，(4)には英語２語を書きなさい。

（メモは次のページにあります。）

【Present for Mr. Brown】

Name	Present	Reason
Elena	(1) (　　　)	・We can show him our thanks.
Yoji	pictures	・He can (2) (　　　) the days here.
Mana	a short (3) (　　　)	・We can tell our thanks and show some pictures. ・We can show him our English is (4) (　　　) (　　　) before.

[2] 次の1，2，3の問いに答えなさい。

1　次の英文中の [(1)] から [(6)] に入る語句として，最も適切なものはどれか。

Hi! Today, let me [(1)] you about "Tochimaru Park." Have you been there before? The park is [(2)] of nature, so you can enjoy camping, hiking, and fishing there. It has many popular events all the year. One of them [(3)] "Spring Strawberry Festival." It is held [(4)] April 1st to April 15th every year. If you love strawberries, you will enjoy this festival. This year, April 15th is a special day because the park was opened 30 years [(5)] on that day. So, the firework show will be held at night. Why don't you visit the park? Thank you for [(6)].

(1) ア to tell　イ tell　ウ told　エ telling
(2) ア afraid　イ both　ウ full　エ out
(3) ア am　イ is　ウ are　エ were
(4) ア at　イ by　ウ from　エ in
(5) ア ago　イ ever　ウ long　エ old
(6) ア to listen　イ listen　ウ listened　エ listening

2　次の(1)，(2)，(3)の（　）内の語句を意味が通るように並べかえて，左から順にその記号を書きなさい。ただし，文頭にくる語も小文字で示してある。

(1) *A*: You have a nice bag! Is that new?
B: Yes. My grandma (ア it　イ me　ウ bought　エ for) last weekend.

(2) *A*: What are you reading?
B: I'm (ア a book　イ reading　ウ in　エ written) English.

(3) *A*: (ア you　イ season　ウ like　エ do　オ which)?
B: I like winter. I love skiing.

3　あなたの中学校に，オーストラリアの姉妹校の生徒からメールが届きました。そのメールを読んで，次の〔条件〕に合うよう，＜あなたのメール＞内の [　] に英語を書いて返事を完成させなさい。

〔条件〕 ① 書き出しはI recommendを用いることとし，あなたがすすめる授業（class）を続けて書きなさい。なお，授業は〔語群〕から選んで書いてもよい。

②　なぜその授業をすすめるのかという理由も書くこと。

③　まとまりのある５文程度の英語で書くこと。なお，書き出しの文は１文と数える。

＜姉妹校の生徒からのメール＞

Hi!
We are going to visit your school next month! We want to join some classes at your school during our stay. Many of us are interested in Japanese culture, so we want to have some experiences in the classes.
Will you recommend one of your classes to us?

James

＜あなたのメール＞

Hi James!
I'm glad to hear that you will come to our school!

I recommend

I hope you'll like the class. I am waiting for your email.

〔語群〕　国語＝ Japanese　社会＝ social studies　数学＝ math　理科＝ science
英語＝ English　音楽＝ music　美術＝ art　体育＝ P.E.
技術・家庭＝ technology and home economics
道徳＝ moral education　総合的な学習の時間＝ the period for integrated studies
学級活動＝ homeroom activities

3　次の英文を読んで，１から４までの問いに答えなさい。

Do you like onions? Onions are one of the oldest plants that people have grown in history. Actually, the pictures on the walls in *the Pyramids show that people were eating onions. Also, workers who built the Pyramids ate onions because they felt *energetic when they ate onions. In Egypt, people believed that onions had the power to keep bad things away. In fact, they *buried some kings with onions. By doing so, they tried to (　A　) the people they respected.

In the 14th century in Europe, people believed onions could help people *prevent *diseases. When a lot of people got the *plague, they believed the *rumor which said, "You won't catch the plague if you eat onions." We are not sure onions are effective for the plague, but (1) the same thing happened in Japan in the 19th century. Now, after many years of studying, scientists have found that onions prevent many diseases. If you don't want to get sick, you should eat onions.

People have been using onions for cooking all over the world because they are necessary for delicious dishes. However, some people don't like onions because of their strong *smell. Today, scientists have developed some special onions that don't have such a smell. If (2) those onions are used, maybe more people will like onions.

As you can see, onions have been with us for a long time. If we had no onions, [B]. Onions may have some power that we don't know. What do you think?

〔注〕 *the Pyramids＝ピラミッド　*energetic＝活力がある　*bury ～＝～を埋葬する
*prevent ～＝～を予防する　*disease＝病気　*plague＝疫病《えきびょう》　*rumor＝うわさ
*smell＝におい

1 本文中の（A）に入る語として，最も適切なものはどれか。

ア create　イ follow　ウ protect　エ understand

2 本文中の下線部(1)の内容を，次の [ ] が表すように，（ ）に入る25字程度の適切な日本語を書きなさい。ただし，句読点も字数に加えるものとする。

ヨーロッパと同様に，日本でも（　　　　　　　　　　　　　　　　　　　）を多くの人々が信じた。

3 本文中の下線部(2)が指す内容は何か。15字程度の日本語で書きなさい。ただし，句読点も字数に加えるものとする。

4 本文中の [B] に入るものとして，最も適切なものはどれか。

ア our life would be comfortable
イ our life would be different
ウ we wouldn't be hungry
エ we wouldn't be bored

4 主人公である雄太（Yuta）と，その姉である沙織（Saori）についての次の英文を読んで，1から5までの問いに答えなさい。

I really loved *insects when I was small. I spent all day in the forest near my house and watched their small world. I was always thinking about the insects. They were my friends.

When I was nine years old, my classmates said to me, "Hey Yuta, a shopping mall will be built in the forest near your house!" They were excited about it, but I wasn't. I was (　A　) about my friends in the forest. I thought, "If the forest is cut down, they will lose their home."

I came home and told my sister, Saori, about the shopping mall. I looked down and said, "My friends will lose their home." She said, "Well, I think you have something you can do for the insects." "No, I don't," I answered. She said, "Do you really think so? I think you can save your friends if you never *give up."

That night, I thought again and again, "What can I do to save the insects?" Then, I *came up with an idea. "If they lose their home, I will build one for them in my garden." I decided to do that.

Next morning, I started to collect the information I needed. I went to the library and read a lot of books. I went to the forest to see what they needed to live. Then, I started to make their home. While I was making it, I was thinking of happy memories with them. Saori came to me and said, "You have found something you can do without other people's help." I smiled at her. When I finished making their home, I said, "Please come and stay here." I prayed and waited.

Some months later, I saw some kinds of insects there. A *butterfly was flying around flowers. And some *dragonflies rested on the *branch. One day, I found that something was moving in the *fallen leaves. It was a *larva! I said, "Welcome! You were born here! Do you like your home?" I was so (　B　) to find my friend was living in the place I made.

Now I am working as a researcher and studying how people and animals live together. The home I made for insects was small. However, that experience was [　C　] in my life, and it has stayed in my memory since then. "I can always do something to improve the situation." This is the thing I learned from my experience.

〔注〕 *insect＝虫　*give up＝あきらめる　*come up with ～＝～を思いつく
*butterfly＝チョウ　*dragonfly＝トンボ　*branch＝枝　*fallen leaf＝落ち葉
*larva＝幼虫

1　本文中の（A），（B）に入る語の組み合わせとして，最も適切なものはどれか。

ア　A：excited － B：sad　　イ　A：happy － B：excited

ウ　A：sad － B：worried　　エ　A：worried － B：happy

2　本文中の下線部の指す内容は何か。**25字程度**の日本語で書きなさい。ただし，句読点も字数に加えるものとする。

3　次の**質問**に答えるとき，本文の内容に合うように，**答え**の（　）に入る適切な英語を**3語**で書きなさい。

質問：What did Yuta do to save the insects in the forest?

答え：He (　　　)(　　　)(　　　) in his garden.

4　本文中の [C] に入るものとして，最も適切なものはどれか。

ア　a great change　　イ　a great opinion

ウ　a small question　　エ　a small space

5　本文の内容と一致するものはどれか。

ア　Saori said to Yuta that he should start something new to save his classmates.

イ　Yuta thought about what he could do for the insects after he talked with Saori.

ウ　Saori told Yuta to go to the library and read many books about the insects.

エ　Yuta forgot about the experience which he had with Saori when he was nine.

5　次の英文は，高校生の智也（Tomoya）とオランダのアムステルダム（Amsterdam）からの留学生クリス（Chris）との対話の一部である。また，次のページの図1，図2は対話の中で智也が用いた資料であり，図3はクリスが提示した写真である。これらに関して，1から6までの問いに答えなさい。

Chris: Hi, Tomoya. Next week, we're going to make a presentation in English class, right? [A] for the presentation?

Tomoya: Hi, Chris! Well, my topic is riding bikes.

Chris: What a nice topic! Many people in Amsterdam love bikes. In fact, I have two bikes and each of my parents also has one.

Tomoya: Really? I have my own bike, but my parents don't. They use (B) to go out.

Chris: Many people in my country also used cars *around 1970. However, at that time, they had a lot of car *accidents, and the *gas was so expensive. So people [C] instead.

Tomoya: I see. Riding bikes is popular in Japan today, so I checked the reasons for riding bikes in Japan on the Internet. This is a *graph I made from a website. Look, it says the largest number of people ride bikes because they feel good. Also, it says more than 200 people feel that it is easy to use bikes, and 197 people think that riding bikes ＿＿(1)＿＿.

Chris: In Amsterdam, bikes are a popular *means of transportation. Did you know that?

Tomoya: No. I'll check it on the Internet. Oh, this *pie chart shows that 48 percent of the people ＿＿(2)＿＿.

Chris: That's right. Amsterdam is known as a bike-friendly city now. For example, we have special * lanes for people riding bikes.

Tomoya: What do those lanes look like?

Chris: In Amsterdam, we have several kinds of bike lanes. I have a picture of a street near my house. Look at this. Cars, bikes, and *pedestrians have their own lane.

Tomoya: In the picture, ＿＿(3)＿＿ between the car lane and the bike lane, so this person riding a bike feels that it is less dangerous, right? We have bike lanes in my city too, but sometimes both bikes and cars have to use the same lane. Now more people ride bikes in Japan, so it is important to develop a (　D　) environment like Amsterdam.

Chris: Yes. I think education of *traffic rules for young children is also important. In my country, many elementary school students learn about them in class almost every week.

Tomoya: (4)That is a great education system! I will talk about it in my presentation.

〔注〕 *around ～＝～ごろ　* accident＝事故　*gas＝ガソリン　*graph＝グラフ
*means of transportation＝交通手段　*pie chart＝円グラフ　*lane＝レーン
*pedestrian＝歩行者　*traffic＝交通の

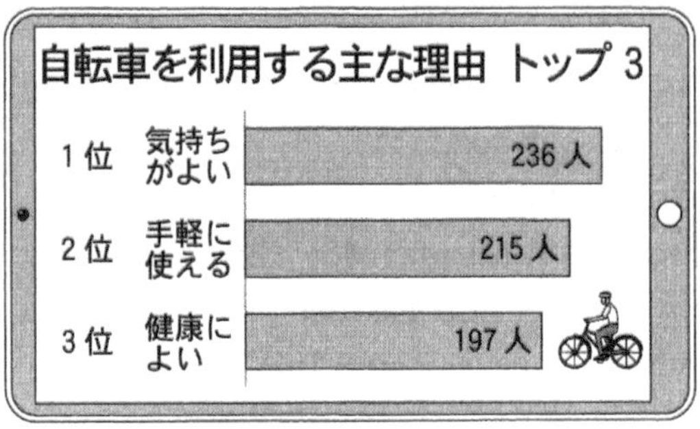

図1

(「国土交通省ウェブページ」により作成)

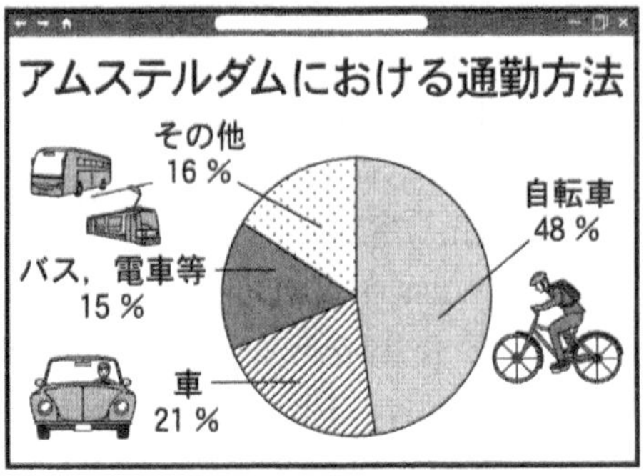

図2

(「オランダインフラストラクチャー・水管理省ウェブページ」により作成)

図3

1　二人の対話が成り立つよう，A に入る適切な英語を4語または5語で書きなさい。

2　本文中の(B)に入る適切な英語を本文から1語で抜き出して書きなさい。

3　C に入るものとして，最も適切なものはどれか。

ア　bought more cars　　イ　chose to ride bikes

ウ　decided to use cars　　エ　stopped riding bikes

4　二人の対話が成り立つよう，図1，図2，図3を参考に，下線部(1)，(2)，(3)に適切な英語を書きなさい。

5　本文中の(D)に入る語として，最も適切なものはどれか。

ア　clean　　イ　fresh　　ウ　safe　　エ　weak

6　本文中の下線部(4)の内容を，次の □ が表すように，(　) に入る**35字程度**の適切な日本語を書きなさい。ただし，句読点も字数に加えるものとする。

クリスの国では，(　　　　　　　　　　　　　　　　　　　　　　)

＜理科＞

時間　50分　　満点　100点

1 次の1から8までの問いに答えなさい。

1　次の生物のうち，ハチュウ類はどれか。

ア　イモリ　**イ**　カ　メ　**ウ**　カエル　**エ**　タツノオトシゴ

2　次のうち，地球型惑星で，地球よりも外側を公転している惑星はどれか。

ア　水　星　**イ**　金　星　**ウ**　火　星　**エ**　木　星

3　次の物質のうち，単体はどれか。

ア　硫　酸　**イ**　硫酸バリウム　**ウ**　硫化鉄　**エ**　硫　黄

4　次のうち，レントゲン撮影に用いる放射線はどれか。

ア　X　線　**イ**　α　線　**ウ**　β　線　**エ**　γ　線

5　下の表は，気体Aの性質を示している。気体Aを実験室で発生させて試験管に集めるとき，最も適する置換法を何というか。

	水へのとけやすさ	密度〔g/cm^3〕	空気の密度を1としたときの比
気体A	水に非常にとけやすい	0.00072	0.60

6　たいこから出た音が壁に反射して戻ってくるまでに0.50秒かかった。たいこから壁までの距離は何mか。ただし，音の速さは340m／秒とする。

7　血しょうの一部が毛細血管からしみ出して，細胞のまわりを満たしている液を何というか。

8　地震そのものの規模の大小を表す値を何というか。

2 土の中の微生物のはたらきについて調べるために，次の実験(1)，(2)，(3)を順に行った。

(1)　森の中で，落ち葉の下の土を採取し，採取したままの土を土A，十分に加熱した後，冷ました土を土Bとする。

(2)　図1のように，デンプンのりを混ぜた寒天をペトリ皿に入れて固めた寒天培地に，土Aをのせたものをペトリ皿A′，土Bをのせたものをペトリ皿B′とした。それぞれにふたをして，数日間，暗い場所に置いた。なお，ペトリ皿A′，B′に入れた土の量は同じである。

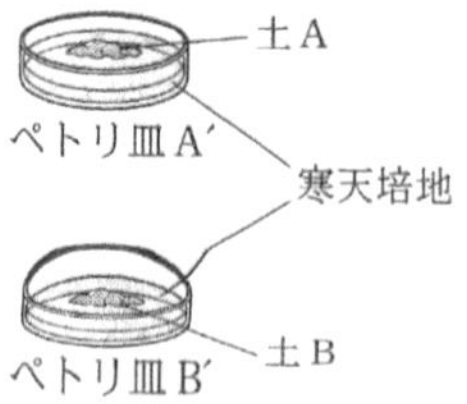

図1

(3)　ペトリ皿A′，B′の土を水で洗い流して取り除き，ヨウ素溶液をそれぞれ加え，寒天培地表面の色の変化を調べた。表はその結果をまとめたものである。

	寒天培地表面の色の変化	
	土をのせていたところとその周辺	土をのせていないところ
ペトリ皿A′	×	○
ペトリ皿B′	○	○

○：変化あり　×：変化なし

このことについて，次の1，2，3，4の問いに答えなさい。

1　実験(2)で，下線部の操作を行う目的は，次のページのうちどれか。

ア　土の温度変化がないようにするため。　　イ　二酸化炭素が入らないようにするため。
ウ　酸素が入らないようにするため。　　エ　空気中の微生物が入らないようにするため。

2　次の □ 内の文章は，実験⑵，⑶の結果から土の中の微生物のはたらきを考察し，仮説を立て，それを確認するために必要な実験と，この仮説が正しいときに予想される結果をまとめたものである。①，②に当てはまる語句をそれぞれ（　）の中から選んで書きなさい。

> 【考察】ヨウ素溶液の反応から，デンプンを別の物質に分解したことが考えられる。
> 【仮説】呼吸によって，有機物としてのデンプンを無機物に分解している。
> 【実験】ペットボトル容器に①（土A・土B）とデンプン溶液を入れ密閉する。数日間，暗い場所に置いたのち，生じた無機物として②（酸素・二酸化炭素）の割合を測定する。
> 【仮説が正しいときに予想される結果】容器の中に含まれる②の割合が増加する。

3　ある場所に生活する，生産者，消費者，分解者の生物と，それをとり巻く環境を一つのまとまりとしてとらえたものを何というか。

4　自然界では，食べる・食べられるの関係はたがいに影響しあい，生物の数量的なつり合いは一定の範囲に保たれている。図2は，この関係を模式的に示したものである。Ⅰは植物，Ⅱは草食動物，Ⅲは肉食動物とする。図3のように，人間の活動や自然災害などが原因で，Ⅱの生物が一時的に減少したのち，図2の状態にもどるまでに，どのような変化が起こるか，次のア，イ，ウについて，変化が起こる順に左から記号で書きなさい。

ア　Ⅰは減り，Ⅲは増える。　　イ　Ⅰは増え，Ⅲは減る。
ウ　Ⅱが増える。

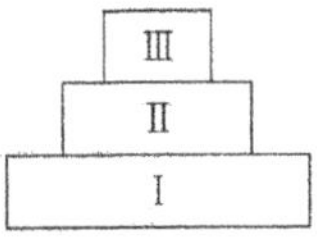

図2

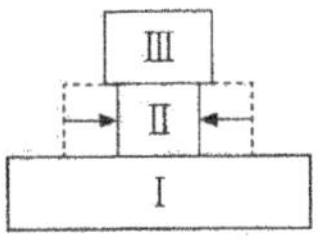

図3

3　ケイさんは，電気器具の電気の使用について調べるために，次の調査⑴，⑵を行った。

⑴　部屋で使用している電気器具の配置を図に示した。コンセントにつないだ全ての電気器具には，等しく100Vの電圧がかかる。それぞれの電気器具の消費電力を調べ，表1にまとめた。ただし，電気器具を使用している間の消費電力は一定であるものとする。なお，ブレーカーは，決められた電流を超えたときに自動的に回路を切る装置である。

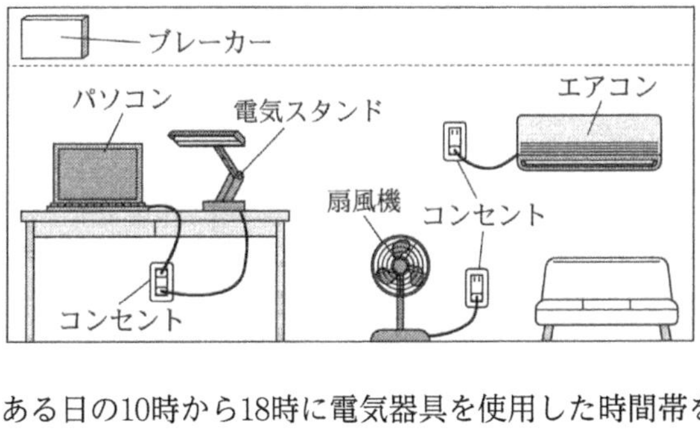

電気器具	消費電力〔W〕
パソコン	200
電気スタンド	20
扇風機	50
エアコン	1000

（100Vで使用するとき）
表1

⑵　ある日の10時から18時に電気器具を使用した時間帯を調べ，表2（次のページ）にまとめた。なお，表の矢印（⟷）はそれぞれの電気器具を使用した時間帯を示している。

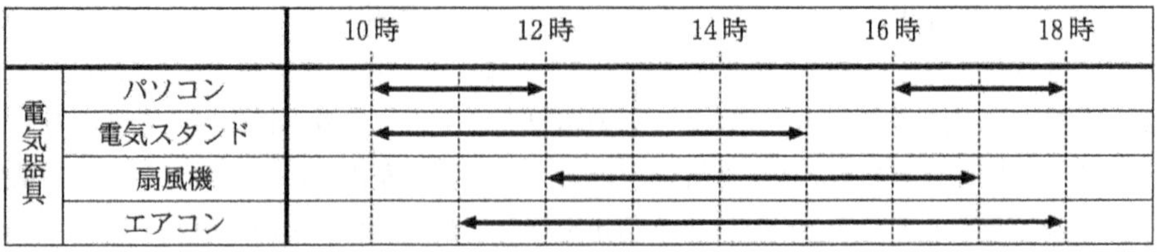

表2

このことについて，次の1，2，3の問いに答えなさい。

1　調査(1)で，表1の電気器具を部屋のコンセントにつないで使用したとき，最も大きな電流が流れるものはどれか。また，その電気器具に流れる電流は何Aか。

2　調査(2)で，2時間ごとに消費した電力量の合計を比較すると，最も大きい時間帯は，次のうちどれか。また，そのときに消費した電力量は何Whか。

ア　10時から12時　　イ　12時から14時　　ウ　14時から16時　　エ　16時から18時

3　調査(1)，(2)から，ブレーカーからそれぞれの電気器具までの配線のようすを表した模式図として，最も適切なものは次のうちどれか。なお，導線どうしが接続されている場合は・で表している。また，[a]はパソコン，[b]は電気スタンド，[c]はエアコン，[d]は扇風機を示している。

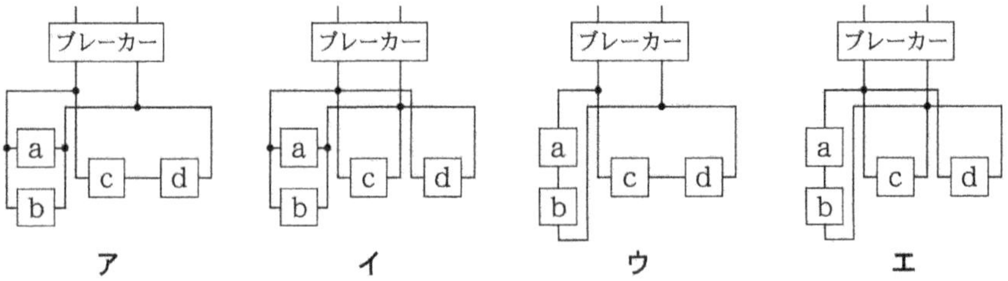

4　天気について調べるために，次の調査(1)，(2)を行った。

(1)　4月28日17時に，宇都宮市のある地点で気象観測を行い，気温，湿度，風向，風力，雲量を，表1にまとめた。なお，この時刻に降水や雷はなく，湿度は乾湿計を用いて求めた値である。

	気温〔℃〕	湿度〔%〕	風向	風力	雲量
観測データ	22.0	52	南南東	3	8

表1

(2)　調査(1)と同じ地点で気象観測を行い，4月29日0時から連続する3日間の3時間ごとの気温，湿度，風向，風力，天気を，図1にまとめた。また，それぞれの日の15時の天気図を，図2，図3，図4に示した。

（図1～図4は次のページにあります。）

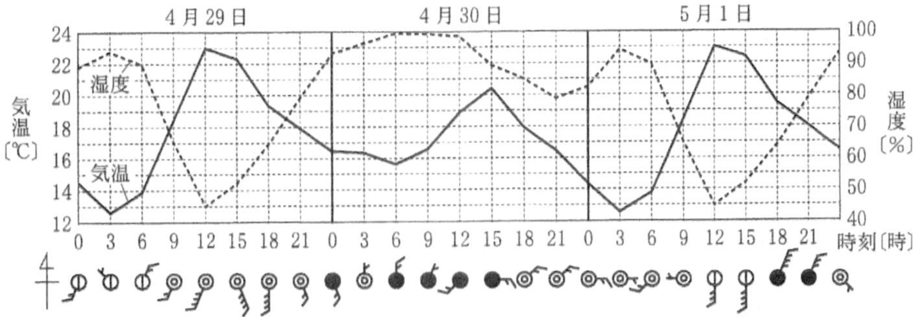

図1

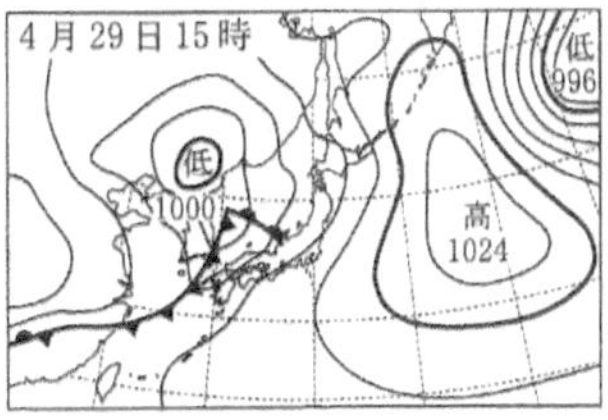

図2

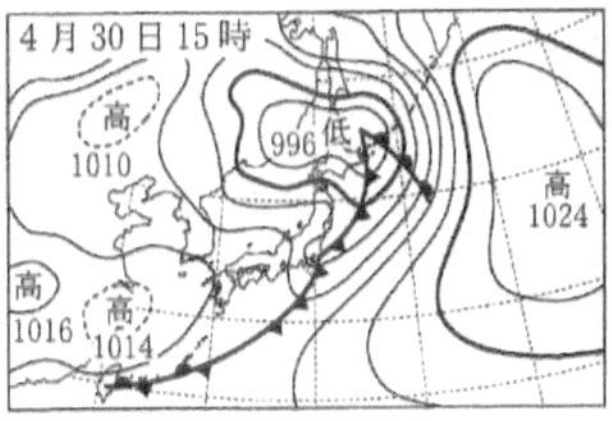

図3

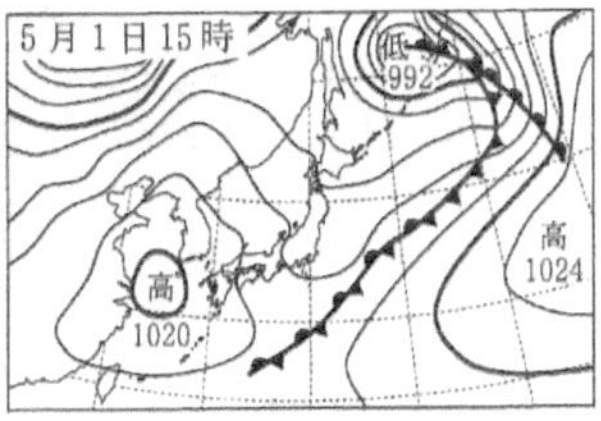

図4

このことについて，次の1，2，3の問いに答えなさい。

1　調査(1)について，雲量から判断できる天気を答えなさい。

2　調査(2)において，図5は，3日間のうちのあるときに観測された乾湿計のようすを示している。これは，何月何日何時に観測されたものか。なお，表2は乾湿計の湿度表の一部である。

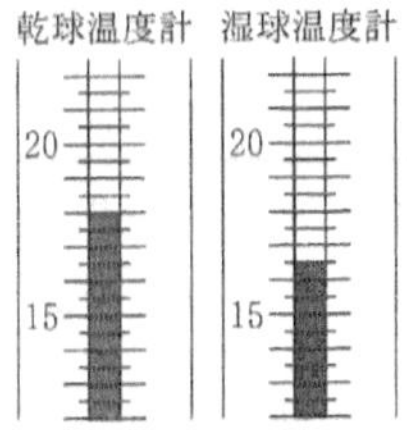

図5

		乾球と湿球の示度の差〔℃〕				
		1.0	1.5	2.0	2.5	3.0
乾球の示度〔℃〕	20	91	86	81	77	73
	19	90	85	81	76	72
	18	90	85	80	76	71
	17	90	85	80	75	70
	16	89	84	79	74	69

表2

3　調査(2)について，3日間の気圧の変化を表しているものとして，最も適切なものは次のうちどれか。

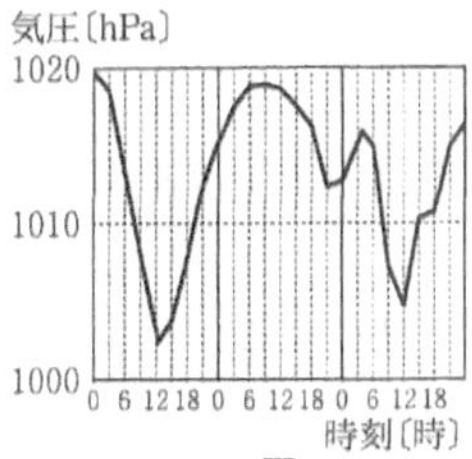

ア

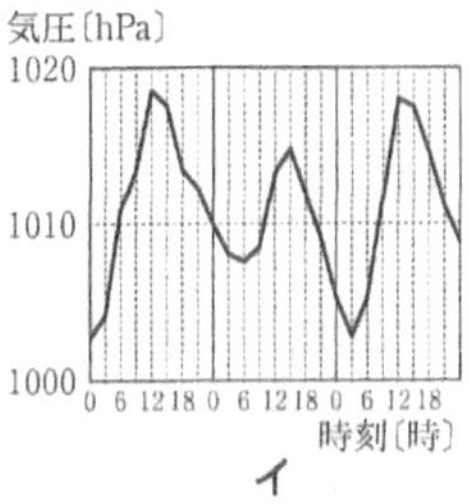

イ

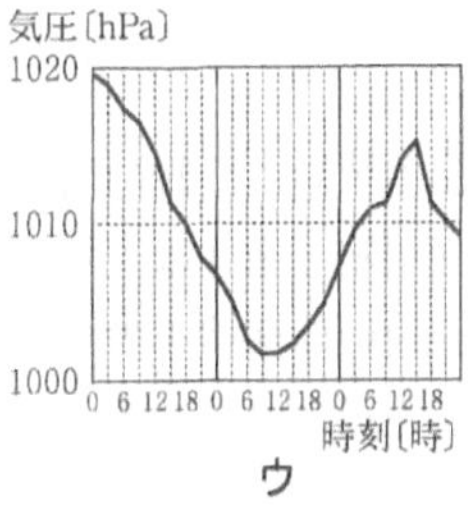

ウ

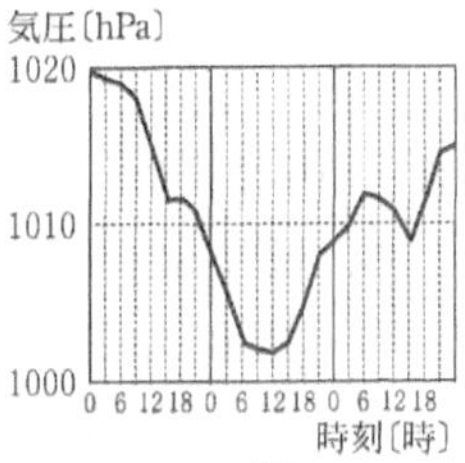

エ

5 ハルさんは，電池について調べるために，次の(1)，(2)，(3)の調査や実験を順に行った。

(1)　インターネットで日本における電池の歴史について調べたところ，図1のような資料を見つけ，ダニエル電池は江戸時代末期には使われていたことと，その構造がわかった。

(2)　図1の電池の構造をもとに図2のような電池をつくり，電子オルゴールをつないだところ数日間音が鳴り続け，やがて止まった。このとき，水溶液中の亜鉛板はぼろぼろになり，銅板は表面に赤い物質が付着していた。また，硫酸銅水溶液の色はうすくなっていた。

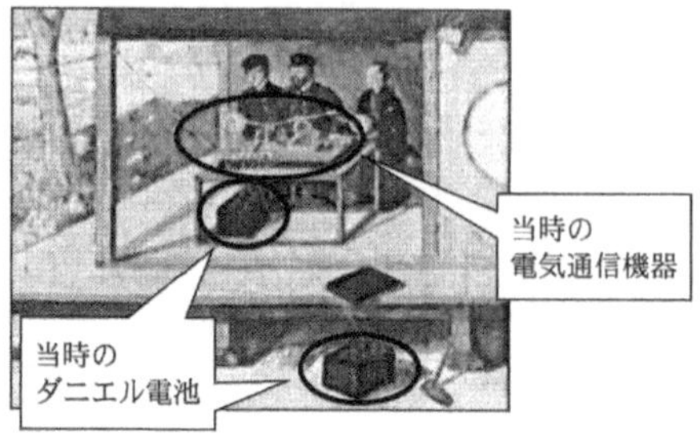

図1

(郵政博物館 HP「ペリー献上電信機実験之図」の一部)

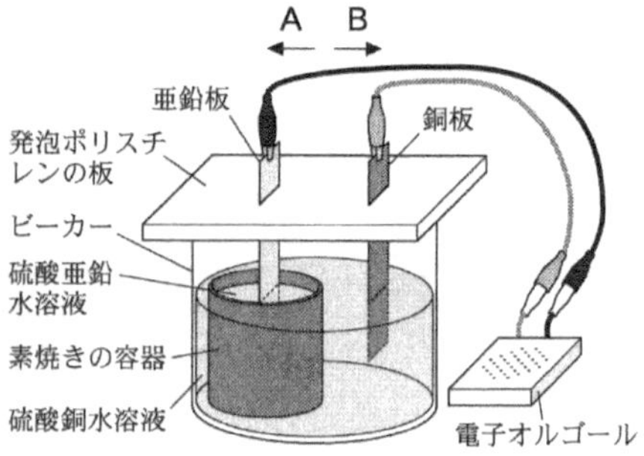

図2

(3)　素焼きの容器のはたらきを調べるために，図2の装置を新たに用意し，音が鳴ることを確認してから，素焼きの容器をはずし，二つの水溶液を混ぜ，亜鉛板と銅板を入れて実験を行った。その結果，実験(2)よりも短い時間で音が止まった。また，水溶液中の亜鉛板の表面に赤い物質が付着した。

このことについて，次の1，2，3，4の問いに答えなさい。

1　調査(1)のダニエル電池について，次の①，②に当てはまる語をそれぞれ書きなさい。

ダニエル電池は，(　①　) エネルギーを (　②　) エネルギーに変換する装置である。

2　次の □ 内の文は，実験(2)でつくった電池について説明したものである。①，②に当てはまる記号をそれぞれ (　) の中から選んで書きなさい。

亜鉛板は① (＋《プラス》・−《マイナス》) 極であり，電流は図2の② (A・B) の向きに流れる。

3　ハルさんは，実験(2)の装置より長い時間，電子オルゴールの音が鳴る条件を考えた。次のうち，最も長い時間，音が鳴る条件はどれか。

ア　水溶液と触れる亜鉛板の面積を大きくし，硫酸銅水溶液の濃度を高くする。

イ　水溶液と触れる亜鉛板の面積を大きくし，硫酸亜鉛水溶液の濃度を高くする。

ウ　水溶液と触れる銅板の面積を大きくし，硫酸銅水溶液の濃度を高くする。

エ　水溶液と触れる銅板の面積を大きくし，硫酸亜鉛水溶液の濃度を高くする。

4　次のページの □ 内の文章は，実験(3)で短い時間で音が止まった理由について述べたものである。①に当てはまる語句として最も適切なものは，あとの**ア**，**イ**，**ウ**，**エ**のうちどれか。また，②に適する文を「電子」と「亜鉛板」の二つの語を用いて，簡潔に書きなさい。

実験(3)の結果について，(　①　)が付着したことから，(　②　)ことがわかる。これにより，電子オルゴールが鳴るために十分な量の電子が，導線中を移動しなくなったためである。

ア　亜鉛板の表面に銅　　**イ**　亜鉛板の表面に亜鉛
ウ　銅板の表面に銅　　**エ**　銅板の表面に亜鉛

6　ユウさんは，大地の成り立ちについて探究的に学んだ。次の(1)は地層からわかることを，(2)は異なる火山灰層の比較からわかることを，(3)は(1)，(2)の学びをもとに過去のようすについて分析したことを，考察した流れである。

(1)　学校の近くの露頭《ろとう》（地層が地表に現れている崖《がけ》など）を観察した。図1は，観察した露頭の模式図である。A層ではブナの化石が確認でき，B層では角がとれ，丸みを帯びたれきが見られた。Y面は過去に風化，侵食の影響を受けた不規則な凹凸《おうとつ》面である。

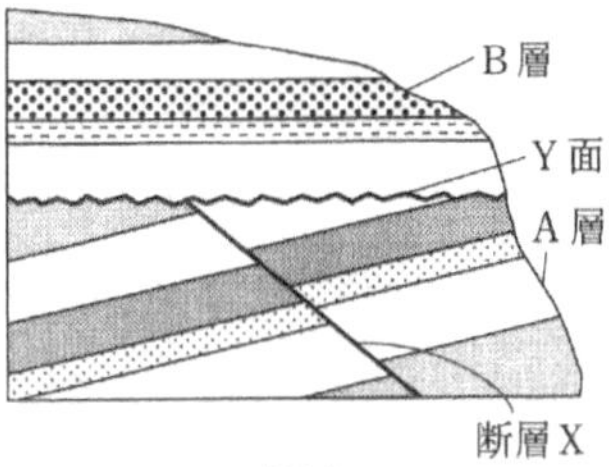

図1

(2)　図2と図3は，先生から示されたものである。図2は，図1とは異なる露頭の模式図である。C層とD層は，異なる火山灰層で，それぞれ別の火山が噴火してできたものである。また，図3は，風の影響による同じ厚さの火山灰層の広がりのようすをまとめたものである。火山灰は，噴火した火山に近いほど厚く堆積し，上空の風の影響を受け，火山の風下側に広く堆積することがわかった。

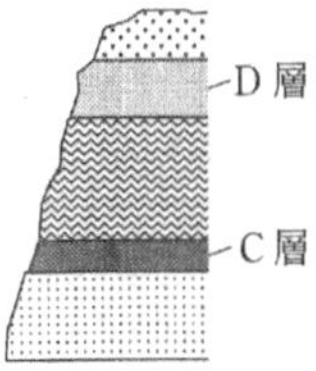

図2

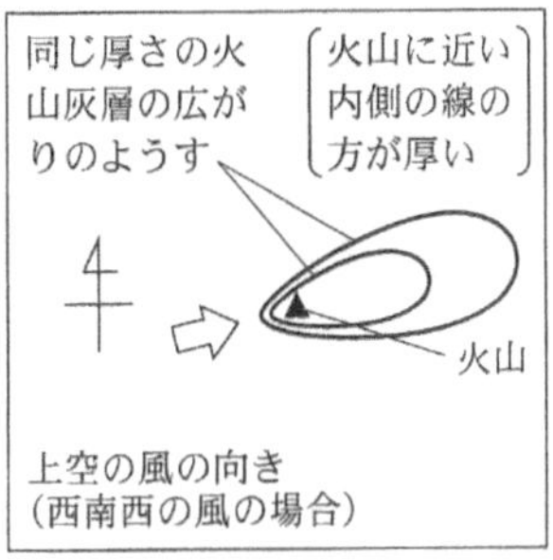

図3

(3)　図4と表（次のページ）は，先生から示されたものである。図4は，図2のC層とD層の厚さを調べた地点aからtと，周辺の火山**ア**，**イ**，**ウ**，**エ**の位置関係を表した模式図である。下の表は，地点aからtの火山灰層の厚さをまとめたものである。火山灰層の厚さは，風化や侵食，崖やくぼみなどの地形による影響はないものとして，図4と表から分析し，噴火した火山と噴火が起こった順を考察した。

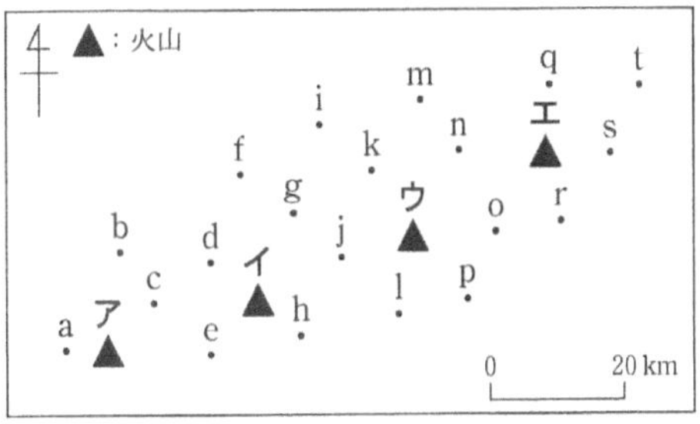

図4

	地点																			
	a	b	c	d	e	f	g	h	i	j	k	l	m	n	o	p	q	r	s	t
D層の厚さ〔cm〕	0	0	0	1	0	7	57	14	38	56	53	4	39	37	12	3	28	9	16	17
C層の厚さ〔cm〕	2	15	48	44	42	25	28	24	22	28	23	19	14	17	14	10	11	8	6	5

このことについて，次の1，2，3，4の問いに答えなさい。ただし，地層の上下の逆転はないものとする。

1　(1)で，A層にブナの化石が確認できたことから，この地層が堆積した当時は，やや寒冷な気候であったことがわかる。このように，堆積した当時の環境を推測することができる化石を何というか。

2　次の□内の文は，(1)で，れきが，下線部のようになる理由を説明したものである。①，②に当てはまる語句をそれぞれ（　）の中から選んで書きなさい。

れきが①（風化する・運搬される）とき，②（熱・流水）の影響を受けたため。

3　(1)で，図1の地層がつくられるまでの出《で》来《き》事《ごと》のうち，次の**ア**，**イ**，**ウ**，**エ**について，古い順に左から記号で書きなさい。

ア　断層Xの形成　　**イ**　A層の堆積　　**ウ**　B層の堆積　　**エ**　Y面の形成

4　次の□内の文は，(3)で，噴火した火山と噴火が起こった順について述べたものである。①，②のそれぞれに当てはまる火山を図4の**ア**，**イ**，**ウ**，**エ**から選び，記号で答えなさい。なお，噴火した火山は，図4のいずれか二つの火山であり，他の火山は噴火していない。

先に噴火した火山は（　①　）であり，後に噴火した火山は（　②　）である。

7　図のように，イヌワラビ，ゼニゴケ，スギナ，イチョウ，マツ，ツユクサ，イネ，エンドウ，アブラナの9種類の植物を，子孫のふやし方や体のつくりに着目してグループAからFに分類した。

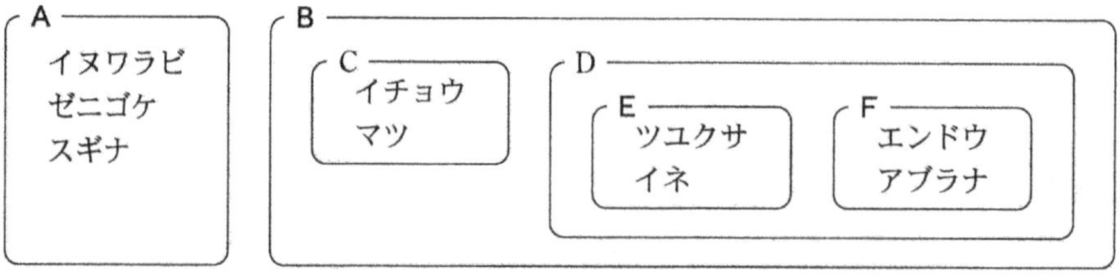

このことについて，次の1，2，3の問いに答えなさい。

1　グループA，Bのうち，種子をつくらないグループはどちらか。また，そのグループに分類した植物は，種子のかわりに何をつくってふえるか。

2　グループAのゼニゴケとスギナは，体のつくりの特徴からさらに二つのグループに分類でき，イヌワラビはそのどちらかに分類できる。このとき，イヌワラビと同じグループの植物と体のつくりの特徴の組み合わせとして正しいものはどれか。

	植物	分類した理由
ア	ゼニゴケ	葉，茎，根の区別がある。
イ	ゼニゴケ	葉，茎，根の区別がない。
ウ	スギナ	葉，茎，根の区別がある。
エ	スギナ	葉，茎，根の区別がない。

3　オクラ，トウモロコシ，コスモスはグループDに分類でき，さらにグループE，Fのどちらかに分類できる。下の表は，それらの植物について，花，葉，根のスケッチをまとめたものである。なお，オクラとトウモロコシは，グループE，Fのうち別のグループである。コスモスは，グループE，Fのどちらに分類できるか。また，そのように判断した理由を，オクラ，トウモロコシのいずれかの根のつくりとの共通点に着目して簡潔に書きなさい。

	オクラ	トウモロコシ	コスモス
花		 (雄花《おばな》)	
葉			
根		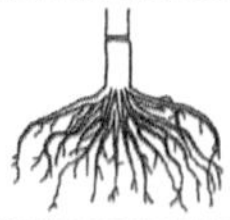	

8　物体にはたらく浮力について調べるために，次の実験(1)，(2)，(3)，(4)を順に行った。

(1)　図1のように，質量が等しく，高さが2.0cmで体積が異なる直方体の物体A，Bを用意し，ばねばかりにつるした。なお，物体Bの方が体積は大きいものとする。ただし，糸の重さと体積は考えないものとする。

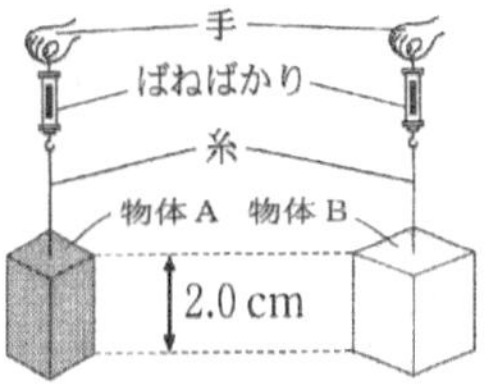

図1

(2)　図2のように，ビーカーの底から6.0cmの高さまで水を入れ，物体Aを沈めた。次に，図3のように物体Aをゆっくり引き上げた。このときのビーカーの底から物体の下面までの高さと，ばねばかりの値の関係を調べた。なお，物体の水中への出入りによる水面の高さは変わらないものとする。

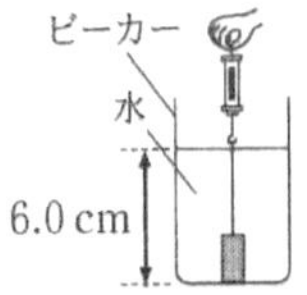

図2

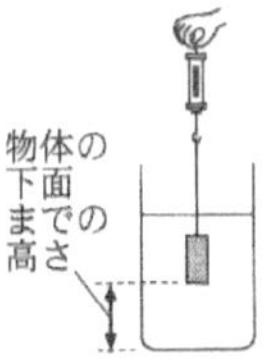

図3

(3)　物体Bについても，(2)と同様に実験を行った。図4は，実験(2)，(3)の結果をまとめたものである。

(4)　図5のように，中心に糸を取り付けたてんびんの両端に物体A，Bをつるし，てんびんが水平になることを確認した。てんびんにつるしたまま静かに物体A，Bを水中に沈めて，そのようすを観察した。

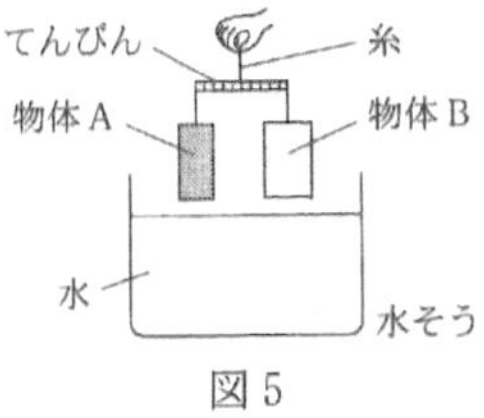

図5

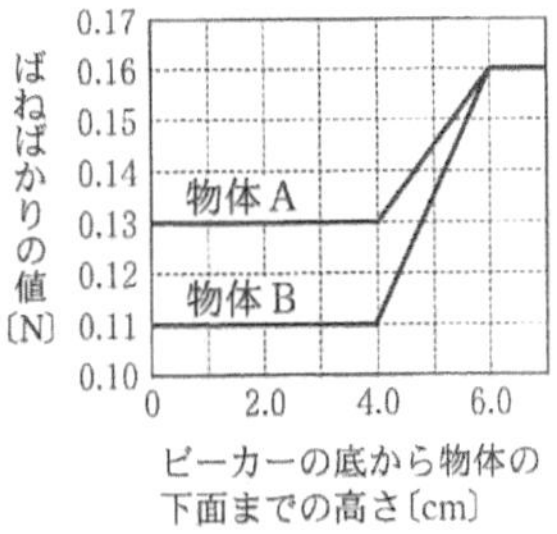

図4

このことについて，次の１，２，３，４の問いに答えなさい。

1　次の□内の文章は，水中にある直方体の物体にはたらく浮力について述べたものである。①，②に当てはまる語句をそれぞれ（　）の中から選んで書きなさい。

> 浮力の向きは，常に①（上向き・下向き）である。また，浮力の大きさは，物体の上面と下面にはたらく水圧によって生じる力の大きさの②（和・差）によって表される。

2　物体Aについて，ビーカーの底から物体の下面までの高さが1.0cmのとき，物体Aにはたらく重力の大きさと浮力の大きさは，それぞれ何Nか。

3　実験⑵において，ビーカーの底から物体Aの下面までの高さと，物体Aにはたらく浮力の大きさの関係を表したグラフとして，最も適切なものは次のうちどれか。

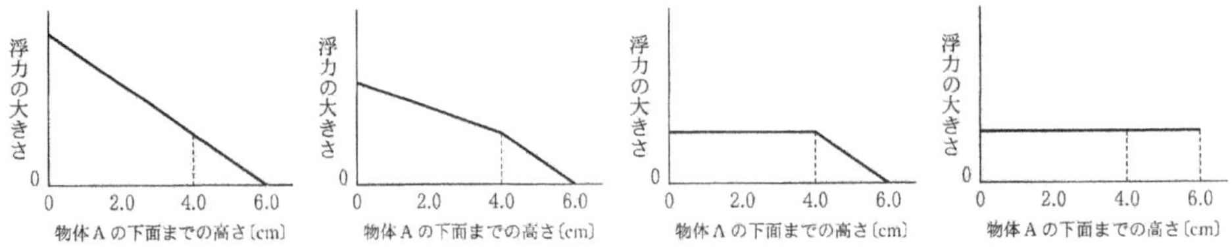

ア　イ　ウ　エ

4　実験⑷について，物体A，Bを水中に沈めたときのてんびんと物体のようすを表しているものとして最も適切なものは，次の**ア**，**イ**，**ウ**のうちどれか。また，そのようになる理由を，実験⑴，⑵，⑶からわかることをもとに，簡潔に書きなさい。ただし，てんびんはある一定の傾きで止まり，物体Aと物体Bがたがいにぶつかることはない。

ア	イ	ウ
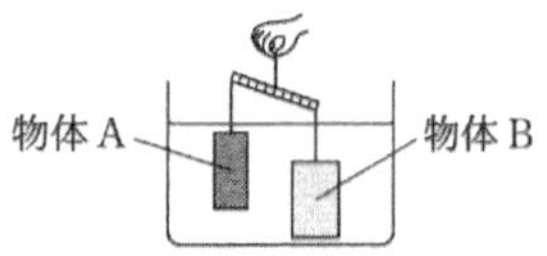	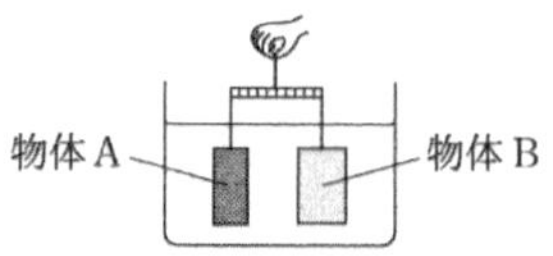	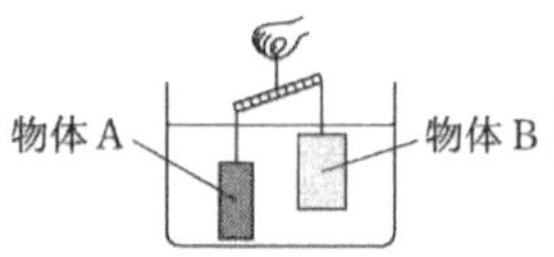
物体Aの方が上がる	水平のまま	物体Bの方が上がる

9　炭酸水素ナトリウムの熱分解について，次の実験⑴，⑵を順に行った。

⑴　図１のように，炭酸水素ナトリウムが入った試験管Xの口を少し下げて，十分に加熱したところ，炭酸ナトリウムと液体，気体が生じ，発生した気体は試験管Yに集めた。試験管Yに石灰水を入れてふると，石灰水が白くにごった。また，試験管Xの内側に付着した液体に青色の塩化コバルト紙をつけると赤色に変化した。

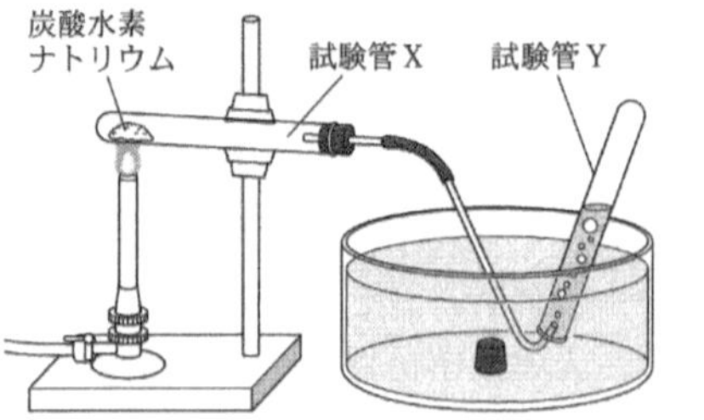

図１

⑵　図２（次のページ）のように，炭酸水素ナトリウム0.40ｇを入れたステンレス皿を１分間加熱し，冷ましてからステンレス皿内の物質の質量を測定した。１分間の加熱と測定を

質量が変化しなくなるまで数回繰り返し，記録した。同様の実験を，炭酸水素ナトリウムの質量を変えて行った。表は，測定結果をまとめたものである。

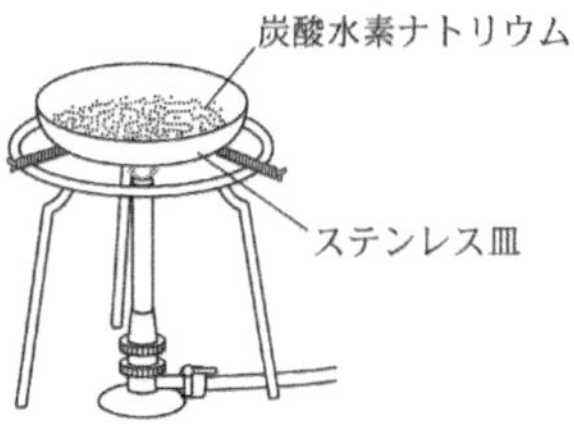

図2

炭酸水素ナトリウムの加熱前の質量〔g〕	ステンレス皿内の物質の質量〔g〕				
	1回	2回	3回	4回	5回
0.40	0.31	0.25	0.25		
0.80	0.65	0.51	0.50	0.50	
1.20	1.06	0.87	0.76	0.75	0.75
1.60	1.45	1.26	1.07	1.00	1.00
2.00	1.77	1.51	1.32	1.25	1.25

このことについて，次の1，2，3の問いに答えなさい。

1　実験(1)において，下線部は実験を行う上で必要な操作である。その理由について，「発生した液体が」という書き出しで，安全面に着目して簡潔に書きなさい。

2　実験(1)で，炭酸水素ナトリウムに起きた化学変化を，図3の書き方の例にならい，文字や数字の大きさを区別して，化学反応式で書きなさい。

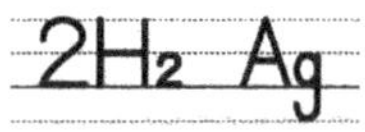

図3

3　実験(2)について，加熱前の炭酸水素ナトリウムの質量と，質量が変化しなくなったときの炭酸ナトリウムの質量との関係を表すグラフをかきなさい。また，1.20gの炭酸水素ナトリウムを2回加熱したときに，ステンレス皿内に生じた炭酸ナトリウムの質量を求めなさい。

＜社会＞　時間　50分　　満点　100点

1　次の１から４までの問いに答えなさい。

1　次の文中の［　　］に当てはまる語を書きなさい。

> 関東地方南部から九州地方北部にかけて形成された帯状の工業地域は，［　　］と呼ばれている。

2　地球の表面における海洋の面積の割合として最も近いのはどれか。

ア　約10%　　イ　約30%　　ウ　約50%　　エ　約70%

3　図１は，1970年と2018年の日本における，魚介類，小麦，米，肉類それぞれの１人１日あたりの品目別の食料消費量（g）を示したものである。魚介類は，図１中のア，イ，ウ，エのうちどれか。

	ア	イ	ウ	エ
1970 年	260.4	86.5	84.3	33.3
2018 年	147.4	65.5	88.8	91.7

図１（「数字で見る日本の 100 年」により作成）

4　次の⑴から⑸までの問いに答えなさい。

⑴　与那国島の位置として正しいのはどれか。

ア　日本最北端　　イ　日本最南端　　ウ　日本最東端　　エ　日本最西端

⑵　図２は，与那国島の地形図の一部であり，図３は，図２中のA－B間の断面図である。図３中のⅠとⅡは，図２中のA，Bのいずれかの地点である。図３中のⅠに当てはまる地点と，図２中に見られる地図記号の組み合わせとして正しいのはどれか。

ア　Ⅰ－A地点　　地図記号－畑
イ　Ⅰ－A地点　　地図記号－田
ウ　Ⅰ－B地点　　地図記号－畑
エ　Ⅰ－B地点　　地図記号－田

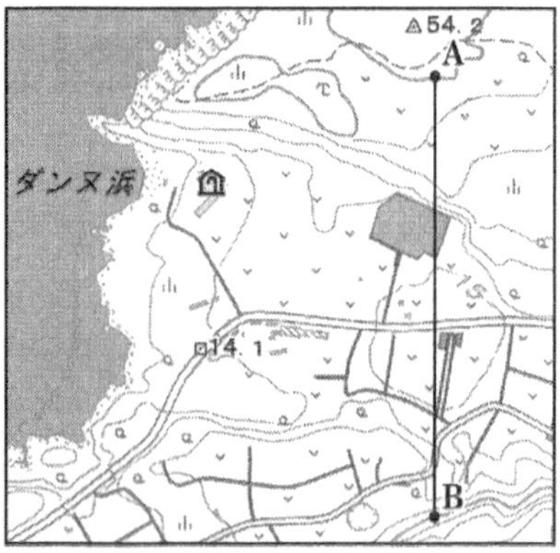

図２（「地理院地図」により作成）

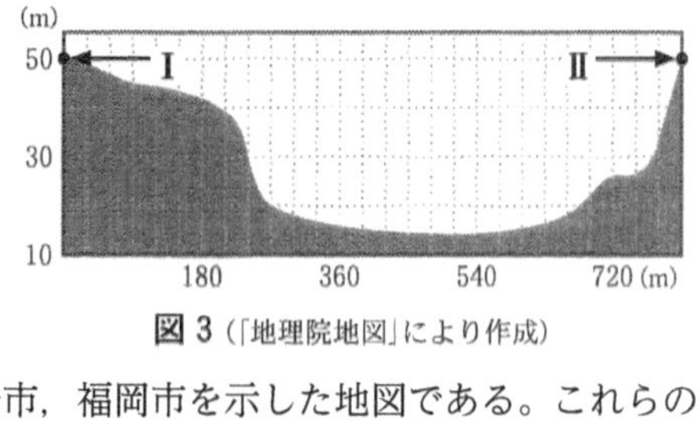

図３（「地理院地図」により作成）

⑶　図４（次のページ）は，札幌市，松本市，高松市，福岡市を示した地図である。これらの都市と比較した，沖縄県那覇市の気候の特徴について述べた文として正しいのはどれか。なお，降水量と気温は，1990年から2020年の平均の値として考えること。

図4

ア　6月の月降水量が，札幌市より少ない。

イ　1月と7月の月平均気温の差が，松本市より小さい。

ウ　年降水量が，高松市より少ない。

エ　年平均気温が，福岡市より低い。

(4)　図5は，2019年における千葉県，北海道，大阪府，沖縄県の航空貨物輸送量（千ｔ）を示したものである。ⅠとⅡは，大阪府，沖縄県のいずれかであり，ＡとＢは，国内線，国際線のいずれかである。沖縄県と国際線の組み合わせとして正しいのはどれか。

ア　沖縄県－Ⅰ　国際線－Ａ

イ　沖縄県－Ⅱ　国際線－Ａ

ウ　沖縄県－Ⅰ　国際線－Ｂ

エ　沖縄県－Ⅱ　国際線－Ｂ

	A	B
千葉県	2,045	23
Ⅰ	742	133
Ⅱ	100	235
北海道	16	169

図5（「県勢」により作成）

(5)　図6は，2018年における東京都と沖縄県の人口に関する統計（単位は千人）である。出生数と死亡数の差から自然な人口増減が分かり，転入数と転出数の差から社会的な人口増減が分かる。図6から読み取れる，2018年における東京都と沖縄県それぞれの総人口の変化について，それぞれの自然な人口増減と社会的な人口増減にふれ，簡潔に書きなさい。

	出生数	死亡数	転入数	転出数
東京都	107.2	119.2	460.6	380.8
沖縄県	15.7	12.2	27.1	28.0

図6（「国勢調査」ほかにより作成）

2　次の1から5までの問いに答えなさい。

1　次の(1)，(2)，(3)の問いに答えなさい。

(1)　図1は，国際連合の旗である。図1の中央にある地図の説明として正しいのはどれか。

ア　中心は北極点であり，面積が正しい地図である。

イ　中心は南極点であり，面積が正しい地図である。

図1

ウ　中心は北極点であり，中心からの距離と方位が正しい地図である。

エ　中心は南極点であり，中心からの距離と方位が正しい地図である。

(2)　高緯度地域では，夏になると太陽が沈まないことや，沈んでも完全には暗くならないことがある。この現象を何というか。

(3)　**図1**に描かれている植物はオリーブであり，**図2**は，2020年におけるオリーブの生産量（千t）について上位5か国を示したものである。Aに当てはまる国はどれか。

ア　ドイツ　　**イ**　イギリス

ウ　スペイン　　**エ**　ロシア

順位	国名	生産量
1	**A**	8,138
2	イタリア	2,207
3	チュニジア	2,000
4	モロッコ	1,409
5	トルコ	1,317

図2（「世界国勢図会」により作成）

2　**図3**は，1990年と2020年におけるアメリカ，インド，中国，日本それぞれの温室効果ガス排出量（CO_2換算。単位は百万t）と，2020年における1人あたりの排出量（CO_2換算。単位はt）を示している。アメリカは，**図3**中の**ア**，**イ**，**ウ**，**エ**のうちどれか。

	1990年	2020年	1人あたりの排出量(2020年)
ア	5,135	4,744	12.90
イ	2,359	10,819	7.15
ウ	1,063	1,003	7.87
エ	621	2,224	1.50

図3（「日本国勢図会」により作成）

3　**図4**は，2019年における，ある再生可能エネルギーの総発電量について，上位7か国の位置と順位を示している。**図4**中の上位7か国に共通する特徴として正しいのはどれか。

ア　火山活動が活発である。

イ　年間を通して偏西風が吹く。

ウ　雨季と乾季が明確である。

エ　国土の大部分は平野である。

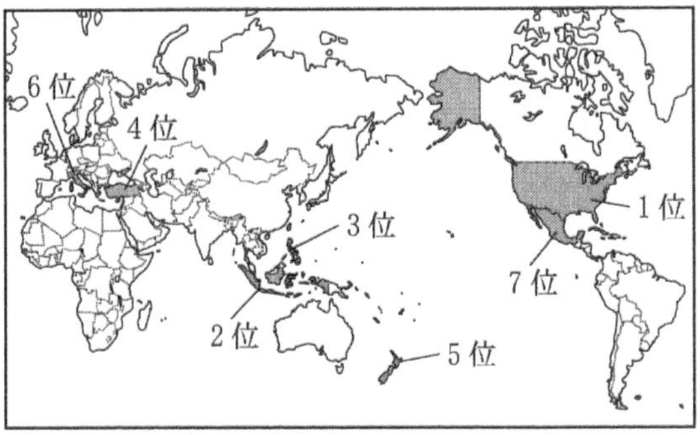

図4（「世界国勢図会」により作成）

4　**図5**は，ユーラシア大陸，アフリカ大陸，北アメリカ大陸，南アメリカ大陸，オーストラリア大陸それぞれの気候帯の割合（%）を示している。アフリカ大陸は，**図5**中の**ア**，**イ**，**ウ**，**エ**のうちどれか。

	熱帯	乾燥帯	温帯	亜寒帯	寒帯
ア	16.9	57.2	25.9	—	—
イ	7.4	26.1	17.5	39.2	9.8
ウ	63.4	14.0	21.0	—	1.6
エ	38.6	46.7	14.7	—	—
北アメリカ大陸	5.2	14.4	13.5	43.4	23.5

図5（「データブックオブザワールド」(2023年)により作成）

5　次のページの先生と生徒の会話文を読み，**図6**から読み取れるケニアの固定電話と携帯電話の普及の特徴について文中の［Ⅰ］に当てはまる文を簡潔に書きなさい。また，**図7**の**資料1**と**資料2**を踏まえ，［Ⅱ］に当てはまる文を簡潔に書きなさい。

（**図6**，**図7**は次のページにあります。）

先生：図6は，ケニアとアメリカの電話契約件数をまとめたものです。ケニアとアメリカそれぞれの，固定電話と携帯電話の契約件数の推移を比較すると，違いがありますね。

生徒：アメリカでは固定電話が先に普及し，後から携帯電話が普及していますが，ケニアでは［　Ⅰ　］ことがわかります。

先生：そうですね。ケニアの固定電話の普及において図6のような特徴がみられるのは，なぜでしょうか。

生徒：図7を踏まえると，ケニアは［　Ⅱ　］からではないでしょうか。一方で，ケニアの携帯電話の普及に図6のような特徴がみられるのは，図7の他にも様々な理由が考えられそうです。技術の普及の過程を考えるのも興味深いことなんですね。

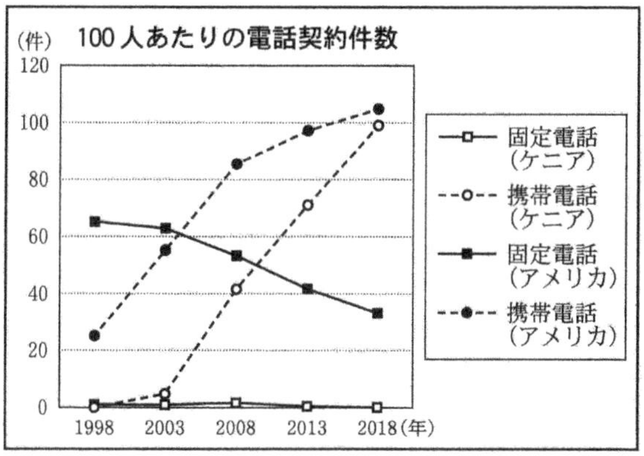

図6（「世界銀行ウェブページ」により作成）

資料1　2018年のGDP(百万ドル)

アメリカ	20,611,861
ケニア	87,779

資料2　電話の整備についての説明

固定電話は，電話線で家々をつなげる必要があるのに対し，携帯電話はアンテナを設置することで，ネットワークが整備できる。そのため，携帯電話は，初期整備コストが相対的に低い。

図7（「総務省ウェブページ」ほかにより作成）

3　図1は，鹿児島県にある芝原《しばはら》遺跡の位置と，発掘作業が行われた範囲を拡大したものである。また，AからDは，遺物が出土した地点を示している。後の1から5までの問いに答えなさい。

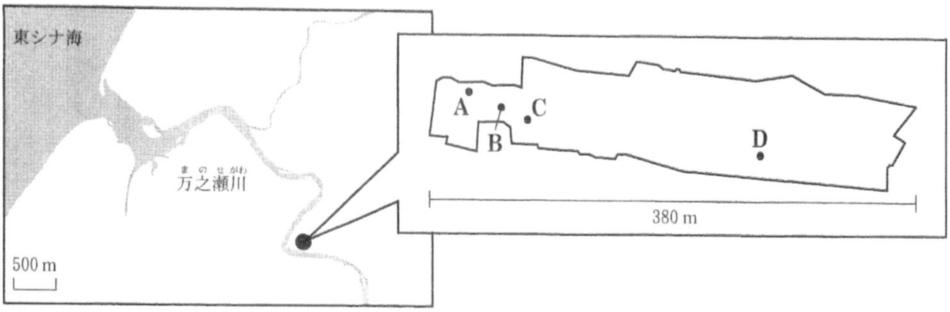

図1（「地理院地図」ほかにより作成）

1　Aでは，室町幕府の３代将軍足利義満のころに明から輸入された銅銭が発見された。足利義満が活躍した時期に，明との貿易で日本から輸出されたものとして<u>当てはまらない</u>のはどれか。

ア　鉄　砲　　イ　刀　剣　　ウ　銅　　エ　硫　黄

2　Bでは，前方後円墳が盛んに造られた時期のものと考えられる須恵器が発見された。前方後円墳が盛んに造られた時期のできごとについて述べた文として当てはまるのはどれか。

ア　稲作が，中国や朝鮮半島から渡来した人々によって初めて日本に伝えられた。

イ　ヤマト王権（大和政権）は，中国の南朝にたびたび使いを送った。

ウ　征夷大将軍となった坂上田村麻呂は，蝦夷の反乱を鎮圧した。

エ　唐に留学した最澄は，中国で新しい仏教を学んで日本へ持ち帰った。

3　Cでは，中国でつくられた青磁が発見された。青磁について述べた次の文中の Ⅰ ， Ⅱ に当てはまる語をそれぞれ書きなさい。

> 青磁は平安時代中期ごろから輸入が盛んになった陶磁器の一種である。中国でつくられた青磁は貴族に人気があり， Ⅰ が書いた小説『源氏物語』にも登場している。
>
> また，自らの子に天皇の位を譲って上皇となった後も権力を握る Ⅱ と呼ばれる政治を行った白河上皇の邸宅跡からも，青磁は発掘されている。

4　Dでは，薩摩焼が発見された。薩摩焼は，豊臣秀吉の朝鮮出兵をきっかけに，朝鮮から伝えられた技術をもとにつくられるようになった。次の(1)，(2)，(3)の問いに答えなさい。

(1)　豊臣秀吉に仕え，質素で静かな雰囲気を大切にするわび茶を大成させた人物は誰か。

(2)　豊臣秀吉が行った政策について述べた文として当てはまるのはどれか。

ア　後醍醐天皇に対抗し，京都に新たな天皇をたてた。

イ　借金に苦しむ御家人らの救済を目的に，徳政令を出した。

ウ　百姓が刀・やり・弓などの武器をもつことを禁止した。

エ　禁中並公家諸法度を定めて，天皇や公家を統制した。

(3)　18世紀後半から19世紀にかけてのたび重なる飢《き》きんなどによって，各藩は改革をせまられた。**図2**は，薩摩藩と肥前藩の政策をまとめたメモである。各藩がこれらの政策を行った成果について，□に当てはまる文を「特産物」という語を用いて書きなさい。

○薩摩藩と肥前藩が行った政策

薩摩藩	肥前藩
・質素，倹約をすすめた。 ・砂糖の原料である，さとうきびの栽培を奨励し，砂糖を藩が独占的に販売した。 ・薩摩焼を藩が独占的に販売した。	・質素，倹約をすすめた。 ・ろうの原料である，はぜの栽培を奨励し，ろうを藩が独占的に販売した。 ・有田焼を藩が独占的に販売した。

○政策の成果：藩の家臣への給料を減らし，倹約をすすめることで支出をおさえられた。
商品作物の栽培を奨励し，□。

図2

5　芝原遺跡では，A地点の銅銭やC地点の青磁など外国産品が多数発掘されている。江戸幕府は貿易を統制したが，国を完全に閉ざしていたのではなく，薩摩藩を含む四つの窓口を開いていた。江戸幕府の貿易統制下における四つの窓口として**当てはまらない**のはどれか。

ア　長崎　　イ　対馬　　ウ　松前　　エ　博多

4　生徒X，生徒Y，生徒Zは，日本の近現代の歴史と鉄道について調べ，まとめる活動を行った。次の1，2，3の問いに答えなさい。

1　図1は，生徒Xが明治時代に日光を訪れた人物と鉄道の関係について調べ，まとめたものである。後の⑴，⑵，⑶の問いに答えなさい。

> 【アーネスト・サトウ】
> ・イギリス外交官として来訪し，江戸幕府最後の将軍 [I] の通訳も務めている。
> ・日光に別荘を持ち，外国人向けパンフレットとして『日光ガイドブック』を刊行している。
>
> 【イサベラ・バード】
> ・イギリス出身の女性探検家であり，明治時代の日本を探検し，当時の [II] を訪れた際には，その地の先住民族であるアイヌ民族の文化について調べている。
> ・帰国後に出版し，反響を呼んだ『日本奥地紀行』では，日光が好意的に紹介されている。
>
> [まとめ]
> ・サトウやバードなどの明治時代に来訪した外国人たちの紹介により，観光地として関心が高まったことが，日光まで鉄道が延長された一因と考えられる。

図1

⑴　図1の [I]，[II] に当てはまる語の組み合わせとして正しいのはどれか。

ア　Ⅰ－徳川吉宗　Ⅱ－北海道　　イ　Ⅰ－徳川吉宗　Ⅱ－沖縄県
ウ　Ⅰ－徳川慶喜　Ⅱ－北海道　　エ　Ⅰ－徳川慶喜　Ⅱ－沖縄県

⑵　イサベラ・バードは，女性初の英国地理学会特別会員として活躍した。明治時代の日本の女性を取り巻く状況について説明した文として当てはまるのはどれか。

ア　学制が公布され，男女ともに小学校が義務教育になった。
イ　女性の選挙権や参政権が認められ，女性国会議員が誕生した。
ウ　バスの車掌やタイピストなどとして働く女性が増加し，女性の社会進出が進んだ。
エ　国家総動員法の制定により，女性が軍需工場で働くようになった。

⑶　明治政府は，鉄道の敷設などの近代化を進めた。行政改革においては，中央集権を進めるために，藩にかえて全国に県や府を置き，政府が派遣した県令や府知事が行政を担うことになった。この改革を何というか。

2　生徒Yは，栃木県では生糸の生産が盛んだったことを知り，日本の生糸産業と鉄道の関連について，図2，図3をもとに**まとめ**を作成した。文中の [I]，[II] に当てはまる文を，それぞれ簡潔に書きなさい。

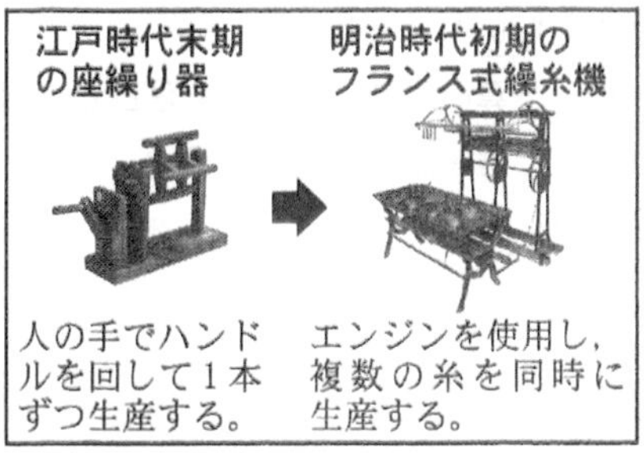

図2（「農林水産省ウェブページ」により作成）

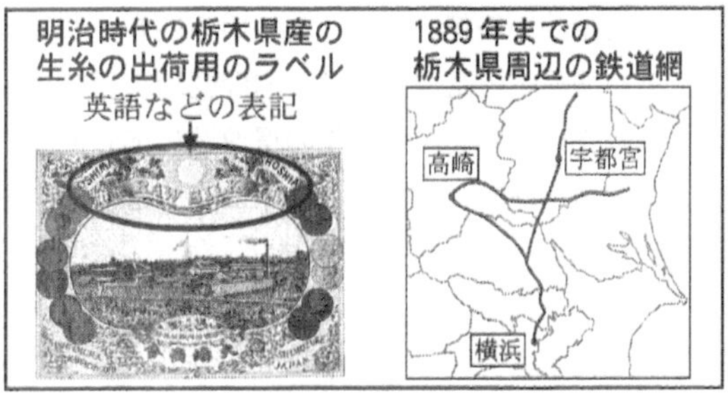

図3（「とちぎいにしえの回廊」ほかにより作成）

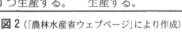

【まとめ】　図2は生糸の生産方法の変化を示したものである。図2から読み取れる生産方法の変化を踏まえ，生産量の変化について考えると，江戸時代末期に比べ明治時代初期には［　Ⅰ　］と考えられる。さらに，図3のラベルと鉄道網から読み取れることを踏まえ，生糸の流通について考えると，栃木県や群馬県産の生糸は［　Ⅱ　］と考えられる。

3　生徒Zは，国内外における鉄道敷設とその影響について調べた。次の(1)，(2)，(3)の問いに答えなさい。

(1)　図4は，南満州鉄道（満鉄）で1934年から運行された特急列車あじあ号とその路線図である。このことに関する次の文中の［Ⅰ］，［Ⅱ］に当てはまる語の組み合わせとして正しいのはどれか。

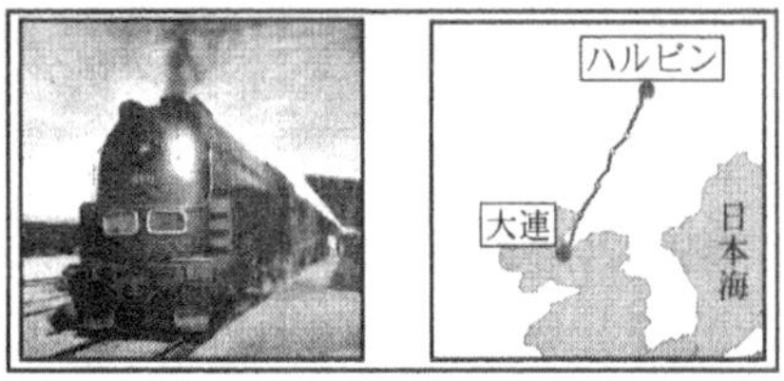

図4（「満鉄特急あじあ号」ほかにより作成）

路線図中の［　Ⅰ　］は，19世紀末に日本が獲得したが，その後，三国干渉を受け入れて清に返還し，［　Ⅱ　］戦争後に日本が租借することになった土地である。

ア　Ⅰ－ハルビン　Ⅱ－日露　　イ　Ⅰ－ハルビン　Ⅱ－日清
ウ　Ⅰ－大連　Ⅱ－日露　　エ　Ⅰ－大連　Ⅱ－日清

(2)　鉄道敷設は，国内だけでなく，影響力の及ぶ国外地域にも積極的に行われた。イギリスはインドに鉄道の敷設を進め影響力を強めた。1857年におこったイギリスの支配に対するインド人兵士らによる反乱を何というか。

(3)　東海道新幹線は1964年に開通した。東海道新幹線の開通と最も近い時期の日本におけるできごとはどれか。

ア　足尾銅山鉱毒事件発生　　イ　財閥解体
ウ　バブル経済崩壊　　エ　公害対策基本法制定

5　次の1から7までの問いに答えなさい。

1　次の文中の［　］に当てはまる語を書きなさい。

地方自治は住民の生活に身近であり，直接参加できる場面も多いことから，「地方自治は［　　］主義を学ぶ最良の学校である」と表現されている。

2　衆議院の優越が認められている内容として**当てはまらない**のはどれか。

ア　法律案の議決　　イ　内閣総理大臣の指名　　ウ　予算の先議　　エ　憲法改正の発議

3　政党に投票し，各政党の得票数に応じて議席を配分する選挙制度を何というか。

4　次のページの文中の［　］に当てはまる語を書きなさい。

> 生存権について，日本国憲法では，第25条に「すべて国民は，健康で［　　］的な最低限度の生活を営む権利を有する。」と規定されている。

5　次の会話文は，税に関する授業における会話の一部である。これを読み，後の(1)，(2)の問いに答えなさい。

> 先　生：財源確保のために増税をする場合，どの税を対象にするのがよいと考えますか。
> 生徒X：私は消費税がよいと思います。［Ⅰ］という点で公平だと思うからです。
> 生徒Y：私も賛成です。ですが，［Ⅱ］という点が課題だと思います。所得税はどうでしょうか。［Ⅲ］という点で公平だと思います。
> 生徒Z：最初は私も所得税と考えていましたが，それも課題が残るように感じます。
> 先　生：公平と言っても，様々な視点で考えなければいけないということですね。

(1)　下線部について，消費税のように納める人と負担する人が一致しない税金を何というか。

(2)　文中の［Ⅰ］，［Ⅱ］，［Ⅲ］には，次のA，B，Cのいずれかが当てはまる。その組み合わせとして正しいのはどれか。

A　同じ金額の財・サービスの購入に対して，誰でも同じ金額の税を負担する
B　所得の高い人は税率が高くなり，所得の低い人は税率が低くなる
C　所得の低い人ほど所得全体から税の支払いに使う割合が大きくなる

ア　Ⅰ－A　Ⅱ－B　Ⅲ－C　　イ　Ⅰ－A　Ⅱ－C　Ⅲ－B
ウ　Ⅰ－B　Ⅱ－A　Ⅲ－C　　エ　Ⅰ－B　Ⅱ－C　Ⅲ－A
オ　Ⅰ－C　Ⅱ－A　Ⅲ－B　　カ　Ⅰ－C　Ⅱ－B　Ⅲ－A

6　図1は，国連の安全保障理事会に提案された，ある決議案に対する投票結果を示したものである。この投票結果の説明として正しいのはどれか。

	常任理事国	非常任理事国
賛成　11か国	3か国	8か国
反対　1か国	1か国	0か国
棄権　3か国	1か国	2か国

図1

ア　全理事国の過半数の国が賛成していたため，可決された。
イ　常任理事国の中に反対した国があったため，否決された。
ウ　常任理事国の過半数の国が賛成していたため，可決された。
エ　全理事国の賛成が得られなかったため，否決された。

7　政府や企業は，様々な子育て支援を行っている。図2は，政府が一定の要件を満たした企業を子育てサポート企業として認定したことを示す「くるみんマーク」である。また，図3は，認定された企業の子育て支援への取り組み例である。次のページの説明文中の［Ⅰ］に当てはまる文を簡潔に書きなさい。また，［Ⅱ］に当てはまる文を，「利潤」と「社会的責任」の語を用いて簡潔に書きなさい。

図2（「厚生労働省ホームページ」により作成）

A社	B社
・短時間勤務制度	・男性の育休取得促進
・子の看護休暇制度	・妊娠中の働き方支援
・女性の管理職登用	・テレワーク制度の導入

図3（「厚生労働省ホームページ」により作成）

【説明文】
この認定を受けた企業は図3のように従業員の［　Ⅰ　］の両立を図り，ワーク・ライフ・バランスの実現に向けて多様な働き方を支援している。近年では，企業は［　Ⅱ　］と考えられており，図3のような従業員の労働環境整備の側面，教育や文化支援の側面，環境保護の側面など積極的に社会に貢献しようとする企業も増えている。

6 生徒Xは，観光をテーマに課題研究を行った。次の文は生徒Xが情報収集した内容の一部である。後の1から6までの問いに答えなさい。

・観光業は，ⓐ景気の変動や災害などの社会情勢に影響を受けやすい産業である。
・ⓑ世界遺産には，文化遺産，自然遺産，複合遺産の3種類がある。
・一般市民が住宅を活用して旅行者などに宿泊場所を提供するⓒ民泊が，一定の要件のもとで解禁されている。
・ⓓ企業のなかには，ⓔSDGsと関連させた観光に取り組む事例がみられる。
・観光業の発展のために，ⓕ地元住民の意見を行政が取り入れる事例がみられる。

1　下線部ⓐについて，好景気の時期に一般にみられる経済の動きについて説明した次の文中の［Ⅰ］，［Ⅱ］に当てはまる語の組み合わせとして正しいのはどれか。

好景気の時期は，商品が多く売れるようになり，企業は生産を［Ⅰ］。また景気が過熱した場合，政府は［Ⅱ］などを行い，景気の引き締めを図る。

ア　Ⅰ－増やす　Ⅱ－増税　　イ　Ⅰ－増やす　Ⅱ－減税
ウ　Ⅰ－減らす　Ⅱ－増税　　エ　Ⅰ－減らす　Ⅱ－減税

2　下線部ⓑについて，世界遺産の認定を行う機関はどれか。
ア　APEC　　イ　ASEAN　　ウ　UNESCO　　エ　UNICEF

3　下線部ⓒに関して，自由な経済活動を促し，経済を活性化することを目的として，行政が企業などに出す許認可権を見直すことを何というか。

4　下線部ⓓに関して，次の文Ⅰ，Ⅱ，Ⅲの正誤の組み合わせとして，正しいのはどれか。

Ⅰ　製造物責任法は，欠陥商品で消費者が被害を受けたとき，消費者が企業の過失を証明しなければならないと定めている。
Ⅱ　消費者基本法は，消費者の権利を明確にし，自立を支援するため，行政や企業の責務を定めている。
Ⅲ　独占禁止法は，消費者の利益を守るため企業に対して公正な競争を促すことを定めている。

ア　Ⅰ－正　Ⅱ－正　Ⅲ－誤　　イ　Ⅰ－正　Ⅱ－誤　Ⅲ－正
ウ　Ⅰ－正　Ⅱ－誤　Ⅲ－誤　　エ　Ⅰ－誤　Ⅱ－正　Ⅲ－正
オ　Ⅰ－誤　Ⅱ－正　Ⅲ－誤　　カ　Ⅰ－誤　Ⅱ－誤　Ⅲ－正

5　下線部ⓔに関して，SDGsの目標14は「海の豊かさを守ろう」である。領海の外側にあり，水産資源や鉱山資源を利用する権利の及ぶ，海岸線から200海里以内の範囲を何というか。

6　下線部ⓕに関して，次の図は，生徒Xがまとめた観光に関するレポートの一部である。図中の Ⅰ に当てはまる文として，生活上のデメリットを感じている市民が多いことが分かる理由を，**資料1**と**資料2**のどちらを根拠にするかを明らかにして，具体的な数値にふれ，簡潔に書きなさい。また， Ⅱ に当てはまる文を「場所」の語を用いて，簡潔に書きなさい。

【私の市が市民に行ったアンケート結果】

観光客が買い物，宿泊することで，市の経済が活性化し，雇用が促進される。

一部の観光地とその周辺に，混雑が発生して迷惑する人がいる。

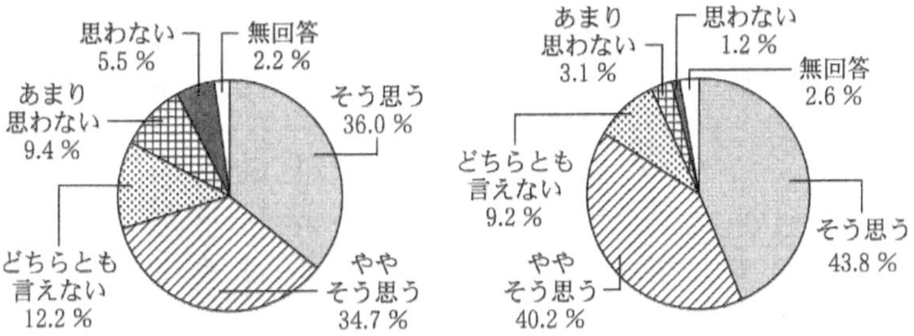

資料1　　**資料2**

※四捨五入の関係で合計は100にならない。

【アンケートの分析】

アンケートの項目に対して，「そう思う」と「ややそう思う」を合わせたものを肯定的な回答ととらえ，「思わない」と「あまり思わない」を合わせたものを否定的な回答ととらえ，分析しました。 Ⅰ ということが読み取れるので，生活上のデメリットを感じている市民が多いことが分かります。一方で，観光客が来ることで経済的なメリットを感じている市民も多いので，私は，生活上のデメリットの解消と，経済的なメリットの維持の両立を図るため，次の提案を考えてみました。

【提案】

まだ知られていない名所の魅力をアピールする動画を作成したり，有名な観光地以外にも観光客を集めるような企画を立ち上げたりする。

この提案によって， Ⅱ ことで，混雑を軽減しつつ，市全体に経済効果を広めることができると考えます。

図

(1) ①最新 と熟語の構成が同じものはどれか。

ア 予定　イ 温暖　ウ 進退　エ 無休

(2) ②よい の品詞名として最も適当なものはどれか。

ア 名詞　イ 動詞　ウ 形容詞　エ 形容動詞

(3) 会話文中の【栃木県のホームページ】に書かれていることとして最も適当なものはどれか。

ア 豊かな水資源が人の生活を支えていることが書かれている。

イ 海洋プラスチックごみが生態に及ぼす影響が書かれている。

ウ 栃木が排出する海洋プラスチックごみの量が書かれている。

エ 栃木と海とのつながりを考えていく重要性が書かれている。

(4) □ に入る内容として最も適当なものはどれか。

ア 秋に川から海へ帰っていく鮭

イ 秋に海から川へ帰ってくる鮭

ウ 春に海から川へ帰ってくる鮭

エ 春に川から海へ帰っていく鮭

(5) ③ホームページにある宣言は、俳句に詠《よ》まれているような自然環境を守りたいということだよね。二つを関連させたポスターにしてみたらどうかな　とあるが、この生徒Aの発言を説明したものとして最も適当なものはどれか。

ア これまでの発言の誤った点を指摘して訂正している。

イ これまでの発言を否定して自分の意見を述べている。

ウ これまでの発言で疑問に思ったことを質問している。

エ これまでの発言の内容を整理しながらまとめている。

2 美化委員会では、地域の人たちと一緒に、自然を守ることを啓発するポスターを、地域に掲示する活動を計画している。あなたは、A、Bどちらのポスターを選ぶか。国語解答用紙(2)に二百字以上二百四十字以内で書きなさい。

なお、次の《条件》に従って書くこと。

《条件》

(i) AとBのどちらかのポスターを選ぶこと。

(ii) 選んだ理由を明確にすること。

A

B

生徒B「じゃあ現代の私たちが情報や考えを発信する際には、どのようなことに注意するべきなのかな。」
生徒A「現代は昔よりもさらに情報発信が簡単になっていて、誰もが［Y］できてしまうことに注意するべきだと思うよ。」
生徒B「たしかにそうだね。それは本居宣長の教訓からも読み取れるね。」
生徒C「私たちが古文から学べることはたくさんありそうだね。」

(Ⅰ)［X］に入る内容を、現代語で二十字以内で書きなさい。
(Ⅱ)本文と生徒の会話を踏まえて、［Y］に入る内容として最も適当なものはどれか。
ア　自分や家族の個人情報を意図せずに不特定多数に発信
イ　他人の意見や考えをあたかも自分のもののように発信
ウ　誤った考えであっても正しい考えだと思い込んで発信
エ　受け取った人がどんな気持ちになるかを考えずに発信

5　次の1、2の問いに答えなさい。

1　次の会話文は、「環境問題解決のために」というテーマでポスター作成を行っているグループの会話の一部である。これを読んで、(1)から(5)までの問いに答えなさい。

生徒A「私たちのグループは、『海洋プラスチックごみ』の問題について、ポスターを作成しようよ。」
生徒B「インターネット上の①最新のデータや、各地の取り組みなどを調べてみようか。」
生徒C「それは②よい考えだね。」
生徒A「ちなみに、栃木ではこの問題に対してどのような取り組みをしているのか、栃木県のホームページで確認しよう。」

【栃木県のホームページ】
海洋プラスチックごみは、山から川、川から海へとつながる中で発生するものであり、上流の栃木県においても自分の問題として考えていく必要があるため、令和元（二〇一九）年八月二十七日に県及び県内全二十五市町による「栃木からの森里川湖（もりさとかわうみ）プラごみゼロ宣言」を行いました。

生徒B「栃木県のホームページには、栃木でも問題の解決に向けて取り組んでいると書いてあるね。この栃木県のホームページの内容をポスターに載せるとよいかもね。」
生徒C「なるほどね。そういえば以前、図書館でこんな俳句を見つけたよ。

鮭《さけ》のぼる川《かわ》しろじろと明《あ》けにけり　皆川盤水《みながわばんすい》

この俳句から［　］がイメージできるね。ポスターに生かせないかな。」
生徒A「③ホームページにある宣言は、俳句に詠《よ》まれているような自然環境を守りたいということだよね。二つを関連させたポスターにしてみたらどうかな。」

しければ、世にもてはやさるるによりて、なべての（一般の）学者、(1)いまだよくもととのはぬほどより、われ劣らじ（劣るまい）と、世に異なる珍しき説を出だして、人の耳をおどろかすこと、今の世のならひなり。その中には、随分によろしきことも、まれには出《い》でくめれど（出てくるようだが）、大かたいまだしき（未熟な）学者の、心はやりて言ひ出《い》づることは、ただ、人にまさらむ勝たむの心にて、軽々《かろがろ》しく、前後《まへしり》をもよくも考へ合《あは》さず、思ひよれるままにうち出《い》づる（発表する）故《ゆゑ》に、多くはなかなかなる（中途半端の）(2)いみじきひがこと（間違い）のみなり。すべて新たなる説を出だすは、いと大事《だいじ》なり。いくたびもかへさひ（繰り返し）思ひて、よく確かなるよりどころをとらへ、いづくまでもゆきとほりて、たがふ所なく、動くまじき（揺れ動かないよう）にあらずは、たやすくは出だすまじき（出してはいけない）わざ（こと）なり。その時には、うけばりて（自信満々で）良しと思ふも、ほど経《へ》て後《のち》に、いま一《ひと》たびよく思へば、なほ（やはり）悪《わろ》かりけりと、我ながらだに思ひならるる（でさえそういう気になる）事の多きぞかし（であるよ）。

（「玉勝間」から）

1　ならひ　は現代ではどう読むか。現代かなづかいを用いて、すべてひらがなで書きなさい。

2　(1)いまだよくもととのはぬほどより　の意味として最も適当なものはどれか。

ア　まだ学者が世に広く知られないうちから
イ　まだ研究が十分にまとまらないうちから
ウ　まだ研究が世に広まっていないうちから
エ　まだ学者が十分に収入を得ないうちから

3　(2)いみじきひがこと　とあるが、このことについてまとめた次の文の□に当てはまる言葉を、本文中から十一字で抜き出して答えなさい。

> 未熟な学者が焦って言い出す学説は、「□」を持つことで軽々しく思いつくままに発表してしまうものが多く、そうした学説の多くはひどい間違いばかりだということ。

4　次の会話文は、この文章を読んだ生徒の会話である。これを読んで、(I)、(II)の問いに答えなさい。

> 生徒A「この文章の著者である本居宣長《もとおりのりなが》は、この文章を通してどんなことを伝えたかったのかな。」
> 生徒B「自分の考えを世に発表する際には、何度も繰り返し考え、X ことが大切で、そうでなければ出してはいけないと述べているね。」
> 生徒C「宣長自身も、よく考えて自信をもって発表した学説でも、後から考え直したときに、やっぱりよくなかったなと思うこともあると述べているね。」

ない』って。」

　凜が口を開くが、言葉を発するよりも先に、何かに気付いて固まった。眉をひそめて、航大を睨《にら》む。

「それ、私が言った言葉でしょ。」

　航大が笑みを深める。

「正解。よく気付いたな。」

　以前この場所で、彼女が言っていた言葉だ。雑談の中の軽口のひとつだが、間違っているということもないだろう。休息は大事だ。陽《ひ》が出ていないときに(4)ガザニアが花を閉じるのは、もちろん裏表があるからなんて理由ではない。それはきっと、余計なエネルギーを使わないようにするためだ。美しく咲き続けるために、体を休める必要性を知っているからだ。

（真紀涼介《まきりょうすけ》「勿忘草《わすれなぐさ》をさがして」から）

（注1）双眸＝両目。
（注2）花がら＝咲き終わってしおれた花のこと。
（注3）逡巡＝ためらうこと。

1　□ に入る語句として最も適当なものはどれか。

ア　鼻を高くして　　イ　目を細めて
ウ　眉根を寄せて　　エ　舌を巻いて

2　(1)凜は言葉に詰まり　とあるが、凜が言葉に詰まったのはなぜか。

ア　たいしたことではないと言った自分の行動を、航大がしていたら立派なことだと考える自分の中の矛盾に気付いたから。
イ　自分の言動を否定することにつながる航大の発言は、今の自分にはとても受け入れられるものではないと気付いたから。
ウ　航大を傷付けないよう本音を言わない自分の態度が、結果として航大を傷付けることにつながっていると気付いたから。
エ　他人に優しくすることが自分の美点だと思っていたが、航大の発言から時には厳しくすることも必要だと気付いたから。

3　(2)プランターに植えられた花の姿が頭に浮かんだ　とあるが、それはなぜか。四十字以内で書きなさい。

4　(3)肩の力が抜ける　とあるが、ここから航大のどのような心情の変化が読み取れるか。六十五字以内で書きなさい。

5　(4)ガザニア　とあるが、航大はガザニアを通して、凜にどのような思いを抱いているか。

ア　ガザニアが夜には花を閉じても太陽の出ているときを選んで美しく咲くように、凜にも自分の前では普段通り明朗快活でいてほしいという思い。
イ　ガザニアが計算高く余計なエネルギーを使わずに美しい花を咲かせるように、凜にも他人の反応を計算しつつ悩みを解決してほしいという思い。
ウ　ガザニアが昼に咲いて夜には閉じる二面性があるからこそ美しいように、凜にも他人の目を気にして本音を隠す欠点を認めてほしいという思い。
エ　ガザニアが夜には花を閉じてエネルギーを蓄えながら美しく咲き続けるように、凜にも休息をとることで美点を輝かせ続けてほしいという思い。

4　次の文章を読んで、1から4までの問いに答えなさい。（……の左側は現代語訳である。）

近き世、学問の道ひらけて、大かたよろづのとりまかなひ（大体において様々なことの取り扱いが）、聡《さと》く賢くなりぬるから、とりどりに新たなる説を出《い》だす人多く、その説よろ

「俺が同じことをしていたら？」
「え？」
「俺や他の誰かが凜と同じことをしていても、たいしたことじゃないと思う？ それくらい普通のことだ、って。」
「それは……。」
(1)凜は言葉に詰まり、困ったように眉をひそめた。沈黙が、彼女の答えを雄弁に語っている。他人に優しく、自分に厳しい。それは立派な心持ちだが、それ故に自らの美点を素直に受け入れられないことは、彼女の明確な欠点だ。屋根より高いハードルを見上げて嘆息するなんて、それこそ滑稽だ。
(2)プランターに植えられた花の姿が頭に浮かんだ。一見すると美しいその花も、よく観察してみれば、咲き終わり、枯れた花をいくつもその身に付けたままにしている。重苦しく、辛《つら》そうだ。
いまの自分に、彼女の悩みを解決する力はない。しかし、彼女が抱えている不要なものを取り除くことくらいなら、自分にもできるのではないか、と航大は思う。(注2)花がらを摘むように、不当に彼女の心を重くしているものたちを、ひとつひとつ取り払う。それも、彼女の力になるということではないだろうか。
「誰だって人から嫌われることは恐《こわ》いよ。俺もそうだ。いまだって、自分の行動は凜にとって迷惑なんじゃないかって不安になってる。」
「そんな。迷惑なんかじゃないよ。」
両手を大きく左右に振り、慌てた様子で凜が否定する。その大袈裟《おおげさ》な仕草が余りにいつも通りで、航大は少し緊張がほぐれた。
普段の明朗快活な姿を、凜は本当の自分ではないと言った。でも、咄嗟《とっさ》に顔を出した彼女の一面は、航大のよく知る彼女だった。やはりその顔も、彼女を形づくる一部なのだ。たとえ演じていたものであっても、偽りではない。そのことにホッとした。
(3)肩の力が抜ける。重く考えることなんてないのではないかと思えてきた。普段通り、軽口のキャッチボールをするみたいに、思い付きを口にすればいい。それくらい気楽な方が、相手だって変に緊張しないで受け止められる。
「なあ、無責任な提案をしてもいいかな。」
凜が怪訝《けげん》な顔で航大を見る。
「無責任な言葉なら、あんまり聞きたくないんだけど。」
「それなら止《や》めとくよ。」
航大があっさりと引き下がると、凜はムッとして唇を尖《とが》らせた。
「そんなふうに言われると、却《かえ》って気になっちゃうでしょ。」
「それじゃあ、聞いてみる？」
微《かす》かに(注3)逡巡《しゅんじゅん》するような間を置いてから、凜が首を縦に振る。
「聞くだけ聞いてあげる。」
航大は頷《うなず》き、天井を見上げるようにして口を開く。
「今日の部活、休みにしたら。」
期待外れの提案に失望したように、凜の表情が曇った。
「それは無理。ただでさえ稽古がうまくいってないのに、もう本番はすぐそこなんだよ。休んでる余裕なんてないって。」
「でも、いまの状態で稽古したって意味がないんじゃないか？ 部員は現状に満足していて、凜はそこに注文をつけられないでいるんだろ。それじゃあ改善のしようがない。」
淡々とした口調で航大が指摘すると、凜は口を閉ざして俯《うつむ》いた。彼女自身、そのことは痛いほど理解しているのだろう。
「休めば改善するってものでもないと思うけどさ、俺の知り合いの役者さんが言ってたんだよ。『適度に休まないと、良い芝居なんてできが、庭園の骨格としての役割を担い続けるということ。

ウ　日本庭園の石組は、どの時代の様式によるものであろうと、後世になっても変わらない姿を見せてくれるということ。

エ　日本庭園の石組は、時代を反映させながら形状を変え、時間の経過と季節のうつろいに気づかせてくれるということ。

5　(4)日本の庭園には必ず水が引き込まれ、池がつくられる　について、ある生徒が次のようにまとめた。これを見て、(Ⅰ)、(Ⅱ)の問いに答えなさい。

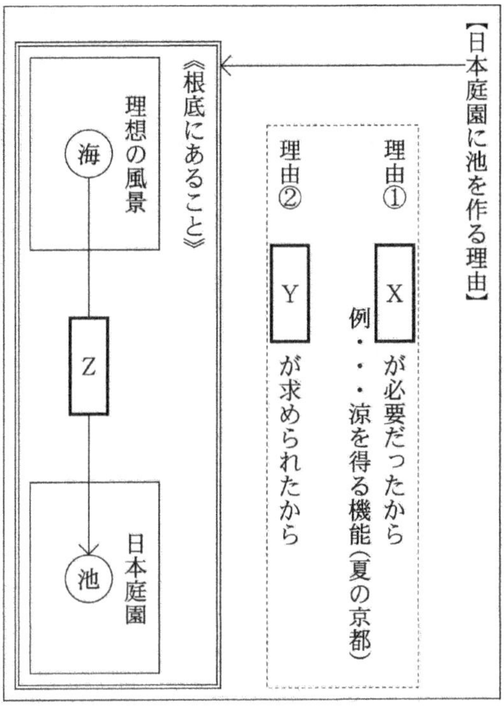

(Ⅰ)　X 、 Y に入る語句を、本文中から X は六字、 Y は七字で抜き出しなさい。

(Ⅱ)　Z に入る語句として最も適当なものはどれか。

ア　紹介する　　イ　表象する

ウ　排除する　　エ　直立する

3　次の文章を読んで、1から5までの問いに答えなさい。

元サッカー部の航大《こうだい》は、演劇部部長の凜《りん》から、劇の完成度が低いのに満足してしまっている部員たちを引っ張っていけないという悩みを打ち明けられた。その中で凜は、本当の自分は他人の目ばかりを気にして思い悩んでいる薄っぺらな人間なんだと言った。

「薄っぺらじゃないだろ。」

余計な一言はさらに彼女を傷付けることになるかもしれないと知りながら、航大は反論した。指摘せずにはいられなかった。

凜が航大に視線を向ける。彼女は痛みに耐えるように［　　］いた。濃い黒色の双眸《そうぼう》（注1）が、慰めの言葉などいらないと拒絶している。

自分が刃物を手にしているような気分になり、航大は息を呑《の》む。これから口にしようとしている言葉は、果たして本当に彼女のためになるのだろうかと不安になる。口を閉ざし、沈黙に身を委ねたくなった。

腰に手を置き、大きく息を吐く。サッカーをしていたころ、PKを蹴る前に必ずやっていたルーティンだ。肺の中の空気と一緒に、不安と弱気を体外へと追いやる。緊張がほぐれ、心が落ち着いた。

一度口から出た言葉をなかったことにはできない。勢いに任せて、航大は続ける。

「誰に頼まれたわけでもないのに早起きして学校の花を世話しているような人間が、薄っぺらなわけがない。」

「そんなの、たいしたことじゃないよ。」

謙遜ではなく、本心からそう思っているのだろう。凜の声には、突き放すような刺々《とげとげ》しさがあった。

怯《ひる》まずに、航大は言葉を重ねる。

ればならない。そうした石たちの対話的な関係によって、最終的に、石による立体的な星座、すなわち石組が成立する。

石は基本的にその形状を保ち続ける。石組は、まさに庭園の骨格として、その形状、位置関係を保ち続ける。少々大仰な言い方をするならば、(3)石組は時間を超越する。この点は、日本庭園の各時代の様式を一貫して共通するところである。

日本庭園の骨格は石組であると述べた。□、それによって何が表現されるのか。

しばしば、日本庭園は理想の風景をうつしていると言われる。理想の風景とは『作庭記』の言葉を借りれば、「生得の山水」「国々の名所」といった自然の風景である。平安時代においては、具体的には陸奥国《むつのくに》・塩竈浦《しおがまのうら》や丹後国《たんごのくに》・天橋立《あまのはしだて》であった。(注6)

ここで注目したいのは、水辺の風景である。(4)日本の庭園には必ず水が引き込まれ、池がつくられる。

なぜ、そうまでして池がつくられたのか。川から水を引いて、それを池に溜《た》めるには多くの労力を要する。ここにはもちろん実用的な機能があった。日本庭園が発達した京都は、盆地ゆえ夏は高温多湿であるため、少しでも涼を得る機能が必要だった。また、そこに水そのものの美が求められたことも大きいだろう。池や水流そのものは絶えず人を魅了する。大きな池のある庭園の場合、その水面に周囲の風景が反映することも、一つの見どころであろう。強めの風が吹いたとき、水面に漣《さざなみ》が起こる現象も人を魅了する点である。庭園の池は、言わば、常設の鏡、あるいは画面としてさまざまな様相を見せてくれる。

このように日本庭園の池の役割は、さまざまに数えることができる。が、その根底にあるのは、海を表象することである。

(注7)源　融《みなもとのとおる》の河原院《かわらのいん》も、陸奥国・塩竈浦という海辺の風景を模したものであった。それゆえ、その池は、塩竈浦の海のイメージにつながっている。

（原瑠璃彦《はらるりひこ》「日本庭園をめぐる」から）

（注1）『作庭記』＝平安時代に書かれた、造園についての書。
（注2）柳田國男＝日本の民俗学者。
（注3）依代＝神霊が出現するときの媒体となるもの。折口信夫《おりくちしのぶ》が提唱した語。折口信夫は、日本の国文学者・歌人。
（注4）乞はん＝求めること。
（注5）アニミズム＝自然界のあらゆる事物に霊魂が宿ると信じること。
（注6）陸奥国・塩竈浦や丹後国・天橋立＝ともに海の名所。
（注7）源融の河原院＝源融は、平安時代の貴族。河原院は、源融の建てた邸宅。

1　□に入る語として最も適当なものはどれか。

ア　だから　　イ　では
ウ　ところが　　エ　なぜなら

2　(1)「立てる」という人為を加える　とあるが、石を立てることには、どのような意味合いがあると筆者は考えているか。

ア　石に神霊が宿るようにするという意味合い。
イ　石を素材に神社を建立するという意味合い。
ウ　削った石を山や島に似せるという意味合い。
エ　自然石を庭園から掘り出すという意味合い。

3　(2)石どうし、さらには作庭者との対話的な関係　とあるが、どのような関係か。四十五字以内で書きなさい。

4　(3)石組は時間を超越する　とあるが、どのようなことか。

ア　日本庭園の石組は、時代で様式を変えることなく、すべての庭園に共通した配列で設置され続けるものだということ。
イ　日本庭園の石組は、時間の経過にしたがって形状を変化させる

〈国語〉

時間　五〇分　満点　一〇〇点

1 次の1、2の問いに答えなさい。

1 次の――線の部分の読みをひらがなで書きなさい。

(1) 雑誌を創刊する。　(2) 車窓からの風景。

(3) 布地を裁つ。　(4) 注意を促す。

(5) 動物を捕獲する。

2 次の――線の部分を漢字で書きなさい。

(1) 皆に注目されてテれる。　(2) ジュンジョよく並ぶ。

(3) 応募を一人一回にカギる。　(4) 商品がハソンする。

(5) 町のエンカクを調べる。

2 次の文章を読んで、1から5までの問いに答えなさい。

庭園において、石は山のようにも見えるだろう。白砂の中に置かれた石ならば、それ自体が島のようにも見えるかもしれない。ものによっては「舟石」や「亀石」などと呼ばれ、船や亀に形状が類似しているものもある。庭園の石は、そのときどきによって、いろいろなものに見える。「見立ての手法」である。

『作庭記』(注1)では、そういった石を「立てる」と記されている。要するに、素材は自然石であり加工はしないが、そこに(1)「立てる」という人為を加える。自然界では寝ていた石を、掘った地面に設置することで、あえて立たせる。

「立つ」ということは、単に物理的に直立すること以上の意味があった。たとえば(注2)柳田國男《やなぎたくにお》は、立つということは神霊があらわれることだと述べている。神社の祭礼における「柱立て」などを思い起こしても良い。古来、何かを立てたとき、それが(注3)依代《よりしろ》となり、神霊が宿ると信じられてきた。庭石を「立てる」ことの根底には同様の意味合いがあった。

もちろん、すべての石が立てられるわけではない。『作庭記』第五項に「すべて石は、立《たつ》る事はすくなく、臥《ふせ》ることはおほし。しかれども石ぶせとはいはざるか。」とあるように、実際は立てる石よりも、むしろ伏せる石の方が多い。しかし、「石伏せ」とは言わず、「石立て」と言う。あくまで優位にあるのは後者である。

興味深いのは、石を立てるにあたって、(2)石どうし、さらには作庭者との対話的な関係が構築されることである。驚くべきことに、そのこともまた、『作庭記』の「立石口伝《たていしくでん》」のなかに明記されている。

石をたてんには、まづおも石のかどあるをひとつ立《たて》おゝせて、次々のいしをば、その石のこはんにしたがひて立《たつ》べきなり。

(『作庭記』第二十二項)

石を立てるにあたっては、まず、「かど」のある主石を立てる。「かど」とは文字通りに尖《とが》っているということだけでなく、才能や趣きも意味する。そして、その主石の「こはんにしたがひて」、他の石を立ててゆかなくてはならないという。

この「こはん」については、今日は(注4)「乞《こ》はん」と解釈することが定説化している。すなわち、主石が求めているのに従って、ほかの石を立てなければならないという意味である。ここに、石の(注5)アニミズムを見てとることもできるだろう。石が石を求めているという状況。石を立てるにあたって、作庭者はその状況を理解し、石の意志を摑《つか》まなけ

MEMO

大切なことはメモしておこうネ！

2024年度

解　答　と　解　説

《2024年度の配点は解答用紙集に掲載してあります。》

＜数学解答＞

1　1　12　　2　$3\sqrt{7}$　　3　5(個)　　4　($x=$)-3，-2　　5　($a=$)-6　　6　$\dfrac{1}{9}$(倍)
　7　288π(cm^3)　　8　0.35

2　1　$28.5 \leqq a < 29.5$　　2　走る距離　350m
　歩く距離　50m(途中の計算は解説参照)　　3　解説参照

3　1　右図　　2　(1)　$5\sqrt{2}$(cm)　(2)　$\dfrac{35}{13}$(cm)
　3　解説参照

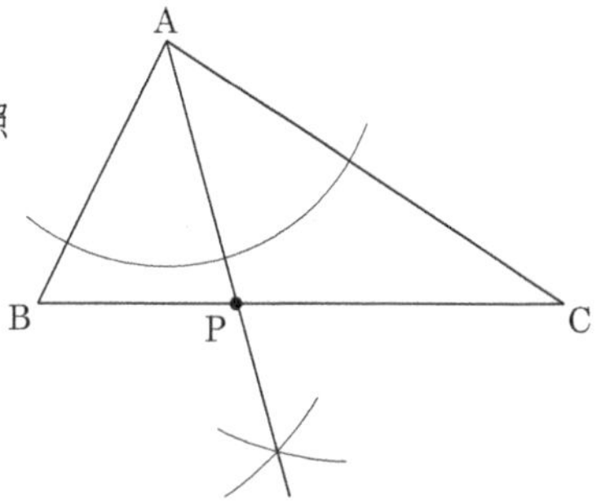

4　1　(1)　27.5(分)　　(2)　ウ　　2　(1)　20(通り)
　(2)　$\dfrac{19}{25}$

5　1　(1)　$-9 \leqq y \leqq 0$　　(2)　①　ア　　②　ウ
　(3)　$a=2$(途中の計算は解説参照)　　2　(1)　①　8
　②　6　　(2)　エ　　(3)　$\dfrac{25}{4}$(秒後)(途中の計算は解説参照)

6　1　19(列)　　2　116(人)　　3　①　$5(n-1)$　　②　$41-a+b$　　③　185

＜数学解説＞

1　**(数・式の計算，平方根，絶対値，2次方程式，反比例，おうぎ形，球，相対度数)**

1　**(負の数)×(負の数)＝(正の数)**のため，$(-4)\times(-3)=12$

2　$\sqrt{28}=\sqrt{2^2\times7}=2\sqrt{7}$ のため，$\sqrt{28}+\sqrt{7}=2\sqrt{7}+\sqrt{7}=3\sqrt{7}$

3　絶対値が3より小さい整数は-2，-1，0，1，2であるため，5個。

4　$x^2+(a+b)x+ab=0$　$(x+a)(x+b)=0$と左辺を因数分解できるため，$x^2+5x+6=0$　$(x+2)(x+3)=0$　$x=-2$，-3

5　**反比例の式は，yがxに反比例するとき，$y=\dfrac{a}{x}$(aは比例定数)と表す**ことができる。関数$y=\dfrac{a}{x}$が点$(2,\ -3)$を通るため，関数$y=\dfrac{a}{x}$に$x=2$，$y=-3$を代入すると，$-3=\dfrac{a}{2}$　$a=-6$となる。

6　**おうぎ形の弧の長さはおうぎ形の中心角に比例する。**(おうぎ形の弧の長さ)：(円の周の長さ)＝(おうぎ形の中心角)：(円の中心角)＝40°：360°＝1：9　よって，$\dfrac{1}{9}$倍となる。

7　**球の半径をrとすると，球の体積は$\dfrac{4}{3}\pi r^3$で求められる**ため，$\dfrac{4}{3}\times\pi\times6^3=\dfrac{4}{3}\times\pi\times216=288\pi$(cm^3)

8　**相対度数は，(その階級の度数)÷(度数の合計)で求められる。**度数が最も多い階級は，85回以上100回未満の階級であり，この階級の度数は7人である。度数の合計が20人であるため，85回以上100回未満の相対度数は$7\div20=0.35$となる。

2　**(近似値，連立方程式の応用，数の性質)**

1　小数第1位を四捨五入した値が29gなので，真の値は$28.5 \leqq a < 29.5$となる。

2 （途中の計算）（例）$\begin{cases} x+y=400\cdots① \\ \dfrac{x}{300}+\dfrac{y}{60}=2\cdots② \end{cases}$　②より　$x+5y=600$…③　③－①より$4y=200$

よって　$y=50$　①に代入して$x+50=400$　したがって，$x=350$　この解は問題に適している。

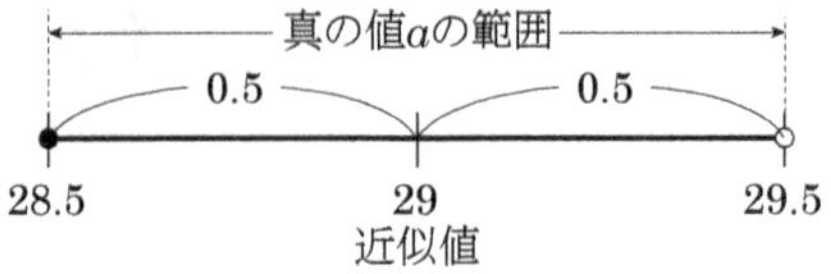

(補足説明)1周400mのトラックなので，走る距離と歩く距離を足すと400mとなる。よって，$x+y=400$と表される。また，2分でトラックを1周するので，走る時間と歩く時間を足すと2分になる。よって，$\dfrac{x}{300}+\dfrac{y}{60}=2$と表される。

3 （例）(連続する3つの自然数のうち，最も小さい数をnとすると，連続する3つの自然数はn，$n+1$，$n+2$と表される。最も小さい数の2乗と最も大きい数の2乗の和から，中央の数の2乗の2倍をひくと）　$n^2+(n+2)^2-2(n+1)^2=n^2+n^2+4n+4-2(n^2+2n+1)=2n^2+4n+4-2n^2-4n-2=2$　したがって，連続する3つの自然数で，最も小さい数の2乗と最も大きい数の2乗の和から，中央の数の2乗の2倍をひくと，つねに2となる。

3 (作図，線分の長さ，三角形の合同の証明)

1 （着眼点）**2直線からの距離が等しい点を作図するときは，角の二等分線**を用いる。

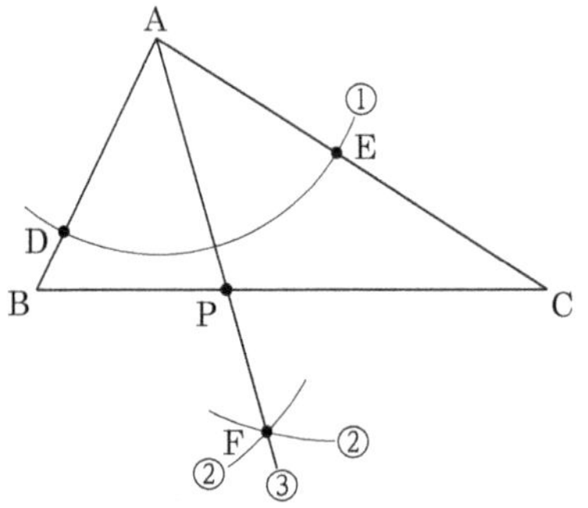

(作図手順)次の①～③の手順で作図する。　①　点Aを中心として円を描き，それぞれの交点をDとEとする。　②　点D，点Eをそれぞれ中心として，交わるように半径の等しい円を描き，交わった点をFとする。　③　半直線AFと辺BCの交点がPとなる。(ただし，解答用紙には点D，点E，点Fの記入は不要)

2 （1）　△ADCは直角二等辺三角形であり，**45°，45°，90°の直角三角形の3辺の比は1：1：$\sqrt{2}$**なので，AC：AD＝1：$\sqrt{2}$　5：AD＝1：$\sqrt{2}$

AD＝$5\sqrt{2}$(cm)

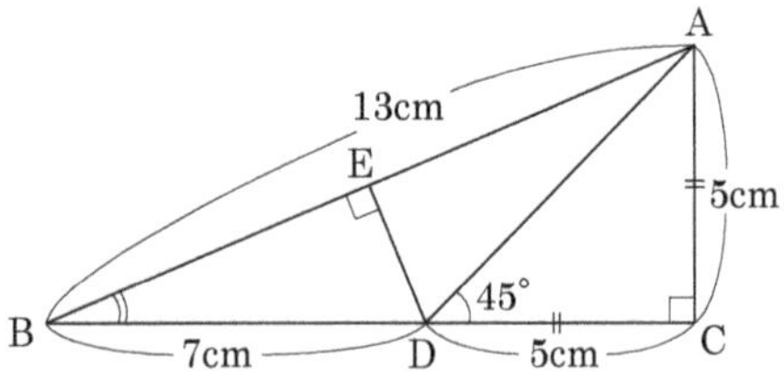

（2）　△ABCにおいて，三平方の定理を用いると$AB^2=AC^2+BC^2$　$AB^2=5^2+12^2$　$AB^2=169$　AB＞0より，AB＝13　ここで，△ABCと△DBEにおいて∠ACB＝∠DEB＝90°　∠Bは共通　2組の角がそれぞれ等しいので，△ABC∽△DBE　したがって，AB：DB＝AC：DE　13：7＝5：DE　13DE＝35

DE＝$\dfrac{35}{13}$(cm)

3 （証明）（例）△ABCと△DCBにおいて円周角の定理より，∠ACB＝∠ADB…①　∠ABD＝∠ACD…②　AD//BCより∠ADB＝∠DBC…③　①，③より∠ACB＝∠DBC…④　②，④より∠ABC＝∠DCB…⑤　BCは共通…⑥　④，⑤，⑥より1組の辺とその両端の角がそれぞれ等しいから△ABC≡△DCB

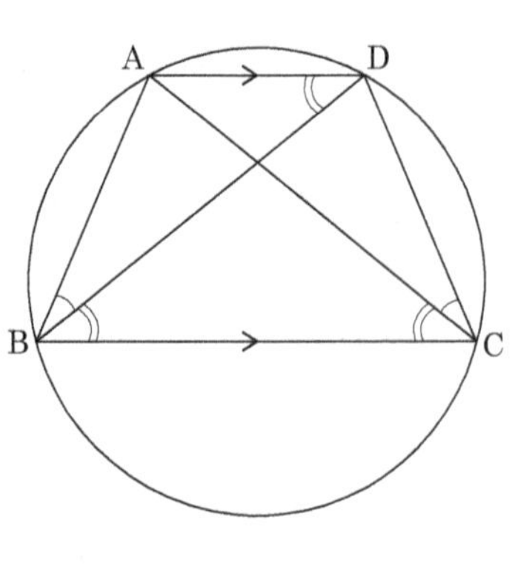

4 (ヒストグラム，箱ひげ図，確率)

1 (1)　生徒35人の通学時間のデータの最大値が含まれる階級は，通学時間が25分以上30未満の階級であるため，この階級の階級値は$\frac{25+30}{2}=27.5$(分)

(2)　生徒の人数は35人のため，第一四分位数は通学時間が短いほうから9人目の生徒の通学時間，第二四分位数(中央値)は通学時間が短いほうから18人目の生徒の通学時間，第三四分位数は通学時間が短いほうから27人目の生徒の通学時間となる。ヒストグラムから読み取ると，通学時間が短いほうから9人目の生徒がいる階級は，通学時間が5分以上10分未満の階級である。同様に，通学時間が短いほうから18人目の生徒がいる階級は，通学時間が10分以上15分未満であり，通学時間が短いほうから27人目の生徒がいる階級は，通学時間が15分以上20分未満の階級である。よって，ウが適する。

2 (1)　AさんとBさんの玉の取り出し方は，(①，②)，(①，③)，(①，④)，(①，⑤)，(②，①)，(②，③)，(②，④)，(②，⑤)，(③，①)，(③，②)，(③，④)，(③，⑤)，(④，①)，(④，②)，(④，③)，(④，⑤)，(⑤，①)，(⑤，②)，(⑤，③)，(⑤，④)の20通り。

(2)　AさんとBさんの玉の取り出し方は，(①，①)，(①，②)，(①，③)，(①，④)，(①，⑤)，(②，①)，(②，②)，(②，③)，(②，④)，(②，⑤)，(③，①)，(③，②)，(③，③)，(③，④)，(③，⑤)，(④，①)，(④，②)，(④，③)，(④，④)，(④，⑤)，(⑤，①)，(⑤，②)，(⑤，③)，(⑤，④)，(⑤，⑤)の25通り。このうち，玉に書かれた数字の和が7より大きくなるのは，(③，⑤)，(④，④)，(④，⑤)，(⑤，③)，(⑤，④)，(⑤，⑤)である。よって，玉に書かれた数字の和が7以下になるのは$25-6=19$となるため，確率は$\frac{19}{25}$となる。

5 (図形と関数・グラフ，関数とグラフ)

1 (1)　関数$y=-x^2$で，$x=-3$のとき最小値$y=-3^2=-9$，$x=0$のとき最大値$y=-0^2=0$となる。よって，yの変域は$-9 \leqq y \leqq 0$。

(2)　①　点Aは$y=ax^2$上にあるから，そのy座標は$y=a \times 2^2=4a$より，A$(2,\ 4a)$　点DはD$(-3,\ 0)$であるため，直線ADの傾きは$\frac{4a-0}{2-(-3)}=\frac{4a}{5}$と表される。よって，$y=ax^2$の$a$の値を大きくしたとき，直線ADの傾きは大きくなる。

②　点Cは点Aとy軸対称な点になるため，C$(-2,\ 4a)$。よって，線分ACの長さは$2-(-2)=4$と表される。よって，$y=ax^2$のaの値を大きくしたとき，線分ACの長さは変わらない。

(3)　(途中の計算)　(例)A$(2,\ 4a)$，B$(2,\ -4)$，C$(-2,\ 4a)$，D$(-3,\ 0)$である。△OABの底辺をABとすると，AB$=4a+4$，高さは2であるから，△OABの面積は$\frac{1}{2} \times (4a+4) \times 2=4a+4$　△OCDの底辺をODとすると，OD$=3$，高さは$4a$であるから，△OCDの面積は$\frac{1}{2} \times 3 \times 4a=6a$　2つの三角形の面積が等しくなるとき，$4a+4=6a$　よって$a=2$　この解は問題に適している。

2 (1)　$x=4$のとき，点Bは点Fに重なり，点Cは辺FG上にあり，2つの図形が重なった部分は長方形となる。よって，DC$=2$(cm)，FC$=4$(cm)となるため，$y=2 \times 4=8$　$x=7$のとき，点Bは辺FG上，点Cは点Gより右側にあり，2つの図形が重なった部分は長方形となる。よって，AB$=2$(cm)，BG$=3$(cm)となるため，$y=2 \times 3=6$

(2)　$0 \leqq x \leqq 2$のとき，2つの図形の重なる部分の面積は増加する。$2 \leqq x \leqq 3$のとき，2つの図形の重なる部分の面積は変化しない。$3 \leqq x \leqq 5$のとき，2つの図形の重なる面積は減少する。$5 \leqq x \leqq 6$のとき，2つの図形の重なる部分の面積は変化しない。$6 \leqq x \leqq 8$のとき，2つの図形の重なる面積は減少する。よって，エが適する。

(補足説明)$0 \leqq x \leqq 2$のとき，$y=4x$　$2 \leqq x \leqq 3$のとき，$y=8$　$3 \leqq x \leqq 5$のとき，$y=-x+11$

$5 \leqq x \leqq 6$のとき，$y=6$　$6 \leqq x \leqq 8$のとき，$y=-3x+24$

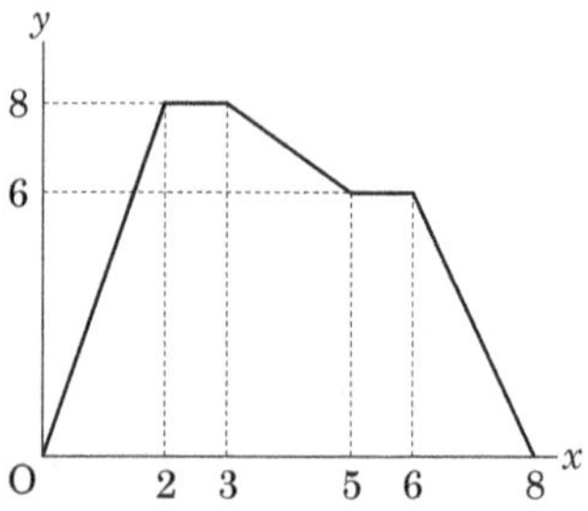

(3)　(例)グラフより，重なった部分の面積が，3秒後の面積と再び同じ12になるのは$6 \leqq x \leqq 7$のときである。$x=6$のとき$y=13$，$x=7$のとき$y=9$だから，2点(6，13)，(7，9)を通る直線の式を求めると，傾きは$\frac{9-13}{7-6}=-4$であるから，直線の式は$y=-4x+b$と表される。また，グラフは点(6，13)を通るから　$13=-4\times6+b$　$b=37$　よって，2点を通る直線の式は$y=-4x+37$である。$y=12$を代入すると，$12=-4x+37$　$x=\frac{25}{4}$　この解は問題に適している。

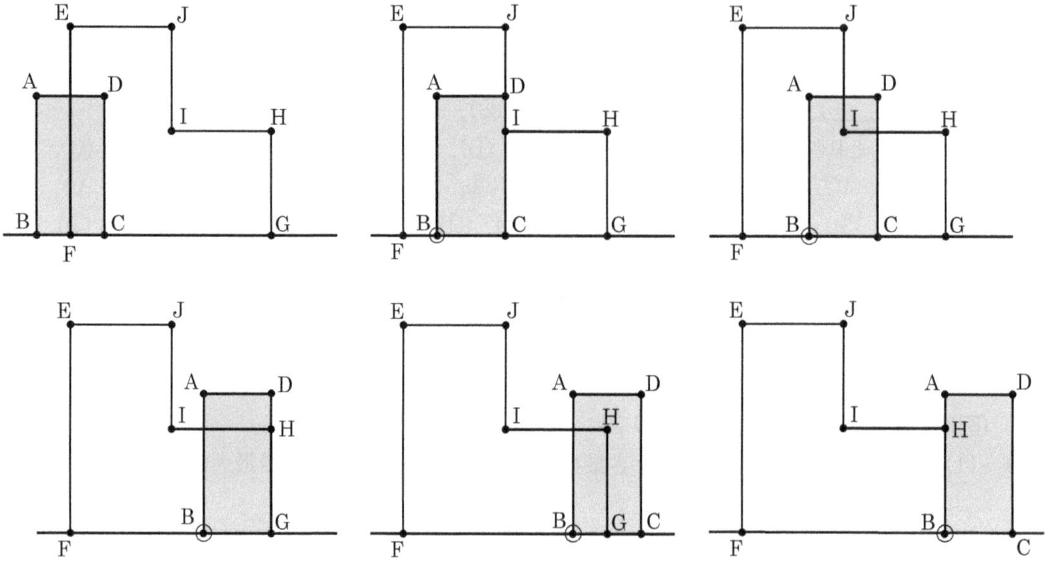

[6]　(規則性，文字を使った式)

1　$92 \div 5=18$あまり2となるので，$92=5\times18+2$と表すことができる。よって，A中学校の生徒の参加人数が92人のとき，新幹線では，生徒が5人ずつ18列に座り，残りの2人がもう1列に座るので，必要な新幹線の座席の列数は19列となる。

2　B中学校の必要な新幹線の座席の列数が24列であるということは，新幹線では，生徒が5人ずつ23列に座り，残りのa人$(1 \leqq a \leqq 5)$がもう1列に座ると考えられる。よって，B中学校の生徒の参加人数は$5\times23+a$(人)と表される。同様に，B中学校の必要なタクシーの台数が29台であるということは，タクシーでは生徒が4人ずつ28台に乗り，残りのb人$(1 \leqq b \leqq 4)$がもう1台に乗ると考えられる。よって，B中学校の生徒の参加人数は$4\times28+b$(人)と表される。したがって，$5\times23+a=4\times28+b$　$115+a=112+b$　$3=b-a$という式が成り立ち，$1 \leqq a \leqq 5$　$1 \leqq b \leqq 4$より，$a=1$　$b=4$と求められる。ゆえに，B中学校の生徒の参加人数は$5\times23+1=116$(人)。

3　①　必要な新幹線の座席の列数をnとすると，新幹線では，生徒が5人ずつ$(n-1)$列に座り，残りのa人$(1 \leqq a \leqq 5)$がもう1列に座ると考えられる。よって，B中学校の生徒の参加人数は$5\times(n-1)+a=5(n-1)+a$(人)と表される。

②　必要なタクシーの台数は$n+10$と表されるから，生徒が4人ずつ$(n+9)$台に乗り，残りのb人$(1 \leqq b \leqq 4)$がもう1台に乗ると考えられる。よって，B中学校の生徒の参加人数は$4\times(n+9)+b=4(n+9)+b$(人)と表される。したがって，これら2つの式を使うと，$5(n-1)+a=4(n+$

$9)+b$　$5n-5+a=4n+36+b$　$n=41-a+b$と表すことができる。

③　$1\leqq a\leqq 5$　$1\leqq b\leqq 4$より，$n=41+b-a$が最小となるときのaの値とbの値は，$a=5$，$b=1$と求められる。したがって，必要な新幹線の座席の列数は$n=41+1-5=37$となる。ゆえに，最も少ない生徒の参加人数は$5\times(37-1)+5=185$(人)となる。

＜英語解答＞

[1]　1　(1)　イ　(2)　ウ　(3)　エ　(4)　ア　2　(1)　ア　(2)　エ　(3)　ウ
3　(1)　letters　(2)　remember　(3)　movie　(4)　better than

[2]　1　(1)　イ　(2)　ウ　(3)　イ　(4)　ウ　(5)　ア　(6)　エ
2　(1)　ウ→ア→エ→イ　(2)　イ→ア→エ→ウ　(3)　オ→イ→エ→ア→ウ
3　(例1)I recommend music class. In the class, you can sing songs about cherry blossoms. Cherry blossoms are very special for us. You can also learn Japanese words from the song.　(例2)I recommend home economics because you can cook Japanese food in the class. Have you ever eaten *miso* soup? It is a popular food in Japan. I will show you how to cook it. It is very delicious.

[3]　1　ウ　2　タマネギを食べると，疫病にかからないということ　3　強いにおいを持たないタマネギ。　4　イ

[4]　1　エ　2　雄太が虫たちのためにできることは何もないということ。　3　(例1)made their home　(例2)built their home　4　ア　5　イ

[5]　1　(例1)What is your topic　(例2)What topic did you choose　2　cars
3　イ　4　(1)　(例1)is good for health　(例2)is good for their bodies
(2)　(例1)go to work by bike　(例2)use bikes to go to work　(3)　(例1)I can see trees　(例2)there are trees　5　ウ　6　多くの小学生が，交通ルールについてほとんど毎週授業で学ぶということ。

＜英語解説＞

[1]　(リスニング)

放送台本の和訳は，55ページに掲載。

[2]　(語句補充・語句並べ換え問題・条件英作文：不定詞，形容詞，名詞，前置詞，副詞，動名詞，目的語と補語，進行形，分詞)

1　(全訳)　こんにちは！　今日は「トチマル公園」について(1)[話をさせて]ください。そこへ行ったことがありますか？　この公園は自然(2)[に富んでいる]ので，キャンプやハイキング，釣りを楽しむことができます。一年中たくさんの人気イベントを行っています。そのうちの1つが「春のいちご祭り」(3)[です]。これは毎年4月1日(4)[から]15日まで開催されます。もしいちごが大好きならこのお祭りを楽しめるでしょう。この公園が30年(5)[前]のこの日に開園したので，今年は4月15日が特別な日になります。そのため夜に花火が行われます。この公園を訪れてみてはどうでしょうか。(6)[聞いてくれて]ありがとうございます。

(1)　**<let +人+動詞の原形>で「(人)に〜させる」**となる。　(2)　be full of 〜「〜でいっぱいの，〜に富む」　(3)　one of「〜のうちの1つ」の意味なので単数となる。　(4)　from A to B「AからBまで」　(5)　ago「〜前に」　(6)　前置詞の後ろに動詞を続ける場合は動名詞 ing の形にして「〜すること」の意味となる。

2　(1)　(My grandma) bought it for me (last weekend.)「先週末祖母が私にこれを買ってくれました」**<buy +物+ for +人><buy +人+物>で「(人)に(物)を買う」**の意味。
(2)　(I'm) reading a book written in (English.)「英語で書かれた本を読んでいます」<be動詞＋動詞の ing形>で「〜しているところだ」という進行形の意味を表す。**動詞の過去分詞形は名詞の前後について「〜された(名詞)」**と表現することができる。ここでは a book に write「書く」の過去分詞 written を続けて「書かれた本」という意味になる。
(3)　Which season do you like (?)「どの季節が好きですか」which「どの，どちらの」

3　<姉妹校の生徒からのメール>
(全訳)　こんにちは！　私たちはあなた方の学校を来月訪れるつもりです！　滞在中はあなたの学校の授業に参加したいと思っています。私たちの多くは日本の文化に興味があるので，授業で経験をしたいと思います。私たちに授業を1つおすすめしてくれませんか。ジェイムズ
解答例1「私は音楽の授業をおすすめします。授業では桜の歌を歌うことができます。桜は私たちにとってとても特別なのです。その歌から日本の言葉を学ぶこともできます」，解答例2は「私は授業で日本食を作ることができるので家庭科をおすすめします。今までお味噌汁を飲んだことはありますか？　これは日本で人気の食べ物です。作り方を教えます。とてもおいしいです」の意味。自分の考えについて理由を書く練習をしておくこと。

3　(長文読解問題：語句補充，日本語で答える問題，指示語)

(全訳)　あなたはタマネギが好きですか？　タマネギは歴史の中で人が育ててきた一番古い植物の一つです。実はピラミッドの壁の絵にはタマネギを食べている人たちが書かれています。またピラミッドを建てた人たちはタマネギを食べると活力を感じるのでタマネギを食べていました。エジプトでは人々はタマネギには悪いものを近づけない力があると信じていました。実際彼らは玉ねぎと共に王たちを埋葬しました。そうすることで自分たちが尊敬する人たちをA(守ろう)としていたのです。

14世紀のヨーロッパでは人々はタマネギが病気を予防できると信じていました。多くの人たちが疫病にかかった時，「タマネギを食べると疫病にかからない」といううわさを信じました。疫病にタマネギが効果があるのかはわかりませんが，19世紀の日本で(1)同じことが起こりました。現在何年もの研究のあとで科学者たちはタマネギが多くの病気を予防することを発見しています。もし病気になりたくなければタマネギを食べたほうがいいです。

おいしい料理には欠かせないので世界中で人々はタマネギを料理に使っています。しかしその強いにおいのためにタマネギが嫌いな人もいます。今日，科学者はそのようなにおいがない特別なタマネギを開発しています。もし(2)このようなタマネギが使われたら，おそらくより多くの人たちがタマネギを好きになるでしょう。

お分かりの通り，タマネギは長い間私たちと共にあります。もしタマネギがなかったら，B 私たちの生活は違うものだったでしょう。タマネギには私たちが知らない力があるかもしれません。どう思いますか？

1　第1段落第5文の悪いものを寄せつけないという内容からウ「守る」がふさわしい。　ア「創造する，生み出す」　イ「ついて行く，従う」　エ「理解する」

2　日本とヨーロッパで the same thing「同じこと」が起こっているのでヨーロッパについて述べられている箇所を読む。日本文に「多くの人が」とあるので第2段落第2文を参照する。

3　those「それらの，あれらの」が指しているのは直前に述べられているタマネギのこと。

4　長い歴史の中タマネギがそばにあった現実から考えると，タマネギがなかったらウ「生活が違う」がふさわしい。ア「私たちの生活は快適だろう」，イ「私たちはお腹が空かないだろう」，エ「飽きないだろう」は文脈と合わない。

4　(長文読解問題・物語文：語句補充，日本語で答える問題，英問英答，内容真偽)

私は小さいころ本当に虫が大好きでした。家の近くの森で一日を過ごし，その小さな世界を見ていました。私はいつもその虫たちのことを考えていました。彼らは私の友達でした。

9歳の時，クラスメイトが「ねえ，雄太，家のそばの森にショッピングモールが建てられるよ！」と私に言いました。彼らはそのことで興奮していましたが，私はしませんでした。私は森の友達のことが$_A$(心配)でした。「もし森が切り倒されたら，彼らは家を失ってしまう」と思いました。

私は家に帰って姉の沙織にショッピングモールについて話しました。私は下を向いて「僕の友達が家を失っちゃう」と言いました。彼女は「ええと，虫たちのために何かあなたにできることがあると思うけど」と言いました。私は「ないよ」と答えました。彼女は「本当にそう思う？　決してあきらめなければ友達を救えると思うよ」と言いました。

その夜私は「虫たちを救うために何ができるだろう」と何度も考えました。そして私はある考えを思いつきました。「もし彼らが家を失うようなら，僕が庭に彼らの家を作る」。私はそうすることに決めました。

次の朝，私は必要な情報を集め始めました。図書館に行ってたくさんの本を読みました。彼らが生きるために必要なものを見に森へ行きました。そして彼らの家を作り始めました。作っている間，彼らとの幸せな思い出のことを考えていました。沙織が私の所へ来て「他の人の手助けなくあなたができることを見つけたね」と言いました。私は彼女に笑顔を向けました。彼らの家を作り終わったとき，「どうかここに来て住んでね」と言いました。私は祈りながら待ちました。

何か月か後，そこに何種類かの虫を見ました。チョウが花の周りを飛んでいました。そしてトンボが枝で休んでいました。ある日何かが落ち葉の中で動いているのを見つけました。それは幼虫でした！　私は「ようこそ！　ここで生まれたんだね！　この家は好き？」と言いました。私は自分が作った場所に友達が住んでいるのを見つけてとても$_B$(うれしく)思いました。

今，私は研究者として働いていて，人と動物がどのように共存するかを研究しています。私が虫のために作った家は小さかったです。しかしその経験は私の人生を$_C$(大きく変え)，それ以来ずっと私の思い出に残っています。「状況を改善するためには私はいつでも何かできる」。これが経験から学んだことです。

1　(A)　直後の雄太の気持ちから心配していることがわかる。　(B)　虫たちが作った家に来てくれた時のうれしい気持ちを述べている。

2　so は「そのように，そう」と前述の内容を指すことができ，ここでは前の雄太の発話を指している。姉に言われたことに対して否定している内容であることに注意する。

3　「雄太は森の虫たちを救うために何をしましたか」　解答例1「彼は庭に彼らの家を作った」　解答例2「彼は庭に彼らの家を建てた」第5段落参照。

4　最終段落第2文の「家は小さい」に対して，逆接の However「しかし」以降の内容は「大きい」となると考える。イ「素晴らしい意見」，ウ「小さな質問」，エ「小さなスペース」は文脈に合わない。

5 ア 「沙織は雄太にクラスメイトを救うために何か新しいことを始めるべきだと言った」(×) 第3段落参照。 イ 「雄太は沙織と話したあとに虫たちのために何ができるかについて考えた」(○) 第4段落参照。 ウ 「沙織は雄太に図書館へ行って虫についての本をたくさん読むように言った」(×) 第5段落参照。 エ 「雄太は9歳の時に沙織とした経験について忘れていた」(×) 最終段落参照。

5 (会話読解問題：条件英作文，語句補充，日本語で答える問題，指示語)

(全訳) クリス：やあ，智也。来週英語の授業でプレゼンテーションをするんだよね？ プレゼンテーションの$_{A}$トピックは何？

智也 ：やあ，クリス！ えっと僕のトピックは自転車に乗ることだよ。

クリス：なんていいトピックなんだ！ アムステルダムではたくさんの人たちが自転車が大好きなんだよ。実際僕は2台自転車を持っていて，両親もそれぞれ1台ずつ持ってる。

智也 ：本当？ 僕は自分の自転車を持ってるけど両親は持っていないよ。彼らは出かけるのに$_{B}$(車)を使ってる。

クリス：僕の国でも1970年ころはたくさんの人が車を使っていたよ。でも当時たくさん車の事故があって，ガソリンはとても高かったんだ。だからみんな代わりに$_{C}$自転車に乗ることを選んだんだ。

智也 ：なるほどね。自転車に乗ることが今日本で人気だからインターネットで日本で自転車に乗る理由を確認したよ。これがウェブサイトから僕が作ったグラフ。見て，気持ちよく感じるから自転車に乗る人の数が一番大きいと表している。それに200人以上の人が自転車は手軽に使えると感じていて，197人が自転車に乗ることが$_{(1)}$健康にいいと思っていると言ってる。

クリス：アムステルダムでは自転車は人気の交通手段だよ。知ってた？

智也 ：いや。そのことについてインターネットで確認するね。ああ，この円グラフは48％の人が$_{(2)}$自転車で仕事に行くと表しているね。

クリス：その通りだよ。アムステルダムは今自転車にやさしい都市として知られているんだよ。例えば自転車に乗る人たちのための専用のレーンがあるよ。

智也 ：そのレーンはどんな感じなの？

クリス：アムステルダムにはいくつかの種類の自転車レーンがあるんだ。僕の家の近くの道の写真があるよ。これを見て。車と自転車，そして歩行者にそれぞれレーンがあるんだ。

智也 ：この写真では車のレーンと自転車のレーンの間に$_{(3)}$木が見えるから，自転車に乗っているこの人は危険が少なく感じるよね？ 僕の市にも自転車レーンがあるけど時々自転車と車が同じレーンを使わないといけないんだ。今日本ではもっと多くの人たちが自転車に乗るから，アムステルダムみたいに$_{D}$(安全な)環境を開発することが重要だね。

クリス：うん。若い子供たちへの交通ルールの教育も重要だと思う。僕の国では多くの小学生がほぼ毎週授業で学んでるよ。

智也 ：$_{(4)}$それは素晴らしい教育システムだね！ そのことについてプレゼンテーションで話すよ。

1 直後に智也がトピックについて答えているのでトピックについて聞いていると考える。解答例2は「プレゼンテーションにどのトピックを選びましたか？」の意味。

2 直後にクリスが車の話をしている。

3 クリスは過去の車の問題点を述べているので，代わりに自転車を使っていることが考えられるのでイがふさわしい。ア「もっと車を買った」，ウ「車を使うことに決めた」，エ「自転車に乗ることをやめた」は文脈に合わない。空欄直後のinsteadは「その代わりに」の意味。

4　(1)　図1の3位を参照。解答例2は「彼らの体にいい」の意味。　(2)　図2を参照。解答例2は「仕事に行くのに自転車を使う」の意味。　(3)　図3を参照。解答例2は「そこには木がある」の意味。

5　智也はレーンの安全性について述べているのでウ「安全な」がふさわしい。ア「きれいな」，イ「新鮮な」，エ「弱い」は文脈に合わない。

6　thatは前述された内容を指すことができる。ここでは直前のクリスの発話内容を指しているのでまとめる。

2024年度英語　放送を聞いて答える問題

〔放送台本〕

これから聞き方の問題に入ります。問題用紙の四角で囲まれた1番を見なさい。問題は1番，2番，3番の三つあります。

最初は1番の問題です。問題は(1)から(4)まで四つあります。英語の対話とその内容についての質問を聞いて，答えとして最も適切なものをア，イ，ウ，エのうちから一つ選びなさい。対話と質問は2回ずつ言います。では始めます。

(1)の問題です。*A*: Bob, I can't find my cap.
B: Oh, Lisa. You mean the one with a bird on its front?
A: Yes. It also has three flowers on its side.
B: I saw it on the chair.
質問です。Q: Which is Lisa looking for?

(2)の問題です。*A*: Hey, I'm really happy that I can go to the amusement park with you tomorrow! It's raining today, but I hope it will be fine.
B: Let's have a great time there. Have you checked the weather information for tomorrow?
A: No. I'll check it on the Internet now. Well, it says, "It's going to be sunny in the morning and cloudy in the afternoon."
B: I'm glad that it will not rain.
質問です。Q: What does the weather information say about tomorrow's weather?

(3)の問題です。*A*: It's almost noon. Let's eat lunch before we get to the movie theater!
B: But we have only 15 minutes. The movie will start soon.
A: Oh, really? Then, how about buying something at the theater and eating them in our seats?
B: Okay.
質問です。Q: Why will they eat lunch at the movie theater?

(4)の問題です。*A*: It's our first time to come to this department store. Where can we buy books and soccer balls?

B: Hey, here is a map! It says we can buy books on the second floor, and soccer balls on the third floor.

A: Let's go to look at the books first.

B: Okay, let's go.

質問です。　Q: What will they do first?

〔英文の訳〕

(1)　A：ボブ，私の帽子が見つからないの。

B：ああ，リサ。前に鳥がついてる帽子のこと？

A：うん。横にも花が3つついているの。

B：椅子の上にあったのを見たよ。

Q：リサが探しているのはどれですか？

答え：イ

(2)　A：ねえ，明日あなたと一緒に遊園地に行けてとても嬉しい！　今日は雨が降っているけど明日は晴れるといいな。

B：そこでいい時間を過ごそうね。明日の天気情報を確認した？

A：いや。今インターネットで確認する。ええと,「午前中は晴れて午後は曇り」って言ってるよ。

B：雨が降らないみたいでよかった。

Q：明日の天気について天気情報は何と言っていますか？

答え：ウ

(3)　A：そろそろ正午ね。映画館に着く前にランチを食べよう！

B：でも15分しかない。映画はすぐに始まるよ。

A：え，本当？　じゃあ映画館で何かを買って席で食べるのはどう？

B：オーケー。

Q：彼らが映画館でランチを食べるのはなぜですか？

答え：エ　時間がないから。

(4)　A：このデパートに来るのは初めてだね。本とサッカーボールはどこで買えるかな？

B：ねえ，ここに地図があるよ！　本は2階で，サッカーボールは3階で買えるって書いてあるよ。

A：まず本を見に行こう。

B：オーケー，行こう。

Q：彼らは最初に何をしますか？

答え：ア　本を見に2階へ行く。

〔放送台本〕

次は2番の問題です。英語の対話とその内容についての質問を聞いて，答えとして最も適切なものをア，イ，ウ，エのうちから一つ選びなさい。質問は(1)から(3)まで三つあります。対話と質問は2回ずつ言います。では始めます。

Tom: Hey, Ami. What are you doing?

Ami: Hi, Tom. I'm making a poster for a presentation about the history of our school.

Tom: Wow, looks good! Oh, our school had only one building in the past.

Ami: Yes. As you can see in the picture on the right, one more building was built in front of the old one. Then, look at the trees in both pictures.

Tom: Wow, are they the same trees? It's taller than the old building now.

Ami: You're right! Look at the pictures of school uniforms. In the old design, girls wore skirts and boys wore hats. Now, we can choose one from these three kinds of uniforms. My favorite part of the new design is this tie.

Tom: I like this jacket because it's easy to move my arms.

Ami: It's interesting to learn about our school, isn't it? Actually, I'm thinking of putting more information on my poster.

Tom: How about school lunch? I was surprised that the menu changes every day. What is the most popular food on the menu?

Ami: I think noodle such as ramen, but I'm not sure.

Tom: So, why don't you check the most popular school lunch in the past and now? Then, put the result on your poster.

Ami: That's a good idea! I will do that!

(1)の質問です。

Which is true for [A] in the poster?

(2)の質問です。

What does Ami like about the new design of the school uniform?

(3)の質問です。

What will Ami put on her poster?

〔英文の訳〕

トム：やあ，アミ。何をしているの？

アミ：こんにちは，トム。私たちの学校の歴史についてのプレゼンテーションのポスターを作っているの。

トム：わあ，いい感じだね！　ああ，昔はこの学校には一つの校舎しかなかったんだ。

アミ：そうなの。右の写真にあるように古い校舎の前にもう一つ建てられたの。じゃあ，両方の写真にある木を見て。

トム：わあ，これは同じ木？　今は古い校舎よりも高くなっているね。

アミ：その通り！　制服の写真を見て。昔のデザインでは女子はスカートを着て，男子は帽子を被っていたの。今はこの3種類の制服から1つ選べるよね。この新しいデザインの私の好きなところはこのネクタイ。

トム：僕は腕を動かしやすいからこのジャケットが好きだな。

アミ：自分の学校について知るのって面白いよね？　実はこのポスターにもっと情報を入れようと考えているの。

トム：学校の給食はどう？　毎日メニューが変わるから驚いたんだ。メニューで一番人気の料理は何？

アミ：ラーメンみたいな麺類だと思うけど，よくわからないな。

トム：じゃあ，昔と今の一番人気の給食メニューを調べたらどう？　そしてその結果をポスターに入れるんだよ。

アミ：それはいい考えだね！　そうするね！

質問(1)　ポスターの[A]に入る正しいものはどれですか？

答え：ア

質問(2)　制服の新しいデザインについてアミは何が好きですか？
答え：エ　ネクタイ
質問(3)　アミはポスターに何を入れますか？
答え：ウ　過去と現在の一番人気の学校給食。

〔放送台本〕

次は3番の問題です。あなたは，帰国するALTのブラウン先生(Mr.Brown)に贈るプレゼントについて，クラスで話し合いをしています。クラスメイトのエレナ(Elena)，陽次(Yoji)，真奈(Mana)の意見を聞いて，メモの(1)から(4)に適切な英語を書きなさい。ただし，(1)，(2)，(3)には英語1語を，(4)には英語2語を書きなさい。対話は2回言います。では始めます。

Yoji:　What should we give to Mr. Brown? What do you think, Elena?
Elena: I think we should give him letters. We can show our thanks to him in the letters. How about you, Yoji?
Yoji:　I think we can give him some pictures of our school events and our town. If he has those pictures, he can remember the days he spent here. What do you think, Mana?
Mana: I think both presents are really nice. Hey, how about making a short movie for him? In the movie, we can tell him our thanks and show him some pictures too. I think he will be happy to see that our English is better than before.
Yoji:　What a great idea!

〔英文の訳〕

陽次　：ブラウン先生に何を送ったらいいかな。エレナ，どう思う？
エレナ：私は彼に手紙をあげるのがいいと思う。手紙で彼に感謝を表せるよね。陽次は？
陽次　：僕は学校行事とこの町の写真を彼にあげることができると思ってる。もしその写真があればここで過ごした日々を思い出せるよ。真奈はどう思う？
真奈　：両方のプレゼントが本当にいいと思う。ねえ，彼のために短い動画を作るのはどう？　動画で彼に感謝を伝えて，写真も見せるの。私たちの英語が前よりも良くなっているのを見られて嬉しいと思うの。
陽次　：それはいい考えだ！

答え：(1)　letters　「手紙」
　　(2)　He can (remember) the days here.　「ここでの日々を思い出せる」
　　(3)　a short (movie)　「短い動画」
　　(4)　We can show him our English is (better) (than) before.　「私たちの英語が以前よりも上手になっているのを彼に見せることができる」

＜理科解答＞

1　1 イ　2 ウ　3 エ　4 ア　5 上方置換法　6 85m　7 組織液　8 マグニチュード

2　1 エ　2 ① 土A　② 二酸化炭素　3 生態系

4　変化が起こる順：イ→ウ→ア

3　1　電気器具　エアコン　電流　10A　2　時間帯　エ　電力量　2450Wh
3　イ

4　1　晴れ　2　4月30日18時　3　エ

5　1　①　化学　②　電気　2　①　－　②　A　3　ア　4　①　ア
②　(例)銅イオンが亜鉛板の表面で電子を受け取った

6　1　示相化石　2　①　運搬される　②　流水　3　古い順：イ→ア→エ→ウ
4　①　ア　②　イ

7　1　種子をつくらないグループ　A　つくるもの　胞子　2　ウ　3　分類されるグループ　F　理由　(例)コスモスはオクラと同じように主根と側根があるため。

8　1　①　上向き　②　差
2　重力の大きさ　0.16N　浮力の大きさ　0.03N
3　ウ　4　ようす　ウ　理由　(例)物体Bの方が物体Aよりも大きな浮力がはたらくから。

9　1　発生した液体が(例)加熱部分に流れて，試験管が割れるのを防ぐため。
2　$2NaHCO_3 \rightarrow Na_2CO_3 + H_2O + CO_2$
3　質量　0.55g(右図)

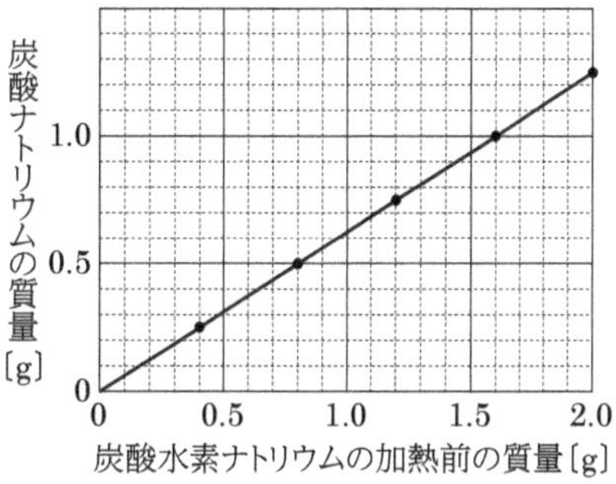

＜理科解説＞

1　(小問集合―動物の分類，惑星，単体，放射線，気体の集め方，音，血液，地震)

1　動物は，背骨をもつ**セキツイ動物**と背骨のない**無セキツイ動物**の2つのグループに分けることができる。さらにセキツイ動物は魚類，両生類，ハチュウ類，鳥類，ホニュウ類の5つのグループに分類される。イモリとカエルは両生類，タツノオトシゴは魚類である。

2　太陽のまわりをそれぞれの軌道上で公転している水星，金星，地球，火星，木星，土星，天王星，海王星を**惑星**という。惑星は，小型で密度が大きい**地球型惑星**(水星，金星，地球，火星)と，大型で密度の小さい**木星型惑星**(木星，土星，天王星，海王星)に分けられる。水星と金星は地球よりも内側を公転するので内惑星，それ以外は地球よりも外側を公転するので外惑星とよばれる。

3　原子の種類を**元素**といい，1種類の元素でできている物質を**単体**，2種類以上の元素からできている物質を**化合物**という。ア～エのそれぞれを表す**化学式**は硫酸(H_2SO_4)，硫酸バリウム($BaSO_4$)，硫化鉄(FeS)，硫黄(S)である。

4　**放射線**には，物質を通りぬける性質(透過性)や，物質を変質させる性質がある。X線は透過性が大きく，レントゲン検査はからだにX線を照射し，透過したX線を画像化している。

5　水にとけやすい気体は，容器に満たした水と置きかえて集める**水上置換法**で集めることはできない。また，空気より軽い(空気より密度が小さい)気体は空気中で上昇するので，容器を上からかぶせるようにして集める**上方置換法**が適している。

6　たいこから壁までの距離をxmとすれば，$2x \div 0.50$(秒)＝340(m/秒)　したがって，x＝85(m)

7　血液は，液体成分である**血しょう**と固形成分である血球からなり，血しょうは栄養分や不要物の運搬などのはたらきをする。この血しょうが毛細血管の壁から細胞と細胞の間にしみ出したものを**組織液**という。細胞は組織液の中にひたっていて，組織液をなかだちとして血液と細胞の間の物質の交換が行われる。

8　地震によるゆれの大きさは，日本では10階級の**震度**で表される。一方，地震の規模は地震のエネルギーの大きさのことで，**マグニチュード**(記号：M)で表される。

2　(自然界のつながり－微生物のはたらき，生態系，食物連鎖)

1　実験では，土の中の微生物のはたらきについて調べようとしている。したがって，空気中に存在する微生物が混入して，正しい実験結果が得られなくなることを防ぐ。

2　ヨウ素液は，デンプンと反応して青紫色を示す。ペトリ皿A´，B´の寒天培地表面の色の変化から，土の中の微生物がデンプンをほかの物質に変化させたことがわかる。土の中のおもな微生物である菌類，細菌類は，**生産者**とよばれる生物が**光合成**によって生産した**有機物**や，生物の死がいや排出物に含まれる有機物を，二酸化炭素や窒素化合物といった**無機物**にまで分解する。このはたらきにより，ダンゴムシやミミズなどの土の中の動物や菌類，細菌類などの微生物は**分解者**とよばれる。

3　ある地域に生息・生育するすべての生物と，それらをとり巻く環境を一つのまとまりとしてとらえたものを**生態系**という。その中で，生物は環境の影響を受けつつ生活し，環境は生物の集まりの影響を受ける。

4　草食動物が一時的に減少すると，食べられていた植物は増え，草食動物を食べていた肉食動物は減る。食べるものが増えて食べられていた生物が減ったことにより，減少していた草食動物が増える。食べられることによって植物が減り，食べるものが増えた肉食動物は増える。ある地域における食べる生物と食べられる生物の数量は，一時的な増減はあっても，長期的にはほぼ一定に保たれている。

3　(電流－電流の大きさ，電気量，電気器具の配線)

1　部屋のコンセントにつないだ電気器具には，いずれも100Vの電圧がかかる。**電力**(W)＝電圧(V)×電流(A)より，電気器具に流れる電流は電力(W)÷電圧(V)で求められるので，消費電力の最も大きいエアコンに流れる電流が最も大きい。1000(W)÷100(V)＝10(A)

2　**電力量**(Wh)＝電力(W)×時間(h)より，10時から12時はパソコンと電気スタンドとエアコン(1時間)を使用したので，(200×2)＋(20×2)＋(1000×1)＝1440(W)。同じように，12時から14時は，(20×2)＋(50×2)＋(1000×2)＝2140(Wh)，14時から16時は，(20×1)＋(50×2)＋(1000×2)＝2120(Wh)，16時から18時は，(200×2)＋(50×1)＋(1000×2)＝2450(Wh)

3　コンセントにつないだ電気器具はすべて，ブレーカーに**並列**に接続されていることになり，電気器具どうしが**直列**に接続されている部分はない。

4　(天気とその変化－雲量，気温と湿度，気圧の変化)

1　空全体を10としたとき，雲がおおっている割合を**雲量**という。雨や雪が降っていないとき，雲量の大小によって天気を決める。雲量0～1を快晴，雲量2～8を晴れ，雲量9～10をくもりとする。

2　図5の乾球温度計は18℃，湿球温度計は16.5℃を示している。表2の乾球の示度18℃を右に見ていき，乾球と湿球の示度の差1.5℃にあたる85％がこのときの湿度にあたる。図1で，気温18℃，湿度85％を示しているのは，4月30日18時である。

3　3日間の天気図から宇都宮市あたりの気圧は，4月29日15時は1012hPaぐらい，4月30日15時は1004hPaぐらい，5月1日15時は1010hPaぐらいを示している。

5　(化学変化とイオン－化学エネルギー，電気エネルギー，ダニエル電池，イオン)

1　物質がもっているエネルギーを**化学エネルギー**という。化学変化を利用して，物質のもつ化学エネルギーを**電気エネルギー**に変える装置を**電池**という。

2　ダニエル電池では，亜鉛板の亜鉛原子が**電子**を失って亜鉛イオン(Zn^{2+})となり，硫酸亜鉛水溶液中にとけ出す。$Zn \rightarrow Zn^{2}+2e^{-}$　この電子が導線を通って銅板まで流れ，硫酸銅水溶液中の銅イオン(Cu^{2+})が電子を受けとって銅原子になり，銅板の表面に付着する。$Cu^{2+}+2e^{-} \rightarrow Cu$
電子を放出する反応が起こる場所が－極で，電流の向きは電子の流れる向きと反対である。

3　長い時間，電子オルゴールの音が鳴るようにするためには，亜鉛板と銅板で金属のイオンの変化が長く続くようにすればよい。そのためには亜鉛原子がより多く水溶液と触れるようにして，電流が流れると**濃度**が少しずつうすくなる硫酸銅水溶液の，もとの濃度を高くしておく。

4　2つの水溶液を混ぜると，銅よりイオンになりやすい亜鉛は電子を失って亜鉛イオンになる，このとき放出した電子を硫酸銅水溶液中の銅イオンが受けとって，亜鉛板の表面に銅が付着する。

6　(地層のつくり－示相化石，流水はたらき，地層の重なり，噴火)

1　生物には，限られた環境にしかすめないものがいる。生物の化石がふくまれる地層が堆積した当時の環境を示す化石を，**示相化石**という。

2　岩石が気温の変化や風雨のはたらきによってもろくなることを**風化**，川などの水の流れによって下流へと運ばれることを**運搬**という。流水のはたらきで運搬された土砂は，粒の大きさはさまざまであるが，水によって運ばれてくるうちに角がけずれて，丸みを帯びた粒になる。

3　地層は下から上へと順に積み重なる。図1の地層では，A層が順に堆積したあと，力が加わったことによって地層のずれである**断層**Xが生じた。そのあと，地層がけずられてできた浸食面であるY面が形成され，その上にB層が順に積み重なったと考えられる。

4　C層の特に厚い地点はc，d，eで，次に厚い地点はf，g，h，jなので，火山アが噴火したことがわかる。また，D層の特に厚い地点はg，j，kで，次に厚い地点はi，m，nなので，火山イが噴火している。先に噴火したのは，下の層であるC層をつくった火山アである

7　(植物の分類－種子をつくらない植物，シダ植物とコケ植物，単子葉類と双子葉類)

1　花を咲かせて種子をつくり，できた種子でなかまをふやす植物を**種子植物**という。Bは種子植物のグループ。Aは種子をつくらず，**胞子**によってなかまをふやす植物のグループである。

2　ゼニゴケはコケ植物に分類され，雌株と雄株があり，胞子は雌株にできる胞子のうの中でつくられる。コケ植物には葉，茎，根の区別がない。イヌワラビとスギナはシダ植物で，コケ植物と同じように種子をつくらないが，種子植物と同じように葉，茎，根の区別がある。

3　Cは**裸子植物**でDは**被子植物**。Dはさらに Eの**単子葉類**とFの**双子葉類**に分けられる。子葉が1枚の単子葉類は細い**ひげ根**をもち，葉脈は平行に通っている。子葉が2枚の双子葉類の根は太い**主根**とそこからのびる**側根**からなり，葉脈は網目状に広がっている。

8　(物体にはたらく力―浮力，重力，浮力の変化)

1　水中の物体には，あらゆる方向から**水圧**がはたらく。水圧は，水中の物体より上にある水の**重力**によって生じる圧力なので，物体の下面にはたらく上向きの水圧の方が，物体の上面にはたらく下向きの水圧より大きくなるため，全体として水中の物体には上向きの**浮力**がはたらく。

2　図4で，ビーカーの底から物体の下面までの高さが6.0cmのとき，物体の下面は水面にあるため浮力ははたらかない。したがって，物体A，Bのそれぞれにはたらく重力の大きさは0.16Nである。また，物体Aについてビーカーの底から物体の下面までの高さが1.0cmのとき，ばねばかりの値は

0.13Nなので，このとき物体にはたらく浮力の大きさは，0.16(N)−0.13(N)＝0.03(N)になる。

3　ビーカーの底から物体Aの下面までの高さが0cmから4.0cmのとき，物体Aの全体が水中にあるので，浮力の大きさは一定である。4.0cmからは物体Aの水中にある部分の体積がしだいに小さくなるので，浮力の大きさはしだいに小さくなり，6.0cmになったとき，物体Aのすべてが水中の外に出るので浮力の大きさは0Nになる。

4　水中に物体の全体が沈んでいるとき，物体の体積が大きい方が，上面に下向きにはたらく力と下面に上向きにはたらく力の差が大きく，物体の水中にある部分の体積が大きいほど浮力は大きくなる。したがって，Bの方がAよりも大きな浮力がはたらいて上に上がる。

9　**(化学変化－実験操作，化学反応式，化学変化と物質の質量)**

1　実験のように，1種類の物質が2種類以上の物質に分かれる化学変化を**分解**といい，特に加熱による分解を**熱分解**という。炭酸水素ナトリウムを加熱すると，炭酸ナトリウムと二酸化炭素と水が生じる。試験管Xの加熱部分に生じた水が流れると，急に冷やされて割れることがある。

2　この化学変化に関わる物質の化学式は，炭酸水素ナトリウム$NaHCO_3$，炭酸ナトリウムNa_2CO_3，二酸化炭素CO_2，水H_2Oである。化学反応式では，矢印の左右(化学反応の前後)で原子の種類と数が一致していなければならない。

3　表で，ステンレス皿内の物質の質量が変化しなくなったとき，炭酸水素ナトリウムがすべて分解した。グラフは，炭酸水素ナトリウム0.40gのとき炭酸ナトリウム0.25g，同様に0.8gのとき0.50g，1.20gのとき0.75g，1.6gのとき1.00g，2.00gのとき1.25gの点をかき，それらを通る直線を引く。質量の減少分(生じた二酸化炭素と水の質量)と炭酸ナトリウムの質量の比から求める。求める炭酸ナトリウムの質量をxgとすると，(0.4−0.25)：0.25＝(1.20−0.87)：x　　x＝0.55g

＜社会解答＞

1　1　太平洋ベルト　2　エ　3　イ　4　(1)　エ　(2)　ア　(3)　イ　(4)　イ　(5)　(例)東京都は，自然な人口減少より社会的な人口増加が上回るため，総人口は増加した。沖縄県は，社会的な人口減少より自然な人口増加が上回るため，総人口は増加した。

2　1　(1)　ウ　(2)　白夜　(3)　ウ　2　ア　3　ア　4　エ　5　Ⅰ　(例)固定電話が普及せずに，携帯電話が普及している　Ⅱ　(例)アメリカに比べ経済水準が低く，初期整備コストが高い固定電話を普及させることは困難だった

3　1　ア　2　イ　3　Ⅰ　紫式部　Ⅱ　院政　4　(1)　千利休　(2)　ウ　(3)　(例)特産物の独占的な販売を行うことで，収入を増やすことができた　5　エ

4　1　(1)　ウ　(2)　ア　(3)　廃藩置県　2　Ⅰ　(例)機械化が進んだことで，大量生産が可能になった　Ⅱ　(例)外国に輸出するため，鉄道によって横浜に運ばれた　3　(1)　ウ　(2)　インド大反乱　(3)　エ

5　1　民主　2　エ　3　比例代表制　4　文化　5　(1)　間接税　(2)　イ　6　イ　7　Ⅰ　(例)仕事と子育て　Ⅱ　(例)利潤を求めるだけでなく，社会的責任を果たすべき

6　1　ア　2　ウ　3　規制緩和　4　エ　5　排他的経済水域　6　Ⅰ　(例)資料2の「そう思う」と「ややそう思う」を合わせると84.0%　Ⅱ　(例)観光客が訪問する場所を分散させる

＜社会解説＞

1 **(地理的分野―日本―地形図の見方，日本の国土・地形・気候，人口・都市，工業，交通・通信)**

1　三大工業地帯や主要な工業地域の多くが太平洋ベルトに位置する。

2　地球上の海：陸の面積比はおよそ7：3。

3　食の多様化が進んだ現在は，1970年と比べると，小麦や肉類の消費量が増加し，魚介類や米の消費量が減少したと考えられる。アが米，ウが小麦，エが肉類の消費量。

4　(1)　与那国島は**沖縄県**に位置する。アが択捉島，イが沖ノ鳥島，ウが南鳥島。　(2)　図2中のA地点の南側は等高線の間隔が広いのに対して，B地点の北側は等高線の間隔が狭いことが読み取れる。等高線の間隔が狭いほど地面の傾斜は急，広いほど緩やかになる。　(3)　沖縄県那覇市は**亜熱帯**の南西諸島気候に属し，年平均気温が高く年降水量が多い。　(4)　日本最大の貿易港である**成田国際空港**が位置する千葉県は国際線，本州の都市圏と陸続きではないため陸上輸送に向かない北海道は国内線における航空貨物輸送量が多くなる。沖縄県は北海道と同じ理由で，大阪府よりも国内線の輸送量が多いと判断する。　(5)　東京都について，自然な人口増減が死亡数119.2(千人)－出生数107.2(千人)＝12.0(千人)減，社会的な人口増減が転入数460.6(千人)－転出数380.8(千人)＝79.8(千人)増となることから，総人口の増加が読み取れる。沖縄県について，自然な人口増減が出生数15.7(千人)－死亡数12.2(千人)＝3.5(千人)増，社会的な人口増減が転出数28.0(千人)－転入数27.1(千人)＝0.9(千人)減となることから，総人口の増加が読み取れる。

2 **(地理的分野―世界―地形・気候，産業，資源・エネルギー)**

1　(1)　図1は，北極点を中心とする**正距方位図法**で描かれている。　(2)　高緯度地域では，冬になると太陽が昇らない極夜という現象も見られる。　(3)　オリーブは夏の降水量が少ない**地中海性気候**の地域での生産がさかん。

2　1997年に**京都議定書**が採択されて以降，先進国の多くは温室効果ガスの排出量を削減する取り組みを実施した。2015年に採択された**パリ協定**では，全ての国に排出削減を義務づけた。イが中国，ウが日本，エがインド。

3　図4に示された上位7か国のうち，アメリカ，インドネシア東部，フィリピン，ニュージーランド，メキシコが**環太平洋造山帯**に，インドネシア西部，イタリア，トルコが**アルプス・ヒマラヤ造山帯**に属している。このことから，図4は，**地熱発電**の総発電量上位国を示していることがわかる。

4　アフリカ大陸中央部を赤道が横断しており，大陸北部に世界最大のサハラ砂漠が広がっていることから，熱帯，乾燥帯の割合が高くなると判断する。アがオーストラリア大陸，イがユーラシア大陸，ウが南アメリカ大陸。

5　ケニアで固定電話が普及しない理由について，資料1から，アメリカに比べてGDPが低く，貧しい人々が多いことが読み取れる。また，資料2中に「携帯電話は，初期整備コストが相対的に低い」とあることから，固定電話の初期整備コストが高いことがわかる。

3 **(歴史的分野―日本史―時代別―旧石器時代から弥生時代，古墳時代から平安時代，鎌倉・室町時代，安土桃山・江戸時代，日本史―テーマ別―政治・法律，文化・宗教・教育，外交)**

1　足利義満が明と勘合貿易を始めたのが1404年。ポルトガルから日本に鉄砲が伝来したのが1543年。

2　前方後円墳がさかんに造られた**古墳時代**には，倭の五王が中国の南朝に使いを送った。アが弥生時代，ウ・エが平安時代のできごと。

3　文中の「源氏物語」「白河上皇」などから判断する。

4　(1)　問題文中の「わび茶」から判断する。　(2)　豊臣秀吉は安土桃山時代に活躍した。ウは**刀狩**に関する内容。アが南北朝時代，イが鎌倉時代，エが江戸時代の政策。　(3)　両藩ともに特産物を「藩が独占的に販売した」とあることから，藩が利益を得ていたことがわかる。

5　薩摩藩は対**琉球王国**の窓口となった。アがオランダや中国，イが朝鮮，ウが蝦夷地のアイヌ民族との窓口。

4　**(歴史的分野—日本史—時代別—安土桃山・江戸時代，明治時代から現代，日本史—テーマ別—政治・法律，経済・社会・技術，外交，世界史—政治・社会・経済史)**

1　(1)　図1中の「江戸幕府最後の将軍」「アイヌ民族」から判断する。　(2)　**学制**は1872年に公布された。イ・エが昭和時代，ウが大正時代の状況。　(3)　問題文中の「全国に県や府を置き」「県令や府知事」などから判断する。

2　Ⅰ　図2から，江戸時代末期は生糸を1本ずつ生産していたのに対して，明治時代初期にはフランス式の機械を導入して複数の糸を同時に生産していたことが読み取れる。　Ⅱ　図3から，出荷用のラベルに英語表記が見られ，北関東と横浜が鉄道で結ばれていることが読み取れる。

3　(1)　文中の「三国干渉を受け入れて清に返還」から，**遼東半島**に位置する都市を指していることがわかる。遼東半島は，日清戦争後に締結した**下関条約**によって日本が獲得したが，三国干渉を受けて清に返還した。その後，ロシアが遼東半島南部を租借したが，日露戦争後の**ポーツマス条約**によって日本がその権利を獲得した。　(2)　インド大反乱によって**ムガル帝国**が滅亡し，インドがイギリスの植民地となった。　(3)　東海道新幹線が開通した1964年は，戦後の**高度経済成長**期にあたる。公害対策基本法制定が1967年。アが1890年，イが1945年，ウが1991年。

5　**(公民的分野—憲法・基本的人権，国の政治の仕組み・裁判，民主主義，地方自治，財政・消費生活，国際社会との関わり)**

1　イギリス人ブライスの言葉。

2　ア・イ・ウの他には，条約の承認にも衆議院の優越が認められている。

3　現在の衆議院議員総選挙においては，小選挙区制で289名，比例代表制で176名が選出される。

4　国民に生存権を保障するためのしくみとして，社会保障制度が整備されている。

5　(1)　**間接税**には，消費税の他に関税や酒税，揮発油税などが分類される。　(2)　消費税などの間接税における公平な点をⅠ，間接税の課題(問題点)をⅡ，所得税などの直接税における公平な点をⅢで述べる。Bは**累進課税**制度の特徴。

6　国連の安全保障理事会において，5か国の常任理事国のうち1か国でも反対して**拒否権**を発動すれば，決議できない。

7　Ⅰ　本来は仕事と家庭の両立を論じる上でワーク・ライフ・バランスという語句が用いられるが，図3には具体的な子育て支援への取り組みが例示されていることから，両立の内容を判断する。　Ⅱ　企業の負う社会的責任をCSRという。

6　**(公民的分野—国の政治の仕組み・裁判，経済一般，財政・消費生活，国際社会との関わり)**

1　好景気の時期は消費が増大するため，企業は生産を増やす傾向にある。また，景気の過熱によって通貨量が増えすぎると円の価値が下がることにもつながるため，通貨量を減らす政策をとる。

2　UNESCOは国連教育科学文化機関の略称。アがアジア太平洋経済協力，イが東南アジア諸国連合，エが国連児童基金の略称。

3　規制緩和を進めることで，「大きな政府」から「小さな政府」への転換を図ろうとしている。

4　製造物責任法(PL法)では，企業側の過失の有無は問題にならない。

5　排他的経済水域の内側を**領海**といい海岸線から**12海里**以内，外側を公海という。

6　Ⅰ　生徒Xが行った二種類のアンケートのうち，資料1のアンケートには「雇用が促進される」とあることから市民にとってのメリットである一方，資料2のアンケートには「混雑が発生して迷惑」とあることからデメリットな内容であることがわかる。　Ⅱ　空欄直後の「混雑を軽減」などに着目する。混雑が発生する原因として，一か所に多くの人が押し寄せることなどが挙げられる。

<国語解答>

1　1 (1)　そうかん　(2)　しゃそう　(3)　た　(4)　うなが　(5)　ほかく
2 (1)　照　(2)　順序　(3)　限　(4)　破損　(5)　沿革

2　1　イ　2　ア　3　(例)主石がほかの石を求めているという関係があり，それを作庭者が理解しているという関係。　4　ウ　5 (Ⅰ)　X　実用的な機能　Y　水そのものの美　(Ⅱ)　イ

3　1　ウ　2　ア　3　(例)不要なものを抱えた凜に，咲き終わり枯れた花を身に付けた花が重なったから。　4　(例)自分の言葉で凜を傷付けるかもしれないと不安だったが，いつも通りの明朗快活な凜の姿に安心し，重く考える必要はないと緊張が和らいだ。
5　エ

4　1　ならい　2　イ　3　人にまさらむ勝たむの心　4 (Ⅰ)　(例)確実な根拠をとらえ，論旨を一貫させる　(Ⅱ)　ウ

5　1 (1)　ア　(2)　ウ　(3)　エ　(4)　イ　(5)　エ　2　(例)　私は，Aのポスターを選ぶ。Aのポスターには，守りたい自然が描かれていて，見た人の心を目指すべき方向に導いてくれると考えたからだ。

自然保護のために，私たちが出来ることはたくさんあり，それらは他者から促されてやるよりも，自分で考え，自分から行動することが大切なのだと思う。やるべきことは時や場所によって様々に変わっていく。だから，ポスターは，見た人々が目標を認識して，自分に何ができるかを考えさせるようなポスターが望ましい。

<国語解説>

1　(漢字の読み書き)

1 (1)　新聞・雑誌などの定期刊行物を新たに刊行すること。　(2)　「窓」の訓読みは「まど」，音読みは「ソウ」。同窓会(ドウソウカイ)。　(3)　「裁」の訓読みは「た・つ」，音読みは「サイ」。　(4)　相手にしっかりと何かをするように迫る。訓読みの際は送り仮名に注意したい。(5)　生き物を捕まえること。「獲」は，けものへん。

2 (1)　自分のことが話題になって恥ずかしい気持ちになる。　(2)　「序」は，まだれ＋「予」。「矛」ではない。　(3)　他を認めず，それだけとする。　(4)　「損」は，てへん。　(5)　今日

までの変貌や推移を重ねてきた，その歴史。7画目は「口」(4～6画目)をしっかり**貫くように**書く。

2　(論説文―大意・要旨，内容吟味，文脈把握，接続語の問題)

1　空欄の前までは「日本庭園の骨格は石組みである」ことについて述べた。空欄の後には(石組の骨格によって)「何が表現されるのか」という新たな問題提起をすることで，**話題の転換**を図っているので「では」を補う。

2　「柳田國男は，立つということは神霊があらわれることだと述べている」とある。

3　傍線(2)の次段落に「すなわち，主石が求めているのに……そうした石たちの対話的な関係」とある。**「そうした」の指示語の内容**をおさえるとまとめやすい。まず，「石が石を求めているという状況」から，**主石が他石を求めるという関係**をとらえ，次に「作庭者はその状況を理解し，石の意志を摑まなければならない」から，この**石同士の関係を作庭者が理解するという関係**を把握しよう。こうした二つの関係性を指定字数でまとめる。

4　傍線と同段落に石が形状・位置関係を保ち続けることが述べられ，それは各時代の様式を一貫して共通しているとあるので，これをふまえて選択肢を選ぶ。ア「すべての庭園に共通した配列」，イ「時間の経過にしたがって形状を変化させる」，エ「時代を反映させながら形状を変え」とする点が不一致。

5　(Ⅰ)　Ⅹには「涼を得る機能」が例に挙がっているが，これは「実用的な機能」の事例である。加えて，本文にはその続きとして「また，そこに水そのものの美が求められたこと」が**添加**されている。　(Ⅱ)　本文に「その根底にあるのは，海を**表象すること**である」とある。

3　(小説―情景・心情，内容吟味，文脈把握，脱文・脱語補充)

1　凜の**視線や目の表情を表現した語句**が補える。さらにこのとき凜は外部を「拒絶して」いることから，**否定的な意味合い**の選択肢が選びやすい。

2　自分の行動を「たいしたことじゃない」といったものの，他人がそれをやったら「たいしたことじゃない」とは言えなくなるなら，やはり自分の行動はたいしたことになる。**「たいしたことじゃない」と否定した自分の考え方の矛盾に気づいた**のである。

3　凜の他人に優しく自分に厳しいという**欠点は不要なものだ**と航大が感じたとき，そうした凜の姿が，一見美しいのに**よく見れば枯れた不要な花もあるプランターの花に重なって見えた**のだ。

4　それまでの航大は，何か凜に言ったら**「傷つけてしまうかもしれない」「彼女の悩みを解決する力はない」と不安に考えていた**が，普段の**明朗快活な姿を見て**，「重く考えることなんてない」**「気楽な方が」いいと緊張がほぐれ**ている。この変化を指定字数でまとめよう。

5　「ガザニア」が出てきた段落に「休息は大事」「余計なエネルギーを使わない」「美しく咲き続けるために，体を休める必要性」という記述がある。これらをふまえて選択肢を選べばよい。アは「自分の前では」と限定している点，イは「他人の反応を計算しつつ」という点，ウは凜の欠点を「他人の目を気にして本音を隠す」とする点が不一致である。

4　(古文―大意・要旨，内容吟味，文脈把握，脱文・脱語補充，古文の口語訳，仮名遣い)

【現代語訳】　この頃の世は，学問の道が開け，大体において様々なことの取り扱いが，的確で賢くなったから，いろいろと新しい学説を出す人が多く，その説が良いと，世間でもてはやされるので，一般の学者が，まだちゃんと整理されていないうちから，私も劣るまいと，世間に違った珍しい説を出して，人の耳を驚かせることが，今の世の慣習となっている。その中には，ずいぶんと良いことも，たまには出てくるようだが，だいたい未熟な学者がはやり心で言い出したことは，ただ人より秀でよう勝とうという心でやったことであり，軽々しく，前後もよく考え合わせずに，思ったままに発表するから，多くが中途半端のひどい間違いばかりである。すべて，新しい説を出すことは，とても大切なことだ。何度も繰り返して思い考え，よく確固たる根拠をとらえ，どこまでも筋道が通って，矛盾するところがなく，揺れ動かないようなものでなければ，やすやすと表に出してはいけないことである。その時には自信満々で良いと思っても，時間が経ったあとに，もう一度よく考えると，やはり良くなかったと，自分でさえそういう気になることは多いものであるよ。

1　語中・語尾の「は・ひ・ふ・へ・ほ」は，現代仮名遣いで「ワ・イ・ウ・エ・オ」となる。

2　「ととのふ」とは，「整ふ」ということだから，考えが整理される，まとまるということだ。

3　未熟な学者(いまだしき学者)がしてしまう過ちは，「軽々しく，前後へをも……思ひよれるままにうち出づる」ことと書いてある。そこを読むと，**未熟な学者が「人にまさらむ勝たむの心」を持つが故の過ち**であることが読み取れる。

4　(Ⅰ)　考えを発表する際に大切なことは「いくたびもかへさひ思ひて，**よく確かなるよりどころをとらへ，いづくまでもゆきとほりて，たがふ所なく，動くまじき」状態**にまで，自説を磨くことである。従って，**確固たる根拠をとらえること**と**一貫した論理をつらぬくこと**，この2点を含めてまとめる。　(Ⅱ)　本文の最後に「その時にはうけばりて良しと思ふも，ほど経て後に，いま一たびよく思へば，なほ悪かりけりと，我ながらだに思ひならるる事の多きぞかし」とある。**考えが浅いとよく考えれば間違っていることも，正しいと思い込んでしまう人間の愚かさ**を指摘している。この指摘内容こそが注意すべきことであるのをふまえて選択肢を選ぼう。

5　**(作文，会話―文脈把握，脱文・脱語補充，熟語，品詞・用法)**

1　(1)　傍線は「最も新しい」という熟語の成り立ちで，上の語が下の語を修飾している。ア「予め定める」と同じ。イ「温暖」は似た意味の語の組み合わせ，ウ「進退」は反対の意味の語の組み合わせ，エ「無休」は上の語が下の語をうち消す組み合わせ。　(2)　傍線「よい」は形容詞。ものの様子や状態を表す語句で，言い切りが「～い」。　(3)　海洋プラスチックごみが，山から川を通り海まで**つながっている**ことで生じる点を指摘している。だから上流の栃木も無関係ではなく，「つながり」を意識して環境問題に向き合うことの大切さを示したホームページである。

(4)　鮭は海から川に向かっていること，産卵期が秋であることをふまえて選択肢を選ぶ。

(5)　ホームページの内容を載せようという意見や俳句も参考にしようという意見の関係を整理して，うまく両者の結びつきをとらえてまとめた発言である。

2　それぞれのポスターについて，強調されるポイントや，見る側にどう見えるかといった効果を考えて，どちらのポスターを選ぶか決めよう。二段落構成でまとめるとよい。まず，第一段落で，選んだポスターを示し，その良さや特徴をアピールする。その上で，第二段落で，自分が選んだ理由を説明するとよい。選んだ理由がもう一方を否定するだけの内容にならないよう，選んだポスターの良さをしっかりと示せると，説得力のある作文になるだろう。

MEMO

大切なことはメモしておこうネ！

栃木県公立高等学校

2023年度

★★★★★★★★★★★★★★★★★★★★★★★

入　試　問　題

●くわしい解説……43ページ

＜数学＞

時間　50分　　満点　100点

1　次の1から8までの問いに答えなさい。

1　$3-(-5)$ を計算しなさい。

2　$8a^3b^2 \div 6ab$ を計算しなさい。

3　$(x+3)^2$ を展開しなさい。

4　1個 x 円のパンを7個と1本 y 円のジュースを5本買ったところ，代金の合計が2000円以下になった。この数量の関係を不等式で表しなさい。

5　右の図の立方体ABCD－EFGHにおいて，辺ABとねじれの位置にある辺の数はいくつか。

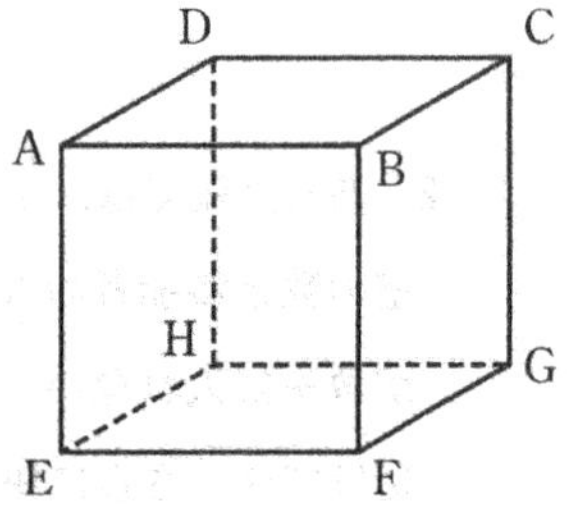

6　y は x に反比例し，$x=-2$ のとき $y=8$ である。y を x の式で表しなさい。

7　右の図において，点A，B，Cは円Oの周上の点である。
$\angle x$ の大きさを求めなさい。

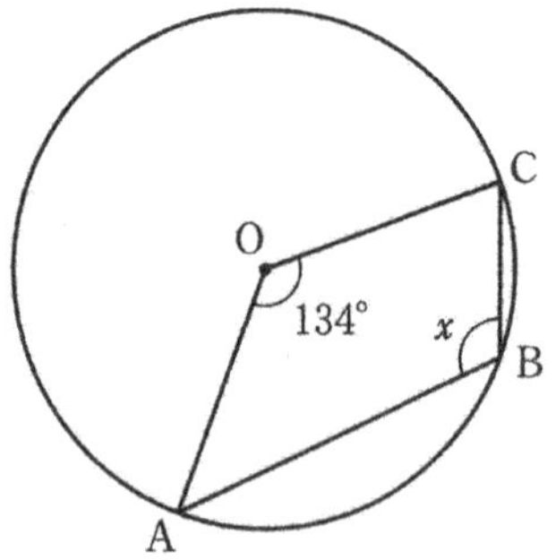

8　△ABCと△DEFは相似であり，その相似比は3：5である。このとき，△DEFの面積は△ABCの面積の何倍か求めなさい。

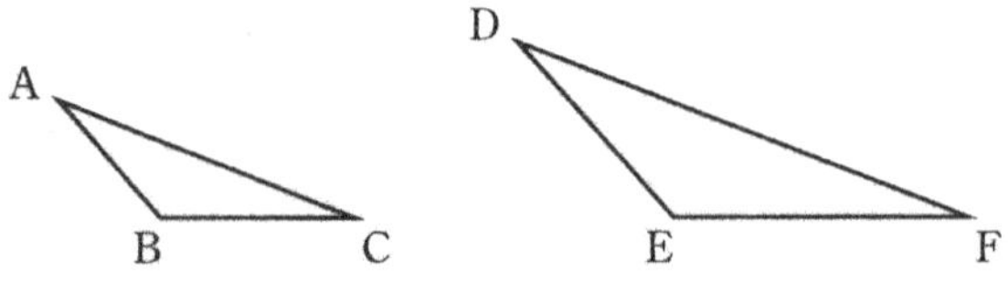

2 次の1，2，3の問いに答えなさい。

1　2次方程式 $x^2 + 4x + 1 = 0$ を解きなさい。

2　ある高校では，中学生を対象に一日体験学習を各教室で実施することにした。使用できる教室の数と参加者の人数は決まっている。1つの教室に入る参加者を15人ずつにすると，34人が教室に入れない。また，1つの教室に入る参加者を20人ずつにすると，14人の教室が1つだけでき，さらに使用しない教室が1つできる。

このとき，使用できる教室の数を x として方程式をつくり，使用できる教室の数を求めなさい。ただし，途中の計算も書くこと。

3　次の［　］内の先生と生徒の会話文を読んで，下の［　］内の生徒が完成させた【証明】の［①］から［⑤］に当てはまる数や式をそれぞれ答えなさい。

先生「一の位が0でない900未満の3けたの自然数をMとし，Mに99をたしてできる自然数をNとすると，Mの各位の数の和とNの各位の数の和は同じ値になるという性質があります。例として583で確かめてみましょう。」

生徒「583の各位の数の和は $5 + 8 + 3 = 16$ です。583に99をたすと682となるので，各位の数の和は $6 + 8 + 2 = 16$ で同じ値になりました。」

先生「そうですね。それでは，Mの百の位，十の位，一の位の数をそれぞれ a，b，c として，この性質を証明してみましょう。a，b，c のとりうる値の範囲に気をつけて，MとNをそれぞれ a，b，c を用いて表すとどうなりますか。」

生徒「Mは表せそうですが，NはM+99で…，各位の数がうまく表せません。」

先生「99を100－1におきかえで考えてみましょう。」

生徒が完成させた【証明】

3けたの自然数Mの百の位，十の位，一の位の数をそれぞれ a，b，c とすると，a は1以上8以下の整数，b は0以上9以下の整数，c は1以上9以下の整数となる。

このとき，

M＝［①］$\times a +$［②］$\times b + c$ と表せる。

また，N＝M+99より

N＝［①］$\times a +$［②］$\times b + c + 100 - 1$ となるから

N＝［①］×（［③］）＋［②］×［④］＋［⑤］となり，

Nの百の位の数は［③］，十の位の数は［④］，一の位の数は［⑤］となる。

よって，Mの各位の数の和とNの各位の数の和はそれぞれ $a + b + c$ となり，同じ値になる。

3　次の１，２，３の問いに答えなさい。

１　右の図の△ABCにおいて，辺AC上にあり，∠ABP＝30°となる点Pを作図によって求めなさい。ただし，作図には定規とコンパスを使い，また，作図に用いた線は消さないこと。

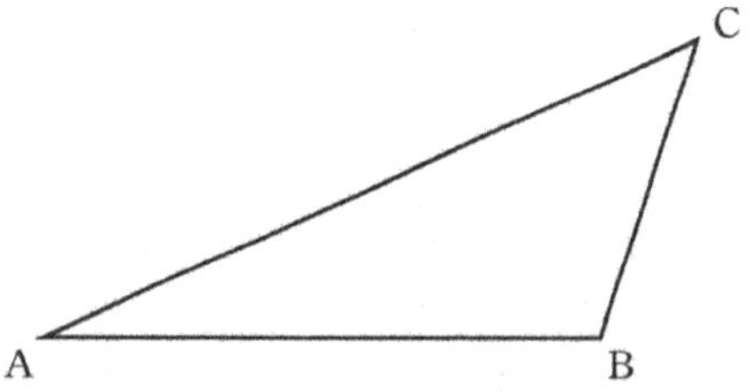

２　右の図は，AB＝２cm，BC＝３cm，CD＝３cm，∠ABC＝∠BCD＝90°　の台形ABCDである。

このとき，次の(1)，(2)の問いに答えなさい。

(1)　ADの長さを求めなさい。

(2)　台形ABCDを，辺CDを軸として１回転させてできる立体の体積を求めなさい。ただし，円周率はπとする。

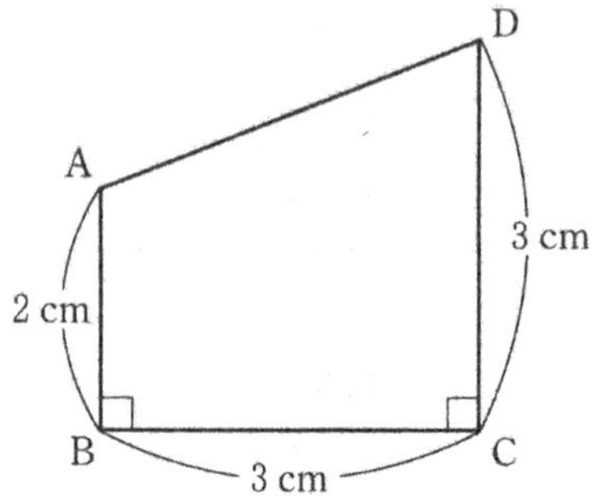

３　右の図のように，正方形ABCDの辺BC上に点Eをとり，頂点B，Dから線分AEにそれぞれ垂線BF，DGをひく。

このとき，△ABF≡△DAGであることを証明しなさい。

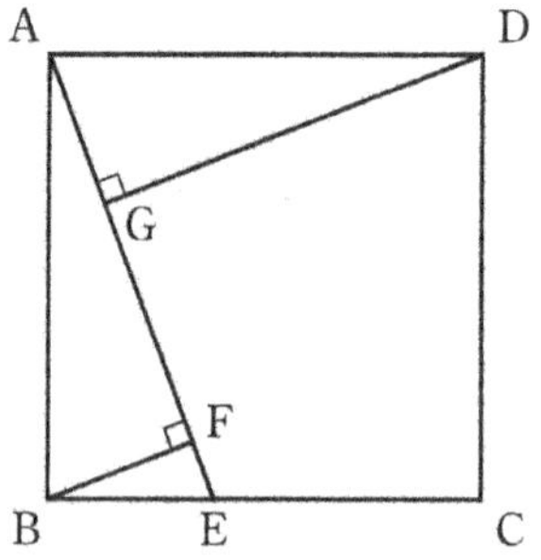

4　次の１，２，３の問いに答えなさい。

１　５人の生徒A，B，C，D，Eがいる。これらの生徒の中から，くじびきで２人を選ぶとき，Dが選ばれる確率を求めなさい。

２　右の表は，あるクラスの生徒35人が水泳の授業で25mを泳ぎ，タイムを計測した結果を度数分布表にまとめたものである。

このとき，次の(1)，(2)の問いに答えなさい。

(1)　18.0秒以上20.0秒未満の階級の累積度数を求めなさい。

(2)　度数分布表における，最頻値を求めなさい。

階級(秒)	度数(人)
以上　　未満	
14.0 ～ 16.0	2
16.0 ～ 18.0	7
18.0 ～ 20.0	8
20.0 ～ 22.0	13
22.0 ～ 24.0	5
計	35

3　下の図は，ある中学校の３年生100人を対象に20点満点の数学のテストを２回実施し，１回目と２回目の得点のデータの分布のようすをそれぞれ箱ひげ図にまとめたものである。

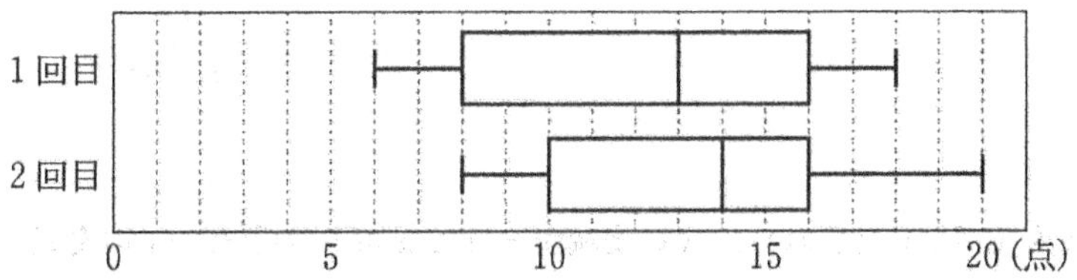

このとき，次の(1)，(2)の問いに答えなさい。

(1)　箱ひげ図から読み取れることとして正しいことを述べているものを，次の**ア**，**イ**，**ウ**，**エ**の中から**２つ**選び，記号で答えなさい。

ア　中央値は，１回目よりも２回目の方が大きい。

イ　最大値は，１回目よりも２回目の方が小さい。

ウ　範囲は，１回目よりも２回目の方が大きい。

エ　四分位範囲は，１回目よりも２回目の方が小さい。

(2)　次の文章は，「１回目のテストで８点を取った生徒がいる」ことが**正しいとは限らない**ことを説明したものである。□ に当てはまる文を，特定の２人の生徒に着目して書きなさい。

> 箱ひげ図から，１回目の第１四分位数が８点であることがわかるが，８点を取った生徒がいない場合も考えられる。例えば，テストの得点を小さい順に並べたときに，□ の場合も，第１四分位数が８点となるからである。

5　次の１，２の問いに答えなさい。

1　右の図のように，２つの関数 $y=5x$，$y=2x^2$ のグラフ上で，x 座標が t（$t>0$）である点をそれぞれA，Bとする。Bを通り x 軸に平行な直線が，関数 $y=2x^2$ のグラフと交わる点のうち，Bと異なる点をCとする。また，Cを通り y 軸に平行な直線が，関数 $y=5x$ のグラフと交わる点をDとする。

このとき，次の(1)，(2)，(3)の問いに答えなさい。

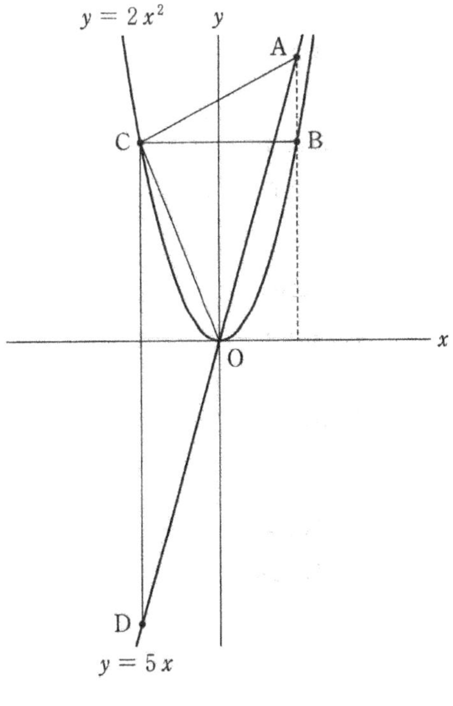

(1)　関数 $y=2x^2$ について，x の変域が $-1 \leqq x \leqq 5$ のときの y の変域を求めなさい。

(2)　$t=2$ のとき，△OACの面積を求めなさい。

(3)　BC：CD＝1：4となるとき，t の値を求めなさい。ただし，途中の計算も書くこと。

2　ある日の放課後，前田さんは友人の後藤さんと図書館に行くことにした。学校から図書館までの距離は1650mで，その間に後藤さんの家と前田さんの家がこの順に一直線の道沿いにある。

2人は一緒に学校を出て一定の速さで6分間歩いて，後藤さんの家に着いた。後藤さんが家で準備をするため，2人はここで別れた。その後，前田さんは毎分70mの速さで8分間歩いて，自分の家に着き，家に着いてから5分後に毎分70mの速さで図書館に向かった。

下の図は，前田さんが図書館に着くまでのようすについて，学校を出てからの時間を x 分，学校からの距離を y mとして，x と y の関係をグラフに表したものである。

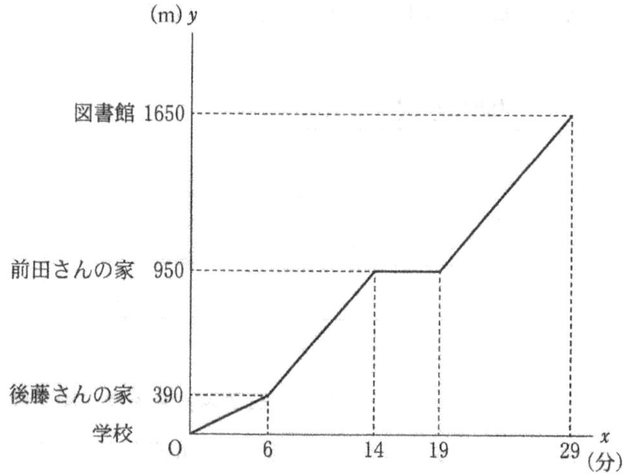

このとき，次の(1)，(2)，(3)の問いに答えなさい。

(1)　2人が学校を出てから後藤さんの家に着くまでの速さは毎分何mか。

(2)　前田さんが後藤さんと別れてから自分の家に着くまでの x と y の関係を式で表しなさい。ただし，途中の計算も書くこと。

(3)　後藤さんは準備を済ませ，自転車に乗って毎分210mの速さで図書館に向かい，図書館まで残り280mの地点で前田さんに追いついた。後藤さんが図書館に向かうために家を出たのは，家に着いてから何分何秒後か。

6　1辺の長さが n cm（n は2以上の整数）の正方形の板に，図1のような1辺の長さが1cmの正方形の黒いタイル，または斜辺の長さが1cmの直角二等辺三角形の白いタイルを貼る。板にタイルを貼るときは，次のページの黒いタイルを1枚使う【貼り方Ⅰ】，または白いタイルを4枚使う【貼り方Ⅱ】を用いて，タイルどうしが重ならないように板にすき間なくタイルをしきつめることとする。

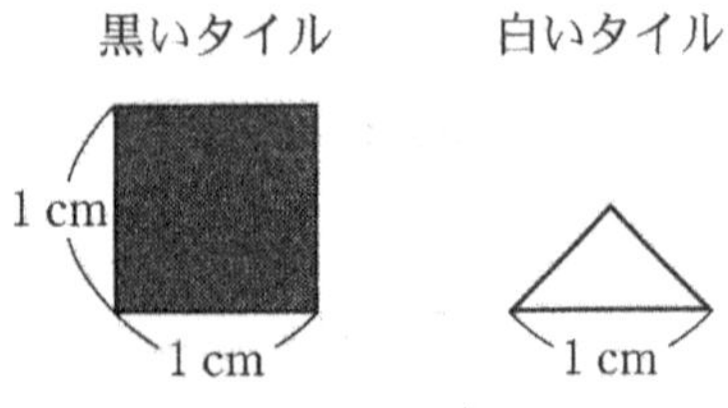

図1

【貼り方Ⅰ】

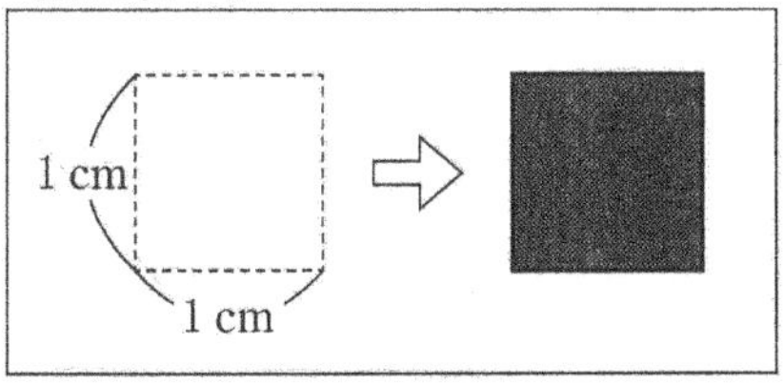

【貼り方Ⅱ】

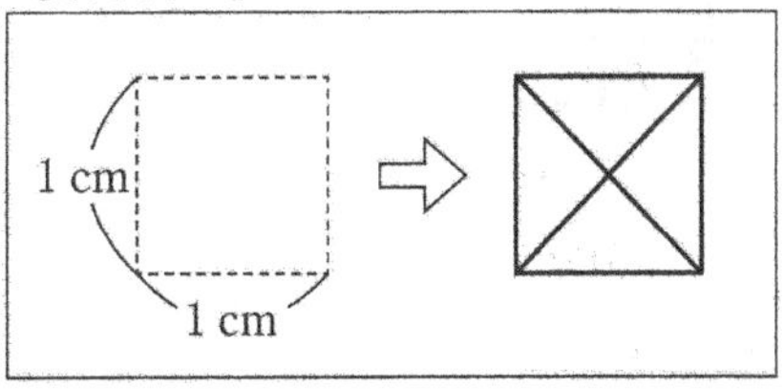

例えば，$n=3$ の場合について考えるとき，図2は黒いタイルを7枚，白いタイルを8枚，合計15枚のタイルを使って板にタイルをしきつめたようすを表しており，図3は黒いタイルを4枚，白いタイルを20枚，合計24枚のタイルを使って板にタイルをしきつめたようすを表している。

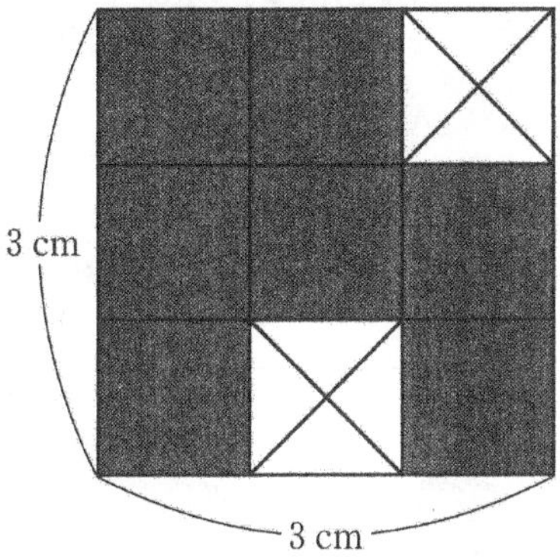

図2

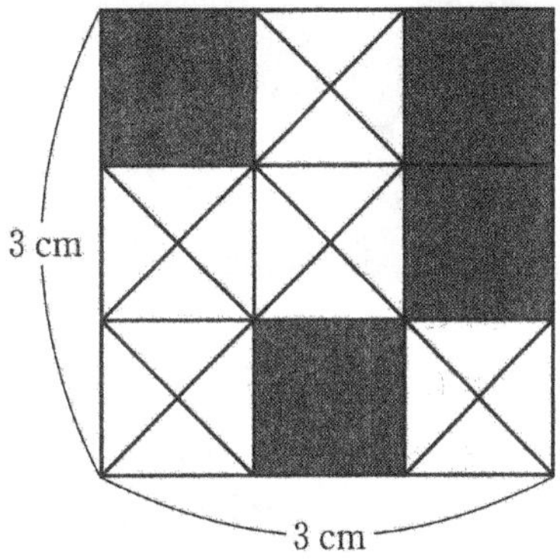

図3

このとき，次の1，2，3の問いに答えなさい。

1　$n=4$ の場合について考える。白いタイルだけを使って板にタイルをしきつめたとき，使った白いタイルの枚数を求めなさい。

2　$n=5$ の場合について考える。黒いタイルと白いタイルを合計49枚使って板にタイルをしきつめたとき，使った黒いタイルと白いタイルの枚数をそれぞれ求めなさい。

3　次の文章の①，②，③に当てはまる式や数をそれぞれ求めなさい。ただし，文章中の a は2以上の整数，b は1以上の整数とする。

> $n=a$ の場合について考える。はじめに，黒いタイルと白いタイルを使って板にタイルをしきつめたとき，使った黒いタイルの枚数を b 枚とすると，使った白いタイルの枚数は a と b を用いて（　①　）枚と表せる。
> 次に，この板の【貼り方Ⅰ】のところを【貼り方Ⅱ】に，【貼り方Ⅱ】のところを【貼り方Ⅰ】に変更した新しい正方形の板を作った。このときに使ったタイルの枚数の合計は，はじめに使ったタイルの枚数の合計よりも225枚少なくなった。これを満たす a のうち，最も小さい値は（　②　），その次に小さい値は（　③　）である。

＜英語＞　時間　50分　　満点　100点

1　これは聞き方の問題である。指示に従って答えなさい。

1　〔英語の対話とその内容についての質問を聞いて，答えとして最も適切なものを選ぶ問題〕

(1)　ア

イ

ウ

エ

(2)　ア

イ

ウ

エ

(3)　ア　Find the teacher's notebook.　　イ　Give her notebook to the teacher.
　　ウ　Go to the teachers' room.　　エ　Play soccer with the teacher.

(4)　ア　At Kate's house.　　イ　At the baseball stadium.
　　ウ　At the bookstore.　　エ　At the museum.

2　〔英語の対話とその内容についての質問を聞いて，答えとして最も適切なものを選ぶ問題〕

Welcome to Tochinoki High School Festival

Time ＼ Place	Gym	Classroom A	Science Room	Cooking Room
10:00 a.m.～ 10:45 a.m.	Guitar Performance		Science Show	Menu Curry and Rice Sandwiches Ice Cream Drinks
11:00 a.m.～ 11:45 a.m.	Dance Club	Calligraphy Experience	Science Show	
Lunch Break				
1:00 p.m.～ 1:45 p.m.	Chorus Club	Calligraphy Experience	Science Show	
2:00 p.m.～ 2:45 p.m.	Piano Performance		Science Show	

(1)　ア　In the Gym.　　イ　In the Classroom A.
　　ウ　In the Science Room.　　エ　In the Cooking Room.

(2)　ア　10:00 a.m. ～ 10:45 a.m.　　イ　11:00 a.m. ～ 11:45 a.m.
　　ウ　1:00 p.m. ～ 1:45 p.m.　　エ　2:00 p.m. ～ 2:45 p.m.

(3)　ア　Miho recommends Calligraphy Experience to Alex.
　　イ　Miho recommends sandwiches to Alex.
　　ウ　Miho suggests where to go after lunch.
　　エ　Miho suggests where to go for lunch.

3　〔英語の説明を聞いて，メモを完成させる問題〕
メモの(1)には数字を入れ，(2)と(3)には英語を入れなさい。

Green Wing Castle

・It was built in [(1)].
・More than 400 rooms.
・The man in the picture had 10 [(2)].
・People enjoyed parties in the large room.
・The West Tower → We can see the [(3)] city.

2 次の1，2の問いに答えなさい。

1　次の英文中の (1) から (6) に入る語として，下の(1)から(6)のア，イ，ウ，エのうち，それぞれ最も適切なものはどれか。

Hello, everyone. Do you like (1) movies? Me? Yes, I (2). I'll introduce my favorite movie. It is "The Traveling of the Amazing Girl." The story is (3) a girl who travels through time. Some troubles happen, but she can solve (4). The story is (5), and the music is also exciting. The movie was made a long time ago, but even now it is very popular. It is a great movie. If you were the girl, what (6) you do?

(1)	ア watch	イ watches	ウ watching	エ watched
(2)	ア am	イ do	ウ is	エ does
(3)	ア about	イ in	ウ to	エ with
(4)	ア they	イ their	ウ them	エ theirs
(5)	ア empty	イ fantastic	ウ narrow	エ terrible
(6)	ア can	イ may	ウ must	エ would

2　次の(1), (2), (3)の（　）内の語句を意味が通るように並べかえて，(1)と(2)はア，イ，ウ，エ，(3)はア，イ，ウ，エ，オの記号を用いて答えなさい。

(1) *A:* Is Tom the tallest in this class?
B: No. He (ア tall　イ not　ウ as　エ is) as Ken.

(2) *A:* I hear so many (ア be　イ can　ウ seen　エ stars) from the top of the mountain.
B: Really? Let's go to see them.

(3) *A:* What sport do you like?
B: Judo! Actually I (ア been　イ have　ウ practicing　エ since　オ judo) I was five years old.

3 次の英文を読んで1，2，3，4の問いに答えなさい。

When people in Japan want to decide who wins or who goes first quickly, they often play a hand game called **Janken*. They use three hand gestures to play the game. A closed hand means a *rock, an open hand means paper, and a closed hand with the *extended *index and middle fingers means *scissors. A rock breaks scissors, so the rock wins. Also, scissors cut paper, and paper covers a rock. It is (　　　) the rules, so many people can play *Janken*.

This kind of hand game is played in many countries all around the world. Most of the people use three hand gestures, but some people use more than three. In *France, people use four hand gestures. People in *Malaysia sometimes use five hand gestures.

In other countries, people use hand gestures which are [A] from the ones used in Japan. In *Indonesia, a closed hand with the extended *thumb means an elephant, a closed hand with the extended index finger means a person, and a closed hand with the extended *little finger means an *ant. In their rules, an elephant *beats a person, because it is larger and stronger. In the same way, a person beats an ant. But how can a small ant beat a big elephant? Can you imagine the reason? An ant can get into an elephant's ears and nose, and the elephant doesn't like that.

Isn't it interesting to know that there are many kinds of hand games like *Janken* around the world? Even when the hand gestures and their meanings are [A], people can enjoy them. If you go to foreign countries in the future, ask the local people how they play their hand games. And why don't you introduce yours and play the games with them? Then that may be [B].

〔注〕 **janken* ＝じゃんけん　*rock ＝岩，石　*extended ＝伸ばした
*index and middle fingers ＝人差し指と中指　*scissors ＝はさみ　*France ＝フランス
*Malaysia ＝マレーシア　*Indonesia ＝インドネシア　*thumb ＝親指
*little finger ＝小指　*ant ＝アリ　*beat ～＝～を打ち負かす

1　本文中の（　）に入るものとして，最も適切なものはどれか。

ア　difficult to decide　　イ　easy to understand
ウ　free to break　　エ　necessary to change

2　本文中の二つの [A] には同じ英語が入る。適切な英語を１語で書きなさい。

3　本文中の下線部の内容を，次の [　] が表すように（　）に入る**25字程度**の日本語を書きなさい。ただし，句読点も字数に加えるものとする。

アリは（　　　　　　　　　　　　　　　　　）から，アリがゾウに勝つ。

4　本文中の [B] に入るものとして，最も適切なものはどれか。

ア　a good way to learn the culture and history of Japan
イ　a good way to decide which hand gesture is the best
ウ　a good start for communicating with people all over the world
エ　a good start for knowing how you can always win at hand games

4　主人公である修二（Shuji）と，その同級生の竜也（Tatsuya）について書かれた次の英文を読んで，１から５までの問いに答えなさい。

I met Tatsuya when I was 7 years old. We joined a badminton club then. I was good at sports, so I improved my *skills for badminton soon. Tatsuya was not a good player, but he always practiced hard and said, "I can do it! I will win next time." He even said, "I will be the *champion of badminton in Japan." I also had a dream to become the champion, but I [　　] such words because I thought it was *embarrassing to do that. When I won against him, he always said to me, "Shuji, let's play one more game. I will win next time." I never lost against him, but I felt he was improving his skills.

When we were 11 years old, the situation changed. In a city tournament, I played a badminton game against Tatsuya. Before the game, he said to me, "Shuji, I will win this time." I thought I would win against him easily because I never lost against him. However, I couldn't. I lost against him *for the first time. I never thought that would happen so soon. He smiled and said, "I finally won!" Then I started to practice badminton harder because I didn't want to lose again.

When we were junior high school students, we played several badminton games, but I couldn't win even once. Tatsuya became strong and joined the *national badminton tournament, so I went to watch his games. In the tournament, his play was great. Sometimes he *made mistakes in the games, but then, he said, "It's OK! I will not make the same mistake again!" He even said, "I will be the champion!" I thought, "He hasn't changed since he was a beginner."

Finally, Tatsuya really became the champion of badminton in Japan. After the tournament, I asked him why he became so strong. He said, "Shuji, I always say that I will be the champion. Do you know why? When we *say our goals out loud, our *mind and body move to *reach the goals. In fact, by saying that I will be the champion, I can practice hard, and that helps me play better. The words I say make me strong." I realized that those words gave him the (p　　) to reach the goal. On that day, I decided to say my goal and practice hard to reach it.

Now I am 18 years old and I am ready to win the national tournament. Now I am standing on the *court to play a game against Tatsuya in the *final of the national badminton tournament. I have changed. I am going to say to Tatsuya, "I will win this time. I will be the champion."

〔注〕 *skill＝技術　*champion＝チャンピオン　*embarrassing＝恥ずかしい
*for the first time＝初めて　*national＝全国の　*make a mistake＝ミスをする
*say ~ out loud＝～を声に出す　*mind＝心　*reach ～＝～を達成する
*court＝コート　*final＝決勝

1　本文中の □ に入る適切な英語を２語または３語で書きなさい。

2　本文中の下線部の指す内容は何か。日本語で書きなさい。

3　本文中の（　）に入る適切な英語を１語で書きなさい。ただし，（　）内に示されている文字で書き始め，その文字も含めて答えること。

4　次のページの文は，本文中の最後の段落に書かれた出来事の翌日に，竜也が修二に宛てて送ったメールの内容である。（Ａ），（Ｂ）に入る語の組み合わせとして，最も適切なものはどれか。

Hi Shuji,

*Congratulations!
Now you are the champion, my friend.
You've become my goal again.
You were always my goal when I was little.
I remember I was very (A) when I won against you for the first time.

At that time, you told me that it was embarrassing for you to say your goal.
So I was (B) when you said to me, "I will be the champion."
This time I lost, but I will win next time.

Your friend,
Tatsuya

〔注〕 *congratulations＝おめでとう

ア　A：sorry　－　B：bored　　イ　A：sad　－　B：excited

ウ　A：happy　－　B：lonely　　エ　A：glad　－　B：surprised

5　本文の内容と一致するものはどれか。

ア　Shuji played badminton better than Tatsuya when they began to play it.

イ　Tatsuya asked Shuji to practice hard and become the champion in Japan.

ウ　Shuji thought Tatsuya would win against Shuji in the national tournament.

エ　Tatsuya decided to say his goal out loud because Shuji told Tatsuya to do so.

5　次の英文は，高校生の光（Hikari）とドイツ（Germany）からの留学生レオン（Leon）の対話の一部である。また，図は二人が見ているウェブサイトの一部である。これらに関して，1から7までの問いに答えなさい。（図は15ページにあります）

Hikari: Leon, look at this T-shirt. I bought it yesterday.

Leon: It looks cute, but didn't you get a new (1)one last weekend?

Hikari: Yes. I love clothes.

Leon: Me too, [A]. Instead, I wear my favorite clothes for many years.

Hikari: Many years? I like new fashion, so I usually enjoy my clothes only for one season.

Leon: Too short! You mean you often *throw away the clothes you don't need?

Hikari: Well, I did (2)that before, but I stopped it. I have kept the clothes I don't wear in my *closet. However, I don't know what I can do with those clothes.

Leon: When I was in Germany, my family used "*Kleidercontainer*."

Hikari: What is that?

Leon: It is a box to collect used clothes. I will show you a website. It is made by a Japanese woman, Sachiko. She lives in Germany. Look at this picture on the website. This is *Kleidercontainer*.

Hikari: Wow, it's big! Sachiko is ＿(3)＿ the box, right?

Leon: That's right. Then, the collected clothes are used again by someone else, or they are recycled.

Hikari: Nice! Hey, look at the picture next to *Kleidercontainer*. You have a *bookshelf on the street?

Leon: It is "*Öffentlicher Bücherschrank*." It means "*public bookshelf." When you have books you don't need, you can bring them here.

Hikari: Sachiko says that people can ＿(4)＿ from the bookshelf *for free! Is that true?

Leon: Yes. When I was in Germany, I sometimes did that.

Hikari: Great! Sachiko is also introducing how she uses things she doesn't need in other ways. For example, by using an old T-shirt, she ＿(5)＿ or clothes for her pet.

Leon: Oh, some people call those activities "upcycling."

Hikari: Upcycling? I have never heard that word. [B] what upcycling is?

Leon: Sure! When you have something you don't need, you may throw it away. However, by creating something (C) from the thing you don't need, you can still use it. Upcycling can give (C) *values to things you don't use.

Hikari: Interesting! In this way, we can use things for a (D) time. I want to think more about how I can use my clothes in other ways.

〔注〕 *throw away ～ / throw ～ away＝～を捨てる　*closet＝クローゼット　*bookshelf＝本棚
*public＝公共の　*for free＝無料で　*value＝価値

1 下線部(1)は何を指すか。本文から抜き出して書きなさい。

2 [A] に入るものとして，最も適切なものはどれか。

ア but I don't buy new clothes so often

イ but I like shirts better than T-shirts

ウ so I buy a lot of clothes every season

エ so I'm happy to hear that you love clothes

3 下線部(2)の that とはどのようなことか。15字以内の日本語で書きなさい。ただし，句読点も字数に加えるものとする。

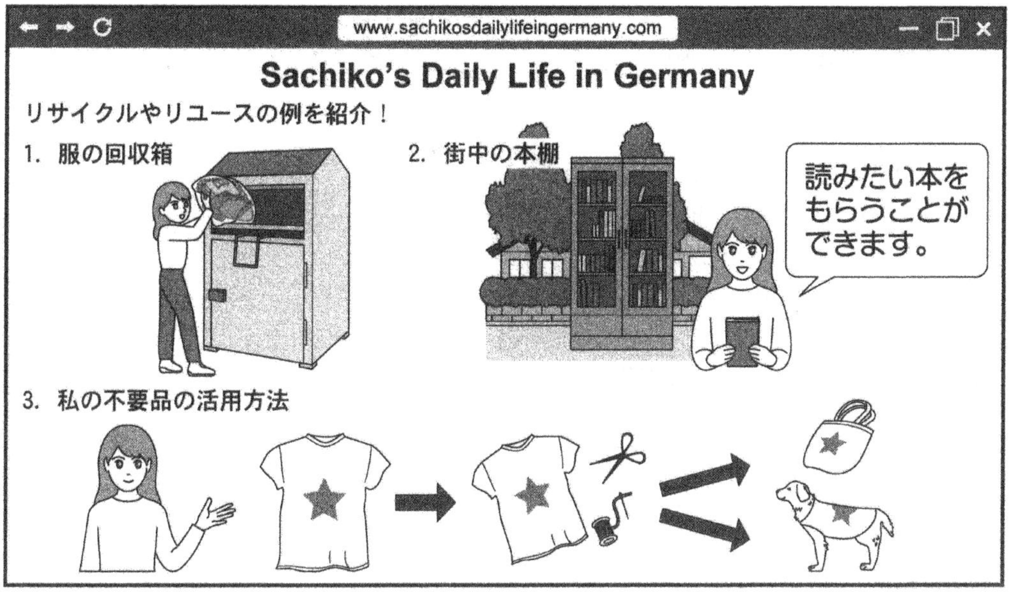

図

4　図を参考に，二人の対話が成り立つよう，下線部(3)，(4)，(5)に適切な英語を書きなさい。

5　二人の対話が成り立つよう，［B］に入る適切な英語を**3語**または**4語**で書きなさい。

6　本文中の（**C**），（**D**）に入る語の組み合わせとして，最も適切なものはどれか。

ア　C：old　－　D：long　　イ　C：old　－　D：short

ウ　C：new　－　D：long　　エ　C：new　－　D：short

7　英語の授業で，「今後，服を手放す際に　どのような手段を選ぶか」について，短いスピーチをすることになりました。それに向けて，次の〔**条件**〕に合うよう，あなたの考えを書きなさい。

〔**条件**〕　①　下の［　］内の四つの手段から一つを選ぶこと。
なお，（　）内の例を参考にして書いてもよい。

②　なぜその手段を選ぶのかという理由も書くこと。

③　まとまりのある**5文程度**の英語で書くこと。

・売る	（例：＊フリーマーケットやオンラインで売る）
・他の人にあげる	（例：兄弟姉妹や友だちにあげる）
・＊寄付する	（例：＊慈善団体に寄付する）
・リサイクルに出す	（例：リサイクルのためにお店に持って行く）

〔注〕＊フリーマーケット＝flea market　　＊（～を…に）寄付する＝donate ～ to…

＊慈善団体＝charities

＜理科＞

時間 50分 満点 100点

1 次の1から8までの問いに答えなさい。

1 次のうち，子房がなく胚珠がむきだしになっている植物はどれか。

ア サクラ イ アブラナ ウ イチョウ エ ツツジ

2 次のうち，空気中に最も多く含まれる気体はどれか。

ア 水 素 イ 窒 素 ウ 酸 素 エ 二酸化炭素

3 右の図のように，おもりが天井から糸でつり下げられている。このとき，おもりにはたらく重力とつり合いの関係にある力はどれか。

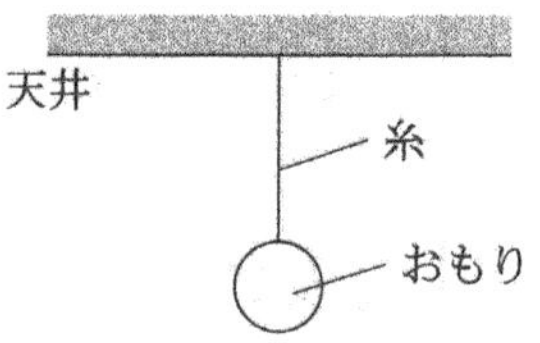

ア 糸がおもりにおよぼす力

イ おもりが糸におよぼす力

ウ 糸が天井におよぼす力

エ 天井が糸におよぼす力

4 右の図は，日本付近において，特定の季節に日本の南側に発達する気団Xを模式的に表したものである。気団Xの特徴として，最も適切なものはどれか。

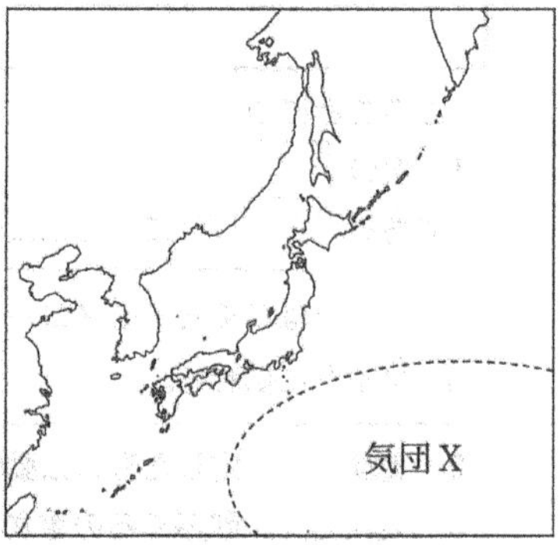

ア 冷たく乾燥《かんそう》した大気のかたまり

イ 冷たく湿《しめ》った大気のかたまり

ウ あたたかく乾燥《かんそう》した大気のかたまり

エ あたたかく湿《しめ》った大気のかたまり

5 地震が起こると，震源ではP波とS波が同時に発生する。このとき，震源から離れた場所に，はじめに到達するP波によるゆれを何というか。

6 熱いものにふれたとき，熱いと感じる前に，思わず手を引っこめるなど，ヒトが刺激を受けて，意識とは無関係に起こる反応を何というか。

7 100Vの電圧で1200Wの電気器具を使用したときに流れる電流は何Aか。

8 酸の陰イオンとアルカリの陽イオンが結びついてできた物質を何というか。

2 ユウさんとアキさんは，音の性質について調べるために，次の実験(1)，(2)を行った。

(1) 図1のようなモノコードで，弦のPQ間の中央をはじいて音を発生させた。発生した音を，マイクとコンピュータで測定すると図2の波形が得られた。図2の横軸は時間を表し，1目《め》盛《も》りは200分の1秒である。縦軸は振動の振れ幅を表している。なお，砂ぶくろの重さにより弦の張り具合を変えることができる。

（図1，図2は次のページにあります。）

(2)　砂ぶくろの重さ，弦の太さ，弦のPQ間の長さと音の高さの関係を調べるために，モノコードの条件を表の条件A，B，C，Dに変え，実験(1)と同様に実験を行った。なお，砂ぶくろⅠより砂ぶくろⅡの方が重い。また，弦Ⅰと弦Ⅱは同じ材質でできているが，弦Ⅰより弦Ⅱの方が太い。

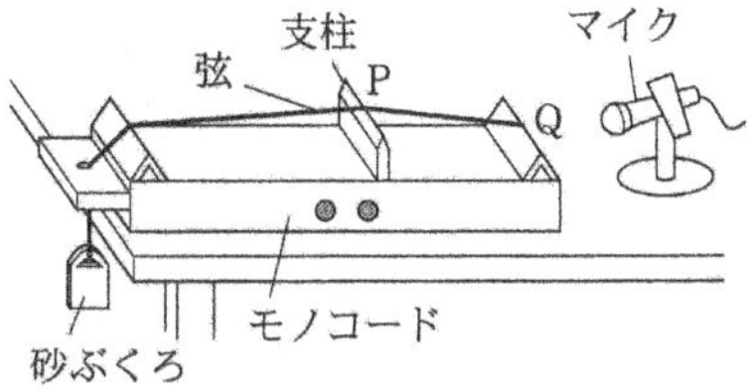

図1

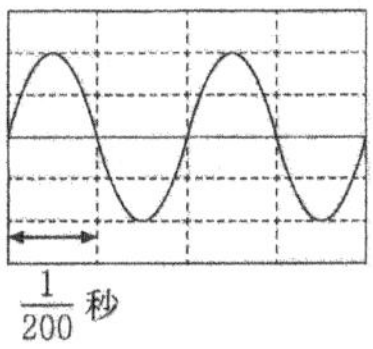

図2

	砂ぶくろ	弦	弦のPQ間の長さ
条件A	砂ぶくろⅠ	弦Ⅰ	40 cm
条件B	砂ぶくろⅠ	弦Ⅰ	80 cm
条件C	砂ぶくろⅡ	弦Ⅰ	40 cm
条件D	砂ぶくろⅠ	弦Ⅱ	40 cm

表

このことについて，次の1，2，3，4の問いに答えなさい。

1　次の□内の文は，弦をはじいてから音がマイクに伝わるまでの現象を説明したものである。(　)に当てはまる語を書きなさい。

> 弦をはじくと，モノコードの振動が（　　　）を振動させ，その振動により音が波としてマイクに伝わる。

2　実験(1)で測定した音の振動数は何Hzか。

3　実験(2)で，砂ぶくろの重さと音の高さの関係，弦の太さと音の高さの関係，弦のPQ間の長さと音の高さの関係を調べるためには，それぞれどの条件とどの条件を比べるとよいか。条件A，B，C，Dのうちから適切な組み合わせを記号で答えなさい。

4　次の□内は，実験(2)を終えてからのユウさんとアキさんの会話である。①，②に当てはまる語句をそれぞれ(　)の中から選んで書きなさい。また，下線部のように弦をはじく強さを強くして実験を行ったときに，コンピュータで得られる波形は，弦をはじく強さを強くする前と比べてどのように変化するか簡潔に書きなさい。

> ユウ「弦をはじいて発生する音の高さは，砂ぶくろの重さや弦の太さ，弦の長さが関係していることがわかったね。」
> アキ「そうだね。例えば，図2の波形を図3のようにするには，それぞれどのように変えたらよいだろう。」
> ユウ「実験結果から考えると，砂ぶくろを軽くするか，弦を①(太く・細く)するか，弦のPQ間の長さを②(長く・短く)すればよいことがわかるよ。」
> アキ「ところで，弦をはじく強さを強くしたときはどのような波形が得られるのかな。」
> ユウ「どのような波形になるか，確認してみよう。」

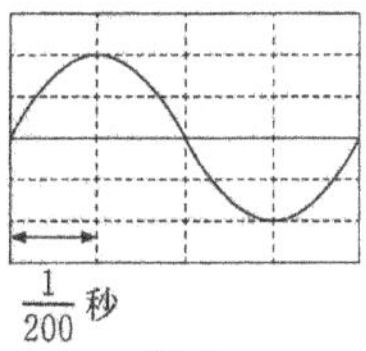

図3

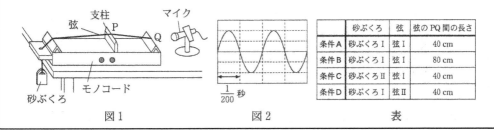

3 霧が発生する条件について調べるために，次の実験(1)，(2)，(3)，(4)を順に行った。

(1) 室内の気温と湿度を測定すると，25℃，58％であった。

(2) ビーカーを３個用意し，表面が結露することを防ぐため，ビーカーをドライヤーであたためた。

(3) 図のように，40℃のぬるま湯を入れたビーカーに氷水の入ったフラスコをのせたものを装置A，空《から》のビーカーに氷水の入ったフラスコをのせたものを装置B，40℃のぬるま湯を入れたビーカーに空のフラスコをのせたものを装置Cとした。

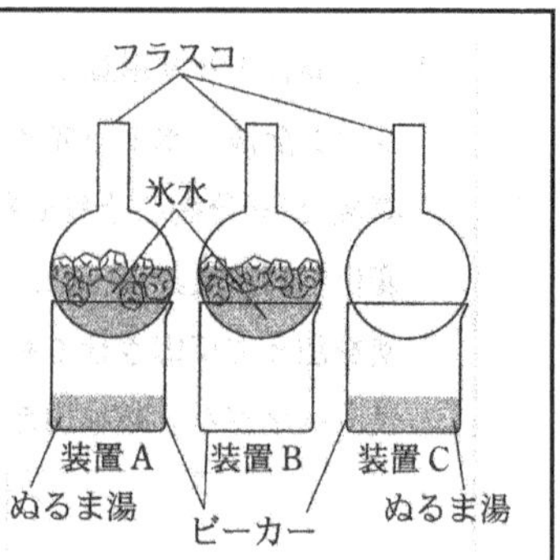

(4) すべてのビーカーに線香のけむりを少量入れ，ビーカー内部のようすを観察した。表は，その結果をまとめたものである。

	装置A	装置B	装置C
ビーカー内部のようす	白いくもりがみられた。	変化がみられなかった。	変化がみられなかった。

このことについて，次の１，２，３の問いに答えなさい。

1 次の□内の文は，下線部の操作により，結露を防ぐことができる理由を説明したものである。①，②に当てはまる語句をそれぞれ（　）の中から選んで書きなさい。

> ビーカーの表面付近の空気の温度が，露点よりも①(高く・低く）なり，飽和水蒸気量が②(大きく・小さく）なるから。

2 装置Aと装置Bの結果の比較や，装置Aと装置Cの結果の比較から，霧が発生する条件についてわかることを，ビーカー内の空気の状態に着目して，それぞれ簡潔に書きなさい。

3 次の□内は，授業後の生徒と先生の会話である。①，②，③に当てはまる語をそれぞれ（　）の中から選んで書きなさい。

> 生徒「『朝霧は晴れ』という言葉を聞いたことがありますが，どのような意味ですか。」
>
> 先生「人々の経験をもとに伝えられてきた言葉ですね。それは，朝霧が発生する日の昼間の天気は，晴れになることが多いという意味です。では，朝霧が発生したということは，夜間から明け方にかけて，どのような天気であったと考えられますか。また，朝霧が発生する理由を授業で学んだことと結びつけて説明できますか。」
>
> 生徒「天気は①(晴れ・くもり）だと思います。そのような天気では，夜間から明け方にかけて，地面や地表がより冷却され，地面の温度とともに気温も下がります。気温が下がると，空気中の②(水滴・水蒸気）が③(凝結・蒸発）しやすくなるからです。」
>
> 先生「その通りです。授業で学んだことを，身のまわりの現象に当てはめて考えることができましたね。」

4　だ液によるデンプンの消化について調べるために，次の実験(1)，(2)を行った。

(1)　試験管を２本用意し，一方の試験管にはデンプン溶液と水を，もう一方の試験管にはデンプン溶液と水でうすめただ液を入れ，それぞれの試験管を約40℃に保った。実験開始直後と20分後にそれぞれの試験管の溶液を新しい試験管に適量とり，試薬を加えて色の変化を調べた。表１は，その結果をまとめたものである。ただし，水でうすめただ液に試薬を加えて反応させても色の変化はないものとする。また，試薬による反応を調べるために，ベネジクト液を加えた試験管は，ガスバーナーで加熱するものとする。

	加えた試薬	試薬の反応による色の変化	
		直後	20 分後
デンプン溶液 ＋ 水	ヨウ素液	○	○
	ベネジクト液	×	×
デンプン溶液 ＋ だ液	ヨウ素液	○	×
	ベネジクト液	×	○

○：変化あり
×：変化なし

表１

(2)　セロハンチューブを２本用意し，デンプン溶液と水を入れたセロハンチューブをチューブA，デンプン溶液と水でうすめただ液を入れたセロハンチューブをチューブBとした。図のように，チューブA，Bをそれぞれ約40℃の水が入った試験管C，Dに入れ，約40℃に保ち60分間放置した。その後，チューブA，Bおよび試験管C，Dからそれぞれ溶液を適量とり，新しい試験管A′，B′，C′，D′に入れ，それぞれの試験管に試薬を加えて色の変化を調べた。表２は，その結果をまとめたものである。なお，セロハンチューブはうすい膜でできており，小さな粒子が通ることができる一定の大きさの微小な穴が多数あいている。

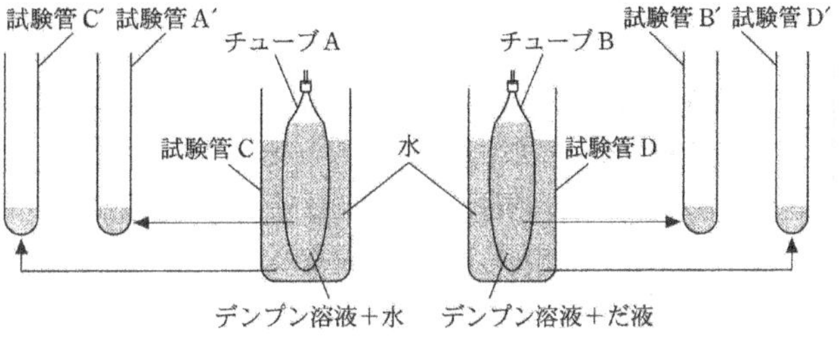

	加えた試薬	試薬の反応による色の変化
試験管A′	ヨウ素液	○
試験管B′	ベネジクト液	○
試験管C′	ヨウ素液	×
試験管D′	ベネジクト液	○

○：変化あり
×：変化なし

表２

このことについて，あとの１，２，３，４の問いに答えなさい。

1　実験(1)において，ベネジクト液を加えて加熱し反応したときの色として，最も適切なものはどれか。

ア　黄緑色　　**イ**　青紫色　　**ウ**　赤褐色　　**エ**　乳白色

2　実験(1)の結果から，だ液のはたらきについてわかることを簡潔に書きなさい。

3 実験(2)の結果から，デンプンの分子の大きさをR，ベネジクト液によって反応した物質の分子の大きさをS，セロハンチューブにある微小な穴の大きさをTとして，R，S，Tを<u>左から大きい順に</u>記号で書きなさい。

4 次の □ 内の文章は，実験(1)，(2)の結果を踏まえて，「だ液に含まれる酵素の大きさは，セロハンチューブにある微小な穴よりも大きい」という仮説を立て，この仮説を確認するために必要な実験と，この仮説が正しいときに得られる結果を述べたものである。①，②，③に当てはまる語句をそれぞれ（ ）の中から選んで書きなさい。

> 【仮説を確認するために必要な実験】
> セロハンチューブに水でうすめただ液を入れたものをチューブX，試験管にデンプン溶液と①(水・だ液) を入れたものを試験管Yとする。チューブXを試験管Yに入れ約40℃に保ち，60分後にチューブXを取り出し，試験管Yの溶液を2本の新しい試験管にそれぞれ適量入れ，試薬の反応による色の変化を調べる。
> 【仮説が正しいときに得られる結果】
> 2本の試験管のうち，一方にヨウ素液を加えると，色の変化が②(ある・ない)。もう一方にベネジクト液を加え加熱すると，色の変化が③(ある・ない)。

5 塩化銅水溶液の電気分解について調べるために，次の実験(1)，(2)，(3)を順に行った。

> (1) 図1のように，電極に炭素棒を用いて，10%の塩化銅水溶液の電気分解を行ったところ，陽極では気体が発生し，陰極では表面に赤色の固体が付着した。
> (2) 新たに10%の塩化銅水溶液を用意し，実験(1)と同様の装置を用いて，0.20Aの電流を流して電気分解を行った。その際，10分ごとに電源を切って陰極を取り出し，付着した固体の質量を測定した。
> (3) 電流の大きさを0.60Aに変えて，実験(2)と同様に実験を行った。
> 図2は，実験(2)，(3)について，電流を流した時間と付着した固体の質量の関係をまとめたものである。

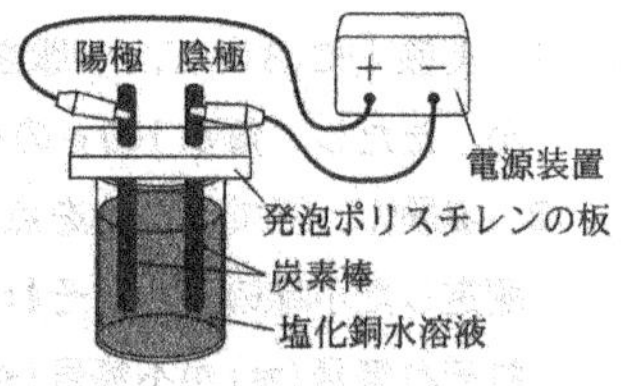

図1

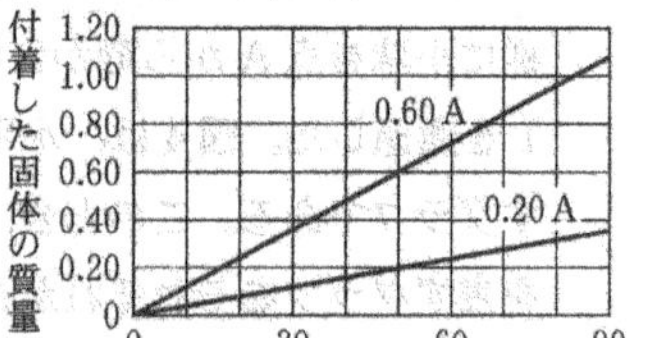

図2

このことについて，次の1，2，3の問いに答えなさい。

1 実験(1)について，気体のにおいを調べるときの適切なかぎ方を，簡潔に書きなさい。

2 実験(1)で起きた化学変化を，図3の書き方の例にならい，文字や数字の大きさを区別して，化学反応式で書きなさい。

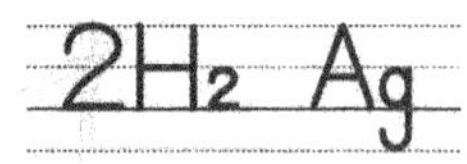

図3

3 実験(2)，(3)について，電流の大きさを0.40Aにした場合，付着する固体の質量が1.0gになるために必要な電流を流す時間として，最も適切なものはどれか。

ア 85分 イ 125分 ウ 170分 エ 250分

6　物体のエネルギーについて調べるために，次の実験(1)，(2)を順に行った。

(1)　図１のように，水平な床の上に，スタンドとレールを用いて斜面PQと水平面QRをつくり，水平面QRに速さ測定器を設置した。質量50ｇの小球を，水平な床から高さ20㎝の点Aまで持ち上げ，レール上で静かにはなした後，水平面QRでの小球の速さを測定した。

(2)　図２のように，斜面PQの角度を変えながら，小球を点B，点C，点D，点Eから静かにはなし，実験(1)と同様に小球の速さを測定した。なお，AQ間，BQ間，EQ間の長さは等しく，点A，点C，点Dは水平な床からの高さが同じである。

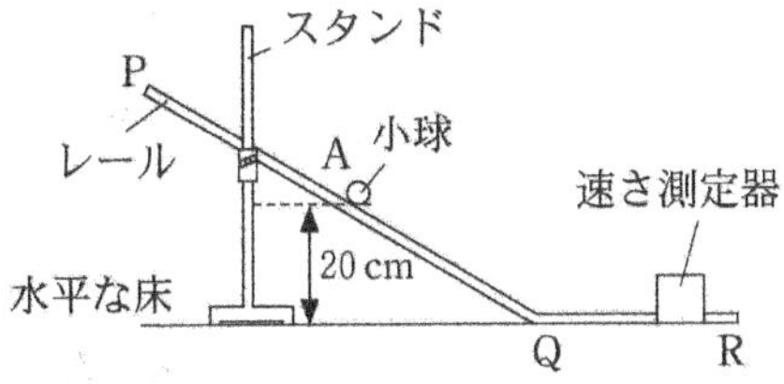

図１

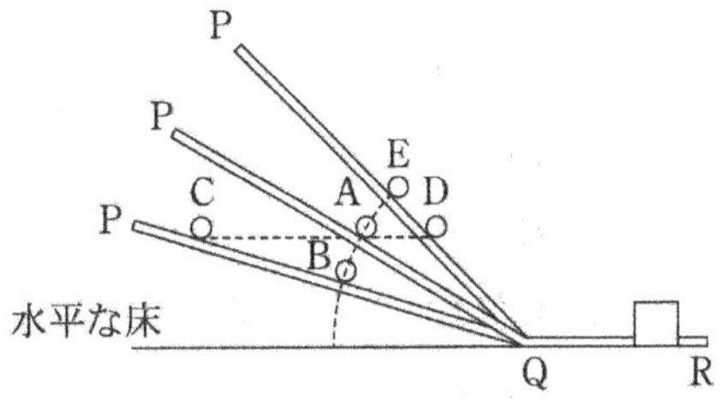

図２

このことについて，次の１，２，３の問いに答えなさい。ただし，小球の大きさ，摩擦《まさつ》や空気の抵抗は考えないものとする。また，レールはうすく，斜面と水平面はなめらかにつながれており，運動する小球はレールからはなれないものとする。

１　実験(1)において，小球を水平な床から点Aまで持ち上げたとき，小球にした仕事は何Ｊか。ただし，質量100ｇの小球にはたらく重力の大きさは１Ｎとする。

２　実験(1)，(2)で，小球を点A，点B，点C，点D，点Eから静かにはなした後，速さ測定器で測定した小球の速さをそれぞれａ，ｂ，ｃ，ｄ，ｅとする。ａとｂ，ａとｄ，ｃとｅの大小関係をそれぞれ等号（＝）か不等号（＜，＞）で表しなさい。

３　図３のように，点Rの先に台とレールを用いて斜面ＲＳと水平面ＳＴをつくり，実験(1)と同様に小球を点Aから静かにはなしたところ，水平面ＱＲを通過した後，斜面ＲＳをのぼり，点Ｔを通過した。図４は，水平な床を基準とした各位置での小球の位置エネルギーの大きさを表すグラフである。このとき，各位置での運動エネルギーの大きさと力学的エネルギーの大きさを表すグラフをそれぞれかきなさい。なお，図４と解答用紙のグラフの縦軸の１目《め》盛《も》りの大きさは同じものとする。

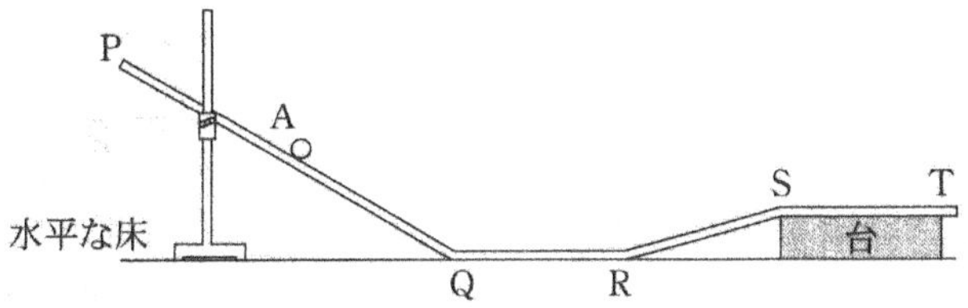

図３

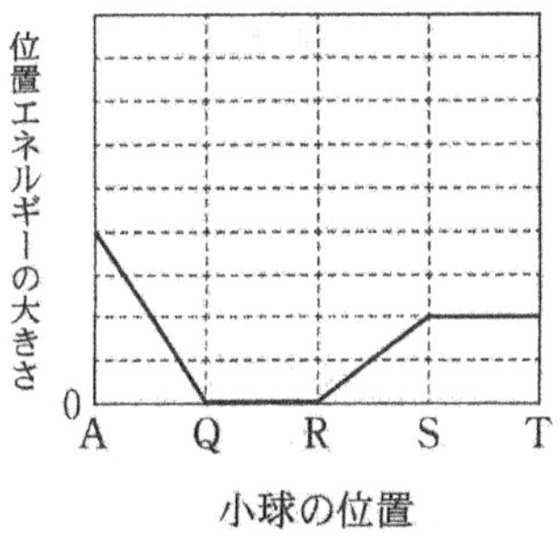

図４

7　図1は，硝酸カリウム，塩化ナトリウム，塩化カリウム，ホウ酸の溶解度曲線である。

このことについて，次の1，2，3，4の問いに答えなさい。

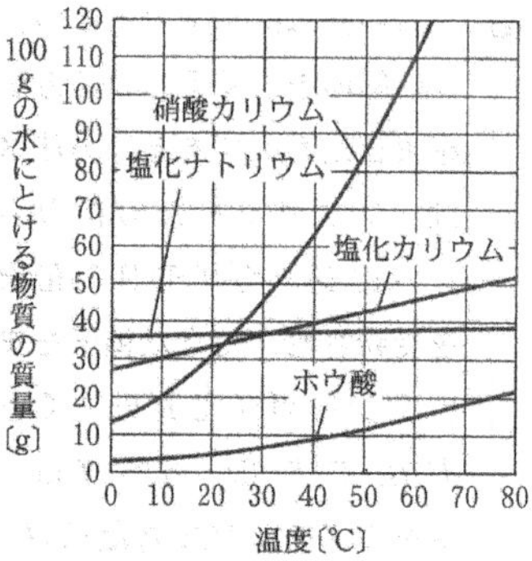

図1

1　70℃の水100gに塩化ナトリウムを25gとかした水溶液の質量パーセント濃度は何％か。

2　44℃の水20gに，ホウ酸を7g加えてよくかき混ぜたとき，とけずに残るホウ酸は何gか。ただし，44℃におけるホウ酸の溶解度は10gとする。

3　次の□内の文章は，60℃の硝酸カリウムの飽和水溶液と塩化カリウムの飽和水溶液をそれぞれ30℃に冷却したときのようすを説明したものである。①，②に当てはまる語句の組み合わせとして，正しいものはどれか。

それぞれの水溶液を30℃に冷却したとき，とけきれずに出てきた結晶は（　①　）の方が多かった。この理由は，（　①　）の方が温度による溶解度の変化が（　②　）からである。

	①	②
ア	硝酸カリウム	大きい
イ	硝酸カリウム	小さい
ウ	塩化カリウム	大きい
エ	塩化カリウム	小さい

4　60℃の水100gを入れたビーカーを2個用意し，硝酸カリウムを60gとかしたものを水溶液A，硝酸カリウムを100gとかしたものを水溶液Bとした。次に水溶液A，Bを20℃まで冷却し，とけきれずに出てきた結晶をろ過によって取り除いた溶液をそれぞれ水溶液A′，水溶液B′とした。図2は水溶液A，B，図3は水溶液A′における溶質の量のちがいを表した模式図であり，●は溶質の粒子のモデルである。水溶液B′の模式図として最も適切なものは，次のア，イ，ウ，エのうちどれか。また，そのように判断できる理由を，「溶解度」という語を用いて簡潔に書きなさい。なお，模式図が表す水溶液はすべて同じ体積であり，ろ過ではとけきれずに出てきた結晶のみ取り除かれ，ろ過による体積や温度の変化はないものとする。

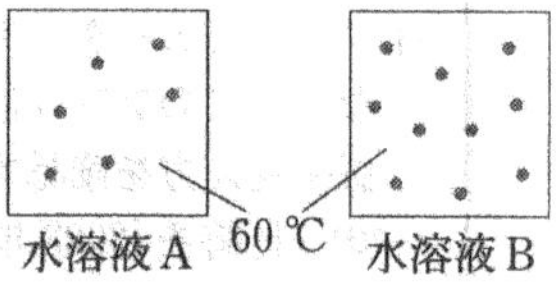

図2

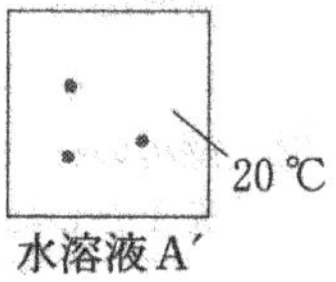

図3

ア

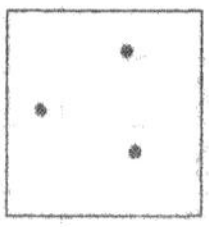
イ

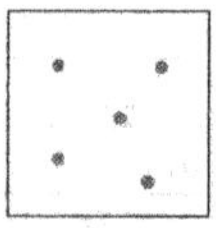
ウ

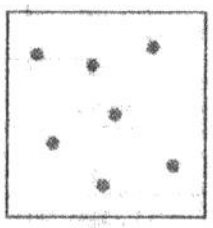
エ

8　次のページの表は，ジャガイモの新しい個体をつくる二つの方法を表したものである。方法Xは，ジャガイモAの花のめしべにジャガイモBの花粉を受粉させ，できた種子をまいてジャガイモPをつくる方法である。方法Yは，ジャガイモCにできた「いも」を植え，ジャガイモQをつくる方法である。

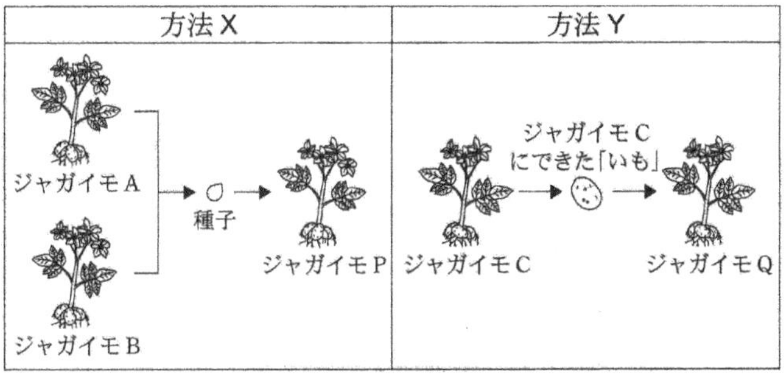

このことについて，次の１，２，３の問いに答えなさい。

1　方法Xと方法Yのうち，無性生殖により新しい個体をつくる方法はどちらか，記号で答えなさい。また，このようなジャガイモの無性生殖を何というか。

2　図は，ジャガイモA，Bの核の染色体を模式的に表したものである。
ジャガイモPの染色体のようすとして，最も適切なものはどれか。

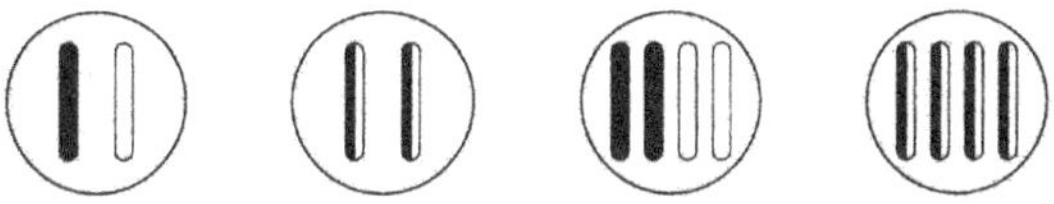

ア　　イ　　ウ　　エ

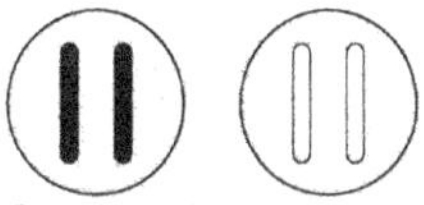

ジャガイモA　ジャガイモB

図

3　方法Yは，形質が同じジャガイモをつくることができる。形質が同じになる理由を，分裂の種類と遺伝子に着目して，簡潔に書きなさい。

9　太陽系の天体について調べるために，次の調査(1)，(2)を行った。

(1)　コンピュータのアプリを用いて，次の(a)，(b)，(c)を順に行い，天体の見え方を調べた。なお，このアプリは，日時を設定すると，日本のある特定の地点から観測できる天体の位置や見え方を確認することができる。

(a)　日時を「2023年３月29日22時」に設定すると，西の方角に図１のような上弦の月が確認できた。

(b)　(a)の設定から日時を少しずつ進めていくと，ある日時の西の方角に満月を確認することができた。

図１

(c)　日時を「2023年５月３日19時」に設定し，金星の見え方を調べた。

(2)　惑星の特徴について調べ，次の表にまとめた。なお，表中の数値は，地球を１としたときの値である。

	直径	質量	太陽からの距離	公転の周期	惑星の主成分
水星	0.38	0.055	0.39	0.24	岩石，重い金属
金星	0.95	0.82	0.72	0.62	岩石，重い金属
地球	1	1	1	1	岩石，重い金属
火星	0.53	0.11	1.52	1.88	岩石，重い金属
木星	11.21	317.83	5.20	11.86	水素，ヘリウム
土星	9.45	95.16	9.55	29.46	水素，ヘリウム
天王星	4.01	14.54	19.22	84.02	水素，ヘリウム，氷
海王星	3.88	17.15	30.11	164.77	水素，ヘリウム，氷

このことについて，次の１，２，３，４の問いに答えなさい。

1　月のように，惑星のまわりを公転している天体を何というか。

2　図２は，北極側から見た地球と月の，太陽の光の当たり方を模式的に示したものである。調査(1)の(b)において，日時を進めて最初に満月になる日は，次のア，イ，ウ，エのうちどれか。また，この満月が西の方角に確認できる時間帯は「夕方」，「真夜中」，「明け方」のどれか。

ア　４月６日　　イ　４月13日

ウ　４月20日　　エ　４月27日

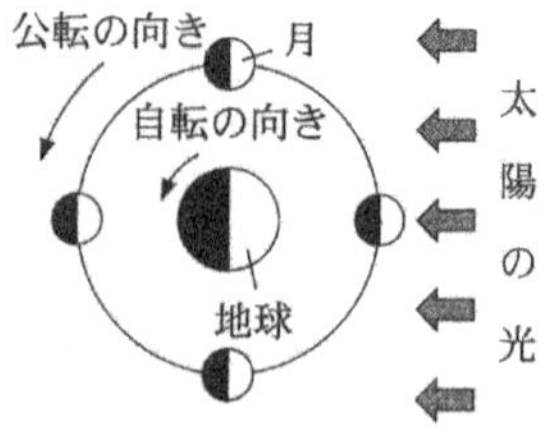

図２

3　図３は，調査(1)の(c)で設定した日時における，北極側から見た太陽，金星，地球の位置を表した模式図であり，図４は，このとき見られる金星の画像である。設定した日時から150日（約0.41年）後の地球と金星の位置を，それぞれ黒でぬりつぶしなさい。また，このとき地球から見られる金星の画像として，最も適切なものを次のアからオのうちから一つ選び，記号で答えなさい。ただし，金星の画像はすべて同じ倍率で示している。

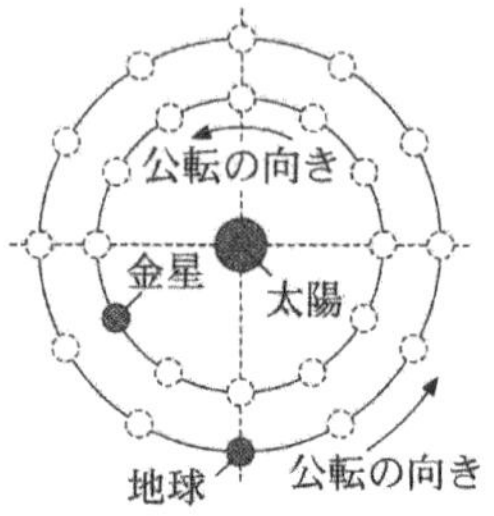

図３

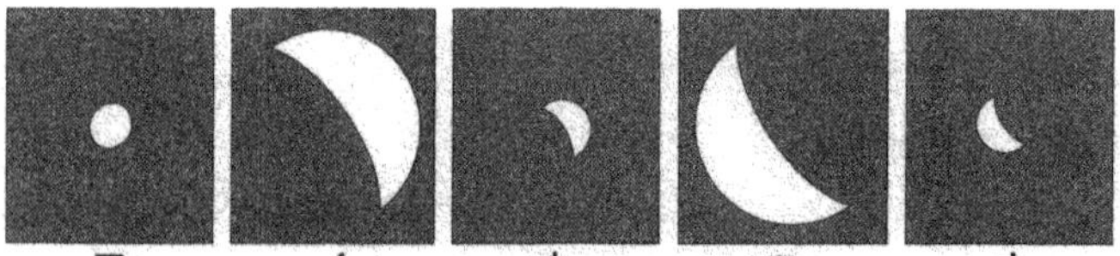
ア　イ　ウ　エ　オ

図４

4　図５は，太陽系の惑星の直径と平均密度の関係を表したものであり，惑星は大きさによって二つのグループX，Yに分けることができる。調査(2)の表と図５からわかることとして，最も適切なものはどれか。

ア　XよりYの方が，質量，平均密度ともに小さい。

イ　YよりXの方が，太陽からの距離，平均密度ともに小さい。

ウ　YよりXの方が，平均密度が大きく，Xの惑星は主に岩石や重い金属でできている。

エ　Yのうち，平均密度が最も小さい惑星は公転周期が最も短く，主に水素とヘリウムでできている。

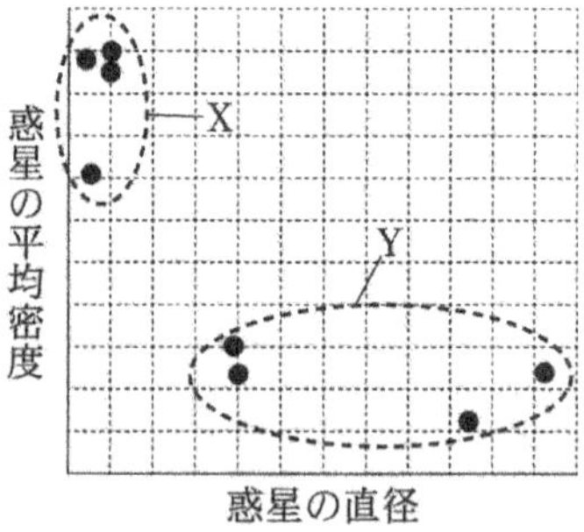

図５

＜社会＞

時間　50分　　満点　100点

1　次の１，２，３の問いに答えなさい。

1　次の会話文は，宇都宮市に住む一郎さんと，ロンドンに住む翔平さんのオンラインでの会話である。文中の［Ⅰ］，［Ⅱ］に当てはまる語の組み合わせとして正しいのはどれか。

> 一郎：「日本とイギリスでは，どのくらい時差があるのかな。」
> 翔平：「12月の今は，イギリスの方が日本よりも９時間［Ⅰ］いるよ。」
> 一郎：「ロンドンは宇都宮市よりも緯度が高いけれど，宇都宮市の冬とどのような違いがあるのかな。」
> 翔平：「ロンドンは，宇都宮市よりも日の出から日の入りまでの時間が［Ⅱ］よ。」

ア　Ⅰ－進んで　Ⅱ－長い　　イ　Ⅰ－進んで　Ⅱ－短い
ウ　Ⅰ－遅れて　Ⅱ－長い　　エ　Ⅰ－遅れて　Ⅱ－短い

2　図１は，1990年と2020年における日本の輸入総額に占めるアメリカ，タイ，中国，ドイツからの輸入の割合（％）を示している。中国はどれか。

	ア	イ	ウ	エ
1990年	22.4	5.1	4.9	1.8
2020年	11.0	25.7	3.3	3.7

図１（「日本国勢図会」ほかにより作成）

3　図２を見て，次の(1)から(6)までの問いに答えなさい。

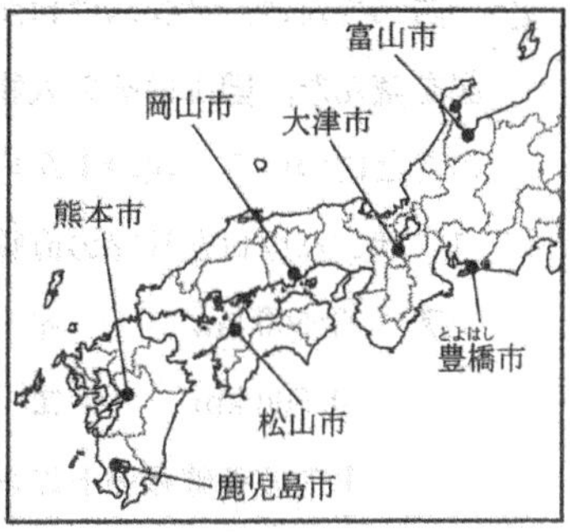

図２

(1)　鹿児島市では，桜島の火山災害の被害を最小限に抑えるために，被害が予想される範囲や避難場所などの情報を示した地図を作成している。このように，全国の自治体が自然災害に備えて作成している地図を何というか。

(2)　冬季（12，１，２月）の月別平均降水量の合計が最も大きい都市は，次のア，イ，ウ，エのうちどれか。

ア　豊橋市　　イ　富山市　　ウ　松山市　　エ　熊本市

(3)　図２中に示した各都市では，路面電車が運行されている。路面電車に関する調査を行う上で，適切な方法として<u>当てはまらない</u>のはどれか。

ア　路面電車の利便性について調べるため，地域住民に聞き取りを行う。
イ　路面電車の開業までの経緯について調べるため，図書館で新聞を閲覧する。
ウ　路面電車の開業後に他県から転入した人数を調べるため，新旧の航空写真を比較する。
エ　路面電車の停留場から近隣の商業施設までの直線距離を調べるため，地形図を利用する。

(4)　次のページの図３のア，イ，ウ，エは，岡山県に隣接する兵庫県，鳥取県，広島県，香川県のいずれかであり，2019年におけるそれぞれの人口，岡山県からの旅客数，他都道府県からの旅客数に占める岡山県からの旅客数の割合を示している。香川県はどれか。

	ア	イ	ウ	エ
人口(万人)	546	279	56	97
岡山県からの旅客数(万人)	172	481	16	335
他都道府県からの旅客数に占める岡山県からの旅客数の割合(%)	0.7	5.2	24.4	46.8

図3(「旅客地域流動調査」ほかにより作成)

(5) 日本の火力発電は，主に原油や石炭，天然ガスを利用している。次の**ア**，**イ**，**ウ**，**エ**のうち，それぞれの県の総発電量に占める火力発電の割合（2020年）が最も低い県はどれか。

ア 岐阜県　**イ** 三重県　**ウ** 山口県　**エ** 福岡県

(6) **図4**は，前のページの**図2**中の豊橋市，富山市，岡山市，鹿児島市における2020年の農業産出額の総額に占める，米，野菜，果実，畜産の産出額の割合（%）を示しており，**図5**は，豊橋市の農業の特徴についてまとめたものである。 X に当てはまる文を簡潔に書きなさい。また， Y に当てはまる文を，「大都市」の語を用いて簡潔に書きなさい。

	米	野菜	果実	畜産
豊橋市	4.3	51.4	7.5	31.3
富山市	69.4	10.5	9.1	6.0
岡山市	36.8	22.1	22.7	12.9
鹿児島市	3.6	7.8	2.3	81.8

図4(「市町村別農業産出額」により作成)

図4から，豊橋市の農業には，他の都市と比べて X という特徴があることが読み取れる。このような特徴がみられる主な理由の一つとして，東名高速道路のインターチェンジに近いことを生かし， Y ということが考えられる。

図5

2 浩二さんは，サンパウロからリマまで走破した人物の旅行記を読んだ。**図1**はその人物の走破ルートを示している。このことについて，あとの**1**から**7**までの問いに答えなさい。

図1

1 サンパウロとリマの直線距離に最も近いのはどれか。

ア 3,500km　**イ** 7,000km

ウ 10,500km　**エ** 14,000km

2 **図1**中の走破ルートにおいて，標高が最も高い地点を通過する区間は，**図1**中の**ア**，**イ**，**ウ**，**エ**のうちどれか。

3 **図1**中の走破ルート周辺の説明として当てはまらないのはどれか。

ア 日本からの移民の子孫が集まって住む地区がみられる。

イ キリスト教徒が礼拝などを行う施設が多くみられる。

ウ フランス語の看板を掲げている店が多くみられる。

エ 先住民とヨーロッパ人の混血の人々が多数暮らしている。

4　次の文は，浩二さんが前のページの**図**1中のサンタクルス付近で行われている農業についてまとめたものである。文中の □ に当てはまる語を書きなさい。

> 森林を伐採して焼き払い，その灰を肥料として作物を栽培する □ 農業とよばれる農業を伝統的に行っている。数年たつと土地がやせて作物が育たなくなるので，新たな土地に移動する。

5　**図**2はサンパウロ，**図**3はリマの月別平均降水量をそれぞれ示している。**図**4中の都市A，B，C，Dのうち，サンパウロのように6，7，8月の月別平均降水量が他の月より少ない都市と，リマのように年間を通して降水量がほとんどない都市の組み合わせとして正しいのはどれか。

ア　サンパウロ－A　リマ－C
イ　サンパウロ－A　リマ－D
ウ　サンパウロ－B　リマ－C
エ　サンパウロ－B　リマ－D

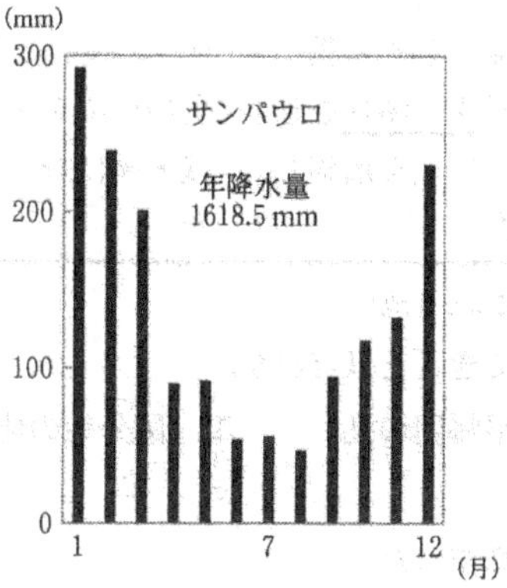

図2（「理科年表」により作成）

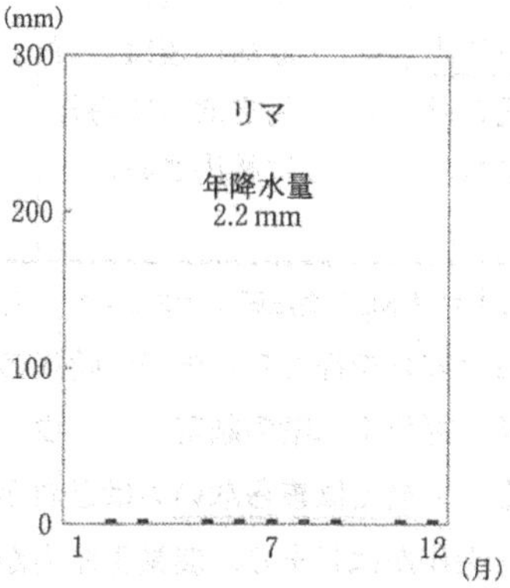

図3（「理科年表」により作成）

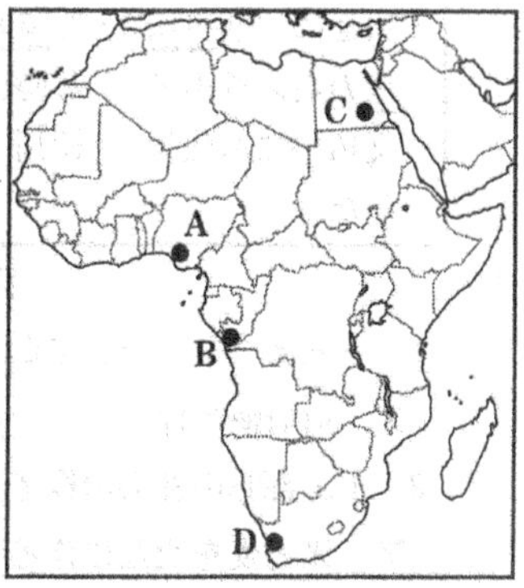

図4

6　浩二さんは，**図**1中の走破ルート上の国が地下資源を豊富に有していることを知り，**図**5を作成した。**図**5の**ア**，**イ**，**ウ**，**エ**は，アジア州，アフリカ州，オセアニア州，南アメリカ州のいずれかである。南アメリカ州はどれか。

2016年における世界全体の地下資源産出量に占める州ごとの産出量の割合(%)

	ア	イ	ウ	エ	ヨーロッパ州	北アメリカ州
鉄鉱石	36.8	26.7	3.8	20.6	8.2	4.3
銅鉱	5.1	22.3	9.0	41.5	7.8	14.4
原油	0.5	46.1	8.8	9.0	17.3	18.3
ダイヤモンド	10.4	0.0	49.7	0.2	30.1	9.7

図5（「地理統計要覧」により作成）

7　浩二さんは，ブラジルで人口が最も多いサンパウロと，アメリカで人口が最も多いニューヨークの都市圏人口（千人）の推移を図6にまとめた。また，サンパウロ都市圏の生活環境の改善を目的として日本が行ったODA（政府開発援助）の事例を図7にまとめた。1950年から2015年までの時期における，ニューヨーク都市圏人口と比較したサンパウロ都市圏人口の推移の特徴と，その結果生じたサンパウロ都市圏の生活環境の課題について，図6および図7から読み取れることにふれ，簡潔に書きなさい。

	1950年	1970年	1990年	2015年
サンパウロ	2,334	7,620	14,776	20,883
ニューヨーク	12,338	16,191	16,086	18,648

図6（「データブックオブザワールド」により作成）

ビリングス湖流域環境改善計画
　サンパウロ都市圏における上水の供給源となっているビリングス湖の水質改善を図るため，湖への汚水の流入を防止する下水道を整備する。

図7（「外務省ウェブページ」により作成）

3　図1を見て，あとの1から7までの問いに答えなさい。

和同開珎	皇宋通寳《こうそうつうほう》	石州銀《せきしゅうぎん》	寛永通寳	二十圓《えん》金貨

・唐にならってつくった貨幣。 ・朝廷は，ⓐ平城京の造営費用の支払いにも使用した。	・宋から輸入された貨幣（宋銭）。 ・ⓑ鎌倉時代や室町時代を通して使用された。	・ⓒ戦国大名がつくった貨幣。 ・原料の銀は，貿易を通して海外に輸出された。	・ⓓ徳川家光が将軍の時に幕府が発行した貨幣。 ・ⓔ江戸時代を通して広く流通した。	・ⓕ明治政府が発行した貨幣。 ・明治政府は，貨幣の単位を円・銭・厘《りん》に統一した。

図1（「日本銀行金融研究所ウェブページ」により作成）

1　下線部ⓐを都としてから平安京を都とするまでの時代のできごとはどれか。
　ア　遣唐使の停止　　イ　冠位十二階の制定　　ウ　平将門の乱　　エ　国分寺の建立

2　下線部ⓑの社会の様子として当てはまらないのはどれか。
　ア　米と麦を交互に作る二毛作がはじまり，農業生産力が高まった。
　イ　荘園や公領に地頭が設置され，年貢の徴収をうけ負った。
　ウ　戸籍に登録された人々に口分田が与えられ，租などの税が課された。
　エ　寺社の門前や交通の便利な所において，月に3回の定期市が開かれた。

3　次のア，イ，ウ，エは，図1の皇宋通寳などの宋銭が日本で使用されていた時期のできごとである。年代の古い順に並べ替えなさい。
　ア　後醍醐天皇が天皇中心の政治を行った。
　イ　京都に六波羅探題が設置された。
　ウ　後鳥羽上皇が幕府を倒すため兵を挙げた。
　エ　足利義満が日明貿易をはじめた。

4　下線部ⓒに関して，次の(1)，(2)の問いに答えなさい。

(1)　戦国大名が領地を治めるために定めた独自のきまりを何というか。

(2)　戦国大名が活躍していた時期に当てはまる世界のできごとはどれか。

ア　ドイツでは，ルターがカトリック教会のあり方に抗議し，宗教改革がはじまった。

イ　イギリスでは，蒸気機関が実用化され，綿織物の大量生産が可能になった。

ウ　北アメリカでは，独立戦争がおこり，アメリカ合衆国が成立した。

エ　中国では，フビライ・ハンが都を大都に定め，国号を元と改めた。

5　次の**ア**，**イ**，**ウ**，**エ**は，古代から近世までに出された法令の一部をわかりやすく改めたものである。下線部ⓓによって出された法令はどれか。

外国船が乗り寄せてきたことを発見したら，居合わせた者たちで有無を言わせず打ち払うこと。	新しく開墾された土地は私財として認め，期限に関係なく永久に取り上げることはしない。	大名が自分の領地と江戸に交替で住むように定める。毎年4月に江戸へ参勤すること。	この町は楽市としたので，座を認めない。税や労役はすべて免除する。
ア	**イ**	**ウ**	**エ**

6　下線部ⓔの時代において，年貢米や特産品を販売するために大阪におかれたのはどれか。

ア　土倉　　**イ**　問注所　　**ウ**　正倉院　　**エ**　蔵屋敷

7　下線部ⓕに関して，**図2**は明治政府の役人が作成した資料の一部をわかりやすく改めたものであり，**図3**は明治政府が地租改正に伴い発行した地券である。明治政府が地租改正を行った理由を，**図2**，**図3**をふまえ簡潔に書きなさい。

【従来の税制度について】
・役人に目分量で豊作・凶作の判断をさせて，年貢の量を決める。
・政府に納められた米を換金して諸費用にあてているが，米の価格変動の影響を受ける。

図2（「田税改革建議」により作成）

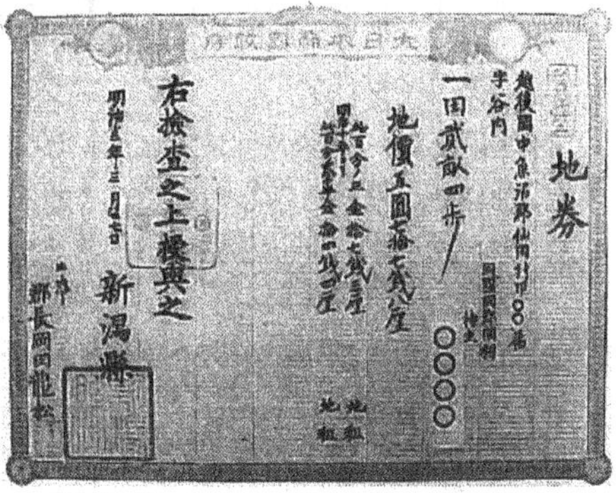

図3（「国税庁ウェブページ」により作成）

4　由紀さんは，メディアの歴史について調べた。あとの1から4までの問いに答えなさい。

1　**図1**は，由紀さんが調べた江戸時代の瓦版《かわらばん》である。**図1**が伝えているできごとと直接関係があるのはどれか。

ア　下関条約の締結

イ　日米和親条約の締結

ウ　西南戦争の開始

エ　アヘン戦争の開始

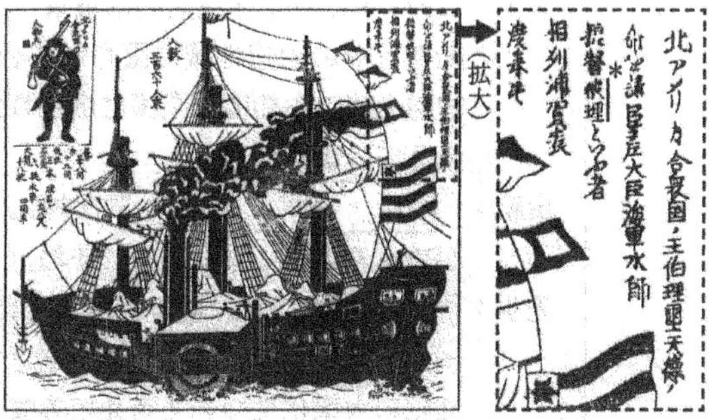

＊彼理＝ペリー

図1

2　由紀さんは，明治時代の新聞を調べ，国会開設を要求する運動に関する記事を見つけた。この時期に行われた，国民が政治に参加する権利の確立を目指す運動を何というか。

3　由紀さんは，第一次世界大戦と第二次世界大戦の間の時期におけるラジオの活用について調べた。次の(1)，(2)の問いに答えなさい。

(1)　由紀さんは，この時期にラジオを活用した人物について調べ，**図2**にまとめた。**図2**の［Ⅰ］，［Ⅱ］に当てはまる語の組み合わせとして正しいのはどれか。

【ルーズベルト（ローズベルト）】
・ニューディール政策を実施した。
・国民に向けたラジオ放送をたびたび行い，銀行救済政策などを伝えた。
【ヒトラー】
・「国民ラジオ」とよばれる小型で低価格のラジオを大量に生産した。
・ラジオ演説で失業者の救済を宣言し，公共事業の充実を図った。
［共通点］
・ラジオを活用して，国民に対して政策を直接伝えた。
・［Ⅰ］による国内の経済の混乱を立て直すため，［Ⅱ］。

ア　Ⅰ－世界恐慌　　　　Ⅱ－雇用の創出を目指した
イ　Ⅰ－世界恐慌　　　　Ⅱ－植民地を独立させた
ウ　Ⅰ－賠償金の支払い　Ⅱ－雇用の創出を目指した
エ　Ⅰ－賠償金の支払い　Ⅱ－植民地を独立させた

(2)　第二次世界大戦の戦況は，ラジオなどによって伝えられた。次の**ア**，**イ**，**ウ**，**エ**のうち，第二次世界大戦開戦後に日本が同盟を結んだ国を<u>二つ</u>選びなさい。

ア　イタリア　　**イ**　フランス　　**ウ**　ドイツ　　**エ**　イギリス

4　**図3**は，日本のラジオとテレビの契約件数の推移を示している。これを見て，あとの(1)，(2)，(3)の問いに答えなさい。

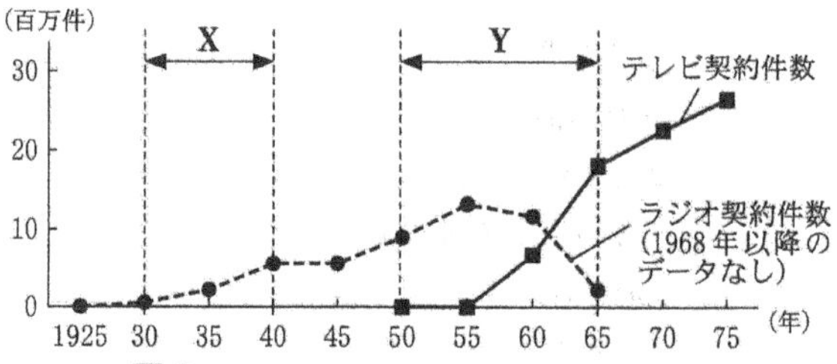

図3（「数字で見る日本の100年」により作成）

(1)　由紀さんと先生の会話文を読み，［P］，［Q］に当てはまる文を，簡潔に書きなさい。

由紀：「1925年に放送がはじまったラジオは，**図3**のXの時期に契約件数が増加しています。このことは，文化の大衆化に何か関係があるのですか。」
先生：「1925年にラジオ放送局は東京，大阪，名古屋にしかなく，ラジオ放送を聴ける範囲はその周辺地域に限られていました。しかし，1934年には，同一のラジオ放送を聴ける範囲が全国に広がりました。このように変化した理由を，**図4**（次のページ）から考えてみましょう。」
由紀：「［　　P　　］からですね。その結果，東京の番組を地方の人も聴くことができるようになったのですね。」

先生：「そうですね。次は**図5**を見てください。**図5**は1931年のラジオ放送の番組表の一部です。どのような人々に向けてどのような番組が放送されたかに着目して，文化の大衆化について考えてみましょう。」

由紀：「**図5**を見ると［　Q　］ことが読み取れるので，ラジオが文化の大衆化に影響を与えたと考えられます。」

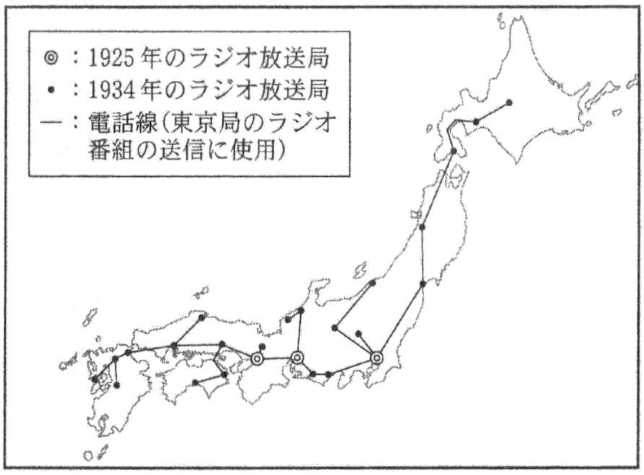

図4(「ラヂオ年鑑」により作成)

時刻	番組
9：00	天気予報
9：10	料理
9：30	童謡
10：00	修養講座
11：00	講演
12：30	ニュース
12：40	日本音楽
13：25	管弦楽
14：00	琵琶
14：30	映画物語

図5(「日刊ラヂオ新聞」により作成)

(2)　前のページの**図3**中のＹの時期における日本のできごとはどれか。

ア　石油危機がおこった。　　**イ**　財閥解体がはじまった。

ウ　バブル経済が崩壊した。　　**エ**　高度経済成長がはじまった。

(3)　**図3**をふまえ，日本において，実際の様子がテレビで生中継されていないと判断できるできごとはどれか。

ア　満州事変　　**イ**　アメリカ同時多発テロ

ウ　湾岸戦争　　**エ**　ベルリンの壁の崩壊

5　圭太さんと弘子さんの会話文を読み，あとの1から7までの問いに答えなさい。

圭太：「先日，ⓐ選挙があったね。ⓑ憲法，安全保障に関することや，ⓒ物価などのⓓ私たちの生活に関することが公約にあがっていたね。」

弘子：「選挙について調べたら，ⓔ衆議院議員選挙における選挙区割の変更に関する新聞記事を見つけたよ。この記事には栃木県の選挙区割についても書かれていたよ。」

圭太：「私たちも18歳になると投票できるようになるから，自分のことだけでなく，社会全体のことも考えていきたいね。」

1　下線部ⓐに関して，日本における選挙権年齢などの選挙制度を定めた法律を何というか。

2　日本における国や地方の政治のしくみとして，正しいのはどれか。

ア　内閣総理大臣は，すべての国務大臣を国会議員の中から任命しなければならない。

イ　内閣総理大臣は，国民の直接選挙により，国会議員の中から選ばれる。

ウ　地方公共団体の首長は，地方議会を解散することができない。

エ　地方公共団体の首長は，住民の直接選挙により選ばれる。

3　図1は，2019年における東京都と栃木県の歳入の内訳（%）を示している。図1のXとYは東京都と栃木県のいずれかであり，図1のア，イ，ウは国庫支出金，地方交付税，地方税のいずれかである。栃木県と国庫支出金はそれぞれどれか。

	ア	イ	ウ	地方債	その他
X	37.5	16.7	12.2	14.9	18.8
Y	70.7	—	4.4	1.7	23.3

図1（「県勢」により作成）

4　下線部ⓑに関して，図2は「法の支配」の考え方を示している。「人の支配」の考え方との違いをふまえ，［Ⅰ］，［Ⅱ］，［Ⅲ］に当てはまる語の組み合わせとして，正しいのはどれか。

ア　Ⅰ－国民　Ⅱ－政府　Ⅲ－法
イ　Ⅰ－国民　Ⅱ－法　Ⅲ－政府
ウ　Ⅰ－政府　Ⅱ－国民　Ⅲ－法
エ　Ⅰ－政府　Ⅱ－法　Ⅲ－国民
オ　Ⅰ－法　Ⅱ－国民　Ⅲ－政府
カ　Ⅰ－法　Ⅱ－政府　Ⅲ－国民

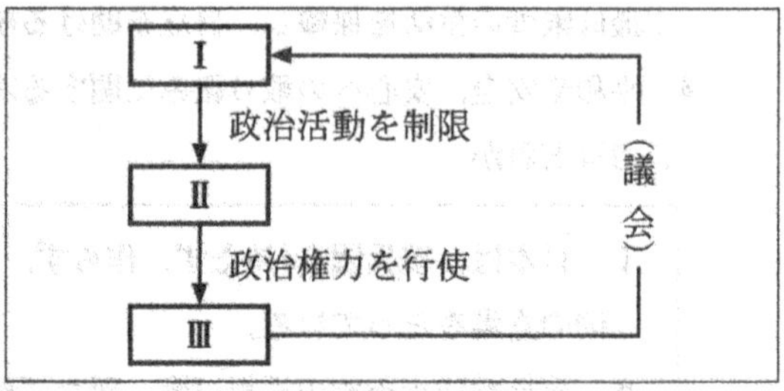

図2

5　下線部ⓒに関して，次の文中の［Ⅰ］，［Ⅱ］に当てはまる語の組み合わせとして，正しいのはどれか。

> インフレーションがおこると物価が［Ⅰ］し，一定のお金で買える財やサービスが［Ⅱ］なるので，お金の実質的な価値は低下する。

ア　Ⅰ－上昇　Ⅱ－多く　　イ　Ⅰ－上昇　Ⅱ－少なく
ウ　Ⅰ－下落　Ⅱ－多く　　エ　Ⅰ－下落　Ⅱ－少なく

6　下線部ⓓに関して，「この機械を付ければ電気代が安くなる」と勧誘され，実際にはそのような効果のない機械を購入するなど，事業者から事実と異なる説明によって商品を購入した場合，後からこの売買契約を取り消すことができることを定めた法律を何というか。

7　下線部ⓔに関して，図3は，2021年に実施された衆議院議員選挙における小選挙区の有権者数（人）について示している。衆議院議員選挙における小選挙区選挙の課題について，図3をふまえ，簡潔に書きなさい。

選挙区	有権者数
有権者数が最も多い選挙区	482,314
有権者数が最も少ない選挙区	231,343
全　国　平　均	365,418

図3（「総務省ウェブページ」により作成）

［6］　あとの1から7までの問いに答えなさい。

1　国際的な人権保障のため，1948年に世界人権宣言が国際連合で採択された。この宣言に法的拘束力を持たせるため，1966年に採択されたのはどれか。

ア　国際連合憲章
イ　国際人権規約
ウ　女子差別撤廃条約
エ　子ども（児童）の権利条約

2　図1は，日本における就業率を年齢層別に示している。図1の**ア**，**イ**，**ウ**，**エ**は1985年の男性，1985年の女性，2020年の男性，2020年の女性のいずれかである。2020年の女性はどれか。

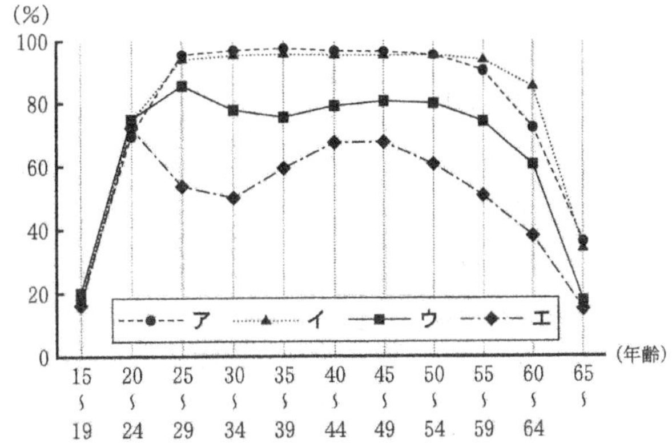

図1（「労働力調査結果」（総務省統計局）により作成）

3　日本の社会保障制度の四つの柱のうち，生活に困っている人々に対し，生活保護法に基づいて最低限度の生活を保障し，自立を助ける制度を何というか。

4　平和や安全，安心への取り組みに関する次の文Ⅰ，Ⅱ，Ⅲの正誤の組み合わせとして，正しいのはどれか。

> Ⅰ　日本は，核兵器を「持たず，作らず，持ち込ませず（持ち込まさず）」という，非核三原則の立場をとっている。
> Ⅱ　核拡散防止条約の採択以降，新たに核兵器の開発をする国はみられない。
> Ⅲ　日本は，一人一人の人間の生命や人権を大切にするという人間の安全保障の考え方を，外交政策の柱としている。

ア　Ⅰ－正　Ⅱ－正　Ⅲ－誤　　**イ**　Ⅰ－正　Ⅱ－誤　Ⅲ－正
ウ　Ⅰ－正　Ⅱ－誤　Ⅲ－誤　　**エ**　Ⅰ－誤　Ⅱ－正　Ⅲ－正
オ　Ⅰ－誤　Ⅱ－正　Ⅲ－誤　　**カ**　Ⅰ－誤　Ⅱ－誤　Ⅲ－正

5　発展（開発）途上国の中には，急速に経済発展している国と，開発の遅れている国がある。こうした発展（開発）途上国間の経済格差を何というか。

6　次の文中の［Ⅰ］，［Ⅱ］に当てはまる語の組み合わせとして，正しいのはどれか。

> グローバル化に伴い，生産や販売の拠点を海外に置くなど，国境を越えて経営する［Ⅰ］の活動が盛んになっている。また，日本やアメリカなどの，アジア・太平洋地域の国々が参加する［Ⅱ］のように，特定の地域でいくつかの国々が協力して経済成長を目指す動きもみられる。

ア　Ⅰ－多国籍企業　Ⅱ－APEC　　**イ**　Ⅰ－多国籍企業　Ⅱ－ASEAN
ウ　Ⅰ－NGO　Ⅱ－APEC　　**エ**　Ⅰ－NGO　Ⅱ－ASEAN

7　次のページの文は，食品ロス（食品の廃棄）の削減に向けて，生徒が作成したレポートの一部であり，**図2**，**図3**，**図4**はレポート作成のために使用した資料である。これを読み，**図2**から読み取れることを文中の［X］に，**図3**から読み取れる数値を文中の［Y］に書きなさい。また，**図4**をふまえ，文中の［Z］には「賞味期限」の語を用いて，食品ロスの削減につながる取り組みを簡潔に書きなさい。（**図2**，**図3**，**図4**は次のページにあります。）

私は，SDGsの目標の一つである「つくる責任　つかう責任」に着目し，食品ロスの削減につながる取り組みについて調べました。

まず，「つくる責任」のある企業の取り組みを調べました。**図2**，**図3**は，節分に合わせて恵《え》方巻《ほうまき》を販売する企業が2019年度に「予約制」を導入した結果，前年度に比べて食品ロスの削減につながったかどうかを示したグラフです。**図2**から，「予約制」の導入前と比べて，［　　X　　］ことがわかりました。また，**図3**から，前年度よりも４割以上の削減をした企業が，［ Y ］％であることがわかりました。

次に，「つかう責任」のある消費者の取り組みを調べました。**図4**の食品ロスの削減を促すイラストを見ると，私たちにもできる取り組みがあることがわかります。例えば，翌日飲む牛乳を店舗で購入する場合には，［　　Z　　］ことで，食品ロスの削減に貢献できます。

授業で学んだことをふまえて，持続可能な社会づくりに向けて，私にできることを今まで以上に取り組んでいきたいです。

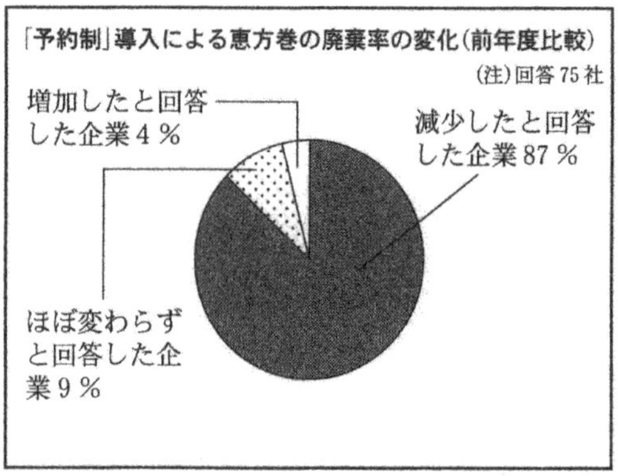

図2（「農林水産省ウェブページ」により作成）

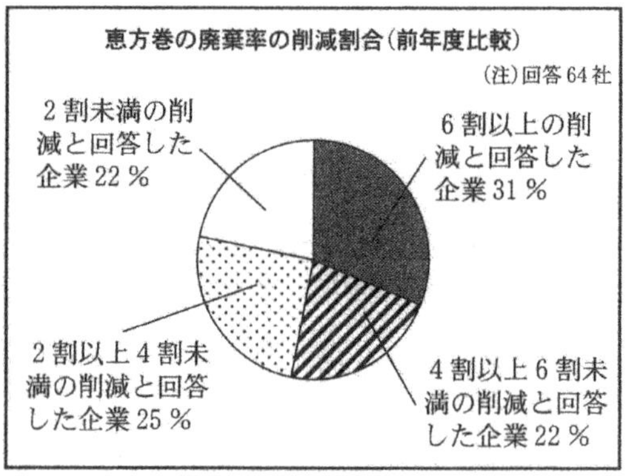

図3（「農林水産省ウェブページ」により作成）

図4（「FOODLOSS CHALLENGE PROJECTウェブページ」により作成）

Aさん　「小学六年生を中学校に招いて紹介するやり方はどうかな。学校の様子を直接見てもらいながら説明した方がいいと思うんだ。」

Bさん　「インターネットを使って紹介するやり方はどうかな。学校の様子をオンライン会議ソフトを使って説明したり、動画で公開したりしてもいいんじゃないかな。」

た。

（篠綾子「江戸寺子屋薫風庵」から）

（注1）　蓮寿先生＝「薫風庵」の主人。「薫風庵」は蓮寿が始めた。
（注2）　手習い＝習字のこと。
（注3）　帳面＝ノートのこと。
（注4）　一葉＝ノートの一枚。一ページ。

1　本文中の□に入る語句として最も適当なものはどれか。
ア　腰を抜かし　　イ　腹をかかえ
ウ　腕を鳴らし　　エ　首をかしげ

2　(1)すっきりした表情　とあるが、おてるがこのような表情になったのはなぜか。
ア　妙春のした間違いを賢吾に直接伝えることができたから。
イ　うまく言葉にできなかった自分の思いがまとまったから。
ウ　賢吾の寂しい気持ちを妙春が十分に理解してくれたから。
エ　妙春が自分のした間違いに気づいて繰り返し謝ったから。

3　(2)妙春は静かに言葉を返し、おてると賢吾を交互に見つめた　とあるが、ここから妙春のどのような思いが読み取れるか。
ア　二人に自分の考えをきちんと聞いてほしいという思い。
イ　二人に謝ることの大切さを分かってほしいという思い。
ウ　二人へのいらだちを隠してきちんと話そうという思い。
エ　二人への言動の間違いを何とか取り繕おうという思い。

4　(3)そういうこと　の説明として最も適当なものはどれか。
ア　遠く離れた地で未知のことを経験して、成長していくこと。
イ　他者が何を言おうと自分の考えを貫き、成長していくこと。
ウ　仲間や先生と議論を重ねて思考を磨き、成長していくこと。
エ　相手の考えに疑念を抱かず聞き入れて、成長していくこと。

5　(4)首を横に振ると、返された帳面を急にめくり出し、ある一葉を見つけ出すと、それを妙春の方に突き出してくる　とあるが、ここから賢吾のどのような思いが読み取れるか。六十字以内で書きなさい。

6　次の会話文は、生徒たちが本文について話し合ったときの会話の一部である。□に当てはまる言葉を本文中から十三字で抜き出しなさい。

Aさん　「妙春先生は賢吾の才能に気づけなくて、落ち込んだままでいたのかな。」
Bさん　「いや、後半の賢吾とのやりとりを経て、気持ちが変化していったと思うよ。」
Aさん　「どのように変化したのかな。」
Bさん　「『□』ている妙春先生の様子から、妙春先生は教師としての役目を果たせていた喜びを感じていることがわかるよ。」
Aさん　「なるほど。教師の仕事って素敵だね。」

5

中学校の生徒会役員であるAさんとBさんは、小学六年生に向けた学校紹介の実施方法について話している（次のページ）。AさんとBさんの意見のどちらがよいと考えるか。あなたの考えを国語解答用紙(2)に二百字以上二百四十字以内で書きなさい。
なお、次の《条件》に従って書くこと。

《条件》
(i)　AさんとBさんのどちらかの意見を選ぶこと。
(ii)　選んだ理由を明確にすること。

「だから、間違えたら謝るのです。でも、間違っていないと思う時は、誰かから責められてもきちんとそう言います。わたくしの故郷は秋田という遠いところなのですけれどね。そこには明道館という学び舎《や》があって、皆さんよりもう少し年上の若者たちが学んでいます。そこでは、仲間同士はもちろん、先生とも論じ合うことをよしとしています。先生からただ教えられるだけではなく、教えられたことを使って自分の考えを述べ、それに対して相手の考えを聞き、また自分の考えを述べる。そうやって考えを深めていき、仲間と一緒に成長していくのですね。」

おてるは何度も何度もうなずいている。ただし、おてるは分からなくてもうなずくことがあるから、本当に理解したかどうかは注意が必要だ。

一方の賢吾はまったく反応がない。それでも、話をきちんと聞いてくれたということは分かる。

「今はまだ、あなたたちは新しいことを学ばなければならないから、論じ合うのは早いけれど、いつかこの薫風庵でも(3)そういうことができたらいいなと思うのですよ。」

妙春は話を終え、おてるには自分の手習い(注2)へ戻るようにと伝えた。それから手にした賢吾の帳面(注3)に再び目をやり、宗次郎がこの寺子屋の指導に加わってくれて本当によかったと改めて思った。

「もしわたくしが一人で賢吾を見ていたら、今でもまだ、この優れた才に気づかぬままだったかもしれませんね。」

賢吾に帳面を返しつつ、

「賢吾も城戸先生には感謝の気持ちを持ってくださいね。」

と、告げると、賢吾はその時初めてうなずいた。だが、それから何を思ったか、急に(4)首を横に振ると、返された帳面を急にめくり出し、ある一葉(注4)を見つけ出すと、それを妙春の方に突き出してくる。

「たい賢はぐなるがごとし」

と、書かれている。

ふた月ほど前に講話で話した言葉だったろうか。賢吾がこの言葉を書き写したのは、おそらく「賢」が自分の名前に使われた漢字だということが心に響いたからと思われる。

――大賢は愚なるがごとし。

非常に賢い人はその知恵をひけらかさないため、愚か者のように見えることがある。「大智《たいち》は愚なるがごとし」とも言うが、その時は「賢」の字を用いて説明した。

賢吾が今この一葉を開いて見せたのは、自分の名にある漢字が使われているからではない。この言葉の意をしっかりと理解しているからだ。

大賢とは、まさに賢吾自身のことだ。そして、その賢吾が周囲から愚者のように見られていたのは事実である。

賢吾はそれを気にしているようにはまったく見えなかった。しかし、自分が他人と同じように振る舞えないことを、賢吾が悩んでいなかったと決めつけることもできない。

他人からは推し量れない形で、賢吾が悩んでいたということはあるだろう。

そして、その傷を負う賢吾が、この言葉によって慰められていたのだとすれば――。あるいは、この言葉を信じて、自棄《やけ》になることもなく日々を過ごすことができたのだとすれば――。

「そうでしたか。この言葉は賢吾の心に届いていたのですね。」

妙春は涙ぐみそうになるのをこらえて、ようやく言った。

傍《かたわ》らでは、賢吾が気ぜわしげに、何度もくり返しうなずき続けてい

ウ　⑤段落は、図を詳細に説明しつつ自説の欠点を補っている。
エ　⑥段落は、次の論へとつなぐため前の内容を整理している。

5　(2)土器は、そのためのメディアとして働いたのです　とあるが、このことについてある生徒が次のようにノートにまとめた。これを見て、後の(I)、(II)の問いに答えなさい。

【縄文土器のメディアとしての働き】

縄文土器の「物語的文様」により、表象の組み合わせや順列を人びとの心に呼びおこす。

↓

土器を使う生活の中で、人びとが物語や神話などを［X］する。

↓

人びとのきずなを強め、集落の密な林立により［Y］ためのメディアとして働く。

(I)　［X］に入る語を本文中から二字で抜き出しなさい。
(II)　［Y］に入る内容を二十五字以内で書きなさい。

4　次の文章を読んで、後の1から6までの問いに答えなさい。

〔寺子屋「薫風庵《くんぷうあん》」で学ぶ賢吾《けんご》は、先生の城戸宗次郎《きどそうじろう》から算法（数学）の才能を見出《いだ》され、他の子供たちから称賛を得るようになった。賢吾を宗次郎よりも長く教えている妙春《みょうしゅん》は、賢吾の才能に気づけなかったことを謝った。そのとき、思いがけないところから声が上がる。〕

「妙春先生はおかしいです。」
隣の席からおてるがこちらをのぞき込んでいる。
「おかしいって何のことですか。」
「先生なのに、賢吾に謝っていることです。」
「それがおかしなことなの？」
「そうです。賢吾だって目を真ん丸にして、吃驚《びっくり》しちゃってるじゃないですか。」
おてるの言葉を受け、改めて賢吾に目を向けると、確かに先ほどから驚きの表情を変えていない。
「でも、わたくしは何もおかしなことなどしていません。先生だって、間違いをすることはありますし、そういう時には謝らなければいけないでしょう。間違えたことを謝るのに、何がおかしいのですか。」
妙春が訊《き》き返すと、おてるはじっと考え込み、
「間違えたのを謝るのは変じゃないんだけど、先生が謝るのは何か……。」
と、呟《つぶや》きながら、［　　］ている。
「先生だから間違えちゃいけませんって言われると、わたくしだって城戸先生だって、とても緊張してしまいます。(注1)蓮寿《れんじゅ》先生だって『間違いくらいするわよ。』っておっしゃると思いますよ。」
「うーん、確かに蓮寿先生なら、そう言いそうな気はするんだけど……。」
おてるはそう言ってから、再びしばらく考え込むと、
「妙春先生は、間違いなんてしそうもないなって思えたんです。」
と、ややあってから、(1)すっきりした表情になって言った。
「わたくしだって間違えることはありますよ。」
(2)妙春は静かに言葉を返し、おてると賢吾を交互に見つめた。

が反応し、何だろうかと考えさせるのです。

⑥　認知考古学の親理論(注2)ともいえる認知心理学では、何だろうかと考えさせることを、「意味的処理を活発化させる」と表現します。脳を刺激して、意味を探らせる、あるいは意味を思い起こさせるのです。縄文土器に盛り込まれた心理的機能の中心は、意味的処理を活発化させるという働きなのです。強い意味を盛り込んだ土器が、縄文土器ということもできます。

⑦　土器に盛り込まれた意味とは、何でしょうか。小林達雄(注3)さんは、縄文土器の文様を「物語的文様」と表現しました。物語とは意味の最たるものですから、「意味的処理を活発化させる」という認知考古学の分析結果と経験を積んだ考古学者の直観とが一致するわけです。

⑧　縄文土器の文様が、物語なのか、神話なのか、あるいは部族の紋章なのか、その具体的なことは認知考古学ではわかりません。ただそれらが、彼ら彼女らが共有していた言語と世界観に根ざして何らかの意味をもっていた表象(心に思い浮かべることのできるひとかたまりの概念やイメージ)の組み合わせや順列を、彼ら彼女らの心に呼びおこすメディアだったことはまちがいないでしょう。

⑨　このような土器を用いて煮炊きをしたり食事をしたりすることを通じて、表象の組み合わせや順列をたがいの心に共有し、確かめ合うことが、たくさんの人びとを大きく複雑な社会にまとめていくための手段として必要だったのでしょう。そのことは、強い意味を盛り込んだこのような土器がとりわけ発達したのが、環状集落(注4)が密に林立して多くの人口を擁した関東甲信越から東北にかけての地域だったことと符合(注5)します。人口が増えて人間関係や社会関係が複雑化した中で、それを調整し、まとめるためのさまざまなメディアが必要とされたのでしょう。土器はその重要な一つでした。

⑩　私たちの感覚からすれば、社会をまとめるのは、権力やリーダーが作った制度です。しかし、まだ権力もそれをふるうリーダーも現れない段階では、みんなが世界観や物語や神話を強く共有してきずなを強め合うことによって社会はまとまっていました。(2)土器は、そのためのメディアとして働いたのです。

（松木武彦「はじめての考古学」から）

(注1)　モチーフ＝題材。
(注2)　親理論＝ある理論の元となる理論。
(注3)　小林達雄＝考古学者。
(注4)　環状集落＝中央の広場を囲んで住居や建物が円く並んだ大きな村。
(注5)　符合＝二つ以上の事柄やものがぴったり照合・対応すること。

1　本文中の［A］、［B］に入る語の組み合わせはどれか。

ア　A　物理的　B　心理的
イ　A　心理的　B　物理的
ウ　A　心理的　B　生物学的
エ　A　生物学的　B　心理的

2　(1)おそらく意図的にそうしていたと推測されます　とあるが、筆者はどのようなことを推測しているか。そのことについて説明した次の文の［　］に当てはまるように、五十字以内で書きなさい。

縄文時代の人びとは、［　　　　］ということ。

3　本文中の［　］に入る語として、最も適当なものはどれか。

ア　つまり　イ　あるいは　ウ　むしろ　エ　ところで

4　段落の働きを説明したものとして、最も適当なものはどれか。

ア　①段落は、比喩を多用しながら他者の主張を否定している。
イ　④段落は、前段の内容に反論するため具体例を用いている。

5 本文の内容と合うものはどれか。

ア 天皇は高市麿の民を顧みない態度を改めさせた。

イ 高市麿は竜神の力に頼ることで奇跡を起こした。

ウ 天皇の命令に背き高市麿は漢詩文を学び続けた。

エ 高市麿の民に対する慈愛の心が神を感心させた。

3 縄文土器について述べた次の文章を読んで、後の1から5までの問いに答えなさい。①～⑩は形式段落の番号である。

① 土器は本来、物理的機能を満たすためのモノですが、それとは関係のない複雑な形や派手な文様は、心理的機能を加味するために盛り込まれた要素で、縄文土器の場合は、ときに[A]機能が[B]機能をそこなうほどに発達しています。これは、生物学的なアナロジー(比喩)では、オスのクジャクの尾羽(上尾筒《じょうびとう》)に当たります。飛ぶためという物理的機能よりも、メスをひきつけるという、社会関係の中での心理的機能がまさるように進化した形です。縄文土器も、社会関係の中での心理的機能のために、あれほどの複雑さや派手さをもつようになったのです。

② こんな複雑で派手な土器で実際の煮炊きもするとは、今の私たちの感覚からすれば不合理ですが、当時はそれが当たり前だったのです。というより、そうでなければならなかった。そういう世界観の中で、人びとは生きていたのです。

③ 縄文土器の造形を、認知考古学の視角でくわしく分析してみましょう。まず気づくのは、縄文土器の文様には、「直線」「角」「区切り」がないことです。ほとんどの造形が曲線で構成されています。それは、生命体(動物や植物)と共通する形の特徴です。このバイオティック(生物的・生命的)な造形とデザインは、縄文土器の最大の特徴です。

④ このような造形とデザインの中には、特定の動物や植物によく似たモチーフ(注1)が埋め込まれています。たとえば図の胴のモチーフは、植物のつるのようにも、ヘビのようにも見えます。また、縁の上の突起は、ヘビの頭のようにも鳥の首のようにも見えます。つるやヘビや鳥をはっきりと描くのではなく、つる「のようにも見える」し、ヘビ「のようにも見える」し、鳥「のようにも見える」というあいまいさを残したモチーフです。あとで見るように、縄文時代の人びとは、特定の生物をはっきりと写実的に造形する能力と技術も持っていたので、このあいまいさは、(1)おそらく意図的にそうしていたと推測されます。「何だろうか?」と見る人に考えさせるのです。

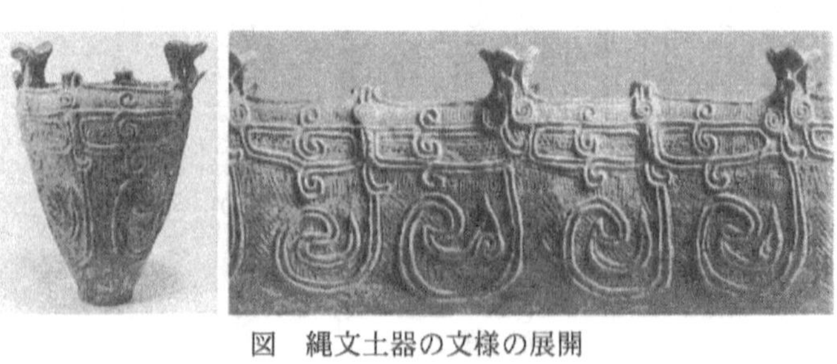

図　縄文土器の文様の展開

⑤ 何だろうかと考えさせるこの力こそ、弥生時代以降の土器にはない、縄文土器独特のパワーです。縄文土器の文様を写真に撮って展開してみると、バイオティックなモチーフが二つ以上出てくることがふつうです(図)。しかし、細部は少しずつ違います。まったく同じモチーフをコピーするのではなくて、どこかを少しずつ変えてあるのです。[　]、この土器のデザインは全体として「繰り返し」ではないのです。「繰り返し」だと、ただのパターン文様だとして脳がスルーしますが、違いがあると脳

2 次の文章を読んで後の1から5までの問いに答えなさい。（……の左側は現代語訳である。）

今は昔、持統天皇と申す女帝《によだい》の御代《みよ》に、中納言(注1)大神《おほみわ》の高市麿《たけちまろ》と言ふ人有りけり。もとよりひととなり心直《うるは》しくして、各《おのおの》に智《さと》り有りけり。また文《ふみ》（漢詩文）を学して、(1)諸道に明らかなりけり。然《しか》れば、天皇この人を以《もつ》て世政《よのまつりごと》を任せ給《たま》へり。これに依《よ》りて、高市麿国を治め、民を哀《あは》れぶ。

而《しか》る間（ある時）、天皇諸々《もろもろ》の司《つかさ》に勅《ちよく》して（諸国の長に命じて）、猟《かり》に遊ばむ為《ため》に、(注2)伊勢《いせ》の国に行幸《ぎやうがう》（おでかけ）有らむ（なさろう）として、「速やかにそのまうけ（準備）を営むべし。」と下さる（命令を下した）。而るに、その時三月《やよひ》の頃《ころ》ほひなり。高市麿奏《そう》して（申し上げて）いはく、「このごろ農業《なりはひ》の頃ほひなり。かの国に御行《みゆき》（おでかけ）有らば、必ず民の煩《わづら》ひ無きに非《あら》ず。然れば、(2)御行有るべからず。」と。天皇、高市麿の言《こと》に随《したが》ひ給《たま》はずして、なほ、「御行有るべし。」と下さる。然れども、高市麿なほ重ねて奏していはく、「なほ、この御行止め給ふべし。今農業の盛りなり。田夫《でむぶ》（農夫）の憂《うれ》へ多かるべし。」と。これに依りて、遂に御行止みぬ。然れば、民喜ぶこと限りなし。

ある時には天下干《かん》ばつせるに、この高市麿我が田の口を塞《ふさ》ぎて水入れずして、百姓《ひやくせい》（民）の田に水を入れしむ（入れさせた）。水を人に施せるに依りて、(3)既に我が田焼けぬ。此様《かやう》に我が身を棄《す》てて民を哀れぶ心有り。これに依りて、天神感《てんじんかむ》を垂れ、竜神雨を降らす。但《ただ》し、高市麿の田のみに雨降りて、余りの（他の）人の田には降らず。これ偏《ひと》へに、実《まこと》の心を至せれば、天これを感じて、守りを加ふる故《ゆゑ》なり。

然れば、人は心直しかるべし。

（「今昔物語集」から）

（注1）大神の高市麿＝人名。
（注2）伊勢の国＝現在の三重県。

1 随《したが》ひ給《たま》はず は現代ではどう読むか。現代かなづかいを用いて、すべてひらがなで書きなさい。

2 (1)諸道に明らかなりけり の意味として最も適当なものはどれか。

ア 様々な学問に精通していた。　イ 農業に力を注いでいた。
ウ 身なりが豪華で整っていた。　エ 誰にでも明るく接した。

3 (2)御行有るべからず と高市麿が言ったのはなぜか。三十字以内の現代語で書きなさい。

4 (3)既に我が田焼けぬ とあるが、それはなぜか。

ア 高市麿は民の田に水を入れるという身勝手な行動をして、竜神の怒りを買ったから。
イ 高市麿は天皇から優遇されていることを知られ、民によって田の水を抜かれたから。
ウ 高市麿が自らの田には水を引き入れず、民の田に水を入れるよう取り計らったから。
エ 高市麿が自らの田を焼いて天神に雨乞《あまご》いをすることで、民の田を守ろうとしたから。

〈国語〉

時間 五〇分 満点 一〇〇点

1 次の1から4までの問いに答えなさい。

1 次の――線の部分の読みをひらがなで書きなさい。

(1) エンジンが停止する。 (2) 飛行機の模型を作る。
(3) けん玉の技を競う。 (4) 都会の騒音から逃れる。
(5) 抑揚をつけて話す。

2 次の――線の部分を漢字で書きなさい。

(1) リョクチャを飲む。 (2) 寒さをフセぐ。
(3) シュクフクの気持ちを表す。 (4) ヒタイの汗をぬぐう。
(5) 日がクれる。

3 次の会話について(1)から(3)までの問いに答えなさい。

観光ガイド「ここまで見てきて、この町はいかがでしたか。」
観光客A「□明治時代にタイムスリップしたような気分になりました。素敵な町ですね。」
観光ガイド「この町並みが話題になったおかげで、年々観光客が増加しています。もしよければこの町並みを背景にお二人の写真を①撮りましょうか。」
観光客B「お願いします。」
―（写真撮影）―
観光客B「ありがとうございます。これからお昼ご飯を食べに行こうと思うのですが、おすすめのお店はありますか。」
観光ガイド「駅前の○○食堂のオムライスはとても有名ですよ。ぜひ②食べてみてください。」
観光客A「わかりました。ありがとうございます。」

(1) □に入る副詞として最も適当なものはどれか。

ア まるで イ まだ ウ なぜ エ どうか

(2) ――線の部分と熟語の構成が同じものはどれか。

ア 未定 イ 前後 ウ 着席 エ 豊富

(3) 〰〰線の部分を適切な敬語表現に改める場合、正しい組み合わせはどれか。

ア ① お撮りし ② いただい
イ ① お撮りし ② 召し上がっ
ウ ① お撮りになり ② 召し上がっ
エ ① お撮りになり ② いただい

4 次の俳句について(1)、(2)の問いに答えなさい。

A 秋たつや川瀬にまじる風の音 （飯田《いいだ》蛇笏《だこつ》）
B 冬支度鷗《かもめ》もとほる村の空 （大峯《おおみね》あきら）

(1) A・Bに共通して用いられている表現技法はどれか。

ア 対句 イ 体言止め ウ 反復 エ 直喩

(2) A・Bは同じ季節を詠《よ》んだ俳句である。A・Bと同じ季節を詠んだ俳句はどれか。

ア 枯山の月今昔を照らしゐる （飯田《いいだ》龍太《りゅうた》）
イ 暗く暑く大群衆と花火待つ （西東《さいとう》三鬼《さんき》）
ウ 月を待つ人皆ゆるく歩きをり （高浜《たかはま》虚子《きょし》）
エ 八重桜日輪すこしあつきかな （山口《やまぐち》誓子《せいし》）

2023年度

解　答　と　解　説

《2023年度の配点は解答用紙集に掲載してあります。》

＜数学解答＞

1　1　8　　2　$\frac{4}{3}a^2b$　　3　x^2+6x+9　　4　$7x+5y\leqq 2000$　　5　4　　6　$(y=)-\frac{16}{x}$

7　113(度)　　8　$\frac{25}{9}$(倍)

2　1　$(x=)-2\pm\sqrt{3}$　　2　使用できる教室の数　12

(途中の計算は解説参照)　　3　①　100　　②　10

③　$a+1$　　④　b　　⑤　$c-1$

3　1　右図　　2　(1)　$\sqrt{10}$(cm)　　(2)　21π(cm^3)

3　解説参照

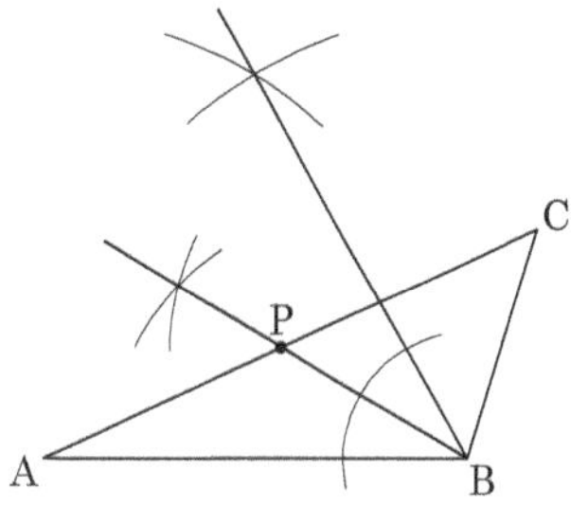

4　1　$\frac{2}{5}$　　2　(1)　17(人)　　(2)　21.0(秒)

3　(1)　ア，エ　　(2)　解説参照

5　1　(1)　$0\leqq y\leqq 50$　　(2)　18　　(3)　$t=\frac{3}{2}$(途中の計算は解説参照)　　2　(1)　(毎分)

65(m)　(2)　$y=70x-30$(途中の計算は解説参照)　　(3)　14(分)20(秒後)

6　1　64(枚)　　2　(黒いタイル)　17(枚)　　(白いタイル)　32(枚)

3　①　$4(a^2-b)$　　②　9　　③　11

＜数学解説＞

1　(数・式の計算，式の展開，不等式，ねじれの位置，反比例，円の性質，相似な三角形の面積比)

1　**減法の計算は加法に直して計算する**ため，$3-(-5)=3+(+5)=8$

2　$8a^3b^2\div 6ab=\frac{8a^3b^2}{6ab}=\frac{4}{3}a^2b$

3　**乗法公式$(a+b)^2=a^2+2ab+b^2$**より，$(x+3)^2=x^2+2\times 3\times x+3^2=x^2+6x+9$

4　1個x円のパンが7個で$7x$(円)，1本y円のジュースが5本で$5y$(円)となるため，代金の合計が2000(円)以下となるときの不等式は$7x+5y\leqq 2000$

5　**ねじれの位置とは，平行でなく交わらない2つの直線の位置関係**のことである。辺ABと平行な辺は辺DC，辺HG，辺EFであり，辺ABと交わる辺は辺AD，辺BC，辺AE，辺BFである。これより，辺ABとねじれの位置にある辺は辺DH，辺CG，辺EH，辺FGの4本になる。

6　**反比例の式は，yがxに反比例するとき，$y=\frac{a}{x}$(aは比例定数)と表す**ことができる。$y=\frac{a}{x}$に$x=-2$，$y=8$を代入すると，$8=-\frac{a}{2}$　$a=-16$となるため，$y=-\frac{16}{x}$

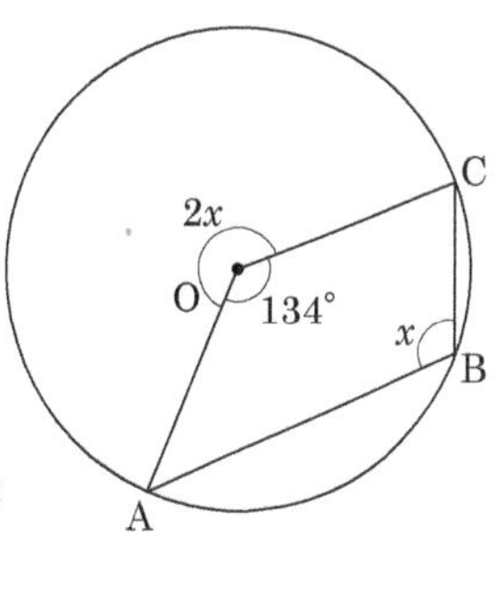

7　点Bを含まない弧ACに対する**中心角と円周角の関係**から，$\angle AOC=2\angle ABC=2x^\circ$　となる。よって，$2x+134=360$　$2x=360-134$　$2x=226$　$x=113$

8　**相似比が$a:b$である相似な三角形の面積比は，$a^2:b^2$となる。**
$\triangle ABC$と$\triangle DEF$の相似比は$3:5$であるため，面積比は$3^2:5^2=9:25$となる。よって，$\triangle ABC:\triangle DEF=9:25$　$\triangle DEF=\frac{25}{9}\triangle ABC$

2　**(2次方程式，方程式の応用，数の性質)**

1　**2次方程式$ax^2+bx+c=0$の解は，$x=\frac{-b\pm\sqrt{b^2-4ac}}{2a}$**で求められる。問題の2次方程式は，$a=1$，$b=4$，$c=1$の場合だから，$x=\frac{-4\pm\sqrt{4^2-4\times1\times1}}{2\times1}=\frac{-4\pm\sqrt{16-4}}{2}=\frac{-4\pm\sqrt{12}}{2}=\frac{-4\pm2\sqrt{3}}{2}=-2\pm\sqrt{3}$　(別解)$x^2+4x+1=0$　$x^2+4x=-1$　$x^2+4x+4=-1+4$　$(x+2)^2=3$　$x+2=\pm\sqrt{3}$　$x=-2\pm\sqrt{3}$

2　(途中の計算)(例)$15x+34=20(x-2)+14$　$15x+34=20x-26$　$-5x=-60$　$x=12$　この解は問題に適している。(補足説明)1つの教室に入る参加者を15人ずつにすると，34人余るから，参加者の人数は$15x+34$(人)と表される。また，1つの教室に入る参加者を20人ずつにすると，14人の教室が1つでき，さらに使用しない教室が1つできることから，20人ずつ入る教室の数は$(x-2)$つとなり，参加者の人数は$20(x-2)+14\times1=20(x-2)+14$(人)と表される。

3　3桁の自然数Mの百の位，十の位，一の位の数をそれぞれa，b，cとすると，aは1以上8以下の整数，bは0以上9以下の整数，cは1以9以下の整数となる。このとき$\mathrm{M}=100\times a+10\times b+c$と表せる。また，$\mathrm{N}=\mathrm{M}+99$より　$\mathrm{N}=100\times a+10\times b+c+99=100\times a+10\times b+c+100-1$となるから$\mathrm{N}=100\times a+100+10\times b+c-1=100\times(a+1)+10\times b+c-1$となり，Nは百の位の数は$a+1$，十の位の数は$b$，一の位の数は$c-1$となる。よって，Mの各位の数の和とNの各位の数の和はそれぞれ$a+b+c$となり，同じ値になる。

3　**(作図，線分の長さ，回転体の体積，直角三角形の合同の証明)**

1　(着眼点)**30°の角度の作図は正三角形の1つの角から，角の二等分線を引く**。(作図手順)次の①～③の手順で作図する。
①　点A，Bをそれぞれ中心として，交わるように半径が辺ABの円を描き，交わった点をDとする。　②　半直線BDを引き，半直線BDおよび辺BAと交わるように点Bを中心として円を描き，それぞれの交点をE，Fとする。　③　点E，点Fをそれぞれ中心として，交わるように半径の等しい円を描き，交わった点をGとする。半直線BGと辺ACの交点がPとなる。（ただし，解答用紙には点D，点E，点F，点Gの記入は不要）

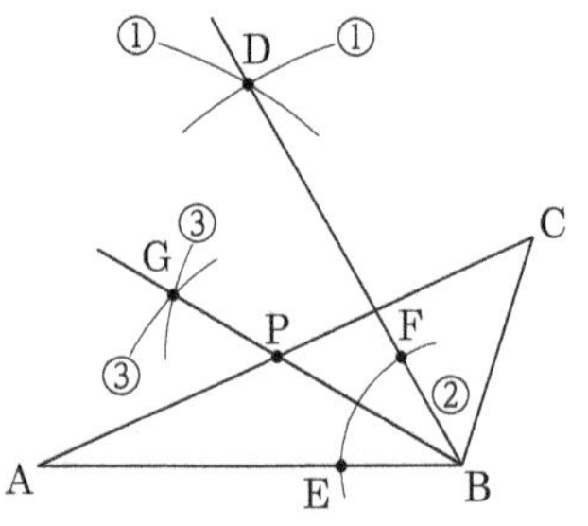

2　(1)　点Aから辺BCと平行な直線を引き，辺CDと交わった点を点Eとする。∠ABC＝∠BCD＝90°より,∠BAE＝∠AEC＝90°となり，**すべての角が等しいので四角形ABCEは長方形**とわかる。また，△AEDは∠AED＝90°の直角三角形とわかる。これより，AE＝BC＝3(cm)，DE＝CD－CE＝CD－AB＝3－2＝1(cm)となり，△AEDで三平方の定理より，$\mathrm{AD}=\sqrt{\mathrm{AE}^2+\mathrm{DE}^2}=\sqrt{3^2+1^2}=\sqrt{9+1}=\sqrt{10}$(cm)

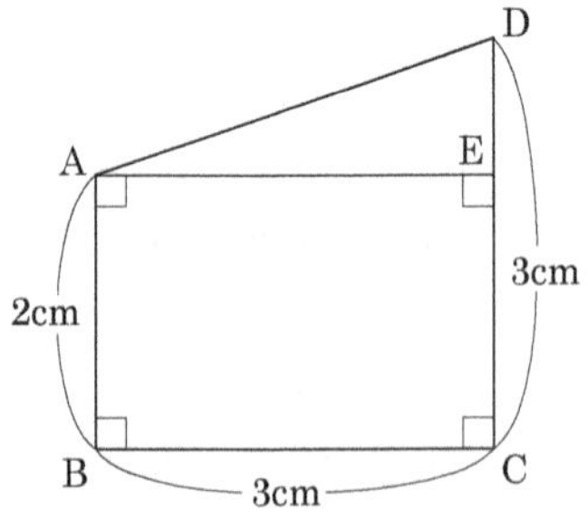

(2)　△AEDを辺DCを軸に1回転させた立体は円錐になり，その体積は$3\times3\times\pi\times1\times\frac{1}{3}=3\pi$(cm^3)と表せられる。また，長方形ABCEを辺DCを軸に1回転させた立体は円柱になり，その体積は$3\times3\times\pi\times2=18\pi$(cm^3)と表せられる。よって，$3\pi+18\pi=21\pi$(cm^3)

3　(証明)(例)△ABFと△DAGにおいて仮定より，∠BFA＝∠AGD＝90°…①　AB＝DA…②　∠BAD＝90°より　∠BAF＝90°－∠DAG…③　△DAGにおいて　∠ADG＝180°－(90°＋∠DAG)＝90°－∠DAG…④　③，④より　∠BAF＝∠ADG…⑤　①，②，⑤より　直角三角形の斜辺と1つの鋭角がそれぞれ等しいから，△ABF≡△DAG

4 (確率，度数分布表，箱ひげ図)

1　5人の生徒A, B, C, D, Eから2人の生徒を選ぶとき全ての出方は，(A, B)，(A, C)，(A, D)，(A, E)，(B, C)，(B, D)，(B, E)，(C, D)，(C, E)，(D, E)の10通り。このうち，Dが選ばれるのは，(A, D)，(B, D)，(C, D)，(D, E)であるため，確率は$\frac{4}{10}=\frac{2}{5}$

2　(1)　**累積度数**とは，各階級について，最初の階級からその階級までの度数を合計したもの。よって，14.0以上20.0秒未満の度数の合計は2＋7＋8＝17(人)

(2)　**度数分布表**における**最頻値**は，度数のもっとも多い階級の**階級値**を求めればよい。度数のもっとも多い階級は，20.0秒以上22.0秒未満の階級のため，$\frac{20.0+22.0}{2}=21.0$(秒)

3　(1)　ア　1回目の中央値は13(点)，2回目の中央値は14(点)のため正しい。　イ　1回目の最大値は18(点)，2回目の最大値は20(点)のため正しくない。　ウ　1回目の範囲は18－6＝12(点)，2回目の範囲は20－8＝12(点)のため正しくない。　エ　1回目の四分位範囲は16－8＝8(点)，2回目の四分位範囲は16－10＝6(点)のため正しい。

(補足説明)**四分位数**とは，全てのデータを小さい順に並べて4つに等しく分けたときの3つの区切りの値を表し，小さい方から**第1四分位数**，**第2四分位数**，**第3四分位数**という。第2四分位数は**中央値**のことである。**箱ひげ図**とは，最小値，第1四分位数，第2四分位数(中央値)，第3四分位数，最大値を箱と線(ひげ)を用いて1つの図に表したものである。

(2)　(理由)(例)25番目の生徒の得点が7点，26番目の生徒の得点が9点

5 (図形と関数・グラフ，関数とグラフ)

1　(1)　関数$y=2x^2$で，$x=0$のとき最小値$y=2\times0^2=0$，$x=5$のとき最大値$y=2\times5^2=50$となる。よって，yの変域は$0\leqq y\leqq 50$

(2)　点Aは$y=5x$上にあるから，そのy座標は$y=5\times x=5\times2=10$より，A(2, 10)　また，点Bは$y=2x^2$上にあるから，そのy座標は$y=2\times x^2=2\times2^2=8$より，B(2, 8)となる。点Cは点Bと$y$軸に関して対称な点になるため，C(－2, 8)　ここで，$y=5x$と直線BCの交点を点Eとすると，そのy座標は点B，Cと同じで$y=8$，x座標は$8=5x$より$x=\frac{8}{5}$となり，$E\left(\frac{8}{5},\ 8\right)$　よって，△OAC＝△EAC＋△EOC＝$\left\{\frac{1}{2}\times\right.$辺EC×(点Aの$y$座標－点Oの$y$座標)$\left.\right\}=\frac{1}{2}\times\left\{\frac{8}{5}-(-2)\right\}\times(10-0)=\frac{1}{2}\times\frac{18}{5}\times10=18$

(補足説明)△OAC＝△EAC＋△EOC＝$\left\{\frac{1}{2}\times\right.$辺EC×(底辺を辺ECとしたときの点Aからの高さ)＋$\frac{1}{2}\times$辺EC×(底辺を辺ECとしたときの点Oからの高さ)$\left.\right\}=\left\{\frac{1}{2}\times\right.$辺EC×(底辺を辺ECとしたときの点Aからの高さ＋底辺を辺ECとしたときの点Oからの高さ)$\left.\right\}=\left\{\frac{1}{2}\times\right.$辺EC×(点Aの$y$座標－点Oの$y$座標)$\left.\right\}$

(3)　(途中の計算)(例)$B(t,\ 2t^2)$，点$C(-t,\ 2t^2)$，点$D(-t,\ -5t)$より　$BC=2t$，$CD=2t^2+5t$である。BC：CD＝1：4より　4BC＝CD　$4\times2t=2t^2+5t$　$2t^2-3t=0$　$t(2t-3)=0$　$t=0,\ \frac{3}{2}$　$t>0$より　$t=\frac{3}{2}$　この解は問題に適している。

2　(1)　学校から後藤さんの家までの距離は390(m)で，歩いた時間は6(分)かかったので，2人が学校を出てから後藤さんの家に着くまでの速さは390÷6＝(毎分)65(m)

(2)　(途中の計算)(例)xとyの関係の式は$y=70x+b$と表せる。グラフは点(6, 390)を通るので　$390=70\times6+b$　$b=-30$　したがって，求める式は$y=70x-30$

(3)　前田さんが，自分の家から図書館に着くまでのxとyの関係の式は$y=70x+c$と表せる。グ

ラフは点(29，1650)を通るので，$1650=70\times29+c$　$c=-380$　式は$y=70x-380$となる。後藤さんが前田さんに追いついたときの学校からの距離は$1650-280=1370$(m)，$1370=70x-380$　$70x=1750$　$x=25$より，後藤さんが前田さんに追いついた時間は学校を出てから25分後とわかる。ここで，後藤さんが自分の家から前田さんに追いつくまでのxとyの関係の式は$y=210x+d$と表せ，グラフは点(25，1370)を通るので　$1370=210\times25+d$　$d=-3880$　式は$y=210x-3880$となる。後藤さんが自分の家を出たのは，$390=210x-3880$　$210x=4270$　$x=\frac{61}{3}$より，学校を出てから$\frac{61}{3}$分後とわかる。したがって，後藤さんが図書館に向かうために家を出たのは，家についてから$\frac{61}{3}-6=\frac{43}{3}$(分後)すなわち14分20秒後である。

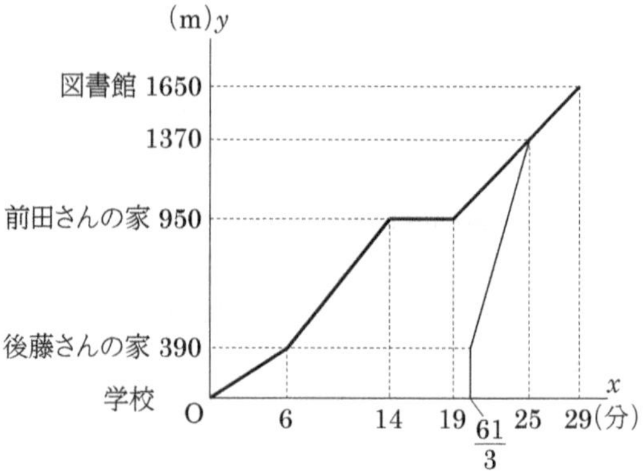

6　**(規則性，文字を使った式)**

(着眼点)黒いタイル1枚に対して，白いタイル4枚必要である。黒いタイルだけを使ってタイルをしきつめる場合を考えた上で，黒いタイルを白いタイルに変えて黒いタイルと白いタイルの合計数を求める。

1　$n=4$の場合について考える。黒いタイルだけを使って仮にタイルをしきつめるとき，使う黒いタイルの枚数は$4\times4=16$(枚)となる。黒いタイルを白いタイルに変える場合，白いタイルは黒いタイル1枚につき4枚必要なため，$16\times4=64$(枚)

2　$n=5$の場合について考える。黒いタイルだけを使って仮にタイルをしきつめるとき，使う黒いタイルの枚数は$5\times5=25$(枚)となる。使う黒いタイルをx(枚)，白いタイルに変える黒いタイルをy(枚)とすると，$x+y=25$…①と表せられる。また，黒いタイルと白いタイルは合計で49枚使うため，$x+4y=49$…②と表せられる。①－②より，$-3y=-24$　$y=8$…③　③を①に代入して$x+8=25$　$x=17$　したがって，黒いタイルは17(枚)となり，白いタイルは$8\times4=32$(枚)となる。

3　$n=a$の場合について考える。黒いタイルだけを使って仮にタイルをしきつめるとき，使う黒いタイルの枚数は$a\times a=a^2$(枚)となるため，使った黒いタイルの枚数がb(枚)のとき，使った白いタイルの枚数は$4\times(a^2-b)=4(a^2-b)$(枚)と表せる。次に，この板の【貼り方Ⅰ】のところを【貼り方Ⅱ】に，【貼り方Ⅱ】のところを【貼り方Ⅰ】に変更した新しい正方形の板を作った。これより，黒のタイルの枚数は$b\times4=4b$(枚)，白のタイルの枚数は$4(a^2-b)\div4=(a^2-b)$(枚)となり，はじめのタイルの枚数の合計よりも225(枚)少なくなったために，$b+4(a^2-b)-225=4b+(a^2-b)$　$b+4a^2-4b-225=4b+a^2-b$　$3a^2=6b+225$　$a^2=2b+75$と表せる。これを満たすaのうち，最も小さい値は($b=3$のとき)$a=9$，その次に小さい値は($b=23$のとき)$a=11$

<英語解答>

1　1 (1) ア　(2) エ　(3) イ　(4) ウ　2 (1) イ　(2) エ　(3) エ

3 (1) 1723　(2) children[kids]　(3) beautiful

2　1 (1) ウ　(2) イ　(3) ア　(4) ウ　(5) イ　(6) エ
2 (1) エ→イ→ウ→ア　(2) エ→イ→ア→ウ　(3) イ→ア→ウ→オ→エ

3　1 イ　2 (例)different　3 (例)ゾウの耳や鼻の中に入ることができ，ゾウはそれを嫌がる　4 ウ

4　1 (例1)did not say　(例2)never said　2 (例)修二が竜也にバドミントンで負けること。　3 (例)power　4 エ　5 ア

5　1 T-shirt　2 ア　3 (例)不要になった服を捨てること。　4 (3) (例1)putting clothes into　(例2)trying to put her clothes into　(4) (例1)get books they want to read　(例2)take a book they like　(5) (例1)makes a bag (例2)made a bag　5 (例1)Can you tell me　(例2) Will you explain
6 ウ　7 (例1)I will bring my used clothes to a shop near my house. I know the shop collects used clothes and recycles them. Now, I just throw away the clothes I don't need because it is an easy way. However, I think I should stop it because my small action can save the earth. I want to be kind to the environment.
(例2) I will give my clothes to my little sister. I have clothes which are too small for me, but my sister can still wear them. She often says she likes my clothes, so I think she will be happy. Also, it is good for our family because we don't need to buy new clothes.

<英語解説>

1　(リスニング)

放送台本の和訳は，52ページに掲載。

(英文メモの日本語訳)

グリーンウイング城
・それは(1) 1723年に建てられた。
・400部屋以上。
・絵の中の男性には10人の(2) 子どもがいた。
・人々は広い部屋でパーティーを楽しんだ。
・ウエストタワー → 私たちは(3) 美しい街並みを見ることができる。

2　(語句補充問題，語句整序問題：動名詞，前置詞，代名詞，形容詞，仮定法，比較，他)

1 (全訳)　こんにちは，みなさん。みなさんは映画(1) を見ることは好きですか？　私ですか？はい，(2) そう(好き)です。私のお気に入りの映画を紹介します。それは『驚くべき少女の旅』です。その物語は，時を越えて旅行する一人の女の子(3) についてです。いくつかの問題が起きますが，彼女は(4) それらを解決することができます。その物語は(5) すてきで，音楽もわくわくさせてくれます。その映画は大昔に制作されましたが，今でもとても人気があります。それはすばらしい映画です。もしみなさんがその女の子なら，みなさんは何をする(6) でしょうか？

(1) like「～が好き」の後に動詞を置くときは，その動詞を動名詞<動詞の -ing 形>，また

は不定詞<to +動詞の原形>の形にする。

(2)　<Do you +動詞の原形～？>の疑問文に答えるので，Yes, I do. と答える。

(3)　上記全訳を参照。about「～について」を選ぶと文脈に合う。

(4)　空欄には動詞 solve「～を解決する」の目的語が入るので，目的格の them を選ぶ。

(5)　上記全訳を参照。fantastic「すてきな」を選ぶと文脈に合う。　ア　empty「空《から》っぽの」　ウ　narrow「狭い」　エ　terrible「ひどい」は文脈に合わない。

(6)　**仮定法<If +主語+動詞の過去形～, 主語+ would +動詞の原形…>「もし～なら…だろう」**の文が，疑問詞のwhatを用いた疑問文になっている。

2 (全訳)

(1)　A：このクラスではトムが一番背が高いですか？

B：(No. He)is not as tall(as Ken.)「いいえ。彼はケンほど背が高くないです。」**<not as ～ as …>「…ほど～ではない」**

(2)　A：(I hear so many)stars can be seen(from the top of the mountain.)「その山の頂上からとてもたくさんの星が見られるそうですよ。」

B：本当ですか？　それらを見に行きましょう。助動詞を使った受け身の文。**<助動詞+ be +動詞の過去分詞形>**

(3)　A：あなたは何のスポーツが好きですか？

B：(Judo!　Actually I)have been practicing judo since(I was five years old.)「柔道です！　実は私は5歳からずっと柔道を練習しています。」　**現在完了進行形<have[has]+ been +動詞の -ing 形>「ずっと～し(続け)ている」**

3　(長文読解問題・説明文：語句選択補充，語句記述補充，日本語で答える問題)

(全訳)　日本の人々は，だれの勝ちか，またはだれが最初に行くかを早く決めたいとき，彼らは*じゃんけん*と呼ばれる手遊びをよくする。そのゲームをするために，彼らは3つの手のジェスチャーを使う。閉じた手は石を，開いた手は紙を，閉じた手と伸ばした人差し指と中指は，はさみを意味する。石は，はさみを壊すので，石の勝ち。また，はさみは紙を切り，紙は石を覆う。ルール(を理解しやすい)ので，多くの人々が*じゃんけん*をすることができる。

この種の手遊びは，世界中の多くの国で遊ばれている。ほとんどの人々が3つの手のジェスチャーを使うが，3つ以上使う人々もいる。フランスでは，人々は4つの手のジェスチャーを使う。マレーシアの人々は，5つの手のジェスチャーをときどき使う。

他の国では，日本で使われているものとはA異なる手のジェスチャーを人々が使う。インドネシアでは，閉じた手と伸ばした親指はゾウを，閉じた手と伸ばした人差し指は人を，閉じた手と伸ばした小指はアリを意味する。彼らのルールでは，ゾウは人を打ち負かす。なぜならそれはより大きく，より強いからだ。同じように，人はアリを打ち負かす。しかし，どのようにして小さなアリが大きなゾウを打ち負かすことができるか？　あなたはその理由を想像できるか？　アリはゾウの耳や鼻に入ることができ，ゾウはそれが好きではないからだ。

世界中にじゃんけんのような多くの種類の手遊びがあることを知るのは興味深くはないだろうか？　手のジェスチャーやそれらの意味がA違っていたときでさえも，人々はそれらを楽しむことができる。もしあなたが将来，海外へ行くなら，地元の人々にどのように彼らが手遊びをするのか聞いてみなさい。そして，あなたの手遊びを紹介して，彼らとそれらで遊んでみてはどうだろう？　そうすれば，それがB世界中の人々とコミュニケーションをとるための良い始まりになるかもしれない。

1　上記全訳を参照。空欄直後で「～ので，多くの人々が*じゃんけん*をすることができる」と書かれていることから判断する。　ア 「～を決めるのが難しい」　ウ 「～を自由に壊すことができる」　エ 「～を変えるために必要な」は文脈に合わない。

2　上記全訳を参照。different「異なる，違った」。**be different from ～「～と異なる」**

3　上記全訳を参照。第3段落最終文を参照。アリがどのようにしてゾウを打ち負かすかについて書かれている。

4　空欄直前では，海外に行ったときに地元の人々と手遊びを通じて会話をしたり，遊んだりすることを勧めているので，ウがふさわしい。　ア 「日本の文化と歴史を学ぶための良い方法」　イ 「どの手のジェスチャーが一番か決めるための良い方法」　エ 「どのようにしてあなたが常に手遊びで勝つことができるかについて知るための良い始まり」は文脈に合わない。

4　(長文読解問題・物語文：語句記述補充，日本語で答える問題，語句選択補充，内容真偽)

(全訳)　僕は7歳のときに竜也と出会いました。僕達はそのとき，バドミントンクラブに入りました。僕はスポーツが得意だったので，すぐにバドミントンの技術が上達しました。竜也は上手な選手ではありませんでしたが，彼はいつも一生懸命に練習して，「僕はできる！　次回は僕が勝つ」と言いました。彼は，「日本でバドミントンのチャンピオンになる」とさえ言いました。僕もチャンピオンになるという夢はありましたが，そのような言葉は言いませんでした。なぜならそんなことをするのは恥ずかしいと思っていたからです。僕が彼に勝つと，彼はいつも僕に，「修二，もう一試合しようよ。次回は僕が勝つよ」と言いました。僕は彼に負けたことはありませんでしたが，彼が(バドミントンの)技術を上達させていると感じました。

僕達が11歳のとき，状況が変わりました。市の大会で，僕は竜也とバドミントンの試合をしました。試合前，彼は僕に，「修二，今回は僕が勝つよ」と言いました。僕は彼に負けたことがなかったので，簡単に彼に勝てるだろうと思いました。でも，僕は勝てませんでした。僕は彼に初めて負けました。僕はそのことがこんなにも早く起こるとは思ってもいませんでした。彼はほほえんで，「僕はやっと勝てたよ！」と言いました。それから，僕はまた負けたくなかったので，より一生懸命にバドミントンの練習をし始めました。

僕達が中学生だったとき，僕達は何度かバドミントンの試合をしましたが，僕は一度さえも勝つことができませんでした。竜也が強くなってバドミントンの全国大会に出場したので，僕は彼の試合を観に行きました。大会での彼のプレーは素晴らしかったです。ときどき彼は試合でミスをしましたが，そのとき，彼は，「大丈夫だ！　僕はまた同じミスはしないぞ！」と言いました。彼は，「僕がチャンピオンになるんだ！」とまで言いました。僕は，「彼が初心者だったときから彼は変わっていないな」と思いました。

ついに，竜也は本当に日本のバドミントンのチャンピオンになりました。大会の後，僕は彼にどうして彼がこんなに強くなったのか尋ねました。彼は，「修二，僕はいつも僕がチャンピオンになると言っているんだ。どうしてか分かる？　僕達が目標を声に出すとき，僕達の心と体が目標を達成するために動くんだ。実際に，僕がチャンピオンになると言うことによって，僕は一生懸命に練習することができて，そしてそのことは僕がより上手くプレーすることを助けてくれるんだ。僕が言う言葉が僕を強くしてくれるんだ」と言いました。それらの言葉が目標を達成するための(力)を彼に与えたのだと僕は実感しました。その日，僕は自分の目標を言って，それを達成するために一生懸命に練習することに決めました。

今，僕は18歳で，全国大会で優勝する心構えができています。今，僕はバドミントンの全国大会の決勝で竜也と試合をするためにコートに立っています。僕は変わりました。僕は竜也に，「今回は僕が勝つよ。僕がチャンピオンになるんだ」と言うつもりです。

1 上記全訳を参照。空欄の直後の such words は，竜也の「日本でバドミントンのチャンピオンになる」という発言を指している。修二はそのような言葉を声に出すことは恥ずかしいと思っていたと書かれているので，解答例のように did not say や never said などを入れて，「修二はそのような言葉を言わなかった」という内容の文にすると，前後の文脈に合う。

2 上記全訳を参照。下線部を含む文の直前の一文を参照。

3 上記全訳を参照。power「力」

4 A 竜也が修二に初めて勝ったときのことを思い出しているので，「うれしい，幸せな」という意味の happy または glad が入る。 B 修二は目標を声に出すことを恥ずかしがっていたが，竜也との決勝戦で，修二が「僕がチャンピオンになる」と言ったので，竜也は surprised「驚いた」と分かる。

［メールの訳］

やあ，修二
おめでとう！
今は君がチャンピオンだよ，わが友よ。
君はまた僕の目標になったね。
僕が小さかったとき，君はいつも僕の目標だったよ。
僕が初めて君に勝ったとき，僕はとても A(うれしかった)ことを覚えているよ。
そのときは，君にとって自分の目標を言うことが恥ずかしいことだと君は僕に言った。
だから君が僕に，「僕がチャンピオンになる」と言ったとき，僕は B(驚いた)よ。
今回は僕が負けたけど，次回は僕が勝つよ。
君の友達，
竜也

5 ア 「修二と竜也がバドミントンをし始めたとき，修二は竜也よりも上手にバドミントンをプレーした」(○) 第1段落を参照。 イ 「竜也は修二にもっと一生懸命に練習して日本のチャンピオンになるように頼んだ」(×) 本文中に記載なし。 ウ 「修二は，全国大会では竜也が修二に勝つだろうと思った」(×) 最終段落を参照。修二は，バドミントンの全国大会の決勝で竜也と試合をする前に，コート上で竜也に「僕がチャンピオンになる」と宣言しているので，修二は自分が竜也に勝つと思っていたと分かる。 エ 「竜也は自分の目標を声に出すことに決めた。なぜなら修二が竜也にそうするように言ったからだ」(×) 本文中に記載なし。

5 (会話文読解問題：指示語，語句選択補充，日本語で答える問題，語句記述補充，条件英作文)

(全訳) 光 ：レオン，このTシャツを見て。私は昨日それを買ったのよ。

レオン：それはかわいく見えるけど，君は先週末に新しい(1)<u>もの</u>を買ってなかった？

光 ：うん。私は服が大好きなの。

レオン：僕もだけど，A[僕はそんなに頻繁に新しい服は買わないな]。その代わり，僕は自分のお気に入りの服を何年も着るね。

光 ：何年も？ 私は新しいファッションが好きだから，私は普段ワンシーズンだけ自分の服を楽しむわ。

レオン：短すぎるよ！ 君はしばしば不要になった服を捨てるってことだよね？

光 ：うーん，私は以前(2)<u>それ</u>をしていたけど，それは止めたわ。私はクローゼットに着ない服を保管しているの。でも，あれらの服を使って私にできることが分からないわ。

レオン：僕がドイツにいたとき，僕の家族は『*Kleidercontainer*』を利用したよ。

光　：それは何？

レオン：それは古着を回収するための箱だよ。僕が君にウェブサイトを見せるよ。それはサチコという日本人の女性によって作られたものなんだよ。彼女はドイツに住んでいるんだ。ウェブサイト上のこの写真を見て。これが*Kleidercontainer*だよ。

光　：うわあ，それは大きいわね！　サチコはその箱(3)の中に服を入れているのよね？

レオン：その通りだよ。それから，集められた服は他の誰かによって再利用されるか，それらはリサイクルされるんだ。

光　：すてきね！　ねえ，*Kleidercontainer*の隣の写真を見て。(あなた達の国には)通りに本棚があるの？

レオン：それは『*Öffentlicher Bücherschrank*』だよ。それは『公共の本棚』を意味するんだ。君が不要な本を持っているとき，君はそれらをここに持ち込むことができるよ。

光　：サチコは，人々は無料でその本棚から(4)読みたい本をもらうことができると言っているわね。それは本当なの？

レオン：うん。僕がドイツにいたとき，僕はときどきそうしていたよ。

光　：すごいわね！　サチコは，彼女が他の方法でどのようにして不要品を活用しているかも紹介しているわね。例えば，古いTシャツを使うことで，彼女は(5)かばんやペット用の服を作っているわ。

レオン：ああ，そのような活動を『アップサイクリング』と呼ぶ人もいるね。

光　：アップサイクリング？　私はその言葉は一度も聞いたことがないわ。アップサイクリングが何か B 私に教えてくれる ？

レオン：もちろん！　君が不要な何かを持っているとき，君はそれを捨てるかもしれない。でも，君が不要なものから何か C(新しい)ものを造ることで，君はまだそれを使うことができる。アップサイクリングは君が使わないものに C(新しい)価値を与えることができるんだ。

光　：おもしろいわね！　このようにして，私達はものを D(長い)間使うことができるのね。私はどのようにして自分の服を他の方法で利用できるかについてもっと考えたいわ。

1　上記全訳を参照。直前の光の発言中のT-shirtを指す。

2　上記全訳を参照。空欄の直後でレオンが「僕は自分のお気に入りの服を何年も着る」と言っていることから判断する。

3　上記全訳を参照。直前のレオンの発言中の「不要になった服を捨てる」ことを指す。

4　(3)　図の「1. 服の回収箱」の絵を参照。サチコさんが服を回収箱に入れている様子を英文にする。**put … into ～「…を～に入れる」**

(4)　図の「2. 街中の本棚」の絵を参照。サチコさんの「読みたい本をもらうことができます」を英文にする。「読みたい本」は**目的格の関係代名詞**を用いて，解答例のように books(which [that])they want to read などと表現する。**目的格の関係代名詞である which と that は省略してもよい。**

(5)　図の「3. 私の不要品の活用方法」の絵を参照。サチコさんが不要になったTシャツを利用して，かばんやペットの服を作っているので，この内容を英文にする。

5　上記全訳を参照。直後でレオンが Sure! と答えて，アップサイクリングの説明をしているので，光がレオンにアップサイクリングのことを教えてほしいとお願いしたと分かる。**<Can**

you [Will you] ＋動詞の原形～?＞「～してくれませんか？」

6　上記全訳を参照。for a long time「長い間」

7　(例1)和訳 「私は家の近くのお店に古着を持って行くつもりだ。そのお店は古着を回収して，それらをリサイクルしてくれることを私は知っている。今，私は不要な服をただ捨てているだけだ。なぜなら，それが簡単な方法だからだ。しかし，私はそれを止めるべきだと思う。なぜなら私の小さな行動で地球を救うことができるからだ。私は環境に優しくなりたい」

(例2)和訳 「私は自分の服を妹にあげるつもりだ。私は自分には小さすぎる服を持っているが，妹はまだそれらを着ることができる。彼女はよく私の服が好きだと言うので，彼女は喜んでくれると思う。また，私達が新しい服を買う必要がないので，家族にとってよい」

2023年度英語　放送を聞いて答える問題

〔放送台本〕

これから聞き方の問題に入ります。問題用紙の四角で囲まれた1番を見なさい。問題は1番，2番，3番の三つあります。

最初は1番の問題です。問題は(1)から(4)まで四つあります。英語の対話とその内容についての質問を聞いて，答えとして最も適切なものをア，イ，ウ，エのうちから一つ選びなさい。対話と質問は2回ずつ言います。では始めます。

(1)の問題です。 *A:* Hi, Cathy. Welcome to my house. Did you see my dog, Hachi, outside?

B: Hi, Kazuma. Yes, I saw Hachi under the tree in your garden.

A: Really? He is so quiet today. Was he sleeping?

B: No, he was playing with a ball.

質問です。 *Q:* What was Hachi doing when Cathy came to Kazuma's house?

(2)の問題です。 *A:* Hi, Tomoki. We have to finish our report by July 19th. How about doing it together next Saturday?

B: You mean July 8th? Sorry, Meg. I'll be busy on that day. How about Sunday, July 9th?

A: Oh, I have a piano lesson in the afternoon every Sunday, but I have time in the morning.

B: OK. See you then!

質問です。 *Q:* When will Tomoki and Meg do their report together?

(3)の問題です。 *A:* Hi, Satoshi. Did you see Mr. Suzuki? I went to the teachers' room, but he wasn't there.

B: H, Sarah. He is on the school grounds. Why do you want to see him?

A: I have to take my notebook to him because I couldn't give it to him yesterday.

B: I see. I'm sure he's still there.

質問です。 *Q:* What does Sarah have to do?

(4)の問題です。 *A:* Hello, Koji. This is Kate. Where are you now?
B: Hi, Kate. I'm at home. I'm watching a baseball game on TV.
A: What? We are going to go to the museum today. Did you forget that?
B: Oh no! I'm so sorry. Can you wait for me at the bookstore near the museum? I'll meet you there soon.
質問です。 *Q:* Where will Koji meet Kate?

〔英文の訳〕

(1) A：やあ，キャシー。僕の家にようこそ。外にいる僕の犬のハチを見た？
B：こんにちは，カズマ。ええ，あなたのお庭の木の下のハチを見たわ。
A：本当？　彼は今日とても静かだね。彼は眠っていた？
B：いいえ，彼はボールで遊んでいたわ。
質問：キャシーがカズマの家に来たとき，ハチは何をしていましたか？

(2) A：こんにちは，トモキ。私達は7月19日までに私達のレポートを終わらせなければならないわ。今度の土曜日にそれを一緒にするのはどうかしら？
B：7月8日のことだよね？　ごめん，メグ。その日は忙しくなりそうなんだ。7月9日の日曜日はどうかな？
A：あら，私は毎週日曜日の午後にピアノのレッスンがあるけど，私は午前中なら時間があるわ。
B：分かった。それじゃあそのときにね！
質問：トモキとメグは，いつ彼らのレポートを一緒にするつもりですか？

(3) A：ねえ，サトシ。鈴木先生を見なかった？　私は職員室に行ったけど，彼はそこにいなかったのよ。
B：やあ，サラ。彼は学校のグラウンドにいるよ。君はどうして彼に会いたいの？
A：私は自分のノートを彼に持って行かなくちゃならないの。私は昨日それを彼に渡せなかったから。
B：なるほどね。きっと彼はまだそこにいるよ。
質問：サラは何をしなければなりませんか？

(4) A：こんにちは，コウジ。ケイトよ。あなたは今どこにいるの？
B：やあ，ケイト。僕は家にいるよ。僕はテレビで野球の試合を見ているんだ。
A：何ですって？　私達は今日，美術館に行く予定でしょう。あなたはそれを忘れたの？
B：あっ，しまった！　本当にごめんね。美術館の近くの本屋で僕を待っていてくれない？　すぐにそこできみに会うよ。
質問：コウジはどこでケイトと会うつもりですか？

〔放送台本〕

次は2番の問題です。 英語の対話とその内容についての質問を聞いて，答えとして最も適切なものをア，イ，ウ，エのうちから一つ選びなさい。質問は(1)から(3)まで三つあります。対話と質問は2回ずつ言います。では始めます。

Miho: We've arrived at my brother's high school! Thank you for coming with me, Alex.
Alex: Thank you, Miho. This is my first time to come to a school festival in

Japan. Your brother will play the guitar on the stage, right?

Miho: Yes. He can play it very well. Alex, look. Here is the information about the events of the festival.

Alex: Your brother's performance will start at 10 a.m. in the Gym, right?

Miho: Yes. After his performance, what do you want to see?

Alex: Well, I love Japanese culture, so I want to try calligraphy. How about you?

Miho: Actually, I'm interested in the performance by the dance club, but both of the events will start at the same time.

Alex: How about seeing the dance in the morning and trying calligraphy in the afternoon?

Miho: Perfect! Thank you.

Alex: I'm also interested in science. Let's go to see Science Show after that.

Miho: That's a good idea. By the way, before we join Calligraphy Experience, let's go to the Cooking Room to eat lunch.

Alex: Nice! We'll be hungry. I'll eat sandwiches.

Miho: I want to eat curry and rice because it's my favorite food!

Alex: Now let's go to the Gym first!

(1)の質問です。

Where will Miho and Alex be at 1：00 p.m.?

(2)の質問です。

What time will Miho and Alex see Science Show?

(3)の質問です。

Which is true about Miho?

〔英文の訳〕

ミホ　　　：私の兄の高校に着いたわよ！　私と来てくれてありがとう，アレックス。

アレックス：ありがとう，ミホ。日本の学祭に来るのはこれが初めてなんだ。君のお兄さんはステージでギターを弾くんだよね？

ミホ　　　：ええ。彼はそれをとても上手に演奏できるのよ。アレックス，見て。ここにお祭りのイベントに関する情報があるわ。

アレックス：君のお兄さんの演奏は，体育館で午前10時に始まるんだよね？

ミホ　　　：そうよ。彼の演奏の後，あなたは何を見たい？

アレックス：うーん，僕は日本の文化が大好きだから，書道に挑戦したいな。君はどうなの？

ミホ　　　：実は，私はダンス部による演技に興味があるんだけど，両方のイベントが同時に始まっちゃうのよ。

アレックス：午前中にダンスを見て，午後に書道に挑戦するのはどうかな？

ミホ　　　：完璧ね！　ありがとう。

アレックス：僕は科学にも興味があるな。その後でサイエンスショーを見ようよ。

ミホ　　　：それはいい考えね。ところで，書道体験に参加する前に，昼食を食べに調理室へ行きましょう。

アレックス：いいね！　僕たちはお腹が空いているだろうし。僕はサンドイッチを食べるよ。

ミホ　　　：私はカレーが大好きな食べ物だからそれを食べたいわ！

アレックス：それじゃあ最初に体育館に行こう！

(1)の質問：ミホとアレックスは午後1時にどこにいるでしょうか？

　　答え：イ　A教室に。

(2)の質問：ミホとアレックスは何時にサイエンスショーを見るつもりですか？

　　答え：エ　午後2時から午後2時45分に。

(3)の質問：ミホに関してどれが正しいですか？

　　答え：エ　ミホは昼食にどこへ行くべきか提案している。

〔放送台本〕

次は3番の問題です。あなたは今，海外留学プログラムでイギリスに来ています。ある城についてのガイドの説明を聞いて，英語で感想文を書くためのメモを完成させなさい。ただし，メモの(1)には数字を入れ，(2)と(3)には英語を入れなさい。英文は2回言います。では始めます。

OK, everyone. This is Green Wing Castle. It was built in 1723. Now let's go inside. There are more than four hundred rooms in the castle. Let's go into this room first. Look at this picture. The man in this picture lived in this castle. He had a big family. He had five sons and five daughters. Let's go to another room. This room is very large, isn't it? People enjoyed parties here. Next, look at the West Tower. We can see the beautiful city from the top of the tower. Now, we'll have some time to walk around the castle. Please enjoy it!

〔英文の訳〕

よろしいですね，みなさん。こちらがグリーンウイング城です。それは1723年に建てられました。さあ，中に入りましょう。城内には400以上の部屋があります。最初はこの部屋に入りましょう。この絵を見てください。絵の中の男性はこの城に住んでいました。彼は大家族を持っていました。彼には5人の息子と5人の娘がいました。別の部屋に行ってみましょう。この部屋はとても広いですよね？人々はここでパーティーを楽しみました。次に，ウエストタワーを見てください。タワーの頂上から美しい街並みを見ることができます。さて，私たちには城の周りを散歩する時間があります。それをお楽しみください！

＜理科解答＞

1　1 ウ　2 イ　3 ア　4 エ　5 初期微動　6 反射　7 12A　8 塩

2　1 空気　2 100Hz　3 (砂ぶくろの重さと音の高さの関係) 条件(A)と条件(C)　(弦の太さと音の高さの関係) 条件(A)と条件(D)　(弦のPQ間の長さと音の高さの関係) 条件(A)と条件(B)　4 ① 太く　② 長く　(波形の変化) (例)縦軸の振動の振れ幅が大きくなる。

3　1 ① 高く　② 大きく　2 装置Aと装置Bの結果の比較(例)(ビーカー内の)空気に，より多くの水蒸気が含まれること。　装置Aと装置Cの結果の比較(例)(ビーカー内の水蒸気を含んだ)空気が冷やされること。　3 ① 晴れ　② 水蒸気　③ 凝結

4　1 ウ　2 (例)だ液には，デンプンを糖に分解するはたらきがあること。　3 R，T，S　4 ① 水　② ある　③ ない

5　1 (例)手であおぎながらかぐ。　2 $CuCl_2 \rightarrow Cu + Cl_2$　3 イ

6　1　0.1J　　2　小球の速さの大小関係　a>b　　a=d　　c<e
3　右図

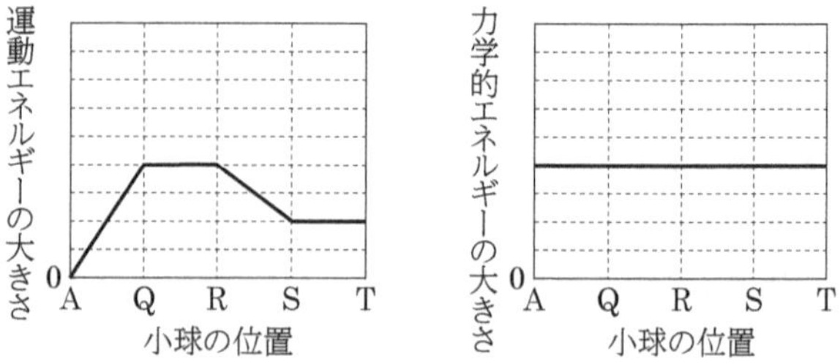

7　1　20%　　2　5g　　3　ア
4　記号　イ　　理由(例)同じ温度での溶解度は等しいから。

8　1　(方法)　Y　　(無性生殖)　栄養生殖　　2　ア　　3　(例)新しい個体は体細胞分裂でふえ，遺伝子がすべて同じであるから。

9　1　衛星
2　(記号)　ア　　(時間帯)　明け方
3　右図　　4　ウ

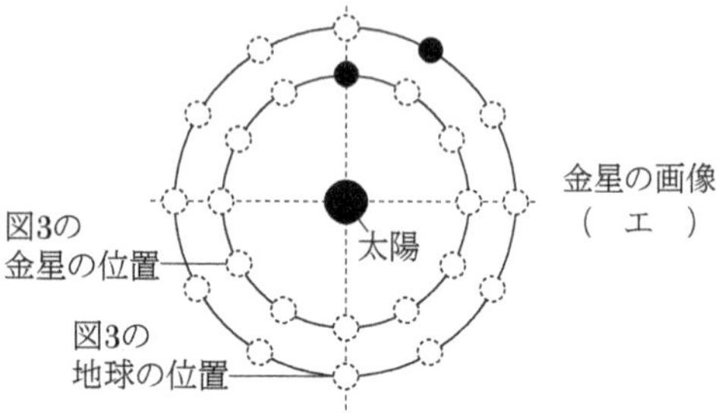

<理科解説>

1　(小問集合―植物のつくり，気体，力のつり合い，日本の天気，地震，反射，電流，イオン)

1　**子房**がなく，**胚珠**がむき出しになっている植物を**裸子植物**という。裸子植物も花がさいた後に種子をつくるが，子房がないので果実はできない。これに対して，子房の中に胚珠があり，受粉後に種子と果実ができる植物を**被子植物**という。サクラ，アブラナ，ツツジは被子植物の中の双子葉類である。

2　空気は窒素(78%)，酸素(21%)，その他(アルゴン，二酸化炭素，ネオン，ヘリウムなど)の気体の**混合物**である。

3　地球上にある全ての物体は，地球からその中心への向きに力を受けている。この力が**重力**で，物体が落下しないように支えるためには，物体に重力と逆向きに重力とつり合う大きさの力を加えなければならない。

4　日本列島の付近には，シベリア気団(乾燥・寒冷)，オホーツク海気団(湿潤《しつじゅん》・寒冷)，小笠原気団(湿潤・温暖)がある。気団Xは小笠原気団で，海洋上の気団なのでしめっていて，南の気団なのであたたかい。

5　P波とS波は**震源**で同時に発生するが，P波の方がS波よりも速く伝わる。地震計で地震のゆれを記録すると，初めに到着したP波によって小刻みなゆれ(**初期微動**)が記録され，その後にS波による大きなゆれ(**主要動**)が記録される。初期微動が始まってから主要動が始まるまでの時間を，**初期微動継続時間**という。

6　刺激を受けて，意識とは無関係に決まった反応が起こることを**反射**という。熱いものにふれたときは，手の皮膚で刺激を受けとると，その信号は感覚神経からせきずいに伝わるが，この信号が脳に伝わる前に，せきずいから命令の信号が運動神経を通って手に伝わり，反応が起こる。

7　電力(W)=電圧(V)×電流(A)より，求める電流をxAとすると，1200(W)=100(V)×x(A)より，x=12(A)

8　**酸**の水溶液と**アルカリ**の水溶液を混ぜ合わせると，酸の水素イオン(H^+)とアルカリの水酸化物イオン(OH^-)が結びついて水をつくり，たがいの性質を打ち消し合う。この反応が**中和**で，同時に酸の陰イオンとアルカリの陽イオンが結びついてできた物質を塩《えん》とよぶ。

2　**(音－音を伝えるもの，振動数，音の波形)**

1　音を出している物体(**音源**)は振動していて，空気中では，音源が振動することによって空気を振動させ，その振動が空気中を次々と伝わる。

2　音源が1秒間に振動する回数を**振動数**という。図2より，波形の山と谷を合わせたものが1回の振動にあたるので，弦の1回の振動にかかった時間は$\frac{2}{200}$秒で，振動数は1(回)÷$\frac{2}{200}$(1回/秒)＝100(Hz)

3　実験(2)の結果で，比較するもの以外は条件が同じものを選ぶ。したがって，砂ぶくろはⅠとⅡで弦はⅠでPQ間の長さは40cm，弦はⅠとⅡで砂ぶくろはⅠでPQ間の長さは40cm，砂ぶくろはⅠで弦はⅠでPQ間の長さは40cmと80cmの組み合わせになる。

4　図3の波形は図2の波形と比べて**振幅**(振動の中心からの幅)は等しいが，1回の振動にかかる時間が長くなっている。したがって，図2の音よりも図3の音は音の高さが低い。同じ強さで弦をはじいたとき，弦が太いほど，弦をはじいた部分が長いほど低い音になる。弦をより強くはじくと音は大きくなり，波形は振幅がより大きくなる。

3　**(水蒸気の変化－結露，霧，凝結)**

1　空気を冷やしていくと，空気中にふくまれている水蒸気の一部が水滴に変わる。これを**凝結**といい，空気にふくまれる水蒸気が凝結し始める温度を**露点**という。**飽和水蒸気量**は気温が高いほど大きくなるので，空気の温度が露点よりも高ければ結露になりにくい。

2　装置Aと装置Bの条件のちがいは，ぬるま湯が入っているかどうかで，それはビーカー内の水蒸気量のちがいである。装置Aと装置Cの条件のちがいは，フラスコに氷水が入っているかどうかで，それはビーカー内の空気が冷やされるかどうかのちがいである。

3　地上付近の空気が冷やされて，露点に達してできた水滴が霧である。くもりの日は一日を通して気温の変化が小さいが，晴れの日は夜間から明け方にかけて気温が最も低くなる。

4　**(消化－だ液のはたらき，分子の大きさ，酵素)**

1　ヨウ素液は，デンプンがあるときには青紫色に変色する**ヨウ素反応**を示し，ベネジクト液は，糖があるときには，加熱すると赤褐色の沈殿ができる**ベネジクト反応**を示す。

2　(デンプン溶液＋水)では，ヨウ素反応だけが見られることから，デンプンは変化していないことがわかる。一方，(デンプン溶液＋だ液)では，20分後にはヨウ素反応がなく，ベネジクト反応だけが見られたことから，デンプンは糖に分解されたことがわかる。

3　表2より，60分間放置した後，チューブAにはデンプンが含まれ，試験管Cにはデンプンがないことから，デンプンの分子はセロハンチューブを通りぬけていないことがわかる。チューブBには糖が含まれ，試験管Dにも糖が含まれていることから，糖の粒子はセロハンチューブを通りぬけている。

4　60分後の試験管Yの溶液にデンプンがあり(ヨウ素反応があり)，糖がない(ベネジクト反応がない)なら，だ液はセロハンチューブを通りぬけてデンプンと反応することができなかったと考えられる。

5　**(電気分解－実験操作，化学反応式，化学変化と物質の質量)**

1　塩化銅水溶液に電流を流すと，**電気分解**によって陽極から塩素が発生し，陰極の表面に銅が付着する。塩素は特有な刺激臭をもち，毒性があるため，多量に吸い込むと危険である。手であおぎながら，においを感じるくらいで確認する。

2　**元素記号**を用いて物質を表したものを**化学式**といい，**分子**の化学式は，物質を構成している元素とその**原子**がいくつずつ集まっているかを，元素記号と数字で表す。化学式を組み合わせて，化学変化を**化学反応式**で表すことができる。実験(1)では塩化銅($CuCl_2$)が分解して，銅(Cu)と塩素(Cl_2)が生じる。矢印の左右で原子の種類と数は等しい。

3　図2より，陰極の表面に付着する銅の質量は，電流を流した時間と，電流の大きさにそれぞれ比例している。0.20A，50分で0.20gの銅が付着しているので，求める時間をx分とすれば，

$\frac{x}{50}\times\frac{0.40}{0.20}=\frac{1.00}{0.20}$　$x=125$(分)

6　(物体のエネルギー－仕事，速さ，力学的エネルギー)

1　物体に力を加えて移動させたとき，力はその物体に**仕事**をしたことになる。仕事の単位にはジュール(J)が用いられ，1Nの力を加えて力の向きに1m移動させたときの仕事が1Jにあたる。

$0.5(\mathrm{N})\times0.2(\mathrm{m})=0.1(\mathrm{J})$

2　実験に与えられた条件により，速さ測定器を通過する小球の速さは，点A～点Eの高さだけに影響される。小球が斜面上でのはじめの高さでもつ**位置エネルギー**が，斜面を下るにつれて**運動エネルギー**に移り変わり，水平面上での速さのちがいになるので，斜面上でのはじめの高さを比較すればよい。

3　点Aから点Tまでの間で，小球の位置エネルギーと運動エネルギーはたがいに移り変わっていくが，それらを合わせた総量である**力学的エネルギー**は，一定に保たれている。これを**力学的エネルギーの保存**という。グラフでは，運動エネルギーは位置エネルギーの逆の変化を示し，力学的エネルギーは変化せず一定になる。

7　(水溶液－濃度，溶解度，再結晶)

1　水溶液の**質量パーセント濃度**は，質量パーセント濃度(%)$=\frac{\text{溶質の質量(g)}}{\text{溶液の質量(g)}}\times100=$

$\frac{\text{溶質の質量(g)}}{\text{溶質の質量(g)}+\text{溶媒の質量(g)}}\times100=\frac{25}{100+25}\times100=20$(%)

2　一定量の水に物質をとかしていき，物質がそれ以上とけることのできなくなった状態を飽和状態といい，その水溶液を**飽和水溶液**という。物質を100gの水にとかして飽和水溶液にしたとき，とけた物質の質量が**溶解度**である。$7(\mathrm{g})-10(\mathrm{g})\times\frac{20}{100}=5(\mathrm{g})$

3　図1より，60℃での溶解度と30℃での溶解度の差が**再結晶**してとけきれずに出てくる。したがって，この差が大きいほど，出てくる結晶の質量は大きい。

4　水溶液A′と水溶液B′は，いずれも20℃における飽和水溶液なので，含まれる**溶質**の量は等しい。したがって，水溶液A′と水溶液B′の模式図は同じものになる。

8　(生殖―栄養生殖，染色体，遺伝子)

1　生物が自分と同じ種類の個体をつくることを**生殖**といい，**受精**をしない**無性生殖**と，受精によって子をつくる**有性生殖**に分けられる。方法Xは受精による生殖，方法Yは受精を行わない生殖である。無性生殖には分裂(アメーバなど)，出芽(コウボ菌など)，胞子生殖(シダ植物など)，栄養生殖(ジャガイモなど)がある。

2　有性生殖では，**減数分裂**によって生殖細胞ができるので，生殖細胞の**染色体**の数は，減数分裂前の半分になる。その結果，親の生殖細胞が受精してできる受精卵の染色体の数は減数分裂前の細胞と同じになる。有性生殖では，受精によって子の細胞は両方の親から半数ずつ染色体を受け

つぐので，子の**形質**は両方の親から受けついだ染色体に含まれる**遺伝子**によって決まる。

3　無性生殖では，**体細胞分裂**によって細胞の数がふえ，新しい個体をつくる。体細胞分裂では全ての染色体が複製され，それぞれ2個の細胞に分けられるので，分列後の細胞には，分裂前の細胞と同じ大きさや形などの内容をもつ染色体が受けつがれる。

9　**(天体－衛星，月の見え方，金星，太陽系)**

1　**太陽系**の水星，金星，地球，火星，木星，土星，天王星，海王星の8つの天体を**惑星**といい，それらはほぼ同じ平面上で，同じ向きに太陽のまわりを**公転**している。これらの惑星のまわりを公転する天体を**衛星**といい，月は地球の衛星にあたる。

2　満月になるのは太陽―地球―月の順に一直線に並んだ場合である。月の**公転周期**はおよそ28日なので，図1の上弦の月が確認できてからおよそ28(日)÷4＝7(日)後に最初に満月になる。満月は真夜中に**南中**し，明け方に西の方角に確認できる。

3　金星は地球よりも内側を公転する**内惑星**で，地球からは明け方か夕方に近い時間帯にしか見えない。表より，金星の公転周期は0.62年なので，150日後には図の位置よりも，$360^\circ \times \dfrac{0.41}{0.62} \fallingdotseq 238^\circ$進んでいる。同様に地球は，$360^\circ \times \dfrac{0.41}{1} \fallingdotseq 147^\circ$進んだ位置にある。この時地球と金星の距離は図3よりも近いので，図4よりも大きく見え，太陽は金星の左側にあるので，図4とは逆の左側がかがやく。

4　太陽系の惑星は，図5のXのように小型で密度が大きい**地球型惑星**(水星，金星，地球，火星)とYのように大型で密度が小さい**木星型惑星**(木星，土星，天王星，海王星)に分けられる。地球型惑星は主に岩石からできており，木星側惑星のうち木星と土星は主に気体でできているが，天王星と海王星は気体とともに大量の氷を含んでいる。

＜社会解答＞

1　1　エ　　2　イ　　3　(1)　ハザードマップ　　(2)　イ　　(3)　ウ　　(4)　エ　　(5)　ア　　(6)　X　(例)農業産出額の総額に占める野菜の割合が高い　　Y　(例)新鮮な状態で，大都市に出荷しやすい

2　1　ア　　2　ウ　　3　ウ　　4　焼畑(農業)　　5　ウ　　6　エ　　7　(例)サンパウロ都市圏人口はニューヨーク都市圏人口と比較して増加率が高い。そのため都市の下水道の整備が追い付かず，汚水流入により上水の供給源の水質悪化という課題が生じた。

3　1　エ　　2　ウ　　3　ウ→イ→ア→エ　　4　(1)　分国法　　(2)　ア　　5　ウ　　6　エ　　7　(例)従来の税制度では税収が安定しなかったことから，政府が定めた地価の一定割合を地租として現金で納めさせ，毎年一定の金額の税収を確保できるようにするため。

4　1　イ　　2　自由民権(運動)　　3　(1)　ア　　(2)　ア・ウ　　4　(1)　P　(例)全国に放送局が設置され，東京の放送局と地方の放送局が電話線で結ばれた　　Q　(例)大人から子供まで幅広い人々に向けた，趣味や娯楽に関する番組が放送されていた　　(2)　エ　　(3)　ア

5　1　公職選挙(法)　　2　エ　　3　栃木県　X　国庫支出金　ウ　　4　カ　　5　イ　　6　消費者契約(法)　　7　(例)選挙区によって有権者数が異なるため，一つの選挙区で一

人が当選する小選挙区制では，一票の価値に差が生じるという課題がある。

6　1　イ　　2　ウ　　3　公的扶助　　4　イ　　5　南南問題　　6　ア　　7　X　(例)恵方巻の廃棄率が前年度より減少したと回答した企業の割合が高い　　Y　53(%)
Z　(例)賞味期限の近いものから購入する

＜社会解説＞

1　(地理的分野―日本―日本の国土・地形・気候，農林水産業，交通・通信，資源・エネルギー，貿易)

1　イギリスの標準時子午線が経度0度，日本が**東経135度**であることから判断する。また，日の出から日の入りまでの時間について，ロンドンが宇都宮市より高緯度であることから判断する。

2　1990年から2020年にかけて，日本の輸入総額に占める割合が最も増加していることから判断する。アがアメリカ，ウがドイツ，エがタイ。

3　(1)　防災マップも可。　(2)　北西季節風の影響で冬の降水量が多くなる日本海側の地域と判断する。　(3)　新旧の航空写真を見ても，他県からの転入者数は把握できない。　(4)　**瀬戸大橋**で結ばれている影響で，香川県は旅客数に占める岡山県からの旅客数の割合が高いと判断する。アが兵庫県，イが広島県，ウが鳥取県。　(5)　燃料を船で輸送することなどから，火力発電所は**沿岸部**に多い。岐阜県は水力発電がさかん。　(6)　図5中の「高速道路のインターチェンジに近い」に着目すると，**近郊農業**を行っていることが予想できる。近郊農業とは，大都市の近くで野菜などを栽培する農業のこと。

2　(地理的分野―世界―人々のくらし・宗教，地形・気候，人口・都市，産業)

1　地球の円周が約**40000km**，サンパウロとリマの経度差が約30度であることから，40000(km)$\times\frac{30}{360}$＝3333.3…(km)に最も近い距離を選ぶ。

2　南アメリカ大陸西部には，南北方向に**アンデス山脈**が縦断する。

3　かつて植民地だった影響で，公用語はブラジルが**ポルトガル語**，それ以外の南アメリカ州の多くの地域が**スペイン語**となっている。

4　焼畑農業は砂漠化や地球温暖化などの環境問題の一因にもなっている。

5　図4中のA・Bが熱帯，C・Dが乾燥帯であるが，Aは冬に乾季をむかえるサバナ気候となる。Aは北半球に位置するため，6，7，8月は雨季をむかえると判断する。

6　**チリ**が銅鉱の産出がさかんであることから判断する。アがオセアニア州，イがアジア州，ウがアフリカ州。

7　ニューヨーク都市圏人口と比較したサンパウロ都市圏人口の推移の特徴については図6から，その結果生じたサンパウロ都市圏の生活環境の課題については図7からそれぞれ読み取る。図7中の「水質改善」「汚水の流入を防止」などから，汚水の流入による上水供給源の水質悪化が課題であることを読み取る。

3　(歴史的分野―日本史―時代別―古墳時代から平安時代，鎌倉・室町時代，安土桃山・江戸時代，明治時代から現代，日本史―テーマ別―政治・法律，経済・社会・技術，世界史―政治・社会・経済史)

1　平城京遷都(710年)から平安京遷都(794年)までの奈良時代のできごとを選ぶ。国分寺の建立を行ったのは**聖武天皇**。アが894年(平安時代)，イが603年(飛鳥時代)，ウが939年(平安時代)のできごと。

2　ウは飛鳥・奈良時代の頃の社会の様子。

3　アが1333年，イがウの承久の乱後，ウが1221年，エが1404年のできごと。

4　(1)　今川氏の「今川仮名目録」や武田氏の「甲州法度次第」などが有名。　(2)　イ・ウが江戸時代，エが鎌倉時代のできごと。

5　江戸幕府3代将軍**徳川家光**が，1635年に**武家諸法度**に**参勤交代**の制度を追加したことから判断する。アは異国船打払令，イは墾田永年私財法，エは楽市・楽座令。

6　江戸時代の大阪は「**天下の台所**」と呼ばれ，商業の中心地として栄えた。

7　図2から，米の収穫量や年貢の量が変化し，米の価格が一定でないことなどから税収が不安定であったことが読み取れる。

4　**(歴史的分野―日本史―時代別―安土桃山・江戸時代，明治時代から現代，日本史―テーマ別―政治・法律，外交，世界史―政治・社会・経済史)**

1　ア～エのうち，江戸時代のできごとはイ・エ。図1中の「北アメリカ合衆国」から判断する。アヘン戦争は清がイギリスに敗れたもので，アメリカは関係ない。なお，ア・ウは明治時代のできごと。

2　問題文中の「国会開設を要求」などから判断する。**自由民権運動**は**板垣退助**らが中心となってすすめた。

3　(1)　ルーズベルトは**ニューディール政策**で，大規模な公共事業をおこして失業者に仕事を与えて救済するなどして景気の立て直しをはかった。　(2)　第二次世界大戦開戦(1939年)の翌年に**日独伊三国同盟**が締結された。

4　(1)　図4から，地方にもラジオ放送局が開局し，それらが電話線で結ばれたことが読み取れる。また，図5から，大人向け番組だけでなく子供向け番組(童謡)も放送されていることが読み取れる。　(2)　Yの時期は，1950～1965年。**高度経済成長**が始まったのは1950年代後半。アが1973年，イが1946年，ウが1990年代前半。　(3)　図3から，テレビ契約の開始が1950年であることが読み取れる。**満州事変**は1931年のできごと。イが2001年，ウが1990年，エが1989年のできごと。

5　**(公民的分野―憲法・基本的人権，国の政治の仕組み・裁判，民主主義，地方自治，経済一般)**

1　選挙権年齢について，2015年に公職選挙法が改正され，翌年から**18歳以上の男女**が有権者となった。

2　ア　国務大臣の**過半数**は，国会議員の中から任命する。　イ　内閣総理大臣は，国会議員の中から国会が指名する。　ウ　首長は地方議会を解散できる。

3　一般的な地方公共団体の地方税収入は歳入の3～4割程度を占めている。また，地方公共団体間の地方税収入の不均衡を是正するために国が交付する**地方交付税**は，地方税収入が多い東京都には交付されていない。

4　国民の権利を守るために，国王・君主・政府などの政治権力を持つ者も法に従わなければならないという考え方を，**法の支配**という。

5　通貨量が多い好況(好景気)時に**インフレーション**がおこり物価が高騰すると，国民の購買意欲が下がり，やがて不況(不景気)になる。

6　問題文中の「契約を取り消すことができる」などから判断する。

7　「**一票の格差**」問題について説明する。これを是正するために，近年では公職選挙法の改正が続いている。

6　(公民的分野─憲法・基本的人権，国民生活・社会保障，国際社会との関わり)

1　問題文中の「法的拘束力」「1966年」などから判断する。アは1945年，ウは1979年，エは1989年にそれぞれ採択された。

2　ア・イは25～59歳の就業率が高いことから男性であると判断できる。残ったウ・エのうち，結婚や出産，育児，介護などの負担が大きい女性の労働環境が整備されつつある近年の方が，女性の就業率が上がっていると判断する。アが1985年の男性，イが2020年の男性，エが1985年の女性を示している。

3　問題文中の「生活保護法」などから判断する。**社会保障制度**は，日本国憲法第25条の**生存権**を保障するためのしくみ。

4　1970年に発効した核拡散防止条約では，アメリカ・ソ連(現在はロシア)・イギリス・フランス・中国にのみ核兵器の保有を認めたが，その後インドやパキスタン，北朝鮮などが核兵器の保有を公表した。

5　南南問題に対して，先進国と発展途上国との経済格差から生じる問題を**南北問題**という。

6　Ⅰは問題文中の「生産や販売」，Ⅱは「日本やアメリカ」「アジア・太平洋地域」などから環太平洋経済協力の略称と判断する。NGOは非政府組織の略称で，海外でボランティア活動などを行うため，営利目的では活動しない。また，ASEANは東南アジア諸国連合の略称。

7　X　恵方巻の廃棄率が前年度に比べて減少した企業が8割を超えていることから判断する。
Y　廃棄率の削減割合が前年度よりも6割以上の企業が31%，4割以上6割未満の企業が22%であることが読み取れる。　Z　図4中の「順番」が意味する内容が，賞味期限が古い順であると考えて記述する。

＜国語解答＞

1　1 (1) ていし　(2) もけい　(3) きそ　(4) のが　(5) よくよう
2 (1) 緑茶　(2) 防　(3) 祝福　(4) 額　(5) 暮
3 (1) ア　(2) エ　(3) イ　4 (1) イ　(2) ウ

2　1 したがいたまわず　2 ア　3 (例)農業が忙しい時期であり，間違いなく民の負担となるから。　4 ウ　5 エ

3　1 イ　2 (例)土器に特定の生物を写実的に造形する能力と技術を持っていたが，あえて様々な生物に見えるようにしていた　3 ア　4 エ　5 (Ⅰ) 共有
(Ⅱ) (例)人口が増えて複雑化した社会を調整し，まとめる

4　1 エ　2 イ　3 ア　4 ウ　5 (例)才能に気づいてくれた城戸先生だけでなく，心に届く言葉を教えてくれた妙春先生にも感謝していることを伝えたいという思い。
6 涙ぐみそうになるのをこらえ

5　(例)　私は，学校の様子を直接見てもらおうというAさんの意見が良いと考える。学校紹介は，生徒活動や施設など，中学校のすべてを知ってもらうためにやるものだ。しかしそうしたものを視覚的に確認できれば良いというものではなくて，実際に来校して，雰囲気などを体感することが重要ではないだろうか。そうすれば，言葉では言い表せない雰囲気などを感じ取ってもらえるし，相性もわかるだろう。施設やさまざまな活動もやはり，百聞は一見にしかずだから，実際に見てもらうのがよいはずだ。

<国語解説>

1　(漢字の読み書き，熟語，品詞・用法，敬語・その他，俳句─表現技法・形式)

1　(1)「停」は総画数11画である。　(2)　実物をかたどって，縮小もしくは拡大して作ったもの。　(3)「競」は送りがなに注意。「きそ・う」。　(4)「逃」の訓読みは「に・げる」「のが・れる」。音読みは「トウ」。「逃亡(トウボウ)」。　(5)　文の意味に応じて，適切に声の上げ下げをすること。

2　(1)「緑」は，「縁」と混同しない。　(2)「防」は，こざとへん。　(3)「祝」も「福」も，しめすへん。　(4)「額」は「客」＋「頁」。　(5)「暮」は，二つも「日」の形が入ることに注意。

3　(1)　助動詞「ような」(基本形は「ようだ」)が下にあるので、「まるで～ような」と副詞の呼応が起きている。　(2)「増加」は似た意味の字の組み合わせ。ア「未定」は上の字が下を打ち消す構成。イ「前後」は反対の意味の字の組み合わせ。ウ「着席」は下の字が上の字の目的語になっている構成。エ「豊富」は似た意味の組み合わせ。　(3)　①「撮る」のは**ガイド自身の行為だから謙譲語**にする。「お(ご)～する」の形にあてはめればよい。　②「食べる」のは**観光客の行為だから尊敬語**にする。「お(ご)～になる」もしくは特別な敬語表現を用いる。**「食べる」の尊敬表現には「召し上がる」がある。**

4　(1)　Aは体言「音」，Bは体言「空」で句を終えているので体言止めが用いられている。
(2)　Aの季語は「秋」，Bの季語は「冬支度」だから，ともに秋の季節を詠んだとわかる。選択肢の中では**「月」が秋の季語**である。

2　(古文─大意・要旨，内容吟味，文脈把握，仮名遣い)

【現代語訳】　今となっては昔の話だが，持統天皇という女帝の御代に，中納言の大神の高市麿という人がいた。もともと正直な心の持ち主という人柄で，いろいろな方面の知識があった。また，漢詩文も学び，様々な学問に精通していた。だから，天皇はこの人に世の中の治政をおまかせになった。そこで高市麿は国を統治し，民衆を哀れんでいた。

ある時，天皇が諸国の長に命じて，狩猟の遊びをしようとして，伊勢国におでかけなさろうとして，「すぐにその準備をしなさい」と命令を下した。それは折しも三月の頃である。高市麿が申し上げていうことに，「この頃は農繁期です。その国におでかけになれば，必ず民の負担になります。ですから，おでかけはお控えください」と。天皇は，高市麿の言葉に従うことはなさらず，なおも「出かけるぞ」と命令なさる。しかし，高市麿はさらにくり返して申し上げて言うことに，「やはり，このおでかけはおやめください。今，農繁期です。農夫は大変なことが多いでしょう。」と。これによって，ついにおでかけは中止となった。すると民衆が喜んだのはこの上なかった。

あるときには世の中で干ばつの被害が出ていたが，この高市麿は自分の田の水の入口を塞いで水を入れず，代わりに百姓の田に水を入れさせた。水を百姓の人々に施したためにすっかり自分の田は干上がり焼けてしまった。このように我が身を捨てて民衆を哀れむ心がある。この様子に，天神は感心し，竜神は雨を降らせた。ただし，高市麿の田にだけ雨が降って，他の人の田には降らなかった。これは誠実にことを為せば，天はそれをお感じになり，ご加護があるということである。したがって，人は誠実でいるのが望ましいのだ。

1　語中・語尾の「は・ひ・ふ・へ・ほ」は現代かなづかいでは「ワ・イ・ウ・エ・オ」になる。

2「各に**智り有り**」「文を**学し**」とあるから，学問に長けていることが読み取れる。

3　傍線(2)の前にある「このごろ農業の頃ほひなり。かの国に御行有らば，必ず民の煩ひ無きに非ず」を現代語訳して答えよう。

4　理由は「我が田の口を塞ぎて水入れずして，百姓の田に水を入れしむ」だ。自分の田を犠牲にして百姓の田に水を入れるようにしたのだ。

5　この文章は，**民を哀れむ慈愛に満ちた高市麿の誠実な人柄が，神を感心させるほどのものであったことを讃え，誠実であることの尊さ**を述べている。この要旨をふまえて選択肢を選ぶ。

3　**（論説文―大意・要旨，内容吟味，文脈把握，段落・文章構成，脱文・脱語補充，接続語の問題）**

1　**土器は本来，物理的機能を持たすモノで，複雑な形や派手な文様は心理的機能を加味するために盛り込まれた要素な**のだが，縄文土器の場合はそれが**逆転**している。したがって，発達している機能 A は「心理的」なもので，本来あるべきなのにそこなわれている機能 B が「物理的」なのである。

2　傍線部「そうしていた」とは，ヘビやつるや鳥のようにも見えるといったように，様々な生き物に**見えるようにわざとあいまいなデザインを書いていた**，ということだ。さらになぜ意図的(わざと)だといえるかというと，「縄文時代の人びとは，特定の生物をはっきりと写実的に造形する能力と技術を持っていた」からである。**できるのにやらないところが意図的**なのだ。

3　「少しずつ変えてある」と「『繰り返し』ではない」という文意は，ほぼ同じだ。**言い換え**だから「つまり」がよい。

4　⑥段落は，⑤段落までで述べられた縄文土器の模様がパターン文様ではないことについて，認知心理学を持ち出して整理している。その上で縄文土器に盛り込まれた意味について提示し，次段落からの論の展開を図っている。ア「他者の主張の否定」，イ「前段の内容に反論」，ウ「自説の欠点を補う」とする点が不適切。

5　（Ⅰ）　⑨段落に「このような土器を用いて煮炊きをしたり食事をしたりすることを通じて，表象の組み合わせや順列をたがいの心に共有し，確かめ合う」とあるので，「共有」が入る。

（Ⅱ）　⑨段落の「**人口が増えて人間関係や社会関係が複雑化した中で，それを調整し，まとめるためのさまざまなメディア**が必要とされた」という記述から，メディアの目的がまとめられる。

4　**（小説―情景・心情，内容吟味，文脈把握，指示語の問題）**

1　おてるは，先生が謝るという行動は**腑に落ちない**でいる。したがって「首をかしげる」が適切だ。

2　おてるは「しばらく考え込む」時間があったことで，「妙春先生は，間違いなんてしそうもない」という考えを出すことができた。**自分の思いが明確にまとまって言い表すことができたのですっきりした表情になった**のである。

3　おてるも賢吾も妙春先生にとっては**大切な教え子**である。これから話すことはとても大切なことなので，二人には**しっかり聞いて欲しくて**，二人を交互に見つめたのである。

4　「そういうこと」は，今の賢吾たちにはまだ早いことで，もう少し大きくなったら取り組みたい内容である。妙春先生は賢吾たちより少し年上の若者たちの学び舎(明道館)で行われていることを「教えられたことを使って**自分の考えを述べ，それに対して相手の考えを聞き，また自分の考えを述べる。そうやって考えを深めていき，仲間と一緒に成長していく**」ことだと語っている。これをふまえて選択肢を選ぼう。

5　「首を横に振る」という行動は，感謝しているのは才能を見出してくれた城戸先生に対してだけではないことを示している。妙春に突き出した一葉には「大賢は愚なるがごとし」と書かれている。これは**妙春先生が賢吾に与えた言葉であり，悩み傷付いていた賢吾を慰めていた。すなわち，傍線部には城戸先生だけでなく妙春先生への感謝する思い**という二つの感謝があることをまとめよう。

6　**自分が与えた言葉の本当の意味をしっかり理解している賢吾のことを知って，妙春先生は自分が教師としての役目を果たしていると実感してうれしかった。**そうした喜びの気持ちが表れているのは「妙春は涙ぐみそうになる」という描写だ。**うれし涙**が出てきたのである。

5　(作文)

まず，二人の主張のポイントをおさえる。Aさんは実際に対面で紹介をするという考えで，Bさんはオンラインを用いた紹介をするという考えだ。この違いをふまえたうえで，AさんとBさんの意見のどちらに賛成するか，という立場を決めよう。**支持する意見の長所を考えて，それを理由とすれば，力強い根拠となる。**字数にも限りがあるので，一段落構成でもよいだろう。冒頭で支持する意見を明確に示してから，理由を述べていくという構成が書きやすい。

MEMO

大切なことはメモしておこうネ！

栃木県公立高等学校

2022年度

★★★★★★★★★★★★★★★★★★★★★★★★

入 試 問 題

2022年度

●くわしい解説……39ページ

＜数学＞

時間　50分　　満点　100点

【注意】 答えは，できるだけ簡単な形で表し，必ず解答用紙のきめられた欄に書きなさい。

1　次の1から8までの問いに答えなさい。

1　14÷(−7) を計算しなさい。

2　$\frac{2}{3}a+\frac{1}{4}a$ を計算しなさい。

3　$(x+5)(x+4)$ を展開しなさい。

4　2次方程式 $2x^2-3x-1=0$ を解きなさい。

5　関数 $y=\frac{12}{x}$ について，x の変域が $3 \leqq x \leqq 6$ のときの y の変域を求めなさい。

6　右の図は，半径が9㎝，中心角が60°のおうぎ形である。このおうぎ形の弧の長さを求めなさい。ただし，円周率は π とする。

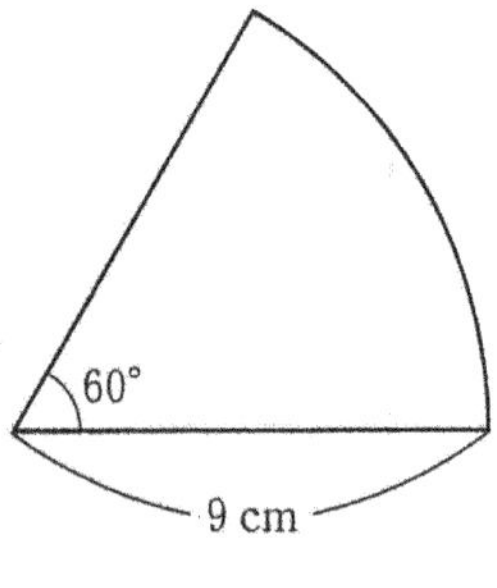

7　右の図において，点A，B，Cは円Oの周上にある。$\angle x$ の大きさを求めなさい。

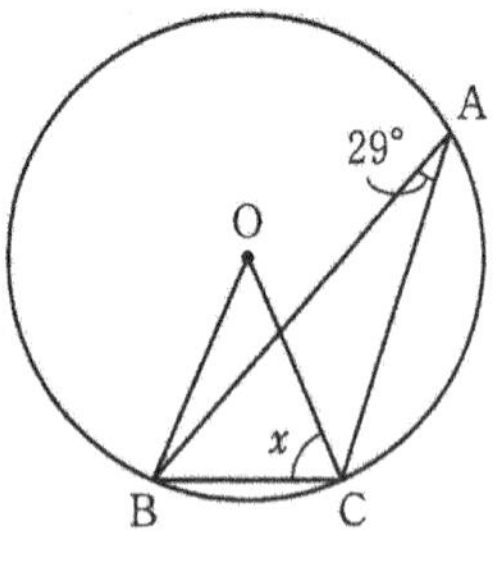

8　△ABCと△DEFにおいてBC＝EFであるとき，条件として加えても△ABC≡△DEFが**常に成り立つとは限らない**ものを，ア，イ，ウ，エのうちから1つ選んで，記号で答えなさい。

ア　AB＝DE，AC＝DF

イ　AB＝DE，∠B＝∠E

ウ　AB＝DE，∠C＝∠F

エ　∠B＝∠E，∠C＝∠F

2 次の1，2，3の問いに答えなさい。

1　$\sqrt{10-n}$ が正の整数となるような正の整数 n の値をすべて求めなさい。

2　ある観光地で，大人2人と子ども5人がロープウェイに乗車したところ，運賃の合計は3800円であった。また，大人5人と子ども10人が同じロープウェイに乗車したところ，全員分の運賃が2割引となる団体割引が適用され，運賃の合計は6800円であった。

このとき，大人1人の割引前の運賃を x 円，子ども1人の割引前の運賃を y 円として連立方程式をつくり，大人1人と子ども1人の割引前の運賃をそれぞれ求めなさい。ただし，途中の計算も書くこと。

3　x についての2次方程式 $x^2-8x+2a+1=0$ の解の1つが $x=3$ であるとき，a の値を求めなさい。また，もう1つの解を求めなさい。

3 次の1，2，3の問いに答えなさい。

1　大小2つのさいころを同時に投げるとき，出る目の数の積が25以上になる確率を求めなさい。

2　袋の中に800個のペットボトルのキャップが入っている。袋の中のキャップをよくかき混ぜた後，袋から無作為にキャップを50個取り出したところ，赤色のキャップが15個含まれていた。800個のキャップの中には，赤色のキャップが何個含まれていると推定できるか。およその個数を求めなさい。

3　3つの都市A，B，Cについて，ある年における，降水量が1㎜以上であった日の月ごとの日数を調べた。

このとき，次の(1)，(2)の問いに答えなさい。

(1)　下の表は，A市の月ごとのデータである。このデータの第1四分位数と第2四分位数（中央値）をそれぞれ求めなさい。また，A市の月ごとのデータの箱ひげ図をかきなさい。

	1月	2月	3月	4月	5月	6月	7月	8月	9月	10月	11月	12月
日数(日)	5	4	6	11	13	15	21	6	13	8	3	1

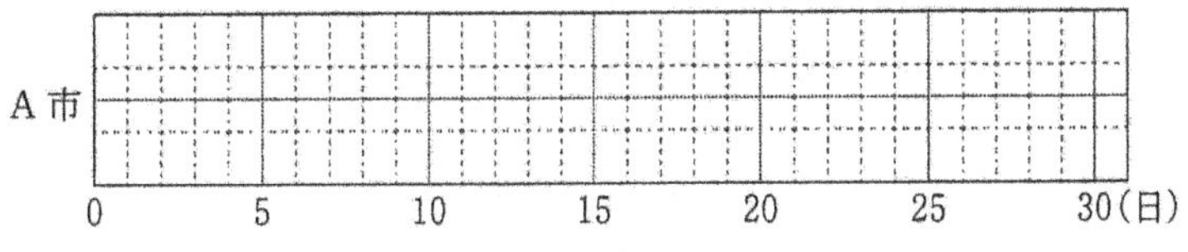

(2)　次のページの図は，B市とC市の月ごとのデータを箱ひげ図に表したものである。B市とC市を比べたとき，データの散らばりぐあいが大きいのはどちらか答えなさい。また，そのように判断できる理由を「範囲」と「四分位範囲」の両方の用語を用いて説明しなさい。

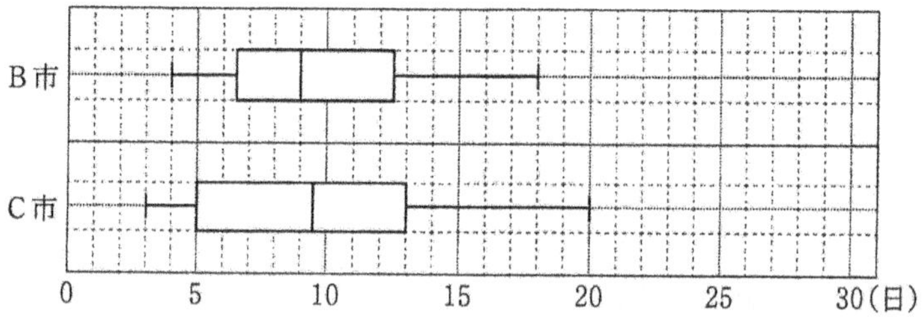

4 次の１，２，３の問いに答えなさい。

1　右の図のように，直線ℓ上の点A，ℓ上にない点Bがある。このとき，下の【条件】をともに満たす点Pを作図によって求めなさい。ただし，作図には定規とコンパスを使い，また，作図に用いた線は消さないこと。

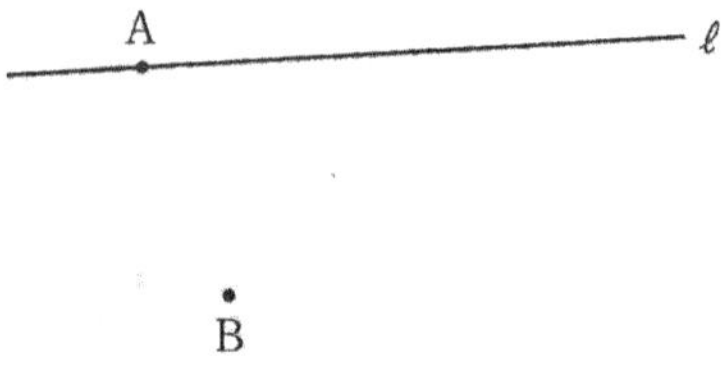

【条件】
・点Pは直線ℓ上にある。
・AP＝BPである。

2　下の図は，DE＝４cm，EF＝２cm，∠DEF＝90°の直角三角形DEFを底面とする高さが３cmの三角柱ABC－DEFである。また，辺AD上にDG＝１cmとなる点Gをとる。

このとき，次の(1)，(2)の問いに答えなさい。

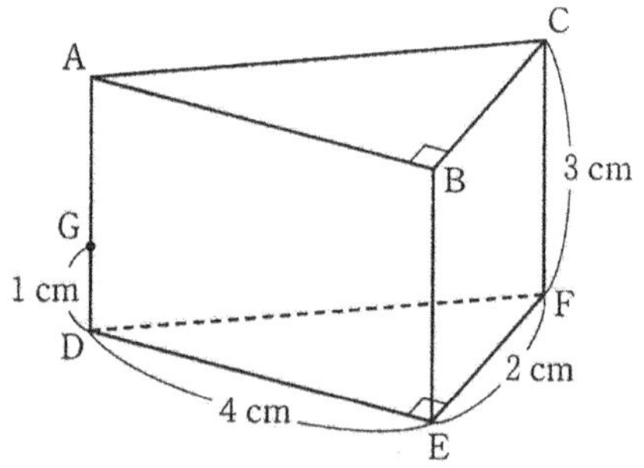

(1)　BGの長さを求めなさい。

(2)　三角柱ABC－DEFを３点B，C，Gを含む平面で２つの立体に分けた。この２つの立体のうち，頂点Dを含む立体の体積を求めなさい。

3　右の図のような，AB＝ACの二等辺三角形ABCがあり，辺BAの延長に∠ACB＝∠ACDとなるように点Dをとる。ただし，AB＜BCとする。

このとき，△DBC∽△DCAであることを証明しなさい。

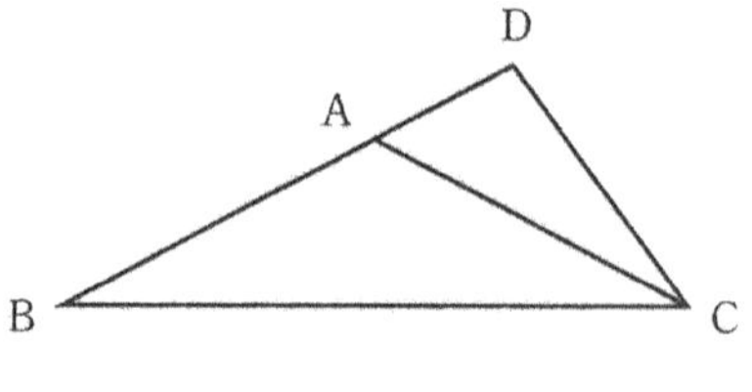

5 次の1，2の問いに答えなさい。

1　右の図のように，2つの関数 $y=x^2$，$y=ax^2$（$0<a<1$）のグラフがある。$y=x^2$のグラフ上でx座標が2である点をAとし，点Aを通りx軸に平行な直線が$y=x^2$のグラフと交わる点のうち，Aと異なる点をBとする。また，$y=ax^2$のグラフ上でx座標が4である点をCとし，点Cを通りx軸に平行な直線が$y=ax^2$のグラフと交わる点のうち，Cと異なる点をDとする。

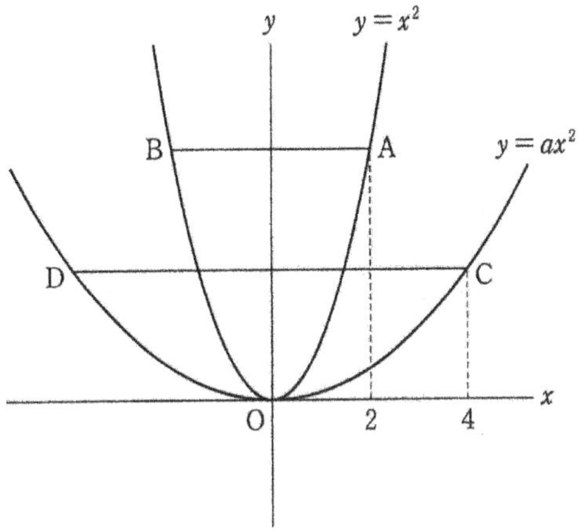

このとき，次の(1)，(2)，(3)の問いに答えなさい。

(1)　$y=x^2$のグラフとx軸について対称なグラフを表す式を求めなさい。

(2)　△OABと△OCDの面積が等しくなるとき，aの値を求めなさい。

(3)　直線ACと直線DOが平行になるとき，aの値を求めなさい。ただし途中の計算も書くこと。

2　太郎さんは課題学習で2つの電力会社，A社とB社の料金プランを調べ，右の表のようにまとめた。

会社	基本料金	電力量料金（1kWhあたり）	
A	2400円	0kWhから200kWhまで	22円
		200kWhを超えた分	28円
B	3000円	0kWhから200kWhまで	20円
		200kWhを超えた分	24円

例えば，電気使用量が250kWhのとき，A社の料金プランでは，基本料金2400円に加え，200kWhまでは1kWhあたり22円，200kWhを超えた分の50kWhについては1kWhあたり28円の電力量料金がかかるため，電気料金は8200円となることがわかった。

（式）　2400＋22×200＋28×50＝8200（円）

また，電気使用量をxkWhとするときの電気料金をy円としてxとyの関係をグラフに表すと，右の図のようになった。

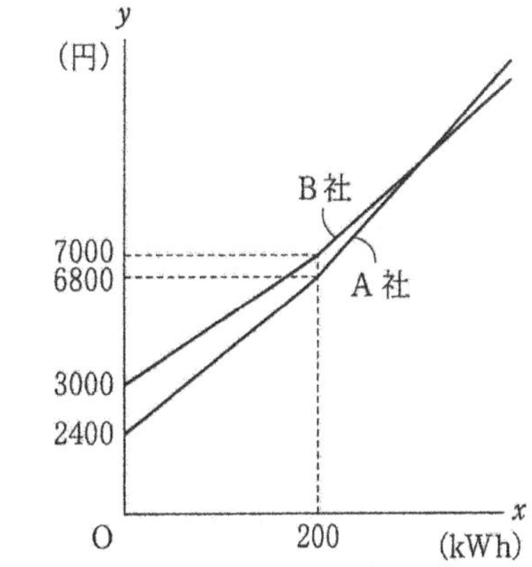

このとき，次の(1)，(2)，(3)の問いに答えなさい。

(1)　B社の料金プランで，電気料金が9400円のときの電気使用量を求めなさい。

(2)　A社の料金プランについて，電気使用量が200kWhを超えた範囲でのxとyの関係を表す式を求めなさい。

(3) 次の □ 内の先生と太郎さんの会話文を読んで，下の問いに答えなさい。

先生「先生の家で契約しているＣ社の料金プランは，右の表のようになっています。まず，Ａ社の料金プランと比べてみよう。」

会社	基本料金	電力量料金（1 kWh あたり）	
C	2500 円	電気使用量に関係なく	25 円

太郎「電気使用量が200kWhのときＣ社の電気料金は7500円になるから，200kWhまではＡ社の方が安いと思います。」

先生「それでは，電気使用量が０以上200kWh以下の範囲でＡ社の方が安いことを，１次関数のグラフを用いて説明してみよう。」

太郎「$0 \leqq x \leqq 200$の範囲では，グラフは直線で，Ａ社のグラフの切片2400はＣ社のグラフの切片2500より小さく，Ａ社のグラフが通る点（200，6800）はＣ社のグラフが通る点（200，7500）より下にあるので，Ａ社のグラフはＣ社のグラフより下側にあり，Ａ社の方が安いといえます。」

先生「次に，Ｂ社とＣ社の電気料金を，電気使用量が200kWh以上の範囲で比べてみよう。」

太郎「$x \geqq 200$の範囲では，グラフは直線で，□ので，Ｂ社のグラフはＣ社のグラフより下側にあり，Ｂ社の方が安いといえます。」

先生「わかりやすい説明ですね。先生の家でも料金プランを見直してみるね。」

□ では，太郎さんが，$x \geqq 200$の範囲でＢ社のグラフがＣ社のグラフより下側にある理由を正しく説明している。□ に当てはまる説明を，下線部を参考にグラフが通る点とグラフの傾きに着目して書きなさい。

6 反復横跳びとは，図１のように，中央の線をまたいだところから「始め」の合図で跳び始め，サイドステップで，右の線をまたぐ，中央の線に戻る，左の線をまたぐ，中央の線に戻るという動きを一定時間繰り返す種目である。

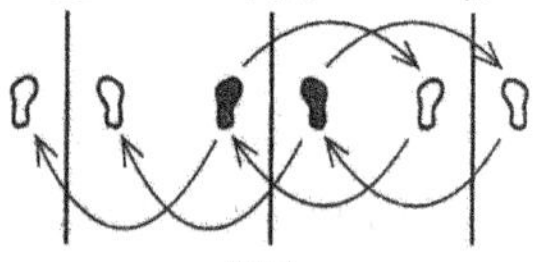

図１

ここでは，跳び始めてからの線をまたいだ回数を「全体の回数」とする。例えば，図２のように，⓪中央→①右→②中央→③左→④中央→⑤右と動くと，右の線をまたいでいるのは２度目であり，「全体の回数」は５回である。

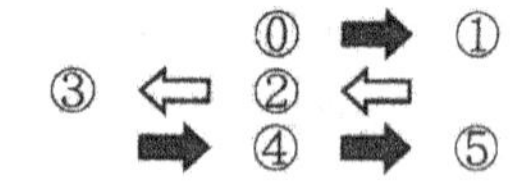

図２

反復横跳びを応用して次のことを考えた。

次のページの図３のように，中央の線の左右にそれぞれ n 本の線を等間隔に引き，反復横跳びと同様に中央の線をまたいだところから跳び始め，線をまたぎながら右端の線までサイドステップする。右端の線をまたいだ後は，折り返して左端の線までサイドステップする。さらに，左端の線をまたいだ後は，折り返して右端の線までサイドステップするという動きを繰り返す。なお，右端と左端の線で跳ぶとき以外は跳ぶ方向を変えないこととする。ただし，n は正の整数とする。

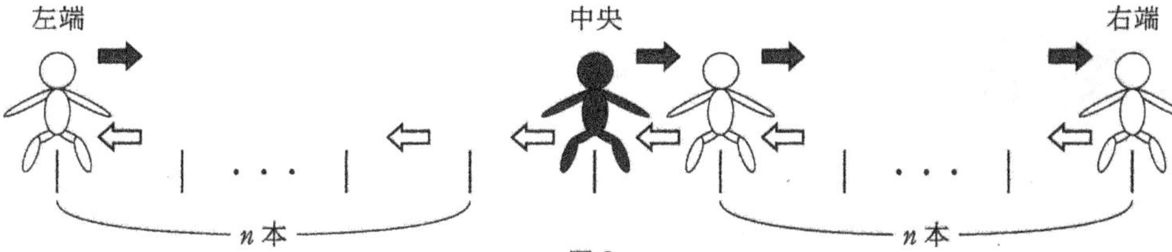

図3

このとき，次の1．2，3の問いに答えなさい。

1　図4は，$n=2$ のときである。「全体の回数」が19回のときにまたいでいる線を，図4のアからオの中から1つ選んで，記号で答えなさい。また，その線をまたいでいるのは何度目か答えなさい。

図4

2　中央→右端→中央→左端→中央と動くことを1往復とする。$n=a$ のとき，3往復したときの「全体の回数」を a を用いて表しなさい。ただし，a は正の整数とする。

3　次の文のⅠ，Ⅱに当てはまる式や数を求めなさい。ただし，b は2以上の整数とする。なお，同じ記号には同じ式が当てはまる。

左端の線を左から1番目の線とする。$n=b$ のとき，左から2番目の線を1度目にまたいだときの「全体の回数」は，b を用いて表すと（　Ⅰ　）回となる。また，左から2番目の線を12度目にまたいだときの「全体の回数」は，（　Ⅰ　）の8倍と等しくなる。このときの b の値は（　Ⅱ　）である。

＜英語＞

時間　50分　　満点　100点

1　これは聞き方の問題である。指示に従って答えなさい。

1　〔英語の対話とその内容についての質問を聞いて，答えとして最も適切なものを選ぶ問題〕

(1)　ア

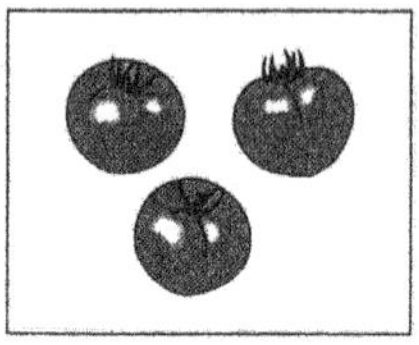

イ

ウ

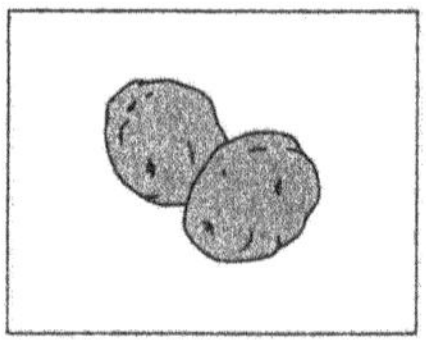

エ

(2)　ア

イ

ウ

エ

(3)　ア　Clean the table.　　　イ　Finish his homework.
　　ウ　Wash the dishes.　　　エ　Watch the TV program.

(4)　ア　In the garden.　　　イ　In the factory.
　　ウ　In the city library.　　　エ　In the convenience store.

2　〔英語の対話とその内容についての質問を聞いて，答えとして最も適切なものを選ぶ問題〕

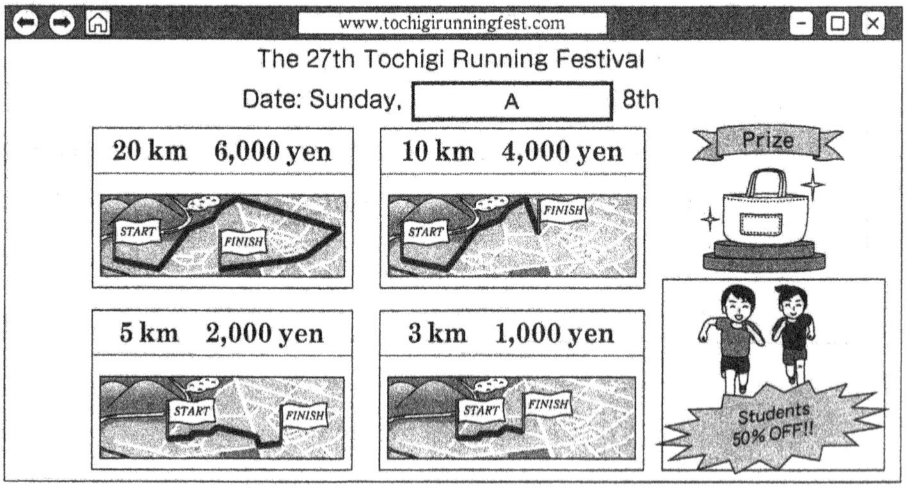

(1)　ア　Because he got a T-shirt as a prize in the festival.
　　イ　Because he bought new shoes for the festival.
　　ウ　Because his brother wanted to run with him in the festival.
　　エ　Because his brother told him the good points about the festival.

(2)　ア　20km.　　イ　10km.　　ウ　5 km.　　エ　3 km.

(3)　ア　January　　イ　February　　ウ　May　　エ　November

3　〔インタビューを聞いて，英語で書いたメモを完成させる問題〕

- Island country
  - ・famous for its beautiful (1) (　　　　)
- Nice climate
  - ・over 3, 000 (2) (　　　　) of sunshine
- Small country
  - ・the (3) (　　　　) size as Utsunomiya City
- Good places to visit

2　次の1，2の問いに答えなさい。

1　次の英文中の [(1)] から [(6)] に入る語として，下の(1)から(6)のア，イ，ウ，エのうち，それぞれ最も適切なものはどれか。

Dear Emma,

Hi, [(1)] are you, Emma?　I haven't [(2)] you for a long time.

A few weeks ago, I learned how to write *hiragana* in a Japanese class.　It was really difficult, but [(3)] Japanese was a lot of fun.　I wrote my name in *hiragana* [(4)] the first time.　My teacher, Ms. Watanabe, said to me, "You did a good job!　To keep practicing is [(5)]."　Her words [(6)] me happy. I want to learn Japanese more.

How is your school life?　I'm waiting for your email.

Best wishes,

Jane

(1)　ア　how　　イ　who　　ウ　when　　エ　why

(2)　ア　see　　イ　seen　　ウ　seeing　　エ　saw

(3)　ア　learn　　イ　learning　　ウ　learned　　エ　learns

(4)　ア　by　　イ　to　　ウ　with　　エ　for

(5)　ア　famous　　イ　weak　　ウ　important　　エ　terrible

(6)　ア　made　　イ　gave　　ウ　took　　エ　called

2　次の(1)，(2)，(3)の（　）内の語句を意味が通るように並べかえて，(1)と(2)はア，イ，ウ，エ，(3)はア，イ，ウ，エ，オの記号を用いて答えなさい。

(1)　*A*：What is your plan for this weekend?

　　B：My plan (ア　shopping　イ　to　ウ　is　エ　go) with my sister.

(2)　*A*：This is (ア　interesting　イ　most　ウ　movie　エ　the) that I have ever watched.

　　B：Oh, really?　I want to watch it, too.

(3) *A*：Do you（ア who　イ know　ウ drinking　エ is　オ the boy）coffee over there?

B：Yes!　He is my cousin.　His name is Kenji.

3 次の英文は，中学生の真奈（Mana）と，イギリス（the U.K.）からの留学生アリス（Alice）との対話の一部である。また，次のページのそれぞれの図は，総合的な学習の時間で二人が作成している，ツバメ（swallow）に関する発表資料である。これらに関して，1から6までの問いに答えなさい。

Mana: Where do swallows in the U.K. come from in spring, Alice?

Alice: Some of them come from *Southern Africa.　They travel about 10,000 km.

Mana: Really?　They can fly so far!　[A] do they fly to go to the U.K.?

Alice: I'm not sure, but for more than three weeks.

Mana: Wow.　In Japan, swallows come from *Southeast Asia.　It may take about a week.　Then, they make their* nests under the *roof of a house.

Alice: Why do they choose people's houses for making nests?

Mana: There are many people around the houses, so other animals don't come close to their nests.

Alice: I see.　Do Japanese people like swallows?

Mana: Yes, and there are some words about swallows in Japan.　One of them is, "If a swallow flies low in the sky, ＿(1)＿." I'll draw a picture of it later.

Alice: Interesting!　Swallows are popular in my country, too.　We have a story called **The Happy Prince*.　One day, there was a gold *statue of a prince in a city.　The prince wanted to help poor people.　He asked a swallow to give his *jewelry to them.　＿(2)＿ *Oscar Wilde.

Mana: Let's introduce the story to everyone.　I also want to show (3)this graph.　It says 36,000 swallows were found in our city in 1985.　But only 9,500 swallows were found in 2020.　*On the other hand, the number of houses has been growing for these 35 years.

Alice: You said a human's house was a safe place for swallows, right?　If there are many houses, that is good for them.

Mana: Well, actually, more people in Japan like to live in Western style houses. Traditional Japanese houses are good for swallows because those houses usually have wide *space under the roof.　So, it ＿(4)＿ to make their nests.　However, some Western style houses don't have space under the roof.

Alice: I see.　Well, I think many swallows have (5)other problems when they grow their babies.　Their nests are sometimes broken by people.　Also, baby swallows fall from their nests. They need a safe place.

Mana: You're right, Alice. Our city has got bigger, and its *nature was lost in many places. Living in this city is not easy for swallows [B] they can't find their food. We have to know more about *environmental problems.

Alice: That's true. (6) <u>We have to live in a nature-friendly way.</u>

〔注〕 *Southern Africa＝アフリカ南部　*Southeast Asia＝東南アジア　*nest＝巣
*roof＝屋根　**The Happy Prince*＝『幸福な王子』（イギリスの童話）　*statue＝像
*jewelry＝宝石　*Oscar Wilde＝オスカー・ワイルド（イギリスの作家）
*on the other hand＝一方で　*space＝空間　*nature＝自然　*environmental＝環境の

図1

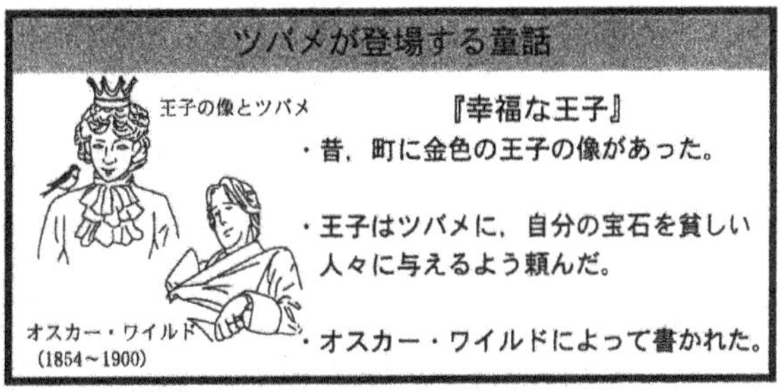

図2

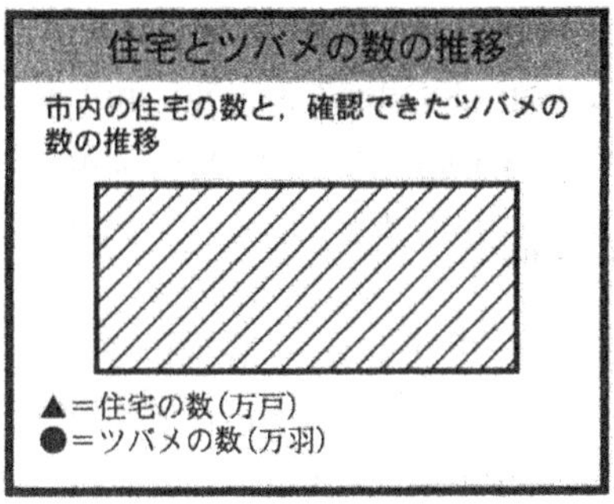

図3

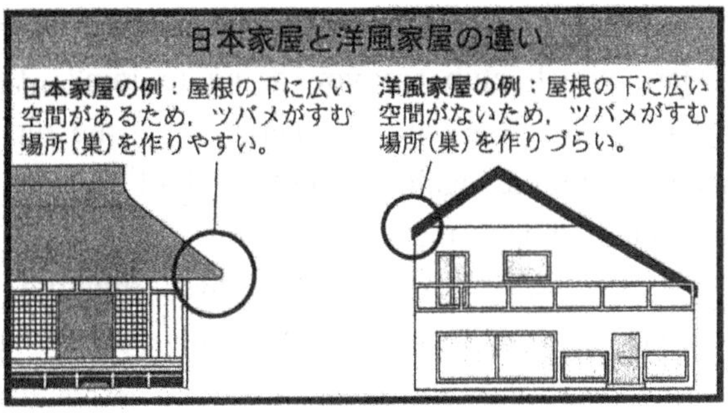

図4

1　二人の対話が成り立つよう，本文中の [A] に入る適切な英語**2語**を書きなさい。

2　二人の対話が成り立つよう，図1，図2，図4を参考に，下線部(1)，(2)，(4)に適切な英語を書きなさい。

3　下線部(3)について，図3の の位置に入るグラフとして，最も適切なものはどれか。

ア

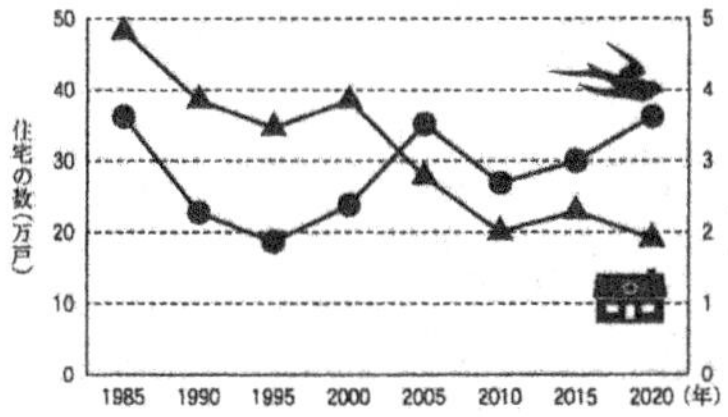

イ

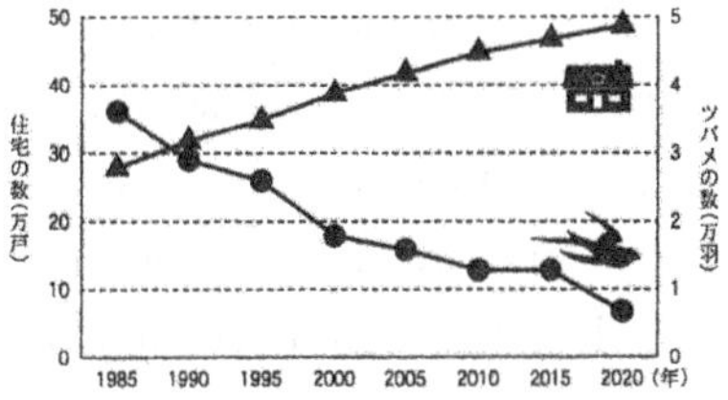

ウ

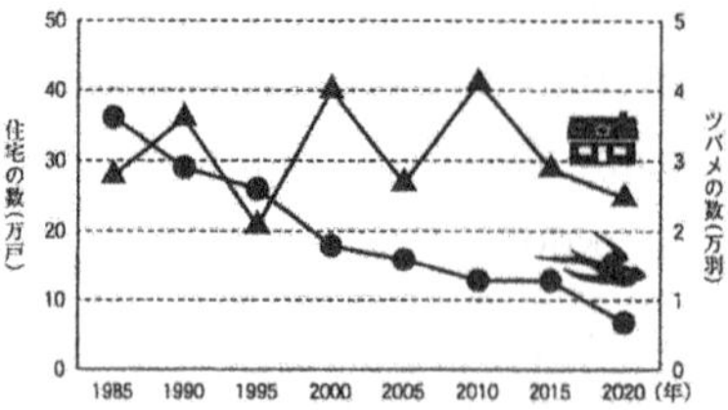

エ

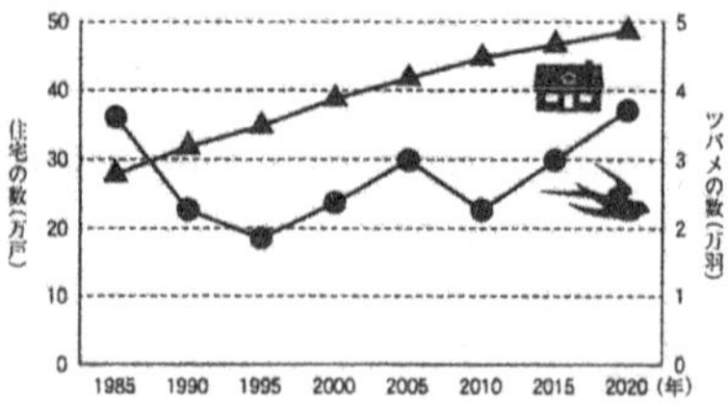

4 下線部(5)について，本文中で述べられている具体例を二つ挙げて，**20字以上30字以内**の日本語で書きなさい。ただし，句読点も字数に加えるものとする。

5 本文中の B に入る語として，最も適切なものはどれか。

ア because イ but ウ though エ until

6 下線部(6)について，自然環境に優しい生活を送るために，あなたが普段行っていること，またはこれから行おうと思うことは何ですか。まとまりのある**5文程度**の英語で書きなさい。

4 マリ（Mari）と，マリの友達であるリサ（Risa），マリの兄であるテル（Teru）についての次の英文を読んで，1から5までの問いに答えなさい。

I met Risa when I was small. She always supported me, so I felt comfortable when I was with her. In junior high school, I chose the tennis club because she joined it. We were *doubles partners. I enjoyed the club activities with her.

We became high school students. One day in April at school, Risa asked me, "Mari, which club are you going to join? Have you decided?" "No, not yet," I answered. She said, "Then, □ the tennis club together? If you can play tennis with me again, it will be fun!" "I'll think about it," I said. Actually, I wanted to join the English club.

While I was going home, I was thinking about my dream. When I was a second-year student in junior high school, my brother, Teru, was studying in Australia as *an exchange student. I visited him with my mother during the summer vacation. His foreign friends were kind to me, so I made *sushi* for them. I could not understand their English well, but when I saw their smiles, I thought, "I want to open a Japanese restaurant in Australia in the future!" I wanted to improve my English in high school for this dream. However, I was worried about joining the English club without Risa.

When I got home from school, Teru came to me and said, "Mari, are you OK? What happened?" I explained (1)my worry. When I finished talking, he asked me, "If you choose the tennis club, will you really be happy with that *choice?" I answered in a small voice, "No." Teru said, "Mari, listen. Do you know my dream? I want to teach Japanese in a foreign country. I thought studying English was necessary for my dream, so I decided to study abroad. I was nervous before I went to Australia because I didn't know any people there.

In fact, to start a new life was hard for me, but I made new friends, had a lot of great experiences, and learned many things. I felt I was getting closer to my dream. Now I'm sure that deciding to go there was right." He continued, "Mari, if you have something you really want to do, try it! That's the thing I believe." His words gave me *courage. I *said to myself, "I'm still a little afraid, but I will follow my heart!"

The next day, I told Risa about my *decision. At first, she looked surprised. Then she said, "It is the first time you told me something you wanted to do. Though we will choose different clubs, we are best friends, and that will never change. I hope (2) your dream will *come true!" She smiled.

〔注〕 *doubles partners＝ダブルスのパートナー　*an exchange student＝交換留学生
*choice＝選択　*courage＝勇気　*say to myself＝心の中で思う　*decision＝決意
*come true＝実現する

1　本文中の [　] に入る適切な英語を３語または４語で書きなさい。
2　下線部(1)の，マリの心配事の内容は何か。日本語で書きなさい。
3　マリに対してテルが述べた信念とはどのようなものであったか。日本語で書きなさい。
4　下線部(2)の内容を次の [　] 内のように表したとき，（　）に入る適切な英語を，本文から４語で抜き出して書きなさい。

Mari wants to (　　　　　　　　　　) in Australia.

5　本文の内容と一致するものはどれか。
ア　Mari joined the tennis club in junior high school because she liked sports.
イ　Mari's mother was very busy, so she could not go to Australia with Mari.
ウ　Teru did not have any friends in Australia, but he went there for his dream.
エ　Risa got angry to hear Mari's decision because she wanted to be with Mari.

5　次の英文を読んで１，２，３，４の問いに答えなさい。

How many times do you look at a clock or a watch every day? To [A] is difficult today. Now, we can find many kinds of clocks and watches around us. It's very interesting to see them.

People in *Egypt used the sun to know the time about 6,000 years ago. They put a *stick into the ground and knew the time from its *shadow. [B] They knew the time by *measuring the speed of dropping water and how much water was used. After that, a clock with sand was invented. It was good for people who were on *ships.

Do you know the floral clock? It tells us the time with flowers. Some flowers open about seven o'clock, and others open about noon. Like this, different kinds of flowers open at different times of a day. Around 1750, a *Swedish man used this point and chose *certain kinds of flowers. In this way, the floral clock was made. By seeing which flowers open, people can know the time. Flowers cannot tell the *exact time, but don't you think it's amazing?

A watch is another kind of clock. *Pocket watches were first invented in the 16th century, and people started to use *wrist watches around 1900. We can know the time at any place. Now, we can do many other things with a watch. For example, we can check our health.

People have invented many kinds of clocks and watches. If you could create a new watch, what kind of watch would it be?

〔注〕 *Egypt＝エジプト　*stick＝棒　*shadow＝影　*measure ～＝～を計る　*ship＝船
*Swedish＝スウェーデンの　*certain＝特定の　*exact＝正確な
*pocket watch＝懐中時計　*wrist watch＝腕時計

1 本文中の A に入るものとして，最も適切なものはどれか。

ア study them　イ wear them
ウ take care of them　エ live without them

2 本文中の B に入る次のア，イ，ウ，エの文を，意味が通るように並べかえて，記号を用いて答えなさい。

ア The people couldn't use this kind of clock when they couldn't see the shadow.
イ It was useful because they could know the time when it was cloudy or night time.
ウ However, there was one problem.
エ To solve the problem, they invented a clock that used water.

3 下線部の花時計（the floral clock）は，花のどのような性質を利用しているか。日本語で書きなさい。

4 本文のタイトルとして，最も適切なものはどれか。

ア Time Is the Most Important Thing in Our Life
イ The History of Telling the Time
ウ The Strong and Weak Points of Old Watches
エ Future Watches Have Amazing Power

＜理科＞

時間　45分　　満点　100点

1　次の１から８までの問いに答えなさい。

1　長期間，大きな力を受けて波打つように曲げられた地層のつくりはどれか。

ア　隆　起　　イ　沈　降　　ウ　しゅう曲　　エ　断　層

2　人体にとって有害なアンモニアを，害の少ない尿素に変えるはたらきをもつ器官はどれか。

ア　小　腸　　イ　じん臓　　ウ　すい臓　　エ　肝　臓

3　次のうち，熱の放射の仕組みを利用したものはどれか。

ア　エアコンで室温を下げる。　　イ　非接触体温計で体温をはかる。

ウ　氷で飲み物を冷やす。　　エ　熱したフライパンでたまご焼きをつくる。

4　右の表は，４種類の物質Ａ，Ｂ，Ｃ，Ｄの融点と沸点を示したものである。物質の温度が20℃のとき，液体であるものはどれか。

ア　物質Ａ　　イ　物質Ｂ　　ウ　物質Ｃ　　エ　物質Ｄ

	融点〔℃〕	沸点〔℃〕
物質Ａ	－188	－42
物質Ｂ	－115	78
物質Ｃ	54	174
物質Ｄ	80	218

5　花粉がめしべの柱頭につくことを何というか。

6　物体の表面の細かい凹凸《おうとつ》により，光がさまざまな方向に反射する現象を何というか。

7　気温や湿度が，広い範囲でほぼ一様な大気のかたまりを何というか。

8　原子を構成する粒子の中で，電気をもたない粒子を何というか。

2　火成岩のつくりとそのでき方について調べるために，次の(1)，(2)の観察や実験を順に行った。

(1)　２種類の火成岩Ｘ，Ｙの表面をよく洗い，倍率10倍の接眼レンズと倍率２倍の対物レンズを用いて，双眼実体顕微鏡で観察した。それぞれのスケッチを表１に示した。

(2)　マグマの冷え方の違いによる結晶のでき方を調べるために，ミョウバンを用いて，次の操作(a)，(b)，(c)，(d)を順に行った。

(a)　約80℃のミョウバンの飽和水溶液をつくり，これを二つのペトリ皿Ｐ，Ｑに注いだ。

(b)　図のように，ペトリ皿Ｐ，Ｑを約80℃の湯が入った水そうにつけた。

(c)　しばらく放置し，いくつかの結晶ができてきたところで，ペトリ皿Ｐはそのままにし，ペトリ皿Ｑは氷水の入った水そうに移した。

(d)　数時間後に観察したミョウバンの結晶のようすを表２に示した。

火成岩Ｘ	火成岩Ｙ
	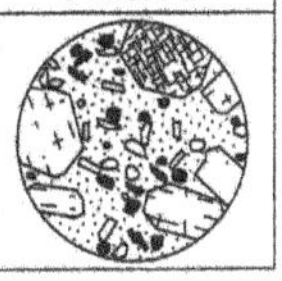

表１

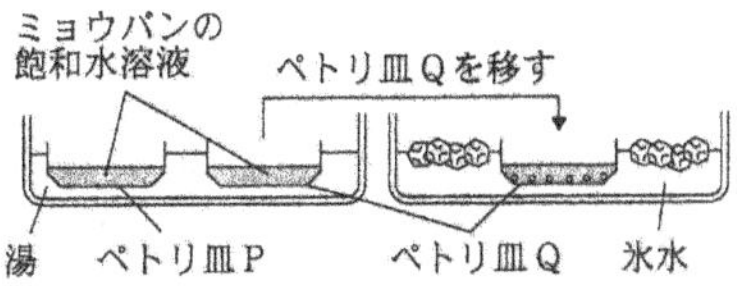

図

ペトリ皿Ｐ	ペトリ皿Ｑ
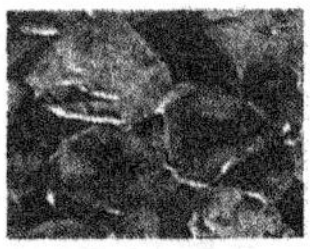	
同じような大きさの結晶が多くできていた。	大きな結晶の周りを小さな結晶が埋めるようにできていた。

表２

このことについて，次の１，２，３の問いに答えなさい。

1　観察(1)において，観察した顕微鏡の倍率と火成岩Xのつくりの名称の組み合わせとして正しいものはどれか。

	顕微鏡の倍率	火成岩Xのつくり
ア	12倍	等粒状組織
イ	12倍	斑状組織
ウ	20倍	等粒状組織
エ	20倍	斑状組織

2　観察(1)より，つくりや色の違いから火成岩Xは花こう岩であると判断した。花こう岩に最も多く含まれる鉱物として，適切なものはどれか。

ア　カンラン石　　**イ**　チョウ石　　**ウ**　カクセン石　　**エ**　クロウンモ

3　観察(1)と実験(2)の結果から，火成岩Yの斑晶と石基はそれぞれどのようにしてできたと考えられるか。できた場所と冷え方に着目して簡潔に書きなさい。

3　化学変化における物質の質量について調べるために，次の実験(1)，(2)，(3)を順に行った。

(1)　同じ容器AからEを用意し，それぞれの容器にうすい塩酸25gと，異なる質量の炭酸水素ナトリウムを入れ，図1のように容器全体の質量をはかった。

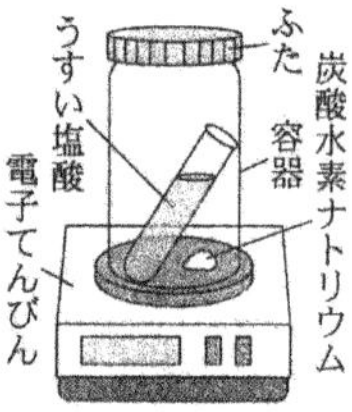

図1

(2)　容器を傾けて二つの物質を反応させたところ，気体が発生した。炭酸水素ナトリウムの固体が見えなくなり，気体が発生しなくなったところで，再び容器全体の質量をはかった。

(3)　容器のふたをゆっくりゆるめて，容器全体の質量をはかった。このとき，発生した気体は容器内に残っていないものとする。表は，実験結果をまとめたものである。

	A	B	C	D	E
加えた炭酸水素ナトリウムの質量〔g〕	0	0.5	1.0	1.5	2.0
反応前の容器全体の質量〔g〕	127.5	128.0	128.5	129.0	129.5
反応後にふたをゆるめる前の質量〔g〕	127.5	128.0	128.5	129.0	129.5
反応後にふたをゆるめた後の質量〔g〕	127.5	127.8	128.1	128.4	128.7

このことについて，次の１，２，３の問いに答えなさい。

1　実験(2)において，発生した気体の化学式を図2の書き方の例にならい，文字や数字の大きさを区別して書きなさい。

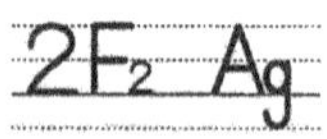

図2

2　実験結果について，加えた炭酸水素ナトリウムの質量と発生した気体の質量との関係を表すグラフをかきなさい。また，炭酸水素ナトリウム3.0gで実験を行うと，発生する気体の質量は何gになると考えられるか。

3　今回の実験(1)，(2)，(3)を踏まえ，次の仮説を立てた。

塩酸の濃度を濃くして，それ以外の条件は変えずに同じ手順で実験を行うと，容器BからEまでで発生するそれぞれの気体の質量は，今回の実験と比べて増える。

検証するために実験を行ったとき，結果は仮説のとおりになるか。なる場合には○を，ならない場合には×を書き，そのように判断できる理由を簡潔に書きなさい。

4 回路における電流，電圧，抵抗について調べるために，次の実験(1)，(2)，(3)を順に行った。

(1) 図1のように，抵抗器Xを電源装置に接続し，電流計の示す値を測定した。

(2) 図2のように回路を組み，10Ωの抵抗器Yと，電気抵抗がわからない抵抗器Zを直列に接続した。その後，電源装置で5.0Vの電圧を加えて，電流計の示す値を測定した。

(3) 図3のように回路を組み，スイッチA，B，Cと電気抵抗が10Ωの抵抗器をそれぞれ接続した。閉じるスイッチによって，電源装置で5.0Vの電圧を加えたときに回路に流れる電流の大きさがどのように変わるのかについて調べた。

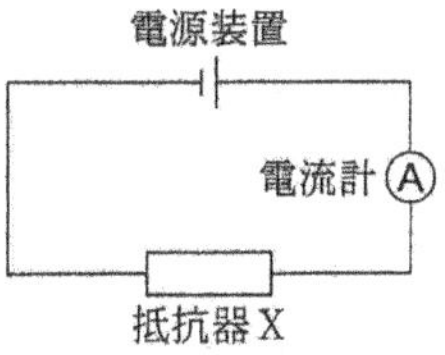

図1

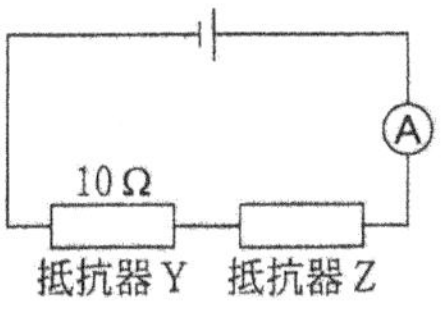

図2

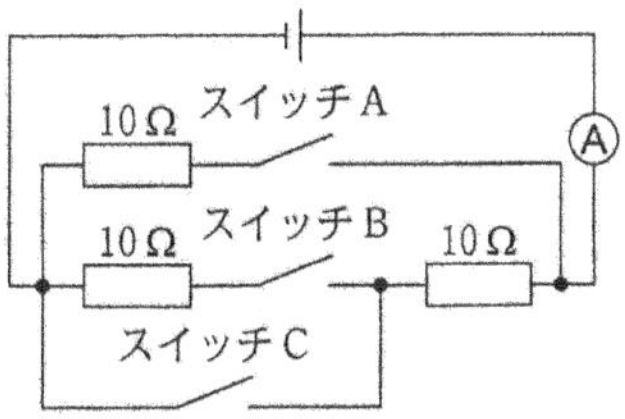

図3

このことについて，次の**1**，**2**，**3**の問いに答えなさい。
ただし，抵抗器以外の電気抵抗を考えないものとする。

1　実験(1)で，電流計が図4のようになったとき，電流計の示す値は何mAか。

2　実験(2)で，電流計が0.20Aの値を示したとき，抵抗器Yに加わる電圧は何Vか。また，抵抗器Zの電気抵抗は何Ωか。

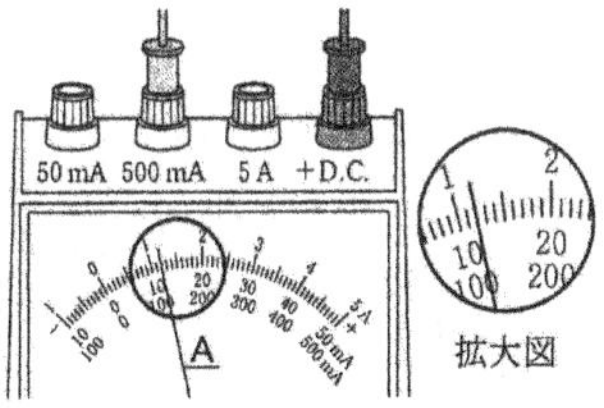

図4

3　実験(3)で，電流計の示す値が最も大きくなる回路にするために，閉じるスイッチとして適切なものは，次の**ア**，**イ**，**ウ**，**エ**のうちどれか。また，そのときの電流の大きさは何Aか。

ア　スイッチA　　**イ**　スイッチB　　**ウ**　スイッチAとB　　**エ**　スイッチAとC

5 身近な動物である，キツネ，カニ，イカ，サケ，イモリ，サンショウウオ，マイマイ，カメ，ウサギ，アサリの10種を，二つの特徴に着目して，次のように分類した。

【背骨の有無】

背骨がある	背骨がない
キツネ，サケ，イモリ，サンショウウオ，カメ，ウサギ	カニ，イカ，マイマイ，アサリ

【呼吸のしかた】

(x)	(y)	(z)
カニ，イカ，サケ，アサリ	キツネ，マイマイ，カメ，ウサギ	イモリ，サンショウウオ

このことについて，次の**1**，**2**，**3**の問いに答えなさい。

1　背骨がないと分類した動物のうち，体表が節のある外骨格におおわれているものはどれか。

ア　カ　ニ　　**イ**　イ　カ　　**ウ**　マイマイ　　**エ**　アサリ

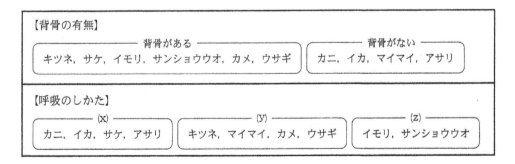

2 (z)に入る次の説明文のうち，①，②，③に当てはまる語をそれぞれ書きなさい。

子はおもに（ ① ）で呼吸し，親は（ ② ）と（ ③ ）で呼吸する

3 次の □ 内の文章は，キツネとウサギの関係についてまとめたものである。①に当てはまる語を書きなさい。また，②に当てはまる文として最も適切なものは，次の**ア**，**イ**，**ウ**，**エ**のうちどれか。

自然界では，植物をウサギが食べ，ウサギをキツネが食べる。このような食べる・食べられるの関係でつながった，生物どうしの一連の関係を（ ① ）という。また，体のつくりをみると，キツネはウサギと比べて両目が（ ② ）。この特徴は，キツネが獲物をとらえることに役立っている。

ア 側面についているため，視野はせまいが，立体的にものを見ることのできる範囲が広い
イ 側面についているため，立体的にものを見ることのできる範囲はせまいが，視野が広い
ウ 正面についているため，視野はせまいが，立体的にものを見ることのできる範囲が広い
エ 正面についているため，立体的にものを見ることのできる範囲はせまいが，視野が広い

6 中和について調べるために，次の実験(1)，(2)，(3)を順に行った。

(1) ビーカーにうすい塩酸10.0cm³を入れ，緑色のBTB溶液を数滴入れたところ，水溶液の色が変化した。
(2) 実験(1)のうすい塩酸に，うすい水酸化ナトリウム水溶液をよく混ぜながら少しずつ加えていった。10.0cm³加えたところ，ビーカー内の水溶液の色が緑色に変化した。ただし，沈殿は生じず，この段階で水溶液は完全に中和したものとする。
(3) 実験(2)のビーカーに，続けてうすい水酸化ナトリウム水溶液をよく混ぜながら少しずつ加えていったところ，水溶液の色が緑色から変化した。ただし，沈殿は生じなかった。

このことについて，次の1，2，3，4の問いに答えなさい。

1 実験(1)において，変化後の水溶液の色と，その色を示すもととなるイオンの名称の組み合わせとして正しいものはどれか。

	水溶液の色	イオンの名称
ア	黄　色	水素イオン
イ	黄　色	水酸化物イオン
ウ	青　色	水素イオン
エ	青　色	水酸化物イオン

2 実験(2)で中和した水溶液から，結晶として塩《えん》を取り出す方法を簡潔に書きなさい。

3 実験(2)の下線部について，うすい水酸化ナトリウム水溶液を5.0cm³加えたとき，水溶液中のイオンの数が，同じ数になると考えられるイオンは何か。考えられるすべてのイオンのイオン式を，図の書き方の例にならい，文字や記号，数字の大きさを区別して書きなさい。

$2F_2$　Mg^{2+}

4 実験(2)，(3)について，加えたうすい水酸化ナトリウム水溶液の体積と，ビーカーの水溶液中におけるイオンの総数の関係を表したグラフとして，最も適切なものは次のページのどれか。

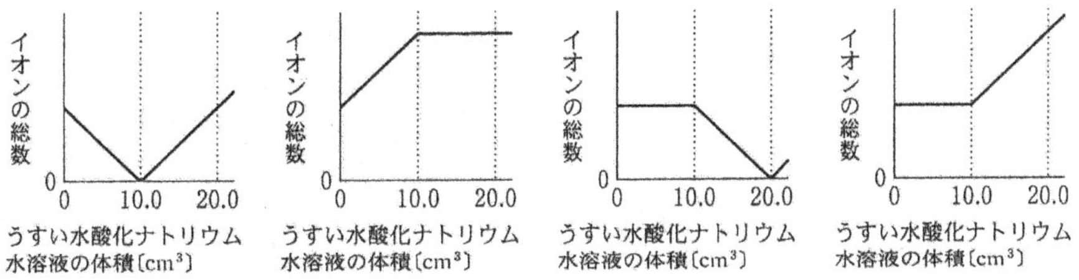

ア　　イ　　ウ　　エ

7　栃木県内の地点X（北緯37度）と秋田県内の地点Y（北緯40度）における，ソーラーパネルと水平な地面のなす角について調べるために，次の(1)，(2)，(3)の調査や実験を行った。

(1)　インターネットで調べると，ソーラーパネルの発電効率が最も高くなるのは，太陽光の当たる角度が垂直のときであることがわかった。

(2)　地点Xで，秋分の太陽の角度と動きを調べるため，次の実験(a)，(b)を順に行った。

(a)　図1のように，板の上に画用紙をはり，方位磁針で方位を調べて東西南北を記入し，その中心に垂直に棒を立て，日当たりのよい場所に，板を水平になるように固定した。

(b)　棒の影の先端を午前10時から午後2時まで1時間ごとに記録し，影の先端の位置をなめらかに結んだ。図2は，そのようすを模式的に表したものである。

(3)　地点Xで，図3のように，水平な地面から15度傾けて南向きに設置したソーラーパネルがある。そのソーラーパネルについて，秋分の南中時に発電効率が最も高くなるときの角度を計算した。同様の計算を地点Yについても行った。

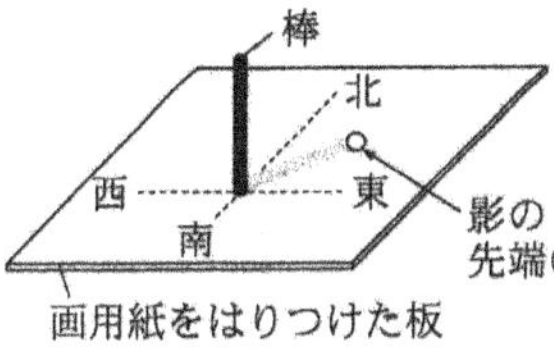

図1

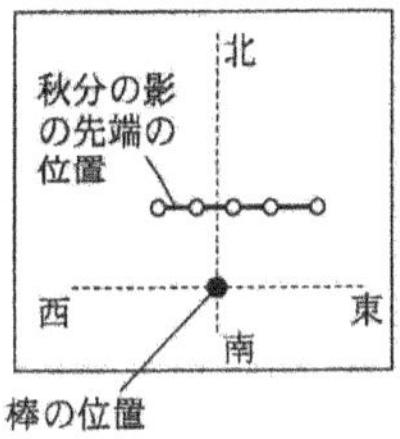

図2

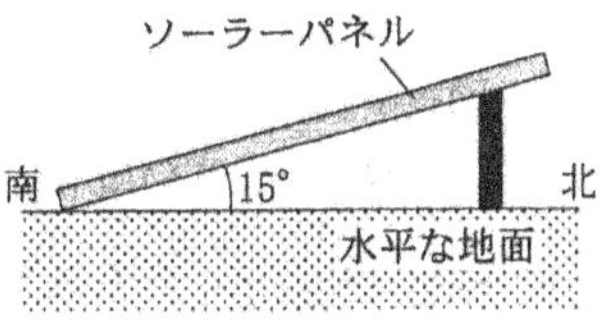

図3

このことについて，次の1，2，3，4の問いに答えなさい。

1　実験(2)において，図2のように影の先端が動いていったのは，地球の自転による太陽の見かけの動きが原因である。このような太陽の動きを何というか。

2　次の□内の文章は，地点Xにおける影の先端の動きについて述べたものである。①，②に当てはまる記号をそれぞれ（　）の中から，選んで書きなさい。

実験(2)から，影の先端は図4の①（P・Q）の方向へ動いていくことがわかる。秋分から3か月後に，同様の観測をしたとすると，その結果は図4の②（S・T）のようになる。

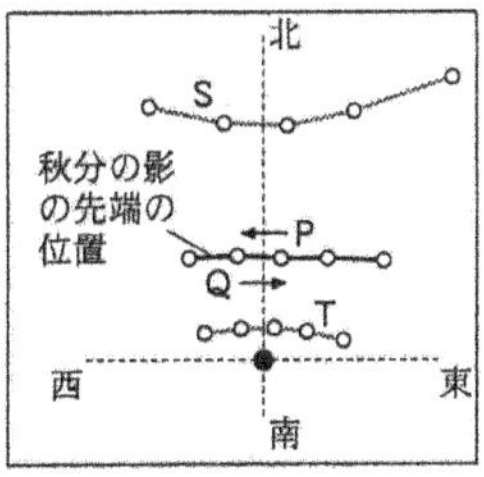

図4

3　実験(2)と同様の観測を1年間継続したとすると，南中時に棒の長さと影の長さが等しくなると考えられる日が含まれる期間は，次のア，イ，ウ，エのうちどれか。当てはまるものをすべて選び，記号で答えなさい。

ア　秋分から冬至　　**イ**　冬至から春分　　**ウ**　春分から夏至　　**エ**　夏至から秋分

4　次の□内の文章は，実験(3)における，秋分の南中時に発電効率が最も高くなるときのソーラーパネルと水平な地面のなす角について説明したものである。①，②にそれぞれ適切な数値を，③に当てはまる記号を（　）の中から選んで書きなさい。

> 地点Xの秋分の南中高度は（　①　）度であり，ソーラーパネルと水平な地面のなす角を，15度からさらに（　②　）度大きくする。このとき，地点Xと地点Yにおけるソーラーパネルと水平な地面のなす角を比べると，角度が大きいのは地点③（X・Y）である。

8　植物の葉で行われている光合成と呼吸について調べるために，次の実験(1)，(2)，(3)，(4)を順に行った。

(1)　同じ大きさの透明なポリエチレン袋A，B，C，Dと，暗室に2日間置いた鉢植えの植物を用意した。袋A，Cには，大きさと枚数をそろえた植物の葉を入れ，袋B，Dには何も入れず，すべての袋に息を吹き込んだ後，袋の中の二酸化炭素の割合を測定してから密封した。

(2)　図1，図2のように，袋A，Bを強い光の当たる場所，袋C，Dを暗室にそれぞれ2時間置いた後，それぞれの袋の中の二酸化炭素の割合を測定し，結果を表1にまとめた。

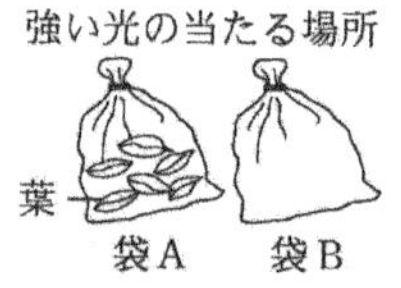

図1

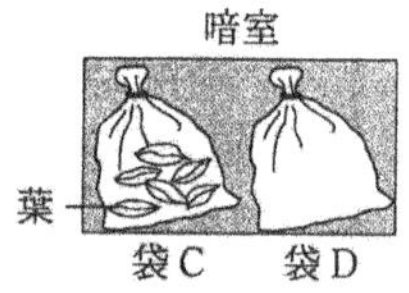

図2

		袋A	袋B	袋C	袋D
二酸化炭素の割合〔%〕	息を吹き込んだ直後	4.0	4.0	4.0	4.0
	2時間後	2.6	4.0	4.6	4.0

表1

(3)　袋A，Cから取り出した葉を熱湯につけ，あたためたエタノールに入れた後，水で洗い，ヨウ素液にひたして反応を調べたところ，袋Aの葉のみが青紫色に染まった。

(4)　実験(2)の袋A，Bと同じ条件の袋E，Fを新たにつくり，それぞれの袋の中の二酸化炭素の割合を測定した。図3のように，袋E，Fを弱い光の当たる場所に2時間置いた後，それぞれの袋の中の二酸化炭素の割合を測定し，結果を表2にまとめた。

図3

		袋E	袋F
二酸化炭素の割合〔%〕	息を吹き込んだ直後	4.0	4.0
	2時間後	4.0	4.0

表2

このことについて，次の1，2，3，4の問いに答えなさい。ただし，実験中の温度と湿度は一定に保たれているものとする。

1　実験(3)において，下線部の操作を行う目的として，最も適切なものはどれか。

ア　葉を消毒する。

イ　葉をやわらかくする。

ウ　葉を脱色する。

エ　葉の生命活動を止める。

2　実験(3)の結果から確認できた，光合成によって生じた物質を何というか。

3　次の①，②，③のうち，実験(2)において，袋Aと袋Cの結果の比較から確かめられることはどれか。最も適切なものを，次のア，イ，ウ，エのうちから一つ選び，記号で書きなさい。

①　光合成には光が必要であること。　　②　光合成には水が必要であること。

③　光合成によって酸素が放出されること。

ア　①　　イ　①，②　　ウ　①，③　　エ　①，②，③

4　実験(4)で，袋Eの二酸化炭素の割合が変化しなかったのはなぜか。その理由を，実験(2)，(4)の結果をもとに，植物のはたらきに着目して簡潔に書きなさい。

9　物体の運動のようすを調べるために，次の実験(1)，(2)，(3)を順に行った。

(1)　図1のように，水平な台の上で台車におもりをつけた糸をつけ，その糸を滑車にかけた。台車を支えていた手を静かに離すと，おもりが台車を引きはじめ，台車はまっすぐ進んだ。1秒間に50打点する記録タイマーで，手を離してからの台車の運動をテープに記録した。図2は，テープを5打点ごとに切り，経過時間順にAからGとし，紙にはりつけたものである。台車と台の間の摩擦《まさつ》は考えないものとする。

(2)　台車を同じ質量の木片に変え，木片と台の間の摩擦がはたらくようにした。おもりが木片を引いて動き出すことを確かめてから，実験(1)と同様の実験を行った。

(3)　木片を台車に戻し，図3のように，水平面から30°台を傾け，実験(1)と同様の実験を行った。台車と台の間の摩擦は考えないものとする。

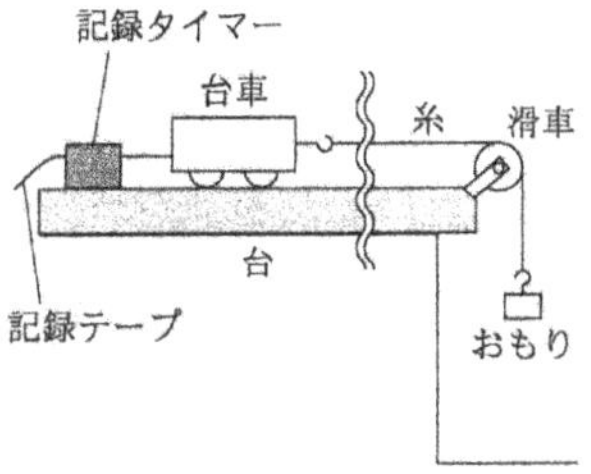

図1

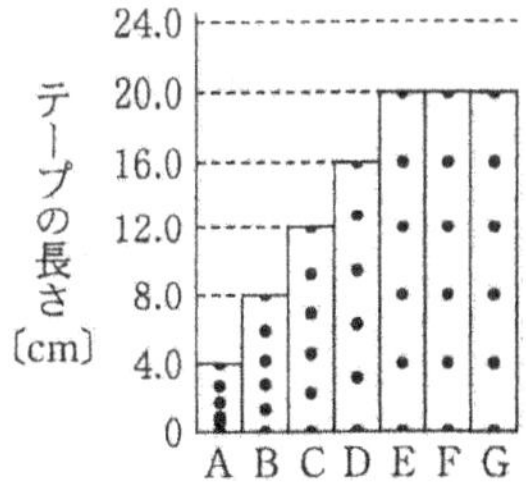

図2

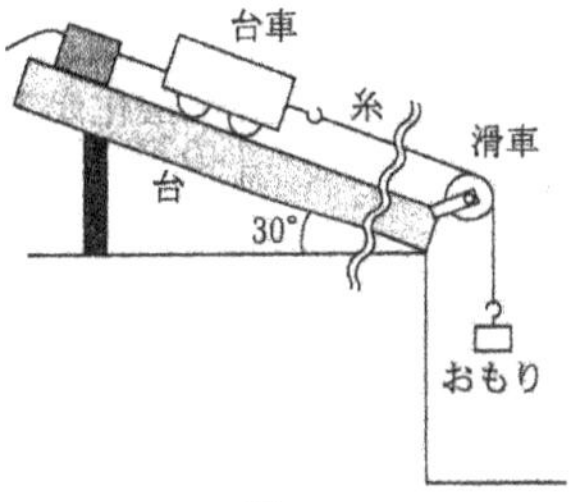

図3

このことについて，次の1，2，3，4の問いに答えなさい。ただし，糸は伸び縮みせず，糸とテープの質量や空気の抵抗はないものとし，糸と滑車の間およびテープとタイマーの間の摩擦は考えないものとする。

1　実験(1)で，テープAにおける台車の平均の速さは何cm/sか。

2　実験(1)で，テープE以降の運動では，テープの長さが等しい。この運動を何というか。

3　実験(1)，(2)について，台車および木片のそれぞれの速さと時間の関係を表すグラフとして，最も適切なものはどれか。

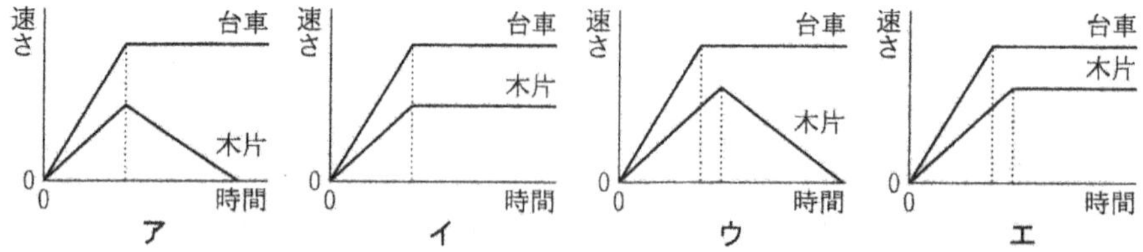

4　おもりが落下している間，台車の速さが変化する割合は，実験(1)よりも実験(3)の方が大きくなる。その理由として，最も適切なものはどれか。

ア　糸が台車を引く力が徐々に大きくなるから。

イ　台車にはたらく垂直抗力の大きさが大きくなるから。

ウ　台車にはたらく重力の大きさが大きくなるから。

エ　台車にはたらく重力のうち，斜面に平行な分力がはたらくから。

＜社会＞　時間　45分　　満点　100点

【注意】「□に当てはまる語を書きなさい」などの問いについての答えは，一般に数字やカタカナなどで書くもののほかは，できるだけ漢字で書きなさい。

1　図1は，栃木県に住む太郎さんが，旅行で訪れた四つの道府県（北海道，新潟県，大阪府，鹿児島県）の位置を示したものである。これを見て，次の1から8までの問いに答えなさい。

図1

1　次の文は，札幌市について述べたものである。文中の□に共通して当てはまる語を書きなさい。

> 札幌市は，道庁所在地で，人口190万人をこえる大都市である。大阪市，新潟市などとともに□都市となっている。□都市は，都道府県の業務の一部を分担し，一般の市よりも多くのことを独自に決めることができる。

2　図2のア，イ，ウ，エは，札幌市，新潟市，大阪市，鹿児島市のいずれかの雨温図である。大阪市はどれか。

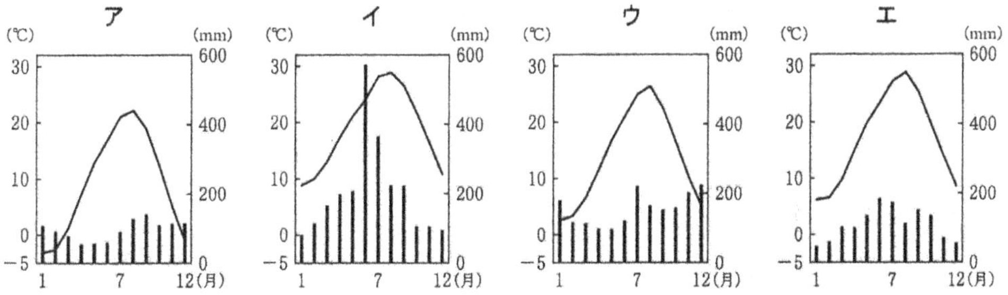

図2（「気象庁ウェブページ」により作成）

3　太郎さんは，図1で示した種子島を訪れ，カヌーで川を下りながらマングローブを眺めた。次のうち，マングローブが見られる国はどれか。

ア　スイス　　イ　インドネシア　　ウ　モンゴル　　エ　チリ

4　図3は，図1で示した四つの道府県に宿泊した旅行者数と東京都から四つの道府県への旅客輸送数（2019年）を示したものである。ⅠとⅡには，鉄道か航空のいずれかが当てはまる。Aに当てはまる道県と，Ⅰに当てはまる交通機関の組み合わせとして正しいのはどれか。

道府県	宿泊旅行者数（千人）	東京都からの旅客輸送数（千人）	
		Ⅰ	Ⅱ
A	18,471	191	6,267
B	3,792	13	1,215
C	6,658	3,721	0
大阪府	16,709	10,327	3,237

図3（「県勢」ほかにより作成）

ア　A－北海道　I－鉄道　　イ　A－新潟県　I－鉄道
ウ　A－北海道　I－航空　　エ　A－新潟県　I－航空

5　図4は，栃木県，大阪府，全国における，主な製造品の出荷額および従業者10人未満の事業所（2019年）についてそれぞれ示したものである。Pに当てはまる府県と，Xに当てはまる製造品の組み合わせとして正しいのはどれか。

	主な製造品の出荷額		従業者10人未満の事業所	
府県	X（億円）	輸送用機械（億円）	各府県の全事業所数に占める割合（%）	製造品出荷額（億円）
P	17,073	15,142	71.1	9,829
Q	5,002	14,382	62.9	1,561
全国	162,706	701,960	※ 65.8	87,776

※　全国の全事業所数に占める割合

図4（「県勢」により作成）

ア　P－栃木県　X－金属製品
イ　P－栃木県　X－飲料・飼料
ウ　P－大阪府　X－金属製品
エ　P－大阪府　X－飲料・飼料

6　図5のア，イ，ウ，エは，図1で示した四つの道府県の農業産出額，米の産出額，農業産出額に占める米の割合（2019年）を示している。鹿児島県はどれか。

道府県	農業産出額（億円）	米の産出額（億円）	農業産出額に占める米の割合（%）
ア	12,593	1,122	8.9
イ	4,863	211	4.3
ウ	2,462	1,445	58.7
エ	332	73	22.0

図5（「県勢」により作成）

7　次の文は，太郎さんが図1で示した四つの道府県を旅行した際に訪れた施設について，それぞれ述べたものである。新潟県の施設はどれか。

ア　三大都市圏のうちの一つの都市圏にある千里《せんり》ニュータウンの模型を見ることができる。
イ　噴火を繰り返してきた桜島で暮らす人々の工夫について学ぶことができる。
ウ　先住民族であるアイヌの人々の歴史や文化を学ぶことができる。
エ　日本列島の地形を二分しているフォッサマグナの断面を見ることができる。

8　太郎さんは，図1で示した知床半島の斜里《しゃり》町を訪れた際に観光政策に興味をもち，図6，図7を作成した。1980年代から1990年代にかけて知床半島においてどのような問題が生じたと考えられるか。また，知床半島の人々はその解決に向けてどのような取り組みをしてきたのか，図6，図7をふまえ，「両立」の語を用いてそれぞれ簡潔に書きなさい。

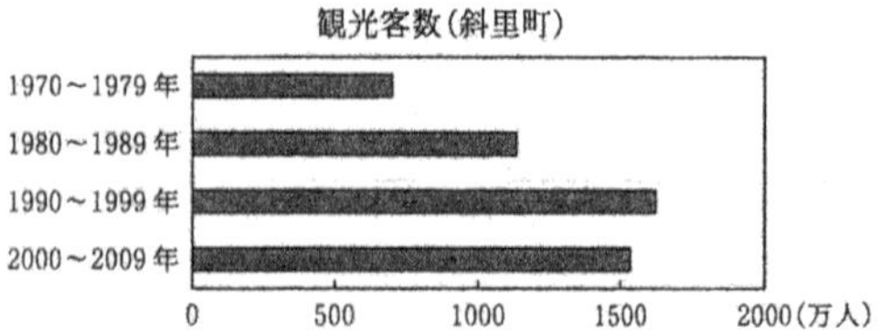

図6（「斜里町ウェブページ」により作成）

1980年	知床横断道路開通
1999年	自動車の乗り入れ規制開始
2005年	世界自然遺産登録
2007年	知床エコツーリズムガイドライン策定

図7（「知床データセンターウェブページ」により作成）

2　次の１，２の問いに答えなさい。

１　図１は，健さんが農産物についてまとめたものである。これを見て，次の(1)から(5)までの問いに答えなさい。

農産物	主な生産国	農産物から作られる飲料の例
ⓐとうもろこし	アメリカ　中国　ブラジル　アルゼンチン	ウイスキー
ⓑ茶	中国　インド　ケニア　スリランカ	緑茶，紅茶
ぶどう	中国　イタリア　アメリカ　スペイン	ⓒワイン
大麦	ロシア　フランス　ドイツ　オーストラリア	ⓓビール
ⓔカカオ豆	コートジボワール　ガーナ　インドネシア　ナイジェリア	ココア
コーヒー豆	ブラジル　ベトナム　インドネシア　コロンビア	コーヒー

図１（「地理統計要覧」により作成）

(1)　図２のア，イ，ウ，エは，図１中のアメリカ，インド，スペイン，ロシアの首都における年平均気温と，年降水量に占める６月から８月までの降水量の合計の割合を示している。スペインの首都とロシアの首都はそれぞれどれか。

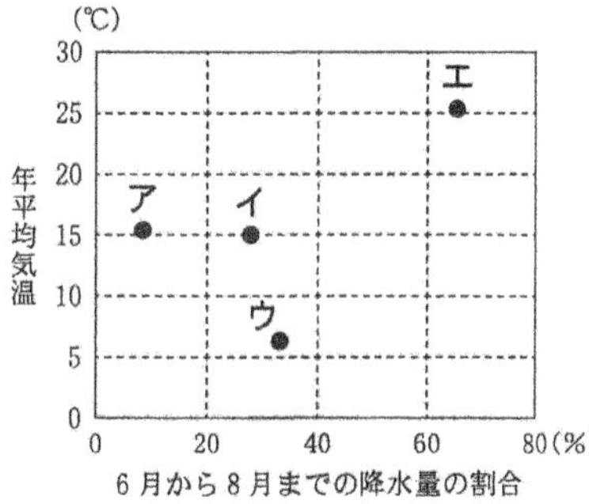

図２（「気象庁ウェブページ」により作成）

(2)　下線部ⓐなどの植物を原料とし，自動車の燃料などに用いられているアルコール燃料を何というか。

(3)　下線部ⓑについて，健さんは，茶の生産量の上位国ではないオーストラリアで，伝統的に茶が消費されてきたことを知り，この背景について，次のように考えた。文中の［　　］に当てはまる国名を書きなさい。

> オーストラリアで茶が消費されてきた背景には，紅茶を飲む習慣があった［　　］の植民地であったことが影響しているのではないか。

(4)　北アフリカや西アジアでは，下線部ⓒや下線部ⓓの一人当たりの消費量が他の地域に比べ少ない。このことに最も関連のある宗教はどれか。

ア　イスラム教　　イ　キリスト教　　ウ　ヒンドゥー教　　エ　仏教

(5)　下線部ⓔについて，健さんは，図３，図４をもとに次のページの図５を作成した。［X］に当てはまる文を，「依存」の語を用いて簡潔に書きなさい。また，［Y］に当てはまる文を，簡潔に書きなさい。

コートジボワールの輸出上位品目（2017年）	輸出額に占める割合（％）
カカオ豆	27.9
カシューナッツ	9.7
金（非貨幣用）	6.6
天然ゴム	6.6
石油製品	6.0

図３（「世界国勢図会」により作成）

順位	カカオ豆生産国（2017年）	生産量（千t）	順位	カカオ豆輸出国（2017年）	輸出量（千t）
1	コートジボワール	2,034	1	コートジボワール	1,510
2	ガーナ	884	2	ガーナ	573
3	インドネシア	660	3	ナイジェリア	288
4	ナイジェリア	328	4	エクアドル	285
5	カメルーン	295	5	ベルギー	237
6	ブラジル	236	6	オランダ	231
7	エクアドル	206	7	カメルーン	222
	世界計	5,201		世界計	3,895

図４（「データブックオブザワールド」ほかにより作成）

【図3から読み取ったコートジボワールの課題】
・コートジボワールの輸出における課題は，［ X ］。
【図4のカカオ豆の生産量と輸出量を比較して生じた疑問】
・なぜ，ベルギーとオランダは，［ Y ］。
【図4から生じた疑問を調べた結果】
・ベルギーとオランダは，輸入したカカオ豆を選別して付加価値をもたせ，輸出している。

図5

2　次の(1)，(2)の問いに答えなさい。

(1)　図6は，排他的経済水域の面積（領海を含む）について示したものであり，P，Q，Rには，日本，アメリカ，ブラジルのいずれかが当てはまる。P，Q，Rに当てはまる国の組み合わせとして正しいのはどれか。

ア　P－日本　　Q－アメリカ　　R－ブラジル
イ　P－日本　　Q－ブラジル　　R－アメリカ
ウ　P－アメリカ　　Q－日本　　R－ブラジル
エ　P－ブラジル　　Q－日本　　R－アメリカ

国名	排他的経済水域の面積（万 km²）	領土の面積を1とした場合の排他的経済水域の面積
P	762	0.78
Q	447	11.76
R	317	0.37

図6（「地理統計要覧」ほかにより作成）

日本と中国の人口ピラミッドであ

(2)　図7のア，イ，ウ，エは，1970年と2015年における，日本と中国の人口ピラミッドである。2015年の中国の人口ピラミッドはどれか。

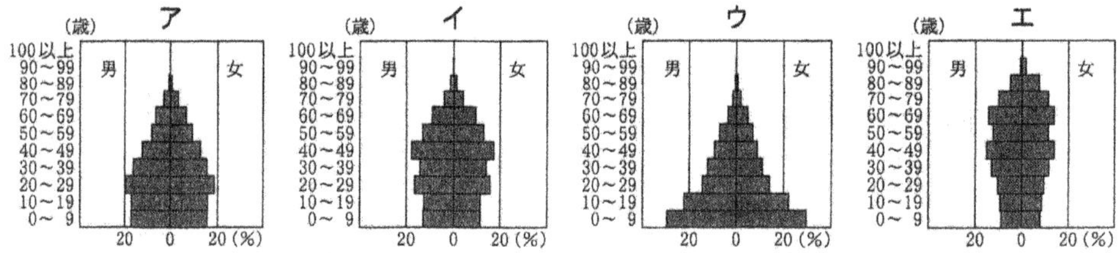

図7（「United Nations ウェブページ」により作成）

3　詩織さんは，国際的に活躍した人物について調べ，図1を作成した。これを見て，次の1から8までの問いに答えなさい。

人物	説明
小野妹子	［ I ］ために，隋を訪れた。
［ II ］	唐の僧で，日本に仏教の教えや決まりを伝えた。
栄西	ⓐ宋で［ III ］宗を学び，臨済宗を開いた。
マルコ・ポーロ	フビライ・ハンに仕え，ⓑ『世界の記述』を記した。
フランシスコ・ザビエル	イエズス会の宣教師として日本を訪れ，ⓒキリスト教の布教に努めた。
ウィリアム・アダムス	ⓓ徳川家康に仕え，幕府の外交を担当した。
ハリス	アメリカの領事となり，日本とⓔ日米修好通商条約を結んだ。

図1

1　［ I ］に当てはまる文として最も適切なのはどれか。

ア　青銅器や鉄器を手に入れる　　イ　政治の制度や文化を学ぶ
ウ　倭寇の取り締まりを求める　　エ　皇帝から金印や銅鏡を得る

2　[Ⅱ]，[Ⅲ] に当てはまる語の組み合わせとして正しいのはどれか。

ア　Ⅱ－鑑真　Ⅲ－禅　　イ　Ⅱ－鑑真　Ⅲ－浄土

ウ　Ⅱ－空海　Ⅲ－禅　　エ　Ⅱ－空海　Ⅲ－浄土

3　下線部ⓐとの貿易を進めた人物はどれか。

ア　菅原道真　　イ　中臣鎌足　　ウ　平清盛　　エ　足利尊氏

4　下線部ⓑにおいて，日本は「黄金《おうごん》の国ジパング」と紹介されている。金《きん》が使われた次の**ア**，**イ**，**ウ**，**エ**の建築物のうち，マルコ・ポーロがフビライ・ハンに仕えていたとき，すでに建てられていたものを**すべて**選びなさい。

ア　金閣　　イ　平等院鳳凰堂　　ウ　中尊寺金色堂　　エ　安土城

5　下線部ⓒについて，豊臣秀吉が実施したキリスト教に関する政策はどれか。

ア　天正遣欧少年使節（天正遣欧使節）をローマ教皇のもとへ派遣した。

イ　キリスト教徒を発見するために，絵踏を実施した。

ウ　外国船を追い払い，日本に近付かせないようにした。

エ　宣教師（バテレン）の海外追放を命じた。

6　下線部ⓓは，大名や商人の海外への渡航を許可し，主に東南アジア諸国と貿易を行うことを奨励した。この貿易を何というか。

7　下線部ⓔの条約では，兵庫の開港が決まっていたが，幕府は兵庫ではなく隣村の神戸を開港し，外国人居住区を**図2**中に示した場所に設置した。外国人居住区が神戸に設置された理由を，**図2**，**図3**をふまえ，「交流」の語を用いて簡潔に書きなさい。

図2　開港前の兵庫と神戸（「神戸覧古」により作成）

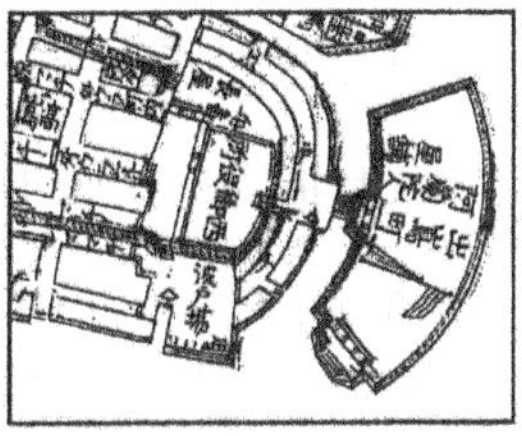

図3　出島（「長崎図」により作成）

8　詩織さんは**図1**をもとに**図4**を作成した。[　　] に当てはまる語を書きなさい。

日本と交流した地域の変化

＜古代から中世＞ → ＜近世＞　　〔背景〕

東アジア　　東アジア＋ヨーロッパ ←　ヨーロッパの人々による新航路の開拓＝[　　]時代とよぶ

図4

4　略年表を見て，次の1から6までの問いに答えなさい。

1　下線部ⓐの頃の日本のできごととして適切なのはどれか。

ア　五箇条の御誓文が出された。

イ　ラジオ放送が開始された。

ウ　教育勅語が発布された。

エ　日本万国博覧会が開催された。

時代	主なできごと	
明治	ⓐ江戸を東京とし，東京府を置く	A
	大日本帝国憲法が発布される	
大正	東京駅が開業する	B
	ⓑ「帝都復興事業」が始まる	
昭和	ⓒ東京で学徒出陣壮行会が行われる	
	日本国憲法が施行される	C
	東京オリンピックが開催される	

2　Aの時期におきたできごとを年代の古い順に並べ替えなさい。

ア　国会期成同盟が結成された。　　イ　民撰議院設立の建白書が提出された。

ウ　内閣制度が創設された。　　　　エ　廃藩置県が実施された。

3　下線部ⓑについて，図1は区画整理に関する東京の住民向けの啓発資料であり，図2は「帝都復興事業」に関する当時の資料を分かりやすく書き直したものである。「帝都復興事業」によってどのような都市を目指したのか，図2中にある「昨年の震災」の名称を明らかにしながら，図1，図2をふまえ，簡潔に書きなさい。

図1（「帝都復興の基礎区画整理早わかり」により作成）

区画整理の利益
・広い道路が四方八方に通ることで火災時の消防、事後の避難が容易となり、昨年の震災当時のような被害を免れる一手段となる。
・道路が広くなることで市街地建築物法の規定によって高い建物を建てることができる。
・曲がりくねった道路から直線道路となり、上下水道やガス、電線等の工事費と維持費を節約できる。
・番地が順番に整とんされるので、訪問や郵便配達が便利になる。
大正十三年三月

図2（「東京都市計画事業街路及運河図」により作成）

4　次の文は，Bの時期におきた社会運動について述べたものである。文中の □ に当てはまる語を書きなさい。

> 明治初期に出された「解放令」後も部落差別がなくならなかったため，平等な社会の実現を目指して，1922年に □ が結成された。

5　図3は，下線部ⓒの様子である。図3の写真が撮影された時期として適切なのは，図4の略年表中のア，イ，ウ，エの時期のうちどれか。

図3（「写真週報」により作成）

盧溝橋事件
↓　ア
真珠湾攻撃
↓　イ
ミッドウェー海戦
↓　ウ
ポツダム宣言の受諾
↓　エ
警察予備隊の創設

図4

6　Cの時期について，次の(1)，(2)の問いに答えなさい。

(1)　この時期における国際社会の状況として当てはまらないのはどれか。

ア　日本は，アメリカなど48か国とサンフランシスコ平和条約を結んだ。

イ　日本は日ソ共同宣言に調印し，ソ連と国交を回復した。

ウ　朝鮮戦争が始まり，日本本土や沖縄のアメリカ軍基地が使用された。

エ　中東戦争の影響で原油価格が大幅に上昇し，石油危機がおきた。

(2)　この時期におきた，日米安全保障条約の改定に対する激しい反対運動を何というか。

［5］　次の1，2の問いに答えなさい。

1　次の(1)，(2)，(3)の問いに答えなさい。

(1)　経済活動の規模をはかる尺度として用いられる，国内で一定期間（通常1年間）に生産された財やサービスの付加価値の合計を何というか。

(2)　図1，図2は，製品Aの需要量と供給量，価格の関係を示したものである。図1中の②の曲線が図2中の②′の位置に移動したときの説明として，正しいのはどれか。

ア　環境に配慮した製品Aへの注目が集まり，需要量が増えた。

イ　製品Aに代わる新製品が発売され，製品Aの需要量が減った。

ウ　製品Aを製造する技術が向上して大量生産が可能になり，供給量が増えた。

エ　部品の入手が困難になり，製品Aの供給量が減った。

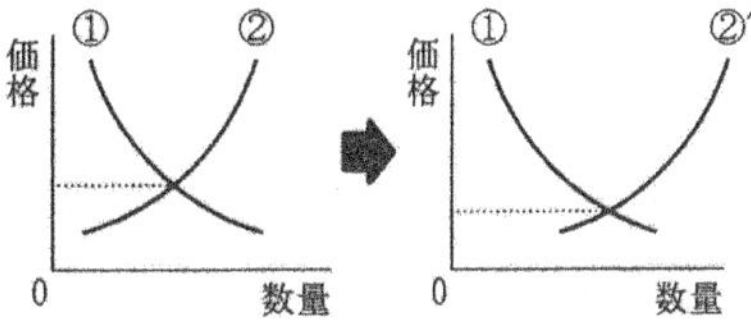

図1　図2

(3)　金融政策について，次の文中の［Ⅰ］，［Ⅱ］に当てはまる語の組み合わせとして正しいのはどれか。

好景気の（景気が過熱する）時，［Ⅰ］は公開市場操作を行い，国債などを［Ⅱ］ことで，一般の金融機関の資金量を減らす。

ア　Ⅰ－日本政府　Ⅱ－買う　　イ　Ⅰ－日本政府　Ⅱ－売る

ウ　Ⅰ－日本銀行　Ⅱ－買う　　エ　Ⅰ－日本銀行　Ⅱ－売る

2　次の(1)から(4)までの問いに答えなさい。

(1)　地方公共団体の議会が制定する独自の法のことを何というか。

(2)　内閣の仕事として，正しいのはどれか。二つ選びなさい。

ア　条約の締結　　イ　法律の制定

ウ　予算の審議　　エ　天皇の国事行為への助言と承認

(3)　内閣不信任決議案が可決された場合について，次の文中の［Ⅰ］，［Ⅱ］に当てはまる語の組み合わせとして正しいのはどれか。なお，同じ記号には同じ語が当てはまる。

内閣は，10日以内に［Ⅰ］を解散するか，総辞職しなければならない。［Ⅰ］を解散した場合は，解散後の総選挙の日から30日以内に，［Ⅱ］が召集される。

ア　Ⅰ－衆議院　Ⅱ－臨時会　　イ　Ⅰ－衆議院　Ⅱ－特別会

ウ　Ⅰ－参議院　Ⅱ－臨時会　　エ　Ⅰ－参議院　Ⅱ－特別会

(4)　次のページの図3は，国や地方公共団体の政策についてまとめたものである。あなたはXとYのどちらの政策に賛成か。解答欄のXとYのいずれかを○で囲みなさい。また，あなたが賛成した政策が「大きな政府」と「小さな政府」のどちらの政策であるかを明らかにし，その政策の特徴を，図3をふまえ簡潔に書きなさい。

Xの政策	Yの政策
すべてのタクシー会社が利益を確保できるよう，国がタクシー運賃を決める。	タクシー会社間の自由な競争を促すため，タクシー運賃を自由化する。
バス路線が赤字となったら，税金を使って維持する。	バス路線が赤字となったら，税金を使わず廃止する。

図3

6 次の文は，ゆうさんが社会科の授業で学んだSDGsの取り組みについてまとめたものの一部である。これを読み。次の1から6までの問いに答えなさい。

> 世界の国々は，ⓐ貿易や投資などで結び付きを深めているが，依然としてさまざまな課題を抱えている。そのため，ⓑ国際連合は，2015年に「 A な開発目標」であるSDGsを採択して，ⓒ「質の高い教育をみんなに」や「気候変動に具体的な対策を」，ⓓ「平和と公正をすべての人に」など，すべての加盟国が2030年までに達成すべき17の目標を設定した。気候変動への具体的な対策の一つとして，2015年にⓔ温室効果ガスの削減に向けた新たな国際的な枠組みである B 協定が採択された。

1　文中の A ， B に当てはまる語を書きなさい。

2　下線部ⓐに関して，為替相場の変動について述べた次の文中の I ， II に当てはまる語の組み合わせとして正しいのはどれか。

> 日本の自動車会社であるC社は，1ドル＝150円のとき，1台150万円の自動車を日本からアメリカに輸出した。この場合，1ドル＝100円のときと比べると，この自動車のアメリカでの販売価格は I なるため，アメリカに自動車を輸出しているC社にとって II になる。

ア　I－安く　II－有利　　**イ**　I－安く　II－不利

ウ　I－高く　II－有利　　**エ**　I－高く　II－不利

3　下線部ⓑについての説明として**当てはまらない**のはどれか。

ア　国際連合には，WHOやUNESCOを含む専門機関がある。

イ　国際連合の安全保障理事会は，平和を脅かした加盟国に対して制裁を加えることがある。

ウ　国際連合は，平和維持活動により停戦の監視を行い，紛争の平和的な収束を図っている。

エ　国際連合の総会では，加盟国のうち一か国でも拒否権を行使すると決議ができない。

4　日本国憲法に規定されている権利のうち，下線部ⓒと最も関連があるのはどれか。

ア　請求権（国務請求権）　**イ**　自由権　**ウ**　社会権　**エ**　参政権

5　下線部ⓓに関連して，次の文中の □ に当てはまる語を書きなさい。

> 人種，宗教，国籍，政治的意見や特定の社会集団に属するなどの理由で迫害を受ける恐れがあるために故郷を追われて国外に逃れた人々は， □ とよばれ，その人々の支援や保護を行う国際俥合の機関が設置されている。

6　下線部ⓔに関して，次の文は，ゆうさんが日本における発電について発表した原稿の一部である。［X］，［Y］に当てはまる文を，図1，図2をふまえ，簡潔に書きなさい。

> 環境保全のためには，太陽光発電を増やしていくことが大切だと思います。しかし，太陽光発電は天候に左右され，また，火力発電と比べて，［　X　］という短所があるので，電力の安定供給には，火力発電も依然として必要な状況です。そのため，石炭火力発電と天然ガス火力発電のどちらにおいても［　Y　］という取り組みを行っています。

太陽光発電と火力発電の特徴

	太陽光発電	火力発電
発電効率	20 %	天然ガス：46 % 石炭：41 % 石油：38 %
発電に伴う二酸化炭素排出量の総計	なし	43,900 万 t

注 1）発電効率の太陽光発電は 2020 年，火力発電は 2015 年，発電に伴う二酸化炭素排出量の総計は 2019 年

注 2）発電効率とは，発電に用いられたエネルギーが電気に変換される割合

図 1（「環境省ウェブページ」ほかにより作成）

火力発電における二酸化炭素排出量の予測（2020 年）

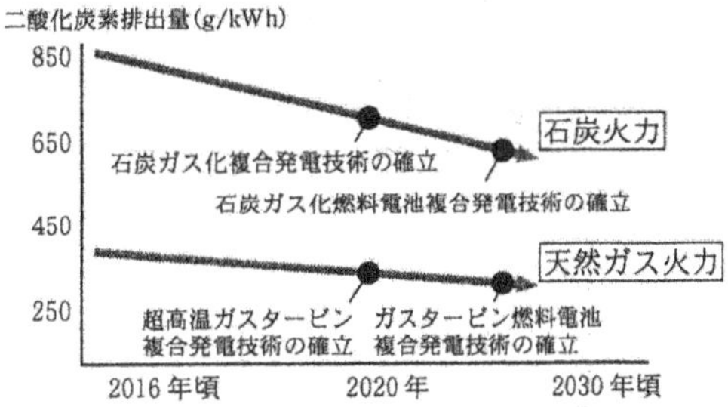

図 2（「環境省ウェブページ」により作成）

5 下の【資料】を参考にして、「言葉」を使用する際に心がけたいことについて、あなたの考えを国語解答用紙(2)に二百四十字以上三百字以内で書きなさい。

なお、次の《条件》に従って書くこと。

《条件》

(Ⅰ) 二段落構成とすること。

(Ⅱ) 各段落は次の内容について書くこと。

第一段落

・【資料】から、あなたが気づいたことを書くこと。

第二段落

・自分の体験(見聞したことを含む)を踏まえて、「言葉」を使用する際にあなたが心がけたいことを書くこと。

【資料】

〈外来語と言い換え語例〉

外来語	言い換え語例
エビデンス	証拠、根拠
コラボレーション	共同制作
サプリメント	栄養補助食品
ツール	道具、手段
バリアフリー	障壁なし
プレゼンテーション	発表
ポジティブ	積極的、前向き
ログイン	接続開始、利用開始

〈会話1〉

生徒A 今度、生徒会で新入生に学校を紹介するリーフレットを作って、プレゼンテーションをすることになったんだ。

生徒B それはすごいね。

生徒A でも緊張するなあ。ミスしたらどうしよう。

生徒B 大丈夫だよ。ポジティブにとらえてがんばろうよ。

〈会話2〉

生徒A 今度、生徒会で新入生に学校を紹介するちらしを作って、発表をすることになったんだ。

生徒B それはすごいね。

生徒A でも緊張するなあ。失敗したらどうしよう。

生徒B 大丈夫だよ。前向きにとらえてがんばろうよ。

「あー、いや、こないだと全然違うこと言ってるのは自覚あるけどさ……。」

酪農は、動物に依存する職業だ。自然と同調して生きる道だ。まして大島は火山島で、気まぐれな自然に寄り添い、逆らうことなく、そういう不安定な要素と折り合いをつけて生きていかなければならない。自分の身一つでどうにもならないことが、たくさんある。

それは、生き物と自然に人生を捧《ささ》げるということ。甘っちょろい覚悟でできることじゃない。そういう意味じゃ、両親の反対は決して間違っていない。

「けど、なんでそういうこと考えたのかも知らずに否定するのって、やっぱ違うかなと思う。少なくとも今俺は、(4)翔の話聞いて生半可な覚悟じゃないんだなって思ったし、じゃあ信じてみようって思った。」

翔は黙っている。俺は翔の方を見る。

「父さんたちにも、そこまでしっかり話したか？」

「いや……。」

「(5)もう一回、きちんと話してみろよ。だめそうなら、俺も一緒に話すよ。」

背中を強めに二度叩《たた》くと、翔がつんのめって、「いてえって。」と呻《うめ》いた。

元町港近くの十字路で立ち止まる。

俺は港の方へ行く。翔はたぶん島の北の方へ行くのだろう。(6)一緒に歩けるのはここまでだ。

（天沢夏月「ヨンケイ!!」から）

（注1）ホルスタイン＝牛の一品種。

（注2）空斗さん＝「俺」が所属する陸上部の先輩。

1　(1)それ　の指す内容を本文中から二十一字で抜き出しなさい。

2　(2)熱に浮かされたみたいにしゃべり続ける　とあるが、「俺」から見た「翔」の様子の説明として最も適当なものはどれか。

ア　酪農に対する強い思いを夢中になって話している。
イ　酪農を志す自分の未来を自信を持って話している。
ウ　酪農を学んで得た知識を誇りを持って話している。
エ　酪農に興味を持ったいきさつを平然と話している。

3　(3)俺はぽんと手を乗せた　とあるが、このとき「俺」が「翔」に伝えようとしていることの説明として最も適当なものはどれか。

ア　リレーを通して、人から影響を受けることの危うさを学んだので、「翔」に自分の意志を貫き通す大切さを伝えようとしている。
イ　リレーを通して、人は周囲と関わり合うことで成長すると気づいたので、「翔」の決意が理解できたことを伝えようとしている。
ウ　リレーを通して、自分が周囲に与えた影響の大きさを実感したので、「翔」の夢の実現に専念したいことを伝えようとしている。
エ　リレーを通して、「翔」が人から影響を受けていることを知ったので、自分で考えて行動することの価値を伝えようとしている。

4　(4)翔の話……思った　とあるが、「俺」がそう思ったのは「俺」が酪農家としての生き方をどのように捉えているからか。文末が「という生き方」となるように、本文中から十三字で抜き出しなさい。

5　(5)もう一回、きちんと話してみろよ　とあるが、「俺」が「翔」に両親にもう一度きちんと話すよう勧めているのはなぜか。「俺」の両親への思いを踏まえて五十五字以内で書きなさい。

6　(6)一緒に歩けるのはここまでだ　とあるが、どういうことか。

ア　互いの成長のため一切の関わりを絶ち、生きていくこと。
イ　それぞれの目標を達成するまでは、助け合っていくこと。
ウ　今後の互いの人生に、多くの苦難が待ち受けていること。
エ　それぞれの未来に向かって、自らの力で歩んでいくこと。

4 次の文章を読んで、1から6までの問いに答えなさい。

高校三年生の「俺」は離島（大島）の高校で陸上部に所属し、目標にしていた関東大会出場を決めた。関東大会の会場へ向かう日の朝、「俺」は中学三年生の弟（本文中では「翔《しょう》」）と顔を合わせ、どこに行くのか尋ねる。

翔はあまり言いたくなさそうだったが、しばらく歩調を合わせて歩いていたら誤魔化《ごまか》し続けるのも面倒になったのか、やがて「牧場。」と突き放すように言った。

「牧場？」

「二、三年前に島に来た若い酪農家がいるんだ。塚本さんって言うんだけど。たまに手伝わせてもらってる。」

歩きながら、ぽつり、ぽつりと付け加える。

「大島って、昔は東洋の(注1)ホルスタイン島なんて呼ばれてさ。すごい酪農が盛んだったんだ。千頭以上牛がいたって。だけど大手メーカーとの価格競争に負けて、だんだん衰退していった。今は島の特産品っていうポジションでなんとかやってるけど、正直人数足りてないし、後継者がいなきゃいつまでもは続けられない。」

大島の酪農の現状なんか、考えたこともなかった俺は、黙って聞いていた。一度しゃべりだすと、翔はダムが決壊したみたいにしゃべり続けたので、もしかするとずっと俺に話を聞いてほしかったのかもしれないと思った。あるいは、両親に。家族に。身近な人間に。

「俺、大島の牧草地で牛がのびのびと過ごしてる風景がすごい好きでさ。」

……ああ。そういえば。

小さい頃、牧場へ行くと、翔は放っておくといつまでもずーっと一人で牛を眺めていた。のんびりと、草を黙々と食《は》んでいる牛に合わせて、自分は何を食べているわけでもないのに一緒に口をもぐもぐと動かしていた。青い空と、緑の牧草と、白い牛。その中に、赤いシャツを着た翔がぽつんと立っている風景。

あの頃からもう、翔には自分の将来が見えていたのかもしれない。

「翔は、酪農家になりたいのか。」

「最初は(1)それだけ守れればいいって思ってた。でも酪農を勉強してみるとさ、そんな単純で簡単な問題じゃないなってすぐわかる。塚本さんのやってること見てたら、牛一頭面倒見るのだって楽じゃないんだなって。まあ、そりゃ当たり前なんだけどさ、なめてたっていうか……景色を守るってことは、そういうことなんだって思わされた。自分がその景色の一部になるってことなんだなって。」

翔は(2)熱に浮かされたみたいにしゃべり続ける。俺はなんとなく、俺にとっての(注2)空斗《たかと》さんが、翔にとっての塚本さんなんだろうなと思う。

「親父《おやじ》たちは反対してる。言ってることもわかるよ。でも俺は……。」

急に言いよどんだ翔の頭に、(3)俺はぽんと手を乗せた。

人と人との関わりって、バトンパスみたいなのかもなと思う。バトンはもらった瞬間から、渡すことが始まる。俺はもらうばっかりだから、あんまりわかってないけど、自分という存在が誰かに何か影響を与えるってことは、そういうことなんじゃないのかな。誰かからもらったものを、パスする、みたいな。受け売りってやつ。ちょっと違うかな。でも似てるんじゃないかな。

まあ、えらそうに言えるほど、自分もできちゃいない。でも少なくともこの言葉は、リレーのことがなかったら、絶対に言えなかった。

「俺は翔がやりたいようにやればいいと思う。」

翔がこっちを向いて、目を見張った。

小さくなり、角がとれて滑らかな形となるプロセスと同じである。

　こうして生々流転《るてん》をくり返しながら、絶えず移り変わる大自然の法則によって、万物の形が形成されていくのである。自然を支配する見えない秩序の法則が、それぞれの形を美しくつくりあげるように、もっと人間は［　］になってこの自然界の造化の原理を、ここで再び見直すべきではないだろうか。

　つまり自然がつくりだす形が美しいのは、自然の法則に逆らわず、気の遠くなるような長い時間的な経緯を経て、少しずつ改良されていく機能を満たした形であり、結果的に無駄のない形となるから、ということができる。それゆえ、私たちはもっと自然の存在を真摯に受け止め、かつて先人たちが自然を美の発想の原点としたように、自然がつくりだした形や色・(注4)テクスチャから形の美を探るべきであろう。

（三井秀樹「形の美とは何か」から）

（注1）モチーフ＝題材。
（注2）ジャポニスム＝十九世紀にヨーロッパで流行した日本趣味。
（注3）コンポジション＝構図。
（注4）テクスチャ＝質感。

1 (1)まったく正反対である　とあるが、西洋と日本それぞれの思想にもとづく芸術表現における自然の対象の捉え方の違いを、筆者はどのように説明しているか。五十五字以内で書きなさい。

2 (2)実体験した……同化されてしまう　とあるが、その説明として最も適当なものはどれか。

ア　メディアで見る自然にしか美しさを感じられなくなり、実際の自然を見てもすぐ映像として記録してしまうということ。
イ　自然と触れ合う体験をしてはじめて、実際の自然とメディアで見る自然との美しさの違いを思い知らされるということ。
ウ　実際の自然を見てもメディアで見る自然が思い起こされ、自然本来の美しさを感じ取ることができなくなるということ。
エ　実際の自然を見て自然本来の美しさに気づくと、メディアで見る自然の美しさが作り物としか思えなくなるということ。

3 ［　］に入る語として最も適当なものはどれか。

ア　傲慢　　イ　寛大　　ウ　貪欲　　エ　謙虚

4 次の図は、〈A〉と〈B〉の文章から読み取れる筆者の考えをまとめたものの一部である。後の(I)、(II)の問いに答えなさい。

かつて　形の美しさを受けとめる［　］を培ってきた
　美しい形 ｛自然界のつくりだす形／手づくり生産の道具や器の形｝
現代　自然の美しさに応える［　］を持たない
　↓美しい形がつくれるはずもないのではないか

(I)　［　］に入る、〈A〉と〈B〉の文章に共通して用いられている語を、本文中から二字で抜き出しなさい。

(II)　美しい形　について、「自然界のつくりだす形」や「手づくり生産の道具や器の形」がともに美しいのはなぜだと筆者は考えているか。四十字以内で書きなさい。

5 〈A〉と〈B〉の文章の関係について説明したものとして最も適当なものはどれか。

ア　〈B〉は、〈A〉で述べられた考えを踏まえて論を展開している。
イ　〈B〉は、〈A〉で提示された具体的な例を集約して述べている。
ウ　〈B〉は、〈A〉で述べられた主張と対立する見解を示している。
エ　〈B〉は、〈A〉で提起された問題を異なる視点で分析している。

この日本人の創造の心が自然主義的な美意識を育み、世界に誇る日本の美術・工芸品をつくりあげてきた。私たちは日常、自然界のさまざまな形に接し、生命の尊さや内に秘めた自然のエネルギーを感じとる幼児体験をつみ重ねながら、形の美しさを受けとめる感性を培《つちか》ってきた。このように感性の形成には自然界のつくりだす形の影響が深くかかわっていると思われる。

　日本の文化は根底に自然が在り、自然主義といわれるわけも、よく理解できる。水墨画や山水画とよばれる東洋画に現れた東洋の自然思想、ことに日本人の自然観は、自然と接しながらも自然は人間と対峙《たいじ》する関係にあり、つねに自然を征服しようとする人間の強い意志が文化の裏側に脈々と流れている西洋の思想とは(1)まったく正反対である。

　人間至上主義の西洋の芸術表現に見る自然の対象は、あくまで、人間を主体とする表現の従属的な存在であり、装飾の(注1)モチーフとしては多用されているものの、決して表現の主体的なモチーフにはなりえなかったのである。

　日本美術では名もない野草や昆虫や小動物が表現の主役を演じる場合も少なくない。十九世紀中頃、西欧に強烈な(注2)ジャポニスムを巻き起こし、印象派絵画に影響を与えたのは、斬新な余白を活《い》かした構図や斜めの(注3)コンポジション、平面的な描写ばかりでなく、自然の景観を愛《いと》しいほどていねいに描写し、野草や小動物までも、表現の主役としてしまう日本人の自然主義の徹底ぶりであった。西欧の人々は、はじめは驚き、奇異な目で眺めていたものの、ついには彼らに欠けていた精神性を自覚し、やがて日本人の目指す自然主義的な感性に共感しはじめたのである。

〈B〉

　自然と人間の関係が薄れた理由は、私たちが自然と接する機会が少なくなり、自然のすばらしさや美しさを実感することさえ、忘れてしまったということが挙げられる。IT（情報技術）が産業界の中枢となった現代社会では、コンピュータや映像メディアが氾濫《はんらん》し、人々は自然との直接体験よりも、プリント・メディアや映像メディアを通した二次元的な情報選択との接点が圧倒的に多くなり、また、こうした情報収集で満足してしまうのである。さらにテレビゲーム、コンピュータ・グラフィックス、インターネットの映像情報が、現実との境界を曖昧にしてしまった映像のバーチャル化が、人々に自然を受け入れる余裕さえ、見失わせてしまったのである。

　自然の美しさに応える感性さえ持ち合わせていない現代人に、美しい形がつくれるはずもなく、形の美しさを語る資格もないのではないだろうか。

　そのような現代人でも旅にでて偶然自然の美しさに気づくことがある。悲しいかな、その美しさはテレビやメディアで見る自然と二重写しとなって、やはり自然の美しさは複製にすぎないと悟るのである。そこには(2)実体験した感性も、強力なデジタル万能の映像メディアに吸引され、同化されてしまうのである。

　科学が発達していなかった工業化以前の社会では、道具や生活用品はすべて手づくり生産であり、デザインという概念はもちあわせていなかった。道具や器の形は必然的に使いやすく、使用目的に合致したものでなければならず、結果的に長い時間をかけて少しずつ無駄のない形に改良されていった。これは機能を追求した形となり、結果的にどれもが美しいのである。

　これはまさしく風化した岩石が川に流れ、下流にいくにしたがい

りし程に、すはやと思ひて イ逃げければ、いよいよ急に ウ追ひかけしが、この門口にて エ見失ひぬ。それ故《ゆえ》かくのごとし。』と云ひければ、聞く人、皆驚きて、『さてさて、あやうきことかな。それこそ見こし入道にて候《さうら》はん。』と云ひて、舌ぶるひしてけり。(2)この事、まぢかき事にて、その入道に逢《あ》ひし人、ただ今もそこそこに。」と云へば、一座の人、いづれも怖《おそろ》しき事かなと云へるに、

先生、評していはく、「このもの、昔より一名を高坊主とも云ひならはせり。野原(注4)墓原などにもあらず、ただ在家の四辻、軒の下の石橋などの辺《ほとり》より出《い》づると云へり。これ愚かなる人に臆病風のふき添ひて、すごすご歩ける夜道に、気の前より生ずる処《ところ》の、影ぼうしなるべし。その故はこの者、前よりも来らず、脇よりもせまらず、後より見こすと云へば、(注5)四辻門戸の出入、あるひは夜番の火のひかり、月星の影おぼろなるに、わが影法師、背高くうつろふと、さてこそと思ひ、気をうしなふとみえたり。」

（「百物語評判」から）

（注1）大宮四条坊門＝京都市の地名。
（注2）辻＝十字路。「四辻」も同じ。
（注3）みかさ＝三丈。一丈は約三メートル。
（注4）墓原＝墓が点在する野原。
（注5）四辻門戸＝警備のため町々にあった門。

1　云《い》ふやう　は現代ではどう読むか。現代かなづかいを用いて、すべてひらがなで書きなさい。

2　ア叩《たた》き　イ逃げ　ウ追ひかけ　エ見失ひ　の中で、主語が異なるものはどれか。

3　(1)介太郎内へ入るとひとしく、人心なし　の意味として最も適当なものはどれか。

ア　介太郎は門から中に入ると突然、心を閉ざした。
イ　介太郎は門から中に入ると同時に、気を失った。
ウ　介太郎は門から中に入るとすぐに、我に返った。
エ　介太郎は門から中に入ると急に、緊張が解けた。

4　(2)この事、まぢかき事　の説明として最も適当なものはどれか。

ア　見こし入道が町に現れるという話は間違いだということ。
イ　見こし入道の話をすると本当に会ってしまうということ。
ウ　見こし入道と出会うのは本当に幸せなことだということ。
エ　見こし入道が現れるのは身近な出来事であるということ。

5　「先生」は「見こし入道」の正体を、どのようなものだと説明しているか。次の文の空欄に当てはまるように、二十字以内の現代語で答えなさい。

夜道を歩いているとき、臆病な気持ちによって［　　］

3　次の〈A〉、〈B〉の文章は、三井秀樹「形の美とは何か」の一節である。これらを読んで、1から5までの問いに答えなさい。

〈A〉

私たち日本人の祖先は自然美を師にその美しさを模倣し、その美しさを自分たちの手で書き記したり、絵を描き記録しようとした。

＜国語＞

時間　五〇分　満点　一〇〇点

【注意】答えの字数が指示されている問いについては、句読点や「　」などの符号も字数に数えるものとします。

1　次の1から7までの問いに答えなさい。

1　次の――線の部分の読みをひらがなで書きなさい。

(1)　彼女は礼儀正しい人だ。　(2)　健やかに成長する。
(3)　商品が陳列されている。　(4)　社会の変化が著しい。
(5)　稚拙な文章。

2　次の――線の部分を漢字で書きなさい。

(1)　ごみを毎日ヒロう。　(2)　バスのウンチンを払う。
(3)　お茶をサましてから飲む。　(4)　偉大なコウセキを残す。
(5)　親しい友人とダンショウする。

3　「今にも雨が降りそうだ。」の――線の部分と文法的に同じ意味・用法のものはどれか。

ア　目標を達成できそうだ。　イ　彼の部屋は広いそうだ。
ウ　祖父母は元気だそうだ。　エ　子犬が生まれるそうだ。

4　次の――線の部分について適切に説明したものはどれか。なお、A・Bは人物を表している。

昨日、Aは初めてBにお目にかかった。

ア　尊敬語で、Aへの敬意を表している。
イ　尊敬語で、Bへの敬意を表している。
ウ　謙譲語で、Aへの敬意を表している。
エ　謙譲語で、Bへの敬意を表している。

5　次のうち、文の係り受け（照応関係）が正しいものはどれか。

ア　この商品の良い点は、値段が安いところが素晴らしい。
イ　高校時代の一番の思い出は、校内球技大会で優勝した。
ウ　私の将来の夢は、生活に役立つものを発明することだ。
エ　この話は、おばあさんの家に子供が住むことになった。

6　「無人」と熟語の構成が同じものはどれか。

ア　登場　イ　連続　ウ　不要　エ　往復

7　次の二首の和歌の□には同じ語が入る。適当なものはどれか。

東風《こち》吹かばにほひおこせよ□の花あるじなしとて春を忘るな
（菅原道真《すがはらのみちざね》）

雪降れば木ごとに花ぞ咲きにけるいづれを□とわきて折らまし
（紀友則《きのとものり》）

ア　梨　イ　梅　ウ　藤　エ　竹

2　次の文章は、「先生」のもとに集まった人々が「見こし入道」という妖怪について語っている場面である。これを読んで1から5までの問いに答えなさい。

一人のいはく、「先つごろ、(注1)大宮四条坊門のあたりに、和泉屋介《いづみやすけ》太郎《たろう》とかやいふ者、夜更《ふ》けて外より帰りけるに、門あはただしく叩《たた》きければ、内より驚きてあけぬ。さて(1)介太郎内へ入るとひとしく、人心なし。さまざまの気つけなど呑《の》ませければ、やうやうに生きかへりて云《い》ふやう、『我《わ》れ帰るさに、月うすぐらく、ものすさまじきに、そこその(注2)辻《つじ》にて、(注3)みかさあまりなる坊主《ぼうず》、後《うしろ》よりおほひ来《きた》

2022年度

解答と解説

《2022年度の配点は解答用紙集に掲載してあります。》

<数学解答>

1　1　-2　2　$\frac{11}{12}a$　3　$x^2+9x+20$　4　$(x=)\frac{3\pm\sqrt{17}}{4}$　5　$2\leqq y\leqq 4$
6　3π(cm)　7　61(度)　8　ウ

2　1　$(n=)1, 6, 9$　2　大人900円，子ども400円(途中の計算は解説参照)
3　$(a=)7$，$(x=)5$

3　1　$\frac{1}{9}$　2　(およそ)240(個)
3　(1)　(第1四分位数)4.5(日)，(第2四分位数(中央値))7(日)，(箱ひげ図)右図1
(2)　C市(理由は解説参照)

図1

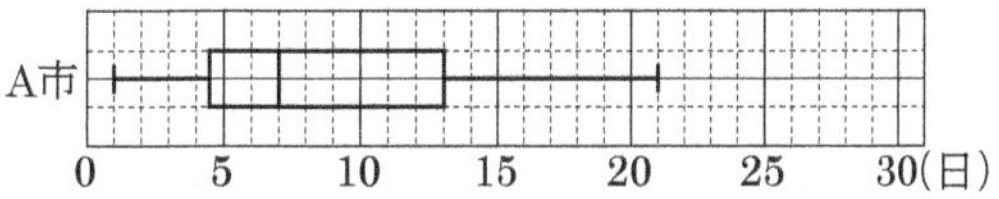

4　1　右図2　2　(1)　$2\sqrt{5}$(cm)　(2)　$\frac{28}{3}$(cm^3)
3　解説参照

図2

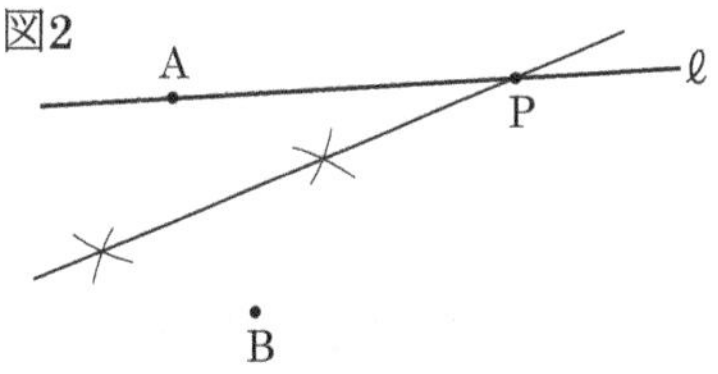

5　1　(1)　$y=-x^2$　(2)　$(a=)\frac{1}{8}$　(3)　$a=\frac{1}{6}$(途中の計算は解説参照)　2　(1)　300(kWh)
(2)　$y=28x+1200$　(3)　解説参照

6　1　記号(エ)，(6)度目　2　$12a$(回)　3　Ⅰ$(3b-1)$，Ⅱ$((b=)9)$

<数学解説>

1　(数・式の計算，式の展開，2次方程式，比例関数，おうぎ形の弧の長さ，角度，円の性質，三角形の合同条件)

1　**異符号の2数の商の符号は負で，絶対値は2数の絶対値の商**だから，$14\div(-7)=-(14\div7)=-2$

2　$\frac{2}{3}a+\frac{1}{4}a=\left(\frac{2}{3}+\frac{1}{4}\right)a=\left(\frac{8}{12}+\frac{3}{12}\right)a=\frac{11}{12}a$

3　**乗法公式$(x+a)(x+b)=x^2+(a+b)x+ab$**より，$(x+5)(x+4)=x^2+(5+4)x+5\times4=x^2+9x+20$

4　**2次方程式$ax^2+bx+c=0$の解は，$x=\frac{-b\pm\sqrt{b^2-4ac}}{2a}$**で求められる。問題の2次方程式は，$a=2$，$b=-3$，$c=-1$の場合だから，$x=\frac{-(-3)\pm\sqrt{(-3)^2-4\times2\times(-1)}}{2\times2}=\frac{3\pm\sqrt{9+8}}{4}=\frac{3\pm\sqrt{17}}{4}$

5　関数$y=\frac{12}{x}$は，xの値が増加するときyの値は減少するから，yの**最小値**は$x=6$のとき$y=\frac{12}{6}=2$，yの**最大値**は$x=3$のとき$y=\frac{12}{3}=4$　よって，yの**変域**は$2\leqq y\leqq4$

6　**半径がr，中心角が$a°$のおうぎ形の弧の長さは$2\pi r\times\frac{a}{360}$**だから，半径が9cm，中心角が60°のおうぎ形の弧の長さは$2\pi\times9\times\frac{60}{360}=3\pi$(cm)

7　$\overset{\frown}{BC}$に対する**中心角と円周角の関係**から，$\angle BOC=2\angle BAC=2\times29=58(°)$　△OBCはOB＝OCの二等辺三角形だから，$\angle x=(180-\angle BOC)\div2=(180-58)\div2=61(°)$

8　アの条件を加えると，3組の辺がそれぞれ等しいから，△ABC≡△DEFが常に成り立つ。イの条件を加えると，2組の辺とその間の角がそれぞれ等しいから，△ABC≡△DEFが常に成り立つ。エの条件を加えると，1組の辺とその両端の角がそれぞれ等しいから，△ABC≡△DEFが常に成り立つ。ウの条件を加えても，右図のような場合があり，△ABC≡△DEFが常に成り立つとは限らない。

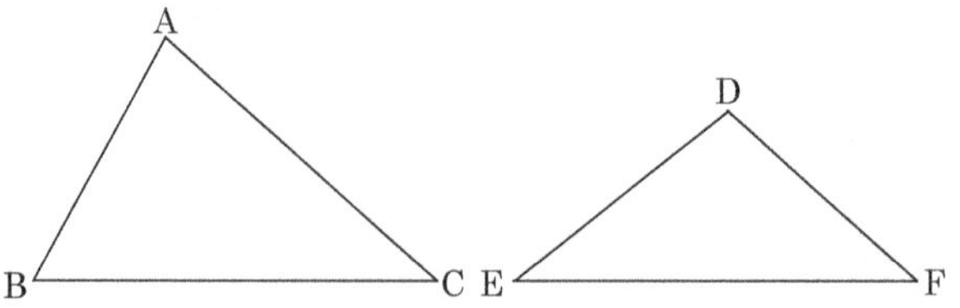

2 (平方根，方程式の応用，2次方程式)

1　$\sqrt{10-n}$が正の整数となるのは，根号の中が(自然数)^{2}となるときだから，このような正の整数nは，$10-1=9=3^2$，$10-6=4=2^2$，$10-9=1=1^2$より，$n=1$，6，9の3つである。

2　(途中の計算)　(例)$\begin{cases} 2x+5y=3800\cdots① \\ 0.8(5x+10y)=6800\cdots② \end{cases}$　②より，$x+2y=1700\cdots③$　①−③×2より $y=400$　③に代入して$x+800=1700$　よって，$x=900$　この解は問題に適している。

3　xについての2次方程式$x^2-8x+2a+1=0\cdots①$の解の1つが$x=3$だから，これを①に代入して，$3^2-8\times3+2a+1=0$　これを解いて，$a=7$　これを①に代入して，$x^2-8x+2\times7+1=0$　$x^2-8x+15=0$　$(x-3)(x-5)=0$　よって，二次方程式①のもう1つの解は，$x=5$

3 (確率，標本調査，資料の散らばり・代表値)

1　大小2つのさいころを同時に投げるとき，全ての目の出方は$6\times6=36$(通り)。このうち，出る目の数の積が25以上になるのは，大きいさいころの出た目の数をa，小さいさいころの出た目の数をbとしたとき，$(a,\ b)=(5,\ 5)$，$(5,\ 6)$，$(6,\ 5)$，$(6,\ 6)$の4通り。よって，求める確率は$\dfrac{4}{36}=\dfrac{1}{9}$

2　**標本**における赤色のキャップの比率は$\dfrac{15}{50}=\dfrac{3}{10}$　よって，**母集団**における赤色のキャップの比率も$\dfrac{3}{10}$と推測すると，800個のキャップの中には，赤色のキャップがおよそ$800\times\dfrac{3}{10}=240$(個)含まれていると推定できる。

3　(1)　**四分位数**とは，全てのデータを小さい順に並べて4つに等しく分けたときの3つの区切りの値を表し，小さい方から**第1四分位数**，**第2四分位数**，**第3四分位数**という。第2四分位数は**中央値**のことである。A市の月ごとのデータを日数の少ない順に並べる

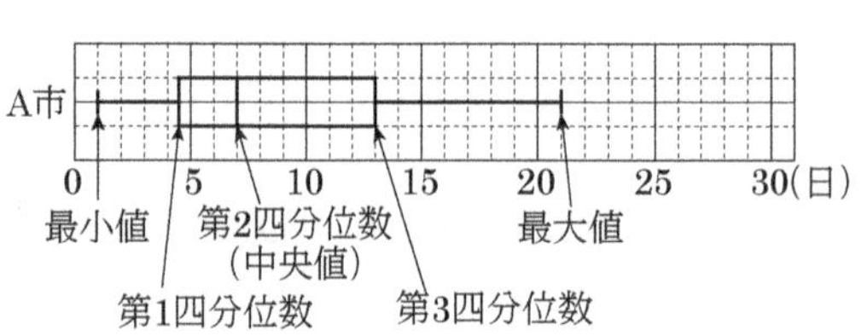

と，1，3，4，5，6，6，8，11，13，13，15，21だから，第1四分位数は少ない方から3番目と4番目の平均値$\dfrac{4+5}{2}=4.5$(日)，第2四分位数(中央値)は少ない方から6番目と7番目の平均値$\dfrac{6+8}{2}=7$(日)，第3四分位数は少ない方から9番目と10番目の平均値$\dfrac{13+13}{2}=13$(日)である。また，最小値は1日，最大値は21日である。**箱ひげ図**とは，上図のように，最小値，第1四分位数，第2四分位数(中央値)，第3四分位数，最大値を箱と線(ひげ)を用いて1つの図に表したものである。

(2)　(理由)　(例)**範囲**と**四分位範囲**がともにB市よりC市の方が大きいから。

4 （作図，線分の長さ，体積，相似の証明）

1 （着眼点） **2点A，Bからの距離が等しい点は，線分ABの垂直二等分線上にある**から，AP＝BPより，点Pは線分ABの垂直二等分線上にある。
(作図手順)次の①～②の手順で作図する。 ① 点A，Bをそれぞれ中心として，交わるように半径の等しい円を描く。
② ①でつくった交点を通る直線(線分ABの垂直二等分線)を引き，直線ℓとの交点をPとする。

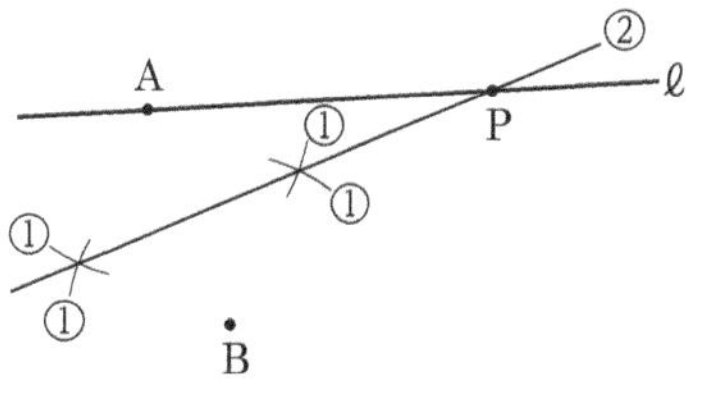

2 （1） △ABGは∠BAG＝90°の直角三角形だから，**三平方の定理**を用いて，$BG=\sqrt{AB^2+AG^2}=\sqrt{AB^2+(AD-DG)^2}=\sqrt{4^2+(3-1)^2}=2\sqrt{5}$ (cm)

（2） 頂点Dを含む立体の体積は，三角柱ABC－DEFの体積から三角錐G－ABCの体積をひいて求められる。三角錐G－ABCは，△ABCを底面としたときの高さは線分AGだから，求める立体の体積は，$\triangle ABC\times AD-\frac{1}{3}\times\triangle ABC\times AG=\triangle ABC\times\left(AD-\frac{1}{3}AG\right)=\frac{1}{2}\times AB\times BC\times\left(AD-\frac{1}{3}AG\right)=\frac{1}{2}\times4\times2\times\left(3-\frac{1}{3}\times2\right)=\frac{28}{3}$ (cm^3)

3 （証明） (例)△DBCと△DCAにおいて，**二等辺三角形の底角は等しい**から∠ABC＝∠ACB…① 仮定より∠ACB＝∠ACD…② ①，②より∠DBC＝∠DCA…③ 共通な角だから∠BDC＝∠CDA…④ ③，④より2組の角がそれぞれ等しいから，△DBC∽△DCA

5 （図形と関数・グラフ，関数とグラフ）

1 （1） 関数$y=ax^2$で，aの**絶対値**が等しく，符号が反対である2つのグラフは，x軸について対称になるから，$y=x^2$のグラフとx軸について対称なグラフを表す式は$y=-x^2$である。

（2） 点A，Cはそれぞれ$y=x^2$上と$y=ax^2$上にあるから，そのy座標はそれぞれ$y=2^2=4$，$y=a\times4^2=16a$ よって，A(2，4)，C(4，16a) また，**関数$y=ax^2$のグラフがy軸に関して線対称**であることを考慮すると，B(－2，4)，D(－4，16a) よって，$\triangle OAB=\frac{1}{2}\times\{2-(-2)\}\times4=8$，$\triangle OCD=\frac{1}{2}\times\{4-(-4)\}\times16a=64a$ △OABと△OCDの面積が等しくなるとき，$64a=8$より，$a=\frac{1}{8}$ この解は問題に適している。

（3） （途中の計算） (例)点A(2，4)，点C(4，16a)，点D(－4，16a)より直線ACの傾きは，$\frac{16a-4}{4-2}=8a-2$ 直線DOの傾きは，$\frac{0-16a}{0-(-4)}=-4a$ AC//DOより傾きは等しいから$8a-2=-4a$ よって，$a=\frac{1}{6}$ この解は問題に適している。

2 （1） B社の料金プランで，電気料金が9400円のときの電気使用量をxkWhとすると，問題のグラフから$200<x$であることがわかる。これより，電気使用量と電気料金の関係から，$3000+20\times200+24\times(x-200)=9400$ これを解いて，求める電気使用量は$x=300$kWhである。

（2） A社の料金プランについて，電気使用量が200kWhを超えた範囲でのxとyの関係は，$y=2400+22\times200+28\times(x-200)$ 整理して，$y=28x+1200$

（3） (例)B社のグラフが通る点(200，7000)はC社のグラフが通る点(200，7500)より下にあり，B社のグラフの傾き24はC社のグラフの傾き25より小さい

6 （規則性，文字を使った式）

1 $n=2$のとき，「全体の回数」が19回のときにまたいでいる線は，⓪中央→①エ→②右端→③エ

→④中央→⑤イ→⑥左端→⑦イ→⑧中央→⑨エ→⑩右端→⑪エ→⑫中央→⑬イ→⑭左端→⑮イ→⑯中央→⑰エ→⑱右端→⑲エより，エの線である。また，エの線をまたいでいるのは6度目である。

2　中央→右端→中央→左端→中央の1往復について考えると，中央→右端のときに線をまたいだ回数はa回，右端→中央→左端のときに線をまたいだ回数は$2a$回，左端→中央のときに線をまたいだ回数はa回だから，1往復したときの「全体の回数」は，$a+2a+a=4a$(回)。よって，3往復したときの「全体の回数」は，1往復したときの「全体の回数」の3倍の$4a\times3=12a$(回)である。

3　中央→右端→中央→左端→中央の1往復について考えると，中央→右端のときに線をまたいだ回数はb回，右端→中央→左端のときに線をまたいだ回数は$2b$回であり，左から2番目の線を1度目にまたぐのはその1回前だから，そのときの「全体の回数」は$b+2b-1=(3b-1)$回…(Ⅰ)
また，前問2と同様に考えて，1往復したときの「全体の回数」は$4b$回であることと，1往復当たり左から2番目の線を2度またぐことを考えると，左から2番目の線を12度目にまたいだときの「全体の回数」は，(6往復したときの「全体の回数」)−(左から2番目の線→中央のときに線をまたいだ回数)$=4b\times6-(b-1)=(23b+1)$回である。これが(Ⅰ)の8倍と等しくなるのは，$23b+1=8(3b-1)$　これを解いて，$b=9$…(Ⅱ)のときである。

＜英語解答＞

1　1　(1)　ア　(2)　ウ　(3)　エ　(4)　ウ　2　(1)　エ　(2)　イ　(3)　ウ
3　(1)　sea　(2)　hours　(3)　same

2　1　(1)　ア　(2)　イ　(3)　イ　(4)　エ　(5)　ウ　(6)　ア
2　(1)　ウ→イ→エ→ア　(2)　エ→イ→ア→ウ　(3)　イ→オ→ア→エ→ウ

3　1　How long　2　(1)　(例1)it will rain　(例2)it is going to rain
(2)　(例1)The story was written by　(例2)The person who wrote the story is　(4)　(例)is easy for them　3　イ　4　(例)ツバメの巣が人に壊されたり，ひなが巣から落ちたりすること。　5　ア
6　(例1)When I become a high school student, I will go to school by bike every day. Using cars is not good for the earth. I think using buses and trains is good, too. Also, I will turn off the light when I leave a room. I hope my action will save the earth.
(例2)I usually try to reduce trash[garbage]. For example, using plastic bags is bad for the earth. So, I always use my own bag when I go to a supermarket. I also want to use things again and again.

4　1　(例1)shall we join　(例2)why don't we join　2　(例)リサのいない英語部に入ること。　3　(例)本当にやりたいことがあるならば，挑戦すること。
4　open a Japanese restaurant　5　ウ

5　1　エ　2　ウ→ア→エ→イ　3　(例)種類によって，花が咲く時間が異なるという性質。
4　イ

＜英語解説＞

1　(リスニング)

放送台本の和訳は，47ページに掲載。

(英文メモの日本語訳)

○島国

・美しい(1)海で有名

○よい気候

・3,000(2)時間を超える日照時間

○小さい国

・宇都宮市と(3)同じ大きさ

○訪れるべきよい場所

2　(語句補充問題，語句整序問題：疑問詞，現在完了，動名詞，前置詞，形容詞，他)

1　(全訳)　エマへ，

こんにちは，(1)お元気ですか，エマ？　長い間あなた(2)に会っていませんね。

数週間前，私は日本語の授業でひらがなの書き方を学びました。それは本当に難しかったですが，日本語(3)を学ぶことはとても楽しかったです。私は(4)初めてひらがなで自分の名前を書きました。私の先生である渡辺先生が私に，「よくできましたね！　練習を続けることが(5)大切ですよ。」と言いました。彼女の言葉は私をうれしく(6)させました。私はもっと日本語を学びたいです。

あなたの学校生活はどうですか？　あなたのメールを待っています。

幸運をお祈りします，

ジェーン

(1)　**＜How are you?＞**「お元気ですか」

(2)　現在完了**＜have[has]＋動詞の過去分詞形＞**の否定文。**see の過去分詞形は seen**。

(3)　動名詞の learning が，その目的語の Japanese とともに，「日本語を学ぶこと」という意味で**文の主語**になっている。

(4)　**for the first time　「初めて」**

(5)　To keep practicing is「練習を続けることは」に続く語なので，**important「大切な」**が適切。

(6)　**＜make ＋人など＋形容詞＞「人などを～(の状態)にする(させる)」**

2　(1)　A：今週末のあなたの予定は何ですか？　B：(My plan)is to go shopping(with my sister.)「私の予定は，姉(妹)と買い物に行くことです」 My plan が主語，to go ～が補語になり，be 動詞の is が主語と補語を＝(イコール)の関係で繋いでいる。**to go ～は不定詞で，用法は名詞的用法**。不定詞の名詞的用法は，主語や目的語のほか，補語になることもある。

(2)　A：(This is)the most interesting movie(that I have ever watched.)「これは私が今まで見たなかで一番おもしろい映画です」 B：おや，本当ですか？　私もそれを見たいです。　最上級が用いられた文。interesting の最上級は，前に the most をつける。なお，続く that は目的格の関係代名詞で，＜that ＋主語＋動詞～＞の形で，直前のものを表す名詞(ここでは the most interesting movie)を修飾している。

(3)　A：(Do you)know the boy who is drinking(coffee over there?)「あなたは向こうでコーヒーを飲んでいる少年を知っていますか？」 B：はい！　彼は私のいとこです。彼の名前はケンジです。 関係代名詞の who は，**<who +動詞～>の形で，直前の人を表す名**詞(ここでは the boy)を修飾する。

3 **(会話文読解問題：語句補充，図・グラフなどを用いた問題，日本語で答える問題，条件英作文)**

(全訳) 真奈 ：イギリスのツバメは，春にどこから来るの，アリス？

アリス：それらの一部はアフリカ南部から来るわ。それらは10,000キロメートルほど旅をするの。

真奈 ：本当？ それらはそんなに遠くまで飛べるのね！ それらはイギリスまで $_A$ どのくらい長く 飛ぶのかな？

アリス：確かではないけれど，3週間以上ね。

真奈 ：うわあ。日本では，ツバメは東南アジアから来るの。1週間ほどかかるかもしれないわね。それに，それらは家の屋根の下に自分たちの巣を作るのよ。

アリス：それらはどうして巣作りに人の家を選ぶのかしら？

真奈 ：家の周りにはたくさんの人がいて，他の動物たちがそれらの巣に近づかないからよ。

アリス：なるほどね。日本の人たちはツバメが好きなの？

真奈 ：ええ，それに日本にはツバメに関する言い伝えがいくつかあるのよ。それらの中の一つが，「ツバメが空を低く飛ぶと，(1)雨が降る」ね。後でそれの絵を描くわ。

アリス：おもしろいわね！ ツバメは私の国でも人気があるわ。『幸福な王子』と呼ばれるお話があるのよ。昔，町に金色の王子の像があったの。王子は貧しい人々を助けたいと思ったの。彼はツバメに，自分の宝石を彼らに与えるように頼んだの。(2)そのお話は，オスカー・ワイルドによって書かれたのよ。

真奈 ：そのお話をみんなに紹介しましょう。私も(3)このグラフを見せたいの。それは，1985年に市内で36,000匹のツバメが確認されたことを示しているの。でも2020年には，たった9,500匹のツバメしか確認されなかったのよ。一方で，住宅の数はここ35年間でずっと増え続けているの。

アリス：ツバメにとって，人の家は安全な場所だとあなたは言ったわよね？ たくさんの家があれば，そのことは，それらにとっていいじゃないの。

真奈 ：うーん，実はね，より多くの日本の人々が，洋風家屋に住むことを好んでいるのよ。伝統的な日本家屋は，ツバメにとっていいの。なぜならそのような家屋は，たいてい屋根の下に広い空間があるからよ。だから，それら(4)にとって巣を作りやすいの。でもね，一部の洋風家屋は，屋根の下に空間がないのよ。

アリス：なるほど。そうね，多くのツバメは，自分たちのひなを育てるときに(5)ほかの問題があると私は思うの。それらの巣は，ときどき人に壊されたりするわ。それに，ひなが自分の巣から落ちたりもするわね。それらには安全な場所が必要よ。

真奈 ：あなたが正しいわね，アリス。私たちの市は，より大きくなって，多くの場所で自然が失われたの。自分たちの食べ物を見つけることができない $_B$ から ，ツバメたちにとって，この市で生きていくことは簡単じゃないわ。私たちはもっと環境の問題について知らなくちゃいけないわね。

アリス：その通りね。(6)私たちは自然にやさしい方法で生きていかないといけないわ。

1 直後のアリスの発言を参照。前置詞の for「～の間」を使って期間を答えているので，それに対応した疑問文を考える。**How long「どのくらい(長く)」**

2 (1) 図1の絵を参照。ツバメが低く飛んで，その後に雨が降る絵が描かれているので，未来のことを表す willや，be going to ～を使って，「ツバメが低く飛ぶと，雨が降るだろう」という意味の英文を考える。 (2) 図2の3つ目の文「オスカー・ワイルドによって書かれた」を参照。「…**によって～された**」という意味になる**過去形の受け身の文**は，**<was[were]＋動詞の過去分詞形＋ by …>**の形になる。 (4) 図4の日本家屋の例の文を参照。「ツバメがすむ場所(巣)を作りやすい」の部分を，「**Aにとって～することは…である**」という意味の**<It is[It's]… for + A + to ＋動詞の原形～>**を使って表現する。

3　上記全訳と，下線部(3)を含む文に続く3文を参照。1985年に市内で36,000匹のツバメがいたことを示し，2020年に9,500匹のツバメがいたことを示し，住宅の数が35年間で増え続けていることを示しているグラフは，イである。

4　上記全訳と，下線部(5)を含む文に続く2文を参照。この2文の内容をまとめる。

5　上記全訳を参照。文脈から，接続詞の because「～なので」を選択する。

6　(例1)和訳 「私が高校生になったときには，毎日自転車で学校に行くつもりだ。車を使うことは，地球によくない。私は，バスや電車を使うこともよいと思う。また，私が部屋を出るときは，明かりを消す。私は，自分の行動が地球を救うことを願っている」

(例2)和訳 「私は普段，ごみを減らすように努力している。例えば，ビニール袋を使うことは地球に悪い。だから，私がスーパーマーケットへ行くときは，いつもマイバッグを使う。私はものを何度も何度も使うこともしたい」

4 **(長文読解問題・物語文：語句補充問題，日本語で答える問題，内容真偽)**

(全訳) 私は小さいときにリサと出会いました。彼女はいつも私を支えてくれたので，彼女といるときは心地よく感じました。中学校では，私はテニス部を選びました。なぜなら彼女がテニス部に入ったからです。私たちはダブルスのパートナーでした。私は彼女と部活動を楽しみました。

私たちは高校生になりました。四月のある日の学校で，リサが私に，「マリ，あなたはどの部に入る予定なの？ 決めた？」と尋ねました。「いいえ，まだよ」と私は答えました。彼女は，「それじゃあ，いっしょにテニス部に入りましょうか？ もしあなたがまた私とテニスができれば楽しくなるわ！」と言いました。「それについて考えてみるね」と私は言いました。実は，私は英語部に入りたかったのです。

私は家に帰る間，自分の夢について考えていました。私が中学二年生だったとき，私の兄であるテルは，交換留学生としてオーストラリアで勉強していました。夏休みの間に，私は母と一緒に彼を訪ねました。彼の外国の友達は私に親切だったので，私は彼らに寿司を作りました。私は彼らの英語をよく理解できませんでしたが，彼らの笑顔を見たとき，私は，「将来はオーストラリアで日本のレストランを開きたい！」と思いました。私はこの夢のために，高校で英語を向上させたかったのです。しかし，リサのいない英語部に入ることについて，私は心配になりました。

私が学校から帰宅したとき，テルが私の所へ来て，「マリ，大丈夫？ 何かあったの？」と言いました。私は(1)自分の心配事を説明しました。私が話し終えたとき，彼は私に，「もしきみがテニス部を選んだら，きみはその選択で本当に幸せになるかな？」と尋ねました。私は小さな声で，「いいえ」と答えました。テルは，「マリ，聞いて。きみは僕の夢を知っているよね？ 僕は外国で日本語を教えたいんだ。僕は自分の夢のために，英語を勉強することが必要だと思ったから，留学する決心をしたんだよ。オーストラリアへ行く前は緊張していたよ。そこの人を一人も知らなかったからね。実際に，新しい生活を始めることは僕にとって大変だったけど，僕は新しい友達を作って，たくさんのすばらしい経験をして，そしてたくさんのことを学んだよ。自分の夢により近づいていたように感じたよ。今僕は，そこへ行くと決心したことは正しかったと確信しているよ」と言いました。彼は，「マリ，もしきみが本当にやりたいことがあるならば，それに挑戦しなよ！ それは僕の信念なんだ」と続けました。彼の言葉は私に勇気をくれました。私は，「私はまだ少し怖いけど，自分の心に従おう！」と心の中で思いました。

次の日，私はリサに自分の決意について伝えました。最初は，彼女は驚いているように見えました。それから彼女は，「あなたがやりたいことを私に伝えたのはこれが初めてね。私たちは違う部を選ぶことになるけれど，私たちは親友で，そのことは決して変わらないわ。私は(2)あなたの夢が実現することを願っているわね！」と言いました。彼女はほほ笑みました。

1 **<Shall we ＋動詞の原形～?>**「～しましょうか」，**<Why don't we ＋動詞の原形～?>**「～しませんか」

2 第3段落最終文を参照。マリの心配事が書かれているので，この内容をまとめる。

3 第4段落後半の He continued, ～で始まる文を参照。テルが自分の信念を述べているので，この内容をまとめる。

4 第3段落最後から3文目参照。マリが将来やりたいことについて，I want to ～の部分に書かれているので，ここから open a Japanese restaurant を抜き出す。

5 ア 「マリはスポーツが好きだったので，中学校ではテニス部に入った」(×) 第1段落第3文を参照。 イ マリの母はとても忙しかったので，彼女はマリとオーストラリアへ行くことができなかった。(×) 第3段落第3文を参照。 ウ テルはオーストラリアに一人も友達がいなかったが，彼は自分の夢のためにそこへ行った。(○) 第4段落半ばの I thought ～で始まる文と，I was nervous ～で始まる文を参照。 エ リサはマリと一緒にいたかったので，マリの決意を聞いて怒った。(×) 最終段落半ばのThough ～で始まる文を参照。

5 (長文読解問題・説明文：語句補充，英文並べ替え，日本語で答える問題，主題選択)

(全訳) 毎日，時計や腕時計を何回見るだろうか？ A それらなしで生活する ことは，今日では難しい。今，私たちの周りで，多くの種類の時計や腕時計を見つけることができる。それらを見ることはとても興味深い。

エジプトの人々は約6,000年前，時間を知るために太陽を利用した。彼らは棒を地面に差して，それの影から時間を認識した。B しかし，ひとつ問題があった。影を見ることができないとき，彼らはこの種類の時計を使うことができなかったのだ。この問題を解決するため，彼らは水を利用した時計を発明した。曇りや夜間のときでも時間を知ることができたので，それは便利だった。 彼らは，水の落下速度と，水の消費量を計ることで，時間を認識していた。その後，砂時計が発明された。それは，船にいる人々にとってよいものだった。

あなたは花時計を知っているだろうか？ それは，花を用いて私たちに時間を教えてくれる。7時頃に咲く花もあれば，正午頃に咲く花もある。このように，異なった種類の花が，一日の異なった時間に咲く。1750年頃，一人のスウェーデンの男性が，この点を利用して特定の種類の花を選んだ。この方法で，花時計は作られた。どの花が咲くかを見ることで，人々は時間を知ることができる。花は正確な時間を伝えることはできないが，それはびっくりさせるようなことだと思わないだろうか？

腕時計は，別の種類の時計である。16世紀に，懐中時計が最初に発明されて，人々は1900年頃に腕時計を使い始めた。私たちは，どの場所でも時間を知ることができる。今，私たちは腕時計で，多くの他のことができる。例えば，私たちは自分の健康を確認することができる。

人々は，たくさんの種類の時計と腕時計を発明した。もしあなたが新しい腕時計を作ることができるなら，どんな種類の腕時計になるだろうか？

1 上記全訳を参照。**without**「～なしで」

2 上記全訳を参照。英文を並べ替える問題では，**接続詞**や**代名詞**に着目して，接続詞がどの内容を受けているか，どの文を繋いでいるか，また，代名詞が何を指しているかなどを意識して解くとよい。

3 第3段落4文目を参照。花の種類によって，花が咲く時間が異なると書かれており，この点を利用して，スウェーデンの男性が特定の花を選び，花時計が作られたという内容が，続く5，6文目に書かれている。

4 第2段落から第4段落にかけて，6,000年前に利用された時計や，1750年頃に利用された花時計，16世紀の懐中時計，1900年頃の腕時計，そして現代の時計について書かれていることから判断する。 ア 「時間は私たちの生活で最も大切なものである」(×) イ 「時間を伝えることの歴史」(○) ウ 「古い時計の強みと弱み」(×) エ 「未来の時計は驚くべき力がある」(×)

2022年度英語　放送を聞いて答える問題

〔放送台本〕

これから聞き方の問題に入ります。問題用紙の四角で囲まれた1番を見なさい。問題は1番，2番，3番の三つあります。

最初は1番の問題です。問題は(1)から(4)まで四つあります。英語の対話とその内容についての質問を聞いて，答えとして最も適切なものをア，イ，ウ，エのうちから一つ選びなさい。対話と質問は2回ずつ言います。では始めます。

(1)の問題です。 *A:* Jim, I will make a pizza for dinner. Will you buy some tomatoes at the supermarket?

B: OK, mom. Anything else?

A: Let me see. I have some cheese and potatoes, so buy only tomatoes, please.

B: All right.

質問です。 *Q:* What will Jim buy?

(2)の問題です。 *A:* Dad, today is Ken's fifth birthday, so I made this card for him.

B: Nice picture, Maya! Did you draw this?

A: Yes. He loves planes.

B: He will like your card.

質問です。 *Q:* Which card did Maya make for Ken?

(3)の問題です。 *A:* Mom, I've finished washing the dishes and cleaning the table.

B: Thanks Mike, but did you finish your homework?

A: Of course I did. Oh, my favorite TV program has just started. Can I watch it?

B: Sure!

質問です。 *Q:* What will Mike do next?

(4)の問題です。 *A:* Excuse me, could you tell me where I can find books about plants?

B: Oh, they're on the second floor.

A: Thank you. Actually, this is my first time to come here. How many books can I borrow?

B: You can borrow ten books for two weeks.

質問です。　*Q:* Where are they talking?

〔英文の訳〕

(1) A：ジム，私が夕食にピザを作るわ。スーパーマーケットでトマトを何個か買ってきてくれるかしら？

B：いいよ，ママ。他に何かある？

A：ええと。チーズとじゃがいもはいくらかあるから，トマトだけ買ってきてちょうだい。

B：分かったよ。

質問：ジムは何を買うでしょうか？

(2) A：パパ，今日はケンの五歳の誕生日だから，私は彼のためにこのカードを作ったの。

B：すてきな絵だね，マヤ！　きみがこれを描いたの？

A：うん。彼は飛行機が大好きなの。

B：彼はきみのカードを気に入るだろうね。

質問：マヤはケンのためにどのカードを作りましたか？

(3) A：ママ，お皿洗いとテーブルの掃除が終わったよ。

B：ありがとう，マイク。でも，あなたは宿題を終わらせたの？

A：もちろん，やったよ。あっ，僕のお気に入りのテレビ番組がちょうど始まった。それを見てもいいかな？

B：もちろんよ！

質問：マイクは次に何をしますか？

(4) A：すみません，どこで植物についての本を見つけることができるか私に教えていただけませんか？

B：あっ，それらは二階にあります。

A：ありがとうございます。実は，ここに来るのは初めてなんです。私は何冊の本を借りることができますか？

B：あなたは10冊の本を2週間借りることができます。

質問：彼らはどこで話していますか？

〔放送台本〕

次は2番の問題です。英語の対話とその内容についての質問を聞いて，答えとして最も適切なものをア，イ，ウ，エのうちから一つ選びなさい。質問は(1)から(3)まで三つあります。対話と質問は2回ずつ言います。では始めます。

Tom: Emi, look at this website. I am going to join Tochigi Running Festival.

Emi: Oh, Tom, Tochigi Running Festival?

Tom: Yes. My brother ran the twenty-kilometer race last year. He got a nice T-shirt as a prize. He also enjoyed beautiful views of the city. He said the festival was fantastic. So, I've decided to try this Running Festival, and I'm going to buy new running shoes for it.

Emi: Great! Are you going to run with your brother?

Tom: No. This year, he has a soccer game on that day. Hey, Emi, let's run together.

Emi: Me? I can't run twenty kilometers.

Tom: No, no, Emi. Look at this. We can choose from the four races.

Emi: Oh, I see. I ran five kilometers at school. I want to run longer. But wait. It's expensive.

Tom: Hey, look! This website says that we, students, need to pay only half. We can try this race for two thousand yen.

Emi: Really? Then, let's run this race together.

Tom: Yes, let's! It's February 6th today, so we have three months until the festival. We can practice enough. I'm getting excited!

(1)の質問です。

Why did Tom decide to run in the festival?

(2)の質問です。

Which race did Emi choose?

(3)の質問です。

Which is true for A in the picture?

〔英文の訳〕

トム：エミ，このウェブサイトを見て。僕は栃木ランニング祭りに参加する予定なんだ。

エミ：あら，トム，栃木ランニング祭り？

トム：うん。僕の兄が去年，20キロメートルのレースを走ったんだ。彼は賞品としてすてきなTシャツをもらったよ。彼は市の美しい景色も楽しんだよ。彼はそのお祭りはすばらしかったと言っていたよ。だから，僕はこのランニング祭りに挑戦することに決めて，それのために新しいランニングシューズを買う予定なんだ。

エミ：すごいわね！　あなたはお兄さんと走る予定なの？

トム：いや。今年，彼はその日にサッカーの試合があるんだ。ねえ，エミ，いっしょに走ろうよ。

エミ：私？　私は20キロメートルも走れないわよ。

トム：いや，いや，エミ。これを見て。僕たちは4つのレースから選ぶことができるんだ。

エミ：あら，そうなのね。私は学校で5キロメートル走ったの。私はもっと長く走りたいわ。でも待って。値段が高いわね。

トム：ねえ，見て！　このウェブサイトには，僕たち学生は，半分だけ支払う必要があると書かれているよ。僕たちはこのレースに2,000円で挑戦できるよ。

エミ：本当なの？　それなら，このレースをいっしょに走りましょう。

トム：うん，そうしよう！　今日が2月6日だから，お祭りまで3か月ある。僕たちは十分に練習することができるね。僕はわくわくしてきたよ！

(1)の質問：トムはなぜお祭りで走ることに決めたのですか？

答え：エ　なぜなら彼の兄が彼にお祭りについてのよい点を伝えたからです。

(2)の質問：エミはどのレースを選びましたか？

答え：イ　10キロメートル。

(3)の質問：絵の中の A として正しいものはどれですか？
　　答え：ウ　5月

〔放送台本〕

次は3番の問題です。あなたは，英語で学校新聞を作るために，新しく来たALTにインタビューをしています。そのインタビューを聞いて，英語で書いたメモを完成させなさい。対話は2回言います。では始めます。

You: Can you tell us about your country?
ALT: Sure.
You: If you're ready, please begin.
ALT: OK. My country is an island country. It is famous for its beautiful sea. You can enjoy swimming! The climate is nice through the year. We have a lot of sunshine. We receive more than three thousand hours of sunshine in a year. It's a wonderful place. My country is a very small country. Can you guess its size? It is as large as Utsunomiya City. It's surprising, right? My country is small, but there are a lot of good places for visitors. I love my country. You should come!

〔英文の訳〕

あなた：あなたの国について私たちに教えてくれませんか？
ALT　：もちろん。
あなた：あなたの準備ができたら，どうぞ始めてください。
ALT　：分かりました。私の国は島国です。その美しい海で有名です。あなたたちは泳ぐことを楽しむことができますよ！　気候は一年を通してよいです。多くの日差しもあります。一年で3,000時間以上の日照時間が得られます。そこはすばらしい場所です。私の国はとても小さな国です。その大きさを推測できますか？　それは宇都宮市と同じくらいです。それは驚くべきことでしょう？　私の国は小さいですが，観光客にとって，多くのよい場所があります。私は自分の国が大好きです。皆さんは来るべきです！

＜理科解答＞

1　1 ウ　2 エ　3 イ　4 イ　5 受粉
6 乱反射　7 気団　8 中性子

2　1 ウ　2 イ　3 斑晶（例）地下深くで，ゆっくりと冷え固まってできた。／石基（例）地表付近で，急に冷え固まってできた。

3　1 CO_2　2 右図（発生する気体の質量）1.2(g)
3 （記号）×　（理由）（例）塩酸の濃度を変えても，加える炭酸水素ナトリウムの質量が同じであるため，発生する気体の質量は変わらないから。

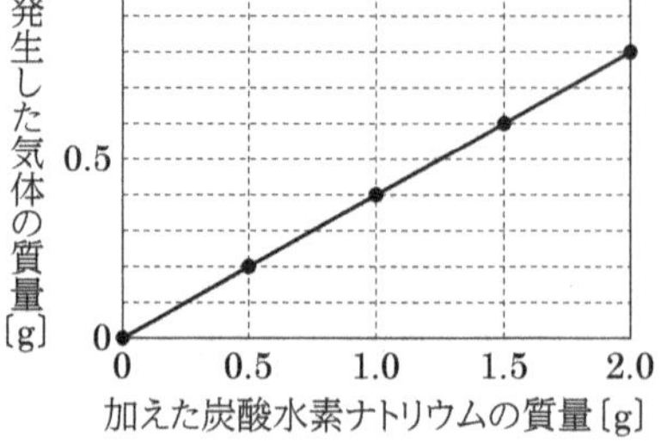

4　1　120mA　2 (電圧) 2.0V　(電気抵抗) 15Ω　3 (記号) エ　(電流の大きさ) 1.0A

5　1　ア　2 ① えら　② 肺　③ 皮膚　3 ① 食物連鎖　② ウ

6　1　ア　2 (例)水溶液の水を蒸発させる。　3 H^+　Na^+　4　エ

7　1　日周運動　2 ① Q　② S　3　ア, イ　4 ① 53度　② 22度　③ 地点Y

8　1　ウ　2　デンプン　3　ア　4 (例)光合成によって吸収された二酸化炭素の量と, 呼吸によって放出された二酸化炭素の量がつり合っているから。

9　1　40cm/s　2　等速直線運動　3　ウ　4　エ

＜理科解説＞

1 (小問集合)

1　地層が堆積した後, その地層をおし縮めるような大きな力がはたらいてできた地層の曲がりを**しゅう曲**という。地層の変化には, 大地がもち上がった**隆起**, しずんだ**沈降**, 力によって岩盤の一部が破壊されてできるずれの**断層**がある。

2　肝臓には, 小腸から運ばれたアミノ酸などの養分からからだに必要なタンパク質や酵素などをつくり出したり, 余った養分をたくわえるはたらきがある。また, からだに有害な物質を無害な物質に変えたり, 脂肪の**消化**を助ける胆汁をつくったりする。

3　熱の伝わり方には, 熱源から空間をへだててはなれたところまで熱が伝わる**放射**, 熱した部分から温度の低い周囲へ熱が伝わる**伝導**, 気体や液体の物質を加熱したときのように, あたためられた物質そのものが移動して全体に熱が伝わる**対流**がある。

4　固体がとけて液体に変化するときの温度を**融点**, 液体を熱して沸騰し始めるときの温度を**沸点**という。20℃のとき液体ということは, 融点が20℃以下で沸点が20℃以上の物質があてはまる。

5　実をつくる植物の花では, めしべの先端の**柱頭**に花粉がつきやすくなっている。受粉が起こると, 子房の中にある**胚珠**が種子になり, 子房が成長して果実になる。

6　光の**反射**の法則によって, 表面に細かい凹凸がある物体に当たった光も, それぞれが入射角と反射角が等しくなるように反射するので, 反射後の光はさまざまな方向に進む。このため, 光源が1つでも, どの方向からも物体が見える。

7　空気は, 大陸上や海上などに長期間とどまると, 気温や湿度が広い範囲でほぼ一様なかたまりの**気団**になる。気温や湿度など性質の異なる気団が接しても, **密度**がちがうためすぐには混じり合わず, 境界面である**前線面**ができる。

8　原子核は, ＋の電気をもつ**陽子**と電気をもたない**中性子**からなり, 原子核のまわりには, －の電気をもつ**電子**が存在している。陽子の数と電子の数は等しい。

2 (火成岩 － 等粒状組織, 斑状組織, 鉱物, 斑晶と石基)

1　顕微鏡の倍率＝対物レンズの倍率×接眼レンズの倍率より, 2×10＝20(倍)　黒色, 白色, 無色などの大きな**鉱物**が組み合わさってできている火成岩Xのようなつくりを, **等粒状組織**といい, 比較的大きな黒色や白色の斑晶とよばれる鉱物のまわりを, 石基とよばれる形がわからないほど小さな鉱物の集まりやガラス質の部分がとり囲んでいる火成岩Yのようなつくりを**斑状組織**という。

2　花こう岩には石英や長石などの無色鉱物が多くふくまれ, その中に有色鉱物である黒雲母など

が散らばっている。

3 **斑晶**は，マグマが地下深くでゆっくりと冷え固まったために，鉱物が大きく成長してできた。一方，**石基**はマグマが地表近くで急に冷やされたため，鉱物が成長することなく，ごく小さな粒になった。

3 (化学変化－化学式，グラフ作成，化学変化と物質の質量)

1 炭酸水素ナトリウム($NaHCO_3$)とうすい塩酸(HCl)が反応すると，二酸化炭素(CO_2)が発生する。$NaHCO_3 + HCl \rightarrow NaCl + CO_2 + H_2O$

2 容器A～Eについて，発生した気体の質量は，(反応前の容器全体の質量)－(反応後にふたをゆるめた後の質量)で求めることができる。

3 化学変化において，反応にかかわる物質の質量の割合は一定になる。したがって，容器A～Eと同じ質量の炭酸水素ナトリウムがすべて反応するために必要なうすい塩酸の質量はそれぞれ決まっているので，塩酸の濃度を変えても，発生する気体の質量は変わらない。

4 (電流－電流計，オームの法則，直列と並列)

1 つないだ－端子の値は，針が目盛りいっぱいに振れたときの値である。図4では500mAの－端子につないでいるので，最大目盛りが500mAになる。1目盛りが10mAにあたる。

2 オームの法則，抵抗(Ω)＝電圧(V)÷電流(A)より，電圧(V)＝抵抗(Ω)×電流(A)＝10(Ω)×0.20(A)＝2.0(V) 抵抗器Zに加わる電圧は，5.0－2.0＝3.0(V)なので，3.0(V)÷0.20(A)＝15(Ω)

3 それぞれの場合の回路全体の電気抵抗は，Aのみ閉じると10Ω，Bのみでは(10＋10)Ω，AとBでは10Ωと20Ωの**並列回路**なので全体では10Ωより小さく6.7Ω。AとCでは10Ωと10Ωの並列回路で5Ωである。電気抵抗が小さいほど，回路を流れる電流は大きくなる。

5 (動物の分類－無セキツイ動物，両生類の呼吸，食物連鎖，刺激と反応)

1 背骨のない無セキツイ動物のうち，体表が節のある**外骨格**におおわれているのは，カニなどの甲殻類，昆虫，クモなどの節足動物。イカとマイマイ，アサリは内臓が**外とう膜**に包まれている軟体動物である。

2 イモリとサンショウウオは両生類。生活場所が幼生は水中で，成体は陸上でも生活するように変化するので，幼生はえらで呼吸し，成体になると肺と皮膚で呼吸する。

3 生物どうしの食べる，食べられるという鎖のようなつながりを**食物連鎖**といい，生態系において生物どうしの食物連鎖が網の目のようにからみ合った関係を**食物網**という。

6 (中和－酸性，塩，イオン式，イオンの数の変化)

1 BTB溶液は酸性で黄色，中性で緑色，アルカリ性で青色になる。塩酸の中で塩化水素(HCl)は次のように水素イオン(H^+)と塩化物イオン(Cl^-)に**電離**して，**陽イオン**である水素イオンを生じている。$HCl \rightarrow H^+ + Cl^-$ 水酸化ナトリウム($NaOH$)は水溶液中で次のようにナトリウムイオン(Na^+)と水酸化物イオン(OH^-)に電離して，陰イオンである水酸化物イオンを生じている。$NaOH \rightarrow Na^+ + OH^-$

2 塩酸と水酸化ナトリウム水溶液を混ぜ合わせて中性にした水溶液は，塩化ナトリウム水溶液になる。したがって，この水溶液から水を蒸発させれば，塩化ナトリウムの**結晶**を取り出すことができる。

3　$H^{+}+Cl^{-}+Na^{+}+OH^{-}\rightarrow Na^{+}+Cl^{-}+H_2O$　ビーカーの水溶液中ではCl^{-}の数は変化せず，Na^{+}が増えたのと同数のH^{+}が減少する。うすい水酸化ナトリウム水溶液5.0cm^{3}を加えたとき，H^{+}の数は始めの$\frac{1}{2}$になり，これと同数のNa^{+}が存在する。

4　うすい水酸化ナトリウム水溶液を10.0cm^{3}加えたところまでで，イオンの総数は変化していない。このあとさらにうすい水酸化ナトリウム水溶液を加えていくと，Na^{+}とOH^{-}が増えるため，イオンの総数は増加していく。

7 (太陽の動き－地球の自転，日周運動，南中高度)

1　地上から太陽の1日の動きを観察すると，太陽は東から西へ動いているように見える。これは地球が西から東へ**自転**しているために起こる見かけの動きである。

2　太陽は東→南→西と動くので，影の先端はその逆の動きをする。秋分から3ヶ月後の冬至では，太陽の**南中高度**は低くなるため，棒の影は長くなる。

3　地点Xでの春分と秋分の太陽の南中高度は，90－37＝53(度)　地点Xで観測すると，太陽の南中高度は1年間で，冬至の53－23.4＝29.6(度)から夏至の53＋23.4＝76.4(度)の間で変化する。棒の長さと影の長さが等しくなるのは，南中高度45度のときである。

4　秋分の南中高度は地点Xで53度，地点Yで50度である。このときソーラーパネルに太陽光が垂直に当たるようにするためには，ソーラーパネルと水平な地面のなす角を地点Xで90－53＝37(度)，地点Yでは90－50＝40(度)にすればよい。

8 (植物のはたらき―光合成，呼吸，実験操作)

1　植物の細胞の中にある緑色の粒は**葉緑体**で，光が当たるとこの葉緑体で**光合成**が行われる。ヨウ素液にひたしたときの反応を見やすくするため，葉の緑色を脱色する。

2　植物が光を受けて，デンプンなどの養分をつくるはたらきを光合成という。デンプンにヨウ素液をつけると，青紫色に変化する。

3　調べたい内容以外はすべて同じ条件で行い，結果の比較から調べたい内容を確かめる実験を**対照実験**という。袋Aと袋Cで異なる条件は，光の有無だけである。

4　光が当たっている植物は，二酸化炭素を使う反応である光合成と二酸化炭素を放出する**呼吸**の両方を行っている。光が十分に当たっていると，呼吸で放出される二酸化炭素よりも光合成で吸収される二酸化炭素のほうが多い。また，呼吸で使用する酸素よりも光合成で放出される酸素のほうが多い。そのため見かけの上では，光が十分に当たっていると二酸化炭素は放出されず，酸素のみが放出されているように見える。

9 (物体の運動－平均の速さ，等速直線運動，速さと時間の関係，力のはたらく物体の運動)

1　平均の速さ(移動した距離)÷(移動にかかった時間)　5打点の時間5/50(s)＝0.1(s)より，4.0(cm)÷0.1(s)＝40(cm/s)

2　テープの長さが等しいということは，0.1秒間に同じ距離を移動したことになる。物体が一直線上を一定の速さで進む運動を，**等速直線運動**という。

3　おもりにはたらく**重力**が台車を引くことによって，台車はしだいに速さを増す運動をするが，おもりが床についたところで，台車の運動方向には力がはたらかなくなるため，その後の台車は等速直線運動をする。木片では，おもりにはたらく重力が引いている間も，木片と台の間の摩擦によって，木片には運動方向とは逆向きの力がはたらくため，速さが増加する割合は台車のときよりも小さい。さらに，この摩擦力がおもりにはたらく重力とは逆の向きにおもりを引くため，台車の速さが一定になってから少し遅れて木片の速さが最大になる。その後，おもりが床につくと木片の速さは減少する。

4　実験(3)の台車には，おもりにはたらく重力だけでなく，斜面上の台車にはたらく重力の斜面に平行な下向きの**分力**がはたらくため，台車の速さが変化する割合は実験(1)よりも大きくなる。

＜社会解答＞

1　1　政令指定(都市)　2　エ　3　イ　4　ア　5　ウ　6　イ　7　エ
8　(例)道路の開通により観光客が増加し，自然環境が損なわれたため，自然環境の保全と観光の両立を目指す取り組みをしてきた。

2　1　(1)　スペイン　ア　ロシア　ウ　(2)　バイオ燃料[バイオエタノール，バイオマス燃料，バイオマスエタノール]　(3)　イギリス　(4)　ア　(5)　X　(例)輸出の多くを農産物や鉱産資源に依存しているため，天候や国際価格などの影響を受けやすいこと
Y　(例)生産量が上位ではないのに，輸出量が上位なのだろうか　2　(1)　ウ
(2)　イ

3　1　イ　2　ア　3　ウ　4　イ・ウ　5　エ　6　朱印船(貿易)
7　(例)兵庫と比べて神戸は住居が少なく，外国人と日本人の交流を制限しやすかったから。
8　大航海(時代)

4　1　ア　2　エ→イ→ア→ウ　3　(例)関東大震災によって大規模な火災が発生したことから，区画整理を行い，災害に強い便利で暮らしやすい都市を目指した。　4　全国水平社
5　ウ　6　(1)　エ　(2)　安保闘争

5　1　(1)　国内総生産[GDP]　(2)　ウ　(3)　エ　2　(1)　条例　(2)　ア・エ
(3)　イ　(4)　Xの政策に賛成　(例)Xの政策は，「大きな政府」の政策であり，企業の経済活動を保護したり，税金を使って公共サービスを充実させたりする。
Yの政策に賛成　(例)Yの政策は，「小さな政府」の政策であり，企業の自由な競争を促したり，税金の負担を軽くしたりする。

6　1　A　持続可能　B　パリ(協定)　2　ア　3　エ　4　ウ　5　難民
6　X　(例)発電効率が低い　Y　(例)新たな発電技術を確立させて，二酸化炭素排出量を減らす

＜社会解説＞

1　**(地理的分野―日本―日本の国土・地形・気候，人口・都市，農林水産業，工業，交通・通信)**

1　2022年現在20都市が政令指定都市に指定されている。

2　大阪市は，年間降水量が少なく比較的温暖な**瀬戸内気候区**に含まれる。アが札幌市，イが鹿児島市，ウが新潟市の雨温図。

3　マングローブは熱帯性の植物であることから，赤道直下の国であると判断する。

4　四つの道府県とは北海道，新潟県，大阪府，鹿児島県を指す。宿泊旅行者数が最も多いことから，Aは北海道と判断できる。移動手段について，近距離は鉄道，遠距離は航空が用いられることが多い。Bが鹿児島県，Cが新潟県。

5　**阪神工業地帯**には中小工場が多く，製造品出荷額に占める金属工業の割合が高い特徴があることから判断する。

6　鹿児島県には，水持ちが悪く稲作には適さない火山灰土が降り積もってできた**シラス台地**が広がることから，農業産出額に占める米の割合が低くなると判断する。アが北海道，ウが新潟県，エが大阪府。

7　**フォッサマグナ**とは，東日本と西日本を分ける大地溝帯のこと。アが大阪府，イが鹿児島県，ウが北海道。

8　図6・7から，1980年の知床横断道路の開通によって観光客数が増加したことや，観光客数が最多であった1999年に自動車の乗り入れ規制を開始していること，2000年代には世界自然遺産への登録やエコツーリズムを推進していることが読み取れる。

2 **(地理的分野―世界―人々のくらし，地形・気候，人口・都市，交通・貿易，資源・エネルギー)**

1　(1)　スペインの首都マドリードは夏の降水量が少ない地中海性気候，ロシアの首都モスクワは冷帯(亜寒帯)に属する。冷帯気候の特徴として，年間降水量が少ないことが挙げられる。イがアメリカ，エがインド。　(2)　**バイオ燃料**は，バイオエタノールやバイオマス燃料，バイオマスエタノールともよばれ，とうもろこしやさとうきびなどを原料として生成される。　(3)　オセアニア州に含まれる国の国旗の一部には，イギリス国旗のユニオンジャックが描かれていることが多い。　(4)　**イスラム教**では飲酒が禁止されていることから判断する。　(5)　Xについて，図3から，コートジボワールは輸出の多くを農産物や鉱産資源に依存する**モノカルチャー経済**であることがわかる。Yについて，図4から，ベルギーとオランダ以外の国はカカオ豆生産国にも輸出国にも記載があることが読み取れる。

2　(1)　島国である日本は，領土面積のわりに**排他的経済水域**の面積が広くなる。また，アメリカの国土面積が世界第3位であるのに対してブラジルは第5位であることから，アメリカの方が国土面積が広いと判断する。　(2)　中国では2014年まで一人っ子政策が実施されており少子化が進んでいるが，日本は中国以上に少子化と高齢化が深刻であることから判断する。アが1970年の日本，ウが1970年の中国，エが2015年の日本の人口ピラミッド。

3 **(歴史的分野―日本史―時代別―古墳時代から平安時代，鎌倉・室町時代，安土桃山・江戸時代，日本史―テーマ別―政治・法律，文化・宗教・教育，外交，世界史―政治・社会・経済史)**

1　小野妹子は，飛鳥時代に聖徳太子から遣隋使に任命された。ア・エは弥生時代，ウは室町時代の記述。

2　図1中の「唐の僧」「臨済宗」などから判断する。**禅宗**とは座禅によって悟りを開く宗派の総称で，臨済宗のほかに道元が開いた曹洞宗が含まれる。

3　**平清盛**は，大輪田泊(兵庫の港)を整備して日宋貿易を行った。

4　問題文中の「マルコ・ポーロがフビライ・ハンに仕えていたとき」とは鎌倉時代をさす。アは室町時代，イ・ウは平安時代，エは安土桃山時代に建てられた。

5　豊臣秀吉が実施したのはエの**バテレン追放令**。アは大村純忠などの戦国大名，イ・ウは江戸幕府によって実施された。

6　豊臣秀吉や徳川家康が発行した朱印状を持った船が行ったことから**朱印船貿易**とよばれる。

7　キリスト教の禁教や身分制度を徹底していた江戸幕府が，日本人の庶民と外国人との積極的な交流を避けさせるためであると考えられる。

8　図4中の「新航路の開拓」などから判断する。

4 **(歴史的分野―日本史―時代別―明治時代から現代，日本史―テーマ別―政治・法律，経済・社会・技術，外交)**

1　江戸を東京とし，東京府を置いたのは1868年。アが1868年，イが1925年，ウが1890年，エが1970年のできごと。

2　アが1880年，イが1874年，ウが1885年，エが1871年のできごと。

3　「昨年の震災」とは，1923年の**関東大震災**のこと。図2から，災害に強くインフラが整備された便利な都市として復興をすすめていきたい政府の意向が読み取れる。

4　Bの時期とは大正時代。文中の「部落差別」から判断する。

5　**学徒出陣**は，戦況の悪化にともない1943年から実施された。図4中の盧溝橋事件は1937年，真珠湾攻撃は1941年，ミッドウェー海戦は1942年，ポツダム宣言の受諾は1945年，警察予備隊の創設は1950年。

6　(1)　Cの時期とは，1947～1964年をさす。アが1951年，イが1956年，ウの朝鮮戦争開始が1950年，エの第一次石油危機が1973年。　(2)　日米安全保障条約の改定に反対する人々によって展開された。

5 **(公民的分野―三権分立・国の政治の仕組み，地方自治，財政・消費生活・経済一般)**

1　(1)　2022年現在，日本のGDPはアメリカ，中国に次ぐ第3位。　(2)　図1・2を比べたときに**均衡価格**が下がっていること，図1・2中の②・②′が供給曲線を示すことから判断する。
(3)　公開市場操作は金融政策に含まれる。好景気のときは通貨量を減らす政策が取られることから判断する。

2　(1)　**条例**は，法律の範囲内で地方議会が独自に制定する。　(2)　イ・ウは，国会の仕事。
(3)　衆議院議員総選挙後30日以内に召集されることから判断する。臨時会は，内閣の要求またはいずれかの議院の総議員の4分の1以上の要求があった場合に開催される。　(4)　政府の介入が大きい「大きな政府」は，企業が倒産しないよう政府が税金を投入するため，財政を圧迫することが多い。政府の介入が小さい「小さな政府」は，規制緩和をすすめて企業間の競争を促すが，不況時などに税金を投入しないため企業の倒産が相次ぐ。

6 **(公民的分野―憲法の原理・基本的人権，国際社会との関わり)**

1　**パリ協定**で，先進国だけでなく全ての国に共通する国際的な取り組みが定められた。

2　1台150万円の自動車の価格は，1ドル＝150円のときに10000ドル，1ドル＝100円のときに15000ドルとなり，1ドル＝150円のときの方が日本製品が海外で安くなるため，日本からの輸出が有利となり，増加する。

3　国際連合の**安全保障理事会**では，アメリカ・イギリス・フランス・ロシア・中国の**常任理事国**のうち1か国でも拒否権を行使すると決議ができない。

4　日本国憲法第26条は，**教育を受ける権利**に関する条文。

5　国際連合には，難民の支援や保護を行うUNHCR(国連高等難民弁務官事務所)が設置されている。

6　Xについて，火力発電と比べたときの太陽光発電における短所について，電力の安定供給の点から記述する。Yについて，環境保全の点からみた火力発電における課題を克服するために，現在取り組まれている内容について，図1・2から読み取れることを記述する。

＜国語解答＞

1　1 (1) れいぎ　(2) すこ　(3) ちんれつ　(4) いちじる　(5) ちせつ
2 (1) 拾　(2) 運賃　(3) 冷　(4) 功績　(5) 談笑　3 ア　4 エ
5 ウ　6 ウ　7 イ

2　1 いうよう　2 ウ　3 イ　4 エ
5 (例)自分の影を見こし入道に見間違えたもの。

3　1 (例)西洋では自然を人間を主体とする表現の従属的な存在として捉えたのに対し，日本では自然を表現の主役として捉えた。　2 ウ　3 エ　4 (Ⅰ) 感性
(Ⅱ) (例)長い時間を経て少しずつ改良され，機能を満たした結果，無駄のない形となるから。　5 ア

4　1 大島の牧草地で牛がのびのびと過ごしてる風景　2 ア　3 イ　4 生き物と自然に人生を捧げる　5 (例)「翔」の覚悟を知って，両親が「翔」の思いを知らずに反対するのは違うと思い，両親にも理解してほしいと思ったから。　6 エ

5　(例)　最近は外来語が日本語に言い換えられることなく，そのまま用いられることが多くなった。外来語はそのままでもわかりやすいものと日本語にしないとわかりにくいものがある。

　先日，ニュースで解説者が外来語を多用して話をしていた。一緒に聞いていた私の祖父母が「何を言っているのがわからない」と困っていた。私も半分ぐらいしか理解できなかった。言葉は相手に自分の考えや思いを伝えるためにある。伝わらなければ意味がない。相手のこと，どのような表現が適切かなどを考えて，むやみやたらに外来語を使わず，伝えたい内容が伝わるような言葉を用いていきたい。

＜国語解説＞

1　**(漢字の読み書き,熟語,文と文節，品詞・用法,敬語・その他)**

1 (1) 「儀」は「義」や「議」など，偏の異なる漢字があるので注意する。　(2) 「健」の訓読みの際，送り仮名に注意する。「すこ・やか」だ。　(3) 品物や作品を人々に見せるために並べておくこと。　(4) はっきりわかるほど目立つ。「いちじる・しい」は訓読みする際に**「じ」を「ぢ」と読まない**ことに注意する。　(5) 洗練されていなくて，へたくそなこと。

2 (1) 「拾」は，「すてる」の「捨」と混同しない。　(2) 「賃」の上の部分は「任」である。
(3) 「冷」は，にすい。　(4) 「功」は「力」を「刀」にしない。「績」は，いとへん。
(5) 気楽な気分で，楽しく話し合うこと。

3 助動詞「そうだ」は，様態と伝聞の二つの意味がある。接続で見分けられ，**様態の「そうだ」は，動詞なら連用形に接続し，形容詞や形容動詞なら語幹に接続**する。**伝聞の「そうだ」は，用言の終止形に接続**する。「降りそうだ」は動詞「降る」の連用形に接続するから様態。　ア 「できそうだ」は動詞「できる」の連用形に接続するから様態。　イ 「広いそうだ」は形容詞「広い」の終止形に接続するから伝聞。　ウ 「元気だそうだ」は形容動詞「元気だ」の終止形に接続するから伝聞。　エ 「生まれるそうだ」は動詞「生まれる」の終止形に接続するから伝聞。

4 **「お目にかかる」は「会う」の謙譲語**。「会う」はAの行為である。**自分の行為だから謙譲語**でへりくだらせて，Bへの敬意を示している。

5 ウは主語「夢は」・述部「発明することだ」が照応している。

6 「無人」は上の語が下の語を打ち消している。アは下が上を修飾する組み合わせ。イは似た意味の語の組み合わせ。ウは上の「不」が下の「要」を打ち消している。エは反対の意味の語の組み合わせ。

7 「春」や「雪」に関する風物だから「梅」が適切だ。菅原道真の歌は太宰府に左遷される際に読んだ歌で，この道真の宅にあった梅は，後に道真を追って太宰府に飛んでいったとされる。

2 (古文―大意・要旨，内容吟味，文脈把握，仮名遣い)

【現代語訳】 一人が言うことに，「先日，大宮四条坊門のあたりで，和泉屋介太郎という者が，夜更けに外出から戻った際，門を慌ただしい様子で叩くので，内側から驚いて(家人が)扉を開けた。すると介太郎は門から中に入ると同時に，気を失った。いろいろな気つけ薬などを飲ませると，だんだん正気に戻って言うことに『私が帰るとき，月は薄暗くて，殺風景な様子であったのを，その十字路で九メートルほどもあろう坊主が後ろから追いかけてきたので，ややっと思って逃げたところ，ますます急いで追いかけてきて，この門の入り口で見失った。それでこんなことになったのだ。』と言ったので，聞いていた人が皆驚いて『なんと，危ないことだな。それこそ「見こし入道」でございましょう』といって，口を震わせた。これで，「見こし入道」が現れるのは身近なことだとわかったよ，その入道に会った人が，今もどこそこにいる。」と言ったので，その場にいた者たちが，いずれにせよ恐ろしいことだと言ったところ，

先生が評して言うことに，「この者のことだが，昔から「高坊主」とも言われていた。野原や墓地などではなく，ただ家の四辻門戸や軒下の石橋などのあたりから出てくると言われている。これは臆病者が臆病風を吹かせて，すごすごと歩く夜道で怖がる気持ちから生じるところの影法師である。その理由はこの者は，前から来たとも横から迫ってきたとも言っておらす，後ろから見えたと言ったのだから，四辻門戸の出入りかもしくは夜番の火の光や月星の光がおぼろげであるところに，自分の影が背高く映って，「見こし入道」だと思って，気を失ったのだな。」

1 語中・語尾の「は・ひ・ふ・へ・ほ」は現代かなづかいでは「ワ・イ・ウ・エ・オ」になる。また，「yau(ヤウ)」は「you」と読む。

2 ウ「追ひかけ」たのは「見こし入道」である。

3 傍線(1)のあと，気つけ薬を飲んで意識を戻したことを踏まえると，失神したことがわかる。

4 「まぢかし」とは，**時間的にも空間的にも間隔が短いこと**を意味する。したがって「身近なこと」と解釈するのが適切だ。

5 「わが影法師，背高くうつろふと，さてこそと思ひ」とある部分を用いてまとめる。**自分の影が大きく映ったのを見て，見こし入道だと勘違いした**ことが述べられていればよい。

3 (論説文―大意・要旨，内容吟味，文脈把握，段落・文章構成，脱文・脱語補充)

1 西洋と日本の自然の対象の捉え方の違いをおさえる。まず，西洋は傍線(1)の前後に「人間と対峙する関係にある」もので，「征服しよう」と考えており，**「人間を主体とする表現の従属的な存在」と捉えているとある。一方，日本はあらゆる自然を「表現の主役としてしまう」**徹底した自然主義の捉え方である。この対比を指定字数でまとめる。

2 傍線(2)の前に(旅先で目にする自然の美しさは)「テレビやメディアで見る自然と二重写しとなって，やはり自然の美しさは複製にすぎないと悟る」とある。ここから，**メディアを通してみる自然が本物だと思ってしまう**こと，**本来の自然の美しさを二次的**なものと捉えてしまい，本来の自然の美しさが感じ取れないことがわかる。

3 □には，人間の自然に対して取るべき，見直すべき姿勢を表す語が入る。最終段落に「私た

ちはもっと自然の存在を**真摯に受け止め**……形の美を探るべきであろう。」とある。「真摯」とは真面目・一生懸命という意味であるから「謙虚」な姿勢が伴う。

4 （Ⅰ）□は，**かつては「培ってきた」ものであり今は「持たない」ようになったもの**だ。〈A〉には冒頭の段落に「自然のエネルギーを……形の美しさを受け止める感性を培ってきた」とある。〈B〉には「自然の美しさに応える感性さえ持ち合わせていない現代人」と始まる段落がある。ここから「感性」を導き出せよう。　（Ⅱ）〈B〉に「道具や器の形は……結果的に**長い時間をかけて少しずつ無駄のない形に改良**されていった。これは**機能を追求した形**となり，結果的にどれもが美しいのである。」とある。最終段落にも同様の記述があり，自然や手作りのものが美しい理由だとわかる。ここを用いてまとめる。

5 〈A〉で日本の自然主義という美の捉え方を説明し，それをふまえて〈B〉では自然と接する機会が減った現代においての問題を提起し，自然の美を再確認している。イの「具体的な例を集約」，ウの「対立する見解」，エの「異なる視点」という説明はいずれも不適切だ。

4 （小説―情景・心情，内容吟味，文脈把握，指示語の問題）

1 「それ」は**翔が守りたいもの**だ。傍線(1)より前で，**翔が守りたいほど愛しく好ましく思っているもの**を探す。「俺，大島の牧草地で牛がのびのびと過ごしてる風景がすごい好きでさ。」とあるので，ここから指定字数で抜き出す。

2 「熱に浮かされる」とは，**何かに夢中になる様子**をいう。ここは翔が「俺」に対して酪農への自分自身の思いを語る場面である。**酪農について勉強し，酪農の難しさや大変さも知った上で，酪農を志したい自分の胸の内を語っている。**イの「自信」，ウの「誇り」は感じられず，エの「平然」という様子も適切ではない。

3 傍線(3)「ぽんと手を乗せた」ことから「俺」はバトンパスに思いをはせた。**バトンパスは人と人との関わりであり，自分という存在が誰かに何か影響を与え，成長へと誘うもの**だと「俺」は考えている。そして翔に話を聞いた**自分は翔の気持ちを理解し，信じ，応援する**ことにしたのだ。翔に自分が翔の力になるから頑張れということを伝えようとして手を乗せたと考えられる。

4 酪農については「酪農は，動物に依存する職業……たくさんある。」と考え，それを「**生き物と自然に人生を捧げるということ**」と理解している。ここから抜き出せる。その後に続く「甘っちょろい覚悟でできることじゃない」とは傍線部の生半可な覚悟じゃないと同義であることもヒントになる。

5 「俺」は，「なんでそういうことを考えたのかも知らずに否定するのって，やっぱ違うかなと思う」と述べている。酪農という不安定な職業を志望する息子を心配する親の気持ちはわかるが，**翔の本当の思いを知らずに反対するのは間違っている**ので，**ちゃんと理解して欲しい**と考えているのだ。理解してもらうために，翔に両親へきちんと話すことを勧めたのである。

6 「俺」は，自分が夢中になっている陸上のために港のほうへ向かう。一方，翔は北のほうへ進む。それは翔が目指す酪農(牧草地)に続いている。**励まし合ったあとに自分自身でそれぞれの未来に進もうとする兄弟の様子**が読み取れる。

5 （作文）

テーマは「言葉を用いる際のこころがけ」である。構成の条件に従って書こう。まず，第一段落では外来語を用いた会話と用いない会話を比べて気づいたことを書く。そして，第二段落には，「言葉」を使用する時に心がけたいことを考察する。外来語の例が示されているので，それに関した体験を用いると書きやすいだろう。**言葉の効用とは？言葉を使用する目的とは？といった本質的**

な内容を掘り下げて答えを見つけられたら，言葉を使用する時に心がけるべき事柄が見えてくるはずだ。

栃木県公立高等学校

2021年度

★★★★★★★★★★★★★★★★★★★★★★★★

入　試　問　題

2021年度

●くわしい解説……41ページ

2021年 栃木県公立高校入試　出題範囲縮小内容

令和２年５月13日付け２文科初第241号「中学校等の臨時休業の実施等を踏まえた令和３年度高等学校入学者選抜等における配慮事項について（通知）」を踏まえ，出題範囲について以下通りの配慮があった。

〇出題範囲については、以下のとおり

数学	・標本調査
理科	〇第１分野 ・科学技術と人間 〇第２分野 ・自然と人間
社会	〇公民的分野 ・私たちと国際社会の諸課題

＜数学＞　時間　50分　満点　100点

【注意】 答えは，できるだけ簡単な形で表し，必ず解答用紙のきめられた欄に書きなさい。

1　次の１から14までの問いに答えなさい。

1　$-3-(-7)$ を計算しなさい。

2　$8a^3b^5 \div 4a^2b^3$ を計算しなさい。

3　$a=2$，$b=-3$ のとき，$a+b^2$ の値を求めなさい。

4　$x^2-8x+16$ を因数分解しなさい。

5　$a=\frac{2b-c}{5}$ を c について解きなさい。

6　次のア，イ，ウ，エのうちから，内容が正しいものを１つ選んで，記号で答えなさい。

ア　９の平方根は３と－３である。

イ　$\sqrt{16}$ を根号を使わずに表すと ± ４である。

ウ　$\sqrt{5}+\sqrt{7}$ と $\sqrt{5+7}$ は同じ値である。

エ　$(\sqrt{2}+\sqrt{6})^2$ と $(\sqrt{2})^2+(\sqrt{6})^2$ は同じ値である。

7　右の図で，$\ell /\!/ m$ のとき，$\angle x$ の大きさを求めなさい。

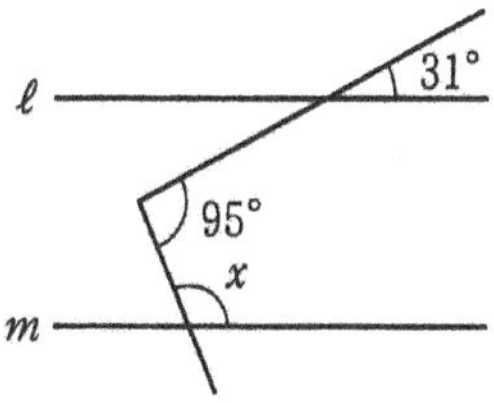

8　右の図は，y が x に反比例する関数のグラフである。y を x の式で表しなさい。

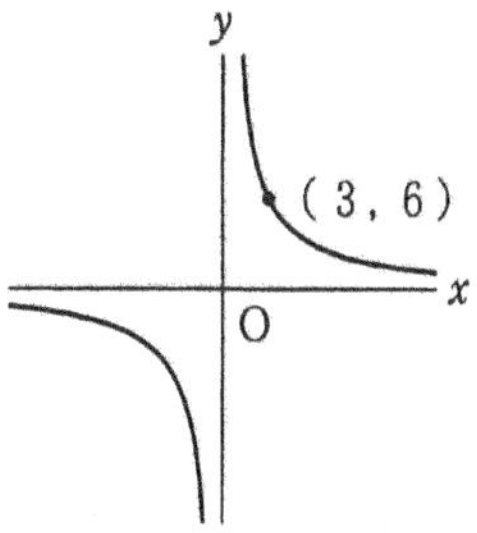

9　１辺が６cmの立方体と，底面が合同で高さが等しい正四角錐《すい》がある。この正四角錐の体積を求めなさい。

(図は次のページにあります。)

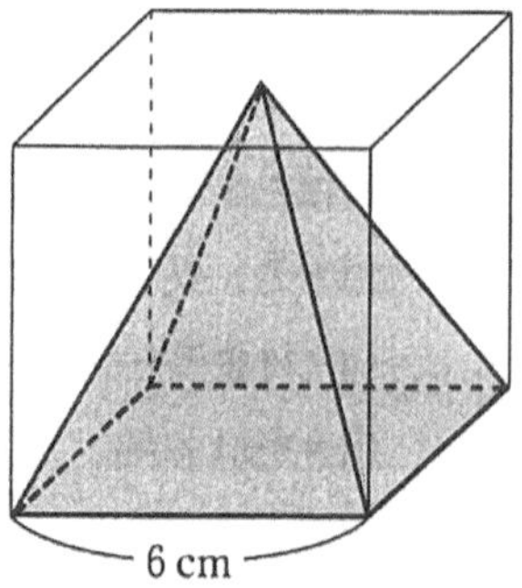

10 2次方程式 $x^2 + 5x + 2 = 0$ を解きなさい。

11 関数 $y = -2x + 1$ について，x の変域が $-1 \leqq x \leqq 3$ のときの y の変域を求めなさい。

12 A地点からB地点まで，初めは毎分60mで a m歩き，途中から毎分100mで b m走ったところ，20分以内でB地点に到着した。この数量の関係を不等式で表しなさい。

13 右の図で，△ABC∽△DEFであるとき，x の値を求めなさい。

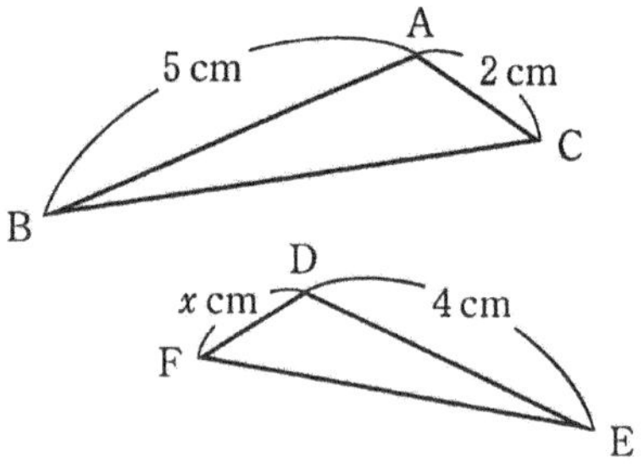

14 次の文の（ ）に当てはまる条件として最も適切なものを，**ア**，**イ**，**ウ**，**エ**のうちから1つ選んで，記号で答えなさい。

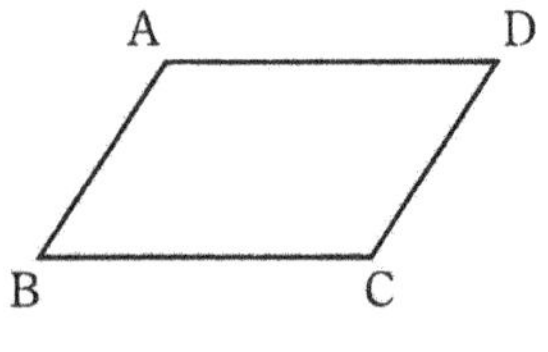

平行四辺形ABCDに，（　　　）の条件が加わると，平行四辺形ABCDは長方形になる。

ア AB＝BC　**イ** AC⊥BD　**ウ** AC＝BD　**エ** ∠ABD＝∠CBD

2 次の1，2，3の問いに答えなさい。

1 右の図の△ABCにおいて，頂点Bを通り△ABCの面積を2等分する直線と辺ACとの交点をPとする。このとき，点Pを作図によって求めなさい。ただし，作図には定規とコンパスを使い，また，作図に用いた線は消さないこと。

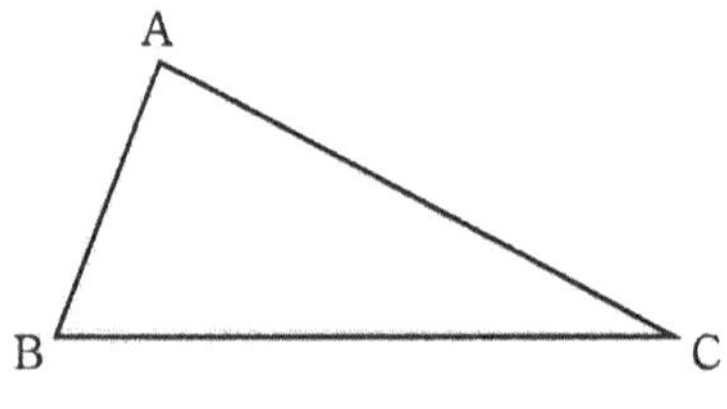

2　大小２つのさいころを同時に投げるとき，大きいさいころの出る目の数を a，小さいさいころの出る目の数を b とする。$a-b$ の値が正の数になる確率を求めなさい。

3　右の図のように，２つの関数 $y=x^2$，$y=ax^2$（$0<a<1$）のグラフがあり，それぞれのグラフ上で，x 座標が -2 である点をA，B，x 座標が３である点をC，Dとする。

下の文は，四角形ABDCについて述べたものである。文中の①，②に当てはまる式や数をそれぞれ求めなさい。

> 線分ABの長さは a を用いて表すと（　①　）である。また，四角形ABDCの面積が26のとき，a の値は（　②　）となる。

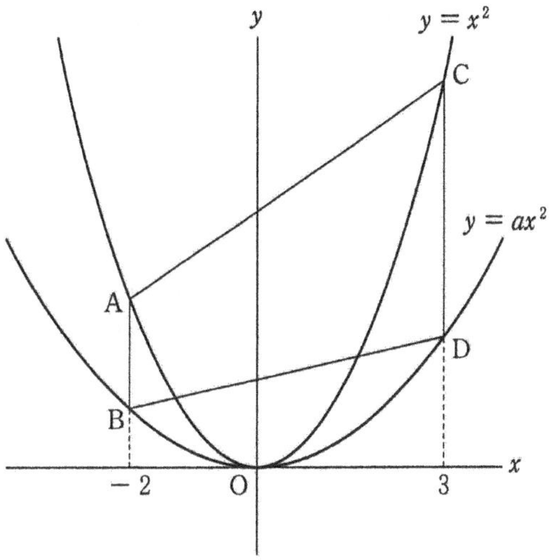

3　次の１，２の問いに答えなさい。

1　ある道の駅では，大きい袋と小さい袋を合わせて40枚用意し，すべての袋を使って，仕入れたりんごをすべて販売することにした。まず，大きい袋に５個ずつ，小さい袋に３個ずつ入れたところ，りんごが57個余った。そこで，大きい袋は７個ずつ，小さい袋は４個ずつにしたところ，すべてのりんごをちょうど入れることができた。大きい袋を x 枚，小さい袋を y 枚として連立方程式をつくり，大きい袋と小さい袋の枚数をそれぞれ求めなさい。ただし，途中の計算も書くこと。

2　次の資料は，太郎さんを含めた生徒15人の通学時間を４月に調べたものである。

> 3，5，7，7，8，9，9，11，12，12，12，14，16，18，20　（分）

このとき，次の(1)，(2)，(3)の問いに答えなさい。

(1)　この資料から読み取れる通学時間の最頻値を答えなさい。

(2)　この資料を右の度数分布表に整理したとき，５分以上10分未満の階級の相対度数を求めなさい。

階級（分）	度数（人）
以上　未満	
0 ～ 5	
5 ～ 10	
10 ～ 15	
15 ～ 20	
20 ～ 25	
計	15

⑶　太郎さんは８月に引越しをしたため，通学時間が５分長くなった。そこで，太郎さんが引越しをした後の15人の通学時間の資料を，4月に調べた資料と比較したところ，中央値と範囲はどちらも変わらなかった。引越しをした後の太郎さんの通学時間は何分になったか，考えられる通学時間をすべて求めなさい。ただし，太郎さんを除く14人の通学時間は変わらないものとする。

4　次の１，２の問いに答えなさい。

１　右の図のように，△ABCの辺AB，ACの中点をそれぞれD，Eとする。また，辺BCの延長にBC：CF＝２：１となるように点Ｆをとり，ACとDFの交点をＧとする。

このとき，△DGE≡△FGCであることを証明しなさい。

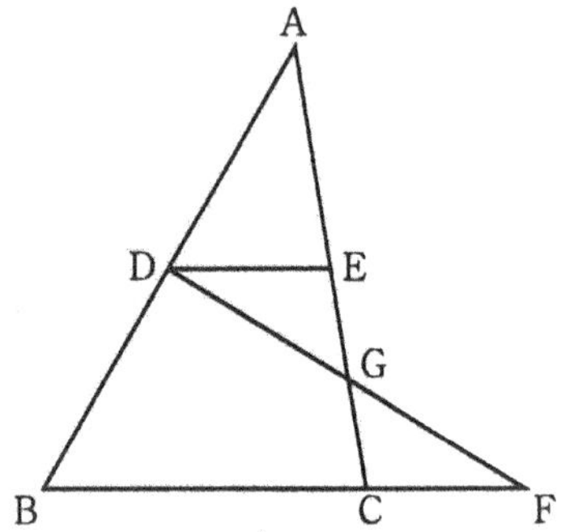

２　右の図のように，半径２㎝の円Ｏがあり，その外部の点Ａから円Ｏに接線をひき，その接点をＢとする。また，線分AOと円Ｏとの交点をＣとし，AOの延長と円Ｏとの交点をＤとする。

∠OAB＝30°のとき，次の⑴，⑵の問いに答えなさい。

⑴　ＡＤの長さを求めなさい。

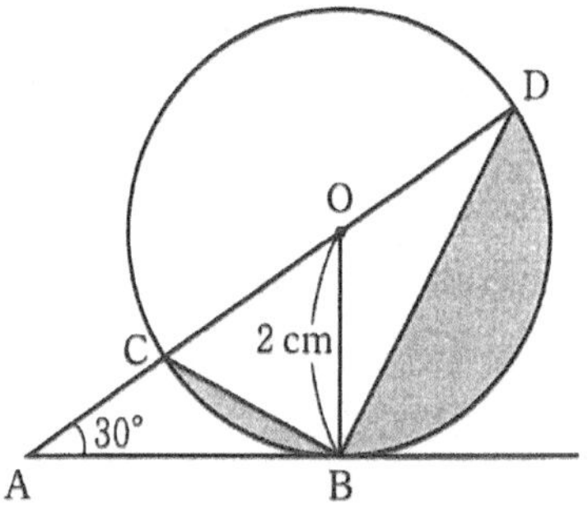

⑵　Ｂを含む弧CDと線分BC，BDで囲まれた色のついた部分（　　の部分）の面積を求めなさい。ただし，円周率はπとする。

5　図１のような，AB＝10㎝，AD＝３㎝の長方形ABCDがある。点ＰはＡから，点ＱはＤから同時に動き出し，ともに毎秒１㎝の速さで点Ｐは辺AB上を，点Ｑは辺DC上を繰り返し往復する。ここで「辺AB上を繰り返し往復する」とは，辺AB上をＡ→Ｂ→Ａ→Ｂ→…と一定の速さで動くことであり，「辺DC上を繰り返し往復する」とは，辺DC上をＤ→Ｃ→Ｄ→Ｃ→…と一定の速さで動くことである。

２点Ｐ，Ｑが動き出してから，x秒後の△APQの面積をy cm^2とする。ただし，点ＰがＡにあるとき，y＝０とする。

このとき，次の１，２，３の問いに答えなさい。

１　２点Ｐ，Ｑが動き出してから６秒後の△APQの面積を求めなさい。

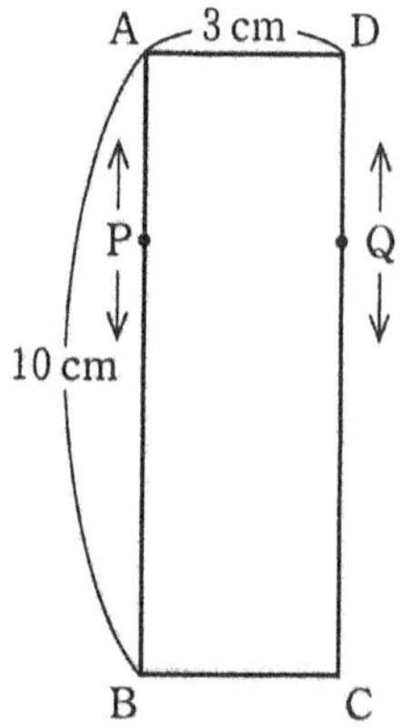

図１

2　図2は，x と y の関係を表したグラフの一部である。2点P，Qが動き出して10秒後から20秒後までの，x と y の関係を式で表しなさい。ただし，途中の計算も書くこと。

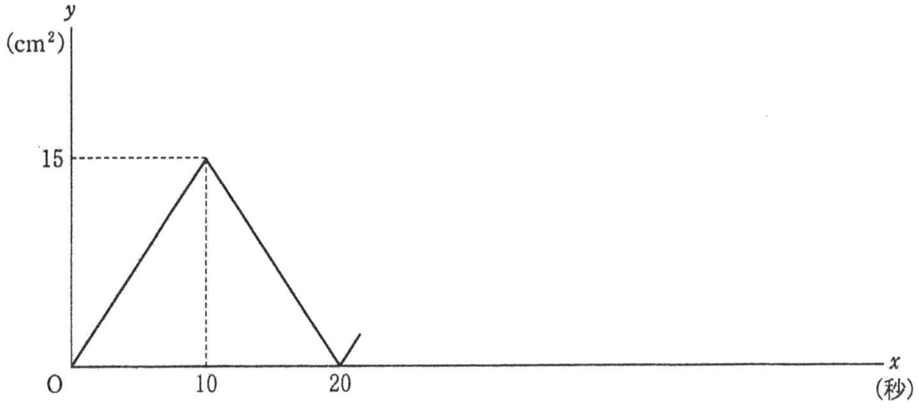

図2

3　点RはAに，点SはDにあり，それぞれ静止している。2点P，Qが動き出してから10秒後に，2点R，Sは動き出し，ともに毎秒0.5cmの速さで点Rは辺AB上を，点Sは辺DC上を，2点P，Qと同様に繰り返し往復する。

このとき，2点P，Qが動き出してから t 秒後に，△APQの面積と四角形BCSRの面積が等しくなった。このような t の値のうち，小さい方から3番目の値を求めなさい。

6　図1のような，4分割できる正方形のシートを25枚用いて，1から100までの数字が書かれたカードを作ることにした。そこで，**【作り方Ⅰ】**，**【作り方Ⅱ】**の2つの方法を考えた。

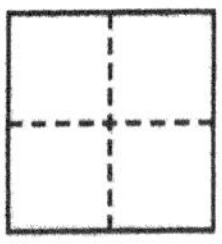

図1

【作り方Ⅰ】

図2のようにシートに数字を書き，図3のように1枚ずつシートを切ってカードを作る。

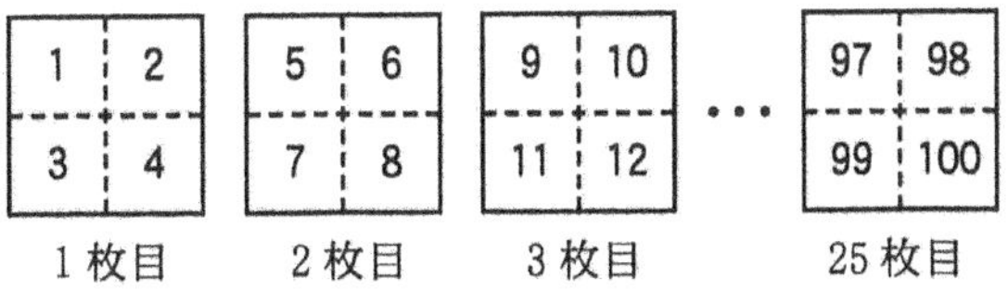

図2

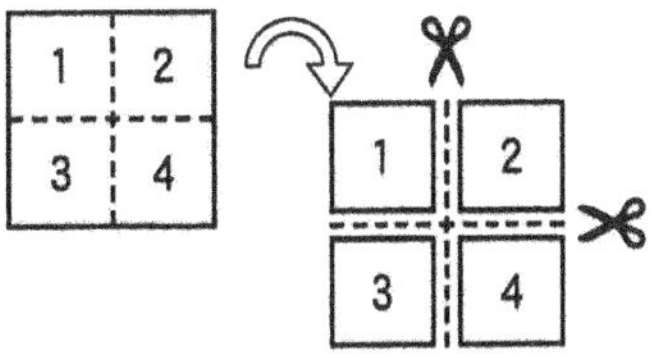

図3

【作り方Ⅱ】

図4のようにシートに数字を書き，図5のように1枚目から25枚目までを順に重ねて縦に切り，切った2つの束を重ね，横に切ってカードを作る。

(図4，図5は次のページにあります。)

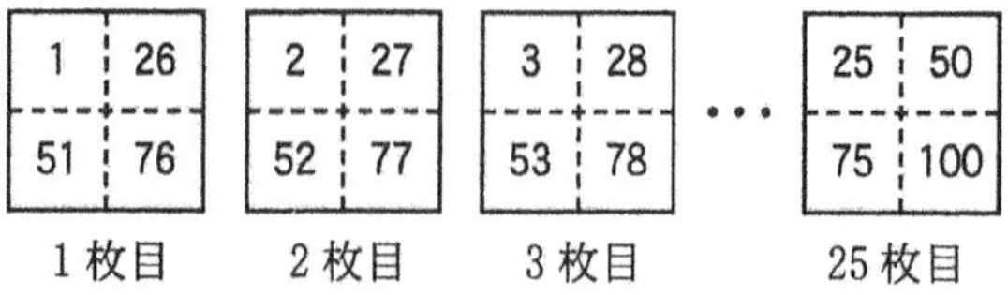

図 4

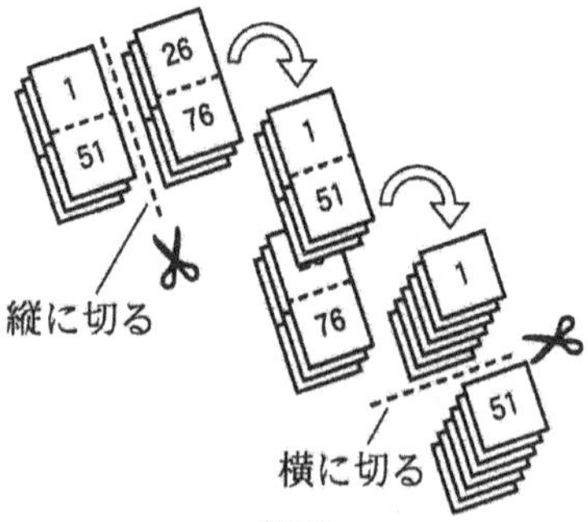

図 5

このとき，次の 1，2，3 の問いに答えなさい。

1 **【作り方Ⅰ】**の 7 枚目のシートと**【作り方Ⅱ】**の 7 枚目のシートに書かれた数のうち，最も大きい数をそれぞれ答えなさい。

2 **【作り方Ⅱ】**の x 枚目のシートに書かれた数を，図 6 のように a，b，c，d とする。$a+2b+3c+4d=ac$ が成り立つときの x の値を求めなさい。ただし，途中の計算も書くこと。

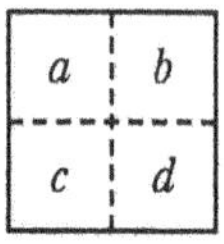

図 6

3 次の文の①，②に当てはまる式や数をそれぞれ求めなさい。

【作り方Ⅰ】の m 枚目のシートの 4 つの数の和と，**【作り方Ⅱ】**の n 枚目のシートの 4 つの数の和が等しくなるとき，n を m の式で表すと（ ① ）となる。①を満たす m，n のうち，$m<n$ となる n の値をすべて求めると（ ② ）である。ただし，m，n はそれぞれ25以下の正の整数とする。

＜英語＞　時間　50分　満点　100点

1　これは聞き方の問題である。指示に従って答えなさい。

1 〔英語の対話とその内容についての質問を聞いて，答えとして最も適切なものを選ぶ問題〕

(1)

ア

イ

ウ

エ

(2)

ア

イ

ウ

エ

(3)

ア

イ
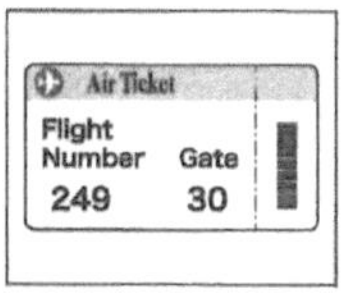

ウ

エ
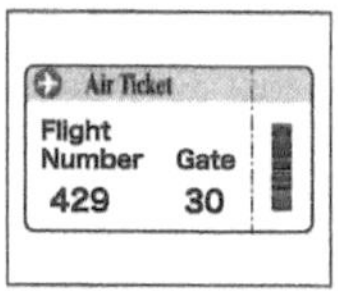

2 〔英語の対話とその内容についての質問を聞いて，答えとして最も適切なものを選ぶ問題〕

(1) ① ア　Because he has already practiced kendo in his country.
イ　Because he can practice kendo even in summer.
ウ　Because he has a strong body and mind.
エ　Because he can learn traditional Japanese culture.

② ア　Four days a week.　イ　Five days a week.
ウ　Every weekend.　エ　Every day.

(2)

① ア $4.00. イ $5.00. ウ $6.00. エ $7.00.

② ア A hot dog. イ French fries. ウ An ice cream. エ A toy.

3 〔イングリッシュキャンプの班長会議でのスタッフによる説明を聞いて，班員に伝えるためのメモを完成させる問題〕

○ Hiking Program：walk along the river

Meeting Place：at the entrance

Time：meet at 8:00, (1) (　　　　) at 8:10

Things to Bring：something to (2) (　　　　), a cap

○ Speaking Program：make a speech

Meeting Place：at the meeting room on the (3) (　　　　) floor

Time：meet at 8:30

Thing to Bring：a (4) (　　　　)

[2] 次の１，２の問いに答えなさい。

1 次の英文中の [(1)] から [(6)] に入る語句として，下の(1)から(6)のア，イ，ウ，エのうち，それぞれ最も適切なものはどれか。

Sunday, May 10

I went fishing in the Tochigi River with my brother, Takashi. It was the [(1)] time for me to fish in a river. Takashi [(2)] me how to fish. In the morning, he caught many fish, [(3)] I couldn't catch any fish. At noon, we had lunch which my mother made for [(4)]. We really enjoyed it. In the afternoon, I tried again. I saw a big fish behind a rock. I waited for a chance for a long time, and finally I caught it! It was [(5)] than any fish that Takashi caught. I was [(6)] and had a great time.

(1) ア one イ first ウ every エ all

(2) ア taught イ called ウ helped エ knew

(3) ア if イ because ウ or エ but

(4) ア we イ our ウ us エ ours

(5) ア big イ bigger ウ biggest エ more big

(6) ア boring イ bored ウ exciting エ excited

2 次の(1)，(2)，(3)の（ ）内の語句を意味が通るように並べかえて，(1)と(2)はア，イ，ウ，エ，(3)はア，イ，ウ，エ，オの記号を用いて答えなさい。

(1) Shall we (ア of イ in ウ meet エ front) the station?

(2) My mother (ア to イ come ウ me エ wants) home early today.

(3) The boy (ア tennis イ playing ウ is エ the park オ in) my brother.

3　次の英文は，高校生のひろし（Hiroshi）とカナダ（Canada）からの留学生クリス（Chris）との対話の一部である。また，次のページの図はそのとき二人が見ていたチラシ（leaflet）の一部である。これらに関して，1から6までの問いに答えなさい。

Chris: Hello, Hiroshi. What are you looking at?

Hiroshi: Hi, Chris. This is a leaflet about *assistance dogs. I'm learning about them for my homework.

Chris: Oh, I see. They are the dogs for people who need some help in their lives, right? I haven't seen them in Japan. [A] assistance dogs are there in Japan?

Hiroshi: The leaflet says there are over 1,000 assistance dogs. There are three types of them. Look at the picture on the right. In this picture, a *mobility service dog is helping its user. This dog can ___(1)___ for the user.

Chris: They are very smart. Such dogs are necessary for the users' better lives.

Hiroshi: You're right. The user in this leaflet says that he ___(2)___ *thanks to his assistance dog. However, more than half of the users in Japan say that their dogs couldn't go into buildings like restaurants, hospitals, and supermarkets.

Chris: Really? In my country, assistance dogs can usually go into those buildings without any trouble.

Hiroshi: There is (3)a difference between our countries.

Chris: Why is it difficult for assistance dogs to go into those buildings in Japan?

Hiroshi: Because many people in Japan don't know much about assistance dogs. Some people don't think they are clean and *safe. In fact, their users take care of them to keep them clean. They are also *trained well.

Chris: I understand some people do not like dogs, but I hope that more people will know assistance dogs are [B].

Hiroshi: I hope so too. Now, I see many shops and restaurants with the *stickers to welcome assistance dogs.

Chris: The situation is getting better, right?

Hiroshi: Yes, but there is (4)another problem. We don't have enough assistance dogs. It is hard to change this situation because it takes a lot of time to train them. Money and *dog trainers are also needed.

Chris: That's true.

Hiroshi: Look at this leaflet again. The *training center for assistance dogs needs some help. For example, we can ___(5)___ like clothes and toys. I think there is something I can do.

Chris: You should try it. In Canada, high school students often do some volunteer work. Through this, we learn that we are members of our *society.

Hiroshi: Wow! That's great. (6) What volunteer work can we do as high school students? I'll think about it.

〔注〕 *assistance dog＝補助犬 *mobility service dog＝介助犬 *thanks to ～＝～のおかげで *safe＝安全な *train＝訓練する *sticker＝ステッカー *dog trainer＝犬を訓練する人 *training center＝訓練センター *society＝社会

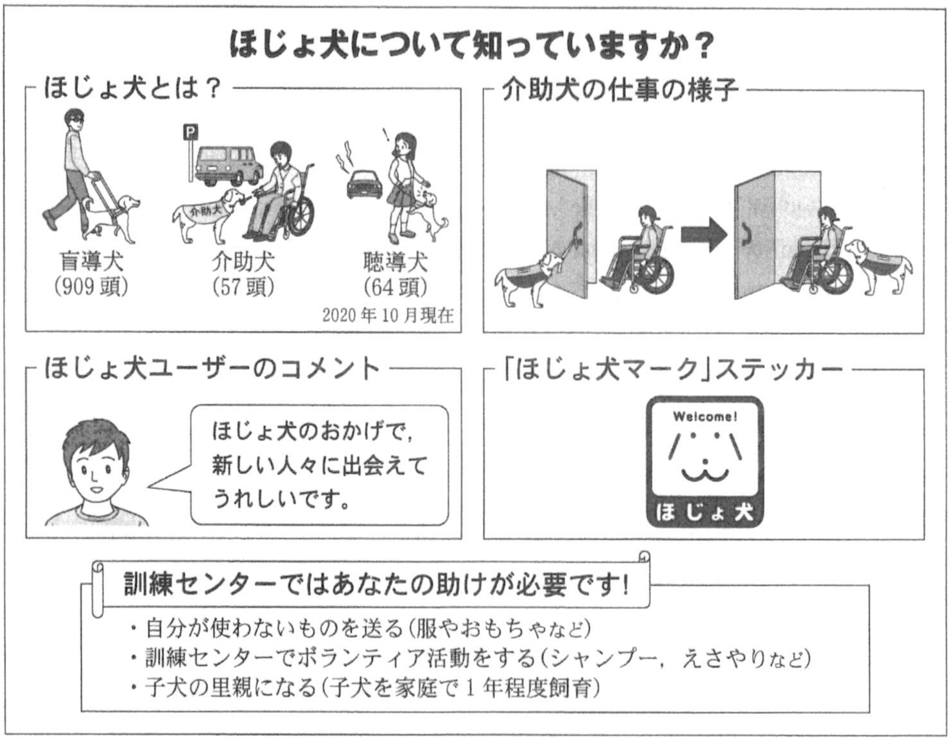

図 （「厚生労働省」，「特定非営利活動法人日本補助犬情報センター」のウェブサイトにより作成）

1 二人の対話が成り立つよう， A に入る適切な英語**2語**を書きなさい。

2 上のチラシを参考に，二人の対話が成り立つよう，下線部(1)，(2)，(5)に適切な英語を書きなさい。

3 下線部(3)の指す内容は何か。解答用紙の書き出しに続けて，**30字以内**の日本語で書きなさい。ただし，句読点も字数に加えるものとする。

4 本文中の B に入る語として，最も適切なものはどれか。

ア difficult イ important ウ loud エ popular

5 次の □ 内の英文は，下線部(4)の内容を表している。①，②に入る適切な英語を，本文から**1語**ずつ抜き出して書きなさい。

> There are not enough assistance dogs for people who (①) some help in their lives. Also, it is difficult to change this situation (②) enough time, money, and dog trainers.

6 下線部(6)について，あなたなら社会や誰かのためにどのようなことができると思いますか。

つながりのある５文程度の英語で書きなさい。ただし，本文及びチラシに書かれていること以外で書くこと。

4 結衣（Yui）とノブ（Nobu）についての次の英文を読んで，１から５の問いに答えなさい。

I was a quiet girl when I was small. I was too *shy to talk with people. Even after I became a junior high school student, I wasn't good at talking. I wanted to talk like my friends, but I couldn't. I didn't like myself very much. One day, my teacher told me and other students to go to a *nursery school for *work experience. The teacher said, "Yui, don't be afraid. I hope you'll learn something there." I said to myself, "A nursery school? I can't talk with children. How can I do that?" I felt scared.

The day came. I was still (Ａ). I walked to the nursery school slowly. I felt it was a long way. When I got there, I saw my classmates. They were playing with children. Then some of the children came and talked to me. However, I didn't know what to say, so I didn't say a word. They went away. I was standing in the room. I felt worse. Suddenly, a boy came to me and said, "Hi! Play with me!" I tried to say something, but I couldn't. The boy didn't care about my *silence and kept talking. His name was Nobu. His stories were interesting. I listened to him and *nodded with a smile. I had a great time. He made me feel better. However, I felt that I did nothing for him.

The next day, the children went to the vegetable garden and picked tomatoes. They were picking *round red tomatoes. They looked very excited. Then I found <u>one thing</u>. Nobu was picking tomatoes which didn't look nice. I wanted to know why. Finally, I talked to him, "Why are you picking such tomatoes?" At first, he looked surprised to hear my voice, but he said in a cheerful voice, "Look! Green, *heart-shaped, big, small...." He showed the tomatoes to me and said, "They are all different and each tomato is special to me." I listened to him *attentively. He continued with a smile, "You are always listening to me. I like that. You are special to me." I said, "Really? Thank you." I felt (Ｂ) when I heard that. We looked at the tomatoes and then smiled at each other.

While I was going back home, I remembered his words. I said to myself, "Nobu is good at talking and I am good at listening. Everyone has his or her own good points. We are all different, and that difference makes each of us special." I looked at the tomatoes given by Nobu and started to *feel proud of myself.

Now I am a junior high school teacher. Some students in my class are cheerful, and some are quiet. When I see them, I always remember Nobu and the things I learned from him.

〔注〕 *shy＝恥ずかしがりの *nursery school＝保育園 *work experience＝職場体験
*silence＝沈黙 *nod＝うなずく *round＝丸い *heart-shaped＝ハート型の
*attentively＝熱心に *feel proud of ～＝～を誇らしく感じる

1 本文中の（A），（B）に入る結衣の気持ちを表している語の組み合わせとして，最も適切なものはどれか。

ア A：brave － B：shocked イ A：shocked － B：nervous
ウ A：nervous － B：glad エ A：glad － B：brave

2 次の質問に答えるとき，答えの [ ] に入る適切な英語２語を，第２段落（The day came. で始まる段落）から抜き出して書きなさい。

質問：Why did Yui feel that she did nothing for Nobu?
答え：Because she just [ ] him.

3 下線部の指す内容は何か。日本語で書きなさい。

4 次の [ ] は，ノブの行動や発言から，結衣が気付いたことについてまとめたものである。①に10字程度，②に15字程度の適切な日本語を書きなさい。ただし，句読点も字数に加えるものとする。

> 誰にでも（ ① ）があり，私たちはみんな違っていて，その違いが（ ② ）ということ。

5 本文の内容と一致するものはどれか。

ア Yui didn't want to talk like her friends at junior high school because she was not good at talking.
イ Some children at the nursery school went away from Yui because she didn't say anything to them.
ウ Nobu asked Yui about the different tomatoes when he was picking them in the vegetable garden.
エ Yui always tells her students to be more cheerful when she remembers the things Nobu taught her.

5 次の英文を読んで，１，２，３，４の問いに答えなさい。

Many people love bananas. You can find many [A] to eat them around the world. For example, some people put them in cakes, juice, salads, and even in soup. Bananas are also very healthy and they have other good points. In fact, bananas may *solve the problems about plastic.

Some people in India have used banana *leaves as plates, but those plates can be used only for a few days. Today, like people in other countries, people in India are using many things made of plastic. For example, they use plastic plates. After the plates are used, they are usually *thrown away. That has been a big problem. One day, an Indian boy decided to solve the problem. He wanted to make banana leaves stronger and use banana leaf plates longer. He studied about banana leaves, and finally he *succeeded. Now, they can reduce the plastic waste.

This is not all. A girl in *Turkey wanted to reduce plastic made from oil. Then she *focused on banana *peels because many people in the world throw them away. Finally, she found how to make plastic which is kind to the earth. Before she found it, she tried many times at home. After two years' effort, she was able to make that kind of plastic. She says that it is easy to make plastic from banana peels, so everyone [B].

Now, you understand the wonderful points bananas have. Bananas are a popular food and, at the same time, they can save the earth.

〔注〕 *solve ＝解決する　*leaves ＝ leaf（葉）の複数形　*throw ～ away ＝～を捨てる
*succeed ＝成功する　*Turkey ＝トルコ　*focus on ～＝～に注目する　*peel ＝皮

1　本文中の [A] に入る語として，最も適切なものはどれか。

ア days　イ fruits　ウ trees　エ ways

2　下線部について，何をすることによって問題を解決しようと思ったか。日本語で書きなさい。

3　本文中の [B] に入るものとして，最も適切なものはどれか。

ア must reduce plastic made from banana peels　イ can eat banana peels
ウ must stop throwing it away in the sea　エ can make it at home

4　次の [ ] 内の英文は，筆者が伝えたいことをまとめたものである。（　）に入る最も適切なものはどれか。

> Many people in the world like eating bananas. Some use banana leaves and peels to reduce plastics. If you look around, (　　　　　　　　).

ア you may find a new idea to make something good for the earth
イ you may find plastic plates which you can use again and again
ウ you will learn that many people like bananas all over the world
エ you will learn that people put bananas into many kinds of food

＜理科＞

時間 45分 満点 100点

1 次の1から8までの問いに答えなさい。

1 次のうち，化学変化はどれか。

ア 氷がとける。 **イ** 食塩が水に溶ける。

ウ 砂糖がこげる。 **エ** 熱湯から湯気が出る。

2 右の図において，斜面上に置かれた物体にはたらく垂直抗力の向きは，**ア**，**イ**，**ウ**，**エ**のうちどれか。

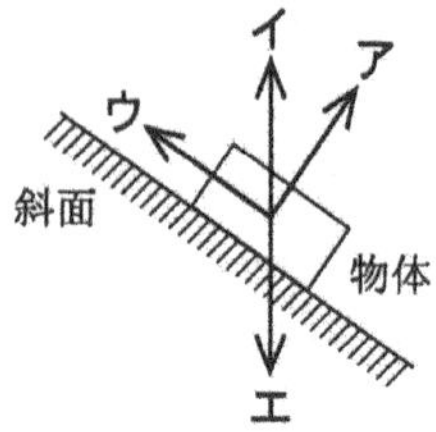

3 次のうち，惑星はどれか。

ア 太 陽 **イ** 地 球 **ウ** 彗《すい》 星 **エ** 月

4 ヒトのだ液などに含まれ，デンプンの分解にはたらく消化酵素はどれか。

ア リパーゼ **イ** ペプシン **ウ** アミラーゼ **エ** トリプシン

5 雷《かみなり》は，雲にたまった静電気が空気中を一気に流れる現象である。このように，たまった電気が流れ出したり，空間を移動したりする現象を何というか。

6 地球内部の熱などにより，地下で岩石がどろどろにとけているものを何というか。

7 受精卵が細胞分裂をして成長し，成体となるまでの過程を何というか。

8 砂糖40ｇを水160ｇに溶かした砂糖水の質量パーセント濃度は何％か。

2 図1は，3月のある日の午前9時における日本付近の気圧配置を示したものである。図2は，図1のA－B間における前線および前線面の断面を表した模式図である。

このことについて，次の1，2，3の問いに答えなさい。

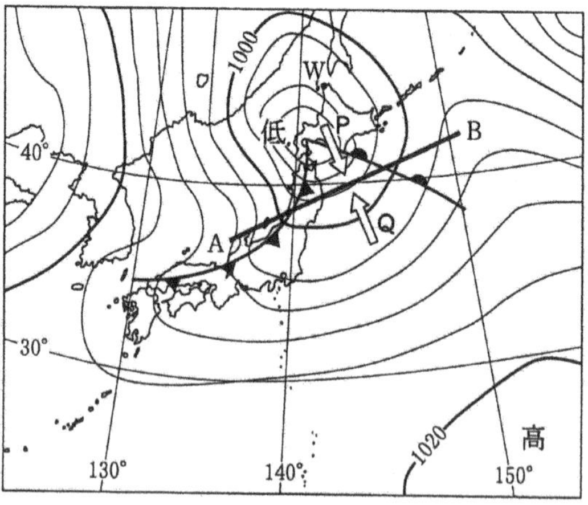

図1

1 図1の地点Wでは，天気は雪，風向は南東，風力は3であった。このときの天気の記号として最も適切なものはどれか。

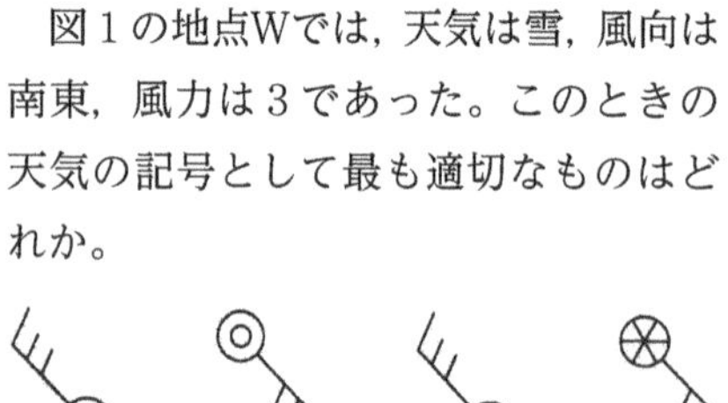

ア **イ** **ウ** **エ**

2 次のページの □ 内の文章は，図2（次のページ）の前線面の断面とその付近にできる雲について説明したものである。①に当てはまる記号と，②，③に当てはまる語をそれぞれ（ ）の中から選んで書きなさい。

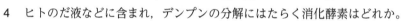

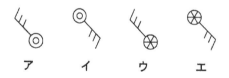

図２は，図１のA-B間の断面を①（P・Q）の方向から見たものである。前線面上の［　　］の辺りでは，寒気と暖気の境界面で②（強い・弱い）上昇気流が生じ，③（乱層雲・積乱雲）ができる。

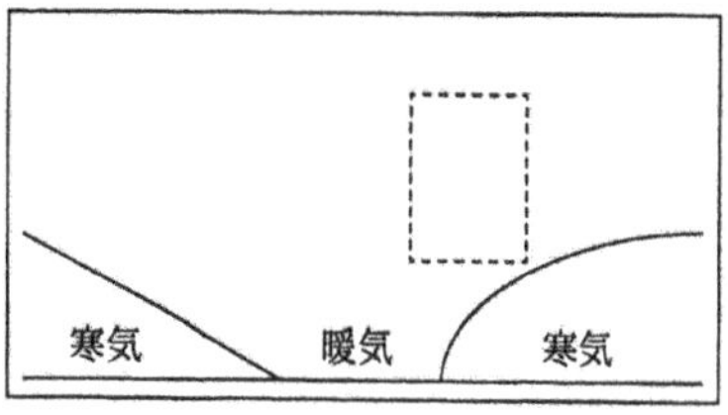

図２

3　図３は，図１と同じ日に観測された，ある地点における気温，湿度，風向のデータをまとめたものである。この地点を寒冷前線が通過したと考えられる時間帯はどれか。また，そのように判断できる理由を，気温と風向に着目して簡潔に書きなさい。

ア　０時～３時　　**イ**　６時～９時
ウ　12時～15時　　**エ**　18時～21時

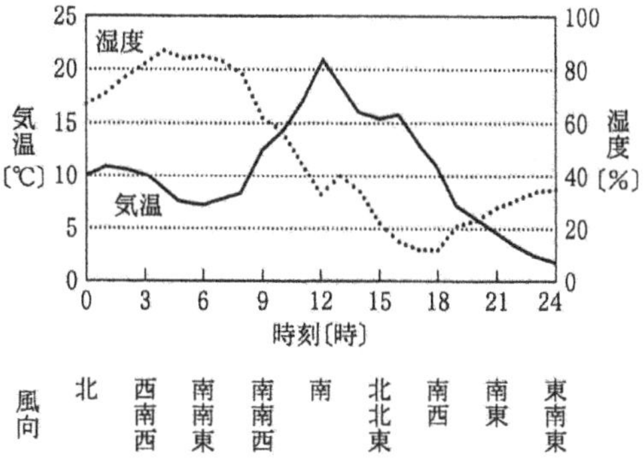

図３

3　植物の蒸散について調べるために，次の実験(1)，(2)，(3)，(4)を順に行った。

(1)　葉の数と大きさ，茎の長さと太さをそろえたアジサイの枝を３本用意し，水を入れた３本のメスシリンダーにそれぞれさした。その後，それぞれのメスシリンダーの水面を油でおおい，図のような装置をつくった。

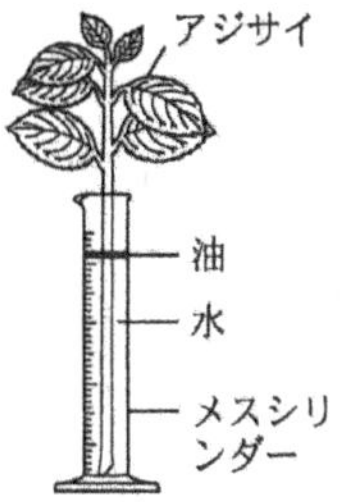

(2)　実験(1)の装置で，葉に何も処理しないものを装置A，すべての葉の表側にワセリンをぬったものを装置B，すべての葉の裏側にワセリンをぬったものを装置Cとした。

(3)　装置A，B，Cを明るいところに３時間置いた後，水の減少量を調べた。表は，その結果をまとめたものである。

	装置A	装置B	装置C
水の減少量〔cm^3〕	12.4	9.7	4.2

(4)　装置Aと同じ条件の装置Dを新たにつくり，装置Dを暗室に３時間置き，その後，明るいところに３時間置いた。その間，１時間ごとの水の減少量を記録した。

このことについて，次の１，２，３，４の問いに答えなさい。ただし，実験中の温度と湿度は一定に保たれているものとする。

1　アジサイの切り口から吸収された水が，葉まで運ばれるときの通り道を何というか。

2　実験(1)で，下線部の操作を行う目的を簡潔に書きなさい。

3　実験(3)の結果から，「葉の表側からの蒸散量」および「葉以外からの蒸散量」として，最も適切なものを，次の**ア**から**オ**のうちからそれぞれ一つ選び，記号で書きなさい。

ア　$0.6cm^3$　　**イ**　$1.5cm^3$　　**ウ**　$2.7cm^3$　　**エ**　$5.5cm^3$　　**オ**　$8.2cm^3$

4 実験(4)において，1時間ごとの水の減少量を表したものとして，最も適切なものはどれか。また，そのように判断できる理由を，「気孔」という語を用いて簡潔に書きなさい。

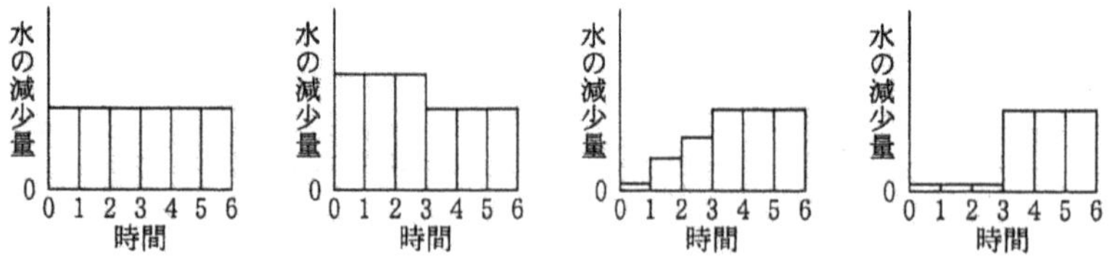

ア イ ウ エ

4 アキラさんとユウさんは，電流がつくる磁界のようすを調べるために，次の実験(1)，(2)，(3)を順に行った。

(1) 図1のように，厚紙に導線を通し，鉄粉を均一にまいた。次に，電流を流して磁界をつくり，厚紙を指で軽くたたいて鉄粉のようすを観察した。

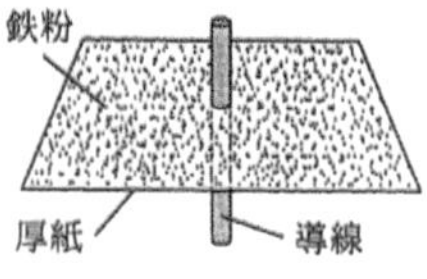

図1

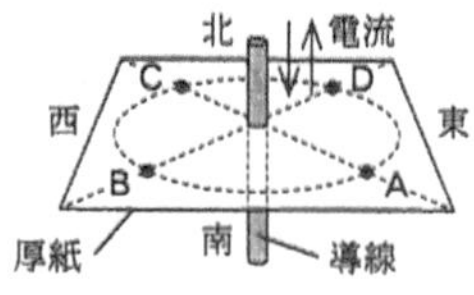

図2

(2) 図2のように，導線に上向きまたは下向きの電流を流して磁界をつくり，導線から等しい距離の位置A，B，C，Dに方位磁針を置いて，N極がさす向きを観察した。

(3) 図3のように，コイルを厚紙に固定して電流を流せるようにし，コイルからの距離が異なる位置P，Qに方位磁針をそれぞれ置いた。その後，コイルに流す電流を少しずつ大きくして，N極がさす向きの変化を観察した。図4は，図3の装置を真上から見たようすを模式的に示したものである。

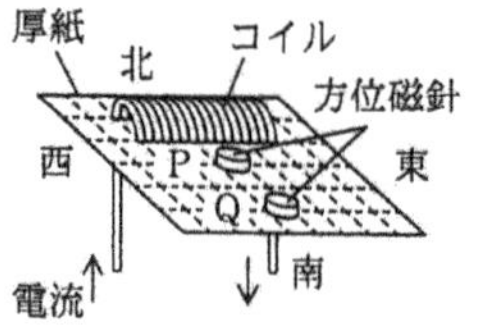

図3

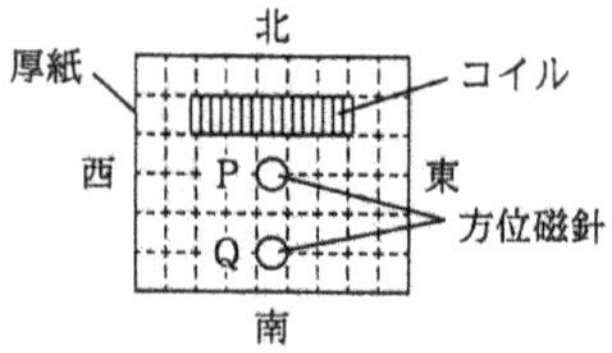

図4

このことについて，次の1，2，3の問いに答えなさい。

1 実験(1)で，真上から観察した鉄粉のようすを模式的に表したものとして，最も適切なものは次のうちどれか。

ア	イ	ウ	エ
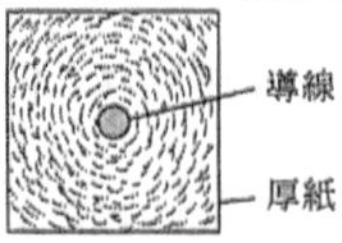 同心円状になる	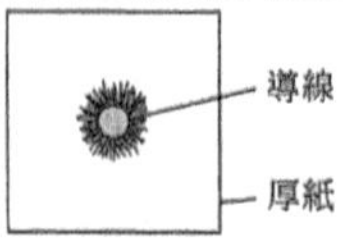 導線に集まる	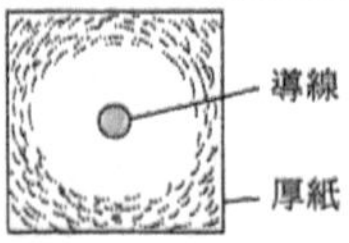 導線から遠ざかる	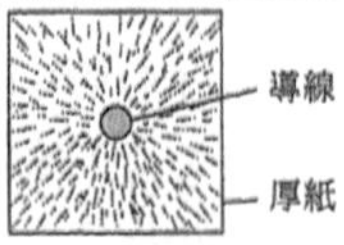 放射状になる

2 次のページの □ 内は，実験(2)を行っているときのアキラさんとユウさんの会話である。

①に当てはまる語と，②に当てはまる記号をそれぞれ（　）の中から選んで書きなさい。

アキラ「電流を流したから，N極がさす向きを確認してみよう。」
ユ　ウ「電流が流れたら，位置Aでは南西向きになったよ（右図）。電流は①（上向き・下向き）に流れているよね」
アキラ「そうだよ。次は同じ大きさの電流を，逆向きに流すね。」
ユ　ウ「位置②（A・B・C・D）では，N極は北西向きになったよ。」

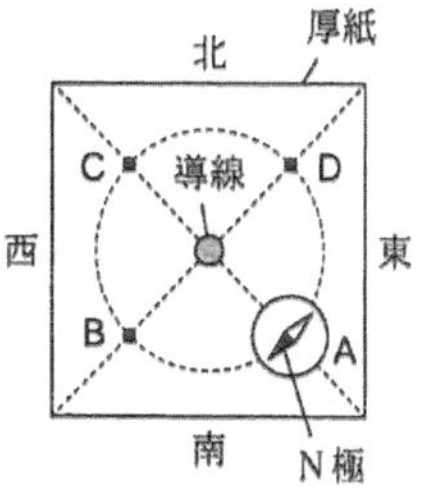

3　実験(3)について，位置P，Qに置かれた方位磁針のN極がさす向きは表のように変化した。この結果からわかることは何か。「コイルがつくる磁界の強さは」の書き出しで，簡潔に書きなさい。

	電流の大きさ			
	0	小	⇒	大
位置Pの方位磁針の向き				
位置Qの方位磁針の向き		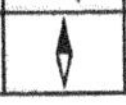		

5　電池のしくみについて調べるために，次の実験(1)，(2)，(3)を順に行った。

(1)　図のようにビーカーにうすい塩酸を入れ，亜鉛板と銅板をプロペラ付き光電池用モーターにつないだところ，モーターが回った。

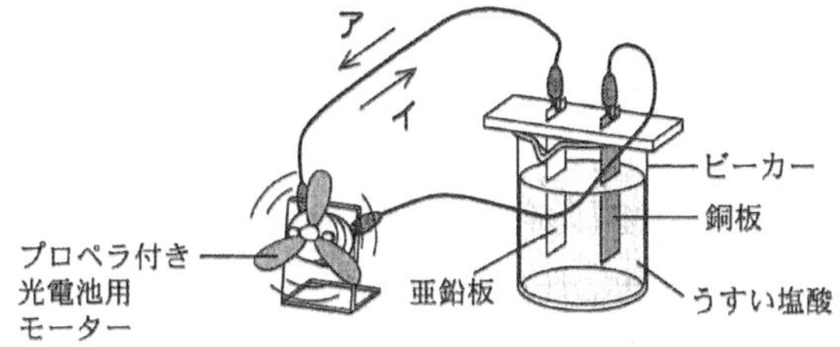

(2)　新たなビーカーに，うすい塩酸をうすい水酸化ナトリウム水溶液で中和させた溶液を入れ，実験(1)と同様に亜鉛板と銅板をプロペラ付き光電池用モーターにつないで，モーターが回るかどうかを調べた。

(3)　実験(1)において，塩酸の濃度や，塩酸と触れる金属板の面積を変えると電圧や電流の大きさが変化し，モーターの回転するようすが変わるのではないかという仮説を立て，次の実験(a)，(b)を計画した。

(a)　濃度が0.4%の塩酸に，塩酸と触れる面積がそれぞれ2 cm^2となるよう亜鉛板と銅板を入れ，電圧と電流の大きさを測定する。

(b)　濃度が4%の塩酸に，塩酸と触れる面積がそれぞれ4 cm^2となるよう亜鉛板と銅板を入れ，電圧と電流の大きさを測定する。

このことについて，次の1，2，3，4の問いに答えなさい。

1　うすい塩酸中の塩化水素の電離を表す式を，化学式とイオン式を用いて書きなさい。

2　次の［　　］内の文章は，実験(1)について説明したものである。①に当てはまる語と，②，③に当てはまる記号をそれぞれ（　）の中から選んで書きなさい。

> 　モーターが回ったことから，亜鉛板と銅板は電池の電極としてはたらき，電流が流れたことがわかる。亜鉛板の表面では，亜鉛原子が電子を失い，①(陽イオン・陰イオン)となってうすい塩酸へ溶け出す。電極に残された電子は導線からモーターを通って銅板へ流れる。このことから，亜鉛板が電池の②(＋《プラス》・－《マイナス》) 極となる。つまり，電流は図中の③(**ア**・**イ**) の向きに流れている。

3　実験(2)について，モーターのようすとその要因として，最も適切なものは次のうちどれか。

ア　中和後の水溶液は，塩化ナトリウム水溶液なのでモーターは回る。

イ　中和後の水溶液は，塩化ナトリウム水溶液なのでモーターは回らない。

ウ　中和されて，塩酸と水酸化ナトリウムの性質が打ち消されたのでモーターは回る。

エ　中和されて，塩酸と水酸化ナトリウムの性質が打ち消されたのでモーターは回らない。

4　実験(3)について，実験(a)，(b)の結果を比較しても，濃度と面積がそれぞれどの程度，電圧や電流の大きさに影響を与えるかを判断することはできないことに気づいた。塩酸の濃度の違いによる影響を調べるためには，実験方法をどのように改善したらよいか，簡潔に書きなさい。

6　遺伝の規則性を調べるために，エンドウを用いて，次の実験(1)，(2)を順に行った。

> (1)　丸い種子としわのある種子をそれぞれ育て，かけ合わせたところ，子には，丸い種子としわのある種子が１：１の割合でできた。
>
> (2)　実験(1)で得られた，丸い種子をすべて育て，開花後にそれぞれの個体において自家受粉させたところ，孫には，丸い種子としわのある種子が３：１の割合でできた。
>
> 　図は，実験(1)，(2)の結果を模式的に表したものである。

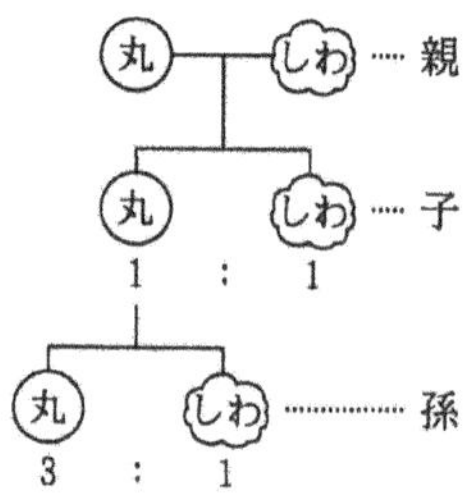

このことについて，次の１，２，３の問いに答えなさい。

1　エンドウの種子の形の「丸」と「しわ」のように，どちらか一方しか現れない形質どうしのことを何というか。

2　種子を丸くする遺伝子をＡ，種子をしわにする遺伝子をａとしたとき，子の丸い種子が成長してつくる生殖細胞について述べた文として，最も適切なものはどれか。

ア　すべての生殖細胞がＡをもつ。

イ　すべての生殖細胞がａをもつ。

ウ　Ａをもつ生殖細胞と，ａをもつ生殖細胞の数の割合が１：１である。

エ　Ａをもつ生殖細胞と，ａをもつ生殖細胞の数の割合が３：１である。

3　実験(2)で得られた孫のうち，丸い種子だけをすべて育て，開花後にそれぞれの個体において自家受粉させたとする。このときできる，丸い種子としわのある種子の数の割合を，最も簡単な整数比で書きなさい。

7　図1は，ボーリング調査が行われた地点A，B，C，Dとその標高を示す地図であり，図2は，地点A，B，Cの柱状図である。なお，この地域に凝灰岩の層は一つしかなく，地層の上下逆転や断層はみられず，各層は平行に重なり，ある一定の方向に傾いていることがわかっている。

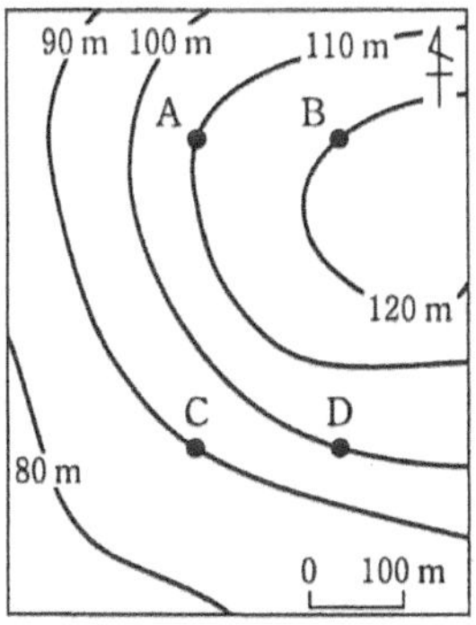

図1

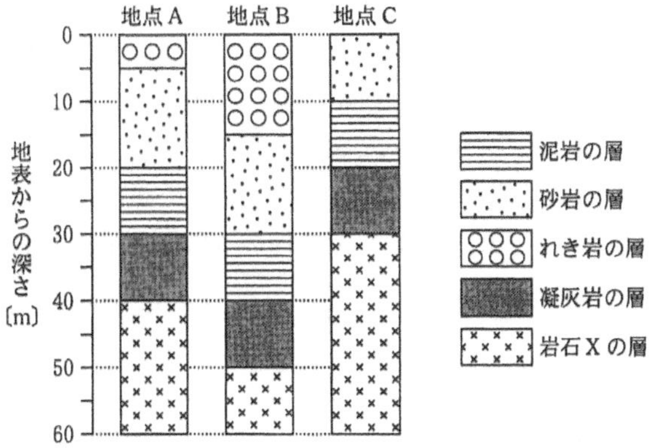

図2

このことについて，次の1，2，3，4の問いに答えなさい。

1　地点Aの砂岩の層からアンモナイトの化石が見つかったことから，この層ができた地質年代を推定できる。このように地層ができた年代を知る手がかりとなる化石を何というか。

2　採集された岩石Xの種類を見分けるためにさまざまな方法で調べた。次の□内の文章は，その結果をまとめたものである。①に当てはまる語を（　）の中から選んで書きなさい。また，②に当てはまる岩石名を書きなさい。

> 岩石Xの表面をルーペで観察すると，等粒状や斑状の組織が確認できなかったので，この岩石は①(火成岩・堆積岩) であると考えた。そこで，まず表面をくぎでひっかいてみると，かたくて傷がつかなかった。次に，うすい塩酸を数滴かけてみると，何の変化も見られなかった。これらの結果から，岩石Xは（　②　）であると判断した。

3　この地域はかつて海の底であったことがわかっている。地点Bの地表から地下40mまでの層の重なりのようすから，水深はどのように変化したと考えられるか。粒の大きさに着目して，簡潔に書きなさい。

4　地点Dの層の重なりを図2の柱状図のように表したとき，凝灰岩の層はどの深さにあると考えられるか。解答用紙の図に■のようにぬりなさい。

8　気体A，B，C，Dは，二酸化炭素，アンモニア，酸素，水素のいずれかである。気体について調べるために，次の実験(1)，(2)，(3)，(4)を順に行った。

> (1)　気体A，B，C，Dのにおいを確認したところ，気体Aのみ刺激臭がした。
> (2)　気体B，C，Dをポリエチレンの袋に封入して，実験台に置いたところ，気体Bを入れた袋のみ浮き上がった。
> (3)　気体C，Dをそれぞれ別の試験管に集め，水でぬらしたリトマス試験紙を入れたところ，

気体Cでは色の変化が見られ，気体Dでは色の変化が見られなかった。

(4)　気体C，Dを1：1の体積比で満たした試験管Xと，空気を満たした試験管Yを用意し，それぞれの試験管に火のついた線香を入れ，反応のようすを比較した。

このことについて，次の1，2，3の問いに答えなさい。

1　実験(1)より，気体Aは何か。図1の書き方の例にならい，文字や数字の大きさを区別して，化学式で書きなさい。

図1

2　次の□内の文章は，実験(3)について，結果とわかったことをまとめたものである。①，②，③に当てはまる語をそれぞれ書きなさい。

気体Cでは，（　①　）色リトマス試験紙が（　②　）色に変化したことから，気体Cは水に溶けると（　③　）性を示すといえる。

3　実験(4)について，試験管Xでは，試験管Yと比べてどのように反応するか。反応のようすとして，適切なものをア，イ，ウのうちから一つ選び，記号で答えなさい。また，そのように判断できる理由を，空気の組成（体積の割合）を表した図2を参考にして簡潔に書きなさい。

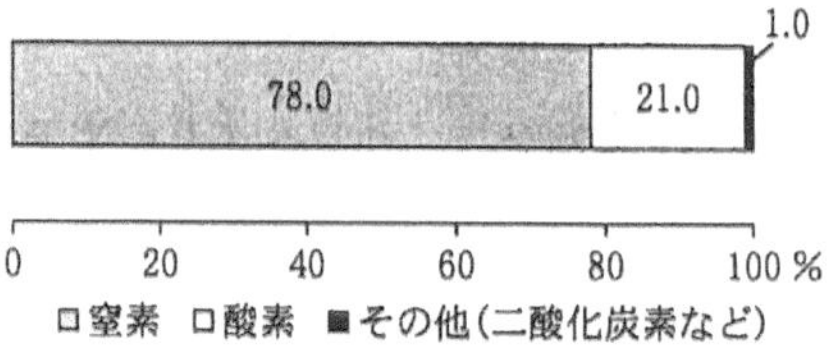

図2

ア　同じように燃える。　　**イ**　激しく燃える。　　**ウ**　すぐに火が消える。

9　凸レンズのはたらきを調べるために，次の実験(1)，(2)，(3)，(4)を順に行った。

(1)　図1のような，透明シート（イラスト入り）と光源が一体となった物体を用意し，図2のように，光学台にその物体と凸レンズP，半透明のスクリーンを配置した。物体から発する光を凸レンズPに当て，半透明のスクリーンにイラスト全体の像がはっきり映し出されるように，凸レンズPとスクリーンの位置を調節し，Aの方向から像を観察した。

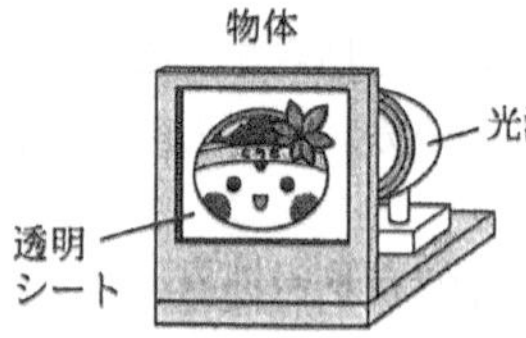

図1

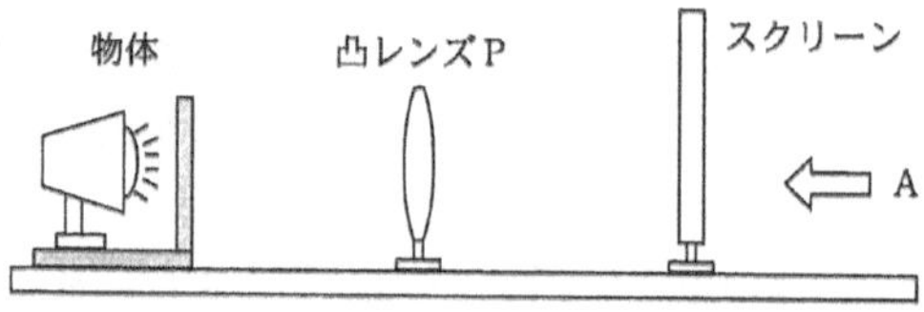

図2

(2)　実験(1)で，スクリーンに像がはっきり映し出されているとき，図3のように，凸レンズPをAの方向から見て，その半分を黒いシートでおおって光を通さないようにした。

このとき，スクリーンに映し出される像を観察した。

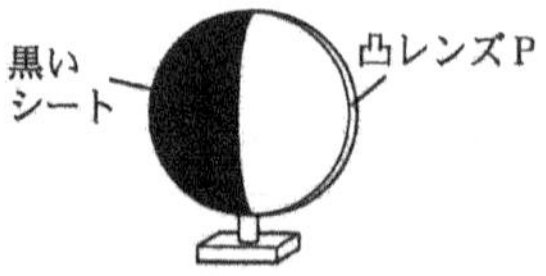

図3

(3)　図4（次のページ）のように，凸レンズPから物体までの距離a〔cm〕と凸レンズPからスクリーンまでの距離b〔cm〕を変化させ，像がはっきり映し出されるときの距離をそれぞれ調べた。

(4)　凸レンズＰを焦点距離の異なる凸レンズＱにかえて，実験(3)と同様の実験を行った。表は，実験(3)，(4)の結果をまとめたものである。

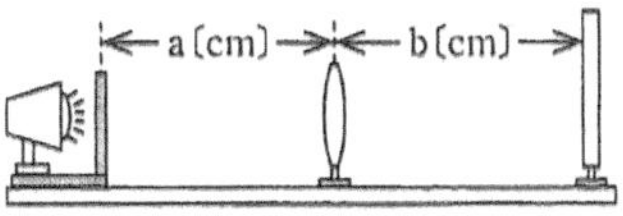

図４

	凸レンズＰ			凸レンズＱ		
a〔cm〕	20	24	28	30	36	40
b〔cm〕	30	24	21	60	45	40

このことについて，次の１，２，３，４の問いに答えなさい。

1　実験(1)で，Ａの方向から観察したときのスクリーンに映し出された像として，最も適切なものはどれか。

ア　　イ　　ウ　　エ

2　右の図は，透明シート上の点Ｒから出て，凸レンズＰに向かった光のうち，矢印の方向に進んだ光の道すじを示した模式図である。その光が凸レンズＰを通過した後に進む道すじを，解答用紙の図にかきなさい。なお，図中の点Ｆは凸レンズＰの焦点である。

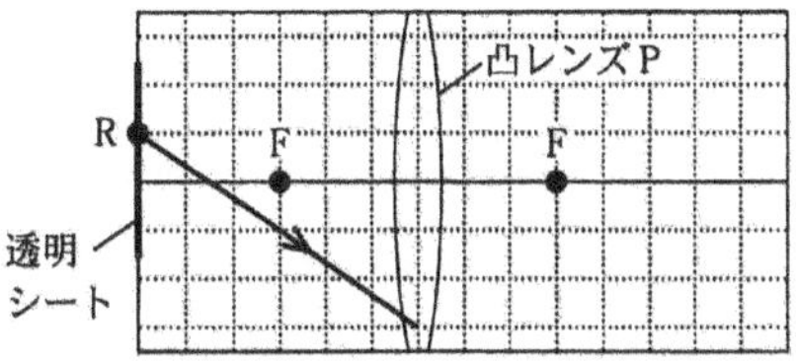

3　実験(2)で，凸レンズＰの半分を黒いシートでおおったときに観察した像は，実験(1)で観察した像と比べてどのように見えるか。

ア　像が暗くなる。　　　イ　像が小さくなる。

ウ　像の半分が欠ける。　エ　像がぼやける。

4　実験(3)，(4)の結果から，凸レンズＰと凸レンズＱの焦点距離を求めることができる。これらの焦点距離を比較したとき，どちらの凸レンズが何cm長いか。

＜社会＞

時間　45分　　満点　100点

【注意】「□に当てはまる語を書きなさい」などの問いについての答えは，一般に数字やカタカナなどで書くもののほかは，できるだけ漢字で書きなさい。

1　栃木県に住む一郎さんは，図1の4地点（本州の東西南北の端）を訪れた。これを見て，1から7の問いに答えなさい。

図1

1　大間町のある青森県や，宮古市のある岩手県について述べた，次の文中の□に当てはまる語を書きなさい。

> 東北地方の太平洋側では，夏の初め頃に冷たく湿った「やませ」とよばれる風が長い間吹くと，日照不足や気温の低下などにより□という自然災害がおこり，米の収穫量が減ることがある。

2　宮古市で行われている漁業について述べた，次の文中の Ⅰ ・ Ⅱ に当てはまる語の組み合わせとして正しいのはどれか。

> 宮古市の太平洋岸には，もともと山地の谷であった部分に海水が入り込んだ Ⅰ が見られる。この地域では，波がおだやかであることを生かし，ワカメやホタテガイ，ウニなどの Ⅱ 漁業が行われている。

ア　Ⅰ－フィヨルド　Ⅱ－沖合　　**イ**　Ⅰ－フィヨルド　Ⅱ－養殖
ウ　Ⅰ－リアス海岸　Ⅱ－沖合　　**エ**　Ⅰ－リアス海岸　Ⅱ－養殖

3　図2は，岩手県と同程度の人口規模である，滋賀県，奈良県，沖縄県における，農林業，漁業，製造業，宿泊・飲食サービス業に従事する産業別人口（2017年）を示している。製造業はどれか。

	岩手県（千人）	滋賀県（千人）	奈良県（千人）	沖縄県（千人）
ア	34.6	40.9	33.1	56.9
イ	5.2	0.6	—	1.8
ウ	98.0	190.0	103.7	33.3
エ	58.3	17.4	14.4	25.0

図2（「県勢」により作成）

4　串本町の潮岬《しおのみさき》の沖合には，暖流の影響でさんご礁が見られる。次のうち，世界最大級のさんご礁が見られる国はどれか。

ア　オーストラリア　　**イ**　カナダ　　**ウ**　ノルウェー　　**エ**　モンゴル

5　一郎さんと先生の会話文を読み，(1)，(2)の問いに答えなさい。

一郎：「8月に大阪市を経由して串本町の潮岬を訪れましたが，大阪市は潮岬と比べて，とても暑く感じました。これはなぜでしょうか。」

先生：「気象庁のウェブページで，8月の気象データの平均値を見てみましょう。」

	8月の日照時間（時間）	8月の最高気温（℃）
大阪市中央区	216.9	33.4
串本町潮岬	234.6	29.6

図3（「気象庁ウェブページ」により作成）

一郎：「大阪市は潮岬より日照時間が短いのに，最高気温が高くなっています。都市の中心部では，自動車やエアコンからの排熱により周辺部と比べ気温が高くなっているからでしょうか。」

先生：「そうですね。これは， X 現象とよばれますね。また，周辺部と比べ気温が高くなることで，急な大雨が降ることもあります。」

一郎：「そういえば，大阪市で突然激しい雨に降られました。都市の中心部では， Y ので，集中豪雨の際は大規模な水害が発生するとがあると学びました。」

(1) 会話文中の X に当てはまる語を書きなさい。

(2) 下線部の水害が発生する理由として，会話文中の Y に当てはまる文を，「舗装」の語を用いて簡潔に書きなさい。

6 次の文は，一郎さんが図4中に示した――の経路で歩いた様子について述べたものである。下線部の内容が正しいものを**二つ**選びなさい。

下関駅 を出て，北側にある交番からア1,500m歩き，「海峡ゆめタワー」に上り，街を眺めた。次に，イ図書館の北を通り，ウ下関駅よりも標高が低い「日和山公園」で休憩した。次に，「観音崎町」にある寺院を訪れた。その後，エこの寺院から北東方向にある市役所に向かった。

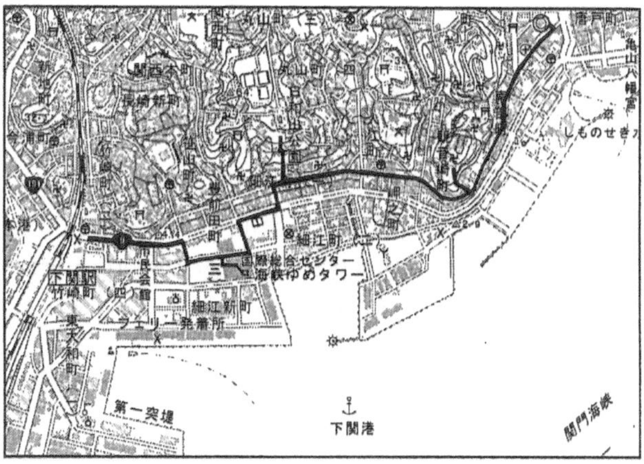

図4 (国土地理院発行2万5千分の1電子地形図により作成)

7 日本の貨物輸送の特徴として，**当てはまらない**のはどれか。

ア 航空機は，半導体などの軽くて高価なものの輸出に利用されることが多い。

イ 高速道路のインターチェンジ付近に，トラックターミナルが立地するようになっている。

ウ 船舶は，原料や燃料，機械などの重いものを大量に輸送する際に用いられることが多い。

エ 鉄道は環境への負荷が小さいため，貨物輸送に占める割合は自動車と比べて高い。

2 図1は，日本の貿易相手上位10か国・地域 (2018年) の位置を示している。これを見て，次のページの1から7までの問いに答えなさい。

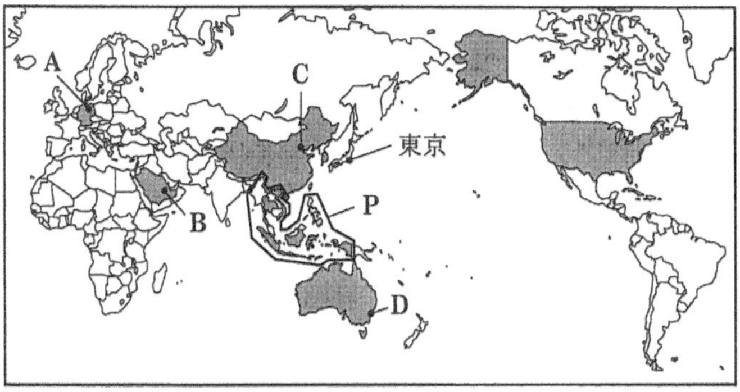

図1

	1月(℃)	7月(℃)	降水量が最も多い月の降水量(mm)
ア	0.9	19.8	59.7 (6月)
イ	−3.1	26.7	160.5 (7月)
ウ	22.9	12.5	123.1 (4月)
エ	14.5	36.6	34.4 (4月)

図2 (「理科年表」により作成)

1　東京が12月１日の正午の時，12月１日の午前６時である都市は，図１中のA，B，C，Dのどれか。なお，日時は現地時間とする。

2　次の文は，図１中のPで囲んだ国々について述べたものである。文中の［　　］に当てはまる語を書きなさい。

> 地域の安定と発展を求めて，1967年に［　　］が設立され，経済，政治，安全保障などの分野で協力を進めている。

3　図２は，図１中のA，B，C，Dの都市における１月と７月の平均気温，降水量が最も多い月の降水量（平均値）を示している。Aの都市は，図２中のア，イ，ウ，エのどれか。

4　図３中のa，b，cには，韓国，タイ，ドイツのいずれかが当てはまる。a，b，cに当てはまる国の組み合わせとして正しいのはどれか。

ア　a－韓国　　b－タイ　　c－ドイツ
イ　a－韓国　　b－ドイツ　c－タイ
ウ　a－ドイツ　b－韓国　　c－タイ
エ　a－ドイツ　b－タイ　　c－韓国

	主な宗教の人口割合(%)	
a	キリスト教　56.2	イスラム教　5.1
b	仏教　94.6	イスラム教　4.3
c	キリスト教　27.6	仏教　15.5

注）韓国，タイは2015年，ドイツは2018年

図３（「The World Fact Book」により作成）

5　図４は，アジア州，アフリカ州，ヨーロッパ州，北アメリカ州の人口が世界の人口に占める割合の推移を示している。アフリカ州とヨーロッパ州はそれぞれどれか。

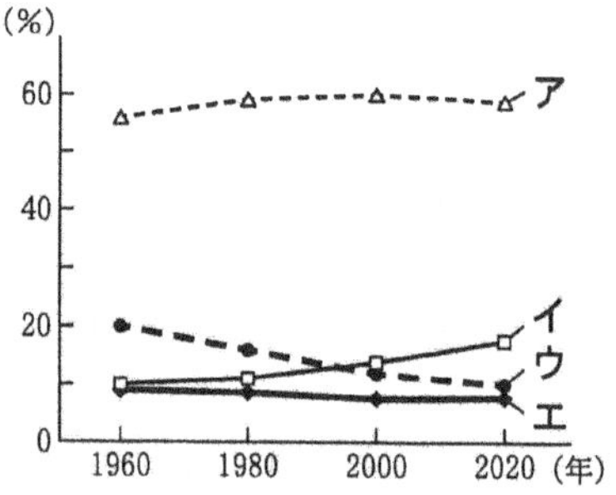

注）2020年は推計値

図４（「世界の統計」により作成）

6　図５は，インドネシア，サウジアラビア，オーストラリアからの日本の主な輸入品目（2018年）を示している。オーストラリアはA，Bのどちらか。また，［C］，［D］には，石油か石炭のいずれかが当てはまる。石油はC，Dのどちらか。なお，同じ記号には同じ語が当てはまる。

	日本の主な輸入品目
A	［C］，液化天然ガス，鉄鉱石，牛肉
インドネシア	金属鉱と金属くず，［C］，液化天然ガス，電気機器
B	［D］，揮発油，有機化合物，液化石油ガス

図５（「地理統計要覧」ほかにより作成）

7　図６，図７中のX，Y，Zにはそれぞれアメリカ，韓国，中国のいずれかが当てはまる。中国はX，Y，Zのどれか。また，そのように考えた理由について，図６，図７から読み取れることをふまえ，簡潔に書きなさい。

（図６，図７は次のページにあります。）

日本への輸出額上位３品目とその割合（%）

	1996 年		2016 年	
X	コンピュータ	7.4	電気機器	15.5
	穀物	5.5	一般機械	15.0
	肉類	4.5	航空機類	7.2
Y	衣類	27.0	電気機器	29.7
	魚介類	5.2	一般機械	16.5
	原油	4.1	衣類と同付属品	11.2
Z	半導体等電子部品	15.6	電気機器	17.6
	石油製品	9.5	化学製品	14.2
	鉄鋼	9.2	一般機械	13.2

図６（「データブックオブザワールド」により作成）

日本の輸入総額に占める割合

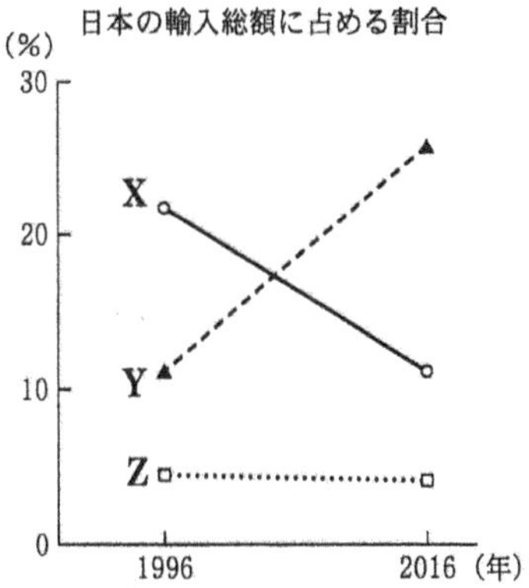

図７（「データブックオブザワールド」により作成）

3　次のＡからＤは，古代から近世までの資料とその説明である。これを読み，１から７までの問いに答えなさい。

	資料	説　　　明
A	木簡	ⓐ地方の特産物を納める税として，平城京に運ばれた海産物などが記されていた。
B	明銭	ⓑ明との貿易が始まった時期に輸入された銅銭。土器に大量に入れられ，埋められていた。
C	鉄剣	５世紀頃つくられた稲荷山古墳（埼玉県）から出土し，「獲加多支鹵《わかたける》大王」と刻まれていた。また，江田船山古墳（熊本県）でも同様の文字が刻まれた鉄刀が出土した。
D	高札《こうさつ》	犬や猫をひもでつなぐことを禁止するという，ⓒ生類憐みの令の内容が記されていた。

１　Ａの資料が使われていた時期のできごととして当てはまるのはどれか。

ア　一遍がおどり念仏を広めた。　　**イ**　仏教が初めて百済から伝わった。

ウ　『万葉集』がまとめられた。　　**エ**『新古今和歌集』が編集された。

２　下線部ⓐについて，この税を何というか。

３　Ｂの資料が使われていた時期の社会について述べた，次の文中の［　　］に当てはまる語を書きなさい。

> 商工業者による同業者の団体である［　　］が，貴族や寺社の保護のもと，営業の権利を独占した。

４　下線部ⓑについて，日本の正式な貿易船と倭寇とを区別するための証明書を何というか。

５　Ｃの資料について，⑴，⑵の問いに答えなさい。

⑴　**図１**は，稲荷山古墳や江田船山古墳と同じ形をした古墳の模式図である。この形の古墳を何というか。

図１

⑵　次のページの**図２**は，３世紀と５世紀における**図１**と同じ形をした古墳の分布図である。大和地方を中心とする大和政権（ヤマト王権）の勢力範囲が，３世紀から５世紀にかけてどのように変化したと考えられるか。Ｃの資料の

説明と図2をふまえ，簡潔に書きなさい。

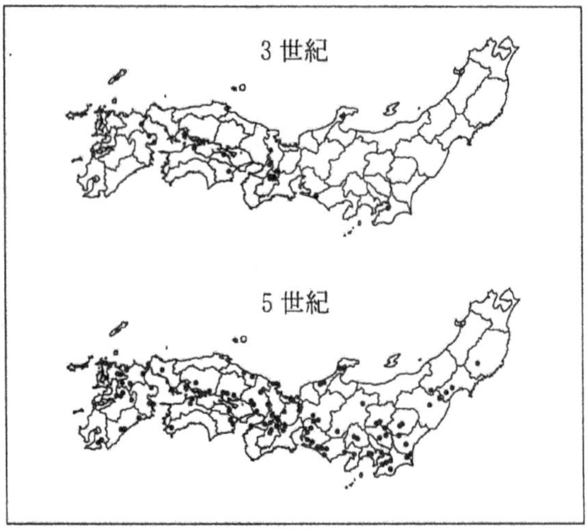

図2

6 下線部ⓒを出した人物が行った政策について，正しく述べているのはどれか。

ア 裁判の基準となる公事方御定書を制定するとともに，庶民の意見を聞く目安箱を設置した。

イ 参勤交代の制度を定め，1年おきに領地と江戸を大名に往復させることとした。

ウ 倹約令を出すとともに，旗本や御家人の生活難を救うため，借金を帳消しにした。

エ 朱子学を重視し，武力にかわり学問や礼節を重んじる政治への転換をはかった。

7 AからDの資料を，年代の古い順に並べ替えなさい。

4 次の文を読み，1から5までの問いに答えなさい。

日本が国際博覧会に初めて参加したのは，幕末のⓐパリ博覧会（1867年）である。明治時代初頭には，条約改正交渉と欧米視察を行ったⓑ日本の使節団がウィーン博覧会（1873年）を訪れた。その後も，日本はⓒセントルイス博覧会（1904年）などに参加した。また，日本は，博覧会を1940年に開催することを計画していたが，ⓓ国内外の状況が悪化し，実現できなかった。ⓔ日本での博覧会の開催は第二次世界大戦後となった。

1 下線部aに関して，⑴，⑵，⑶の問いに答えなさい。

⑴ 日本は，パリ博覧会に生糸を出品した。その後，生糸の増産と品質向上を目指し，1872年に群馬県に建てられた官営工場（官営模範工場）を何というか。

⑵ 日本は，パリ博覧会に葛飾北斎の浮世絵を出品した。このことは，浮世絵がヨーロッパで紹介される一因となった。次のうち，葛飾北斎と同時期に活躍した浮世絵師はどれか。

ア 狩野永徳　　イ 歌川広重

ウ 尾形光琳　　エ 菱川師宣

⑶ 薩摩藩は，パリ博覧会に参加するなど，ヨーロッパの列強との交流を深めていった。列強と交流するようになった理由を，図1（次のページ）から読み取れることをふまえ，「攘夷」の語を用いて，簡潔に書きなさい。

年	薩摩藩のできごと
1863	薩英戦争
1865	イギリスへの留学生派遣
	イギリスから武器を購入
1866	薩長同盟
1867	パリ博覧会参加

図１

2　下線部ⓑについて，この使節団を何というか。

3　下線部ⓒに関して，セントルイス博覧会が開催されていた頃，日本はロシアと戦争を行っていた。図２中のア，イ，ウ，エのうち，日露戦争開戦時に日本の領土であったのはどれか。

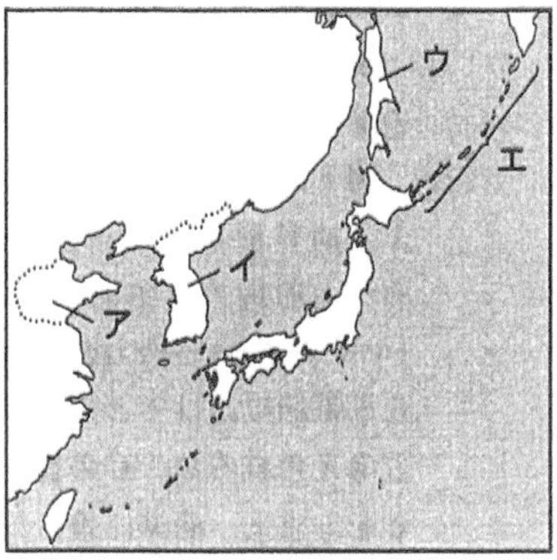

図２

4　下線部ⓓに関して，日本が国際連盟を脱退した後の状況について，正しく述べているのはどれか。

ア　米騒動が全国に広がった。
イ　世界恐慌がおこった。
ウ　五・一五事件がおきた。
エ　日中戦争が始まった。

5　下線部ⓔに関して述べた，次の文中の［Ⅰ］，［Ⅱ］に当てはまる語の組み合わせとして，正しいのはどれか。

> ［Ⅰ］内閣は，アメリカと交渉をすすめ，1972年に［Ⅱ］を実現させた。このことを記念して，1975年に国際海洋博覧会が開催された。

ア　Ⅰ－佐藤栄作　Ⅱ－日中国交正常化　　イ　Ⅰ－吉田茂　Ⅱ－日中国交正常化
ウ　Ⅰ－佐藤栄作　Ⅱ－沖縄の日本復帰　　エ　Ⅰ－吉田茂　Ⅱ－沖縄の日本復帰

5　１から４までの問いに答えなさい。

1　図１は，三権の抑制と均衡の関係を示している。次の⑴，⑵の問いに答えなさい。

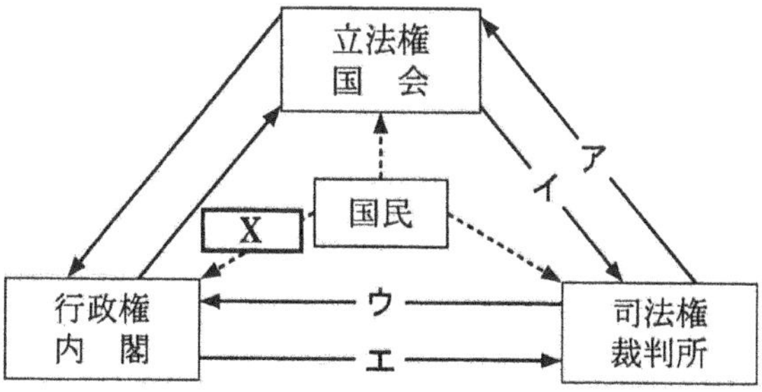

図１

⑴　図１中のア，イ，ウ，エのうち，「弾劾裁判所の設置」を表す矢印はどれか。

⑵　次のページ文中と図１中の［X］に共通して当てはまる語は何か。

> 国民のまとまった意見や考え方を [X] とよび，その形成にはテレビや新聞などのマスメディアの影響が大きいといわれている。

2 累進課税について，正しく述べているのはどれか。

ア 高所得者ほど，高い税率が適用される。

イ 景気に左右されず，一定の税収が見込める。

ウ 生鮮食品に対して，税率が軽減される。

エ 所得が少ない人ほど，税負担の割合が高い。

3 地方自治に関して，国と比較した地方の行政事務の特徴を図2から読み取り，簡潔に書きなさい。また，政令指定都市と比較した小都市の歳入の特徴を図3から読み取り，地方交付税の役割にふれ，簡潔に書きなさい。

主な行政事務の分担

	教育	福祉	その他
国	・大学	・医師等免許	・防衛 ・外交
地方 (市町村)	・小中学校 ・幼稚園	・国民健康保険 ・ごみ処理	・消防 ・戸籍

図2(「総務省ウェブページ」により作成)

歳入に占める割合と，人口一人当たり歳入額

	地方税 (%)	地方交付税 (%)	一人当たり歳入額 (千円)
政令指定都市	41.2	5.1	509
小都市 (人口10万人未満)	27.1	23.3	498

図3(「総務省令和2年版地方財政白書」により作成)

4 経済活動に関して，次の(1)，(2)，(3)の問いに答えなさい。

(1) 日本銀行に関する次の文Ⅰ，Ⅱ，Ⅲの正誤の組み合わせとして，正しいのはどれか。

> Ⅰ 日本で流通している紙幣を発行するため，「発券銀行」とよばれている。
> Ⅱ 国民から集めた税金の使い道を決定するため，「政府の銀行」とよばれている。
> Ⅲ 一般の銀行との間でお金の出し入れをするため，「銀行の銀行」とよばれている。

ア Ⅰ－正 Ⅱ－正 Ⅲ－誤

イ Ⅰ－正 Ⅱ－誤 Ⅲ－正

ウ Ⅰ－正 Ⅱ－誤 Ⅲ－誤

エ Ⅰ－誤 Ⅱ－正 Ⅲ－正

オ Ⅰ－誤 Ⅱ－正 Ⅲ－誤

カ Ⅰ－誤 Ⅱ－誤 Ⅲ－正

(2) 企業が不当な価格協定を結ぶことを禁止するなど，市場における企業どうしの公正かつ自由な競争を促進するために制定された法律を何というか。

(3) 日本の企業について，正しく述べているのはどれか。

ア 企業の9割は大企業に分類され，大企業の多くは海外に進出している。

イ 水道やバスなどの公企業の主な目的は，高い利潤を上げることである。

ウ 勤務年数に関わらず，個人の能力や仕事の成果で賃金を決める企業も増えている。

エ 企業の代表的な形態は株式会社であり，株主は企業に対してすべての責任を負う。

6　ゆきさんと先生の会話文を読み，１から６までの問いに答えなさい。

ゆき：「日本は⓪少子高齢化に対応するため，社会保障の充実を図っています。例えば，[A] 制度は，40歳以上のすべての国民が加入し，公的な支援を受けられる社会保険の一つですね。」
先生：「そのような社会保障のしくみは，ⓑ日本国憲法における基本的人権の尊重の考え方に基づいています。ⓒ人権を保障するには，ⓓ民主主義による政治を行うことが重要ですね。」
ゆき：「３年後には有権者になるので，ⓔ実際の選挙について，調べてみようと思います。」

1　下線部ⓐに関して，働く人の数が減少することを見据え，性別に関わらず，働きやすい職場環境を整えることが大切である。雇用における女性差別を禁止する目的で，1985年に制定された法律を何というか。

2　会話文中の [A] に当てはまる語を書きなさい。

3　下線部ⓑに関して，次の⑴，⑵の問いに答えなさい。

⑴　次の文は日本国憲法の一部である。文中の [　　] に当てはまる語を書きなさい。

すべて国民は，個人として尊重される。生命，自由及び幸福追求に対する国民の権利については，[　　] に反しない限り，立法その他国政の上で，最大の尊重を必要とする。

⑵　図１は，憲法改正の手続きを示している。[Ⅰ]，[Ⅱ] に当てはまる語の組み合わせとして正しいのはどれか。

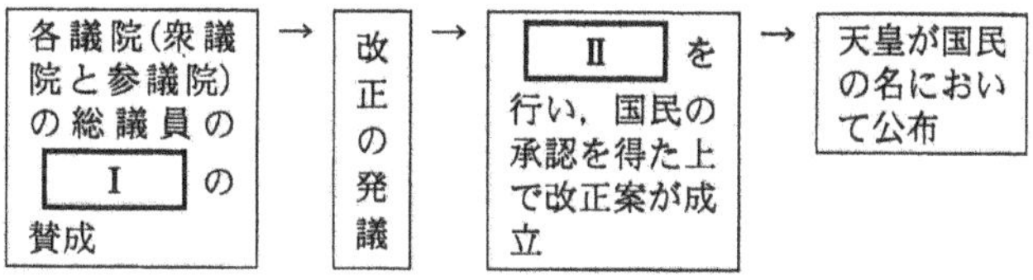

図１

ア　Ⅰ－３分の２以上　Ⅱ－国民投票　　イ　Ⅰ－３分の２以上　Ⅱ－国民審査
ウ　Ⅰ－過半数　Ⅱ－国民投票　　エ　Ⅰ－過半数　Ⅱ－国民審査

4　下線部ⓒに関して述べた，次の文中の [Ⅰ]，[Ⅱ] に当てはまる語の組み合わせとして，正しいのはどれか。なお，同じ記号には同じ語が当てはまる。

警察が逮捕などをする場合，原則として裁判官が出す [Ⅰ] がなければならない。また，被告人が経済的な理由で [Ⅱ] を依頼できない場合は，国が費用を負担して [Ⅱ] を選ぶことになっている。

ア　Ⅰ－令状　Ⅱ－検察官　　イ　Ⅰ－令状　Ⅱ－弁護人
ウ　Ⅰ－証拠　Ⅱ－検察官　　エ　Ⅰ－証拠　Ⅱ－弁護人

5　下線部ⓓに関して，議会制民主主義における考え方として<u>当てはまらない</u>のはどれか。

ア　法の下の平等　　イ　多数決の原理　　ウ　少数意見の尊重　　エ　人の支配

6　下線部ⓔに関して，ゆきさんは，2019年の参議院議員選挙について調べ，若い世代の投票率が他の世代よりも低いことに気付いた。この課題について，**図2**，**図3**をふまえ，どのような解決策が考えられるか，簡潔に書きなさい。

投票を棄権した人の理由

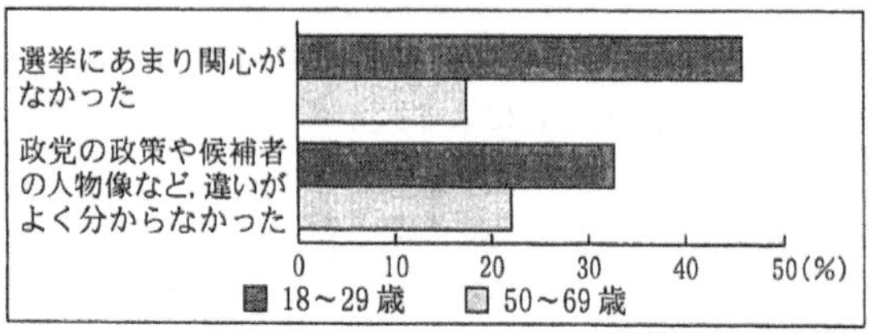

図2（「参議院議員選挙全国意識調査」により作成）

政治・選挙の情報入手元

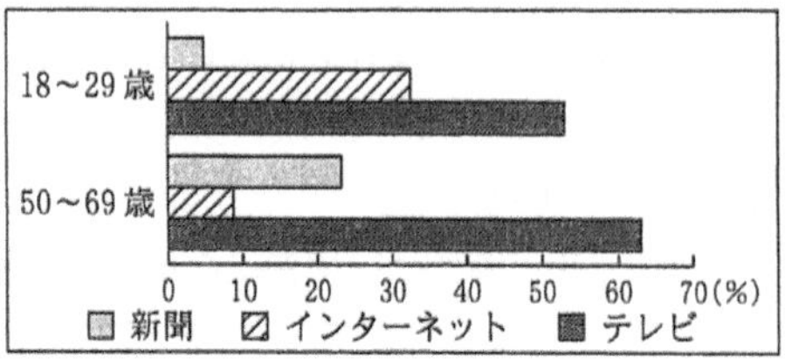

図3（「参議院議員選挙全国意識調査」により作成）

従って生きていけるだろう。

ウ　清澄ならば実社会に出て多くの経験を積み、自分の弱さを克服して生きていけるだろう。

エ　清澄ならば言葉の感覚を磨き、他者との意思疎通を大切にしながら生きていけるだろう。

5　「世の中が便利になること」について、あなたの考えを国語解答用紙(2)に二百四十字以上三百字以内で書きなさい。

なお、次の《条件》に従って書くこと。

《条件》

(Ⅰ)　二段落構成とすること。

(Ⅱ)　各段落は次の内容について書くこと。

第一段落

・あなたが世の中にあって便利だと思っているものについて、具体的な例を挙げて説明しなさい。例は、あなたが直接体験したことでも見たり聞いたりしたことでもよい。

第二段落

・第一段落に書いたことを踏まえて、「世の中が便利になること」について、あなたの考えを書きなさい。

た。指先にやわらかい絹が触れた瞬間、涙がこぼれそうになる。真剣な顔でひと針ひと針これを縫っていた清澄の横顔を思い出してしまった。［ウ］

「一からって、デザイン決めからやりなおすの？」

「⑵そうなるね。」

「手伝う時間が減るかもしれんわ、おばあちゃん。……プールに通うことにしたから。」

「プール。」

　復唱する清澄には、さしたる表情の変化はなかった。どんな反応が返ってきたとしても、もう気持ちは固まっていたけど。

「そう。プール。泳ぐの、五十年ぶりぐらいやけどな。」

「そうか。……がんばってな。」

　清澄はふたたび手元に視線を落とす。ぷつぷつとかすかな音を立てて、糸が布から離れていく。うつむき加減の額にかかる前髪も、皮膚も、まだ新品と言っていい。［エ］

　この子にはまだ何十年もの時間がある。男だから、とか、何歳だから、あるいは日本人だから、とか、そういうことをなぎ倒して、きっと生きていける。

「七十四歳になって、新しいことはじめるのは勇気がいるけどね。」

　清澄がまっすぐに、わたしを見る。わたしも、清澄を見る。

　でも、というかたちに、清澄の唇が動いた。

「でも、今からはじめたら、八十歳の時には水泳歴六年になるやん。なにもせんかったら、ゼロ年のままやけど。」

　やわらかな絹に触れる指が小刻みに震えてしまう。⑶そうね、という声までも震えてしまいそうになって、お腹《なか》にぐっと力をこめた。

（寺地はるな「水を縫う」から）

（注1）鴨居＝ふすまや障子《しょうじ》の上部にある横木のこと。
（注2）リッパー＝縫い目などを切るための小型の裁縫道具。

1　［　］に入る語句として最も適当なものはどれか。

ア　ためらいなく　　イ　楽しげに
ウ　たどたどしく　　エ　控えめに

2　⑴見たことない顔　とあるが、ここでは姉のどのような顔のことか。

ア　夢を見つけてひたむきに頑張っている顔。
イ　仕事に対してまじめに取り組んでいる顔。
ウ　家族の生活のために働いて疲れている顔。
エ　職場の誰にでも明るくほほえんでいる顔。

3　本文中の［ア］～［エ］のいずれかに、次の一文が入る。最も適当な位置はどれか。

自分で決めたこととはいえ、さぞかしくやしかろう。

4　⑵そうなるね　とあるが、清澄はどのように考えて、一からドレスを作り直そうとしているのか。文末が「と考えたから。」となるように三十字以内で書きなさい。ただし文末の言葉は字数に含めない。

5　⑶そうね、という声までも震えてしまいそうになって、お腹にぐっと力をこめた　とあるが、「わたし」が「お腹にぐっと力をこめた」のはなぜか。四十五字以内で書きなさい。

6　「わたし」は清澄に対してどのような思いをもっているか。その説明として最も適当なものはどれか。

ア　清澄ならば自分の生き方へのこだわりを捨て、他者と協調しながら生きていけるだろう。
イ　清澄ならば既存の価値観を打ち破り、自分の信じる生き方に

4 次の文章を読んで、1から6までの問いに答えなさい。

（高校一年生の清澄《きよすみ》は祖母（本文中では「わたし」）に手伝ってもらいながら、得意な裁縫を生かして姉の水青《みお》のためにウェディングドレスを作っている。ある日、清澄は友達とともに、姉が働く学習塾を訪ねた。）

夕方になって、ようやく清澄が帰ってきた。心なしか、表情が冴《さ》えない。具合でも悪いのだろうか。

「ちょっと、部屋に入るで。」

裁縫箱を片手に、わたしの部屋に入っていく。(注1)鴨居《かもい》にかけた、仮縫いの水青のウェディングドレス。腕組みして睨《にら》んでいると思ったら、いきなりハンガーから外して、裏返しはじめた。［ア］

「どうしたん、キヨ。」

清澄は(注2)リッパーを手にしている。ふーっと長い息を吐いてから、縫い目に挿しいれた。

「えっ。」

驚くわたしをよそに、清澄はどんどんドレスの縫い目をほどいていく。

「水青になんか言われたの？」

「なんも言われてない。」

□ドレスを解体していく手つきと裏腹に、清澄の表情は歪《ゆが》んでいた。声もわずかに震えている。

「でも、姉ちゃんがこのドレスは『なんか違う』って言った気持ちが、なんとなくわかったような気がする。」

学習塾に行った時、水青はしばらく清澄たちに気づかずに、仕事をしていたという。「パソコンを操作したり、講師の人となんか喋《しゃべ》ったりする顔が。」と言いかけてしばらく黙る。［イ］

「なんて言うたらええかな。知らない人みたい、ともちょっと違うし……うん。でもとにかく、(1)見たことない顔やった。」

清澄はリッパーをあつかう手をとめて、空中を睨んでいた。そこに、次に言うべき言葉が漂っているみたいに、真剣な顔で。

「たぶん僕、姉ちゃんのことあんまりわかってなかった。」

生活していくために働いている。やりたいこととか夢とか、そんなのはいっさいない。いつもそう言っている水青の仕事はきっとつまらないものなのだと決めつけていた、のだそうだ。

「はあ。」

「でも仕事してる姉ちゃん、すごい真剣っぽかった。」

「生活のために割りきってる、ってことと、真剣やないってこととは違うんやと思った。」

でもそれが、なぜドレスをほどく理由になるのか、わたしには今いちわからない。

「姉ちゃんはな、ただわかってないだけやと思っとってん。ドレスのこととか、ぜんぶ。僕とおばあちゃんに任せたらちゃんと姉ちゃんがいちばんきれいに見えるドレスをつくってあげられるのにって。どっかでちょっと、姉ちゃんのこと軽く見てたと思う。わかってない人って決めつけて。せやから、これはあかんねん。わかってない僕がつくったこのドレスは、たぶん姉ちゃんには似合わへん。」

水青のことを尊重していなかった。清澄が言いたいのは、要するにそういうことなのだろうか。そういうことなん？　と訊《たず》ねるのはでも、やめておく。たとえ拙い言葉でも自分の言葉で語ろうとしている。大切なことを見つけようとしている。邪魔をしてはいけない。

「わかった。そういうことなら、手伝うわ。」

自分の裁縫箱から、リッパーを取り出す。向かい合って畳に座っそう言えば、私たちはこれまで多くの小説を、「成長の物語」とか「喪失の物語」とか「和解の物語」といった類の、私たちがすでに知っている「物語」として読んでいたのではなかっただろうか。つまり、実は小説にとって「全体像」とは既知の「物語」なのである。だからこそ、私たち(4)読者は安心して小説が読めたのだ。

　こう考えれば、私たちは小説を読みはじめたときから「この物語の結末はもう知っている」と思うだろう。読みはじめたばかりの小説なのに、もう全部知っているのだ。まだ知らない世界をもう知っているという□がそこにはある。読者は知らない道を歩いて、知っているゴールにたどり着く。適度なスリルと、適度な安心感があるのだ。私たちが小説に癒やされるのは、そういうときだろう。

（石原千秋「読者はどこにいるのか」から）

（注）　大橋洋一＝日本の英文学者。

1　□に入る語として最も適当なものはどれか。

ア　伏線
イ　課題
ウ　逆説
エ　対比

2　(1)こういう現象　とあるが、どのような現象か。文末が「という不思議な現象。」となるように四十字以内で書きなさい。ただし文末の言葉は字数に含めない。

3　(2)「立方体」と答えるだろう　とあるが、その理由として最も適当なものはどれか。

ア　「立方体」を知らないことによって、かえって想像力が広がり「九本の直線」に奥行きを感じるから。
イ　「立方体」を知らないので想像はできないが、目の錯覚により「九本の直線」に奥行きが生じるから。
ウ　「立方体」を知っていることにより想像力が働き、「九本の直線」に奥行きを与えて見てしまうから。
エ　「立方体」を知っていることが想像力を妨げ、「九本の直線」に奥行きを与えることができないから。

4　(3)読者が持っているすべての情報が読者ごとの「全体像」を構成する　とあるが、筆者がこのように言うのはなぜか。

ア　読者の経験によって、作品理解における想像力の働かせ方が規定されるから。
イ　読者が作品に込められた意図を想像することで、作品理解に深みが出るから。
ウ　読者の想像力が豊かになることで、作品理解において多様性が生まれるから。
エ　読者が作者の情報を得ることで、作品理解において自由な想像ができるから。

5　(4)読者は安心して小説が読めた　とあるが、筆者がこのように言うのはなぜか。五十字以内で書きなさい。

6　本文の特徴を説明したものとして最も適当なものはどれか。

ア　「図」を本文中に用いて、具体例を視覚的に示し筆者の主張と対立させている。
イ　かぎ（「　」）を多く用いて、筆者の考えに普遍性があることを強調している。
ウ　漢語表現を多く用いて、欧米の文学理論と自身の理論との違いを明示している。
エ　他者の見解を引用して、それを補足する具体例を挙げながら論を展開している。

3 次の文章を読んで、1から6までの問いに答えなさい。

読者が自由に読めるということは、理論的に小説には「完成した形」とか「完全な形」がないという結論を導く。小説はいつも「未完成品」なのだ。文学理論では、読書行為について考える理論を「受容理論」と呼ぶ。英語で書かれた文学理論書を多く翻訳している大橋洋一(注)は、受容理論の観点からこの点について次のように述べている。

受容理論の観点からみると(中略)、読者とは、限られた情報から全体像《ゲシュタルト》をつくりあげること。これを読者と作者との関係からいうと、読者は作者からヒントをもらって、自分なりに全体像をつくりあげるといっていいかもしれません。(『新文学入門』岩波書店、一九九五・八)

ここで言う「全体像」は、音楽の音階を考えるとわかりやすい。「ドレミファソラシド」の音階はピアノの右側の高い音で弾いても、左側の低い音で弾いても同じように聞こえる。あるいは、ギターで弾いても同じ「ドレミファソラシド」に聞こえる。絶対音や音の種類が違うのに不思議な現象だ。(1)こういう現象について、人間には「ドレミファソラシド」という音階を「全体像」として認識する能力があるので、たとえどの音階でもどんな種類の音でも、一つ「ミ」という音を聴いただけでそれが「ドレミファソラシド」のどの位置にある音かがわかると考えるのが「全体像心理学」である。

大橋洋一の説明に戻れば、受容理論とは「文学作品というものを、完成したものではなく、どこまでいっても未完成なものである」と考えることになる。それは、あたかも「塗り絵理論」のようなものだと言うのである。「塗り絵理論」とは、読書行為はたとえば線で書かれただけの「未完成」な人形の絵を、クレヨンで色を付けて「完成」させるようなものだとする考え方である。

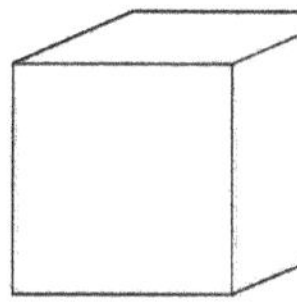

ここで注意すべきなのは、読者は「全体像」を名指しすることが出来るという事実である。たとえば、上のような「図」(?)を見てほしい。これは何だろうか。多くの人は(2)「立方体」と答えるだろう。だが、なぜ「九本の直線」と答えてはいけないのだろうか。もちろんそう答えてもいいはずなのだ。いや、その方が「正しい」はずである。にもかかわらずこの「図」を「立方体」と答えてしまうためには、二つの前提が想定できる。

一つは、私たちの想像力がこの「図」の向こう側に回って、「九本の直線」に奥行きを与えているということだ。想像力は「全体像」を志向するのである。二つは、そのような想像力の働かせ方をするのは、私たちがあらかじめ「立方体」という「名」を、つまり「全体像」を知っているということだ。先の例でも、「ドレミファソラシド」の音階を知らない人に「ミ」だけ聴かせても、「ドレミファソラシド」という「全体像」が浮かび上がってくるはずはない。

目の前にあるテクストが「未完成」であるとか「一部分」であるとか感じるためには、読者に「全体像」がなければならないのである。つまり、読者は「全体像」を知っているという二つ目の前提が、読者は「全体像」を志向するという一つ目の前提である想像力の働き方を規定していると言える。ここでこの原理を受容理論に応用すると、「作品とは読者が自分自身に出会う場所」であって、「読書行為とは、読者が自分自身をたえず読んでゆくプロセス」(大橋洋一)だということになるのである。なぜなら、(3)読者が持っているすべての情報が読者ごとの「全体像」を構成するからである。

エ　過ちては則ち憚ること改むるに勿かれ。

2　次の文章は、駿河《するが》国（現在の静岡県）に住んでいた三保《みほ》と磯田《いそだ》という二人の長者についての話である。これを読んで1から5までの問いに答えなさい。

時に十月の初めのころ、例のごとく、(注1)碁《ご》打ちてありけるに、三保の長者が妻にはかに(注2)虫の気《け》付きて、なやみければ、家の内さわぎ、(注3)とよみけるうち、やすやすと、男子をぞ産みける。磯田も、このさわぎに、碁を打ちさして、やがて家に帰りけるが、これもその日、夜に入りて、妻なるもの、同じく男子を産みぬ。両家とも、さばかりの豪富なりければ、産養《うぶやしな》ひの祝《いは》ひごととて、出《いで》入る人、ひきもきらず。賑《にぎ》はしきこと、(注4)言へばさらなり。

さて一二日《いちににち》を過ぐして、長者両人出会ひて、互ひに出産の喜び、言ひ交《か》はして、磯田言ひけるは、「御身と我と、常に碁を打ち遊びて、睦《むつ》ましく語らふ中に、一日《いちにち》の中《うち》に、相《あひ》共に、妻の出産せる事、(1)不思議と言ふべし。いかに、この子ども、今より兄弟のむすびして、生涯親しみを失はざらんやうこそ、願はしけれ。」と①言へば、三保も喜びて「さては子どもの代に至りても、ますます厚く交はるべし。」とて、盃《さかづき》取り交はして、もろともに誓ひをぞなしける。磯田、「名をば、いかに呼ぶべき。」と言へば、三保の長者しばし打ち案じて、「時は十月なり。十月は良月なり。御身の子は夜生まれ、我が子は、昼生まれぬれば、我が子は、白良と呼び、(2)御身の子は、黒良と呼ばんは、いかに。」と②言へば、磯田打ち笑みて、「黒白を以《もつ》て、昼夜になぞらへし事おもしろし。白良は、さきに生まれ出たれば、兄と定むべし。」と言ひて、これより、いよいよ睦ましくぞ、交はりける。

（「天《あまの》羽《は》衣《ごろも》」から）

（注1）碁＝黒と白の石を交互に置き、石で囲んだ地を競う遊び。
（注2）虫の気付きて＝出産の気配があって。
（注3）とよみけるうち＝大騒ぎしたところ。
（注4）言へばさらなり＝いまさら言うまでもない。

1　祝《いは》ひごと　は現代ではどう読むか。現代かなづかいを用いて、すべてひらがなで書きなさい。

2　①言へ　②言へ　について、それぞれの主語にあたる人物の組み合わせとして適当なものはどれか。

ア　①　三保　②　三保
イ　①　三保　②　磯田
ウ　①　磯田　②　磯田
エ　①　磯田　②　三保

3　(1)不思議と言ふべし　とあるが、「不思議」の内容として最も適当なものはどれか。

ア　三保が碁の途中で妻の出産を予感し、帰宅してしまったこと。
イ　三保と磯田とが飽きることなく、毎日碁に夢中になれたこと。
ウ　碁打ち仲間である三保と磯田に、同じ日に子が生まれたこと。
エ　三保と磯田が碁を打つ最中、二人の妻がともに出産したこと。

4　(2)御身の子は、黒良と呼ばん　とあるが、「黒良」という名にしたのはなぜか。三十字以内の現代語で答えなさい。

5　本文の内容と合うものはどれか。

ア　磯田は二人の子どもの名付け親になれることを心から喜んだ。
イ　磯田と三保は子の代になっても仲良く付き合うことを願った。
ウ　三保の子は家の者がみんなで心配するくらいの難産であった。
エ　三保は磯田から今後は兄として慕いたいと言われて感動した。

＜国語＞

時間　五〇分　満点　一〇〇点

【注意】答えの字数が指示されている問いについては、句読点や「　」などの符号も字数に数えるものとします。

1　次の1から4までの問いに答えなさい。

1　次の――線の部分の読みをひらがなで書きなさい。

(1)　専属契約を結ぶ。　(2)　爽快な気分になる。
(3)　のどを潤す。　(4)　弟を慰める。
(5)　わらで作った草履。

2　次の――線の部分を漢字で書きなさい。

(1)　船がギョコウに着く。　(2)　チームをヒキいる。
(3)　友人を家にショウタイする。　(4)　ゴムがチヂむ。
(5)　ジュクレンした技能。

3　次は、生徒たちが俳句について話している場面である。これについて、(1)から(4)までの問いに答えなさい。

> 大寺を包みてわめく木《こ》の芽かな　　高浜虚子《たかはまきょし》

Aさん「この句の季語は『①木の芽』だよね。」
Bさん「そうだね。この句は、『わめく』という表現が印象的だけれど、どういう情景を詠《よ》んだものなのかな。」
Aさん「先生から②教えてもらったのだけれど、『わめく』というのは、寺の周囲の木々が一斉に芽を（　③　）た情景だそうだよ。」
Bさん「なるほど。木々の芽が一斉に（　④　）た様子を『わめく』という言葉で表しているんだね。おもしろいね。」
Aさん「表現を工夫して、俳句は作られているんだね。私たちも俳句作りに挑戦してみようよ。」

(1)　この句に用いられている表現技法はどれか。

ア　対句　イ　直喩　ウ　体言止め　エ　擬人法

(2)　①木の芽と同じ季節を詠んだ俳句はどれか。

ア　チューリップ喜びだけを持つてゐる　（細見綾子《ほそみあやこ》）
イ　転びたることにはじまる雪の道　（稲畑汀子《いなはたていこ》）
ウ　触るるもの足に搦《から》めて兜虫《かぶとむし》　（右城暮石《うしろぼせき》）
エ　道端に刈り上げて稲のよごれたる　（河東碧梧桐《かわひがしへきごとう》）

(3)　②教えてもらったを正しい敬語表現に改めたものはどれか。

ア　お教えした　イ　教えていただいた
ウ　お教えになった　エ　教えてくださった

(4)　（③）、（④）には、「出《で》る」と「出《だ》す」のいずれかを活用させた語が入る。その組み合わせとして正しいものはどれか。

ア　③出し　④出　イ　③出し　④出し
ウ　③出　④出し　エ　③出　④出

4　次の漢文の書き下し文として正しいものはどれか。

過《あやまチテハ》則《すなはチ》勿《なカレ》レ憚《はばかルコト》レ改《あらたムルニ》。（「論語」）

ア　過ちては則ち勿かれ憚ること改むるに。
イ　過ちては則ち憚ること勿かれ改むるに。
ウ　過ちては則ち改むるに憚ること勿かれ。

MEMO

大切なことはメモしておこうネ！

2021年度

解答と解説

《2021年度の配点は解答用紙集に掲載してあります。》

＜数学解答＞

1　1 4　2 $2ab^2$　3 11　4 $(x-4)^2$　5 $(c=)-5a+2b$　6 ア　7 116(度)
8 $(y=)\dfrac{18}{x}$　9 72(cm^3)　10 $(x=)\dfrac{-5\pm\sqrt{17}}{2}$
11 $-5\leqq y\leqq 3$　12 $\dfrac{a}{60}+\dfrac{b}{100}\leqq 20$　13 $(x=)\dfrac{8}{5}$
14 ウ

2　1 右図　2 $\dfrac{5}{12}$　3 ① (AB＝)$4-4a$
② $(a=)\dfrac{1}{5}$

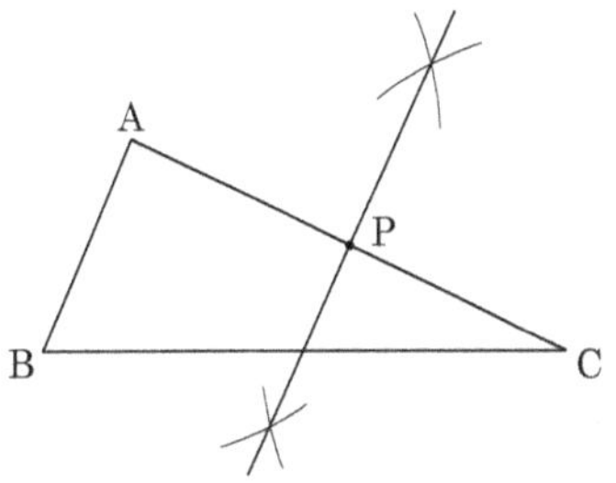

3　1 大きい袋17枚，小さい袋23枚(途中の計算は解説参照)
2 (1) 12(分)　(2) 0.4　(3) 10，17，19(分)

4　1 解説参照　2 (1) 6(cm)　(2) $2\pi-2\sqrt{3}$ (cm^2)

5　1 9(cm^2)　2 $y=-\dfrac{3}{2}x+30$(途中の計算は解説参照)　3 $(t=)65$

6　1 【作り方Ⅰ】 28　【作り方Ⅱ】 82　2 $x=10$(途中の計算は解説参照)
3 ① $(n=)4m-39$　② $(n=)17$，21，25

＜数学解説＞

1　(数・式の計算，式の値，因数分解，等式の変形，平方根，角度，比例関数，正四角錐の体積，二次方程式，一次関数，不等式，相似の利用，特別な平行四辺形)

1　正の数・負の数をひくには，符号を変えた数をたせばよい。また，異符号の2数の和の符号は絶対値の大きい方の符号で，絶対値は2数の絶対値の大きい方から小さい方をひいた差だから，$-3-(-7)=(-3)+(+7)=+(7-3)=4$

2　$8a^3b^5\div 4a^2b^3=\dfrac{8a^3b^5}{4a^2b^3}=2ab^2$

3　$a=2$，$b=-3$のとき，$a+b^2=2+(-3)^2=2+9=11$

4　**乗法公式$(a-b)^2=a^2-2ab+b^2$**より，$x^2-8x+16=x^2-2\times x\times 4+4^2=(x-4)^2$

5　$a=\dfrac{2b-c}{5}$　両辺に5をかけて，$a\times 5=\dfrac{2b-c}{5}\times 5$　$5a=2b-c$　左辺の$5a$を右辺に，右辺の$-c$を左辺にそれぞれ移項して，$c=-5a+2b$

6　9の平方根は$\pm\sqrt{9}=\pm 3$より，3と-3である。アは正しい。一般に，**aを正の数とするとき，aの平方根のうち，正の方を$\sqrt{a}$，負の方を$-\sqrt{a}$と書く。**$\sqrt{16}$を根号を使わずに表すと4である。イは正しくない。$\sqrt{5}+\sqrt{7}$と$\sqrt{5+7}$が同じ値であるならば，それぞれを2乗した$(\sqrt{5}+\sqrt{7})^2$と$(\sqrt{5+7})^2$も同じ値となるが，$(\sqrt{5}+\sqrt{7})^2=(\sqrt{5})^2+2\times\sqrt{5}\times\sqrt{7}+(\sqrt{7})^2=12+2\sqrt{35}$，$(\sqrt{5+7})^2=(\sqrt{12})^2=12$で同じ値にはならない。ウは正しくない。$(\sqrt{2}+\sqrt{6})^2=(\sqrt{2})^2+2\times\sqrt{2}\times\sqrt{6}+(\sqrt{6})^2=8+4\sqrt{3}$，$(\sqrt{2})^2+(\sqrt{6})^2=2+6=8$より，$(\sqrt{2}+\sqrt{6})^2$と$(\sqrt{2})^2+(\sqrt{6})^2$は同じ値ではない。エは正しくない。

7　95°の角の頂点Dを通り直線ℓに平行な直線DEを引く。**平行線の錯角と同位角はそれぞれ等しい**から，$\angle x=180^\circ-\angle \mathrm{DGF}=180^\circ-\angle \mathrm{EDG}=180^\circ-(\angle \mathrm{BDG}-\angle \mathrm{BDE})=180^\circ-(\angle \mathrm{BDG}-\angle \mathrm{ABC})=180^\circ-(95^\circ-31^\circ)=116^\circ$

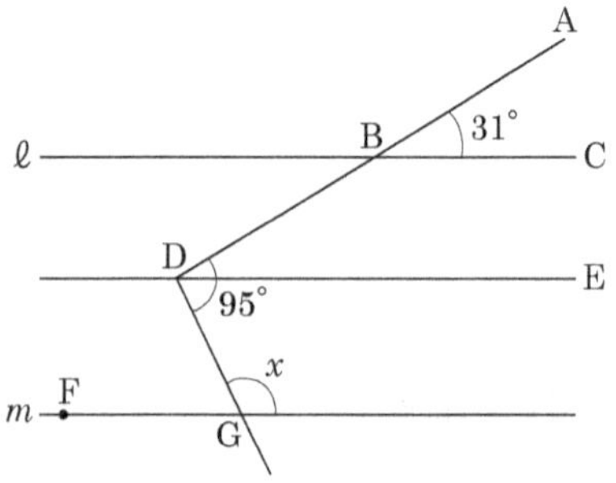

8　**yがxに反比例する**から，xとyの関係は$y=\dfrac{a}{x}$と表せる。問題のグラフより，$x=3$のとき$y=6$だから，$6=\dfrac{a}{3}$　$a=18$　よって，xとyの関係は$y=\dfrac{18}{x}$と表せる。

9　1辺が6cmの立方体と，底面が合同で高さが等しい正四角錐だから，正四角錐の底面積は$6\times6=36(\mathrm{cm}^2)$，高さは6cm，体積は$\dfrac{1}{3}\times$底面積$\times$高さ$=\dfrac{1}{3}\times36\times6=72(\mathrm{cm}^3)$

10　**2次方程式$ax^2+bx+c=0$の解は，$x=\dfrac{-b\pm\sqrt{b^2-4ac}}{2a}$**で求められる。問題の2次方程式は，$a=1$，$b=5$，$c=2$の場合だから，$x=\dfrac{-5\pm\sqrt{5^2-4\times1\times2}}{2\times1}=\dfrac{-5\pm\sqrt{25-8}}{2}=\dfrac{-5\pm\sqrt{17}}{2}$

11　一次関数$y=-2x+1$のグラフは右下がりの直線で，xの値が増加するときyの値は減少するから，yの**最小値**は$x=3$のとき，$y=-2\times3+1=-5$，yの**最大値**は$x=-1$のとき，$y=-2\times(-1)+1=3$　よって，yの**変域**は，$-5\leqq y\leqq 3$

12　**(時間)$=\dfrac{(\text{道のり})}{(\text{速さ})}$**より，初め毎分60mで$a$m歩いたときにかかった時間は$\dfrac{a}{60}$分，途中から毎分100mで$b$m走ったときにかかった時間は$\dfrac{b}{100}$分，A地点からB地点までかかった時間は$\dfrac{a}{60}+\dfrac{b}{100}$(分)　これが20分以内であったから，この数量の関係を表す不等式は，$\dfrac{a}{60}+\dfrac{b}{100}\leqq20$

13　**相似な図形では，対応する線分の長さの比はすべて等しい**から，△ABC∽△DEFより，AB：DE＝AC：DF　$x=\mathrm{DF}=\dfrac{\mathrm{DE}\times\mathrm{AC}}{\mathrm{AB}}=\dfrac{4\times2}{5}=\dfrac{8}{5}$

14　平行四辺形ABCDに，AB＝BCの条件が加わると，4つの辺がすべて等しくなり，平行四辺形ABCDはひし形になる。平行四辺形ABCDに，AC⊥BDの条件が加わると，対角線がそれぞれの中点で垂直に交わるから，平行四辺形ABCDはひし形になる。平行四辺形ABCDに，AC＝BDの条件が加わると，対角線が等しくなり，平行四辺形ABCDは長方形になる。平行四辺形ABCDに，∠ABD＝∠CBDの条件が加わると，平行線の錯角より∠CBD＝∠ADBだから，∠ABD＝∠ADBであり，△ABDは二等辺三角形でAB＝ADだから，4つの辺がすべて等しくなり，平行四辺形ABCDはひし形になる。

2　**(作図，確率，図形と関数・グラフ)**

1　(着眼点)点Bを通り△ABCの面積を2等分する直線は辺ACの中点を通る。　(作図手順)次の①～②の手順で作図する。
①　点A，Cをそれぞれ中心として，交わるように半径の等しい円を描く。　②　①でつくった交点を通る直線(辺ACの**垂直二等分線**)を引き，辺ACとの交点をPとする。

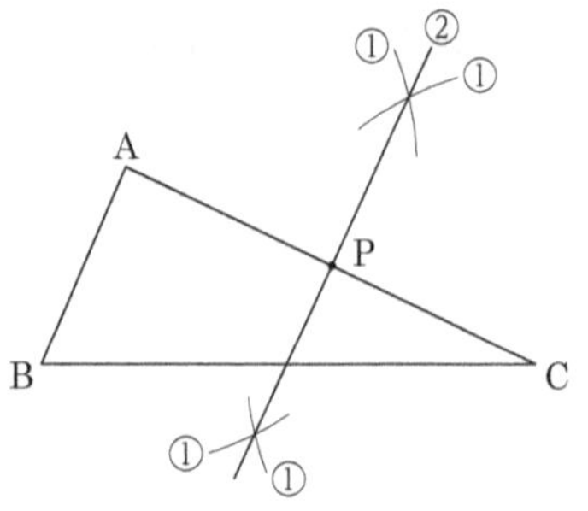

2　大小2つのさいころを同時に投げるとき，全ての目の出方は$6\times6=36$(通り)。このうち，大きいさいころの出る目の数をa，小さいさいころの出る目の数をbとするとき，$a-b$の値が正の数になるのは，$a>b$のときだから，$(a,\ b)=(2,\ 1)$，$(3,\ 1)$，$(3,\ 2)$，$(4,\ 1)$，$(4,\ 2)$，$(4,\ 3)$，$(5,\ 1)$，$(5,\ 2)$，$(5,\ 3)$，$(5,\ 4)$，$(6,\ 1)$，$(6,\ 2)$，$(6,\ 3)$，$(6,\ 4)$，$(6,\ 5)$の15通り。よって，求める確率は，$\dfrac{15}{36}=\dfrac{5}{12}$

3　2点A，Cは$y=x^2$上にあるから，そのy座標はそれぞれ$y=(-2)^2=4$，$y=3^2=9$　よって，A$(-2,\ 4)$，C$(3,\ 9)$　また，2点B，Dは$y=ax^2$上にあるから，そのy座標はそれぞれ　$y=a\times(-2)^2=4a$，$y=a\times3^2=9a$　よって，B$(-2,\ 4a)$，D$(3,\ 9a)$　以上より，線分ABの長さはaを用いて表すと，AB＝(点Aのy座標)－(点Bのy座標)＝$4-4a$…①である。また，四角形ABDCは台形だから，その面積が26のとき，$\frac{1}{2}\times$(AB＋CD)×{(点Cのx座標)－(点Aのx座標)}＝26　つまり，$\frac{1}{2}\times\{(4-4a)+(9-9a)\}\times\{3-(-2)\}=26$　これを解いて，aの値は$\frac{1}{5}$…②となる。

3　(方程式の応用，資料の散らばり・代表値)

1　(途中の計算)(例)$\begin{cases} x+y=40\cdots① \\ 5x+3y+57=7x+4y\cdots② \end{cases}$　②より，$2x+y=57$…③　③－①より，$x=17$

①に代入して，$17+y=40$　したがって　$y=23$　この解は問題に適している。

2　(1)　資料の値の中で最も頻繁に現れる値が**最頻値**。3人で最も多い通学時間の12分が最頻値。

(2)　問題の資料を**度数分布表**に整理すると右表のようになる。

相対度数＝$\frac{\text{各階級の度数}}{\text{度数の合計}}$　**度数**の合計は15，5分以上10分未満の**階級**の度数は6だから，求める相対度数は$\frac{6}{15}=0.4$

階級(分)	度数(人)
以上　未満	
0 ～ 5	1
5 ～ 10	6
10 ～ 15	5
15 ～ 20	2
20 ～ 25	1
計	15

(3)　**中央値**は資料の値を大きさの順に並べたときの中央の値だから，4月に調べた資料に関して，通学時間の短い方から8番目の11分が中央値。また，**範囲＝最大の値－最小の値**＝20－3＝17(分)である。仮に，太郎さんの引越しをする前の通学時間が，3分，16分，18分，20分のいずれかであったとすると，通学時間が5分長くなることによって，中央値は変わらないが，最小の値や最大の値が変わって範囲が変わってしまうため，問題の条件に合わない。また，太郎さんの引越しをする前の通学時間が，7分，8分，9分，11分のいずれかであったとすると，通学時間が5分長くなることによって，範囲は変わらないが，中央値が12分となり変わってしまうため，問題の条件に合わない。以上より，太郎さんの引越しをする前の通学時間は，5分，12分，14分のいずれかが考えられ，引越しをした後の太郎さんの通学時間は，10分，17分，19分のいずれかである。

4　(合同の証明，円の性質，三平方の定理，線分の長さ，面積)

1　(証明)(例)△DGEと△FGCについて，△ABCで，点D，Eはそれぞれ辺AB，ACの中点であるからDE//BC…①　DE＝$\frac{1}{2}$BC…②　①よりDE//BFだから，錯角は等しいので∠GED＝∠GCF…③　∠EDG＝∠CFG…④　また，BC：CF＝2：1から　CF＝$\frac{1}{2}$BC…⑤　②，⑤より，DE＝FC…⑥　③，④，⑥より，1組の辺とその両端の角がそれぞれ等しいから，△DGE≡△FGC

2　(1)　**接線と接点を通る半径は垂直に交わる**から，∠OBA＝90°　よって，△OABは**30°，60°，90°の直角三角形で，3辺の比は2：1：$\sqrt{3}$** だから，AD＝OA＋OD＝2OB＋OB＝3OB＝3×2＝6(cm)

(2)　△OBCは∠COB＝60°でOB＝OCの二等辺三角形だから，正三角形　よって，BC＝OB＝2cm　**直径に対する円周角は90°**だから，∠CBD＝90°　よって，△BCDは30°，60°，90°の直角三角形で，3辺の比は2：1：$\sqrt{3}$だから，BD＝$\sqrt{3}$BC＝$\sqrt{3}\times2=2\sqrt{3}$(cm)　以上より，求める面積は，半円Oの面積から，直角三角形BCDの面積を引いたものだから$\pi\times\text{OB}^2\times\frac{1}{2}-\frac{1}{2}\times\text{BC}\times\text{BD}=\pi\times2^2\times\frac{1}{2}-\frac{1}{2}\times2\times2\sqrt{3}=2\pi-2\sqrt{3}$ (cm^2)

5　(関数とグラフ)

1　2点P，Qは同時に動き出し，ともに毎秒1cmの速さで動くから，PQ//ADであり，△APQは∠APQ＝90°，PQ＝AD＝3cmの直角三角形である。2点P，Qが動き出してから6秒後の△APQの面積は，**(道のり)＝(速さ)×(時間)**より，AP＝1(cm/s)×6(秒)＝6(cm)だから，△APQ＝$\frac{1}{2}$×PQ×AP＝$\frac{1}{2}$×3×6＝9(cm^2)

2　(途中の計算)(例)点Pが動き出して10秒後から20秒後までのグラフの傾きは，$\frac{0-15}{20-10}=-\frac{3}{2}$であるから，$x$と$y$の関係の式は$y=-\frac{3}{2}x+b$と表される。グラフは点(20，0)を通るから$0=-\frac{3}{2}\times 20+b$　よって，$b=30$　したがって，求める式は$y=-\frac{3}{2}x+30$

3　2点R，Sは同時に動き出し，ともに毎秒0.5cmの速さで動くから，RS//ADであり，四角形BCSRは長方形である。2点P，Qが動き出してから，x秒後の四角形BCSRの面積を$y$cm^{2}とすると，$10\leqq x\leqq 30$のとき，y＝BC×BP＝BC×(AB－AP)＝$3\times\{10-0.5(x-10)\}=-\frac{3}{2}x+45$である。同様に考えて，長方形BCSRの$x$と$y$の関係を表したグラフを，問題のグラフに重ね合わせると下図のようになる。これより，求めるtの値は，点Tのx座標である。$60\leqq x\leqq 70$における△APQのxとyの関係は，2点(60，0)，(70，15)を通る直線だから，$y=\frac{3}{2}x-90$…①　$50\leqq x\leqq 70$における四角形BCSRのxとyの関係は，2点(50，30)，(70，0)を通る直線だから，$y=-\frac{3}{2}x+105$…②　点Tのx座標は，①と②の連立方程式の解であり，これを解くと$(x,\ y)=(65,\ 7.5)$　以上より，$t=65$

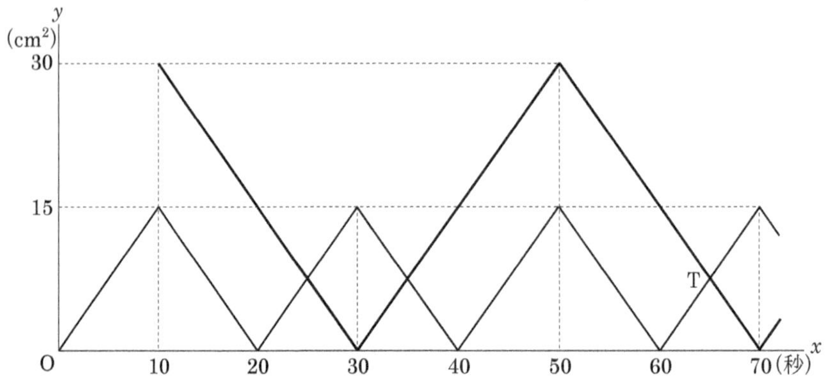

6　(規則性，方程式の応用)

1　【作り方Ⅰ】の7枚目のシートに書かれた数は，問題図6の記号を用いると，$(a,\ b,\ c,\ d)=(25,\ 26,\ 27,\ 28)$だから，最も大きい数は28である。また，【作り方Ⅱ】の7枚目のシートに書かれた数は，$(a,\ b,\ c,\ d)=(7,\ 32,\ 57,\ 82)$だから，最も大きい数は82である。

2　(途中の計算)(例)$a=x$，$b=x+25$，$c=x+50$，$d=x+75$　と表される。$a+2b+3c+4d=ac$に代入して，$x+2(x+25)+3(x+50)+4(x+75)=x(x+50)$　$10x+500=x^2+50x$　$x^2+40x-500=0$　$(x+50)(x-10)=0$　$x=-50$，$x=10$　xは正の整数だから，$x=10$

3　【作り方Ⅰ】のm枚目のシートの4つの数の和は，$(4m-3)+(4m-2)+(4m-1)+4m=16m-6$…③，【作り方Ⅱ】の$n$枚目のシートの4つの数の和は，$n+(n+25)+(n+50)+(n+75)=4n+150$…④だから，③と④が等しくなるとき，$n$を$m$の式で表すと，$4n+150=16m-6$より，$n=4m-39$…①　①より，$n$は$m$の1次関数であり，傾きが4であることより，$m$の値が1増加すると，$n$の値は4増加する。①の$m$の値と$n$の値が等しくなるときの$m$の値は，①の$n$に$m$を代入して，$m=4m-39$　$m=13$　以上より，①を満たすm，nのうち，$0<m<n\leqq 25$となるnの値をすべて

求めると，$m=14$のとき，$n=4\times14-39=17$，$m=15$のとき，$n=4\times15-39=21$，$m=16$のとき，$n=4\times16-39=25$であり，$m\geqq17$のとき，$n>25$となり，問題の条件に合わないから，$n=17$，21，25…②である。

＜英語解答＞

[1] 1 (1) ア (2) ウ (3) イ 2 (1) ① エ ② ア (2) ① ウ ② イ 3 (1) leave (2) drink (3) second (4) dictionary

[2] 1 (1) イ (2) ア (3) エ (4) ウ (5) イ (6) エ
2 (1) ウ→イ→エ→ア (2) エ→ウ→ア→イ (3) イ→ア→オ→エ→ウ

[3] 1 How many 2 (1) (例)open the door (2) (例1)is happy to meet new people (例2)is happy because he can meet new people
(5) (例1)send things which we do not use (例2)send things which are not used 3 (カナダと比べ日本では,)(例)補助犬がレストランなどの建物に入るのは難しいということ。 4 イ 5 ① need ② without 6 (例1)I think I can help people in my town. For example, I will visit an elementary school. I will help the students when they do their homework. I can also visit old people who don't live with their families. I want to talk with them.
(例2)I learned that many children in the world do not have pens and notebooks. I can collect and send them to those children. I think they will be happy if they get pens and notebooks. I hope every child can get a chance to study.

[4] 1 ウ 2 listened to 3 (例)ノブが，見た目が良くないトマトを採っていたこと。
4 ① (例)それぞれの良い所 ② (例)私たち一人一人を特別にしている 5 イ

[5] 1 エ 2 (例)バナナの葉を強くして，バナナの葉の皿をより長く使うこと。 3 エ
4 ア

＜英語解説＞

[1] (リスニング)

放送台本の和訳は，49ページに掲載。

(英文メモの日本語訳)

○ハイキングプログラム：川沿いを歩く

集合場所：玄関

時間：8時に集合し，8時10分に(1)出発する

持ち物：(2)飲み物，帽子

○スピーキングプログラム：スピーチをする

集合場所：(3)2階の会議室

時間：8時30分に集合

持ち物：(4)辞書

[2] (語句補充問題，語句の並べ換え：序数，不定詞，接続詞，比較級，分詞の形容詞的用法，他)

1 (全訳) 5月10日日曜日

僕は兄のタカシと栃木川へ釣りに行った。僕にとって川で釣りをするのは(1)初めてだった。タカシは僕に釣りの仕方を(2)教えてくれた。午前中，彼はたくさんの魚を捕まえた。(3)でも僕は1匹の魚も捕まえられなかった。正午に，お母さんが(4)僕たちのために作ってくれたランチを食べた。とってもおいしかった。午後，ぼくは再び挑戦した。岩の後ろに大きな魚がいるのを見た。長い時間チャンスを待ち，ついにそれを捕まえた！ タカシが捕まえたどの魚よりも(5)大きかった。僕は(6)興奮し，とても楽しい時間を過ごした。

(1) **<It was the first time(for+人)to+動詞の原形…>**「(人にとって)…するのは初めてだった」

(2) **<teach[taught]+人+how to+動詞の原形…)>**「人に…の仕方を教える」

(3) **前後の文の関係**が対比関係。逆接の接続詞butを使うと判断する。

(4) **前置詞(for)の後ろ**の代名詞は目的格us。

(5) **<比較級bigger+than …>「…よりも～」**

(6) 文脈から，「興奮した」。**主語が人**(この場合，I)の場合，excitingでなく，excitedを使う。

2 (1) Shall we meet in front of the station? 「駅の前で待ち合わせしましょうか？」 **<in front of～>「～の前で[に]」**

(2) My mother wants me to come home early today. 「私の母は私に，今日は早く帰宅してほしいと思っています」 **<want+人+to+動詞の原形…>「人に…してほしい」**

(3) The boy playing tennis in the park is my brother. 「公園でテニスをしている少年は私の兄(弟)です」 【The boy←playing tennis in the park】という語句のまとまり＝【my brother】で考える。**現在分詞の形容詞的用法。**

[3] (会話文読解問題：語句補充問題・記述，絵・図・表などを用いた問題，条件英作文，他)

(全訳) クリス：やあ，ひろし。何を見ているの？

ひろし：こんにちは，クリス。補助犬についてのパンフレットだよ。宿題としてそのことについて学んでいるんだ。

クリス：なるほど。補助犬というのは，生活で助けを必要とする人のための犬だよね？ 日本では見たことがないな。日本には，A何匹の補助犬がいるの？

ひろし：パンフレットには，日本に1,000匹以上いると書いてあるよ。3つのタイプに分けることができるよ。右側の絵を見て。この絵では，介助犬がユーザーを助けているね。この犬は，ユーザーのために(1)ドアを開けることができるんだ。

クリス：彼らはとても賢いんだね。このような犬は，ユーザーがよりよい生活を送るために必要だね。

ひろし：その通り。このパンフレットの中でユーザーは，補助犬のおかげで(2)新しい人々に出会えてうれしいと言っているね。でも，日本のユーザーのうち半分以上の人は，補助犬がレストランや病院，スーパーマーケットのような建物に入ることができないと言っている。

クリス：本当に？ 僕の国では，補助犬はたいてい何の問題もなくそうした建物に入れるよ。

ひろし：(3)僕たちの国の間には違いがあるね。

クリス：なぜ日本では，それらの建物に補助犬が入るのが難しいんだろう？

ひろし：日本の多くの人は，補助犬についてあまり知らないからだよ。補助犬が清潔で安全だとは思っていない人もいるんだ。実際には，ユーザーは補助犬がいつも清潔でいるように世話をしているんだよ。彼らはよく訓練もされているんだ。

クリス：犬が好きでない人もいることはわかっているけど，もっと多くの人が補助犬は[B大切だ]ということを知ってほしいな。

ひろし：僕もそう思うよ。今では，補助犬を歓迎するステッカーを貼った，店やレストランを多く見かけるね。

クリス：状況は良くなってきているんだよね？

ひろし：そうだね。でも，(4)別の問題もあるんだ。十分な数の補助犬がいないんだ。補助犬を訓練するのに多くの時間がかかるので，この状況を変えるのは大変なんだ。お金と犬を訓練する人も必要とされているよ。

クリス：ほんとうだね。

ひろし：このパンフレットをもう一度見て。補助犬の訓練センターが助けを必要としているね。例えば，僕たちが服やおもちゃのような(5)自分が使わないものを送ることができるよ。僕にもできることがあると思う。

クリス：トライしてみたらいいよ。カナダでは，高校生はよくボランティア活動をするんだ。そのことを通して，僕たちが社会の一員だということを学べるよ。

ひろし：わあ！　それはいいね。(6)高校生として僕たちはどんなボランティア活動ができるのかな？　そのことについて考えてみるよ。

1　直後のひろしの発言を参照。補助犬の数を答えているので，それに対応した疑問文。**<How many＋複数名詞…?>「いくつの…？」**

2　(1)　パンフレットの右上の絵，「介助犬の仕事の様子」を参照。加えて，**本文下線部空欄直前に，助動詞can**があるので，最初の語句は**動詞の原形**が来ると判断する。　(2)　パンフレットの左側上から2つ目の，「ほじょ犬ユーザーのコメント」を参照。**<be happy to＋動詞の原形…>「…してうれしい」**　(5)　パンフレット最下段の，「訓練センターではあなたの助けが必要です！」の中の，1つ目の黒点の文を参照。「自分が使わないものを送る」⇒「ものを送る←自分が使わない」の語順で英文を書こう。send things(ものを送る)←which we do not use(私たちが使わない)。あるいは，send things←which are not used(使われなくなった) **先行詞をthingsとした関係代名詞which**を用いる。

3　ひろしの3番目の発言最終文および，クリスの5番目の発言を参照。

4　上記全訳を参照。

5　問題文和訳：「生活で助けを①必要とする人々のための補助犬は十分にはいません。そしてまた，十分な時間，お金，そして犬を訓練する人②なしでは，この状況を変えることは困難です」
①　need：クリスの2番目の発言2文目を参照。　②　without：クリスの4番目の発言2文目を参照。

6　(例1)和訳　「私は自分の町の人を助けることができると思う。例えば，小学校を訪問する。生徒たちが宿題をするとき彼らのお手伝いができるだろう。私はまた，家族と住んでいない老人を訪問できる。私は彼らと話したいと思う」
(例2)和訳　「私は，世界の多くの子供たちがペンやノートを持っていないということを知った。その子供たちにそれらを集めて，送ってあげることができる。ペンとノートを受け取ったら彼らは喜ぶと思う。子供たちだれもが勉強する機会を持ってほしい」

[4]　(長文読解問題・物語文：語句補充問題・選択・記述，日本語で答える問題，内容真偽)

(全訳)　私は小さいころはおとなしい女の子でした。とても恥ずかしがりやで人と話せませんでした。中学生になってからも，私は話すのが苦手でした。自分の友だちのように私も話したかったのですが，できませんでした。私は自分があまり好きではありませんでした。ある日，先生が私とほかの生徒たちに，保育園へ職場体験に行くようにと言いました。先生は，「結衣，怖がらないで。そこで何かを学べると思うよ」と言いました。私はひとりごとを言いました，「保育園？　子供とは話せないわ。どうすればいいんだろう？」 恐ろしく感じました。

その日が来ました。私はまだA緊張していました。私はゆっくりと保育園の方へ歩いていきました。長い道のりだと感じました。そこへ着くと，クラスメイトを目にしました。彼らは子どもたちと遊んでいました。その時，何人かの子供たちが来て，私に話しかけました。でも，私は何を言ったらよいかわからなかったので，一言も話しませんでした。子供たちは離れていきました。私は教室の中で立っていました。さらに嫌な気持ちになりました。突然，一人の男の子が私のところに来て，そして言いました，「こんにちは！　僕と遊んで！」 私は何か言おうとしましたが，言えませんでした。その子は私の沈黙を気にせずに，話し続けました。彼の名前はノブでした。彼の話は面白かったです。彼の言うことを聞いて，微笑みながらうなずきました。とても良い時間を過ごしました。彼のおかげで私は気分がよくなっていきました。でも，私は彼に何もしてあげていないと感じていました。

次の日，子供たちは野菜畑に行ってトマトを採りました。彼らは興奮していました。そのとき，私はあることに気づきました。ノブが，見た目が良くないトマトを採っていたのです。なぜなのか私にはわかりませんでした。ついに私は彼に話しかけました。「なんでそんなトマトを採ってるの？」 最初，彼は私の声を聞いて驚いたようでしたが，明るい声で言いました，「ほら見て！　緑色の，ハート型の，大きいの，小さいの…」。　私にトマトを見せて言いました，「みんな違っていて，その一つ一つのトマトが僕にとって特別なんだ」。私は彼の言うことを熱心に聞きました。彼は笑いながら続けました，「お姉ちゃんはいつも僕の言うことを聞いてくれる。僕それがうれしいんだ。お姉ちゃんは僕にとって特別なんだ」。私は，「本当に？　ありがとう」と言いました。私はそれを聞いてBうれしく感じました。私たちはトマトを見て，そしてお互いに微笑みあいました。

家に向かいながら，彼の言葉を思い出しました。私は，「ノブは話すのが得意で，私は聞くのが得意なんだ。みんなそれぞれの長所があるんだ。みんな違うけど，その違いがそれぞれを特別な存在にするのね」と独り言を言いました。ノブからもらったトマトを見て，自分自身を誇らしく感じ始めたのです。

現在，私は中学の教師をしています。私のクラスには明るい子もいますし，おとなしい子もいます。彼らを見ると，私はノブと，彼から学んだことをいつも思い出します。

1　上記全訳を参照。**感情を表す表現**として，A　<be nervous>「緊張する」，B　<feel glad>「うれしく感じる」 feltは，feelの過去形。

2　質問：「結衣はなぜ，自分はノブに何もしてあげていないと感じたのか？」
答え：「なぜなら彼女は，ただ彼の言うことを聞いていただけだから」<listen to＋人>「人のいうことを聞く」　2段落目最後から4文目を参照。

3　直後の文を参照。関係代名詞whichからniceまでの部分が，先行詞tomatoesを説明。<look＋形容詞>「～に見える」

4　①　第4段落3文目を参照。　②　第4段落4文目を参照。

5　ア　結衣は中学校の友だちと同じように話したくはなかった。彼女は話すのが得意ではなかったからだ。(×)　イ　保育園の子供たちの中には結衣から離れていく子もいた。彼女が彼らに何も話さなかったからだ。(○)　第2段落7，8文目を参照。　ウ　ノブは野菜畑でトマトを採っていた時，いろいろなトマトについて結衣に尋ねた。(×)　エ　結衣はノブが自分に教えてく

れたことを思い出す時，生徒たちにもっと明るくなるようにといつも言う。(×)

5 **(長文読解問題・説明文：語句補充問題，日本語で答える問題，要旨把握)**

(全訳)　バナナが好きな人は大勢いる。世界中には，バナナを食べるA 方法がいろいろとあることに気づく。例えば，バナナをケーキやジュースやサラダ，そしてスープにさえ入れる人たちもいる。バナナはまた，健康によく，他にもよい点がある。実のところ，バナナはプラスチックの問題を解決するかもしれないのだ。

バナナの葉を皿として使ってきたインドの人たちがいるが，それらの皿は数日しか使えない。現在は，他の国の人と同じようにインドの人々は，プラスチック製のものを多く使っている。例えば，プラスチックの皿を使う。その皿は使用後にたいてい捨てられてしまう。それは大きな問題となってきた。ある時，インドのある少年がその問題を解決することを決意した。彼はバナナの葉をもっと強くして，バナナの葉の皿をより長く使えるようにしたいと思った。彼はバナナの葉について研究し，ついに成功した。今，それらはプラスチック廃棄物の削減に役立っている。

これだけではない。トルコの少女は石油から作られるプラスチックを減らしたいと思った。それで彼女はバナナの皮に注目した。なぜなら世界の多くの人がそれを捨ててしまうからだ。ついに彼女は，地球に優しいプラスチックの作り方を見つけた。彼女はそれを作るまで，自宅で何度も挑戦した。2年間努力した後に，彼女はそのような種類のプラスチックを作ることができたのである。バナナの葉からプラスチックを作るのは簡単なので，だれもがB 自宅でそれを作ることができる，と彼女は言っている。

今，バナナが持っている素晴らしい点を理解できた。バナナは人気のある食べ物であると同時に，地球を救えるのである。

1　**<ways to+動詞の原形…>**「…する方法」

2　直後の文を参照。**<make A+B>**「AをBにする」。形容詞の比較級が使われているので訳し方に注意を払う。　**stronger**「より強く」，**longer**「より長く」

3　上記全訳を参照。

4　(枠内和訳)　世界中の多くの人はバナナを食べるのが好きだ。プラスチックを削減するためにバナナの葉や皮を使う人もいる。周りを見渡すなら，ア　地球に良いものを作るためのいいアイディアが見つかるかもしれない。

2021年度英語　放送を聞いて答える問題

〔放送台本〕

これから聞き方の問題に入ります。問題用紙の四角で囲まれた1番を見なさい。問題は1番，2番，3番の三つあります。

最初は1番の問題です。問題は(1)から(3)まで三つあります。英語の対話とその内容についての質問を聞いて，答えとして最も適切なものをア，イ，ウ，エのうちから一つ選びなさい。対話と質問は2回ずつ言います。では始めます。

(1)の問題です。*A:* This is a picture of my family. There are five people in my family.

B: Oh, you have two cats.

　　　　　　　A: Yes. They are really cute!
質問です。　*Q:* Which picture are they looking at?
(2)の問題です。*A:* Look at that girl! She can play basketball very well!
　　　　　　　B: Which girl? The girl with long hair?
　　　　　　　A: No. The girl with short hair.
質問です。　*Q:* Which girl are they talking about?
(3)の問題です。*A:* Wow, there are many flights to Hawaii. Let's check our flight number.
　　　　　　　B: It's two-four-nine. We have to be at Gate 30 by 11 o'clock.
　　　　　　　A: Oh, we need to hurry.
質問です。　*Q:* Which is their air tichet?

〔英文の訳〕

(1)　A：これは私の家族の写真です。5人家族です。
　　B：あ，ネコを2匹飼っているんだ。
　　A：うん。とってもかわいいんだ！
　　質問：彼らはどの写真を見ていますか？

(2)　A：あの女の子を見て。バスケットボールがとても上手だね。
　　B：どの子？　髪の長い子？
　　A：違う。髪の短い子。
　　質問：彼らはどの女の子のことを話していますか？

(3)　A：わあ，ハワイへのフライトはたくさんあるなあ。フライトナンバーを調べよう。
　　B：249便ね。11時までに30番ゲートに行かなければいけないね。
　　A：あ，急がなくちゃ。
　　質問：どれが彼らのチケットですか？

〔放送台本〕

次は2番の問題です。問題は(1)と(2)の二つあります。英語の対話とその内容についての質問を聞いて，答えとして最も適切なものをア，イ，ウ，エのうちから一つ選びなさい。質問は問題ごとに①，②の二つずつあります。対話と質問は2回ずつ言います。では始めます。

(1)の問題です。

Ms. Kato: Hi Bob, which club are you going to join?

Bob: Hello Ms. Kato. I haven't decided yet. I've seen practices of some sports clubs, like soccer and baseball, but I've already played them before.

Ms. Kato: Then, join our kendo club!

Bob: Kendo! That's cool!

Ms. Kato: Kendo is a traditional Japanese sport. You can get a strong body and mind.

Bob: I want to learn traditional Japanese culture, so I'll join the kendo club! Do you practice it every day?

Ms. Kato: No, we practice from Tuesday to Saturday.

Bob: OK…., but do I have to practice on weekends? I want to spend weekends with my host family, so I can't come on Saturdays.

Ms. Kato: No problem! Please come to see our practice first.

Bob: Thank you!

①の質問です。 Why does Bob want to join the kendo club?

②の質問です。 How many days will Bob practice kendo in a week?

(2)の問題です。

Clerk: Welcome to Happy Jeff's Hot Dogs! May I help you? Here's lunch menu.

A man: Thank you. Um…., I'd like to have a hot dog, and… an ice cream.

Clerk: How about our apple pie? It's very popular.

A man: Ah, it looks really good.

Clerk: Then, how about Happy Jeff's Lunch? You can have both an apple pie and an ice cream.

A man: Well, I don't think I can eat both, so… I'll order the cheapest Happy Lunch, and an apple pie.

Clerk: OK. Is that all?

A man: Yes. Oh, I have a free ticket.

Clerk: Then you can get French fries, an ice cream, or a toy for free. Which do you want?

A man: Um…., my little brother likes cars, but…. I'll have French fries today.

Clerk: OK.

①の質問です。 How much will the man pay?

②の質問です。 What will the man get for free?

〔英文の訳〕

(1) 加藤先生：こんにちは，ボブ。あなたはどのクラブに入る予定なの？

ボブ　　：こんにちは，加藤先生。まだ決めていません。サッカーや野球などのいくつかの運動部の練習を見てきましたが，それらはもう前にやったことがあります。

加藤先生：それじゃあ，私たちの剣道部に入って！

ボブ　　：剣道！　かっこいいですね！

加藤先生：剣道は日本の伝統的なスポーツよ。心身が強くなれるわよ。

ボブ　　：伝統的な日本文化も学びたいので，剣道部に入ります！　毎日練習するのですか？

加藤先生：いいえ，火曜日から土曜日まで練習します。

ボブ　　：分かりました…，でも僕は週末に練習しなければいけませんか？　週末は僕のホストファミリーと過ごしたいので，土曜日は来ることができません。

加藤先生：問題ないわよ！　まずは私たちの練習を見に来て。

ボブ　　：ありがとうございます！

①の質問：ボブはなぜ剣道部に入りたいのですか？

答え：エ　なぜなら日本の伝統文化を学びたいからです。

②の質問：ボブは週に何日，剣道の練習をしますか？

答え：ア　週に4日。

(2) 店員：Happy Jeff's Hot Dogsへようこそ！　いらっしゃいませ。こちらがランチメニューです。
男性：ありがとう。えーと，ホットドッグとアイスクリームをお願いします。
店員：アップルパイはいかがでしょうか？　とても人気がありますよ。
男性：うん，本当においしそう。
店員：では，Happy Jeff's Lunchはいかがですか？　アップルパイとアイスクリームの両方を食べていただけます。
男性：うーん，両方を食べたいとは思わないので…，一番安いHappy Lunchと，アップルパイを注文します。
店員：分かりました。以上でよろしいでしょうか？
男性：はい。あ，Free Ticketもお願いします。
店員：では，フライドポテトか，アイスクリームか，おもちゃのいずれかが無料です。どれになさいますか？
男性：えーと…，弟は車が好きだけど…，今日はフライドポテトを食べることにします。
店員：分かりました。
①の質問：男性はいくら払いますか？
答え：ウ　6ドル。
②の質問：男性は無料で何をもらいますか？
答え：イ　フライドポテト。

〔放送台本〕
次は3番の問題です。あなたは，1泊2日で行われるイングリッシュキャンプに参加しています。班長会議でのスタッフによる説明を聞いて，班員に伝えるための英語のメモを完成させなさい。英文は2回言います。では始めます。

Good evening, everyone! How was today? Tomorrow will be fun too. There are two programs, and everyone has already chosen one from them, right? I'll explain them, so tell the members in your group. First, the Hiking Program. You'll walk along the river. We'll get together at the entrance at 8 o'clock and leave at 8:10. You have to bring something to drink. It'll be hot tomorrow. Don't forget to bring your cap too. Next, the Speaking Program. Please come to the meeting room on the second floor at 8:30. You'll talk and share ideas with students from different countries. At the end of the program, you'll make a speech in English, so you'll need a dictionary. That's all. Good night.

〔英文の訳〕
こんばんは，皆さん！　今日はいかがでしたか？　明日も楽しいですよ。2つのプログラムがあります。皆さんはその中から一つをもう選んでいますよね？　それらについて説明しますので，ご自分のグループのメンバーにそれを伝えてください。最初にハイキングプログラムについてです。川沿いに歩きます。8時に玄関集合で，8時10分に出発します。飲み物を持参してください。明日は暑くなります。帽子も忘れずに持参してください。次にスピーキングプログラムです。8時30分に2階の会議室に来てください。いろいろな国から来た生徒たちとお話しして，アイデアを共有します。プログラムの終わりに皆さんはスピーチをしますので，辞書が必要です。以上です。おやすみなさい。

<理科解答>

1　1 ウ　2 ア　3 イ　4 ウ　5 放電　6 マグマ　7 発生　8 20%

2　1 エ　2 ① P　② 強い　③ 積乱雲　3 (記号) ウ　(理由) (例)気温が急激に下がり，風向が南よりから北よりに変わったから。

3　1 道管　2 (例)水面からの水の蒸発を防ぐ。　3 (葉の表側) ウ　(葉以外) イ　4 (記号) エ　(理由) (例)明るくなると気孔が開いて蒸散量が多くなり，吸水量がふえるから。

4　1 ア　2 ① 下向き　② D　3 (コイルがつくる磁界の強さは) (例)コイルからの距離が近いほど強く，流れる電流が大きいほど強い。

図1

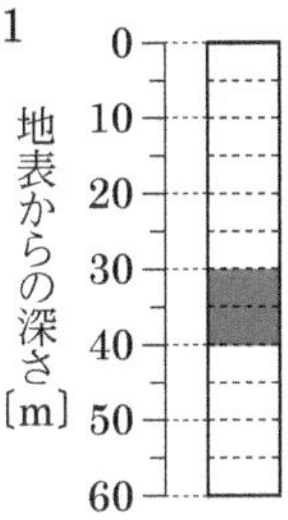

5　1 $HCl \rightarrow H^{+} + Cl^{-}$　2 ① 陽イオン　② －　③ イ　3 ア　4 (例)塩酸と触れる金属板の面積は変えずに，塩酸の濃度だけを変えて実験を行う。

6　1 対立形質　2 ウ　3 丸い種子の数：しわのある種子の数＝5：1

7　1 示準化石　2 ① 堆積岩　② チャート　3 (例)下から泥，砂，れきの順に粒が大きくなっていったことから，水深がしだいに浅くなった。　4 右図1

図2

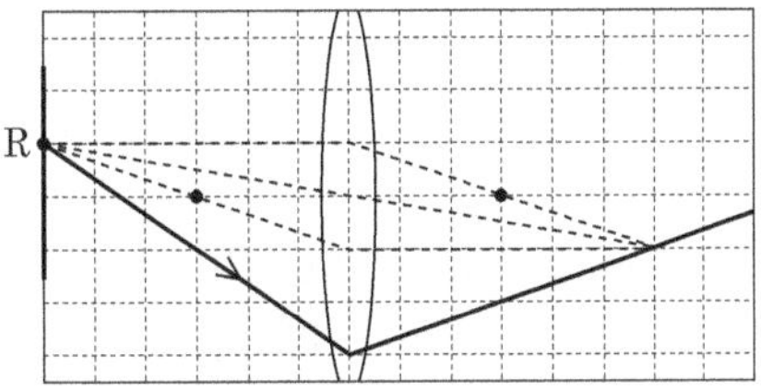

8　1 NH_3　2 ① 青　② 赤　③ 酸　3 (記号) イ　(理由) (例)試験管Xの方が試験管Y(空気)よりも酸素の割合が高いから。

9　1 エ　2 右図2　3 ア　4 (凸レンズ)Q(の方が)8(cm長い。)

<理科解説>

1 (小問集合)

1　1ある物質が別の物質になる変化を**化学変化**(化学反応)という。氷がとけるのは固体 → 液体の**状態変化**，食塩(溶質)が水(溶媒)に溶ける現象は固体が液体と混ざる溶解とよばれる。熱湯から出る湯気は，水がごく小さな水滴になっている。

2　面に接している物体には，面に垂直な力がはたらく。このような力を**垂直抗力**という。ウは物体と斜面との間にはたらく**摩擦力**で，エは物体を地球がその中心に向かって引く**重力**である。

3　太陽のように自ら光を出している天体を**恒星**，地球のように恒星のまわりを公転し，自らは光を出さずに恒星からの光を反射して光っている天体を**惑星**という。すい星は氷と細かなちりでできており，月は惑星である地球のまわりを公転している小さな天体である衛星にあたる。

4　リパーゼはすい液の中の**消化酵素**で，脂肪を脂肪酸とモノグリセリドに分解する。ペプシンは胃液の中の消化酵素で，タンパク質の一部が分解され，さらに小腸ですい液の中のトリプシンなどによってアミノ酸に分解される。

5　たまっていた電流が流れ出たり，空気などの電流を流しにくい気体中を電流が流れたりする現象を**放電**という。ガラス管内の空気をぬいて内部の気圧を小さくしてから大きな電圧を加えると，真空放電が起きてガラス管が光る。

6　マグマが上昇して地表にふき出す現象を噴火といい，このときにふき出された，マグマがもとになってできた物質を**火山噴出物**という。

7 動物では，受精卵が分裂して，自分で食物をとり始めるまでの間の子のことを**胚**という。胚の細胞はさらに分裂をくり返して，親と同じような形へ成長する。

8 **質量パーセント濃度**(％)＝(溶質の質量)(g)÷(溶液の質量)(g)×100＝(溶質の質量)(g)÷(溶質の質量＋溶媒の質量)(g)×100より，40(g)÷(40＋160)(g)×100＝20(％)

2 (気象－気象観測，前線，天気の変化)

1 天気記号には快晴○，晴れ⌽，くもり◎，雨●，雪⊗などがある。風向は，風の吹いてくる方向を16方位で表す。風力は階級が13段階に分かれ，それぞれ矢羽根の本数で表す。

2  は**寒冷前線**で，寒気が暖気に向かって進む。は**温暖前線**で，暖気が寒気に向かって進む。寒冷前線付近では寒気が暖気を押し上げるため，強い上昇気流が生じて上空には積乱雲ができ，寒冷前線付近では短時間にはげしい雨が降る。

3 暖気におおわれて温度が上昇していた地点を寒冷前線が通過すると，気温が急に下がる。

3 (植物の体のつくりとはたらき－維管束，実験操作，蒸散量)

1 植物の体には，根などで吸収された水や養分の通り道である**道管**と，葉でつくられた物質の通り道である**師管**があり，これらの集まりを**維管束**という。

2 実験の目的は，植物の**蒸散**のはたらきを水の減少量で調べることである。したがって，植物以外からの水の蒸発をなくす必要がある。

3 表の結果は，次の部分からの水の蒸散量を示している。A：(表＋裏＋葉以外)，B：(裏＋葉以外)，C：(表＋葉以外)。葉の表側からはA－B＝12.4－9.7＝2.7(cm^3)，葉以外からはB＋C－A＝9.7＋4.2－12.4＝1.5(cm^3)

4 蒸散量は，**気孔**の開閉(日光の当たり具合)で変化する。暗室での3時間は蒸散量が少ないので，水の減少量が少ない。

4 (電流と磁界－磁界の向き，磁界の強さ)

1 電流の流れる導線のまわりには，電流に対して同心円状の**磁界**が生じる。磁界の中の各点における磁界の向きを線でつなぐと，磁界のようすや強さ，磁界の向きを表す磁力線が描かれる。

2 導線のまわりには，電流の向きに対して右回りの磁界が生じる。N極が指す向きがその点における磁界の向きなので，電流の向きを上向きに変えると，N極はAでは北東，Bでは南東，Cでは南西，Dでは北西を指す。

3 電流が流れるコイルのまわりに生じる磁界の強さは，電流が強いほど，コイルに近いほど，コイルの巻き数が多いほど強い。

5 (化学変化と電池－電離，電子の移動と電流，水溶液の濃度と電流の大きさ)

1 塩化水素(HCl)は，水に溶けると陽イオンである水素イオン(H^+)と陰イオンである塩化物イオン(Cl^-)に**電離**する。

2 金属によって，陽イオンへのなりやすさには差がある。亜鉛原子が**電子**を2個失って亜鉛イオンになり，うすい塩酸の中に溶け出すと，電子の一部はうすい塩酸中の水素イオンに渡されて水素の発生が見られるが，電極(亜鉛板)に残された電子は，導線を通って＋極になる銅板へ向かって流れる。電流の正体は電子の流れであるが，電流の向きは，電子の流れる向きと反対である。

3 $HCl + NaOH \rightarrow NaCl + H_2O$の反応によって，**中和**後の水溶液は**電解質**である塩化ナトリウムの水溶液になる。電解質の水溶液に2種類の異なる金属板を入れて導線でつなぐと，金属板の間に電圧が生じて電流を取り出すことができる。

4　**対照実験**では，条件を1つだけ変えて，それ以外は同じ条件で実験を行う。(a)と(b)では濃度と塩酸と触れる面積の両方を変えているので，比較することができない。

6 (遺伝－対立形質，遺伝子，遺伝の規則性)

1　エンドウの種子の丸形としわ形や，さやの緑色と黄色などように，どちらか一方の形質しか現れない2つの形質どうしを**対立形質**という。

2　親の丸い種子がもつ**遺伝子**の組み合わせはAAまたはAa，しわのある種子がもつ遺伝子の組み合わせはaaのみである。AAとaaをかけ合わせた場合は，子の丸い種子としわのある種子の割合は3：1になるので，この実験で親の丸い種子がもつ遺伝子はAaであったことがわかる。したがって，子の丸い種子がもつ遺伝子はAaしかない。**生殖細胞**ができるとき，対になっている遺伝子は**減数分裂**によってそれぞれ別の生殖細胞に入る。これを**分離の法則**という。

3　孫の丸い種子がもつ遺伝子の組み合わせはAAまたはAaで，その数の割合は1：2になる。AAを自家受粉させてできる種子はすべて丸い種子で，Aaの自家受粉では丸い種子としわのある種子が3：1の割合でできる。したがって，丸い種子：しわのある種子＝(4＋3＋3)：(1＋1)＝5：1

7 (地層の重なり－化石，堆積岩，柱状図)

1　ある時期だけに栄え，広い範囲にすんでいた生物の化石から，その地層が堆積した地質年代を知ることができる。このような化石を**示準化石**という。一方，堆積した当時の環境を示す化石を**示相化石**という。

2　**等粒状組織**や**斑状組織**が見られるのは，マグマが冷え固まってできた火成岩である。石灰岩は貝殻やサンゴなどが堆積してできた岩石で，うすい塩酸をかけると溶けて二酸化炭素が発生する。海水中の小さな生物の殻が堆積してできた岩石であるチャートは，たいへんかたく，うすい塩酸には溶けない。

3　堆積物の粒の大きさがしだいに大きくなっていることから，しだいに海岸線に近づいていったことがわかる。

4　地表の標高から考えると，地点Aと地点Bの凝灰岩の層は同じ高さにあり，地点Cでは地点Aよりも10m低い高さにあることがわかる。したがって，この地域の地層は南の方向が低くなるように傾いている。柱状図で示すと，地点Dの凝灰岩の層の上面は，地点Cより10m低い高さにある。

8 (気体－化学式，気体の水溶液)

(1)～(3)の結果より，Aは刺激臭がするのでアンモニア，Bは空気より軽いので水素，Cは水溶液が酸性かアルカリ性なので二酸化炭素，Dは酸素であることがわかる。

1　アンモニアの**分子**は，窒素原子(N)1個と水素原子(H)3個が結びついている。

2　二酸化炭素は水に少し溶けて，水溶液は酸性を示す。青色リトマス紙に酸性の水溶液をつけると赤色に変化する。

3　図2より，空気は窒素と酸素がおよそ体積の割合で4：1になっている。したがって，二酸化炭素と酸素が1：1の試験管Xでは，試験管Yよりも酸素が多く含まれているので，火のついた線香は炎を上げて激しく燃える。

9 (光－凸レンズ，実像，光の進み方，焦点距離)

1　凸レンズを通った光が実際に集まってスクリーン上に像が映し出されるとき，この像は**実像**

で，物体と上下左右が逆になる。

2　点Rから出た光軸に平行な光は，凸レンズを通過した後，右側の焦点Fを通過するように直進する。また，点Rから出て左側の焦点Fを通過した光は，凸レンズを通過した後，光軸に平行に進む。これらの光が交わる点を通るように，矢印の方向に進んだ光を凸レンズで屈折させればよい。

3　凸レンズを通過する光が半分になるので，スクリーン上にできる実像は暗くなる。

4　距離aと距離bが等しいとき，凸レンズの焦点距離はaまたはbの$\frac{1}{2}$の長さであることがわかる。Pの焦点距離は24÷2＝12(cm)，Qの焦点距離は40÷2＝20(cm)

＜社会解答＞

1　1　冷害　　2　エ　　3　ウ　　4　ア　　5　(1)　ヒートアイランド(現象)
(2)　(例)地面がコンクリートやアスファルトで舗装されていることが多く，降った雨がしみこみにくい(ので)　　6　イ・エ　　7　エ

2　1　B　　2　東南アジア諸国連合[ASEAN]　　3　ア　　4　エ　　5　(アフリカ州)　イ　(ヨーロッパ州)　ウ　　6　(オーストラリア)　A　　(石油)　D　　7　(記号)　Y
(理由)　(例)日本への輸出品目の中心が軽工業製品から重工業製品へと変化しており，日本の輸入総額に占める割合も増加しているため。

3　1　ウ　　2　調　　3　座　　4　勘合　　5　(1)　前方後円墳　　(2)　(例)3世紀に大和地方を中心に分布していた古墳が，5世紀には国内各地に広がっており，埼玉県や熊本県の古墳で大王の名が刻まれた鉄剣や鉄刀が出土していることから，大和政権[ヤマト王権]の勢力が関東地方や九州地方にも拡大したと考えられる。　　6　エ　　7　C→A→B→D

4　1　(1)　富岡製糸場　　(2)　イ　　(3)　(例)薩英戦争で列強の軍事力を実感し，攘夷が難しいことを知ったので，列強の技術などを学び，幕府に対抗できる実力を備えようとしていたから。　　2　岩倉使節団　　3　エ　　4　エ　　5　ウ

5　1　(1)　イ　　(2)　世論　　2　ア　　3　図2　(例)地方は，生活により身近な行政事務を担っている。　　図3　(例)小都市は，政令指定都市と比較して地方税による歳入が少ないため，地方公共団体間の格差を抑える地方交付税に依存している。
4　(1)　イ　　(2)　独占禁止法　　(3)　ウ

6　1　男女雇用機会均等法　　2　介護保険[公的介護保険](制度)　　3　(1)　公共の福祉
(2)　ア　　4　イ　　5　エ　　6　(例)テレビだけでなくインターネットを活用し，選挙への関心を高められるよう，政党の政策や候補者の人物像などの情報を分かりやすく発信する。

＜社会解説＞

1　**(地理的分野―日本―地形図の見方，日本の国土・地形・気候，人口・都市，農林水産業，工業，交通・通信)**

1　岩手県だけでなく，東北地方の**奥羽山脈**以東地域で**冷害**がおこりやすく，夏野菜の収穫にも悪影響が出る。

2　**フィヨルド**は，氷河によってけずられてできた地形。**沖合漁業**は，とる漁業のうち日帰り可能な沖合まで出て行う漁業。

3　観光業がさかんな沖縄県の数値が大きいことから，アが宿泊・飲食サービス業。内陸に位置する奈良県の漁業の数値が出ていないことから，イが漁業。岩手県の数値が大きいことから，エが農林業。

4　オーストラリア北東沖に世界最大のサンゴ礁である**グレートバリアリーフ**が位置する。

5　(1)　都市の緑化などを進めることで，**ヒートアイランド現象**の緩和をはかっている。　(2)　舗装面積が多い都市部では下水道や雨水管で雨水を排水するが，短時間に大雨が降ると対処しきれなくなる。このような水害を都市型水害という。

6　ア　2万5千分の1の縮尺の地形図上での5cmが，実際の距離にして1,500m離れていることになる。地形図上での交番から「海峡ゆめタワー」までの距離はおよそ3cm。　ウ「日和山公園」付近には等高線が密集しており，下関駅よりも標高が高いことが読み取れる。

7　日本では，鉄道の貨物輸送に占める割合は自動車と比べて低い。

2 (地理的分野―世界―人々のくらし，地形・気候，人口・都市，産業，交通・貿易，資源・エネルギー)

1　東京よりも6時間遅れている地域とは，経度差が6(時間)×15＝90(度)あることがわかる。日本の標準時子午線が**東経135度**なので，90度西に位置する東経45度の地域となることから，おおよその位置を判断する。

2　Pの地域は東南アジア。東ティモールを除く東南アジア10か国が加盟している。

3　図1中のAはドイツ，Bはサウジアラビア，Cは中国，Dはオーストラリア。ドイツが温帯気候であることから判断する。イがC，ウがD，エがB。

4　bの国で仏教の信者の割合が最も多いことからタイと判断する。Cの国で2番目に信者の割合が多い宗教が仏教であることから，アジア州に含まれる韓国と判断する。

5　アフリカ州では**人口爆発**による人口増加が著しい。アがアジア州，エが北アメリカ州。

6　インドネシアで産出がさかんなことから，図5中のCには石炭があてはまる。日本はオーストラリアから石炭や鉄鉱石の輸入，サウジアラビアから石油の輸入が多いことから判断する。

7　中国の主要輸出品に衣類が含まれること，または，現在の日本の最大輸入相手国が中国であることからYと判断する。

3 (歴史的分野―日本史―時代別―古墳時代から平安時代，鎌倉・室町時代，安土桃山・江戸時代，日本史―テーマ別―政治・法律，経済・社会・技術，文化・宗教・教育，外交)

1　木簡が使われていたのは奈良時代。『**万葉集**』は奈良時代に編纂された日本最古の和歌集。ア・エが鎌倉時代，イが古墳時代。

2　**調**や労役の代わりに布を納める**庸**は成人男子のみに課され，都まで運ばなければならなかった(運脚)。

3　明銭は，**足利義満**が始めた**勘合貿易**によってもたらされた貨幣で，室町時代に国内で流通した。

4　明から与えられた勘合の片方を日本船が持参し，明にあるもう片方と合えば正式な貿易船と認められた。

5　(1)　国内最大の前方後円墳は**大仙古墳**(大阪)で，百舌鳥・古市古墳群の一つとして世界文化遺産に登録されている。　(2)　前方後円墳の広まりは，各地の豪族が大和政権(ヤマト王権)に従うようになり，大きな墓を造営することを許されたからだとされている。

6　生類憐みの令を出したのは，江戸幕府5代将軍**徳川綱吉**。湯島聖堂を建てるなど朱子学を奨励し，武断政治から文治政治への転換をはかった。アが徳川吉宗，イが徳川家光，ウが寛政の改革を行った松平定信の政策。

7　Aが奈良時代，Bが室町時代，Cが古墳時代，Dが江戸時代。

4　**(歴史的分野―時代別―安土桃山・江戸時代，明治時代から現代，日本史―テーマ別―経済・社会・技術，文化・宗教・教育，外交)**

1　(1)　**富岡製糸場**は世界文化遺産に登録されている。　(2)　**葛飾北斎**の代表作は「富嶽三十六景」。「東海道五十三次」の**歌川広重**とともに**化政文化**で活躍した。アは桃山文化，ウ・エは元禄文化で活躍した。　(3)　**攘夷**とは，開国後の日本から外国勢力を追いはらおうとする考えのこと。薩摩藩は，攘夷を目的としておこしたイギリス人殺傷事件(生麦事件)の報復として勃発した薩英戦争に敗れたことで，攘夷が難しいことをさとり，イギリスに近づいた。

2　1871年，**岩倉具視**を全権とする使節団が欧米に向けて出発した。不平等条約の改正を目指したが失敗したため，欧米視察を行い，1873年に帰国した。

3　1875年，日本はロシアと**樺太・千島交換条約**を結び，樺太をロシア領とする代わりに千島列島を日本領としたことから判断する。日露戦争後の**ポーツマス条約**で，北緯50度以南の樺太が日本領となった。アが山東半島，イが朝鮮半島，ウが樺太，エが千島列島。

4　日本が国際連盟を脱退したのは1933年。盧溝橋事件をきっかけに日中戦争が始まったのは1937年。アが1918年，イが1929年，ウが1932年。

5　首相在任期間が1972年までであることから，Ⅰには**佐藤栄作**があてはまると判断する。**吉田茂**はサンフランシスコ平和条約や日米安全保障条約締結時(1951年)の首相。日中国交正常化，沖縄の日本復帰ともに1972年の出来事ではあるが，日中国交正常化は**田中角栄**内閣のときの出来事であることから判断する。

5　**(公民的分野―三権分立・国の政治の仕組み，地方自治，財政・消費生活・経済一般)**

1　(1)　**弾劾裁判所**では，裁判官としてふさわしくない者を国会議員が裁くために，国会に設置することから判断する。　(2)　かつてはテレビや新聞などの**マスメディア**が世論形成の中核を担ってきたが，近年ではSNSなどを中心としたインターネットでの交流サイトもそのはたらきを果たしつつある。

2　**累進課税制度**によって，所得の再分配を進めることができる。イが消費税，ウが軽減税率，エが間接税の特徴。

3　図2からは「身近」であること，図3からは歳入に占める地方税収入の割合が低く，地方交付税の割合が高いことを読み取る。

4　(1)　日本銀行が「**政府の銀行**」とよばれるのは，政府の資金を管理するためである。
(2)　**独占禁止法**が規定している市場における公正な競争が行われているかを，**公正取引委員会**が監視している。　(3)　ウは成果主義に関する内容。　ア　日本の企業の多くは中小企業。
イ　公企業は利潤を上げることを目的としない。　エ　株式会社において，株主は出資した額以上の責任を負うことはない。

6　**(公民的分野―憲法の原理・基本的人権，三権分立・国の政治の仕組み，国民生活と社会保障)**

1　女性差別を雇用の点から禁止していること，1985年に制定された点から判断する。**男女共同参画社会基本法**は，個人の能力や個性を発揮できる社会を目指す法律で，1999年に制定された。

2　介護保険制度は2000年から始まった。社会保障制度のうちの**社会保険**に含まれる。

3　(1)　日本国憲法**第13条**の条文で，新しい人権を認める根拠とされる**幸福追求権**を規定している。**公共の福祉**とは，社会全体の利益や幸福を指す。　(2)　**国民投票**では，有効投票数の**過半数**の賛成が必要となる。

4　刑事裁判において，被告人は自らの代理人として**弁護人**をつける権利がある。検察官は被疑者を裁判所に起訴する立場。

5　**議会制民主主義**は間接民主制ともいい，選挙等で選出された代表者らの話し合いによって物事を決めること。王権など絶対的な権力者による支配のことを，人の支配という。

6　若い世代の投票率を上げるための解決策を，図2・3から考える。図2から，若い世代の選挙に対する関心が低く，政党の政策や候補者の人物像などの違いが伝わっていない点を読み取る。図3から，政治・選挙の情報入手元について，若い世代はインターネットの割合が高いことに着目する。

<国語解答>

1　1 (1) せんぞく　(2) そうかい　(3) うるお　(4) なぐさ　(5) ぞうり
2 (1) 漁港　(2) 率　(3) 招待　(4) 縮　(5) 熟練
3 (1) エ　(2) ア　(3) イ　(4) ア　4 ウ

2　1 いわいごと　2 エ　3 ウ　4 (例)黒石を連想させる夜に生まれ，誕生月が良月である十月だから。　5 イ

3　1 ウ　2 (例)絶対音や音の種類が違う「ドレミファソラシド」であっても，同じように聞こえる　3 ウ　4 ア　5 (例)読者の中に既知の「物語」があることで，結末までの見通しをもって小説を読み進めることができるから。　6 エ

4　1 ア　2 イ　3 ウ　4 (例)姉のことを理解せずに作ったドレスは姉に似合わないだろう　5 (例)清澄の率直な言葉に勇気をもらったことでこみ上げてくる感情を，見せまいとしているから。　6 イ

5　(例)　私は，新幹線があってとても便利だと思う。遠い場所へもあまり時間をかけずに気軽に旅行できる。また，父は地方への出張であってもほとんどが日帰りで済んでいる。

　無駄な時間を省くというのは，とても効率が良く便利だ。しかし，省いた中に存在しているさまざまな事柄に触れることをしないということは，もったいなくもあると考える。各駅停車であれば見ることのできた景色や，ゆったり過ごすことで出会えた人や事柄があるはずだ。効率よく生きれば，たくさんのことをこなせる。しかし，量をつめこみすぎて，一つ一つを丁寧にこなす心構えが薄れているかもしれない。便利さを適度に利用しながら心豊かに生きていきたい。

<国語解説>

1　(俳句・川柳―表現技法・形式，漢字の読み書き，品詞・用法，敬語・その他)

1 (1)　芸能人やプロスポーツ選手が，ある決まった会社とだけ契約を結ぶこと。　(2)　さわやかで気持ちがいい。　(3)　足りなかった湿り気や水分がじゅうぶんにいきわたる。　(4)　優しくいたわって，元気を出すようにする。　(5)　はなおのついたはきもの。わら・ビニール・ゴムなどで作る。

2 (1)「漁」は，さんずいが付く。　(2)　たくさんの人たちをつれていく。指図して大勢の人

を動かす。　(3)「招」は，てへん。「待」は，ぎょうにんべん。　(4)「縮」は訓読みが「ちぢ・む」，音読みが「シュク」。　(5)　ある仕事や技術について，訓練を積み，よく慣れていること。

3　(1)「木の芽」が一斉に出てくる様子を，**「わめく」という人間の行為に当てはめ**ている。
(2)　**木が芽吹く様子を表現しているので，季節は春**だ。それぞれの俳句の季語と季節は，アは季語「チューリップ」で春，イは季語「雪」で冬，ウは季語「兜虫」で夏，エは季語「稲」で秋である。　(3)　謙譲語にすればよい。「もらう」の謙譲語は「いただく」。したがって，ここは「教えていただく」が適切で，それを過去形にする。　(4)　(③)には，直前に**「〜を」という目的語**があるので他動詞「出す」が入る。一方，(④)には**主語「芽が」があるのでそれを受ける**動詞「出る」が入る。

4　返り点に従って読む字の順を追うと，「過」→「則」→「改」→「憚」→「勿」。

2　(古文一大意・要旨，内容吟味，文脈把握，仮名遣い)

【現代語訳】　時は十月の初めのころ，いつものように囲碁を打っていると，三保の長者の妻が急に産気づいて，苦しんだので，家の中が大騒ぎしているうちに，なんなく男の子を出産した。磯田も，この騒ぎのなかで，囲碁を打って，すぐに家に帰ったところ，これまたその日の夜になって，妻が，同じように男の子を出産した。両家とも，たいそうな富豪であるから，産養いのお祝いだということで，出入りする人が，途切れなかった。賑わしいことといったら，いまさら言うまでもない。

さて，1、2日が過ぎて，長者の二人が出会い，お互いに出産を喜びあって，磯田の言うことには「あなたと私は，いつも碁を打って遊んでは仲良く語らう間柄で，(そんな二人が)一日のうちに共に妻が出産するということは，不思議というほかない。どうだろう，この子どもたちが，今から兄弟の関係を結び，一生親密でいられるようにお願いしたい」と言うと，三保も喜んで「そうすれば子どもたちの代になっても，ますます親交が厚くなるだろう」と，盃を取り交わし，ともに誓いを立てた。磯田が「名前は，何と呼べばよいだろうか」と言うと，三保の長者がしばらく思案し，「時は十月である。十月は月のきれいな月だ。あなたの子は夜に生まれ，私の子は昼に生まれたから」我が子は白良と呼び，あなたの子は黒良と呼ぶのはどうだろうか。」と言ったので，磯田は微笑んで「黒白を使って昼夜に見立てるというのはおもしろい。白良は，先に生まれたのだから、兄と決めよう。」と言って，これからますます仲良く、交流した。

1　語中・語尾の「は・ひ・ふ・へ・ほ」は現代かなづかいでは「ワ・イ・ウ・エ・オ」になる。

2　傍線①の直前の台詞には「磯田言ひけるは」という前置きがある。また，傍線②の直前の台詞には「三保の長者しばし打ち案じて」という前置きがある。これをふまえて選択肢を選ぶ。

3　不思議に感じたのは，二人が碁を打ち，語りあった**その日のうちに，共に妻が出産したこと**だ。

4　理由は二つある。一つ目は「黒」は，**生まれた「夜」の暗さ**が「黒」を連想させるからだ。二つ目は，**十月が「良月」**であるからだ。

5「さては子どもの代に至りても，ますます厚く交はるべし」という言葉をふまえて答える。

3　(論説文一大意・要旨，内容吟味，文脈把握，段落・文章構成，指示語の問題，脱文・脱語の問題)

1　□は「そこ」にあるものを指す。「そこ」とは「知らない世界をもう知っている」という場だから，**知らないのに知っているという逆説**が存在していることを読み取る。

2　傍線(1)「こういう現象」とは直前の「不思議な」要素を持っている。その不思議さは直前までの記述に示されていて，**ピアノとは「絶対音や音の種類が違う」はずの「ギターで弾いても同じ『ドレミファソラシド』に聞こえる」という現象**のことだ。

3 「立方体」と答えてしまう要因となる二つの前提が次段落にある。一つ目は，私たちがあらかじめ「立法体」という**「全体像」を知っている**ことだ。二つ目は，知っているがゆえに**「立方体」を想像して奥行きを持って見てしまう**ということだ。

4 同段落に「読者は『全体像』を知っているという二つ目の前提が，読者は『全体像』を志向するという一つ目の前提である想像力の働き方を規定している」とあり，**“知っている全体像”が，知っている域を出ない**ことがわかる。経験によって知り得た知識で人は全体像を想像するのだ。つまり，**個々の読者がそれぞれの経験値によって自分なりの全体像を想像・規定する**のである。全体像は，人によって違うものである。

5 「安心」して読めるのは，私たちが**経験によって知っていることを用いて，自分の中に「全体像」「結末」を想像したうえで小説を読むから**だ。ここを用いてまとめればよい。「実は小説にとって『全体像』とは既知の『物語』なのである」という記述の通りで，だから予想外のことは起こることはなく，スリルも適度であり安心なのだ。

6 この文章は，始まりで大橋洋一の見解を引用している。これをかみ砕いて説明するために，音階や立方体の例を挙げ，読書行為についての自分の考えを展開している。

4 (小説—情景・心情，内容吟味，文脈把握，段落・文章構成，脱文・脱語補充)

1 清澄は「**どんどん**ドレスの縫い目をほどいていく」とあるので，「ためらいなく」が適切だ。

2 「仕事してる姉ちゃん，すごい真剣っぽかった。」と感じたのだから，清澄は仕事に対してまじめに向き合う姉の顔を見たのである。

3 入るべき一文にある**「自分で決めたこと」とは，清澄ががんばって作っていた姉のドレスをほどくこと**だ。こうした内容が書かれている後に入れればよい。

4 作り直そうと思ったのは，本当の姉のことを「わかってない僕がつくったこのドレスは，たぶん姉ちゃんには似合わへん」と感じたからだ。ここを用いてまとめればよい。

5 清澄が「わたし」を真っ直ぐに見つめて言ってくれた言葉は，正直で飾り気のない言葉だった。**その言葉に励まされ勇気をもらったことで，うれしくて涙が出そうになった**のだ。お腹に力をこめたのは，**涙をこらえよう**としたからだとわかる。

6 「この子にはまだ……そういうことをなぎ倒して，きっと生きていける。」の段落で，「わたし」は，清澄に「男だから」というような**既存の価値観に縛られずに生きていける強さとその可能性**を見出している。アは清澄が自分の生き方にこだわりをもっているとする点，ウは清澄の弱さを克服することを願う点，エは言葉の感覚を磨くということに着目している点がそれぞれ不適切だ。

5 (作文)

テーマは「世の中が便利になることについて」である。構成の条件に従って書こう。まず，第一段落では世の中を便利にしていると思うものを挙げる。そして，第二段落には，それがあることで便利になった状態を考察するとよいだろう。便利になった社会はよりよいものであるだろうか，それとも人間のマイナスになることが生じていないだろうか。こうしたより深い考察があるよい。**「便利さ」が人にもたらす影響**を捉える視点が欲しい。

MEMO

大切なことはメモしておこうネ！

栃木県公立高等学校

2020年度

★★★★★★★★★★★★★★★★★★★★★★★

入試問題

●くわしい解説……39ページ

＜数学＞ 時間 50分 満点 100点

1 次の1から14までの問いに答えなさい。

1 $(-18)\div 2$ を計算しなさい。

2 $4(x+y)-3(2x-y)$ を計算しなさい。

3 $\frac{1}{6}a^2\times(-4ab^2)$ を計算しなさい。

4 $5\sqrt{6}\times\sqrt{3}$ を計算しなさい。

5 $(x+8)(x-8)$ を展開しなさい。

6 xについての方程式$2x-a=-x+5$ の解が7であるとき，aの値を求めなさい。

7 100個のいちごを6人にx個ずつ配ったところ，y個余った。この数量の関係を等式で表しなさい。

8 右の図において，点A，B，Cは円Oの周上の点であり，ABは円Oの直径である。$\angle x$の大きさを求めなさい。

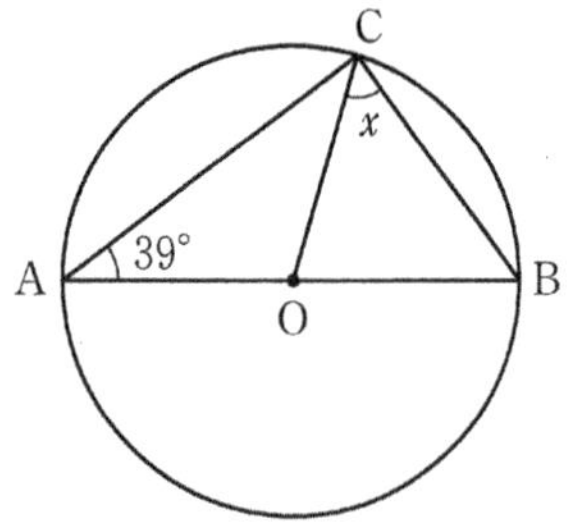

9 2次方程式$x^2-9x=0$ を解きなさい。

10 袋の中に赤玉が9個，白玉が2個，青玉が3個入っている。この袋の中の玉をよくかき混ぜてから1個取り出すとき，白玉が出ない確率を求めなさい。ただし，どの玉を取り出すことも同様に確からしいものとする。

11 右の図の長方形を，直線ℓを軸として1回転させてできる立体の体積を求めなさい。ただし，円周率はπとする。

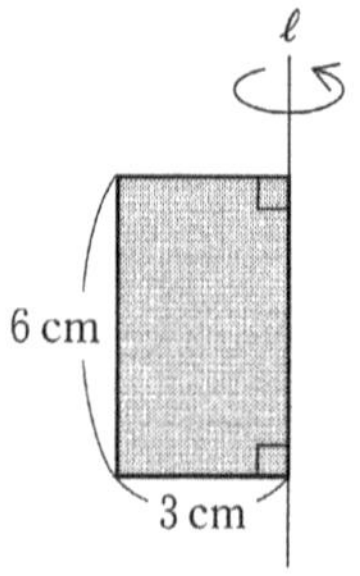

12　右の図のように，平行な2つの直線 ℓ，m に2直線が交わっている。x の値を求めなさい。

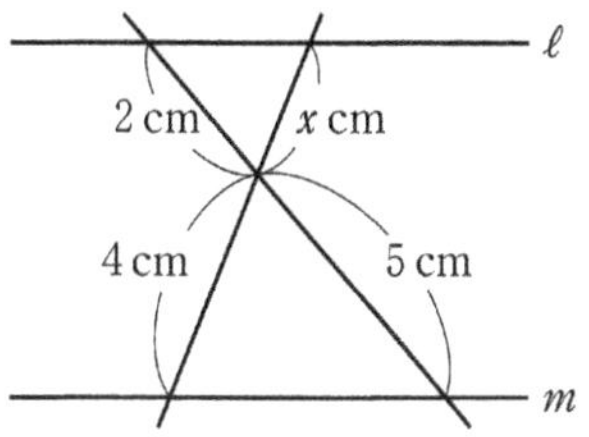

13　右の図は，1次関数 $y = ax + b$（a，b は定数）のグラフである。このときの a，b の正負について表した式の組み合わせとして正しいものを，次の**ア**，**イ**，**ウ**，**エ**のうちから1つ選んで，記号で答えなさい。

ア　$a > 0$，$b > 0$　　**イ**　$a > 0$，$b < 0$
ウ　$a < 0$，$b > 0$　　**エ**　$a < 0$，$b < 0$

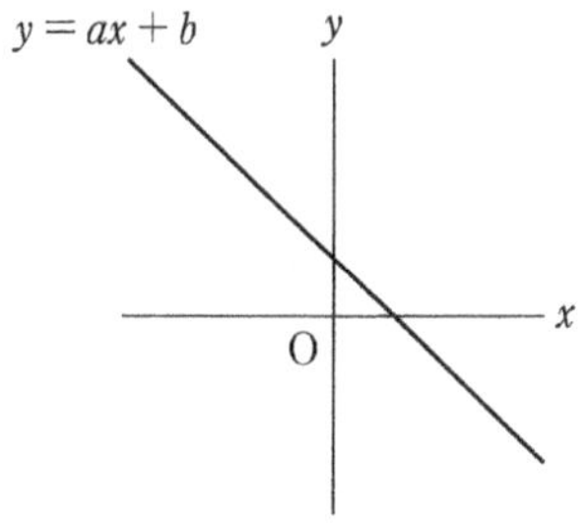

14　ある工場で作られた製品の中から，100個の製品を無作為に抽出して調べたところ，その中の2個が不良品であった。この工場で作られた4500個の製品の中には，何個の不良品がふくまれていると推定できるか，およその個数を求めなさい。

2　次の1，2，3の問いに答えなさい。

1　右の図のような∠A＝50°，∠B＝100°，∠C＝30°の△ABCがある。この三角形を点Aを中心として時計回りに25°回転させる。この回転により点Cが移動した点をPとするとき，点Pを作図によって求めなさい。ただし，作図には定規とコンパスを使い，また，作図に用いた線は消さないこと。

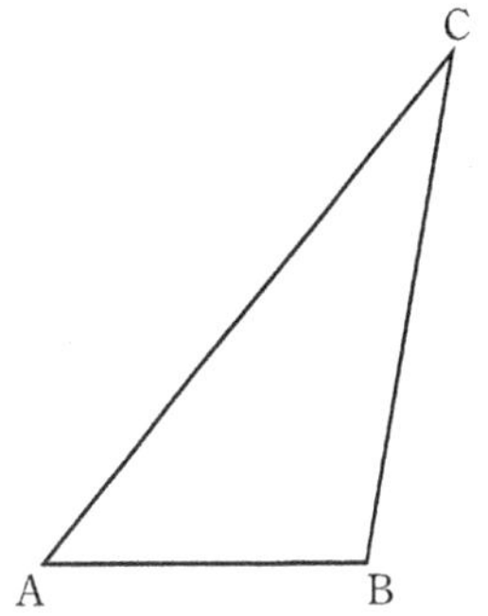

2　右の図は，2020年2月のカレンダーである。この中の 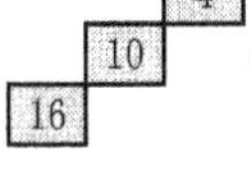

のような3つの自然数の組 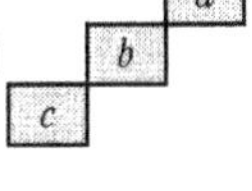

において，$b^2 - ac$ はつねに同じ値となる。

次の □ 内の文は，このことを証明したものである。文中の ①，②，③ に当てはまる数をそれぞれ答えなさい。

2020年
2月

日	月	火	水	木	金	土
						1
2	3	4	5	6	7	8
9	10	11	12	13	14	15
16	17	18	19	20	21	22
23	24	25	26	27	28	29

b，c をそれぞれ a を用いて表すと，$b = a +$ ①，$c = a +$ ② だから，
$b^2 - ac = (a +$ ① $)^2 - a\,(a +$ ② $) =$ ③
したがって，$b^2 - ac$ はつねに同じ値 ③ となる。

3　右の図は，2つの関数 $y = ax^2\ (a > 0)$，$y = -\frac{4}{x}$ のグラフである。それぞれのグラフ上の，x 座標が1である点をA，Bとし，x 座標が4である点をC，Dとする。AB：CD＝1：7となるとき，a の値を求めなさい。

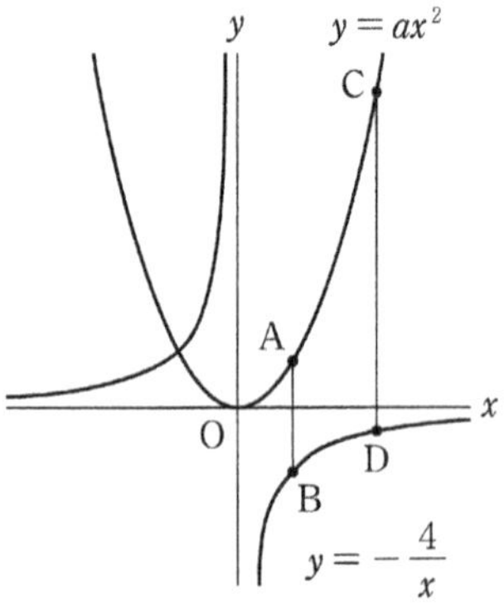

3　次の1，2の問いに答えなさい。

1　ある市にはA中学校とB中学校の2つの中学校があり，昨年度の生徒数は2つの中学校を合わせると1225人であった。今年度の生徒数は昨年度に比べ，A中学校で4％増え，B中学校で2％減り，2つの中学校を合わせると4人増えた。このとき，A中学校の昨年度の生徒数を x 人，B中学校の昨年度の生徒数を y 人として連立方程式をつくり，昨年度の2つの中学校のそれぞれの生徒数を求めなさい。ただし，途中の計算も書くこと。

2　あさひさんとひなたさんの姉妹は，8月の31日間，毎日同じ時間に同じ場所で気温を測定した。測定には，右の図のような小数第2位を四捨五入した近似値が表示される温度計を用いた。2人で測定した記録を，あさひさんは表1のように階級の幅を5℃として，ひなたさんは表2のように階級の幅を2℃として，度数分布表に整理した。

このとき，次の(1)，(2)，(3)の問いに答えなさい。

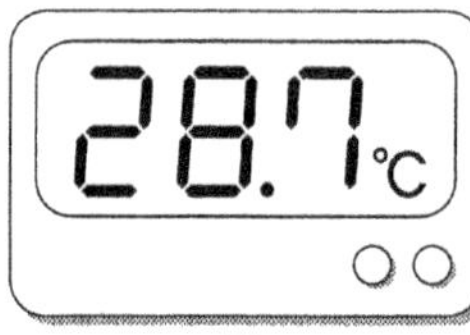

図

(1)　ある日，気温を測定したところ，温度計には28.7℃と表示された。このときの真の値を a℃とすると，a の値の範囲を不等号を用いて表しなさい。

(2)　表1の度数分布表における，最頻値を求めなさい。

(3)　表1と表2から，2人で測定した記録のうち，35.0℃以上36.0℃未満の日数が1日であったことがわかる。そのように判断できる理由を説明しなさい。

階級(℃)	度数(日)
以上　　未満	
20.0 ～ 25.0	1
25.0 ～ 30.0	9
30.0 ～ 35.0	20
35.0 ～ 40.0	1
計	31

表1

階級(℃)	度数(日)
以上　　未満	
24.0 ～ 26.0	1
26.0 ～ 28.0	3
28.0 ～ 30.0	6
30.0 ～ 32.0	11
32.0 ～ 34.0	9
34.0 ～ 36.0	1
計	31

表2

4　次の１，２の問いに答えなさい。

1　右の図のような，AB＜ADの平行四辺形ABCDがあり，辺BC上にAB＝CEとなるように点Ｅをとり，辺ＢＡの延長にBC＝BFとなるように点Ｆをとる。ただし，AF＜BFとする。

　このとき，△ADF≡△BFEとなることを証明しなさい。

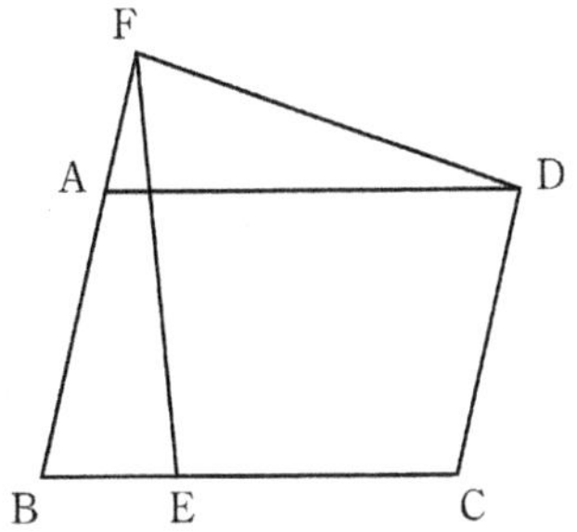

2　右の図は，１辺が２㎝の正三角形を底面とする高さ５㎝の正三角柱ABC－DEFである。

⑴　正三角形ABCの面積を求めなさい。

⑵　辺BE上にBG＝２㎝となる点Gをとる。また，辺CF上にFH＝２㎝となる点Hをとる。

　このとき，△AGHの面積を求めなさい。

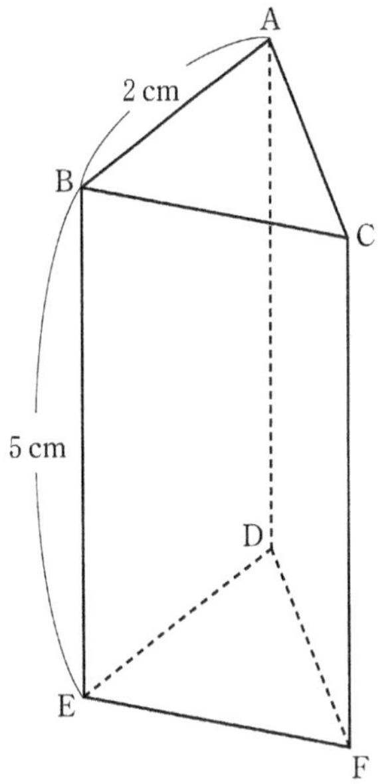

5　明さんと拓也さんは，スタート地点からＡ地点までの水泳300m，Ａ地点からＢ地点までの自転車6000m，Ｂ地点からゴール地点までの長距離走2100mで行うトライアスロンの大会に参加した。

　右の図は，明さんと拓也さんが同時にスタートしてからx分後の，スタート地点からの道のりをy mとし，明さんは，水泳，自転車，長距離走のすべての区間を，拓也さんは，水泳の区間と自転車の一部の区間を，それぞれグラフに表したものである。ただし，グラフで表した各区間の速さは一定とし，Ａ地点，Ｂ地点における各種目の切り替えに要する時間は考えないものとする。

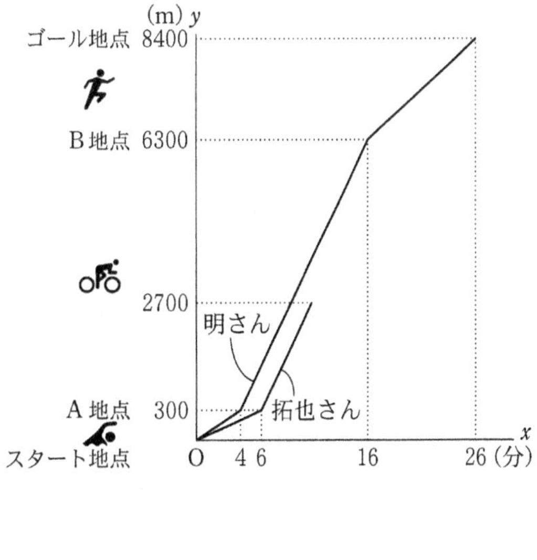

次の □ 内は，大会後の明さんと拓也さんの会話である。

明	「今回の大会では，水泳が4分，自転車が12分，長距離走が10分かかったよ。」
拓也	「僕はA地点の通過タイムが明さんより2分も遅れていたんだね。」
明	「次の種目の自転車はどうだったの。」
拓也	「自転車の区間のグラフを見ると，2人のグラフは平行だから，僕の自転車がパンクするまでは明さんと同じ速さで走っていたことがわかるね。パンクの修理後は，速度を上げて走ったけれど，明さんには追いつけなかったよ。」

このとき，次の1，2，3，4の問いに答えなさい。

1　水泳の区間において，明さんが泳いだ速さは拓也さんが泳いだ速さの何倍か。

2　スタートしてから6分後における，明さんの道のりと拓也さんの道のりとの差は何mか。

3　明さんの長距離走の区間における，x と y の関係を式で表しなさい。ただし，途中の計算も書くこと。

4　□ 内の下線部について，拓也さんは，スタート地点から2700m の地点で自転車がパンクした。その場ですぐにパンクの修理を開始し，終了後，残りの自転車の区間を毎分600mの速さでB地点まで走った。さらに，B地点からゴール地点までの長距離走は10分かかり，明さんより3分遅くゴール地点に到着した。

このとき，拓也さんがパンクの修理にかかった時間は何分何秒か。

6　図1のように，半径1cmの円を白色で塗《ぬ》り，1番目の図形とする。また，図2のように，1番目の図形に中心が等しい半径2cmの円をかき加え，半径1cmの円と半径2cmの円に囲まれた部分を灰色で塗り，これを2番目の図形とする。さらに，図3のように，2番目の図形に中心が等しい半径3cmの円をかき加え，半径2cmの円と半径3cmの円に囲まれた部分を黒色で塗り，これを3番目の図形とする。同様の操作を繰り返し，白色，灰色，黒色の順に色を塗り，できた図形を図4のように，4番目の図形，5番目の図形，6番目の図形，…とする。

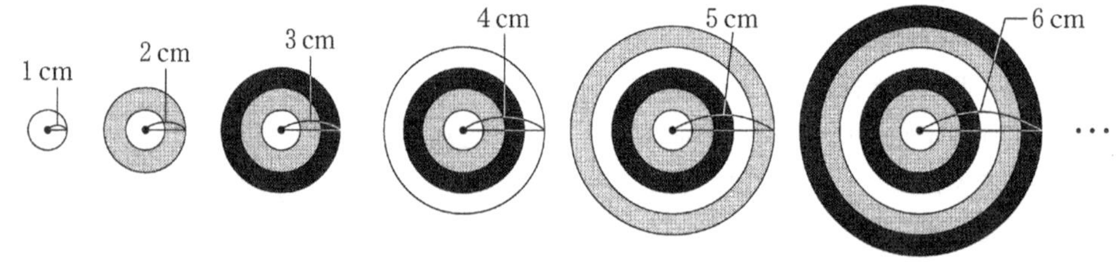

1番目　2番目　3番目　4番目　5番目　6番目　…

図1　図2　図3　図4

また，それぞれの色で塗られた部分を「白色の輪」，「灰色の輪」，「黒色の輪」とする。例えば，次のページの図5は6番目の図形で，「灰色の輪」が2個あり，最も外側の輪は「黒色の輪」である。

このとき，次の１，２，３，４の問いに答えなさい。ただし，円周率はπとする。

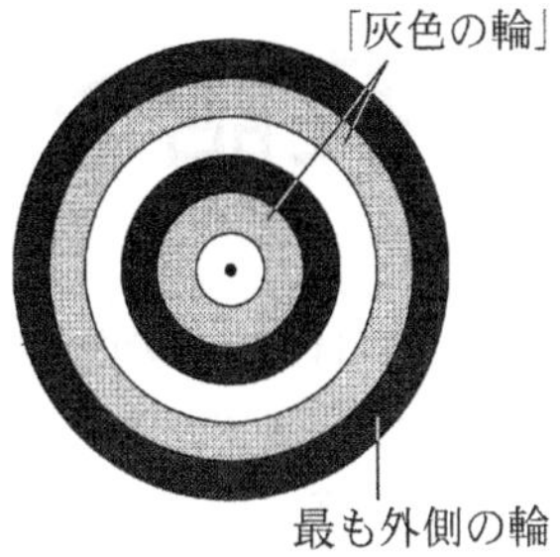

図５

1　「灰色の輪」が初めて４個できるのは，何番目の図形か。

2　20番目の図形において，「黒色の輪」は何個あるか。

3　n番目（nは２以上の整数）の図形において，最も外側の輪の面積が$77\pi\,\text{cm}^2$であるとき，nの値を求めなさい。ただし，途中の計算も書くこと。

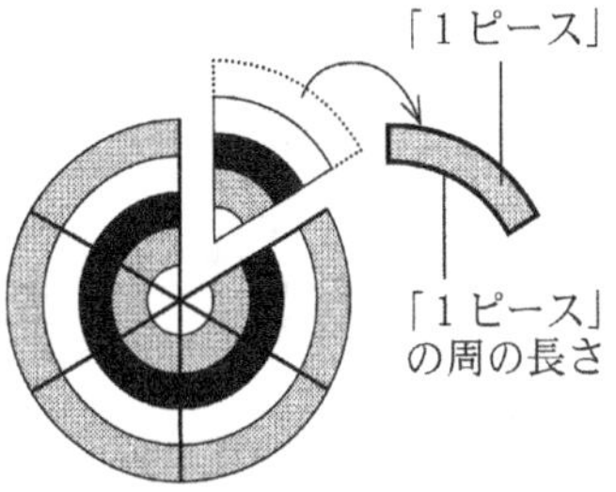

図６

4　n番目の図形をおうぎ形にm等分する。このうちの１つのおうぎ形を取り出し，最も外側の輪であった部分を切り取り，これを「１ピース」とする。例えば，$n = 5$，$m = 6$の「１ピース」は図６のようになり，太線（――）でかかれた２本の曲線と２本の線分の長さの合計を「１ピース」の周の長さとする。

このとき，次の文の①，②に当てはまる式や数を求めなさい。ただし，文中のa，bは２以上の整数とする。

> $n = a$，$m = 5$の「１ピース」の周の長さと，$n = b$，$m = 9$の「１ピース」の周の長さが等しいとき，bをaの式で表すと，（　①　）となる。①を満たすa，bのうち，それぞれの「１ピース」が同じ色のとき，bの値が最小となるaの値は，（　②　）である。

＜英語＞

時間 50分 満点 100点

1 これは聞き方の問題である。指示に従って答えなさい。

1 〔英語の対話とその内容についての質問を聞いて，答えとして最も適切なものを選ぶ問題〕

(1) ア
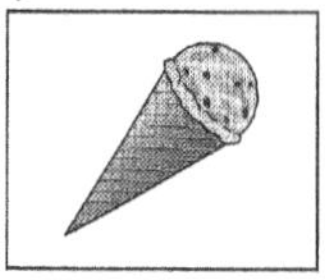
イ

ウ

エ

(2) ア

イ

ウ

エ

(3) ア

イ

ウ

エ

2 〔英語の対話とその内容についての質問を聞いて，答えとして最も適切なものを選ぶ問題〕

(1) ① ア In Kentaro's house. イ In Tom's room.
ウ At the cinema. エ At the meeting room.

② ア Call Tom. イ Go back home.
ウ Say sorry to Tom. エ See the movie.

(2)

Lucky Department Store

8 F	Sky Garden
7 F	Restaurants
6 F	A
5 F	B
4 F	Cooking School
3 F	Men's Clothes & Sports
2 F	Women's Clothes & Shoes
1 F	Food

〔各階案内図〕

① ア On the first floor. イ On the third floor.
ウ On the seventh floor. エ On the eighth floor.

② ア　A：Concert Hall　－　B：Bookstore
イ　A：Bookstore　－　B：Concert Hall
ウ　A：Concert Hall　－　B：Language School
エ　A：Language School　－　B：Concert Hall

3 〔英語の説明を聞いて，Ｅメールを完成させる問題〕

To:　Jessie Smith
From: (Your Name)

Hi, Jessie,
We got homework for Mr. Brown's class. Choose one book and write about it.
Write four things about the book.
1. The writer of the book.
2. The (1) (　　　) of the book.
3. The (2) (　　　) for choosing the book in more than one hundred words.
4. Your (3) (　　　) words in the book.

You have to bring the homework to Mr. Brown on Thursday, (4) (　　　) 11th.
Don't forget!

See you soon,
(Your Name)

---

[2] 次の１，２の問いに答えなさい。

1　次の英文中の [(1)] から [(6)] に入れるものとして，下の(1)から(6)のア，イ，ウ，エのうち，それぞれ最も適切なものはどれか。

I like music the best [(1)] all my subjects. The music teacher always [(2)] us that the sound of music can move people. I cannot speak well in front of people, [(3)] I think I can show my feelings through music. I learned [(4)] play the guitar in class last year. Now, I practice it every day. In the future, I want to visit a lot of countries and play the guitar there. If I can play music, I will get more [(5)] to meet people. Music [(6)] no borders, so I believe that I can make friends.

(1) ア at　イ for　ウ in　エ of
(2) ア says　イ tells　ウ speaks　エ talks
(3) ア but　イ or　ウ because　エ until
(4) ア how　イ how to　ウ the way　エ what to
(5) ア lessons　イ hobbies　ウ chances　エ spaces
(6) ア are　イ do　ウ has　エ becomes

2　次の⑴から⑶の（　）内の語を意味が通るように並べかえて，⑴と⑵はア，イ，ウ，エ，⑶はア，イ，ウ，エ，オの記号を用いて答えなさい。ただし，文頭にくる語も小文字で示してある。

⑴ My （ア has　イ eaten　ウ cousin　エ never） Japanese food before.

⑵ Sophie （ア go　イ decided　ウ abroad　エ to）.

⑶ （ア think　イ you　ウ will　エ it　オ do） rain next weekend?

3　次の英文は，中学生の美樹（Miki）とフランスからの留学生エマ（Emma）との対話の一部である。これを読んで，1から7までの問いに答えなさい。

Emma: Miki, I found “Cleaning Time” in my *daily schedule. What is it?

Miki: Oh, it is time to clean our school. We have ⑴ it almost every day.

Emma: Every day? ⑵ (　　　) cleans your school?

Miki: We clean our classrooms, the library, the nurse's office and other rooms.

Emma: I can't believe that! In France, *cleaning staff clean our school, so students （ A ） do it. I think cleaning school is very hard work for students.

Miki: That may be true, but there are some good points of cleaning school. Oh, we made a newspaper about it because we have “Cleaning Week” this month. Look at the newspaper on the wall.

Emma: Ah, the girl who has a *broom in the picture is you, Miki. What is the girl with long hair doing?

Miki: She is cleaning the blackboard. The boys ＿⑶＿ , and that girl is going to *take away the trash. We have many things to do, so we clean our school together.

Emma: Now, I am interested in cleaning school. Oh, this is Ms. Sato. What does she say?

Miki: She says that it is ＿⑷＿ our school clean every day.

Emma: OK. If you clean it every day, cleaning school may not be so hard work.

Miki: That's right. Emma, look at the graph on the newspaper. We asked our classmates a question. “What are the good points of cleaning school?” They found some good points. Fourteen students answer that ＿⑸＿ after they clean school. Ten students answer that they use the things and places around them more carefully.

Emma: I see. Now I know why you have cleaning time in Japan. Oh, in France, we have one thing we use carefully at school. It is our textbook! In my country, we borrow textbooks from school.

Miki: Oh, do you?

Emma: Yes. At the end of a school year, we （ B ） them to school. Next year, our *juniors use the textbooks, so we don't write or draw anything on them.

Miki: You mean, you reuse your textbooks. That's nice!

Emma: Other people will use them after us. We have to think about those people, so we use our textbooks carefully.

Miki: We do different things in each country, but we have (6) <u>the same idea</u> behind them, don't we?

Emma: That's true. Today, we found the differences and *similarities by *reflecting on our own cultures. By the way, I hear you have some school events in Japan. (7) <u>Please tell me about one of them.</u>

〔注〕 *daily schedule＝日課表　*cleaning staff＝清掃員　*broom＝ほうき
*take away ～＝～を捨てる　*junior＝後輩　*similarity＝類似点
*reflect on ～＝～を振り返る

3－1新聞 あおぞら 9月号

9月1日発行

清掃週間 スタート!!

9月23日から『清掃週間』が始まります。
みんなで協力して、学校をきれいにしましょう。

日頃から学校をきれいにしておくことが大切ですよ。

佐藤先生より

教室清掃の様子

みなさんに協力してもらった「学校清掃についてのアンケート」の結果です

学校清掃の良いところ

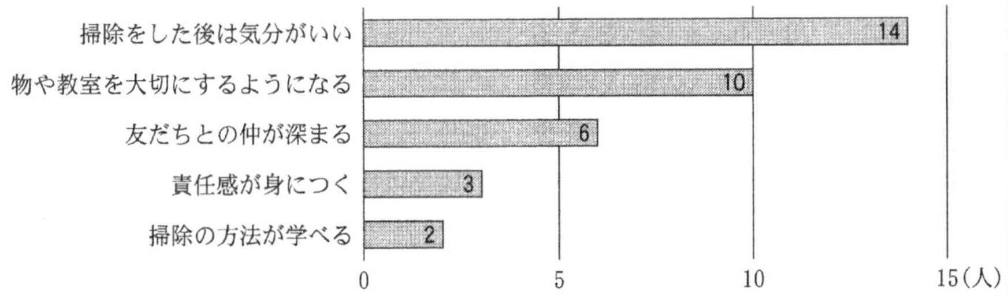

1　下線部(1)は何を指すか。英語**2語**で書きなさい。

2　二人の対話が成り立つよう，下線部(2)の（　）に入る最も適切な英語を書きなさい。

3　本文中の（A）に入る語句として，最も適切なものはどれか。

ア　need to　　イ　are able to　　ウ　would like to　　エ　don't have to

4　上の新聞を参考に，二人の対話が成り立つよう，下線部(3)，(4)，(5)に適切な英語を書きなさい。

5　本文中の（B）に入る語として，最も適切なものはどれか。

ア　return　　イ　receive　　ウ　repeat　　エ　report

6　下線部(6)の指す内容は何か。具体的に日本語で書きなさい。

7　下線部(7)について，あなたなら，本文に書かれていること以外で，どんな学校行事をエマに紹介しますか。つながりのある**5文程度**の英語で書きなさい。

4　次の英文を読んで，1，2，3，4の問いに答えなさい。

"Ryu, you are the new *leader of the volunteer club," Ms. Yamada, our club *adviser, said to me at the meeting. I was (A) to hear that. I said in a loud voice, "I'll do my best as a leader." When I looked up, I could see the beautiful sky. I was full of hope.

While I was walking home, I met Hiro, my uncle. He is the leader in his *community. He is respected by people living there. He said, "Hi, Ryu. What's up?" "I became the leader of the club!" I answered. He said, "Great! By the way, I am looking for some volunteers for the Summer Festival. [　　　　] us with the festival?" "Sure!"

The next day, I told the members about the Summer Festival. "Hiro asked us to join the festival as volunteers. He also wants us to make five *posters and display them in our school." Some members said to me, "We will make the posters." I said, "Thank you, but I think I can do it *by myself." "Really?" "Yes, of course! I must do it by myself because I am the leader."

One week later at the club meeting, Ms. Yamada asked me, "Ryu, have you finished the posters?" I answered in a small voice, "Not yet. I've finished only two." She said, "Oh, no. Everyone, please help Ryu." While other members were making the posters, I couldn't look at their faces. I felt (B).

A few weeks later, the festival was held. The members were enjoying the volunteer activities. But I wasn't happy because I couldn't finish making the posters by myself. I thought, "I'm not a good leader." The *fireworks started, but I looked down at the ground.

Then, Hiro came and asked, "Ryu, what happened?" I answered, "As a leader, I was trying to make all the posters by myself, but I couldn't." Hiro said, "Listen. Do you think leaders must do everything without any help? I don't think so. I work together with people living here. We live together, work together, and help each other." His words gave me energy. "I understand, Hiro. I'll work with my club members."

At the next club meeting, I said, "I'm sorry. I believed that leaders must do everything without any help, but that wasn't true." Everyone listened to me *quietly. "I've learned working together is important. I want to work with all of you." I continued, "Let's talk about a new activity today. What do you want to do?" One of the members said, "How about *planting flowers at the station?" Then, everyone started to talk. "Sounds good!" "Let's ask local people to get together." "Working with them will be fun." Everyone was smiling. When I saw the sky, the sun was shining.

〔注〕 *leader＝リーダー　*adviser＝助言者　*community＝地域　*poster＝ポスター
*by oneself＝ひとりで　*firework＝花火　*quietly＝静かに　*plant ～＝～を植える

1　本文中の（A），（B）に入る竜（Ryu）の気持ちを表している語の組み合わせとして最も適切なものはどれか。

ア　A：interested　－　B：excited　　イ　A：bad　－　B：angry
ウ　A：excited　－　B：bad　　エ　A：angry　－　B：interested

2　本文中の□に，適切な英語を **3 語**で書きなさい。

3　下線部に見られる竜の考えの変化と，そのきっかけとなったヒロ（Hiro）の発言とはどのようなものか。次の□内の（①）に**25字以内**，（②）に**20字以内**の適切な日本語を書きなさい。ただし，句読点も字数に加えるものとする。

竜は，リーダーは（　　　①　　　）と信じていたが，ヒロの「私たちは（　　　②　　　）。」という言葉を聞いて，リーダーとしてのあり方を考え直した。

4　本文の内容と一致するものはどれか。二つ選びなさい。

ア　Hiro chose Ryu as the new leader of the volunteer club in the community.
イ　Hiro wanted Ryu and his club members to take part in the festival as volunteers.
ウ　Ryu asked his members to make the posters, but no one tried to help him.
エ　Ryu finished making all the posters before Ms. Yamada told him to make them.
オ　After the Summer Festival, Ryu and his club members talked about a new activity.
カ　When Ryu grew flowers with local people, every club member was having fun.

5　シールド工法（shield method）について書かれた次の英文を読んで，1，2，3，4の問いに答えなさい。

"London Bridge Is Falling Down" is a famous song about a bridge which fell down many times. This bridge was built over a big river that goes through London. In the 19th century, the river was very useful for *transporting things by *ship. Every day there were many big ships with *sails on the river. Many people gathered along rivers and 〔　　〕 cities like London.

There was one problem. When ships went under the bridges, the sails hit the bridges. So, <u>there were only a few bridges over the river.</u> People couldn't go to the other side of it easily. [ア] Then, some people thought of an idea to build a *tunnel under the river. They made the tunnel with the "shield method." With this method, they could make a stronger tunnel because the tunnel was supported by *pipes called "shield" from the inside. Water didn't come into the tunnel, so the tunnel didn't break down easily. [イ]

How did people find this way of building the tunnel? They found it from a small *creature's way of making a *hole in *wood. [ウ] At that time, ships were made of wood. The creatures called **Funakuimushi* ate the wood of the ships and made some holes. When they eat wood, they put a special *liquid from its body on the wall of the hole. When this liquid becomes hard, the holes become strong. [エ] In this way, people found the way to make tunnels strong.

Today, around the world, there are many tunnels under the sea and in the mountains. A small creature gave us the idea to build strong tunnels. We may get a great idea from a small thing if we look at it carefully. By doing so, we can make better things.

〔注〕 *transport＝輸送する　*ship＝船　*sail＝帆　*tunnel＝トンネル　*pipe＝筒
*creature＝生き物　*hole＝穴　*wood＝木材　**Funakuimushi*＝フナクイムシ
*liquid＝液体

1　本文中の〔　〕に入れるものとして，最も適切なものはどれか。

ア built　イ lived　ウ left　エ went

2　下線部の理由は何か。日本語で書きなさい。

3　本文中の [ア] から [エ] のいずれかに次の1文が入る。最も適切な位置はどれか。

People were so happy to have such a strong tunnel.

4　本文を通して，筆者が最も伝えたいことはどれか。

ア The song about London Bridge has been famous around the world.
イ It was hard for people in London to get to the other side of the river.
ウ A small creature called *Funakuimushi* likes to eat wood in the ships.
エ An idea from a small creature has improved the tunnels in the world.

＜理科＞　時間　50分　満点　100点

1　次の1から8までの問いに答えなさい。

1　次のうち，混合物はどれか。

ア　塩化ナトリウム　　イ　アンモニア　　ウ　石　油　　エ　二酸化炭素

2　次のうち，深成岩はどれか。

ア　玄武《げんぶ》岩　　イ　花こう岩　　ウ　チャート　　エ　凝灰《ぎょうかい》岩

3　蛍光板を入れた真空放電管の電極に電圧を加えると，図のような光のすじが見られた。このとき，電極A，B，X，Yについて，＋極と－極の組み合わせとして，正しいものはどれか。

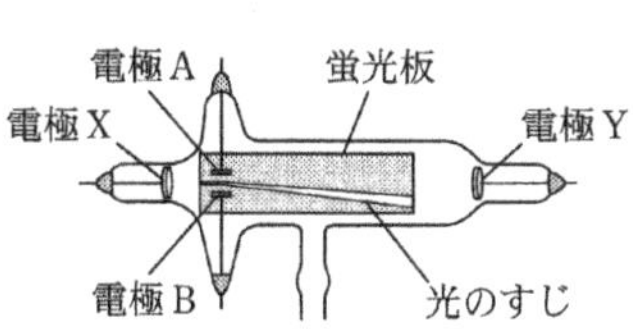

	電極A	電極B	電極X	電極Y
ア	＋極	－極	＋極	－極
イ	＋極	－極	－極	＋極
ウ	－極	＋極	＋極	－極
エ	－極	＋極	－極	＋極

4　次のうち，軟体動物はどれか。

ア　ミミズ　　イ　マイマイ　　ウ　タツノオトシゴ　　エ　ヒトデ

5　化学変化のときに熱が放出され，まわりの温度が上がる反応を何というか。

6　地震の規模を数値で表したものを何というか。

7　染色体の中に存在する遺伝子の本体は何という物質か。

8　1秒間に50打点する記録タイマーを用いて，台車の運動のようすを調べた。図のように記録テープに打点されたとき，区間Aにおける台車の平均の速さは何cm/sか。

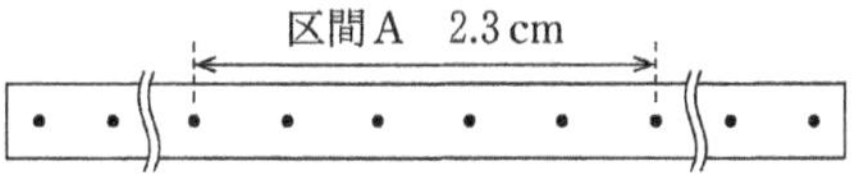

2　金星の見え方について調べるために，次の実験(1)，(2)，(3)を順に行った。

(1)　教室の中心に太陽のモデルとして光源を置く。その周りに金星のモデルとしてボールを，地球のモデルとしてカメラを置いた。また，教室の壁におもな星座名を書いた紙を貼った。図1は，実験のようすを模式的に表したものである。

(2)　ボールとカメラが図1に示す位置関係にあるとき，カメラでボールを撮影した。このとき，光源の背後に，いて座と書かれた紙が写っていた。

(3)　次に，おとめ座が真夜中に南中する日を想定し，その

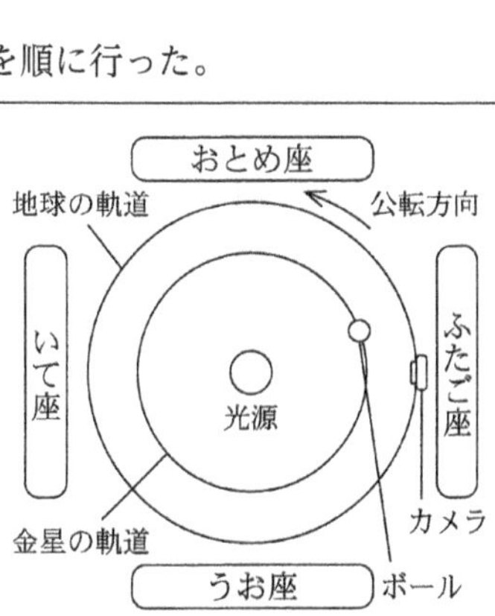

図1

位置にカメラを移動した。ボールは，図2のようにカメラに写る位置に移動した。

図2

このことについて，次の1，2，3の問いに答えなさい。

1　カメラの位置を変えると，光源の背後に写る星座が異なる。これは，地球の公転によって，太陽が星座の中を動くように見えることと同じである。この太陽の通り道を何というか。

2　実験(2)のとき，撮影されたボールはどのように写っていたか。図3を例にして，明るく写った部分を，破線（………）をなぞって表しなさい。

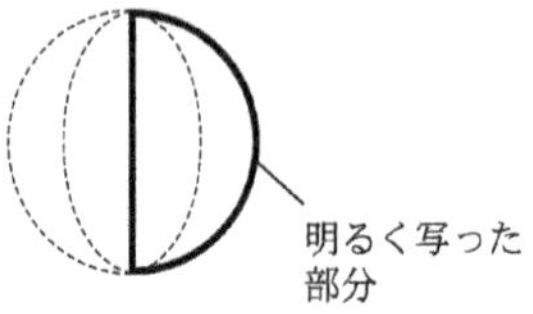

図3

3　実験(3)から半年後を想定した位置にカメラとボールを置いて撮影した。このとき，撮影されたボールは何座と何座の間に写っていたか。ただし，金星の公転周期は0.62年とする。

ア　おとめ座といて座　　イ　いて座とうお座

ウ　うお座とふたご座　　エ　ふたご座とおとめ座

3　電球が電気エネルギーを光エネルギーに変換する効率について調べるために，次の実験(1)，(2)，(3)を順に行った。

(1)　明るさがほぼ同じLED電球と白熱電球Pを用意し，消費電力の表示を表にまとめた。

	LED 電球	白熱電球 P
消費電力の表示	100 V　7.5 W	100 V　60 W

(2)　実験(1)のLED電球を，水が入った容器のふたに固定し，コンセントから100Vの電圧をかけて点灯させ，水の上昇温度を測定した。図1は，このときのようすを模式的に表したものである。実験は熱の逃げない容器を用い，電球が水に触れないように設置して行った。

(3)　実験(1)のLED電球と同じ「100V　7.5W」の白熱電球Q（図2）を用意し，実験(2)と同じように水の上昇温度を測定した。

なお，図3は，実験(2)，(3)の結果をグラフに表したものである。

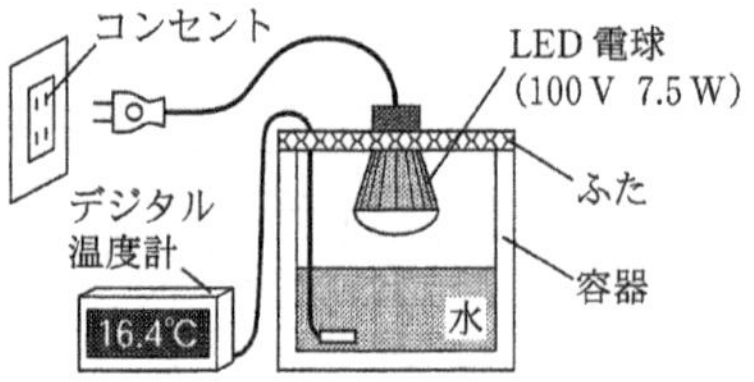

図1

図2

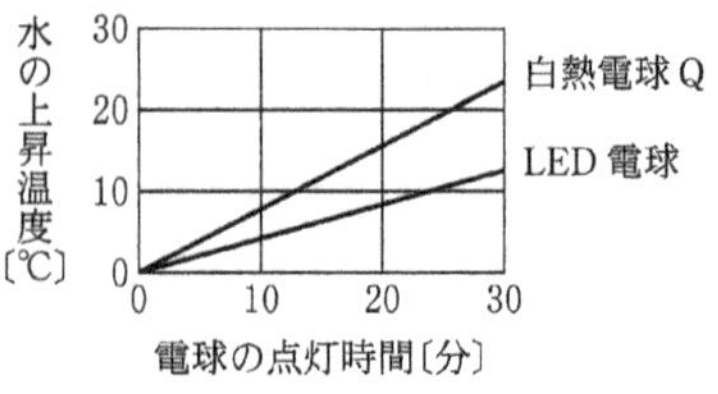

図3

このことについて，次の1，2，3の問いに答えなさい。

1　白熱電球Pに100Vの電圧をかけたとき，流れる電流は何Aか。

2　白熱電球Pを2時間使用したときの電力量は何Whか。また，このときの電力量は，実験(1)のLED電球を何時間使用したときと同じ電力量であるか。ただし，どちらの電球にも100Vの電圧をかけることとする。

3　白熱電球に比べてLED電球の方が，電気エネルギーを光エネルギーに変換する効率が高い。その理由について，実験⑵，⑶からわかることをもとに，簡潔に書きなさい。

4　あきらさんとゆうさんは，植物について学習をした後，学校とその周辺の植物の観察会に参加した。次の⑴，⑵，⑶は，観察したときの記録の一部である。

⑴　学校の近くの畑でサクラとキャベツを観察し，サクラの花の断面（図１）とキャベツの葉のようす（図２）をスケッチした。

⑵　学校では，イヌワラビとゼニゴケのようす（図３）を観察した。イヌワラビは土に，ゼニゴケは土や岩に生えていることを確認した。

⑶　植物のからだのつくりを観察すると，いろいろな特徴があり，共通する点や異なる点があることがわかった。そこで，観察した４種類の植物を，子孫のふえ方にもとづいて，P（サクラ，キャベツ）とQ（イヌワラビ，ゼニゴケ）になかま分けをした。

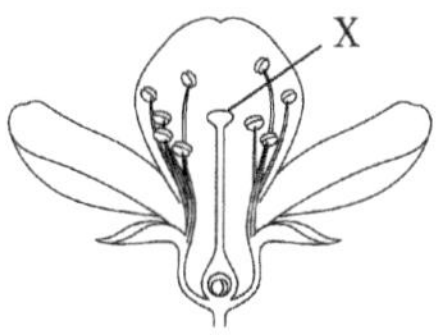

図１

図２

図３

このことについて，次の１，２，３，４の問いに答えなさい。

1　図１のXのような，めしべの先端部分を何というか。

2　次の図のうち，図２のキャベツの葉のつくりから予想される，茎の横断面と根の特徴を適切に表した図の組み合わせはどれか。

（茎）

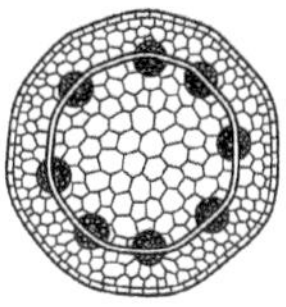
A

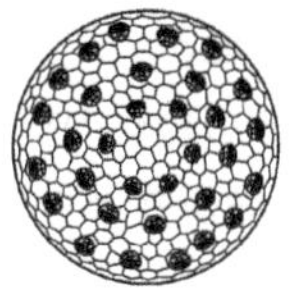
B

（根）

C

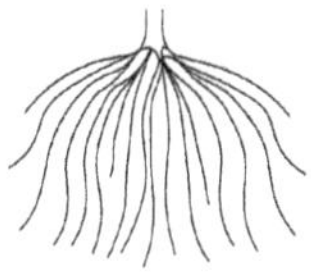
D

ア　AとC　　**イ**　AとD　　**ウ**　BとC　　**エ**　BとD

3　次の□内の文章は，土がない岩でもゼニゴケが生活することのできる理由について，水の吸収にかかわるからだのつくりに着目してまとめたものである。このことについて，①，②に当てはまる語句をそれぞれ書きなさい。

> イヌワラビと異なり，ゼニゴケは（　①　）の区別がなく，水を（　②　）から吸収する。そのため，土がなくても生活することができる。

4　次の □ 内は，観察会を終えたあきらさんとゆうさんの会話である。

> あきら「校庭のマツは，どのようになかま分けできるかな。」
> ゆ　う「観察会でＰとＱに分けた基準で考えると，マツはＰのなかまに入るよね。」
> あきら「サクラ，キャベツ，マツは，これ以上なかま分けできないかな。」
> ゆ　う「サクラ，キャベツと，マツの二つに分けられるよ。」

ゆうさんは，（サクラ，キャベツ）と（マツ）をどのような基準でなかま分けしたか。「胚珠」という語を用いて，簡潔に書きなさい。

5　マグネシウムの反応について調べるために，次の実験⑴，⑵を行った。

⑴　うすい塩酸とうすい水酸化ナトリウム水溶液をそれぞれ，表１に示した体積の組み合わせで，試験管Ａ，Ｂ，Ｃ，Ｄに入れてよく混ぜ合わせた。それぞれの試験管にBTB溶液を加え，色の変化を観察した。さらに，マグネシウムを0.12 gずつ入れたときに発生する気体の体積を測定した。気体が発生しなくなった後，試験管Ａ，Ｂ，Ｃでは，マグネシウムが溶け残っていた。表１は，これらの結果をまとめたものである。

	A	B	C	D
塩酸〔cm^3〕	6.0	8.0	10.0	12.0
水酸化ナトリウム水溶液〔cm^3〕	6.0	4.0	2.0	0.0
BTB 溶液の色	緑	黄	黄	黄
発生した気体の体積〔cm^3〕	0	X	90	112
マグネシウムの溶け残り	あり	あり	あり	なし

表１

⑵　班ごとに質量の異なるマグネシウム粉末を用いて，次の実験①，②，③を順に行った。
①　図１のように，マグネシウムをステンレス皿全体にうすく広げ，一定時間加熱する。
②　皿が冷えた後，質量を測定し，粉末をかき混ぜる。
③　①，②の操作を質量が変化しなくなるまで繰り返す。

表２は，各班の加熱の回数とステンレス皿内にある物質の質量について，まとめたものである。ただし，５班はマグネシウムの量が多く，実験が終わらなかった。

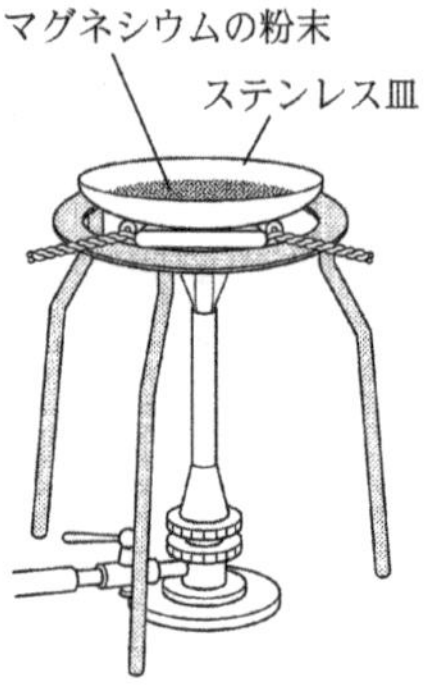

図１

	加熱前の質量〔g〕	測定した質量〔g〕				
		１回	２回	３回	４回	５回
１班	0.25	0.36	0.38	0.38		
２班	0.30	0.41	0.46	0.48	0.48	
３班	0.35	0.44	0.50	0.54	0.54	
４班	0.40	0.49	0.55	0.61	0.64	0.64
５班	0.45	0.52	0.55	0.58	0.59	0.61

表２

このことについて，次の１，２，３，４の問いに答えなさい。

1　実験(1)において，試験管Ｂから発生した気体の体積Ｘは何cm^3か。

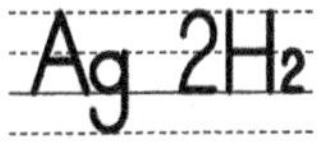

図２

2　実験(2)で起きた化学変化を，図２の書き方の例にならい，文字や数字の大きさを区別して，化学反応式で書きなさい。

3　実験(2)における１班，２班，３班，４班の結果を用いて，マグネシウムの質量と化合する酸素の質量の関係を表すグラフをかきなさい。

4　５回目の加熱後，５班の粉末に，実験(1)で用いた塩酸を加え，酸化されずに残ったマグネシウムをすべて塩酸と反応させたとする。このとき発生する気体は何cm^3と考えられるか。ただし，マグネシウムと酸素は３：２の質量の比で化合するものとする。また，酸化マグネシウムと塩酸が反応しても気体は発生しない。

6　図は，ヒトの血液循環を模式的に表したものである。Ｐ，Ｑ，Ｒ，Ｓは，肺，肝臓，腎臓《じんぞう》，小腸のいずれかを，矢印は血液の流れを示している。

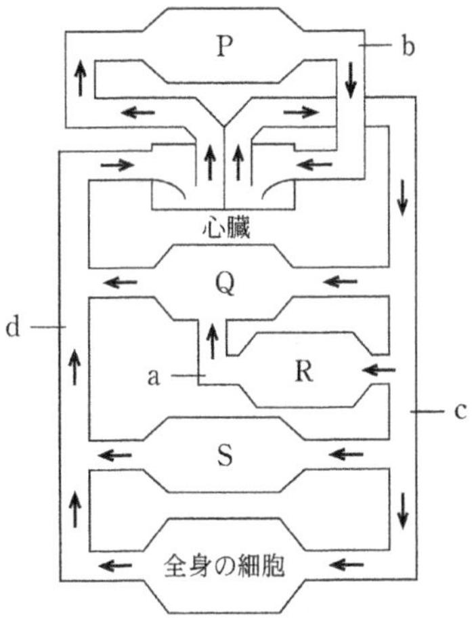

このことについて，次の１，２，３の問いに答えなさい。

1　血液が，肺や腎臓を通過するとき，血液中から減少するおもな物質の組み合わせとして正しいものはどれか。

	肺	腎　臓
ア	酸　素	尿　素
イ	酸　素	アンモニア
ウ	二酸化炭素	尿　素
エ	二酸化炭素	アンモニア

2　ａ，ｂ，ｃ，ｄを流れる血液のうち，ａを流れている血液が，ブドウ糖などの栄養分の濃度が最も高い。その理由は，ＱとＲのどのようなはたらきによるものか。ＱとＲは器官名にしてそれぞれ簡潔に書きなさい。

3　あるヒトの体内には，血液が4000mLあり，心臓は１分間につき75回拍動し，１回の拍動により，右心室と左心室からそれぞれ80mLの血液が送り出されるものとする。このとき，体循環により，4000mLの血液が心臓から送り出されるまでに何秒かかるか。

7　種類の異なるプラスチック片Ａ，Ｂ，Ｃ，Ｄを準備し，次の実験(1)，(2)，(3)を順に行った。

(1)　プラスチックの種類とその密度を調べ，表１にまとめた。

(2)　プラスチック片Ａ，Ｂ，Ｃ，Ｄは，表１のいずれかであり，それぞれの質量を測定した。

(3)　水を入れたメスシリンダーにプラスチック片を入れ，目盛りを読みとることで体積を測定した。このうち，プラスチック片Ｃ，Ｄは水に浮いてしまうため，体積を測定することができなかった。なお，水の密度は1.0 g/cm^3である。

	密度〔g/cm^3〕
ポリエチレン	0.94～0.97
ポリ塩化ビニル	1.20～1.60
ポリスチレン	1.05～1.07
ポリプロピレン	0.90～0.91

表１

このことについて，次の１，２，３の問いに答えなさい。

1　実験(2)，(3)の結果，プラスチック片Ａの質量は4.3ｇ，体積は2.8㎤であった。プラスチック片Ａの密度は何ｇ/㎤か。小数第２位を四捨五入して小数第１位まで書きなさい。

2　プラスチック片Ｂと同じ種類でできているが，体積や質量が異なるプラスチックをそれぞれ水に沈めた。このときに起こる現象を，正しく述べたものはどれか。

ア　体積が大きいものは，密度が小さくなるため，水に浮かんでくる。

イ　体積が小さいものは，質量が小さくなるため，水に浮かんでくる。

ウ　質量が小さいものは，密度が小さくなるため，水に浮かんでくる。

エ　体積や質量に関わらず，沈んだままである。

3　実験(3)で用いた水の代わりに，表２のいずれかの液体を用いることで，体積を測定することなくプラスチック片Ｃ，Ｄを区別することができる。その液体として，最も適切なものはどれか。また，どのような実験結果になるか。表１のプラスチック名を用いて，それぞれ簡潔に書きなさい。

	液体	密度〔g/cm³〕
ア	エタノール	0.79
イ	なたね油	0.92
ウ	10％エタノール溶液	0.98
エ	食塩水	1.20

表２

8　湿度について調べるために，次の実験(1)，(2)，(3)を順に行った。

(1)　１組のマキさんは，乾湿計を用いて理科室の湿度を求めたところ，乾球の示度は19℃で，湿度は81％であった。図１は乾湿計用の湿度表の一部である。

(2)　マキさんは，その日の午後，理科室で露点を調べる実験をした。その結果，気温は22℃で，露点は19℃であった。

(3)　マキさんと２組の健太さんは，別の日にそれぞれの教室で，(2)と同様の実験を行った。

		乾球と湿球の示度の差〔℃〕				
		0	1	2	3	4
乾球の示度〔℃〕	23	100	91	83	75	67
	22	100	91	82	74	66
	21	100	91	82	73	65
	20	100	91	81	73	64
	19	100	90	81	72	63
	18	100	90	80	71	62

図１

このことについて，次の１，２，３，４の問いに答えなさい。なお，図２は，気温と空気に含まれる水蒸気量の関係を示したものであり，図中のＡ，Ｂ，Ｃ，Ｄはそれぞれ気温や水蒸気量の異なる空気を表している。

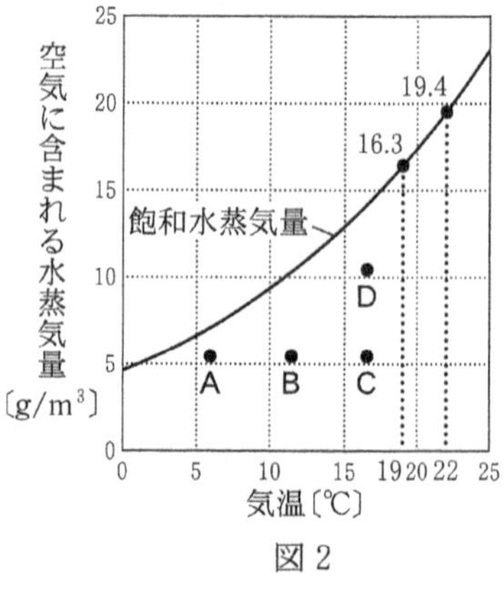

図２

1　実験(1)のとき，湿球の示度は何℃か。

2　実験(2)のとき，理科室内の空気に含まれている水蒸気の質量は何ｇか。ただし，理科室の体積は350m³であり，水蒸気は室内にかたよりなく存在するものとする。

3　図２の点Ａ，Ｂ，Ｃ，Ｄで示される空気のうち，最も湿度の低いものはどれか。

4　次の［　　］内は，実験(3)を終えたマキさんと健太さんの会話である。

> マキ「1組の教室で調べたら露点は6℃で，湿度が42%になったんだ。」
> 健太「えっ，本当に。2組の教室の湿度も42%だったよ。」
> マキ「湿度が同じなら，気温も同じかな。1組の教室の気温は20℃だったよ。」
> 健太「2組の教室の気温は28℃だったよ。」

この会話から，2組の教室で測定された露点についてわかることは，**ア**から**カ**のうちどれか。当てはまるものをすべて選び，記号で答えなさい。

ア　28℃より大きい。　**イ**　28℃より小さい。　**ウ**　20℃である。
エ　14℃である。　**オ**　6℃より大きい。　**カ**　6℃より小さい。

9　物体にはたらく浮力の性質を調べるために，次の実験(1)，(2)，(3)，(4)を順に行った。

(1)　高さが5.0cmで重さと底面積が等しい直方体の容器を二つ用意した。容器Pは中を空《から》にし，容器Qは中を砂で満たし，ふたをした。ふたについているフックの重さと体積は考えないものとする。図1のように，ばねばかりにそれぞれの容器をつるしたところ，ばねばかりの値は右の表のようになった。

(2)　図2のように，容器Pと容器Qを水が入った水そうに静かに入れたところ，容器Pは水面から3.0cm沈んで静止し，容器Qはすべて沈んだ。

(3)　図3のように，ばねばかりに容器Qを取り付け，水面から静かに沈めた。沈んだ深さxとばねばかりの値の関係を調べ，図4にその結果をまとめた。

(4)　図5のように，ばねばかりにつけた糸を，水そうの底に固定してある滑車に通して容器Pに取り付け，容器Pを水面から静かに沈めた。沈んだ深さyとばねばかりの値の関係を調べ，図6にその結果をまとめた。ただし，糸の重さと体積は考えないものとする。

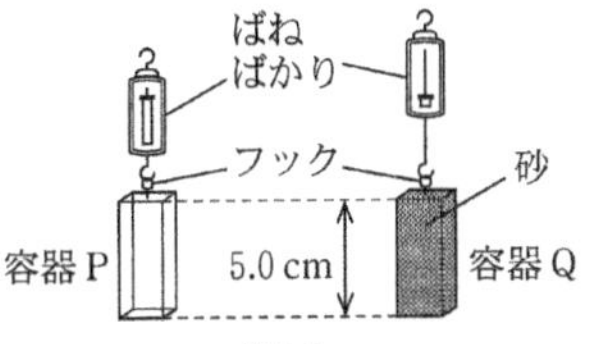

図1

	容器P	容器Q
ばねばかりの値	0.30 N	5.00 N

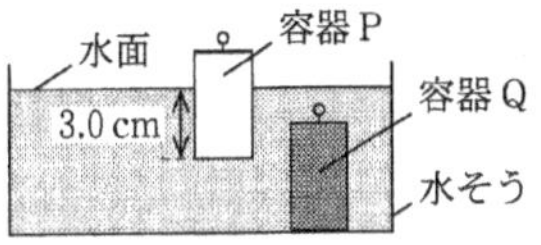

図2

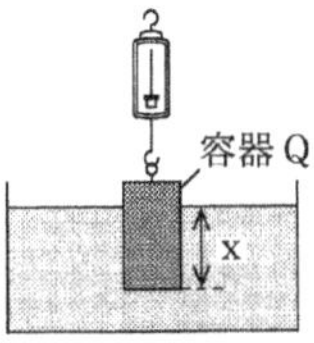

図3

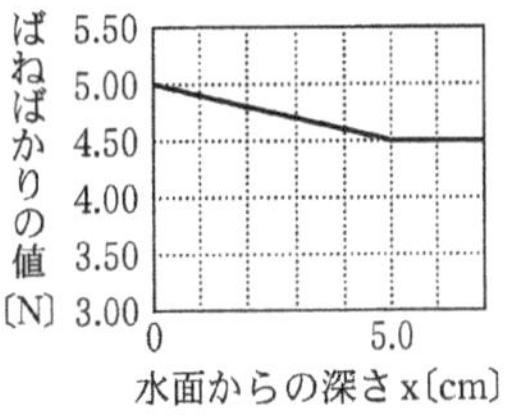

図4

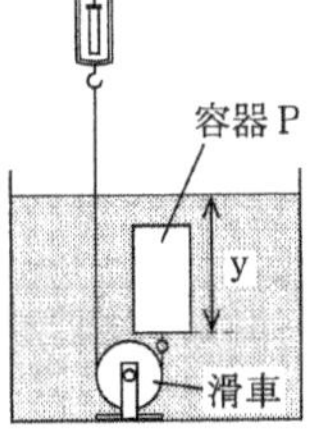

図5

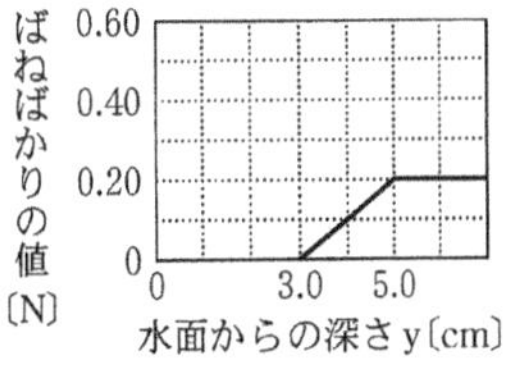

図6

このことについて，次の1，2，3，4の問いに答えなさい。

1　実験(2)のとき，容器Pにはたらく浮力の大きさは何Nか。

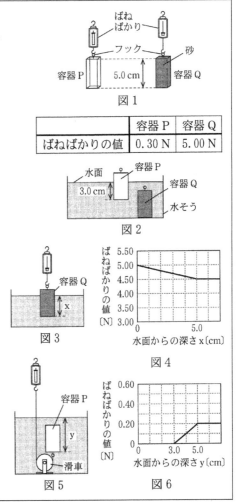

2　実験(3)で，容器Qがすべて沈んだとき，容器Qにはたらく浮力の大きさは何Nか。

3　図7は，実験(4)において，容器Pがすべて沈んだときの容器Pと糸の一部のようすを模式的に表したものである。このとき，容器Pにはたらく重力と糸が引く力を，解答用紙の図にそれぞれ矢印でかきなさい。ただし，図の方眼の1目盛りを0.10Nとする。

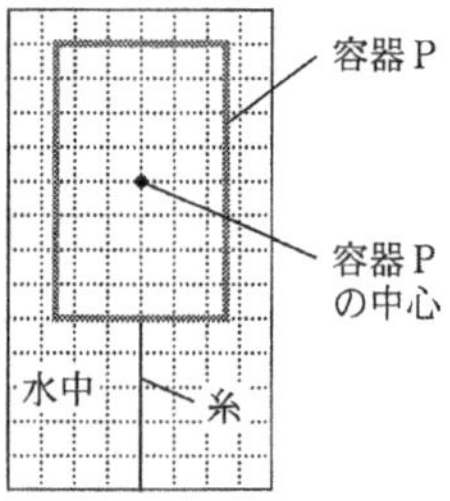

図7

4　実験(1)から(4)の結果からわかる浮力の性質について，正しく述べている文には○を，誤って述べている文には×をそれぞれ書きなさい。

①　水中に沈んでいる物体の水面からの深さが深いほど，浮力が大きくなる。

②　物体の質量が小さいほど，浮力が大きくなる。

③　物体の水中に沈んでいる部分の体積が大きいほど，浮力が大きくなる。

④　水中に沈んでいく物体には，浮力がはたらかない。

＜社会＞

時間　50分　満点　100点

1　太郎さんが両親と訪れた中国・四国地方に関して，次の1から4までの問いに答えなさい。

1　図1に関して，次の文は太郎さんと両親が広島市内を車で移動しているときの会話の一部である。これを読み，(1)，(2)，(3)の問いに答えなさい。

父　「広島市内を車で走ると，何度も橋を渡るね。」
太郎　「広島市の市街地はⓐ三角州という地形の上にあって，何本も川が流れていると学校で学んだよ。」
母　「他にも広島市について学校で学んだことはあるかな。」
太郎　「広島市がある瀬戸内工業地域は，□とよばれる関東地方から九州地方の北部にかけてのびる帯状の工業地域の一部だよ。」
父　「もうすぐⓑ原爆ドームの近くを通るね。」
太郎　「行ってみようよ。」

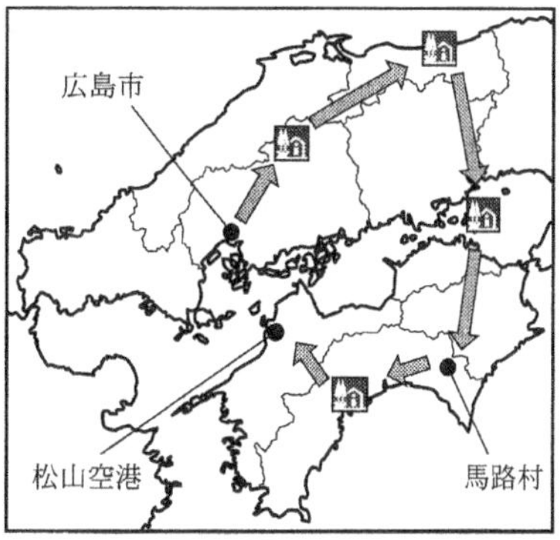

図1
(注)図中の は「道の駅」の位置を示している。

(1)　下線部ⓐについて正しく述べているのはどれか。

ア　河川によって運ばれた土砂が，河口部に堆積《たいせき》した地形である。
イ　河川が山間部から平野に出た所に，土砂が堆積して造られる地形である。
ウ　小さな岬と奥行きのある湾が繰り返す地形である。
エ　風で運ばれた砂が堆積した丘状の地形である。

(2)　文中の□に当てはまる語を書きなさい。

(3)　下線部ⓑのような，貴重な自然環境や文化財などのうち，人類共通の財産としてユネスコが作成したリストに登録されたものを何というか。

2　図2は，瀬戸内工業地域，阪神工業地帯，中京工業地帯，東海工業地域における，製造品出荷額に占める各品目の出荷額の割合と製造品出荷額を示している（2016年）。瀬戸内工業地域はどれか。

	製造品出荷額の割合(%)						製造品出荷額(百億円)
	金属	機械	化学	食料品	繊維	その他	
ア	7.9	50.7	21.1	14.4	0.7	5.2	1,613
イ	9.1	69.4	11.9	4.8	0.8	4.1	5,480
ウ	19.9	36.4	24.1	11.7	1.4	6.6	3,093
エ	17.3	36.8	29.8	8.4	2.2	5.4	2,892

図2（「データブックオブザワールド」により作成）

3　図1の矢印は，太郎さんと両親が広島市から松山空港まで車で移動した経路を示している。これについて，(1)，(2)の問いに答えなさい。

(1)　次の文は，太郎さんが訪れた「道の駅」の様子について述べたものである。訪れた順に並べ替えなさい。

ア　比較的降水量が少ない地域にあり，地域とオリーブの歴史などを紹介する施設や，オリーブを使った料理を提供するレストランがあった。

イ　冬場でも温暖で日照時間が長い地域にあり，温暖な気候を利用して栽培された野菜が農産物直売所で販売されていた。

ウ　山間部にあり，雪を利用した冷蔵庫である「雪室《ゆきむろ》」の中で，ジュースや日本酒が保存・熟成されていた。

エ　冬に雪が多く降る地域にあり，古事記に記された神話にちなんだ土産品が売られていた。

(2)　図3は，松山空港（愛媛県）から，伊丹《いたみ》空港（大阪府），那覇空港（沖縄県），羽田空港（東京都），福岡空港（福岡県）に向けて1日に出発する飛行機の便数と，その所要時間を示している。福岡空港はどれか。

	出発便数（便）	所要時間（分）
ア	12	85～90
イ	12	50～60
ウ	4	50
エ	1	110

図3（「松山空港ホームページ」により作成）

4　太郎さんは，旅行中に立ち寄った前のページの図1の馬路《うまじ》村に興味をもち，図4の資料を集めた。図4から読み取れる，馬路村の課題と，地域おこしの特徴や成果について，簡潔に書きなさい。

資料1　馬路村の人口と65歳以上の人口の割合の推移

	1990年	1995年	2000年	2005年	2010年	2015年
人口	1313人	1242人	1195人	1170人	1013人	823人
65歳以上の人口の割合	20.0％	24.9％	28.6％	32.9％	35.0％	39.4％

資料2　馬路村の人々の主な取組

1990年　ゆずドリンクが「日本の101村展」で農産部門賞を受賞
2003年　ゆず加工品のCMが飲料メーカーの地域文化賞を受賞
2009年　農協が地元大学とゆずの種を用いた化粧品の共同研究を開始
2011年　地元大学との共同研究で開発した化粧品の販売開始

資料3　馬路村のゆずに関する統計

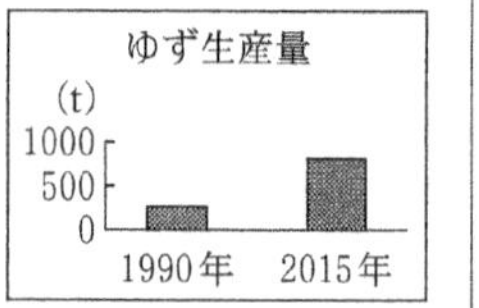

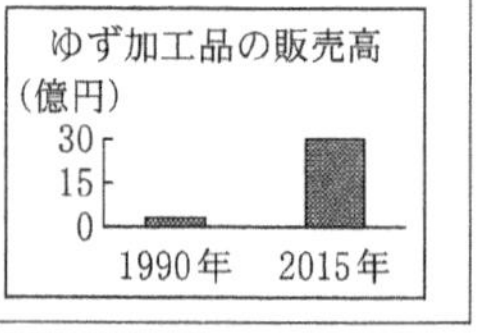

図4（「馬路村ホームページ」ほかにより作成）

2　次の1から6までの問いに答えなさい。

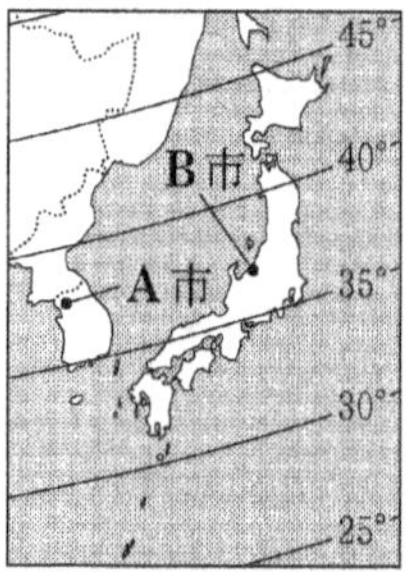

図1

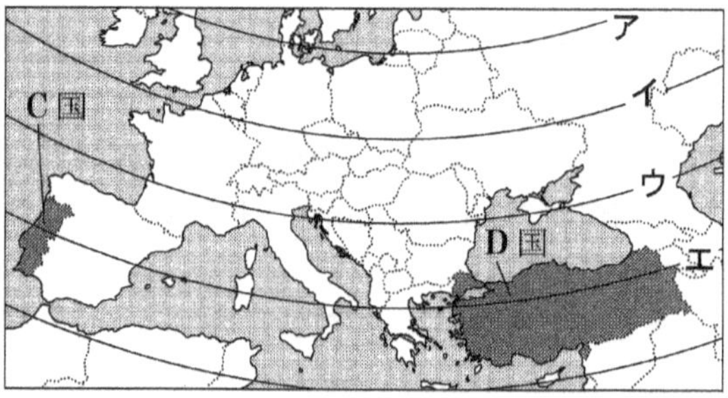

図2

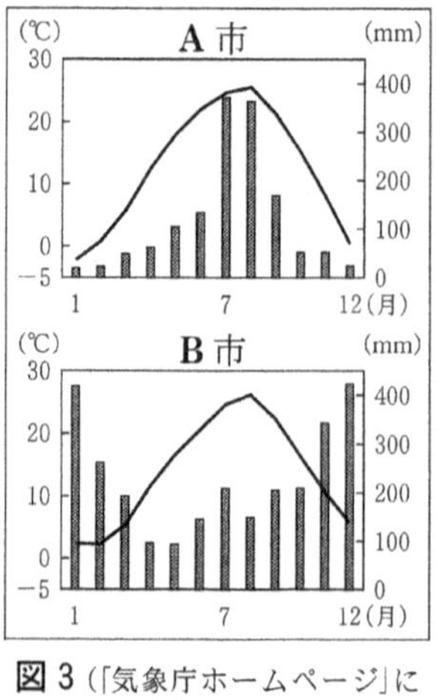

図3（「気象庁ホームページ」により作成）

1　図1は，図3の雨温図で示されたA市とB市の位置を示したものである。二つの都市の気候について述べた次の文中の［Ⅰ］，［Ⅱ］に当てはまる語の組み合わせとして正しいのはどれか。

> A市とB市は，夏季には高温多雨となるが，冬季の降水量には差がみられる。A市では，大陸からの乾いた［Ⅰ］の影響を受けやすく，冬季の降水量が少なくなる。B市では［Ⅱ］の上を吹く［Ⅰ］の影響により冬季に大雪が降る。

ア　Ⅰ－偏西風　Ⅱ－暖流　　イ　Ⅰ－偏西風　Ⅱ－寒流
ウ　Ⅰ－季節風　Ⅱ－暖流　　エ　Ⅰ－季節風　Ⅱ－寒流

2　次の文は，図2のC国の公用語と同じ言語を公用語としているある国について述べたものである。ある国とはどこか。

> 赤道が通過する国土には，流域面積が世界最大となる大河が流れ，その流域には広大な熱帯雨林が広がる。高原地帯ではコーヒー豆などの輸出用作物が栽培されている。

3　ヨーロッパの大部分は日本と比べ高緯度に位置している。図1の北緯40度と同緯度を示す緯線は，図2のア，イ，ウ，エのどれか。

4　図2のD国とインドについて，図4は，総人口とある宗教の信者数を，図5は，主な家畜の飼育頭数を示したものである。［　　］に当てはまる語を書きなさい。

	総人口	［　　］教の信者数
D国(2018年)	8,192万人	7,987万人
インド(2018年)	135,405	19,228

図4（「データブックオブザワールド」により作成）

	牛(千頭)	豚(千頭)	羊(千頭)
D国(2016年)	13,994	2	31,508
インド(2016年)	185,987	9,085	63,016

図5（「世界国勢図会」により作成）

5　図6中のXで示された3州とYで示された3州は，図7の①，②のいずれかの地域である。また，図7の［Ⅰ］，［Ⅱ］は製鉄，半導体のいずれかである。①と［Ⅰ］に当てはまる語の組み合わせとして正しいのはどれか。

ア　①－X　　Ⅰ－半導体
イ　①－X　　Ⅰ－製　鉄
ウ　①－Y　　Ⅰ－半導体
エ　①－Y　　Ⅰ－製　鉄

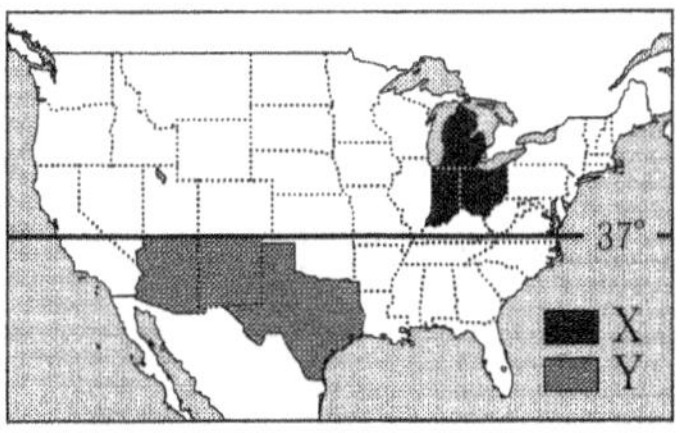

図6

X，Yの各州の主な製造品

地域	各州の主な製造品
①	石油・化学薬品
	航空宇宙・［Ⅰ］
	［Ⅰ］・医療機械
②	自動車・［Ⅱ］
	自動車・石油
	自動車・プラスチック

図7
（「データブックオブザワールド」により作成）

6　アメリカ合衆国，日本，中国のいずれかについて，次のページの図8は，農業従事者数および輸出総額に占める農産物の輸出額の割合を，次のページの図9は，農業従事者一人あたりの農地面積および総産業従事者に占める農業従事者の割合を示したものである。アメリカ合衆国はa，b，cのどれか。

また，そのように判断した理由を，図8，図9から読み取れることとアメリカ合衆国の農業の特徴にふれ，簡潔に書きなさい。

	農業従事者数	輸出総額に占める農産物の輸出額の割合
a	242 万人	9.4 %
b	228	0.4
c	24,171	2.1

図 8（「農林水産省ホームページ」により作成）
（注）　農業従事者数は日本のみ 2016 年その他 2012 年，輸出に占める農作物の割合は 2013 年

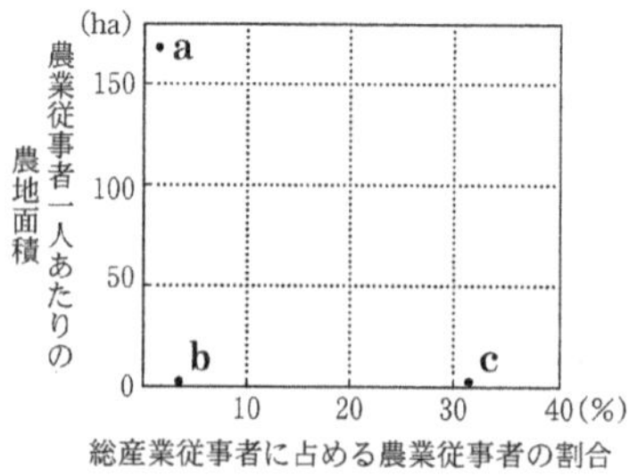

図 9（「農林水産省ホームページ」により作成）
（注）　中国のみ 2013 年その他 2015 年

3　次のAからFのカードは，史料の一部を要約し，わかりやすく書き直したものである。これらを読み，1から8までの問いに答えなさい。

A　百済の国王が初めて仏像・経典《きょうてん》および僧らを日本に送ってきた。天皇は，お言葉を下し，蘇我氏にこれらを授け，ⓐ仏教の発展を図ったのである。

B　（私が）唐にいる日本の僧から送られてきた報告書を見たところ，唐の国力の衰退している様子が書かれていました。報告の通りであれば，今後派遣される［ I ］にどのような危険が生じるかわかりません。長年続けてきた［ I ］を廃止するかどうか，審議し決定するようお願いします。

C　ⓑ近年，イギリスが清国に対して軍隊を派遣して激しい戦争をした結果（イギリスが勝利し，香港《ホンコン》を手に入れたこと）については，わが国が毎年長崎に来航して提出している報告書を見て，すでに知っていると思います。

D　大きな船が島に漂着した。どこの国の船かはわからなかった。外国商人の一人が手にひとつ物を持っていて，長さは60cmから90cmくらいで，形は中が空洞，外側はまっすぐで，大変重かった。

E　道元が次のようにおっしゃった。仏道修行で最も大切なのは，第一に座禅をすることである。中国で悟りを開く人が多いのは皆座禅の力である。修行者はただひたすら座禅に集中し，他の事に関わってはならない。

F　東京では，11日のⓒ憲法発布をひかえてその準備のため，言葉にできないほどの騒ぎとなっている。だが，面白いことに，誰も憲法の内容を知らないのだ。

1　Aのカードに関して，この頃，役人として朝廷に仕え，財政や外交などで活躍していた，中国や朝鮮半島から日本に移り住んできた人々を何というか。

2　下線部ⓐの仏教が伝来した時期と最も近い時期に大陸から日本に伝えられたのはどれか。
　ア　儒　教　　イ　土　偶　　ウ　青銅器　　エ　稲　作

3　Bのカードの［ I ］に共通して当てはまる語は何か。

4　Cのカードの下線部ⓑの戦争と，最も近い時期におきたできごとはどれか。

ア　ロシアへの警戒感を強めた幕府は，間宮林蔵らに蝦夷地の調査を命じた。

イ　日米和親条約を結び，下田と函館の開港とアメリカ船への燃料などの提供に同意した。

ウ　朱印船貿易に伴い，多くの日本人が東南アジアへ移住し，各地に日本町ができた。

エ　交易をめぐる対立から，アイヌの人々はシャクシャインを中心に，松前藩と戦った。

5　Dのカードに関連して述べた次の文中の□に当てはまる語は何か。

> この時日本に伝わった□は，築城にも大きな影響を与え，城壁に図1の矢印が示す円形の狭間《さま》が設けられるようになった。

図1

6　Eのカードの人物が活躍した時代と同じ時代区分のものはどれか。

ア　シーボルトは塾を開き，蘭学者や医学者の養成に力を尽くした。

イ　フランシスコ・ザビエルは日本にキリスト教を伝え，大名の保護の下，布教に努めた。

ウ　北条時宗は博多湾岸に石の防壁を築かせるなど，モンゴルの再襲来に備えた。

エ　空海は中国で仏教を学び，帰国後真言宗を開くとともに，高野山に金剛峯寺を建立した。

7　Fのカードの下線部ⓒに関連して，図2は日本の初代内閣総理大臣を務めた人物がドイツ帝国首相に新年の挨拶をしている様子を描いた風刺画である。これが描かれた背景として，日本とドイツにどのような関わりがあったと考えられるか。下線部ⓒの憲法名を明らかにし，簡潔に書きなさい。

図2（『トバエ』により作成）

8　AからFのカードを，年代の古い順に並べ替えなさい。なお，Aが最初，Fが最後である。

4　略年表を見て，次の1から6までの問いに答えなさい。

時代	世界と日本のおもなできごと	
明治	富岡製糸場の開業	↑ A
	八幡製鉄所の操業開始	
大正	第一次世界大戦がおこる	↓
	ⓐ日本経済が好況となる	
昭和	世界恐慌がおこる	↕ B
	ポツダム宣言の受諾	
	朝鮮戦争による特需景気	↕ C
	ⓑ大阪万国博覧会の開催	
	ⓒ中東戦争がおこる	

1　Aの時期の社会状況として当てはまらないのはどれか。

ア　産業が発展し，足尾銅山鉱毒事件などの公害が発生した。

イ　人をやとい，分業で製品を生産する工場制手工業が始まった。

ウ　三菱などの経済界を支配する財閥があらわれた。

エ　資本主義の発展により，工場労働者があらわれた。

2　下線部ⓐに関して，次のページの文中の Ⅰ ， Ⅱ に当てはまる語の組み合わせとして正しいのはどれか。

> 第一次世界大戦の戦場となった ［ Ⅰ ］ からの輸入が途絶えたことにより，日本国内の造船業や鉄鋼業などの ［ Ⅱ ］ 工業が成長した。

ア　Ⅰ－アメリカ　Ⅱ－重化学　　イ　Ⅰ－アメリカ　Ⅱ－軽
ウ　Ⅰ－ヨーロッパ　Ⅱ－重化学　　エ　Ⅰ－ヨーロッパ　Ⅱ－軽

3　Bの時期におきたできごとを年代の古い順に並べ替えなさい。
ア　学徒出陣が始まった。　　イ　アメリカが対日石油輸出禁止を決定した。
ウ　満州国が建国された。　　エ　国家総動員法が制定された。

4　Cの時期に家庭に普及したのはどれか。
ア　電気冷蔵庫　　イ　携帯電話　　ウ　パソコン　　エ　クーラー

5　下線部ⓒのできごとによりおきた，原油価格の急激な上昇を何というか。

6　下線部ⓑについて，1970年の大阪万博のテーマは「人類の進歩と調和」であり，テーマの設定にあたっては，当時の社会状況が反映されている。大阪万博が開催された頃の社会状況について，「高度経済成長」の語を用い，図1，図2の資料にふれながら簡潔に書きなさい。

2人以上勤労者世帯の収入
（1世帯あたり年平均1か月間）

1965年	1970年
65,141円	112,949円

図1（「数字で見る日本の100年」により作成）

公害に関する苦情・陳情の数
（地方公共団体に受理された件数）

1966年度	1970年度
20,502件	63,433件

図2（「図で見る環境白書　昭和47年版環境白書」により作成）

5　次の1から4までの問いに答えなさい。

1　商店街の活性化策のうち，「効率」の観点を重視したものとして最も適切なのはどれか。
ア　商店街の活性化のため，協議会を公開でおこなったが，利害が異なり意見が対立した。
イ　商店街の活性化のため，再開発をおこなったが，市は多くの借金をかかえた。
ウ　商店街の活性化のため，商店街の空き店舗を活用し，地域の特産物を販売した。
エ　商店街の活性化のため，市議会が特産物の宣伝のために，補助金の支給を決定した。

2　政府が行う経済活動について，次の(1)，(2)の問いに答えなさい。
(1)　図は1995年度と2018年度の日本の歳出を示しており，A，B，C，Dはア，イ，ウ，エのいずれかである。Aはどれか。
ア　防衛費
イ　社会保障関係費
ウ　国債費
エ　公共事業費

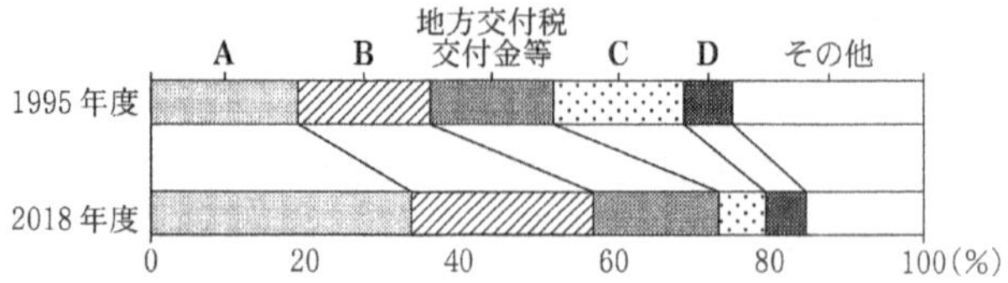

図（「財務省ホームページ」ほかにより作成）

(2)　次の文中の ［ Ⅰ ］，［ Ⅱ ］ に当てはまる語の組み合わせとして正しいのはどれか。

> ［ Ⅰ ］ のとき政府は，財政政策として，公共事業への支出を増やしたり，［ Ⅱ ］ をしたりするなど，企業の生産活動を促そうとする。

ア　Ⅰ－好景気　Ⅱ－増税　　イ　Ⅰ－不景気　Ⅱ－増税
ウ　Ⅰ－好景気　Ⅱ－減税　　エ　Ⅰ－不景気　Ⅱ－減税

3　民事裁判について正しく述べているのはどれか。

ア　裁判官は，原告と被告それぞれの意見をふまえ，判決を下したり，当事者間の和解を促したりする。

イ　国民の中から選ばれた裁判員は，重大事件の審理に出席して，裁判官とともに被告人が有罪か無罪かを判断し，有罪の場合は刑罰の内容を決める。

ウ　国民の中から選ばれた検察審査員は，検察官が事件を起訴しなかったことについて審査し，そのよしあしを判断する。

エ　裁判官は，被告人が有罪か無罪かを判断し，有罪の場合は刑罰の内容を決める。

4　民主主義に基づく国や地方の政治について，次の⑴，⑵の問いに答えなさい。

⑴　次の文中の［Ⅰ］，［Ⅱ］に当てはまる語の組み合わせとして正しいのはどれか。

> 政党名または候補者名で投票する［Ⅰ］制は，得票に応じて各政党の議席数を決めるため，当選に結びつかない票（死票）が［Ⅱ］なる。

ア　Ⅰ－小選挙区　Ⅱ－多く　　イ　Ⅰ－小選挙区　Ⅱ－少なく

ウ　Ⅰ－比例代表　Ⅱ－多く　　エ　Ⅰ－比例代表　Ⅱ－少なく

⑵　地方自治では，首長や地方議員の選挙以外にも，署名を集めて条例の制定を求めたり，住民投票を行ったりするなど，住民が意思を表明する権利がある。その権利を何というか。

［6］　みどりさんは，社会科の授業で企業の経済活動について発表した。次の文は，その発表原稿の一部である。これを読み，次の1から6までの問いに答えなさい。

> 私は企業の経済活動の一例として，コンビニエンスストアについて調べ，実際にⓐ働いている人に話を聞きました。コンビニエンスストアの多くは深夜も営業をしているので，困ったときには私たちにとって頼れる存在です。最近は，社会の変化にともなって，災害が起きたときのライフラインや，防犯・安全対策面での役割も注目されています。他にもⓑ安全な商品の販売，環境に配慮するⓒ３Ｒ，ⓓ新たな技術・サービスの開発などにも取り組んでいることがわかりました。この動きをⓔCSR（企業の社会的責任）といい，コンビニエンスストアだけでなく，様々な企業も取り組んでいます。

1　下線部ⓐに関して，法律で認められている労働者の権利として**当てはまらない**のはどれか。

ア　労働組合をつくり，使用者と対等に交渉して労働者の権利を守ることができる。

イ　性別に関わらず，1歳未満の子をもつ労働者は育児休業を原則取得することができる。

ウ　自分が働く企業の株主総会では，株主でなくても議決権を行使することができる。

エ　雇用の形態に関わらず，国で定めた最低賃金以上の賃金をもらうことができる。

2　下線部ⓑに関して，製品の欠陥で消費者が身体に損害を受けた場合など，企業の過失を証明しなくても賠償を請求できることを定めた法律はどれか。

ア　消費者契約法　　イ　製造物責任法　　ウ　環境基本法　　エ　独占禁止法

3　下線部ⓒに関して，環境への負担をできる限り減らす循環型社会を目指す取組が社会全体で行われている。コンビニエンスストアのレジで会計する時に，消費者ができる３Ｒの取組を一つ具体的に書きなさい。

4　下線部ⓓに関して，新しい商品の生産をしたり，品質の向上や生産費の引き下げをもたらしたりするなど，企業が画期的な技術の開発をおこなうことを何というか。

5　下線部ⓔに関して，CSRの例として，生活環境に配慮することなど，環境権の保障につながる取組がある。環境権などの「新しい人権」について述べた次の文中の □ に当てはまる語はどれか。

> 日本国憲法第13条にある □ 権を根拠として，「新しい人権」を認めようとする動きが生まれている。

ア　財産　　イ　平等　　ウ　情報公開　　エ　幸福追求

6　みどりさんは店長から「国全体で働き手が不足している」という話を聞き，この課題について考えようとした。図1，図2は，みどりさんがこの課題を考えるために用意した資料である。図1，図2をふまえ，どのような解決策が考えられるか，簡潔に書きなさい。

日本の生産年齢人口と在留外国人の推移

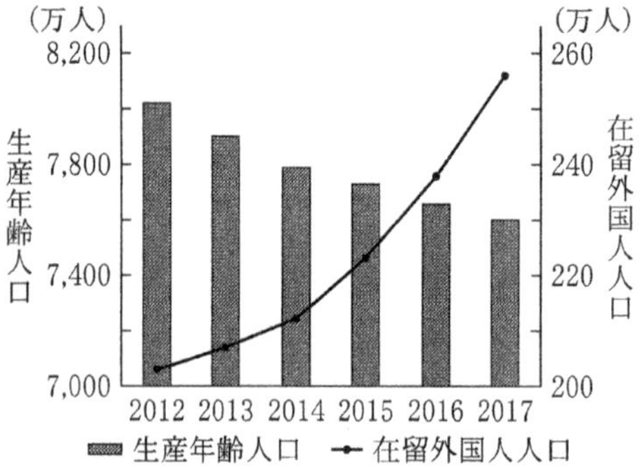

図1（「総務省統計局ホームページ」ほかにより作成）

スーパーにおけるセルフ精算レジの設置状況

	ほぼ全店舗に設置	一部店舗で設置	設置していない
2017年	7.8％	26.4％	65.8％
2018年	16.1	32.8	51.1

図2（「スーパーマーケット年次統計調査」により作成）

7　社会科のまとめの時間に，みほさんたちのグループは「国際協力のあり方」について調べることにした。みほさんたちが調べてまとめた図1を見て，次の1から5までの問いに答えなさい。

地域	各地域がかかえている課題	日本人による援助活動の内容	援助終了後の各地域の変化
A	先進国の援助で小学校の校舎が建設されたが，家事の手伝いなどで通うのをやめてしまう子どもが多いため，大人になっても読み書きができない人が多い。	Xさんは，ⓐ学校以外の学習センターで，読み書きだけでなく，農業やものづくりなど幅広い知識や技術を様々な年代の人々に教えた。	現地の人々が読み書きができるようになったことや，生活技術が向上したことで，多くの人が就きたい仕事に就いたり生活の質を向上させたりすることが可能になった。
B	外国企業が給水設備を提供したが，管理方法を習得している人が少なく，多くの人は水を安全に飲むことができない。	Yさんは，現地の人々に給水設備の管理方法をわかりやすく指導し，多くの人が給水設備を使えるようにした。	現地の人々が自分たちで給水設備を管理できるようになり，多くの人が安全に飲める水を確保できるようになった。
C	助産師を養成する学校が外国の支援で建てられたが，指導者が不足し，新しい技術が習得できず，助産師の技術が低く，妊産婦死亡率が高い。	Zさんは，妊産婦死亡率を下げることを目標に掲げ，助産師を育成するために □ を行った。	適切に処置をおこなうことができる技術の高い現地の助産師が増えたことで，以前より妊産婦死亡率が低くなった。

図1（「JICA ホームページ」ほかにより作成）

1　みほさんたちは，図１のＡの地域でＸさんが非政府組織である援助団体の一員として活動していることを知った。非政府組織の略称はどれか。

ア　ODA　　イ　NGO　　ウ　WHO　　エ　FTA

2　下線部ⓐは，江戸時代の日本において町人や農民の子どもたちが学んだ民間の教育施設を参考にしている。この江戸時代の教育施設を何というか。

3　図２は，総人口に対して安全な水資源を確保できない人の割合，高齢化率，100人あたりの自動車保有台数，100人あたりの携帯電話保有台数のいずれかを示した地図である。総人口に対して安全な水資源を確保できない人の割合を示したのはどれか。なお，色が濃いほど数値が高く，白い部分は資料なしを示している。

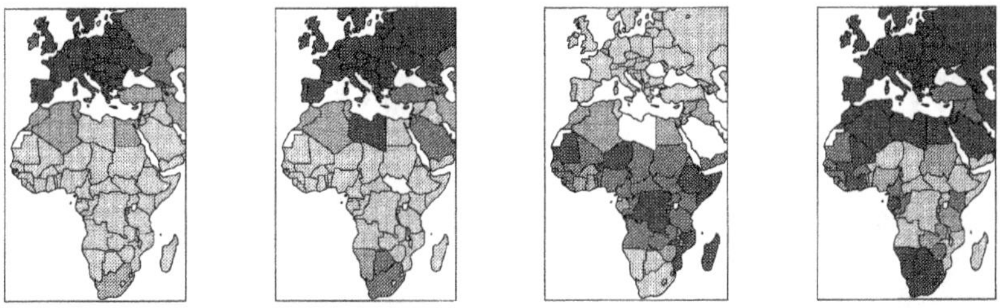

ア　イ　ウ　エ

図２（「データブックオブザワールド」ほかにより作成）

4　図１の［　　］に当てはまる最も適切なものはどれか。

ア　妊産婦の栄養管理　　イ　製薬会社の誘致

ウ　保育施設の整備　　エ　実技中心の講習

5　次の文は，みほさんたちが国際協力のあり方についてまとめたものである。次の文中の［Ⅰ］，［Ⅱ］に当てはまる文を，図１をふまえ，簡潔に書きなさい。

> 国際協力において，外国からの経済的な援助と人材を育てることのどちらも重要だという結論に至りました。経済的な援助が必要な理由は，［　Ⅰ　］です。また，人材を育てることが必要な理由は，持続的に発展していくためには，［　Ⅱ　］です。

日本語に不慣れな外国人にバスの乗り方について説明している場面

A

B

1 ⑴父は、それなんだが、とちょっと言いにくそうにした　とあるが、このときの父の心情として最も適切なものはどれか。

ア 名古屋という新天地で営業の仕事をすることへの心配。
イ 異動によってますます家族から嫌われることへの不安。
ウ 家族の生活を急に変化させてしまうことへのためらい。
エ これから毎日家族と共に時間を過ごすことへの戸惑い。

2 ⑵父はばつが悪そうにビールを一口すすり、後頭部をかいた　とあるが、なぜか。四十五字以内で書きなさい。

3 □に当てはまる最も適切な語はどれか。

ア きまじめな　イ おおらかな
ウ せっかちな　エ さわやかな

4 ⑶母の視線が鋭くなった気もした　とあるが、航輝がこのように感じた理由として最も適切なものはどれか。

ア 航輝だけが父に味方するような発言をしたことで、母の機嫌を損ねたと思ったから。
イ 父を批判してきた母に航輝が反発を始めたことで、母を悲しませたと思ったから。
ウ 父に毎日会えることを喜ぶ態度を航輝が見せたことで、母が絶望したと思ったから。
エ 航輝が父を味方につけようとしたことで、母の怒りがさらに強まったと思ったから。

5 ⑷航輝はせっかくのごちそうの味も何だかよくわからなかった　とあるが、このときの航輝は父に対してどのようなことを考えていたのか。傍線部に続く回想の場面を踏まえて五十字以内で書きなさい。

6 本文の特徴を説明したものとして、最も適切なものはどれか。

ア 擬音語や擬態語を多用して家族の性格が描き分けられている。
イ 過去の場面を加えることで新しい家族の姿が表現されている。
ウ 豊かな情景描写を通して家族の心情が的確に表現されている。
エ 主人公の視点を通して交錯する家族の思いが描写されている。

5 次のページの図は、日本語に不慣れな外国人にバスの乗り方について、係員が説明している場面である。係員の言葉を踏まえて、あなたが様々な国の人とコミュニケーションをとる際に心がけたいことを国語解答用紙⑵に二百四十字以上三百字以内で書きなさい。

なお、次の《条件》に従って書くこと。

《条件》

（Ⅰ）二段落構成とすること。なお、第一段落は四行程度（八十字程度）で書き、第二段落は、第一段落を書き終えた次の行から書き始めること。

（Ⅱ）各段落は次の内容について書くこと。

第一段落

・外国人にとってわかりやすい表現にするために、次のページの図Bの係員の言葉ではどのような工夫がされているか。次のページの図Aの係員の言葉と比較して書くこと。

第二段落

・第一段落に書いたことを踏まえて、様々な国の人とコミュニケーションをとる際にあなたが心がけたいことを、体験（見聞したことなども含む）を交えて書くこと。

「名古屋営業所なんだ。これから一か月で引っ越さなくちゃならない。」

「名古屋！　そんなこと、急に言われても困るじゃないの。どうしてあらかじめ相談してくれなかったのよ。」

「いや、俺もこんなにすぐ陸上勤務になれるとは思ってなかったんだ。ほんのひと月ほど前、試しに異動願を出してみたんだが、まさか即採用されるとはなあ。」

「莉央、転校するの？　いやだ！」

非難がましい母に追従するように、妹の莉央も甲《かん》高い声を発する。

(2)父はばつが悪そうにビールを一口すすり、後頭部をかいた。

「これから家族で一緒に過ごせること、少しは喜んでもらえると思ってたんだがなあ。」

気まずい沈黙の中、航輝は父にかけるべき言葉を探していた。

母は折に触れ、父が子育てに協力できないことを批判してきた。□性格の父ではあるけれど、そんな母の言葉がまったく耳に入らず、心に刺さりもしなかったとは思わない。父なりに考えて、家族のためを思って行動した結果に違いないのだ。だが――。

「お父さんは、それでよかったの。」

航輝の投げかけた質問に、父はやはり困ったような微笑を浮かべた。

「航輝も、お父さんと毎日会えるのがうれしくないのか。」

「ううん、ぼくはうれしいよ。それはとてもいいことだと思う。」

(3)母の視線が鋭くなった気もしたが、(注2)歯牙《しが》にもかけない。

「でもさ、それって家族のために陸上勤務を希望したってことだよね。お父さんは本当にそれでよかったのかな。本当に、船を降りてもいいと思っていたのかな。」

すると父は(注3)虚を衝《つ》かれたようになり、何も答えずにビールの缶を口に運んだ。しかしすでに飲みきっていたようで、缶を軽く振って食卓に置く。底が天板に当たってコン、と乾いた音がした。

「お父さんはそれでよかったのか、か……航輝も大人びたことを口にするようになったもんだな。」

おどけるように言った父は質問をかわしたかったらしいが、その企《たくら》みはうまくいったとは言いがたい。三人のときよりも口数の減った食卓で、(4)航輝はせっかくのごちそうの味も何だかよくわからなかった。

――お父さんはやっぱり、船に乗るのが好きなんだよな。

あれは二年ほど前のことだっただろうか。

小学校の授業で、自分の名前の由来を調べるというのがあった。航輝が家に帰ってさっそく母に訊ねると、お父さんに訊《き》いて、との返事。航輝の名前を考えたのは父だったらしい。

航輝はその晩、ちょうど休暇で家にいた父に、あらためて名前の由来を訊ねた。そのとき父は風呂上がりで、首にタオルをかけて扇風機の風に当たっていた。

――おまえの人生という名の航路が、輝きに満ちていますように。

そう願って、《航輝》と名づけたんだよ。

説明は簡潔でわかりやすく、ただそのあとで父は、照れ隠しのように付け加えたのだった。お父さんはやっぱり、船に乗るのが好きなんだよな、と。

そのときの一言ほど、実感のこもった父の台詞《せりふ》を航輝は知らない。

（岡崎琢磨「進水の日」から）

（注1）　内航＝国内の港の間で貨物輸送すること。

（注2）　歯牙にもかけない＝全く相手にしない。

（注3）　虚を衝かれた＝備えのないところを攻められた。

(注1) 往還＝行ったり来たりすること。　(注2) プロセス＝過程。
(注3) オリジナリティ＝独創性。

1 (1)自分と相手との間で起こる相互理解 を説明したものとして最も適切なものはどれか。

ア お互いの考えを率直に受け止め批判し合うことにより、それぞれの立場の違いがさらに明確になっていくこと。

イ 相手の考えを自分なりに理解した上で自分の考えを相手に対して表現し、伝えられたかどうかを確認すること。

ウ 相手の考えと自分の考えの違いを認め合いながら、それぞれの異なる意見を共通する結論へと導いていくこと。

エ お互いの思考と表現を往還していくことにより、相手に対して自分の意見を伝えることは容易だと気付くこと。

2 (2)あなた自身の個人メガネ とは何をたとえたものか。本文中から十三字で抜き出しなさい。

3 □ に入る語句として最も適切なものはどれか。

ア 情緒的に判断　イ 効果的に分析
ウ 主観的に認識　エ 客観的に観察

4 □ に入る語として最も適切なものはどれか。

ア あるいは　イ たとえば　ウ なぜなら　エ ところで

5 (3)あなた自身を「自分探し」から解放することができる とあるが、どのような状態から解放することができるか。文末が「状態。」となるように、「自分探し」をする上で陥りやすいことを踏まえて、四十字以内で説明しなさい。ただし文末の言葉は字数に含めない。

6 本文における筆者の考えとして最も適切なものはどれか。

ア 個人の言語活動が活性化していくことで意見を主張できるようになり、自分らしさが完成されていく。

イ 価値観の異なる相手と議論を重ねることで新たな発想が生み出され、利便性の高い社会が創造される。

ウ 周囲の環境と関わり合うことで他とは区別される自己の存在に気付き、自分が徐々に形成されていく。

エ お互いの立場を尊重しながら対等な人間関係を築くことによって、対話の成立する社会が実現される。

4 次の文章を読んで、1から6までの問いに答えなさい。

〔小学四年生の航輝《こうき》は、船乗りである父と、母、小学一年生の妹莉央《りお》の四人家族である。三か月間の航海から戻った父は、家族と久しぶりの夕食時、重大発表があると言った。〕

「異動が決まってな。お父さん、陸上勤務になったんだ。これからは毎日、家に帰れるぞ。」

それは予想外の告白で、航輝は言葉の意味を理解するのに時間がかかってしまった。

――お父さんが、船を降りる？

「あらまあ、本当なの？」

信じられないとでも言いたげな母に、父は深々とうなずく。

「この一か月の休暇が終わったら、営業の仕事に回されることになった。そのままずっと陸上勤務というわけでもないんだが、少なくとも向こう何年かは船に乗ることはない。」

父の勤める海運会社は内航(注1)を中心としているが、営業などの部門で陸上勤務に従事する社員もいる。どうやら父は、ひそかに異動願を提出していたらしい。

「それで、勤務先は……。」

母が訊《たず》ねると(1)父は、それなんだが、とちょっと言いにくそうにした。

自分の考えを述べる、そうして、自分の表現したことが相手に伝わったか、伝わらないかを自らが確かめることによって、自分の「言いたいこと」「考えていること」がようやく見えてくるということになるのです。

しかも、このとき見えてきたものは必ずしも当初自分が言おうとしていたものとは同じではないことに気づくでしょう。というよりも、当初の自らの思考がどのようなものであるかはだれにもわからず、この自己と他者の間の理解と表現のプロセスの中で次第に形成されるものと考える方が適切でしょう。つまり、自分の「言いたいこと」というものは、そんなにすぐにはっきりと相手に伝えられるようなかたちでは、ことばとして取り出すことがむずかしいということでもあります。

このように考えると、「私」は個人の中にあるというよりもむしろ、他者とのやりとりの過程にあるというべきかもしれません。

「自分」というようなものも、実体としてどこかに厳然とあるというよりも、あなたと相手とのやりとり、つまりは、あなたを取り囲む環境(注3)との間にあるということになります。それは、あなたの固有のオリジナリティは本当にあなたの中にあるのか、という課題とつながっているのです。

あなたは、成長する段階でさまざまな社会や文化の影響を受けつつ、いろいろな人との交流の中ではぐくまれてきました。同時に、あなた自身の経験や考え方、さまざまな要素によって、あなたにしかない感覚・感情を所有し、その結果として、今、あなたは、世界にたった一人の個人として存在しています。この世に、あなたにかわる存在は、どこにもないということができるでしょう。

そして、このことによって、あなたが見る世界は、あなた自身の眼によっているということもできるはずです。つまり、あなたのモノの見方は、(2)すべてあなた自身の個人メガネを通したものでしかありえないということです。

あなたが、何を考えようが、感じようが、すべてが「自分を通している」わけで、対象をいくら□し、事実に即して述べようとしたところで、実際、それらはすべて自己を通した思考・記述でしかありえないということになります。どんな現象であろうと、「私」の判断というものをまったく消して認識することはありえない、ということになるのです。

しかも、この自己としての「私」は、そうした、さまざまな認識や判断によって少しずつつくられていく、□少しずつ変わっていくということができます。

これまで出会ったことのない考え方や価値観に触れ、自らの考え方を振り返ったり、更新したりすることを通して、「私」は確実に変容します。

ですから、はじめから、しっかりとした自分があるわけではないのです。

ここに、いわゆる「自分探し」の罠《わな》があります。

本当の自分を探してどんなに自己を深く掘っていっても、何も出てきません。ちょうど真っ白な原稿用紙を前にどんなに頭をかきむしっても何も書けないのと同じです。

「自分」とは、「私」の中にはじめから明確に存在するものでなく、すでに述べたように、相手とのやりとり、つまり他者とのインターアクションのプロセスの中で次第に少しずつ姿を現すものです。

このように考えることによって、(3)あなた自身を「自分探し」から解放することができるのです。

（細川英雄「対話をデザインする」から）

め、雪降り積もれる朝、用ありてとくア出《い》で、浜なる路《みち》をゆくに、雪のひまにあやしき物見えけるを、立ち寄り引き上げつるに、したたか重き袋にて、内に白銀(注1)大なるが三包ばかりとおぼしきあり。おどろきて、いかさま(注2)主有るべきなれば、やがてぞ尋ね来なましと、(1)所を去らで二時《ふたとき》ばかり待ち居たれど問ひ来る人もなければ、いかさま旅人の落とせしならんと、そこらの町くだり(注3)、旅人の宿す家ごとにイ尋ね行きて、旅人のものウ失ひたまへるなどやあるとあふ人ごとにエ問ひしに、その日の夕つかた、からうじて主にめぐりあひぬ。始め終はり詳しく尋ね聞きしに実の主なりければ、さきの袋のままにて返しはべりぬ。この主喜び拝みて、「我は薩摩国《さつまのくに》(注4)にて、たのめる人のくさぐさ(注5)のもの買ひ求めにとて、我をおこせたる(注6)に、もしこの銀あらずば、我が命ありなんや。かへすがへすも(2)有り難きことにはべるかな。」と、その銀を分かちて報ひしかど曾《かつ》て(注7)取りあぐる事もせねば、(3)力なく酒と肴《さかな》を調《ととの》へて懇《ねんご》ろに敬ひものして帰りぬ。

（「長崎夜話草《ながさきよばなしぐさ》」から）

（注1）白銀＝銀貨。「銀」も同じ。　（注2）いかさま＝きっと。
（注3）町くだり＝町の中心部から離れたところ。
（注4）薩摩国＝現在の鹿児島県西部。
（注5）くさぐさの＝様々な。　（注6）おこせたる＝派遣した。
（注7）曾て＝決して。　（注8）懇ろに＝心を込めて。

1　からうじて　は現代ではどう読むか。現代かなづかいを用いて、すべてひらがなで書きなさい。

2　ア出《い》で　イ尋ね行き　ウ失ひ　エ問ひ　の中で、主語にあたる人物が異なるものはどれか。

3　(1)所を去らで二時《ふたとき》ばかり待ち居たれど　とあるが、市左衛門が待ち続けた理由として、最も適切なものはどれか。

ア　浜の路《みち》で待つように持ち主から言われていたから。
イ　深く積もった雪のせいで移動ができなかったから。
ウ　袋が重すぎて一人ではどこにも運べなかったから。
エ　持ち主がすぐに戻ってくるだろうと予想したから。

4　(2)有り難きこと　とあるが、市左衛門がどのように行動したことを指すのか。三十五字以内の現代語で書きなさい。

5　(3)力なく酒と肴《さかな》を調《ととの》へて　とあるが、このときの主の心情として最も適切なものはどれか。

ア　銀貨を取り戻せてうれしいので、好きなだけ酒と肴を楽しみたい。
イ　銀貨を受け取ってもらえないので、せめて酒と肴でお礼をしたい。
ウ　銀貨を渡すだけでは感謝しきれないので、酒と肴の準備もしたい。
エ　銀貨を渡したくはないので、酒と肴を振る舞うことで解決したい。

3　次の文章を読んで、1から6までの問いに答えなさい。

人がものを考え、それを表現していくという行為は、感覚・感情（情緒）に支えられた思考・推論（内言）を、身体活動をともなう表現（外言）へと展開していくことだということができます。話したり書いたりするという活動は、まさしく、この自分の中の思考と表現の繰り返しの上に成り立つ作業であり、この往還(注1)の活性化こそが、言語活動そのものの充実につながる働きをしているわけなのです。

ここでとくに重要なのが、自己と他者の相互理解のプロセス(注2)です。自己の内部での思考と表現の往還と同時に、(1)自分と相手との間で起こる相互理解、すなわち、相手の表現を受け止め、それを解釈して、

〈国語〉

時間　五〇分　満点　一〇〇点

1 次の1から3までの問いに答えなさい。

1 次の――線の部分の読みをひらがなで書きなさい。

(1) 地域の発展に貢献する。　(2) 朝日に映える山。

(3) 友人の承諾を得る。　(4) まぶしくて目を背ける。

(5) 地方に赴く。

2 次の――線の部分を漢字で書きなさい。

(1) 歴史をケンキュウする。　(2) 図書館で本をカりる。

(3) 意味のニた言葉。　(4) 費用をフタンする。

(5) 英会話コウザに参加する。

3 次は、生徒たちが俳句について話し合っている場面である。これについて、(1)から(5)までの問いに答えなさい。

> スケートの紐《ひも》むすぶ間も逸《はや》りつつ　山口誓子《やまぐちせいし》

Aさん「この句は、作者がスケート場で靴の紐をア結びながら少年の頃を思い出し、早くスケートをしたいというわくわくした心情を詠《よ》んだものだそうだよ。」

Bさん「作者の（ ① ）ような心情やその場の情景が②想像できるね。作品や作者についてよく調べることが俳句の鑑賞では大切なことだね。」

Cさん「それも鑑賞の一つだけれど、作品や作者について調べるだけでなく、読む人によって様々な捉え方ができるのも俳句のよさだと思う。私は③幼い子どもがイ初めてスケートをするときの情景を想像したよ。」

Aさん「それもウおもしろくていいね。俳句の十七音から色々なことが想像できるんだね。」

Bさん「なるほど。確かに、AさんとCさんがエ言うように、（ ④ ）のも俳句の魅力だね。」

(1) この俳句と同じ季節を詠んだ俳句はどれか。

ア 山風にながれて遠き雲雀《ひばり》かな　（飯田蛇笏《いいだだこつ》）

イ 名月や池をめぐりて夜もすがら　（松尾芭蕉《まつおばしょう》）

ウ 音もなし松の梢《こずえ》の遠花火　（正岡子規《まさおかしき》）

エ 淋《さび》しさの底ぬけて降るみぞれかな　（内藤丈草《ないとうじょうそう》）

(2) （ ① ）に入る慣用句として最も適切なものはどれか。

ア 胸が躍る　イ 肝を冷やす

ウ 舌を巻く　エ 目が泳ぐ

(3) ②想像 と熟語の構成が同じものはどれか。

ア 抜群　イ 海底　ウ 削除　エ 未来

(4) ③幼い と同じ品詞である語は～～～部アからエのどれか。

(5) （ ④ ）に入るものとして最も適切なものはどれか。

ア 音読を通してリズムや調子を読み味わうことができる

イ 心情や情景を豊かに想像して読み味わうことができる

ウ 作者による作品の解説に従い読み味わうことができる

エ 表現技法の効果を取り上げて読み味わうことができる

2 次の文章を読んで、1から5までの問いに答えなさい。

浜の町といふに、島原屋市左衛門《しまばらやいちざえもん》とかやいひし者あり。十二月初

2020年度

解 答 と 解 説

《2020年度の配点は解答用紙集に掲載してあります。》

＜数学解答＞

1　1　-9　　2　$-2x+7y$　　3　$-\frac{2}{3}a^3b^2$　　4　$15\sqrt{2}$　　5　x^2-64　　6　$(a=)16$

7　$100-6x=y$　　8　51(度)　　9　$(x=)0,\ 9$　　10　$\frac{6}{7}$　　11　$54\pi\,(\mathrm{cm}^3)$

12　$(x=)\frac{8}{5}$　　13　ウ　　14　(およそ)90(個)

2　1　右図　　2　①　6　　②　12　　③　36　　3　$(a=)3$

3　1　A中学校475人，B中学校750人(途中の計算は解説参照)

2　(1)　$28.65 \leqq a < 28.75$　　(2)　32.5(℃)

(3)　解説参照

4　1　解説参照　　2　(1)　$\sqrt{3}\,(\mathrm{cm}^2)$　　(2)　$\sqrt{10}\,(\mathrm{cm}^2)$

5　1　1.5(倍)　　2　1000(m)　　3　$y=210x+2940$(途中の計算は解説参照)　　4　2(分)12(秒)

6　1　11(番目)　　2　6(個)　　3　$n=39$(途中の計算は解説参照)　　4　①　$(b=)\frac{9a-2}{5}$　　②　$(a=)8$

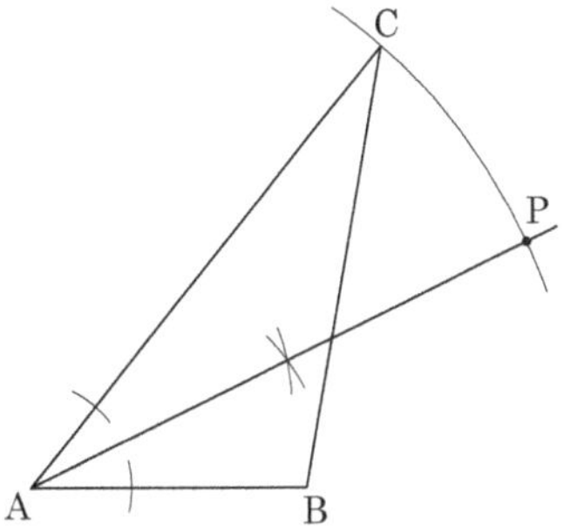

＜数学解説＞

1　(数・式の計算，平方根，式の展開，一次方程式，文字を使った式，角度，確率，回転体の体積，相似の利用，一次関数，標本調査)

1　異符号の2数の商の符号は負で，絶対値は2数の絶対値の商だから，$(-18)\div2=-(18\div2)=-9$

2　分配法則を使って，$4(x+y)=4\times x+4\times y=4x+4y$，$3(2x-y)=3\times2x-3\times y=6x-3y$　だから，$4(x+y)-3(2x-y)=(4x+4y)-(6x-3y)=4x+4y-6x+3y=4x-6x+4y+3y=-2x+7y$

3　$\frac{1}{6}a^2\times(-4ab^2)=-\left(\frac{1}{6}a^2\times4ab^2\right)=-\left(\frac{a^2\times4ab^2}{6}\right)=-\frac{2}{3}a^3b^2$

4　$5\sqrt{6}\times\sqrt{3}=5\times\sqrt{6}\times\sqrt{3}=5\times\sqrt{6\times3}=5\times\sqrt{2\times3\times3}=5\times3\times\sqrt{2}=15\sqrt{2}$

5　**乗法公式$(x+a)(x-a)=x^2-a^2$**より，$(x+8)(x-8)=x^2-8^2=x^2-64$

6　xについての方程式　$2x-a=-x+5$…①　の解が7であるから，①に$x=7$を代入して，$2\times7-a=-7+5$　$14-a=-2$　$-a=-2-14=-16$　$a=16$

7　6人に配ったいちごの合計は，x個×6人＝$6x$個　最初に100個のいちごがあったから，(最初にあったいちごの数)－(配ったいちごの合計)＝(余ったいちごの数)より，$100-6x=y$
(別解)　$6x+y=100$　や　$\frac{100-y}{6}=x$　でも正解である。

8　**直径に対する円周角は90°**だから，$\angle\mathrm{ACB}=90°$　△ACOはAO＝COの二等辺三角形だから，$\angle\mathrm{ACO}=\angle\mathrm{CAO}=39°$　以上より，$\angle x=\angle\mathrm{ACB}-\angle\mathrm{ACO}=90°-39°=51°$

9　2次方程式$x^2-9x=0$の左辺は，**共通な因数xをくくり出す**と，$x^2-9x=x(x-9)$だから　$x^2-9x=x(x-9)=0$　これより，$x=0$　または　$x-9=0$　だから　$x=0,\ 9$

10　9個の赤玉を赤$_1$，赤$_2$，赤$_3$，赤$_4$，赤$_5$，赤$_6$，赤$_7$，赤$_8$，赤$_9$，2個の白玉を白$_1$，白$_2$，3個の青玉を青$_1$，青$_2$，青$_3$と区別すると，この袋の中から玉を1個取り出すときの全ての取り出し方は，赤$_1$，赤$_2$，赤$_3$，赤$_4$，赤$_5$，赤$_6$，赤$_7$，赤$_8$，赤$_9$，白$_1$，白$_2$，青$_1$，青$_2$，青$_3$の14通り。このうち，白玉を取り出す取り出し方は，白$_1$，白$_2$の2通りだから，白玉が出ない確率は　$\frac{14-2}{14}=\frac{6}{7}$

11　できる立体は，底面の半径が3cm，高さが6cmの円柱だから，求める立体の体積は　底面積×高さ$=\pi\times3^2\times6=54\pi\,\mathrm{cm}^3$

12　右図において，**平行線と線分の比についての定理**より，AO：DO＝BO：CO　BO$=x=\frac{\mathrm{AO}\times\mathrm{CO}}{\mathrm{DO}}=\frac{2\times4}{5}=\frac{8}{5}$cm

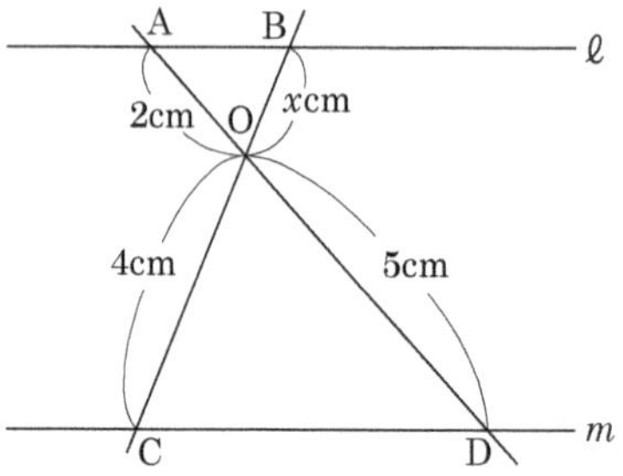

13　一次関数　$y=ax+b$(a，bは定数)　のグラフは，$a>0$のとき，xが増加すればyも増加する右上がりの直線となり，$a<0$のとき，xが増加すればyは減少する右下がりの直線となる。また，切片bは，グラフがy軸と交わる点(0，b)のy座標になっている。問題のグラフは，右下がりの直線であり，グラフがy軸の正の部分と交わっているから，$a<0$，$b>0$である。

14　**標本**における不良品の比率は，$\frac{2}{100}=\frac{1}{50}$。よって，**母集団**における不良品の比率も　$\frac{1}{50}$　と推定すると，この工場で作られた4500個の製品の中には，およそ$4500\times\frac{1}{50}=90$個の不良品がふくまれていると推定できる。

2　(作図，式による証明，関数とグラフ)

1　(着眼点)　△ABCを点Aを中心として時計回りに25°**回転移動**させたから，∠CAP$=25°=\frac{1}{2}$∠CABより，半直線APは∠CABの二等分線である。また，点Cと点Pは対応する点であるから，AC＝APである。　(作図手順)　次の①～③の手順で作図する。　①　点Aを中心とした円を描き，辺AB，AC上に交点を作る。　②　①で作ったそれぞれの交点を中心として，交わるように半径の等しい円を描き，その交点と点Aを通る直線(∠CABの二等分線)を引く。　③　点Aを中心とした半径ACの円を描き，∠CABの二等分線との交点をPとする。

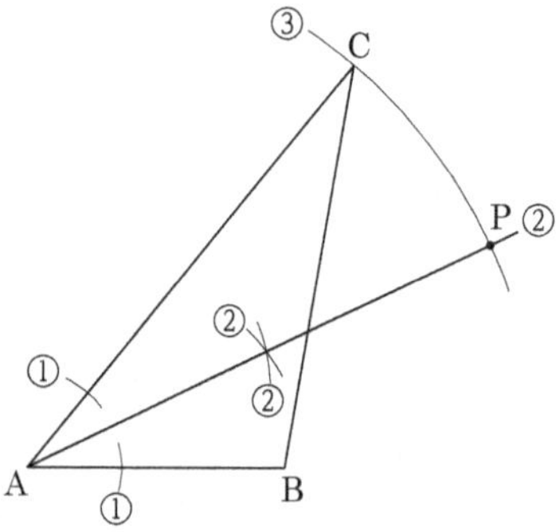

2　b，cをそれぞれaを用いて表すと，bはaの6日後だから$b=a+6$…①，cはbの6日後だから$c=b+6=(a+6)+6=a+12$…②　これより，$b^2-ac=(a+6)^2-a(a+12)=(a^2+12a+36)-(a^2+12a)=36$…③　したがって，$b^2-ac$はつねに同じ値36となる。

3　2点A，Cは$y=ax^2$上にあるから，そのy座標はそれぞれ　$y=a\times1^2=a$，$y=a\times4^2=16a$　よって，A(1，a)，C(4，$16a$)　また，2点B，Dは$y=-\frac{4}{x}$上にあるから，そのy座標はそれぞれ　$y=-\frac{4}{1}=-4$，$y=-\frac{4}{4}=-1$　よって，B(1，−4)，D(4，−1)　以上より，AB＝(点Aのy座標)－(点Bのy座標)$=a-(-4)=a+4$，CD＝(点Cのy座標)－(点Dのy座標)$=16a-(-1)=16a+1$だから，AB：CD＝1：7より，$(a+4):(16a+1)=1:7$　$16a+1=7(a+4)$　これを解いて，$a=3$

3　(方程式の応用，資料の散らばり・代表値)

1 （途中の計算）（例）$\begin{cases} x+y=1225\cdots\text{①} \\ \dfrac{4}{100}x-\dfrac{2}{100}y=4\cdots\text{②} \end{cases}$ ②より $4x-2y=400$ から $2x-y=200$…③

①+③より $3x=1425$ よって $x=475$ ①に代入して $475+y=1225$ したがって $y=750$

この解は問題に適している。

2 (1) 小数第2位を四捨五入して28.7となる数は，28.65以上28.75未満の数だから，このときの真の値aの範囲は $28.65\leqq a<28.75$

(2) **度数分布表**の中で**度数**の最も多い**階級**の**階級値**が**最頻値**だから，度数が20日で最も多い30.0℃以上35.0℃未満の階級の階級値 $\dfrac{30.0+35.0}{2}=32.5$℃ が最頻値。

(3) （理由） (例)表1において35.0℃以上40.0℃未満の日が1日あり，表2において36.0℃以上の日がないから。

4 （合同の証明，正三角形の面積，空間図形の切断面の面積）

1 （証明） (例)△ADFと△BFEにおいて，四角形ABCDは平行四辺形なので，AD//BCより，**同位角は等しい**から，∠DAF＝∠FBE…① 仮定より，AB＝CE…② BF＝BC…③ ここで，AF＝BF－AB…④ BE＝BC－CE…⑤ ②，③，④，⑤より，AF＝BE…⑥ **平行四辺形の対辺は等しい**から，AD＝BC…⑦ ③，⑦より，AD＝BF…⑧ ①，⑥，⑧より，2組の辺とその間の角がそれぞれ等しいから，△ADF≡△BFE

2 (1) 点Aから辺BCへ垂線APを引くと，△ABPは**30°，60°，90°の直角三角形で，3辺の比は2：1：$\sqrt{3}$** だから，$\mathrm{AP}=\dfrac{\sqrt{3}}{2}\mathrm{AB}=\dfrac{\sqrt{3}}{2}\times2=\sqrt{3}$ cm よって，正三角形ABCの面積は $\dfrac{1}{2}\times\mathrm{BC}\times\mathrm{AP}=\dfrac{1}{2}\times2\times\sqrt{3}=\sqrt{3}$ cm²

(2) 点Hから辺BEへ垂線HQを引く。△ABGはAB＝BG＝2cmで，∠ABG＝90°だから，**直角二等辺三角形で，3辺の比は1：1：$\sqrt{2}$** より，$\mathrm{AG}=\sqrt{2}\,\mathrm{AB}=\sqrt{2}\times2=2\sqrt{2}$ cm GQ＝GE－FH＝(BE－BG)－FH＝(5－2)－2＝1cm，HQ＝BC＝2cm，CH＝CF－FH＝5－2＝3cmより，△HQG，△ACHにそれぞれ**三平方の定理**を用いると，$\mathrm{HG}=\sqrt{\mathrm{GQ}^2+\mathrm{HQ}^2}=\sqrt{1^2+2^2}=\sqrt{5}$ cm，$\mathrm{AH}=\sqrt{\mathrm{AC}^2+\mathrm{CH}^2}=\sqrt{2^2+3^2}=\sqrt{13}$cm $\mathrm{AG}^2=(2\sqrt{2})^2=8$，$\mathrm{HG}^2=(\sqrt{5})^2=5$，$\mathrm{AH}^2=(\sqrt{13})^2=13$より，$\mathrm{AG}^2+\mathrm{HG}^2=\mathrm{AH}^2$が成り立つから，**三平方の定理の逆**より，△AGHは∠AGH＝90°の直角三角形 よって，△AGHの面積は $\dfrac{1}{2}\times\mathrm{AG}\times\mathrm{HG}=\dfrac{1}{2}\times2\sqrt{2}\times\sqrt{5}=\sqrt{10}$cm²

5 （関数とグラフ）

1 **（速さ）＝（道のり）÷（時間）**より，明さんは300mを4分で泳いだから，明さんが泳いだ速さは 300m÷4分＝分速75m。また，拓也さんは300mを6分で泳いだから，拓也さんが泳いだ速さは 300m÷6分＝分速50m。明さんが泳いだ速さは拓也さんが泳いだ速さの 分速75m÷分速50m＝1.5倍 である。

2 明さんは6300m－300m＝6000mを12分で自転車で走ったから，明さんが自転車で走った速さは 6000m÷12分＝分速500m。明さんがスタートしてから6分後までに自転車で走った道のりは 分速500m×(6－4)分＝1000m 明さんはスタートしてから6分後に，スタート地点から300m＋1000m＝1300mの地点にいる。また，拓也さんはスタートしてから6分後に，スタート地点から300mの地点にいるから，スタートしてから6分後における，明さんの道のりと拓也さんの道のりとの差は 1300m－300m＝1000m である。

3 （途中の計算） (例)明さんの長距離走の区間のグラフの傾きは $\dfrac{8400-6300}{26-16}=210$ であるか

ら，xとyの関係の式は　$y=210x+b$　と表される。グラフは点(16，6300)を通るから　$6300=210\times16+b$　よって　$b=2940$　したがって，求める式は　$y=210x+2940$

4　拓也さんに関して，自転車がパンクするまでに自転車で走った時間は，明さんと同じ分速500mで走ったから，(2700m－300m)÷分速500m＝4.8分　パンクの修理後は，残りの自転車の区間を分速600mで走ったから，そのときにかかった時間は(6300m－2700m)÷分速600m＝6分　さらに，B地点からゴール地点までの長距離走は10分かかり，明さんより3分遅く，スタートしてから26＋3＝29分後にゴール地点に到着した。以上より，拓也さんがパンクの修理にかかった時間は，29－(6＋4.8＋6＋10)＝2.2分＝2分12秒

6　(規則性，方程式の応用)

1　「灰色の輪」が初めて4個できるのは，最も外側の輪が4個目の「灰色の輪」の図形のときである。最も外側の輪が「灰色の輪」になる図形は，最初が2番目の図形で，その後は，図形の番号が3増える毎になるから，2番目，2＋3＝5番目，5＋3＝8番目，8＋3＝11番目，…より，「灰色の輪」が初めて4個できるのは，11番目の図形である。

2　前問1と同様に考えると，最も外側の輪が「黒色の輪」になる図形は，最初が3番目の図形で，その後は，図形の番号が3増える毎になるから，3番目，3＋3＝6番目，6＋3＝9番目，9＋3＝12番目，12＋3＝15番目，15＋3＝18番目，18＋3＝21番目より，20番目の図形において，「黒色の輪」は6個ある。

3　(途中の計算)　(例)最も外側にある輪の面積は　$\pi n^2-\pi(n-1)^2=\pi(2n-1)$　これが$77\pi\text{cm}^2$になるから　$\pi(2n-1)=77\pi$　$2n=78$　よって　$n=39$　この解は問題に適している。

4　$n=a$，$m=5$の「1ピース」の周の長さは，$2\pi a\times\frac{1}{5}+2\pi(a-1)\times\frac{1}{5}+1\times2=\frac{(4a-2)}{5}\pi+2(\text{cm})$…③　$n=b$，$m=9$の「1ピース」の周の長さは，$2\pi b\times\frac{1}{9}+2\pi(b-1)\times\frac{1}{9}+1\times2=\frac{(4b-2)}{9}\pi+2(\text{cm})$…④　だから，③＝④のとき，$\frac{(4a-2)}{5}\pi+2=\frac{(4b-2)}{9}\pi+2$　bをaの式で表すと，$b=\frac{9a-2}{5}$…①　a番目の図形を5等分した「1ピース」の周の長さと，b番目の図形を9等分した「1ピース」の周の長さが等しいということは，$a<b$　①を満たすa，bのうち，それぞれの「1ピース」が同じ色になるとき，bとaの差は3の倍数であり，自然数kを使って$b-a=3k$…⑤　と表せる。①，⑤をそれぞれ変形して，$\begin{cases}5b-9a=-2\cdots⑥\\9b-9a=27k\cdots⑦\end{cases}$　⑦－⑥より，$4b=27k+2$　$b=\frac{27k+2}{4}$　bの値が最小の整数になるのは，$\frac{27\times1+2}{4}=\frac{29}{4}$，$\frac{27\times2+2}{4}=\frac{56}{4}=14$より，$k=2$のとき$b=14$　このとき，aの値は⑤より，$14-a=3\times2$　$a=8$…②

＜英語解答＞

1　1　(1)　エ　(2)　ア　(3)　ウ　2　(1)　①　イ　②　ウ　(2)　①　エ　②　ア　3　(1)　story　(2)　reason　(3)　favorite　(4)　April

2　1　(1)　エ　(2)　イ　(3)　ア　(4)　イ　(5)　ウ　(6)　ウ
2　(1)　ウ→ア→エ→イ　(2)　イ→エ→ア→ウ　(3)　オ→イ→ア→エ→ウ

3　1　Cleaning Time　2　Who　3　エ　4　(3)　(例1)are carrying the desk　(例2)are moving the teacher's desk　(4)　(例1)important to keep

(例2) necessary for us to keep (5) (例1)they feel good (例2)they can feel nice 5 ア 6 (例)みんなが使うものを大切に使うべきだということ。
7 (例1)Our school has the chorus contest in September every year. We practice very hard after school to win the contest. On the day of the contest, we sing on the stage, and many people are invited. We look forward to it very much. (例2)We visit an elementary school every month. We teach English to the children. We sing English songs, play games and so on. They enjoy learning English. I feel happy when I see their smiles.

4 1 ウ 2 (例1)Can you help (例2)Would you help 3 ① (例)助けがなくても，すべてのことをしなければならない ② (例)共に生き，共に働き，お互いに助け合うのだ 4 イ・オ

5 1 ア 2 (例)船が橋の下を通る時，帆が橋に当たるから。 3 イ 4 エ

<英語解説>

1 (リスニング)

放送台本の和訳は，47ページに掲載。

(英文Eメール日本語訳)

こんにちは，ジェシー，

ブラウン先生の授業で宿題が出たよ。本を1冊選んでそれについて書きなさい。その本について4つのことを書きなさい。

1. 本の著者。
2. 本の(1)ストーリー。
3. その本を選んだ(2)理由，100字以上で。
4. その本の中の自分の(3)気に入った言葉。

宿題を(4)4月11日，木曜日にブラウン先生のところに持っていかなければならない。

忘れないでね！

じゃあまた。

2 (語句補充問題，語句の並べ換え：前置詞，一般動詞，接続詞，不定詞，名詞，現在完了形，他)

1 (1) <比較の最上級(the best)＋of＋複数名詞>「～のうちで一番…」 (2) **<tell(s)＋人(us)＋接続詞(that)＋主語＋動詞…>「人に…するように言う」** (3) 「私は人々の前でうまく話すことができない。しかし，私は音楽を通して自分の気持ちを表せると思う。」 (4) **<how to＋動詞の原形…>「…する方法」** (5) **<more chances to＋動詞の原形…>「…するもっと多くのチャンス」** (6) 「音楽に国境はないので，…」主語は三人称単数。

2 (1) My cousin has never eaten Japanese food before.「私のいとこは日本食を一度も食べたことがない」**<have [has] never＋過去分詞…>「…したことが一度もない」 現在完了の経験用法。** (2) Sophie decided to go abroad.「ソフィーは外国へ行くことを決心した」**<decide to＋動詞の原形…>「…することを決心する」** (3) Do you think it will rain next weekend? 「来週末に雨が降るとあなたは思いますか？」**<think＋接続詞thatの省略＋主語it＋動詞will rain…>**

3 （会話文読解問題：語句補充問題，絵・図・表などを用いた問題，語句の解釈，条件英作文）

（全訳）　エマ：美樹，私の日課表に「清掃時間」というのを見つけたよ。それって何？

美樹：あー，学校の清掃をする時間のことよ。ほぼ毎日，(1)それがあるわ。

エマ：毎日？　(2)だれが学校を掃除するの？

美樹：私たちが自分たちの教室や図書室，保健室やほかの部屋を掃除するの。

エマ：信じられない！　フランスでは，清掃員が学校の掃除をするから，学生たちは，それをする A エ　必要はないのよ。学生たちにとって，学校の清掃をするのはとても大変な仕事だと思うわ。

美樹：それはそうかもしれないけれど，学校の掃除をすることには良い点がいくつかあるわ。そうだ，そのことについて書かれた新聞を私たち作ったのよ。今月は「清掃週間」があるから。壁に貼ってある新聞を見て。

エマ：あ，写真の中のほうきを持っている女の子は美樹，あなたね。髪の長いこの子は何をやっているの？

美樹：彼女は黒板をきれいにしているのよ。男の子は(3)(例1)机を運んでいる ／ (例2)教卓を動かしているわ。そしてあの女の子はごみを捨てに行っているわ。やることがたくさんあるから，私たちは教室を，一緒に清掃するの。

エマ：今，学校の清掃に関心が出てきたわ。あ，これは佐藤先生ね。彼女は何と言っているの？

美樹：毎日学校をきれいに(4)(例1)保つことは大切です ／ (例2)保つことは私たちにとって必要ですと言っているわ。

エマ：分かった。毎日清掃すれば，学校の清掃はそんなに大変な仕事ではないかもね。

美樹：そのとおり。エマ，新聞にあるグラフを見て。私たちはクラスメートに質問をしたの。「学校の清掃をする良い点は何ですか？」　彼らはいくつかの良い点に気づいたわ。14人の生徒が，掃除をした後は(5)(例1)(例2)気分がいいと答えているわ。10人の生徒は，自分たちの周りのものや場所をさらに大切に使うと答えているわ。

エマ：なるほど。日本に清掃時間がなぜあるのか，今，分かったわ。そうだ，フランスでは，学校で注意して使うものがあるわ。それは教科書よ！　私の国では，生徒は学校から教科書を借りるの。

美樹：そうなんだ，借りるの？

エマ：ええ。学校を終える最後の年に，私たちは教科書を学校へ B 返すのよ。次の年に，私たちの後輩がその教科書を使うから，そこに何か書いたり，描いたりすることは全くないわ。

美樹：教科書を再利用するという意味ね。すばらしいわ！

エマ：私たちの後に他の人がそれを使うわ。私たちはその人たちのことを考えて，自分の教科書を大切に使うのよ。

美樹：それぞれの国で違うことをするけど，その背後には(6)同じ考えがあるわよね？

エマ：本当ね。今日は，自分たち自身の文化を振り返ることで，相違点と類似点に気づいたね。ところで，日本にはいくつかの学校行事があると聞いているわ。(7)そのうちの1つを私に教えて。

1　直前のエマの発言最終文の，‘it’ と同じものを指す。さらに前の文をたどってみよう。

2　直後の美樹の発言を参照。‘We clean ….’「私たちが清掃する」と返答しているので，直前の質問は主語の働きをする疑問詞，**who**(だれが)，がふさわしいと判断する。主語の働きをする**who**は，三人称単数扱い。Who cleans your school?　となる。

3　空所を含む文にある接続詞，so(だから)，がヒント。上記全訳も参照し，話の展開をおさえよう。

4　(3)　新聞の写真(絵)に写っている少年たちの動作として，**carry**(～を運ぶ)，あるいは

move(〜を動かす)と言う動詞を，現在進行形**<be動詞＋動詞の〜ing形>**にして表現。

(4)　**空所の前**をヒントにして→形式主語itの構文，<it is 〜＋to＋動詞の原形…>「…することは〜だ」を用いる。**空所の後**に注意すべきこと→ 'our school' (私たちの学校を)，'clean' (きれいに)と言う語句になっていると判断して，**<keep A B>「AをBに保つ」**という構文を用いることができる。　(5)　次の2つの知識を活用して英作文しよう。　①　**空所の前に接続詞that**があるので，後ろは**<主語＋動詞>**の形が続く。　②　新聞のグラフにある，「掃除をした後は気分がいい」，の部分の「気分がいい」をどんな動詞を使うか？→動詞feelを使う場合，**<feel＋C(形容詞)>「(心で)Cと感じる，Cの気持ちがする」**の構文を使う。形容詞はここでは，goodあるいはniceを用いよう。

5　**'return'「〜を返す」**。直前のエマの発言最終文を参照。**'borrow'「〜を借りる」**

6　直前のエマの発言2文目を参照。それを受けての美樹の発言であることを踏まえる。'carefully'「丁寧に，注意深く」という単語をキーワードにして，エマと美樹が言ったそれぞれの具体例に注目する。それらに共通した考え，'the same idea' をまとめよう。←ミキの6番目の発言最終文，エマの7番目の発言3文目も参照。

7　(例1)日本語訳：私たちの学校では毎年9月にコーラスコンテストがあります。コンテストで優勝するために，私たちは放課後一生懸命練習します。コンテストの日には，私たちはステージで歌い，そして多くの人が招待されています。私たちはそれがとても楽しみです。

(例2)日本訳：私たちは毎月小学校を訪問します。私たちはその子どもたちに英語を教えます。私たちは英語の歌を歌ったり，ゲームをしたりするなどします。彼らは英語を学ぶことを楽しみます。彼らの笑顔を見ると，私は幸せな気分になります。

4　(長文読解問題・物語文：語句補充問題・選択・記述，日本語で答える問題，内容真偽)

(全訳)「竜，君がボランティアクラブの新しいリーダーだ」と，クラブの助言者の山田先生は私にミーティングのときに言った。私はそれを聞いてAワクワクした。私は大きな声で，「リーダーとしてベストを尽くします」と言った。見上げると，きれいな空が目に入った。私は希望に満ちていた。

家に帰る途中で，私は，叔父のヒロに会った。彼は地域のリーダーだ。そこに住む人から尊敬されていた。彼は，「やあ，竜。元気かい？」と言った。「クラブのリーダーに僕がなったよ！」と私は答えた。彼は，「すばらしい！　ところで，夏祭りのボランティアを何人か探しているんだ。私たちのその祭りを手伝ってくれないか？」と言った。「もちろんです！」

翌日，私はクラブのメンバーに夏祭りのことを話した。「ヒロが，祭りのボランティアとして参加してくれるよう僕たちに頼んできたんだ。彼はまた，僕たちにポスターを5枚作って，それを学校に展示してほしいと思っているんだ」「僕たちがポスターを作るよ」と何人かのメンバーが私に言った。私は，「ありがとう，でもそれは僕が一人でできると思う」と言った。「本当に？」「うん，もちろんさ！　僕はリーダーなんだから，一人でそれをしなければいけないんだ」

1週間後のクラブのミーティングで，山田先生が私に尋ねた，「竜，ポスターは作り終えたかい？」　私は小さな声で答えた，「まだです。2枚しか終えていません」　彼女は言った，「あら困ったわ。みんあ，竜を助けてあげて」　他のメンバーがポスターを作っている間，私は彼らの顔を見ることができなかった。私はBいやな気分だった。

数週間後，祭りが開かれた。メンバーはボランティア活動を楽しんでいた。でも私は楽しくなかった。一人でポスターを仕上げることができなかったからだ。「僕はいいリーダーではないな」と思った。花火が始まったが，私は地面を見ていた。

そのとき，ヒロが来て，そして尋ねた，「竜，どうしたんだい？」　私は，「リーダーとして，僕は一人で全部のポスターを作ろうとしたんだけど，できなかったんです」と答えた。ヒロは言った，「よく聞いて。おまえは，リーダーはどんな助けもなくすべてをしなければいけないと思っているのか？　私はそうは思わない。私はここに住んでいる人々と共に働く。共に生き，共に働き，お互いに助けあうんだ」　彼の言葉は私に力を与えてくれた。「わかりました，ヒロさん。僕はクラブのメンバーと一緒に働きます」

次のクラブのミーティングで，私は，「すまん。僕はリーダーは助けてもらうことなくすべてをやらなければいけないと思っていたけど，それは違ってた。」と言いました。みんな私の言うことを静かに聞いていました。「共に働くことが大切であることを僕は学んだんだ。君たち全員と一緒に働きたいと思ってる」　僕はこう続けました，「今日は，新しい活動について話し合おうよ。みんなは何がしたい？」　メンバーの一人が言いました，「駅に植物を植えるのはどうかな？」　それから，みんなが話し始めました，「いいね！」「地元の人に集まってくれるように頼もうよ」「彼らと一緒に働くことは楽しいだろうね」　みんな微笑んでいました。空を見ると，太陽が輝いていました。

1　上記全訳を参照。**感情を表す表現**として，A　<be excited to+動詞の原形…>「…してワクワクする」，B　<feel bad>「いやな気分になる，気分が悪い」 feltは，feelの過去形。

2　竜が，**“Sure”「もちろん」と応答していることをヒントにする。**ヒロは，竜に祭りの手伝いを依頼している部分と判断する。<Can you …?>，あるいは，さらに丁寧な依頼表現<Would you …?>がふさわしい。<Will you … ? >も依頼表現として可。

3　①　第3段落最終文および，第6段落4文目を参照。　②　第6段落最後から4文目を参照。

4　ア　ヒロは竜を，地域のボランティアクラブの新しいリーダーとして選んだ。(×)　イ　ヒロは，竜と彼のクラブのメンバーがボランティアとして祭りに参加してほしいと思った。(○)　第3段落2～4文目を参照。　ウ　竜はメンバーにポスターを作るよう頼んだが，だれも彼を助けようとしなかった。(×)　エ　竜は，山田先生が彼にポスターを作るように言う前に，すべて作り終えた。(×)　オ　夏祭りの後，竜とクラブのメンバーは新しい活動について話し合った。(○)　最終段落6文目以降を参照。　カ　竜が地元の人たちと花を育てたとき，クラブのメンバーみんなが楽しんでいた。(×)

5　(長文読解問題・説明文：語句補充問題，日本語で答える問題，文の挿入，要旨把握)

(全訳)「ロンドン橋が落っこちる」という歌は，何度も落下した橋についての有名な歌です。この橋は，ロンドンを貫く大きな川に架け渡されました。19世紀にこの橋は，船で物を輸送するのに大変有用でした。毎日，帆をあげたたくさんの大型船がこの川を航行していました。大勢の人々が川沿いに集まってくるようになり，ロンドンのような都市を造りました。

問題が一つありました。船が橋の下を通る時，帆が橋に当たったのです。ですから，その川に架け渡される橋はほんの少ししかなかったのです。人々は，橋の向こう側へは簡単には行けませんでした。それで，川の下にトンネルを作るというアイディアを思いついた人もいました。彼らは，「シールド工法」でトンネルをつくりました。この方法で，彼らはより頑丈なトンネルを作ることができました。内側から，「シールド」と呼ばれる筒によって支えられたトンネルだったからです。水がトンネルに入ってくることはなかったので，トンネルが簡単に壊れることはありませんでした。イ人々はそのような頑丈なトンネルができてとても喜びました。

人々はどのようにしてこのトンネルの作り方をつくりだしたのでしょうか？　木材に穴をあける小さな生き物のやり方から，その方法を発見したのです。その当時，船は木材で作られていました。フナクイムシと呼ばれるその生き物は船の木材を食べ，穴をあけました。彼らが食べるとき，その穴の壁面に，体から特別な液体を塗りつけました。この液体が固くなり，穴は頑丈になりました。このようにして，人々はトンネルを頑丈にする方法を見つけ出したのです。

今日，世界中で海底や山の中にたくさんのトンネルがあります。ある小さな生き物が，頑丈なトンネルを造るアイディアを我々にくれたのです。もし私たちが小さなものにも注意深くあれば，そこから大きなアイディアが手に入るかもしれないのです。そのようにして，我々はより良いものを作ることができているのです。

1　ア　build「建設する，作る」の過去形。空所の後ろに，<like London>「ロンドンのような」と，例が書かれていることがヒント。

2　**下線部直前にある接続詞，so(だから)がヒント**。その直前の文に理由が書かれている。

3　上記全訳を参照。挿入する文にある，such(そのような)とあるので，**直前からのつながりが自然になる箇所**はどこか判断する。

4　ア　ロンドン橋についての歌は世界中でずっと有名である。(×)　イ　ロンドンの人々にとって川の向こう側へ行くことは大変なことだった。(×)　ウ　フナクイムシと呼ばれる小さな生き物は，船の木材を食べるのが好きである。(×)　エ　ある小さな生き物から得たアイディアが，世界のトンネルを改良してきた。(○)　最終段落の**筆者の結論**を参照。

2020年度英語　放送を聞いて答える問題

〔放送台本〕

これから聞き方の問題に入ります。問題用紙の四角で囲まれた1番を見なさい。問題は1番，2番，3番の三つあります。

最初は1番の問題です。問題は(1)から(3)まで三つあります。英語の対話とその内容についての質問を聞いて，答えとして最も適切なものをア，イ，ウ，エのうちから一つ選びなさい。では始めます。

(1)の問題です。*A:* Do you want something to drink, Mike?
B: Yes, I want something cold, mom.
A: OK.
質問です。*Q:* What will Mike have?

(2)の問題です。*A:* Good morning, Tadashi. Did you study for today's test?
B: Yes, Ms. White. I always get up at six fifty, but I got up at five fifteen this morning to study.
A: Oh, did you?　Good luck.
質問です。*Q:* What time did Tadashi get up this morning?

(3)の問題です。*A:* We'll go to see the baseball game next weekend, right?　Can we go to the stadium by bike?
B: No, it's too far. We need to get there by car or bus. My father will be busy next weekend, so we need to take a bus.
A: I see. I'll check the time.
質問です。*Q:* How will they go to the stadium?

〔英文の訳〕

(1)　A：飲み物が欲しい，マイク？
B：うん。冷たいのが欲しいよ，お母さん。

A：OK。
Q：マイクは何を飲み[食べ]ますか？

(2)　A：おはよう，タダシ。今日のテストの勉強はしましたか？
B：はい，ホワイト先生。いつもは6時50分に起きますが，今日は勉強するために5時15分に起きました。
A：わあ，そうだったの？　がんばってね。
Q：タダシは今朝，何時に起きましたか？

(3)　A：来週末に野球の試合を見に行く予定だよね？　スタジアムへ自転車で行けるかな？
B：いや，遠すぎるよ。車かバスで行く必要があるよ。お父さんは来週の週末は忙しいから，バスに乗る必要があるね。
A：なるほど。時間をチェックしてみるね。
Q：彼らはどうやってスタジアムへ行きますか？

〔放送台本〕

次は2番の問題です。問題は(1)と(2)の二つあります。英語の対話とその内容についての質問を聞いて，答えとして最も適切なものをア，イ，ウ，エのうちから一つ選びなさい。質問は問題ごとに①，②の二つずつあります。では始めます。

(1)の問題です。

Mother: Hello.
Kentaro: Hello. This is Kentaro. Is that Tom's mother speaking?
Mother: Yes.
Kentaro: Is Tom at home?
Mother: Yes, but... When he came home, he didn't say anything and went to his room. He looked different. Do you know what happened?
Kentaro: Ah.... Today, we had a plan to see a movie, but I was late. When I arrived at the cinema, I couldn't find him. I thought he went back home because he got angry.
Mother: Now I see what happened. He's still in his room.
Kentaro: I want to meet him and say sorry. Can I visit him?
Mother: Of course. I think he wants to see you too.
Kentaro: Thank you. I'll be there soon.
Mother: OK. I'll tell him. Good bye.

①の質問です。 Where was Tom when Kentaro called?
②の質問です。 What does Kentaro want to do?

(2)の問題です。

Alice: John, finally we got to Lucky Department Store.
John: Hey Alice, how about having lunch? Let's go to a restaurant on the seventh floor!
Alice: Sounds nice! But wait. I think there are many people in the restaurants.
John: Then, we can buy food on the first floor and eat it in Sky Garden on the eighth floor.
Alice: That's good. I'll buy some sandwiches.

John: OK. After that, I want to get a new T-shirt.
Alice: Hey! We came here for the concert.
John: I know, but we have two hours before the concert, so we can go shopping. Then, we'll go to the concert hall on the sixth floor.
Alice: That's fine.
John: Oh, you said you wanted to go to the bookstore on the fifth floor.
Alice: Yes, I have to buy a dictionary for my sister. She started to go to a language school to learn Chinese.
John: Cool! We have a lot of things to do. I'm so excited!
①の質問です。 Where will Alice and John eat lunch?
②の質問です。 Which is true for A and B in the picture?

〔英文の訳〕
(1) 母親　　　：もしもし。
ケンタロウ：もしもし，ケンタロウです。トムのお母さんですか？
母親　　　：はい。
ケンタロウ：トムは家にいますか？
母親　　　：はい，でも…。彼は帰宅した時，何も言わないで自分の部屋に行ってしまったの。様子がいつもと違っていたわ。何があったのか分かる？
ケンタロウ：あー…，今日，僕たちは映画を見る計画をしていたんですが，僕が遅れてしまったんです。映画館に着いたとき，彼を見つけることができませんでした。彼は怒って，家に帰ってしまったんだと思います。
母親　　　：何があったのか分かりました。彼はまだ部屋にいるわ。
ケンタロウ：彼に会って，ごめんねと言いたいんです。彼のところに行っていいですか？
母親　　　：もちろんよ。彼もあなたに会いたがっていると思うわ。
ケンタロウ：ありがとうございます。すぐにそちらに行きます。
母親　　　：分かりました。彼に伝えときます。さようなら。
①の質問：ケンタロウが電話した時，トムはどこにいましたか？
答え：イ　トムの部屋。
②の質問：ケンタロウは何をしたいと思っていますか？
答え：ウ　トムにゴメンと言う。
(2) アリス：ジョン，やっとラッキーデパートに着いたね。
ジョン：ねえ，アリス，お昼を食べるのはどう？　7階のレストランへ行こう！
アリス：いいわね。でも待って。レストランには人がいっぱいいると思うわ。
ジョン：じゃあ，1階で食べ物を買って，8階のスカイガーデンで食べよう。
アリス：それはいいわね。サンドイッチを買うわ。
ジョン：OK。そのあと，僕は新しいTシャツを買いたいな。
アリス：ねえ！　私たちコンサートのためにここに来たのよ。
ジョン：分かっているけど，コンサートまで2時間あるから，買い物に行けるよ。それから，6階のコンサートホールへ行こう。
アリス：いいわよ。
ジョン：そうだ，君は6階の本屋へ行きたいって言っていたよね。

アリス：うん。姉のために辞書を買わなければいけないわ。彼女は中国語を学ぶために語学学校に行き始めたんだ。

ジョン：かっこいい！　やることがいっぱいあるね。とってもワクワクするよ！

①の質問：アリスとジョンはどこでお昼を食べますか？

答え：エ　8階で。

③の質問：絵の中のAとBに入れる正しいものはどれですか？

答え：ア　A：語学学校　　B：コンサートホール

〔放送台本〕

次は3番の問題です。あなたは留学先でブラウン先生(Mr. Brown)の授業を受けています。宿題についての先生の説明を聞いて，学校を欠席したジェシー(Jessie)へのEメールを完成させなさい。では始めます。

Today, I'm going to give you homework. I want you to choose one book and write about it. You need to write four things about the book. First, the writer of the book. Second, its story. Third, the reason for choosing it. You need to write the reason in more than one hundred words. Fourth, the words you like the best in the book. Usually, we have class on Friday but next Friday is a holiday. So, bring your homework on Thursday, April 11th. Please tell this to the students who are not here today. That's all.

〔英文の訳〕

今日，皆さんに宿題を出します。本を1冊選んで，それについて書いてほしいと思います。その本について4つのことを書く必要があります。1つ目は，本の著者です。2つ目は，その本のストーリーです。3つ目は，自分がその本を選んだ理由です。100字以上でその理由を書く必要があります。4つ目は，その本の中で自分が一番気に入った言葉です。通常は，金曜日に授業がありますが，来週の金曜日は祝日です。ですから，4月11日，木曜日に宿題を持ってきてください。今日ここにいない生徒にこのことを伝えてください。以上です。

＜理科解答＞

1　1 ウ　2 イ　3 エ　4 イ　5 発熱反応　6 マグニチュード　7 DNA［デオキシリボ核酸］　8 23cm/s

2　1 黄道　2 右図　3 エ

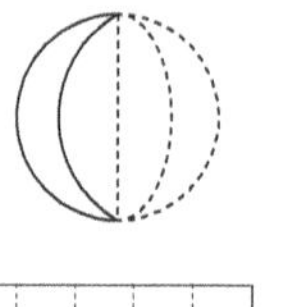

3　1 0.60A　2 （白熱電球Pの電力量） 120Wh　（LED電球の使用時間） 16時間　3 （例）LED電球は，同じ消費電力の白熱電球より熱の発生が少ないから。

4　1 柱頭　2 ア　3 ① 葉，茎，根　② からだの表面　4 （例）胚珠が子房の中にあるかどうかという基準。

5　1 $45cm^3$　2 $2Mg + O_2 \rightarrow 2MgO$　3 右図

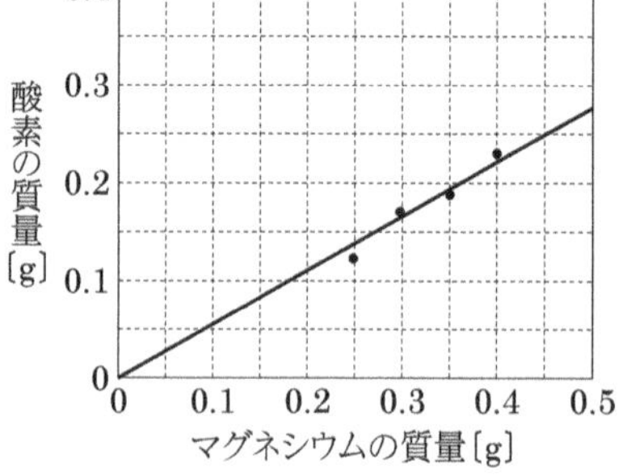

4　196cm³

6　1　ウ　2　(例)小腸は栄養分を吸収し，肝臓はその栄養分をたくわえるはたらきがあるから。　3　40秒

7　1　1.5g/cm³　2　エ　3　(液体)　イ
(実験結果)　(例)ポリプロピレンはなたね油に浮き，ポリエチレンはなたね油に沈む。

8　1　17℃　2　5705g　3　C　4　イ，オ

9　1　0.30N　2　0.50N　3　右図
4　①　×　②　×　③　○　④　×

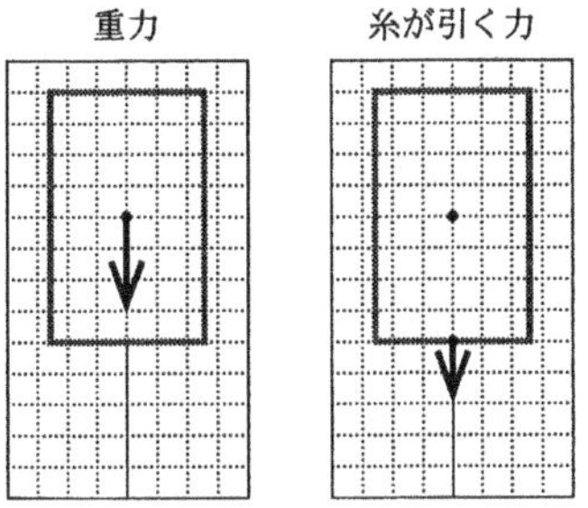

<理科解説>

1　(小問集合)

1　1種類の原子からできている物質を**単体**，2種類以上の原子からできている物質を**化合物**という。塩化ナトリウム(NaCl)，二酸化炭素(CO_2)，アンモニア(NH_3)はいずれも化合物である。**混合物**は，これらのいろいろな物質が混ざり合っているものである。石油(原油)には，**沸点**のちがういろいろな物質がふくまれている。

2　マグマが地下深くでゆっくり冷え固まると，鉱物が大きく成長した結晶ができる。これらが組み合わさって，深成岩の**等粒状組織**になる。玄武岩は**斑状組織**をもつ火山岩で，チャートは生物の死がいなどが堆積してできた岩石。凝灰岩は，火山噴出物が堆積してできた岩石である。

3　蛍光板に見られる光のすじは，－極から＋極に向かう**電子**の流れを示している。電子は－の電気をもつ小さな粒なので，その流れは＋極のほうへ引きつけられる。

4　ア，イ，エは無セキツイ動物で，タツノオトシゴはセキツイ動物の魚類である。ミミズとヒトデは**節足動物**や**軟体動物**以外の無セキツイ動物である。

5　熱を発生して周囲の温度を上昇させる化学変化を**発熱反応**，周囲の熱を吸収して進む化学変化を**吸熱反応**という。

6　地震の規模を表すマグニチュード(M)の数値は，その地震で放出されたエネルギーの大きさに対応するように決められている。

7　生物の形質を伝える**遺伝子**の本体は，**染色体**にふくまれるデオキシリボ核酸(DNA)である。

8　台車が一定の速さで移動したと考えて，区間Aの平均の速さを求めると，平均の速さ＝移動距離÷移動にかかった時間より，$2.3(\text{cm})\div\frac{5}{50}(\text{秒})=23(\text{cm/秒})$

2　(天体－太陽，金星の見え方)

1　地球が太陽のまわりを**公転**することによって，地球から見ると太陽は天球上の星座の間を動いていくように見える。この天球上での太陽の通り道を**黄道**という。

2　地球(カメラ)と太陽(光源)，金星(ボール)が図1の位置関係にあるとき，地球から見た金星は，太陽側(金星の左側)が細く光って見える。

3　おとめ座が真夜中に**南中**する日には，おとめ座―地球―太陽の順に一直線の位置にある。図2のように見える金星は，このときふたご座とおとめ座の間にある。半年後には，うお座―地球―太陽の順に並び，金星は，$360^\circ\times\frac{0.5}{0.62}=290.3\cdots$　約290°回転した位置にくる。

3 (電流－電流と電圧，電流のはたらき，電気エネルギー)

1　電力(W)＝電圧(V)×電流(A)より，電流(A)＝電力(W)÷電圧(V)＝60(W)÷100(V)＝0.60(A)

2　電力量(J)＝電力(W)×時間(h)＝60(W)×2(h)＝120(Wh)　LED電球では，120(Wh)÷7.5(W)＝16(h)

3　消費したエネルギーに対する利用できるエネルギーの割合を，エネルギー変換効率という。LED電球は白熱電球と比べて熱の発生が少ない。

4 (植物のつくりとはたらき－花のつくり，双子葉類と単子葉類，シダ植物とコケ植物)

1　めしべの柱頭におしべの花粉がつくことを**受粉**という。柱頭の表面は，花粉がつきやすい状態になっている。

2　図2のキャベツの葉の葉脈は，網目状(網状脈)になっているので，被子植物の**双子葉類**であることがわかる。双子葉類の植物の茎は**維管束**が輪状に並び，根は太い**主根**とそこから出る細い**側根**をもつ。

3　シダ植物には維管束があり，葉，茎，根の区別があるが，コケ植物には維管束がない。体の表面から水をとり入れ，根のように見える**仮根**によって体を地面などに固定している。

4　胚珠が子房の中にあるサクラやキャベツは**被子植物**，子房がなく胚珠がむき出しになっているマツは**裸子植物**である。

5 (化学変化と原子・分子－化学反応式，中和，酸化，化学変化と物質の質量)

1　Aの結果から，塩酸と水酸化ナトリウム水溶液は1：1の体積比で過不足なく反応することがわかる。したがって，Bでは(8.0－4.0)cm^3の塩酸とマグネシウムが反応して気体(水素)が発生した。Cでは(10.0－2.0)cm^3の塩酸とマグネシウムが反応して90cm^3の気体が発生したので，Bで発生した気体は，$90(cm^3)\times\frac{4.0}{8.0}=45(cm^3)$

2　実験(2)では，マグネシウム(Mg)が空気中の酸素(O_2)と反応して酸化マグネシウム(MgO)ができる。化学反応式では，矢印の左右(反応の前後)で，**原子の種類と数は一致**する。

3　化合した酸素の質量は1班が(0.38－0.25)g，2班が(0.48－0.30)g，3班が(0.54－0.35)g，4班が(0.64－0.40)gである。これらの結果を示して，その点が左右に同じように散らばるように(0, 0)を通る直線を引く。

4　酸化されたマグネシウムの質量をxgとすると，$3:2=x:(0.61-0.45)$，$x=0.24$(g)　したがって，残っているマグネシウムは(0.45－0.24)gである。表1のDで，マグネシウム0.12gがすべて反応したときに発生した気体は112cm^3なので，発生する気体の体積は，$112(cm^3)\times\frac{0.21}{0.12}=196(cm^3)$

6 (動物のつくりとはたらき－血液循環，小腸と肝臓，心臓)

1　肺では血液中の二酸化炭素が**肺胞**の中に出され，酸素が血液中にとりこまれる。腎臓では血液中の不要な物質や水分がとり除かれる。タンパク質が分解されるときにできる有害なアンモニアは，肝臓で害のない尿素に変えられ，血液によって腎臓に運ばれる。

2　血液の流れから考えて，Rは小腸でQは肝臓。小腸の**柔毛**の毛細血管から吸収されたブドウ糖やアミノ酸などは，aの門脈に入り，血液とともに肝臓に運ばれる。

3　4000mLの血液が送り出されるには，4000÷80＝50(回)の拍動が必要である。$60(秒)\times\frac{50}{75}=40(秒)$

7 (いろいろな物質－プラスチック，密度，浮力)

1　密度(g/cm^3)＝物質の質量(g)÷物質の体積(cm^3)より，4.3(g)÷2.8(cm^3)＝1.5(g/cm^3)

2　水に沈むBは，密度が1.0g/cm^3より大きいポリ塩化ビニルがポリスチレン。密度は物質ごとに決まっているので，体積の大小や質量に関係なく，その物質については一定の大きさを示す。

3　水に浮いたC，Dは，ポリエチレンかポリプロピレンである。それぞれの密度から考えて，10%エタノール溶液と食塩水ではC，Dのどちらも浮いてしまい，エタノールではC，Dのどちらも沈む。なたね油(0.92g/cm^3)ではポリエチレンは沈み，ポリプロピレンは浮く。

8 (大気中の水蒸気の変化－湿度，空気中の水蒸気の量)

1　図1で，乾球19℃の行を右に見ていくと，**湿度**81%にあたるのは乾球と湿球の示度の差が2℃である。したがって，19－2＝17(℃)

2　気温19℃での**飽和水蒸気量**は16.3g/m^3なので，16.3(g/m^3)×350(m^3)＝5705(g)

3　湿度(%)＝空気1m^3中の水蒸気の量(g)÷その気温での飽和水蒸気量(g)×100　である。空気中の水蒸気量が等しいA，B，Cの中では，気温が最も高く飽和水蒸気量が大きいCの湿度が最も低い。また，CとDでは飽和水蒸気量は等しいので，空気中の水蒸気量が小さいCのほうが湿度が低い。

4　1組は**露点**6℃，湿度42%，気温20℃。2組は湿度42%，気温28℃で湿度は100%以下なので，露点は28℃より小さく，1組の露点6℃より大きい。

9 (力－浮力，重力)

1　図2で容器Pは水に浮いているので，容器Pにはたらく**重力**0.30Nと同じ大きさの**浮力**が上向きにはたらいている。

2　図4で水面からの深さxが5.0cm以上では，容器Qの全体が水中にある。このとき容器Qにはたらく浮力の大きさは，5.00－4.50＝0.50(N)

3　重力は容器Pの中心から下向きにはたらき，その大きさは0.30N(方眼の3目盛り)である。図6で，水面からの深さyが5.0cm以上では，ばねばかりの値が0.20Nなので，このとき糸が引く力は下向きに0.20N(方眼の2目盛り)になる。

4　物体がすべて水中にあるときは，浮力の大きさは一定である。図4と図5より，容器の全体が水中にあるときの浮力の大きさは，容器Pで(0.30＋0.20)N，容器Qで0.50N。それぞれの容器の底面積を$x$$cm^2$とすると，図2で3.0$x$$cm^3$が水中にある容器Pには0.30Nの浮力，5.0$x$$cm^3$が水中にある容器Qには0.50Nの浮力がはたらいている。

＜社会解答＞

1　1 (1) ア　(2) 太平洋ベルト　(3) 世界遺産　2 エ　3 (1) ウ→エ→ア→イ　(2) ウ　4 (課題) (例)人口減少や高齢化が進行している。 (特徴・成果) (例)ゆず加工品の開発・生産に取り組んでおり，ゆずの生産量とゆず加工品の販売高が伸びた。

2　1 ウ　2 ブラジル　3 エ　4 イスラム　5 ウ　6 (記号) a
(理由) (例)輸出総額に占める農産物の輸出額の割合が高い。また，総産業従事者に占める農業従事者の割合は低いが，一人あたりの農地面積が大きいことから，輸出向けに大規模な農業を広い農地で行っているアメリカ合衆国であると考えられる。

3　1　渡来人[帰化人]　2　ア　3　遣唐使　4　イ　5　鉄砲[火縄銃]　6　ウ
7　(例)日本が大日本帝国憲法を作成する際に，伊藤博文は憲法調査のためにヨーロッパへ向かい，ドイツ(プロイセン)の憲法を参考にしていたこと。　8　A→B→E→D→C→F

4　1　イ　2　ウ　3　ウ→エ→イ→ア　4　ア　5　石油危機[オイルショック]
6　(例)高度経済成長によって収入が増加し，生活も便利で豊かになっていったが，大気汚染や水質汚濁などに関する苦情・陳情の数も増えるなど，公害問題が深刻化した。

5　1　ウ　2　(1)　イ　(2)　エ　3　ア　4　(1)　エ　(2)　直接請求権

6　1　ウ　2　イ　3　(例)レジ袋や割り箸などをもらわない，エコバッグを使う　など
4　技術革新[イノベーション]　5　エ　6　(例)生産年齢人口が減少しているので，労働者の不足を補うために，在留外国人を労働者として雇用するとともに，セルフ精算レジの設置をすすめる。

7　1　イ　2　寺子屋　3　ウ　4　エ　5　Ⅰ　(例)建物や設備を充実させるために資金が必要だから　Ⅱ　(例)外国の援助がなくなったとしても，現地の人々が技術などを身に付け自立して生活を維持していくことが必要だから

＜社会解説＞

1　(地理的分野―日本―日本の国土・地形・気候，農林水産業，工業，交通・通信)

1　(1)　**三角州**は河川の作用で海の近くに形成される。イは**扇状地**の説明。　(2)　日本の工業地帯や工業地域の多くが**太平洋ベルト**に位置する。原料の輸入や製品の輸出に船舶を使用するため，臨海部で工業が発達した。　(3)　わが国の世界遺産は，文化遺産19件，自然遺産4件の合計23件(2020年3月現在)。

2　岡山県倉敷市水島地区に大規模な石油化学コンビナートを擁する**瀬戸内工業地域**は，化学工業の割合が高い。　イ　機械工業の割合が高いことから，**中京工業地帯**。　ウ　金属工業の割合が高いことから，**阪神工業地帯**。残ったアが**東海工業地域**で，楽器・オートバイ(静岡県浜松市)や製紙・パルプ(同富士市)などの生産がさかん。

3　(1)　ア　比較的降水量が少ないことから，瀬戸内海沿岸地域と判断。　イ　冬場でも温暖な気候を利用して野菜を栽培していることから，**促成栽培**がさかんな高知県と判断する。　ウ　文中の「山間部」が中国山地を指すと考えられることから，広島・島根県境を指すと判断する。
エ　冬に雪が多く降るという記述から，日本海側に位置する地域と判断する。　(2)　所要時間が短いイ・ウが愛媛県から比較的近い伊丹空港と福岡空港とわかる。このうち，便数が多いイが大都市に近い伊丹空港，少ないウが福岡空港と判断する。アは羽田空港，エが那覇空港。

4　資料1から，1990年以降馬路村の人口が年々減少し，65歳以上の人口の割合が年々上昇していることが読み取れる。また，資料2から，馬路村の人々がゆずを用いた商品の販売や研究に取り組んでいる様子が読み取れる。資料3から，馬路村の2015年のゆず生産量やゆず加工品の販売高が1990年と比べて大幅に伸びていることが読み取れる。

2　(地理的分野―世界―人々のくらし，地形・気候，産業)

1　大陸の東側に位置するA市・B市は，**季節風**(モンスーン)の影響を受けやすい。B市の沖合には暖流の**対馬海流**が流れる。

2　図2のC国はポルトガル。流域面積が世界最大となる大河とは，ブラジルやその周辺国を流れる**アマゾン川**のことで，その流域にはセルバとよばれる熱帯雨林が広がる。かつて植民地とされた

ことから，現在でもブラジルではポルトガル語を公用語とし，**プランテーション**でコーヒー豆やさとうきびの栽培がさかんで，それらの生産量は世界一をほこる。

3　秋田県秋田市，アメリカのニューヨーク，中国のペキン，スペインのマドリードなどの都市が，**北緯40度**付近に位置する。

4　図2のD国はトルコ。図4から，トルコの総人口のほとんどが信者であることが読み取れる。また，図5から，トルコでは**豚**の飼育頭数が極端に少ないことが読み取れる。以上の点から，西アジアに信者が多く，豚肉を食べない**イスラム教**であると判断する。なお，インドでは**牛**肉を食べない**ヒンドゥー教**徒が多い。

5　図7の①中の「航空宇宙」からメキシコ湾岸に位置する**ヒューストン**，②中の「自動車」から五大湖周辺に位置する**デトロイト**が連想できるため，図6のXが②，Yが①とわかる。Xで示された州の中には，鉄鋼業がさかんなピッツバーグが位置する。また，Yは1970年代以降に発展した新しい工業地帯である**サンベルト**に位置するため半導体の製造がさかんなことが予想できる。

6　アメリカ合衆国では少ない農業従事者で広い農地を経営するため，**企業的農業**が営まれている。また，農作物の輸出がさかんなことから「**世界の食料庫**」とよばれ，穀物メジャーとよばれる大企業などによるアグリビジネスが展開されている。なお，bは日本，cは中国。

3　**(歴史的分野―日本史―時代別―古墳時代から平安時代，鎌倉・室町時代，安土桃山・江戸時代，明治時代から現代，日本史―テーマ別―政治・法律，外交)**

1　Aのカードは古墳時代の様子。**渡来人**(帰化人)の多くは**ヤマト王権**(大和政権)に仕え，高い地位に昇る者もいた。

2　わが国に仏教が伝来したのは6世紀頃(古墳時代)。渡来人(帰化人)は儒教以外にも，わが国に**漢字**，機織，**須恵器**などを伝えた。イは縄文時代に作られた土製の人形。ウは弥生時代に伝来した。エは弥生時代にわが国で本格的に広まった。

3　Bのカード中の「私」とは，平安時代に活躍した**菅原道真**のこと。文中の「唐の国力の衰退している様子」から「危険が生じる」と判断し，894年に**遣唐使**停止を申し入れたことから判断する。

4　Cのカードは，鎖国政策をとっていた江戸時代の様子。文中の「報告書」とは，鎖国中のわが国が諸外国の様子を知るためオランダに提出させていた風説書のこと。下線部ⓑは，1840年におこった**アヘン戦争**の様子。　ア　ラクスマンやレザノフのロシア船の来航が続いた後の19世紀初頭。　イ　1854年。　ウ　朱印状を発行した豊臣秀吉や徳川家康が活躍した16世紀末から17世紀初頭。　エ　1669年。

5　Dのカードは，ポルトガル船が種子島に漂着し，わが国に**鉄砲**が伝来したときの様子(1543年)。

6　Eのカード中の道元は，鎌倉時代に**禅宗**の一派である曹洞宗を開いた人物。**北条時宗**が元寇のときの鎌倉幕府の**執権**であることから判断する。アは江戸時代。イのフランシスコ・ザビエルは1549年にわが国にキリスト教を伝えた(室町時代)。エは平安時代。

7　Fのカードは明治時代の様子。下線部ⓒは，1889年に発布された**大日本帝国憲法**のこと。図2中のドイツの首相がビスマルク，日本の政治家が**伊藤博文**を表している。この憲法が，君主権の強い**ドイツ**(プロイセン)の憲法をモデルにして作成されたこと，また，伊藤が憲法作成の中心人物の一人であったことから判断する。

8　Aが古墳時代，Bが平安時代，Cが江戸時代，Dが室町時代，Eが鎌倉時代，Fが明治時代。

4　**(歴史的分野―日本史―時代別―明治時代から現代，日本史―テーマ別―政治・法律，経済・社会・技術)**

1　明治時代初期には政府による**殖産興業**政策が進められ，後期にはわが国で産業革命がおこった。**工場制手工業**は江戸時代中期に発達した。

2　**第一次世界大戦**の主戦場はヨーロッパ。ドイツを中心とする同盟国とイギリスを中心とする連合国との戦いで，アメリカは連合国側として途中から参戦した。産業革命後のわが国からはアジアへの輸出が増加し，輸出額が輸入額を上回り，**大戦景気**を迎えた。

3　アは1943年，イは1941年，ウは1932年，エは1938年のできごと。

4　Cの時期とは1950年～1970年を指す。電気冷蔵庫は，電気洗濯機・白黒テレビとともに「**三種の神器**」とよばれ，1950年代後半から60年代前半にかけて普及した。イ・ウは21世紀に入ってから，エはカラーテレビ・自動車とともに「**3C**」とよばれ，1960年代後半以降に普及した。

5　1973年の**石油危機**(オイルショック)は，第四次中東戦争がきっかけとなっておこり，わが国の**高度経済成長**は終焉をむかえた。

6　図1からは，1965年からの5年間で勤労者世帯の収入が1.7倍を超えていることが読み取れることから，高度経済成長によって収入が増加し，生活が豊かになったことがわかる。一方，図2からは，1966年からの4年間で公害に関する苦情等の件数が3倍を上回ることが読み取れることから，公害問題が深刻化したことがわかる。

5　**(公民的分野―三権分立・国の政治の仕組み，地方自治，財政・消費生活・経済一般)**

1　効率を重視するということは，少ない労力で最大の結果を出すために無駄をなくすことである。空き店舗を活用することで，店舗の建設や準備にかかる費用や労力を削減することができる。

2　(1)　現在の日本の歳出に占める割合の最上位は，**社会保障関係費**。高齢化の進行に伴い，年々その額が増加している。Bにはウ，Cにはエ，Dにはアがそれぞれあてはまる。　(2)　文中に「公共事業への支出を増やす」「企業の生産活動を促す」とあることから，不景気の際に行う通貨量を増やす財政政策について述べているとわかる。

3　**民事裁判**において，訴える側を**原告**，訴えられた側を**被告**とよぶのに対して，**刑事裁判**では**検察官**が裁判所に訴え，訴えられた人を**被告人**とよぶ。イ・ウ・エは刑事裁判の様子。イの**裁判員制度**は，地方裁判所で第一審が行われる重大な刑事裁判の第一審のみに適用される。

4　(1)　衆議院議員総選挙で採用される**小選挙区制**は候補者名で投票するのに対して，**比例代表制**では政党名で投票する。また，参議院議員選挙の比例代表制では，政党名または候補者名で投票する。小選挙区制は一つの選挙区で一名しか当選しないため死票が多くなる。　(2)　住民が直接請求できるのは，条例の制定・改廃請求，監査請求，議会の解散請求，首長・議員の解職請求の4つ。

6　**(公民的分野―憲法の原理・基本的人権，財政・消費生活・経済一般)**

1　**株主総会**において議決権を行使できるのは企業が発行する株式を取得した**株主**のみであるため，労働者の権利ではない。アは労働組合法，イは育児・介護休業法，エは労働基準法の内容。

2　製造物責任法はPL法ともよばれる。

3　**3R**とは，循環型社会を形成するための取り組みの一つで，ごみを減らす**リデュース**，一度使用したものを再利用する**リユース**，使い終わったものを資源に戻して新たな製品を作る**リサイクル**のこと。問題文中に「レジで会計する時」とあるので，リデュースの例を考えるとよい。

4　技術革新(イノベーション)とは，企業が競争に勝つために知的資源などを用いて増産したり，優れた技術や機械などを導入することで生産活動を改善したりすること。

5　日本国憲法に明記されていない「**新しい人権**」として，環境権のほか，知る権利，プライバシ一の権利，自己決定権が認められている。

6　図1からは，日本の生産年齢人口が減少する一方，在留外国人人口が増加していることが読み取れることから，不足する労働力を在留外国人の雇用によって解決できると考えられる。また，図2からは，スーパーにおけるセルフ生産レジの設置が近年急速に進んでいることが読み取れる。

7　**(地理的分野—世界—人々のくらし，歴史的分野—日本史—時代別—安土桃山・江戸時代，日本史—テーマ別—文化・宗教・教育，公民的分野—国際社会との関わり)**

1　**NGO**とは，利益を目的とせず国際的に活躍する民間団体のこと。アは政府開発援助，ウは世界保健機関，エは自由貿易協定の略称。

2　**寺子屋**では，庶民の子どもが「読み・書き・そろばん」を学んだ。一方，武士の子どもは藩校で学問や剣術などを学んだ。

3　安全な水資源を確保できない人の割合が高いのは発展途上国であるのに対して，他の3つの項目の割合が高いのはヨーロッパなどの先進国であることから判断する。

4　図1から，Cの地域の助産師育成において，指導者不足により技術習得が十分になされていないという課題が挙げられていることから判断する。

5　諸外国の経済的支援によって施設を建設した上で，管理・運用方法や指導方法を現地の人々に習得してもらうことによって，向上した安全や生活の質を援助なしで維持していくことに意味があるという内容のことを記述する。

<国語解答>

1　1　(1)　こうけん　(2)　は　(3)　しょうだく　(4)　そむ　(5)　おもむ
2　(1)　研究　(2)　借　(3)　似　(4)　負担　(5)　講座
3　(1)　エ　(2)　ア　(3)　ア　(4)　ウ　(5)　イ

2　1　かろうじて　2　ウ　3　エ　4　(例)銀貨が三包入った袋の持ち主を長時間探して，拾ったときのまま返したこと。　5　イ

3　1　イ　2　あなたにしかない感覚・感情　3　エ　4　ア　5　(例)本当の自分が自己の中にはじめから明確に存在すると思い込んで，それを探している　6　ウ

4　1　ウ　2　(例)陸上勤務を少しは喜んでもらえると思っていたのに，妻と娘に反発され気まずくなったから。　3　イ　4　ア　5　(例)息子に航輝と名付けるほど船に乗るのが好きな父が，家族のために船を降りても本当によいのかということ。　6　エ

5　(例)　係員は，バスに乗るために外国人がする必要があることを「ください」という表現に統一して示している。Aのように疑問文や謙譲語を用いると，外国人にはわかりにくい。

日本語は，直接的な表現よりも遠回しな表現をすることが少なくない。そのほうが，相手に不快な思いをさせず済むからだ。また，相手が自分の思いをくみとってくれるはずだという甘えもあると言われている。これは日本人同士の会話であれば問題ないが，外国人と会話する際にはよくない。事物の説明も行動のしかたも，できるだけ簡単なことばを用いて説明したほうがよい。できるかぎりシンプルな表現を心がけるようにしたい。

<国語解説>

1　(脱語補充，漢字の読み書き，熟語，ことわざ・慣用句，品詞・用法，俳句)

1 (1)　その物事の発展に役立つような何かをすること。　(2)　光を受けて輝くこと。　(3)　頼まれごとを承知して引き受けること。　(4)「背」の訓読みは「そむ・ける」。　(5)　どこかへ向かうこと。語源は「面(オモ)向く」である。対義語は「背(ソ)向く」。

2 (1)「研」の偏は，石。　(2)「借りる」と「貸す」をセットで覚えよう。　(3)「似」の偏は，にんべん。　(4)　やむを得ず引き受けなければならなくなること。「担」の偏は，にんべん。　(5)「講」の偏は，ごんべん。「口座」という同音異義語もあるので，注意する。

3 (1)　この俳句は冬の句である。選択肢の俳句の季節は季語をふまえるとそれぞれ，アは「雲雀」で春，イは「名月」で秋，ウは「遠花火」で秋，エは「みぞれ」で冬となる。　(2)　Aさんの言葉の「早くスケートをしたいというわくわくした心情」は，「胸が躍る」という表現が適切である。　(3)「想像」という熟語は，“像を想う”という下の語が上の語の修飾語となっている。選択肢の熟語の成り立ちを確認すると，ア「抜群」は“群を抜く”，イ「海底」は“海の底”，ウ「削除」は似た意味の語を重ねたもの，エ「未来」は上に打消し語がついたものとなる。
(4)「幼い」のように，**言い切りの形が「—い」となり，物事の様子を表している品詞は形容詞**である。アは基本形が「結ぶ」で動詞，イの「初めて」は活用しない品詞で，下の語を修飾するので副詞，ウは基本形が「おもしろい」で形容詞，エは基本形が「言う」で動詞。　(5)　Aさんは「色々なことが想像できる」，Cさんは「情景を想像したよ」と述べている。二人とも**想像によって俳句の世界を味わうこと**を述べていることをふまえて選択肢を選ぶ。

2　(古文—大意・要旨，情景・心情，内容吟味，文脈把握，仮名遣い)

【現代語訳】　浜の町というところに，島原屋市左衛門という者がいた。十二月の初め，雪が降って積もった朝，用事があって朝早くに家を出て，浜にある道を歩いていると，雪の合間に不思議なものが見えたのを，立ち寄って引き上げたところ，ひどく重い袋で，中に銀貨の大きいのが三包みほどあるかと思われた。驚いて，きっと持ち主がいるだろうから，そのうちには尋ねてくるだろうと，その場を離れずに二時間ほど待っていたけれど，尋ねて来る人もいないので，どうみても旅人が落としたものだろうと，そこの町の中心部から離れたところで，旅人を泊まらせる家々を一軒一軒尋ねて行って，旅人で何か落とし物をした者がいるかと，会う人ごとに訊ねたところ，その日の夕方，ようやく持ち主にめぐりあった。始まりから終わりまで事の次第を詳しく尋ね聞くと本当の持ち主であるので，先ほどの袋をそっくりそのままで返した。この持ち主は喜んで(市左衛門を)拝み，「私は薩摩の国で，(あるお方に頼まれて，その)依頼者が様々なものを買い求めようと，私を派遣したのに，もしこの銀貨がなかったら，私の命があるだろうか。返す返すありがたいことでございますなあ。」と，その銀貨を分けてお礼をしようとしたけれど，市左衛門は決して受け取ろうとしないので，仕方なく持ち主は酒と肴を準備して心を込めたお礼として、帰って行った。

1「アウ(—au)」は「オウ(—ou)」に直して読む。「からうじて」は，karaujiteの下線部を「—ou」にするから，「かろうじて」となる。

2　ウの「失ひ」の主語は，「旅人の」である。**主格の助詞「の」**であることをおさえよう。それ以外の傍線部の主語は市左衛門である。

3「待ち居たれど問ひ来る人もなければ」と続く。問ひ来る人を待っていたのである。**この人物は落とし物の持ち主であり，袋が落ちてなかったかどうかを聞きに来るであろう人のこと**だ。

4　市左衛門は，朝，**雪の中に銀貨が三枚も入った袋を見つけて**，持ち主が戻ってくると考えて二時間もの間待ち，さらに**夕方まで自分から持ち主を探し**て歩いた。そして**持ち主に「さきの袋のままにて返しはべりぬ」**というところまでが市左衛門の行動の内容である。これを指定字数でまとめよう。

5　まず，主は「喜び拝みて」とあるので，**市左衛門に対し感謝し**ている。そして「銀を分かて報ひ」とあるので，銀貨を分け与えて返礼しようとした。しかし市左衛門は「曾て取りあぐる事せね」とあるので，**受け取ろうとしなかった**のだ。これをふまえて選択肢を選ぶ。

3 （論説文―大意・要旨，文脈把握，接続語の問題，脱文・脱語の問題）

1　傍線(1)の後「すなわち」以降の記述に，「相互理解」の説明がなされている。「**相手の表現を受け止め，それを解釈**して，**自分の考えを述べる**。そうして，自分の表現したことが相手に伝わったか，伝わらないかを**自らが確かめる**こと」である。この記述のポイントをおさえて解答を選ぶ。

2　傍線(2)「あなた自身の個人メガネ」は，その前の「あなた自身の目」のことだ。この段落は前段落の内容を受けて，その内容を詳しく説明している段落だから，前段落から探すとよい。「眼」は世界を受け止める感覚器官であることから，「あなたにしかない感覚・感情」を導き出せる。

3　本文は「……□し，事実に即して述べようとした」とある。「事実に即して述べ」るとあることから，ここには**客観的な態度**が働いていることが読み取れよう。**「客観的」とは，見方や考え方が公正で論理的であり，多くの人に理解・納得してもらえる様子**のことだ。個人の感情や損得に左右されないのである。

4　□の前の「少しずつつくられていく」と後の「少しずつ変わっていく」は**並立の関係にある内容なので，「あるいは」という接続詞が適切**である。

5　「自分探し」で陥りやすい罠は「本当の自分を探してどんなに自己を深く掘っていっても，何も出てきません」というのに掘ってしまう，つまり**自分の中に本当の自分を探し続ける状態に陥ってしまうこと**だ。探し続けしまうのは「『自分』とは，『私』の中にはじめから明確に存在する」わけではないのに，**自分のなかに本当の自分が居ると考えてしまう**からである。この考えを前提もふくめて陥りやすい状態をまとめる。

6　筆者は「これまで…」で始まる段落で「これまで出会ったことの……確実に変容します」と述べ，さらに「『自分』とは，『私』の中に…」で始まる段落で「相手とのやりとり……姿を現すものです」と述べている。ここから，筆者が**他者や周囲と関わることで「私」は変容していき，形づくられていくものである**と考えていることが読み取れる。

4 （小説―情景・心情，内容吟味，文脈把握，段落・文章構成，脱文・脱語補充）

1　傍線(1)「言いにくそう」なことは，勤務先が名古屋になったということだ。**言いにくそうにした理由は，「これから一か月で引っ越さなくちゃならない」からで，家族の生活が変わってしまうことになるから**である。

2　「ばつが悪い」とは，その場の収拾がつかず，なんとなく具合が悪いこと。ここの具合の悪さは，「これから家族で一緒に過ごせることを，**少しは喜んでもらえると思っていた」から決めた地上勤務を，母と妹に非難されたことによる気まずさ**である。これを理由としてまとめる。

3　父は，母が折に触れて父の子育ての関わり方について批判しても，言いあいなどにはならなかったことが読み取れる。気短だったり神経質な性格ではない。また，まったく気にも留めないような無頓着な性格でもない。**母の言い分を受け止め，自分にできることはないかを考えて行動したのだから，大らかな性格とするのが適切**である。

4　母は勝手に名古屋転勤を決めた父を非難した。妹も転校を「いやだ！」と，非難がましい母に追従した。しかし航輝は「ぼくはうれしいよ。それはとてもいいことだと思う。」と，**父の決断**

に味方をしたのだ。そんな航輝に母は鋭い視線を投げかけた。**鋭い視線は非難・責める気持ちの表れだ。母はこのように考える航輝を面白くないと感じている**のである。

5　航輝の考えは，航輝自身の「お父さんは本当にそれでよかったのかな。」という言葉で表されている。この言葉が，航輝のどのような考えから出たのかをまとめればよい。航輝の心中表現は本文最後のハイフンで始まるまとまりに述べられている。**航輝という名前は船に関わりのある名前だ。大切な息子に大好きなことに由来する名前を付けたことからも父の船好きがうかがえる。**そして航輝は「お父さんはやっぱり，船に乗るのが好きなんだよな」という実感のこもった父自身の台詞を覚えていて，**そんなに船が大好きな父が，家族のためであっても船から降りることが，本当に正解なのだろうかということを考えている**のだ。

6　本文は**航輝の視点**から家族のやりとりを描写している。航輝の心中表現も多く描かれているし，家族の仕草・態度・表情もよく表現されているので，家族の心模様もわかりやすくなっている。

5　**(作文)**

テーマは「様々な国の人とコミュニケーションをとる際に心がけたいこと」である。まず，第一段落は資料の読み取りだ。図Aと図Bを比較して，図Bがよりわかりやすい理由を見つけよう。言葉のわからない外国人にとって，**表現が簡単である**こと，**説明がやさしくてわかりやすい**ことが大切なのだ。そして，第二段落には，自分自身の考えをまとめる。具体例が求められているので，適切な例を挙げる。**例は簡潔に説明し，そこから見出した「コミュニケーションをとる際に心がけたいこと」を中心に書きあげよう。**

栃木県公立高等学校

2019年度

★★★★★★★★★★★★★★★★★★★★★★★★

入　試　問　題

2019
年
度

●くわしい解説……39ページ

＜数学＞

時間　50分　　満点　100点

【注意】 答えは，できるだけ簡単な形で表し，必ず解答用紙のきめられた欄に書きなさい。

1　次の1から14までの問いに答えなさい。

1　$-7+5$ を計算しなさい。

2　$\dfrac{3x-2}{5}\times 10$ を計算しなさい。

3　$5ab^2 \div \dfrac{a}{3}$ を計算しなさい。

4　$(x+8)(x-6)$ を展開しなさい。

5　25の平方根を求めなさい。

6　右の図で，$\angle x$ の大きさを求めなさい。

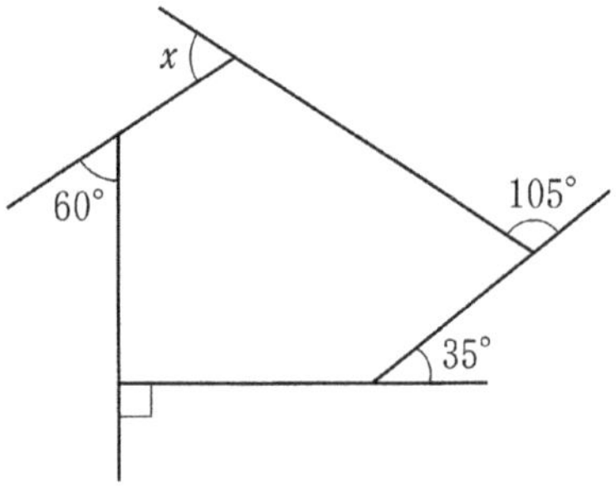

7　関数 $y=\dfrac{a}{x}$ のグラフが点（6，−2）を通るとき，a の値を求めなさい。

8　△ABCと△DEFは相似であり，その相似比は 2：3 である。△ABCの面積が $8\ \mathrm{cm}^2$ であるとき，△DEFの面積を求めなさい。

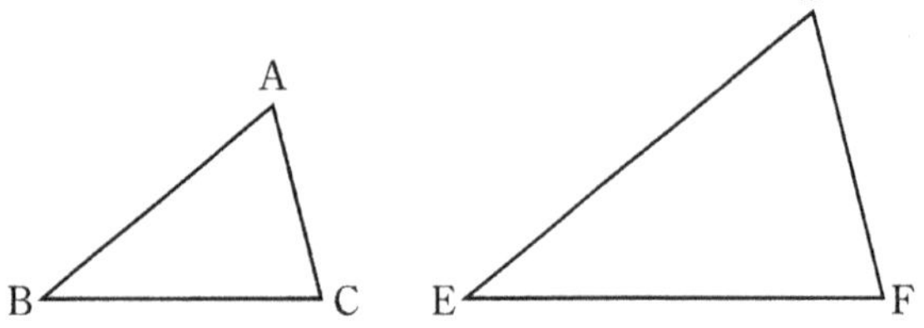

9　連立方程式 $\begin{cases} 3x+y=-5 \\ 2x+3y=6 \end{cases}$ を解きなさい。

10　大小2つのさいころを同時に投げるとき，2つとも同じ目が出る確率を求めなさい。

11　右の図において，点A，B，Cは円Oの周上の点である。$\angle x$ の大きさを求めなさい。

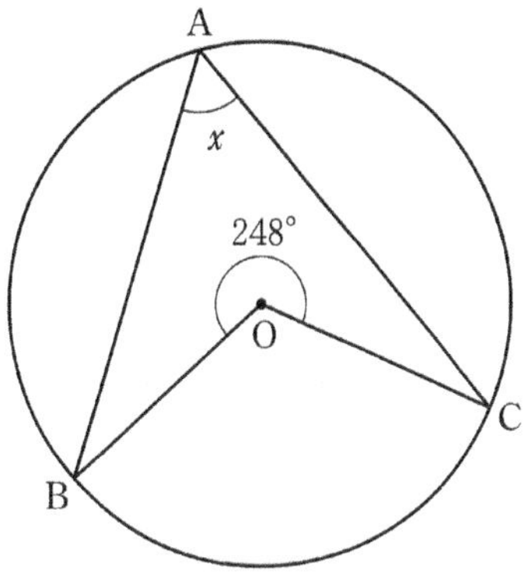

12　２次方程式 $x^2+7x+1=0$ を解きなさい。

13　長さ150㎜のろうそくがある。このろうそくに火をつけると，毎分２㎜ずつ短くなる。火をつけてから x 分後のろうそくの残りの長さを y ㎜とするとき，x と y の関係を述べた文として適するものを，次の**ア**，**イ**，**ウ**，**エ**のうちから１つ選んで，記号で答えなさい。

ア　y は x に比例する。　　　**イ**　y は x に反比例する。

ウ　y は x の１次関数である。　**エ**　y は x の２乗に比例する関数である。

14　右の図は，ある立体の投影図である。この投影図が表す立体の名前として正しいものを，次の**ア**，**イ**，**ウ**，**エ**のうちから１つ選んで，記号で答えなさい。

ア　四角錐《すい》　**イ**　四角柱

ウ　三角錐　**エ**　三角柱

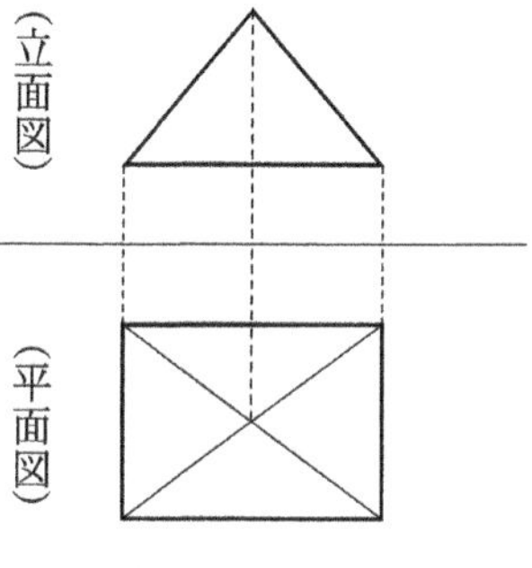

2　次の１，２，３の問いに答えなさい。

1　下の図のように，直線 ℓ と線分ABがある。このとき，下の【条件】をともに満たす点Cを作図によって求めなさい。ただし，作図には定規とコンパスを使い，また，作図に用いた線は消さないこと。

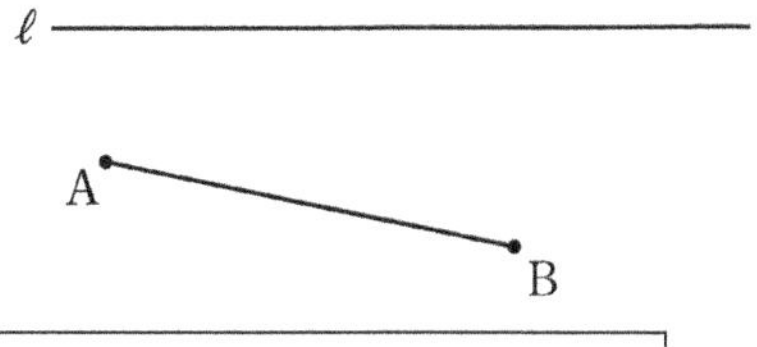

【条件】
・点Cは直線 ℓ 上にある。
・△ABCは，辺ACを斜辺とする直角三角形となる。

2　次の健太さんと春子さんの会話文を読んで，下の(1)，(2)の問いに答えなさい。

> 健太：「1331や9449のような4けたの数は，11で割り切れることを発見したよ。」
> 春子：「つまり，千の位と一の位が同じ数，そして百の位と十の位が同じ数の4けたの数は，11の倍数になるということね。必ずそうなるか証明してみようよ。」
> 健太：「そうだね，やってみよう。千の位の数を a，百の位の数を b とすればよいかな。」
> 春子：「そうね。a を1から9の整数，b を0から9の整数とすると，この4けたの数Nは…」
> 健太：「N＝1000× a ＋100× b ＋10× ［①］＋1× ［②］と表すことができるね。」
> 春子：「計算して整理すると，N＝［③］(［④］a ＋［⑤］b) になるわね。」
> 健太：「［④］a ＋［⑤］b は整数だから，Nは11の倍数だ。」
> 春子：「だからこのような4けたの数は，必ず11で割り切れるのね。」

(1)　［①］，［②］に当てはまる適切な文字をそれぞれ答えなさい。

(2)　［③］，［④］，［⑤］に当てはまる適切な数をそれぞれ答えなさい。

3　下の図のように，関数 $y = ax^2$ $(a > 0)$ のグラフ上に2点A，Bがあり，x 座標はそれぞれ -6，4である。直線ABの傾きが $-\frac{1}{2}$ であるとき，a の値を求めなさい。

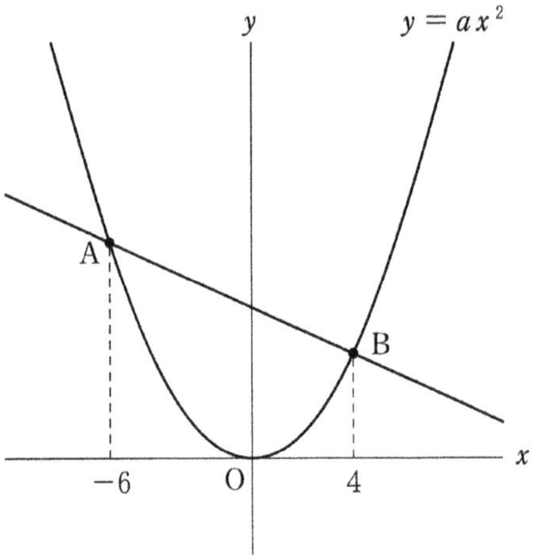

3　次の1，2の問いに答えなさい。

1　花子さんは，定価150円のジュースを50本買うことにした。そのジュースが定価の2割引きで売られているA店に行き，そのジュースを買った。しかし，50本には足りなかったので，そのジュースが定価で売られているB店に行き，A店で買った本数と合わせて50本になるようにそのジュースを買った。B店では500円分の値引券を使用したので，花子さんがA店とB店で支払った金額の合計は6280円であった。A店で買ったジュースの本数を x 本として方程式をつくり，A店で買ったジュースの本数を求めなさい。ただし，途中の計算も書くこと。なお，消費税は考えないものとする。

2　ある農園のいちご狩《が》りに参加した20人が，それぞれ食べたいちごの個数を記録した。下の表は，参加者全員の記録について，最大値（最大の値），最小値（最小の値），平均値，中央値，最頻値をまとめたものである。また，下の図は，参加者全員の記録をヒストグラムで表したものであり，例えば，16個以上20個未満の人数は２人であることがわかる。

最大値	39 個
最小値	12 個
平均値	27 個
中央値	25 個
最頻値	23 個

表

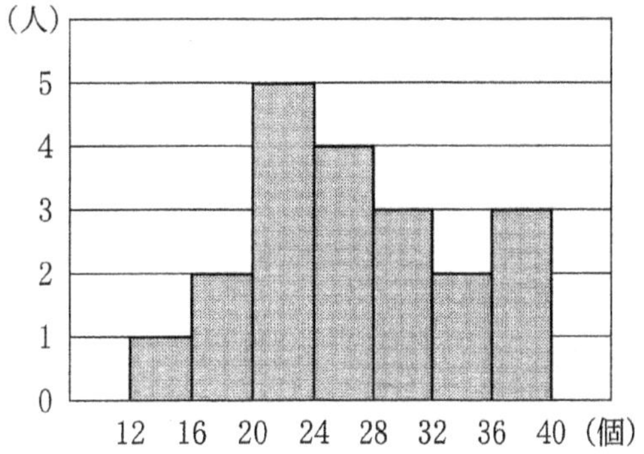

図

このとき，次の⑴，⑵の問いに答えなさい。

⑴　次の**ア**，**イ**，**ウ**，**エ**の中から，正しいことを述べている文を１つ選んで，記号で答えなさい。

ア　平均値は，度数が最も大きい階級に含まれている。

イ　いちごを14個食べたのは，１人である。

ウ　24個以上の階級において，最も小さい度数は３人である。

エ　20人が食べたいちごの個数の範囲は，27個である。

⑵　このいちご狩りに参加したひかりさんは，いちごを26個食べた。上の表から，「いちごを26個以上食べた参加者の人数は，参加者20人の半数以下である」と判断できる。そのように判断できる理由を，平均値，中央値，最頻値のうち，いずれかの用語を１つ用いて説明しなさい。

4　次の１，２の問いに答えなさい。

1　右の図のように，△ABCの辺AB上に点D，辺BC上に点Eをとる。このとき，△ABC∽△EBD であることを証明しなさい。

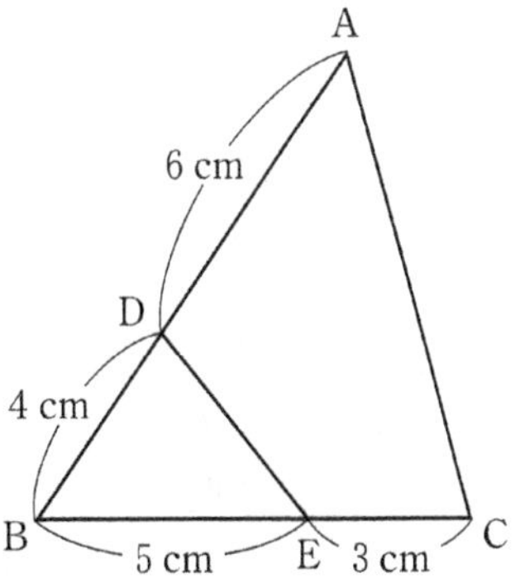

2　次の⑴，⑵の問いに答えなさい。

⑴　図１のような，半径４㎝の球がちょうど入る大きさの円柱があり。その高さは球の直径と等しい。この円柱の体積を求めなさい。ただし，円周率はπとする。

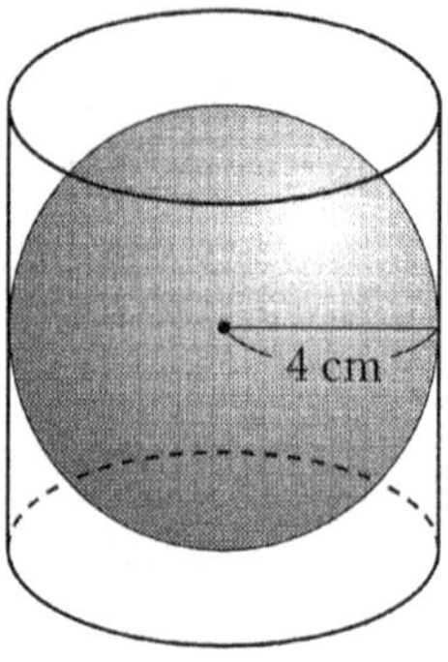

図１

⑵　図２のような，半径４㎝の球Oと半径２㎝の球O′がちょうど入っている円柱がある。その円柱の底面の中心と２つの球の中心O，O′とを含む平面で切断したときの切り口を表すと，図３のようになる。この円柱の高さを求めなさい。

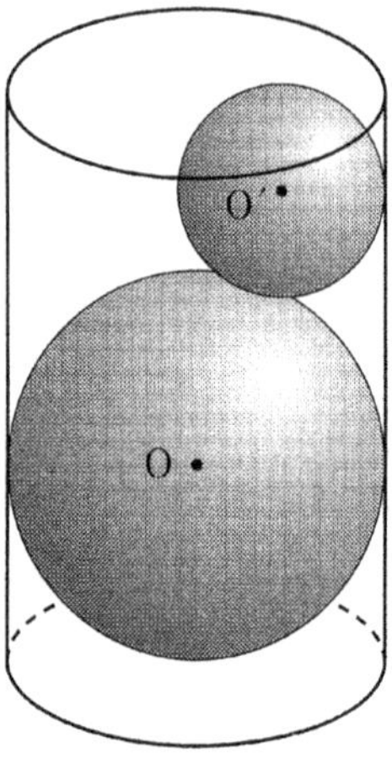

図２

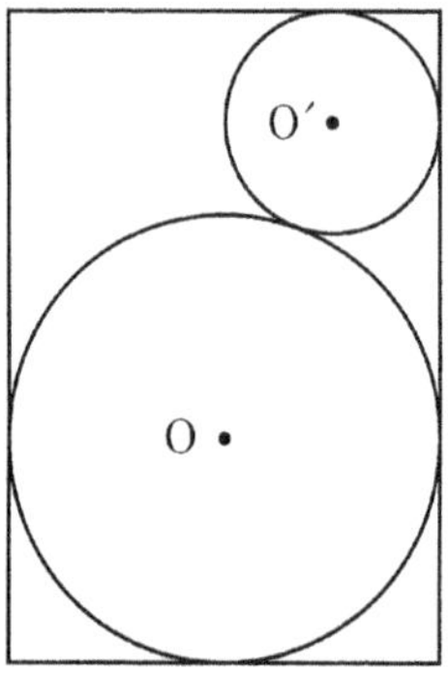

図３

5　ある日，あすかさんは，７時ちょうどに家を出て1800m先の学校に向かった。家を出てから毎分100mの速さで３分間歩き，友人と合流した。その後，毎分60mの速さで５分間歩いたところで忘れ物に気がついたため，友人と別れ１人で家まで毎分150mの速さで走って戻った。忘れ物をかばんに入れた後，学校まで毎分150mの速さで走った。ただし，あすかさんの通学路は一直線であり，友人と合流する際の待ち時間と，家に戻ってから忘れ物をかばんに入れて再び家を出るまでの時間は考えないものとする。

右の図は，あすかさんが学校まで移動したようすについて，７時ちょうどに家を出てからの時間と家からの距離との関係をグラフに表したものである。

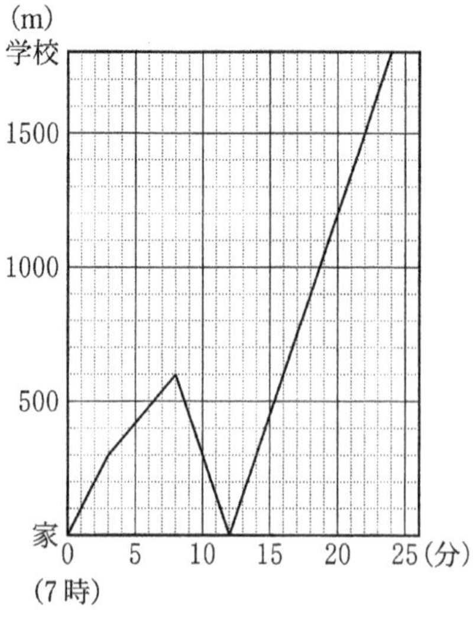

このとき，次の１，２，３の問いに答えなさい。

1　あすかさんが家を出てから忘れ物に気がつくまでに歩いた距離を答えなさい。

2　あすかさんがはじめに家を出てからの時間を x 分，家からの距離を y mとして，あすかさんが友人と合流したときから忘れ物に気がついたときまでの x と y の関係を式で表しなさい。ただし，途中の計算も書くこと。

3　あすかさんの兄の太郎さんは，あすかさんと同じ通学路で同じ学校に通っている。次の(1)，(2)の問いに答えなさい。

(1)　この日，太郎さんは，７時６分に家を出て一定の速さで学校に向かい，あすかさんよりも１分遅く学校に着いた。このとき，太郎さんが家を出てから学校まで移動したようすを表すグラフを，図にかき入れなさい。

(2)　この日，太郎さんが７時３分に家を出て毎分100mの速さで学校に向かったとすると，太郎さんとあすかさんがすれ違うのは家から何mの地点か。

6　形も大きさも同じ半径１cmの円盤がたくさんある。これらを図１のように，縦 m 枚，横 n 枚（m，n は３以上の整数）の長方形状に並べる。このとき，４つの角《かど》にある円盤の中心を結んでできる図形は長方形である。さらに，図２のように，それぞれの円盤は×で示した点で他の円盤と接しており，ある円盤が接している円盤の枚数をその円盤に書く。例えば，図２は $m=3$，$n=4$ の長方形状に円盤を並べたものであり，円盤Aは２枚の円盤と接しているので，円盤Aに書かれる数は２となる。同様に，円盤Bに書かれる数は３，円盤Cに書かれる数は４となる。また，$m=3$，$n=4$ の長方形状に円盤を並べたとき，すべての円盤に他の円盤と接している枚数をそれぞれ書くと，図３のようになる。

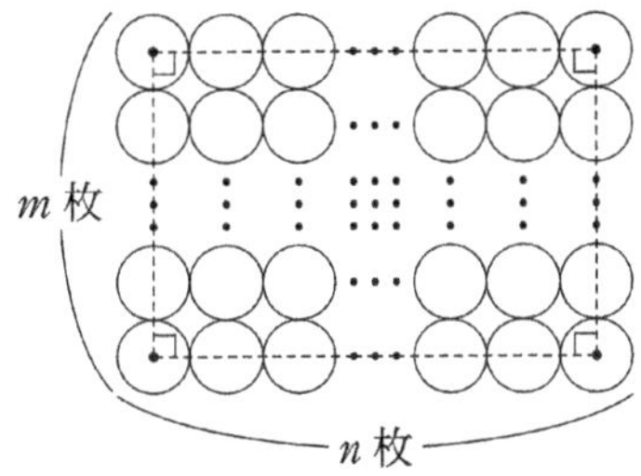

図１

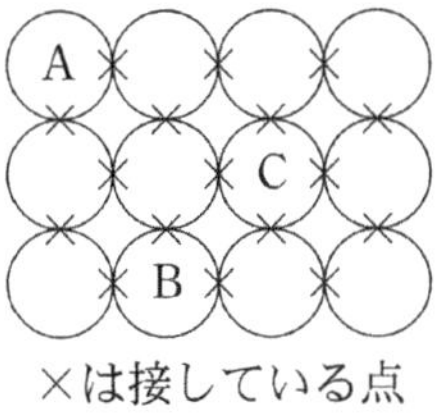

図２

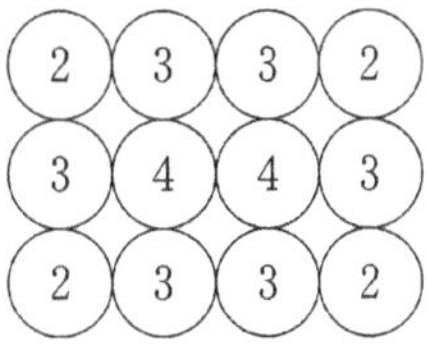

図３

このとき，次の１，２，３，４の問いに答えなさい。

1　$m=4$，$n=5$ のとき，3が書かれた円盤の枚数を求めなさい。

2　$m=5$，$n=6$ のとき，円盤に書かれた数の合計を求めなさい。

3　$m=x$，$n=x$ のとき，円盤に書かれた数の合計は440であった。このとき，x についての方程式をつくり x の値を求めなさい。ただし，途中の計算も書くこと。

4　次の文の①，②，③に当てはまる数を求めなさい。ただし，a，b は 2 以上の整数で，$a < b$ とする。

$m = a + 1$，$n = b + 1$ として，円盤を図 1 のように並べる。4 つの角にある円盤の中心を結んでできる長方形の面積が780cm^{2}となるとき，4 が書かれた円盤の枚数は，a =（　①　），b =（　②　）のとき最も多くなり，その枚数は（　③　）枚である。

＜英語＞

時間　50分　　満点　100点

1　これは聞き方の問題である。指示に従って答えなさい。

1　〔英語の対話とその内容についての質問を聞いて，答えとして最も適切なものを選ぶ問題〕

(1)

ア

イ

ウ

エ

(2)

ア
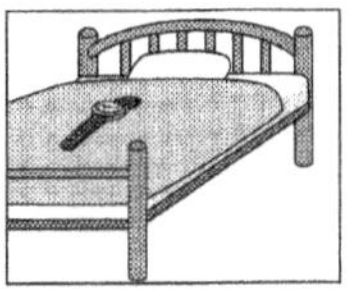

イ
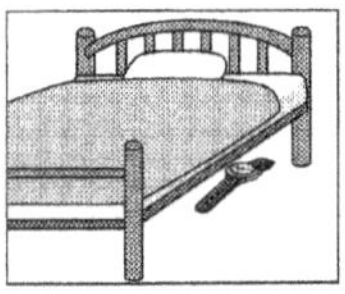

ウ
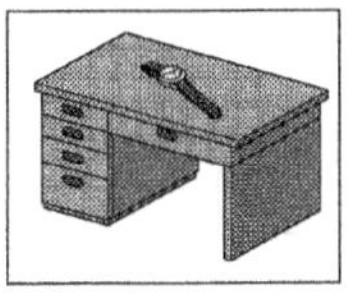

エ
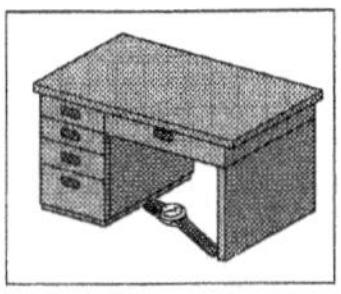

(3)

ア

イ

ウ

エ

2　〔英語の対話とその内容についての質問を聞いて，答えとして最も適切なものを選ぶ問題〕

(1)　①　ア　Places to visit.　　イ　Nice pictures.
　　　　ウ　Historical things.　　エ　Things to buy.
　　②　ア　The castle.　　イ　The museum.
　　　　ウ　The kimono shop.　　エ　The bookstore.

(2)
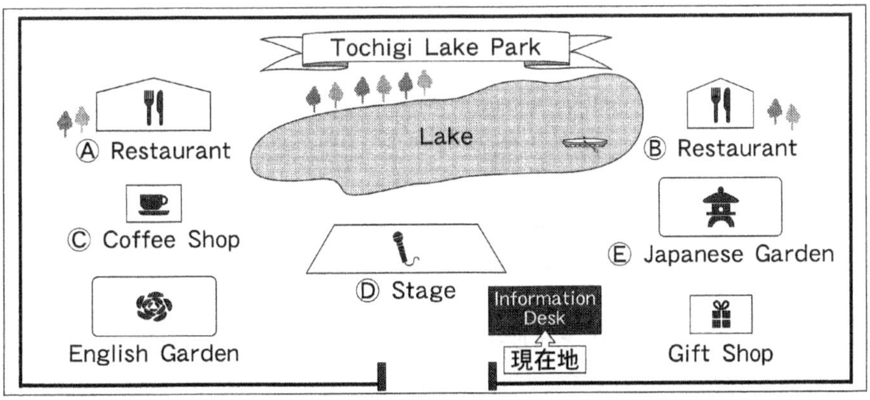

①　ア　English Garden → Ⓐ → Ⓓ → Ⓒ → Gift Shop
　　イ　English Garden → Ⓐ → Ⓔ → Ⓒ → Gift Shop
　　ウ　English Garden → Ⓑ → Ⓓ → Ⓐ → Gift Shop

エ　English Garden → Ⓑ → Ⓔ → Ⓐ → Gift Shop

② ア　He will call the restaurant near the coffee shop.

イ　He will call the restaurant near the Japanese Garden.

ウ　He will visit the gift shop near the Information Desk.

エ　He will visit the English Garden near the coffee shop.

3 〔インタビューを聞いて，英語で書いたメモを完成させる問題〕

・John believes (1)(　　　　　) is important.
・The team had a meeting every (2)(　　　　).
・Ken broke his (3)(　　　) and couldn't play.
・Ken's (4)(　　　　) supported the team.
・All the members of the team are needed.

[2] 次の１，２の問いに答えなさい。

1　次の英文中の [(1)] から [(6)] に入れるものとして，下の(1)から(6)のア，イ，ウ，エのうち，それぞれ最も適切なものはどれか。

My dream [(1)] to work at a zoo because I like animals. I think pandas are the [(2)] of all animals in the world. We can [(3)] them at Ueno Zoo in Japan, but in China, there are many pandas. Someday I want to go there to [(4)] time with them and learn about pandas. However, I have never [(5)] to China. So I will study Chinese [(6)] this summer vacation.

(1)　ア　am　　イ　is　　ウ　are　　エ　were

(2)　ア　cute　　イ　as cute as　　ウ　cuter than　　エ　cutest

(3)　ア　see　　イ　saw　　ウ　seen　　エ　seeing

(4)　ア　leave　　イ　save　　ウ　spend　　エ　watch

(5)　ア　be　　イ　to be　　ウ　been　　エ　being

(6)　ア　during　　イ　while　　ウ　since　　エ　between

2　次の(1)から(3)の（　）内の語句を意味が通るように並べかえて，(1)と(2)はア，イ，ウ，エ，(3)はア，イ，ウ，エ，オの記号を用いて答えなさい。ただし，文頭にくる語も小文字で示してある。

(1)　(ア writing　イ was　ウ a letter　エ my sister) in English.

(2)　Ms. Brown (ア her students　イ go　ウ told　エ to) to the gym.

(3)　(ア of　イ who　ウ care　エ will　オ take) the dog?

[3] 次の英文は，綾子（Ayako）とペルー（Peru）からの留学生カミラ（Kamila）が，民族音楽のコンサートに行った帰りにした，カホン（*cajon*）についての対話の一部である。これを読んで，１，２，３，４の問いに答えなさい。

Ayako: I enjoyed today's concert, Kamila. I especially loved the sound of the guitars.

Kamila: Did you?　I loved (1)it too.

Ayako: Kamila, I have a question.　One player sat on a box.　He hit it with his hands and fingers, and sometimes (　A　) it.　Do you know what the box is?

Kamila: Oh, it is a popular instrument in Peru.　It is called *cajon*.　*Cajon* means "box" in Spanish.

Ayako: He was sitting on it, so I thought it was a (　B　) at first.

Kamila: *Cajon* is a kind of *percussion instrument, and we sit on it when we play it.　There is a large *hole in the back of *cajon*, and the sound comes from it.

Ayako: Really?　I couldn't see the hole.　Is it a new instrument?

Kamila: No, it isn't.　*Cajon* has a history.　In the old days, *slaves in Peru loved music, but they *were not allowed to have any instruments.　[　　　　　　]　In this way, *cajon* was born.

Ayako: I see.　Is it easy to play it?

Kamila: Yes, it is.　We can make sounds with our hands, fingers and *heels.

Ayako: That's nice!　By the way, why do you know about *cajon* well?

Kamila: My grandmother told me this.　Now I think it is very important to know about our own history and culture.　I want to travel around the world and tell many people about my country in the future.

Ayako: Wow, you have (2)a wonderful dream!　Kamila, I want more people around the world to know about Japan.　I should learn more about my country.

〔注〕 *percussion instrument＝打楽器　*hole＝穴　*slave＝奴隷《どれい》
*be not allowed to ～＝～することが許されない　*heel＝かかと

1　下線部(1)は何を指すか。具体的に日本語で書きなさい。

2　本文中の（A），（B）に入る語の組み合わせとして，最も適切なものはどれか。

ア　A：kicked－B：drum
イ　A：pulled－B：drum
ウ　A：kicked－B：chair
エ　A：pulled－B：chair

3　本文中の［　］に入る以下の三つの文を，意味が通るように並べかえて，記号を用いて答えなさい。

ア　They started to use them for their music.
イ　Then they found boxes made of wood.
ウ　So they looked for something to play.

4　下線部(2)の指す内容は何か。具体的に日本語で書きなさい。

4　次の１，２の問いに答えなさい。

1　英語の授業で，海外からの観光客に，自分の町を紹介する英文を作ることになった。下の［　］は，そのために作成した日本語のメモである。［　］内の⑴，⑵に適切な英語を入れなさい。

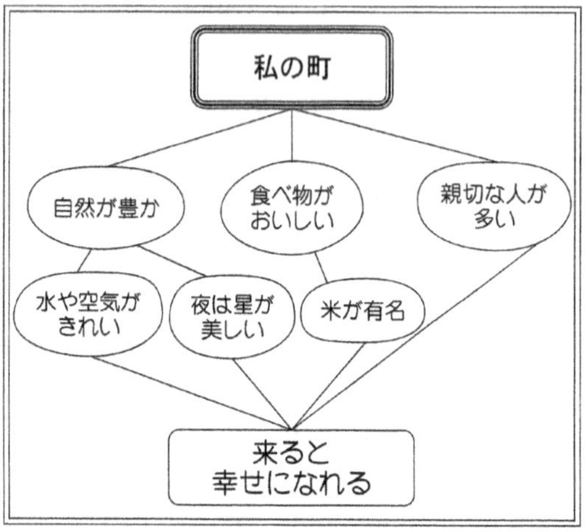

My Town

I really like my town. It has some good points. First, my town is rich in nature. Here, ＿＿⑴＿＿. Also, the stars are beautiful at night. Second, the food is delicious. My town is famous for its rice. Third, ＿＿⑵＿＿. I'm sure you will be happy if you come to my town.

2　次の絵と英文は，ジェーン（Jane）と華（Hana）が会話をしている様子を表したものである。下の⑴，⑵の問いに答えなさい。

Jane: I am so hungry. It's around noon. ［①］

Hana: Yes, let's. I'm hungry too.

~ 10 minutes later ~

Hana: I brought rice balls today.

Jane: Wow! They look delicious. I made some sandwiches. ［②］

Hana: Yes. Thank you! Then I will give you one of my rice balls.

Jane: Oh, thank you. By the way, we usually have *school lunch. Which do you like better, *box lunch or school lunch?

〔注〕 *school lunch＝給食　　*box lunch＝弁当

⑴　絵を参考に，二人の会話が成り立つよう，［①］，［②］に適切な英文を入れなさい。

⑵　下線部の質問に対してあなたが答えるとき，その答えと理由を，つながりのある**５文程度**の英語で書きなさい。

5　絵美 (Emi) と姉の友子 (Tomoko) についての次の英文を読んで，1，2，3，4の問いに答えなさい。

My name is Emi. I'm a third-year student in junior high school. My sister, Tomoko, is a high school student. She is very smart, and she is also good at sports. She can do everything better than me. She is perfect. So, I didn't like her until my last *marathon race.

I didn't like the marathon race at my junior high school, because I was always the last runner. One day, I said to my mother and Tomoko, "I won't go to the marathon race this year." My mother said, "Why? This is the last year. You should go." I answered, "I think I will be last again." Then Tomoko said, "Well..., I have (1)an idea. I think we can run every morning, Emi. You still have two weeks before the marathon race." I said, "Run every morning for two weeks with you? I don't want to do that." "Do you want to be last again, Emi? I'll run with you. You'll be all right." "Are you sure? OK. I'll try," I answered.

From the next morning, we started to run. I couldn't run so fast, but Tomoko always ran with me and talked about a lot of things: her school life, her friends and our *childhood memories. Little by little, I began to enjoy running with Tomoko. One day, Tomoko said to me, "When we went to the zoo with our parents about ten years ago, we *got lost. Do you remember that? I was so tired that I stopped walking, and then you looked at me and pulled my hand." "Did I?" I asked. "Yes, you did. You walked with me and we could find our parents. I was so happy."

Finally, the day of the marathon race came. At the *starting line, I wanted to run away. Then I found Tomoko. She said, "Emi, you have practiced every morning, so [　　　] the last runner. You can do it!" I *breathed deeply.

"Ready, go!" I ran and ran..., but the other students were faster than me. I didn't see any runners behind me. I was so tired and almost gave up. Suddenly, in front of me, a student fell on the ground. I thought, "I won't be the last runner!" Then I remembered the childhood memory. I stopped, *reached out my hand and pulled the student's hand. I ran with her and we reached the *goal together.

When I came home, I said to Tomoko, "I was the last runner again. I'm sorry." "Oh, don't say that. I'm proud of you. Everyone gave you a big hand. They were moved by your kind action. I think the true winner in life is the person who can care about others. (2)For me, you are the winner." "Am I? Then, you are also the winner, Tomoko. You got up early and ran with me every morning. You always care about me!" Tomoko and I *hugged each other.

〔注〕 *marathon race＝長距離走大会　　*childhood memory＝子どもの頃の思い出

*get lost＝迷子になる　*starting line= スタートライン　*breathe＝呼吸する
*reach out ～＝～を差し伸べる　*goal＝ゴール　*hug= 抱きしめる

1　下線部(1)の指す内容は何か。具体的に日本語で書きなさい。

2　本文中の ☐ に，適切な英語を **3 語または 4 語**で書きなさい。

3　次の ☐ が，友子が下線部(2)と言った理由となるように，(　)に適切な日本語を書きなさい。

友子は，(　　　　　　　　　　　　　　　　　　　)だと考えていて，絵美の行動がそれにふさわしいと思ったから。

4　本文の内容と一致するものはどれか。二つ選びなさい。

ア　Emi didn't like Tomoko before the marathon race because Tomoko was perfect.
イ　Tomoko gave up running with Emi because Emi couldn't run fast.
ウ　Emi couldn't find Tomoko before the marathon race started.
エ　Emi stopped running to help the student in the marathon race.
オ　Tomoko was happy because Emi got the first prize in the marathon race.
カ　Tomoko said that getting up early was important to win the marathon race.

6　クモ（spider）についての次の英文を読んで，1，2，3，4の問いに答えなさい。

Do you like spiders? Most of you will answer, "No." You may be scared when a spider appears suddenly. You may think spiders are dangerous and want to get away from them. But wait a minute! Spiders are 〔　　　　〕 *creatures.

You know spiders make *webs. The webs are made of *spider silk and can catch many things. Have you ever seen webs covered with *water drops? Yes, spider silk can catch water in the air. Scientists have studied the great power of spider silk. They thought it would be <u>a solution</u> to water problems. In some parts of the world, people don't get enough water. If they make something like spider silk, it will help people living in such places.

Spider silk is very *thin, so we think it is weak. 〔 ア 〕 However, it is so strong, light and *elastic that we want to use it for clothes. But collecting a lot of spider silk is difficult. 〔 イ 〕 So, scientists have found ways to make *artificial spider silk. 〔 ウ 〕 The clothes have become stronger and lighter. 〔 エ 〕 In addition, the artificial spider silk is good for the earth and our future. We must use oil to make other artificial *fibers, but we don't have to depend on oil to make artificial spider silk. If we use it, we can save oil. Like this, from spiders, we can learn some ways to live in the future.

You have found that spiders have 〔　　　　〕 powers. Now, can I ask the same question again? Do you like spiders?

〔注〕 *creature＝生き物　*web＝クモの巣　*spider silk＝クモの糸　*water drop＝水滴
*thin＝細い　*elastic＝伸縮性がある　*artificial＝人工の　*fiber＝繊維

1　本文中の〔　〕に共通して入る語を選びなさい。

ア joyful　イ amazing　ウ careful　エ boring

2　下線部の，科学者たちが考えた解決策とはどのようなことか。次の□内の①，②に適切な日本語を書きなさい。

（　①　）ことのできるクモの糸が持つ力を使って，（　②　）人々を助けること。

3　本文中の ア から エ のいずれかに次の1文が入る。最も適切な位置はどれか。

By using this, some companies are making wonderful clothes.

4　本文の内容と一致するものはどれか。

ア We think spiders always appear in dangerous places.

イ Spider silk can get water and make oil from the earth.

ウ We should buy the clothes made by spiders to save the earth.

エ Spiders may give us several ideas to live in the future.

＜理科＞　時間　45分　満点　100点

1　次の１から８までの問いに答えなさい。

1　次のうち，最も直径が大きな惑星はどれか。

ア　火星　**イ**　水星　**ウ**　木星　**エ**　金星

2　次の物質のうち，単体はどれか。

ア　水　**イ**　窒素　**ウ**　二酸化炭素　**エ**　アンモニア

3　次のうち，多細胞生物はどれか。

ア　ミジンコ　**イ**　ミカヅキモ　**ウ**　アメーバ　**エ**　ゾウリムシ

4　放射線について，正しいことを述べている文はどれか。

ア　直接，目で見える。　**イ**　ウランなどの種類がある。

ウ　自然界には存在しない。　**エ**　物質を通り抜けるものがある。

5　物質が熱や光を出しながら激しく酸化されることを何というか。

6　血液中の血しょうの一部が毛細血管からしみ出したもので，細胞のまわりを満たしている液体を何というか。

7　東の空からのぼった天体が，天の子午線を通過するときの高度を何というか。

8　１Nの大きさの力で引くと２㎝伸びるばねがある。このばねを2.4Nの大きさの力で引くと何㎝伸びるか。

2　生物は，水や土などの環境や他の生物とのかかわり合いの中で生活している。図１は，自然界における生物どうしのつながりを模式的に表したものであり，矢印は有機物の流れを示し，A，B，C，D，には，生産者，分解者，消費者（草食動物），消費者（肉食動物）のいずれかが当てはまる。また，図２は，ある草地で観察された生物どうしの食べる・食べられるの関係を表したものであり，矢印の向きは，食べられる生物から食べる生物に向いている。

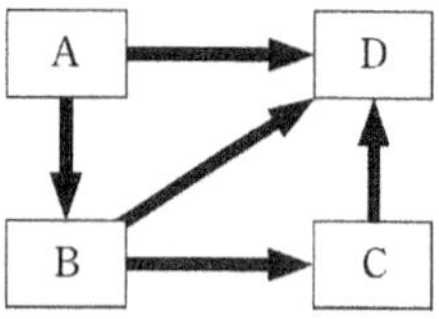

図１

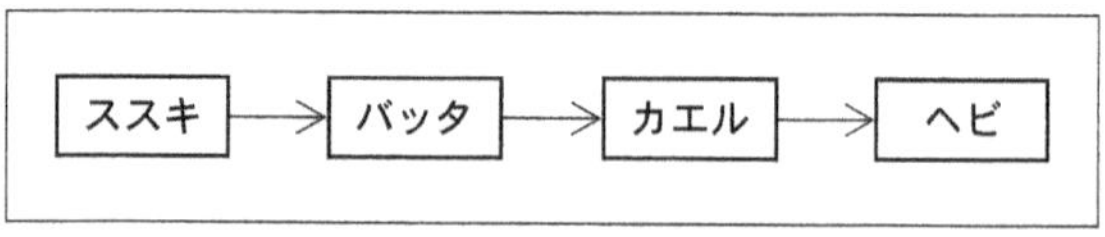

図２

このことについて，次の１，２，３の問いに答えなさい。

1　下線部について，ある地域に生活するすべての生物と，それらの生物をとりまく水や土などの環境とを，一つのまとまりとしてとらえたものを何というか。

2　図１において，Dに当てはまるものはどれか。

ア　生産者　**イ**　分解者　**ウ**　消費者（草食動物）　**エ**　消費者（肉食動物）

3　ある草地では，生息する生物が図２の生物のみで，生物の数量のつり合いが保たれていた。この草地に，外来種が持ち込まれた結果，各生物の数量は変化し，ススキ，カエル，ヘビでは最初に減少が，バッタでは最初に増加がみられた。この外来種が**ススキ，バッタ，カエル，ヘ**

ビのいずれかを食べたことがこれらの変化の原因であるとすると，外来種が食べた生物はどれか。ただし，この草地には外来種を食べる生物は存在せず，生物の出入りはないものとする。

3　水とエタノールの混合物の分離について調べるために，次の実験⑴，⑵，⑶を順に行った。

⑴　図１のような装置を組み立て，枝付きフラスコに水30㎝^{3}とエタノール10㎝^{3}の混合物と，数粒の沸騰《ふっとう》石を入れ，ガスバーナーを用いて弱火で加熱した。

⑵　枝付きフラスコ内の温度を１分ごとに測定しなから，出てくる気体を冷やし，液体にして試験管に集めた。その際，加熱を開始してから３分ごとに試験管を交換し，順に試験管A，B，C，D，Eとした。図２は，このときの温度変化のようすを示したものである。

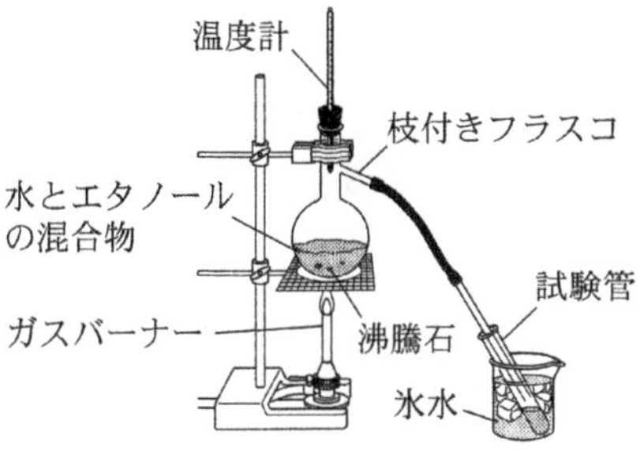

図１

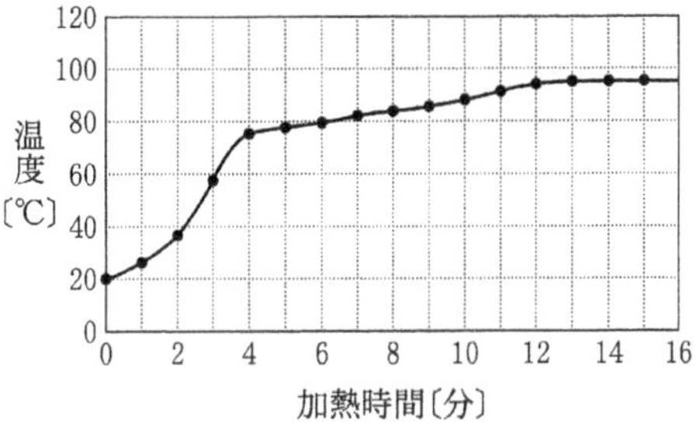

図２

⑶　実験⑵で各試験管に集めた液体をそれぞれ別の蒸発皿に移し，青色の塩化コバルト紙をつけると，いずれも赤色に変化した。さらに，蒸発皿に移した液体にマッチの火を近づけて，そのときのようすを観察した。右の表は，その結果をまとめたものである。

	液体に火を近づけたときのようす
試験管A	火がついた。
試験管B	火がついて，しばらく燃えた。
試験管C	火がついたが，すぐに消えた。
試験管D	火がつかなかった。
試験管E	火がつかなかった。

このことについて，次の１，２，３の問いに答えなさい。

1　実験⑴において，沸騰石を入れる理由を簡潔に書きなさい。

2　実駒⑵において，沸騰が始まったのは，加熱を開始してから何分後か。最も適切なものを選びなさい。

ア　２分後　　**イ**　４分後　　**ウ**　８分後　　**エ**　12分後

3　実験⑵，⑶において，試験管B，Dに集めた液体の成分について，正しいことを述べている文はどれか。最も適切なものを次のうちからそれぞれ選びなさい。

ア　純粋なエタノールである。

イ　純粋な水である。

ウ　大部分がエタノールで，少量の水が含まれている。

エ　大部分が水で，少量のエタノールか含まれている。

4 モーターについて調べるために，次の実験(1)，(2)，(3)を順に行った。

(1) 図１のように，エナメル線を巻いてコイルをつくり，両端部分はまっすぐ伸ばして，Ｐ側のエナメルは完全に，Ｑ側のエナメルは半分だけをはがした。このコイルをクリップでつくった軸受けにのせて，なめらかに回転することを確認してから，コイルの下にＮ極を上にして磁石を置きモーターを製作した。これを図２のような回路につないで電流を流した。回路のAB間には，電流の向きを調べるためLED（発光ダイオード）を接続して，この部分を電流がＡからＢの向きに流れるときに赤色が，ＢからＡの向きに流れるときに青色が点灯するようにした。また，コイルが回転するようすを調べたところ，10回転するのにちょうど４秒かかっていた。

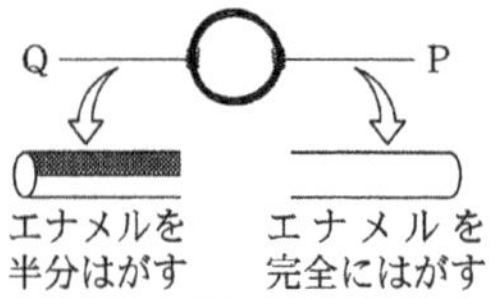

図１

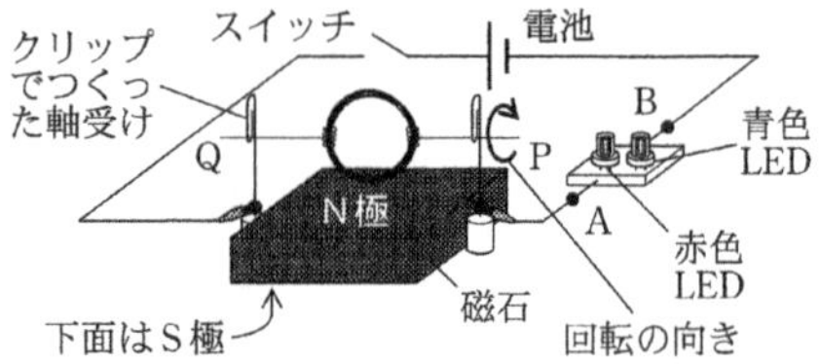

図２

(2) コイルの下にあった磁石を，図３や図４のように位置や向きを変え，それぞれの場合についてコイルが回転する向きを調べた。

図３

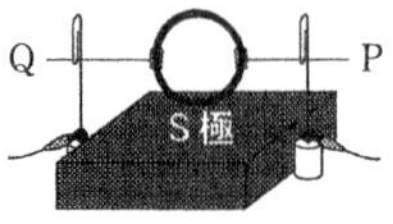

図４

(3) コイルのＱ側に半分残していたエナメルを全部はがしてからコイルを固定した。図５のようにコイルのすぐ近くで棒磁石を回転させ，そのときコイルを流れる電流のようすをオシロスコープで調べた。図６は，このときのコイルと棒磁石の位置関係を模式的に表したものである。

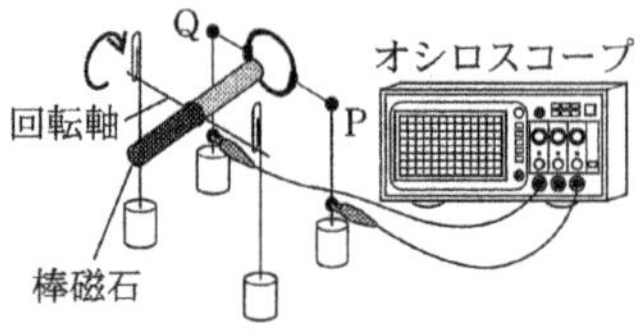

図５

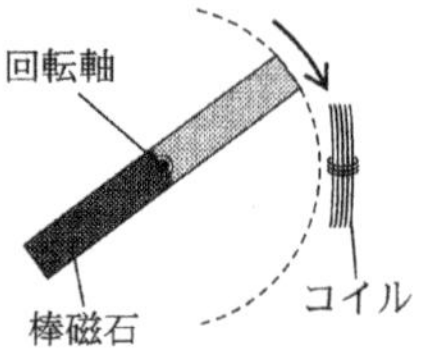

図６

このことについて，次の１，２，３，４の問いに答えなさい。

1 実験(1)において，二つのLEDのようすを説明する文として，最も適切なものはどれか。

ア 赤色のみ点滅し，青色は点灯しない。

イ 赤色は点灯せず，青色のみ点滅する。

ウ 赤色と青色が同時に点滅する。

エ 赤色と青色が交互に点滅する。

2 実験(1)において，１分間あたりのコイルの回転数を求めよ。

3 実験(2)で，図３や図４のように磁石を置いたとき，コイルが回転する向きは，実験(1)のときに対してそれぞれどうなるか。「同じ」または「逆」のどちらかの語で答えなさい。

4　実験⑶において，図6のように棒磁石がコイルの近くをくり返し通り過ぎていく。オシロスコープで観察される波形のようすを示す模式図として，最も適切なものはどれか。

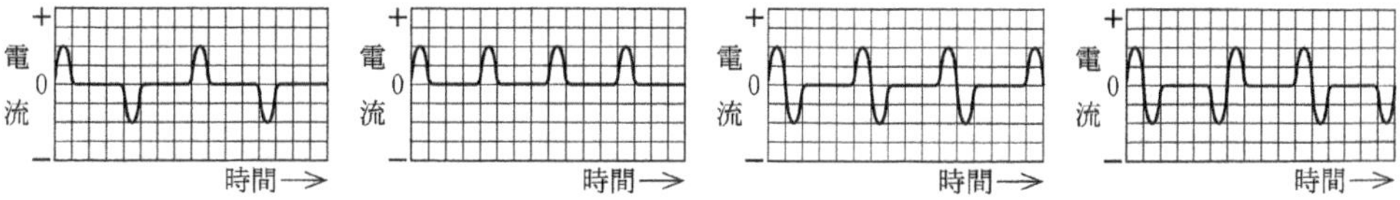

ア　　　　イ　　　　ウ　　　　エ

5　日本付近の気圧配置は，夏と冬では大きく異なる。その理由について調べるために，次の実験⑴，⑵，⑶を順に行った。

⑴　図1のように，透明なふたのある容器の中央に線香を立てた仕切りを入れ，その一方に砂を，他方に水を入れた。このときの砂と水の温度を温度計で測定すると，どちらも30℃であった。

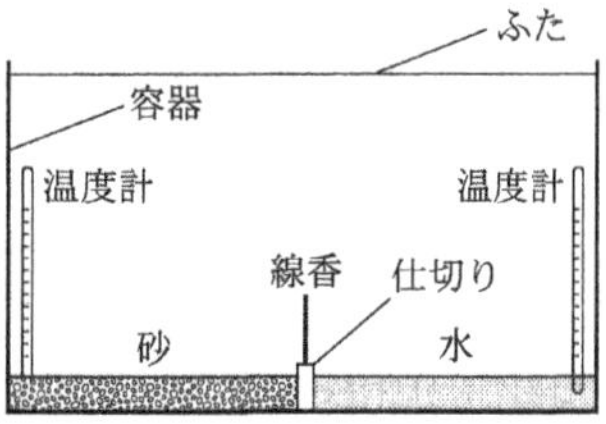

図1

⑵　容際全体をよく日の当たる屋外に10分ほど置き，線香に火をつけたところ，線香の煙によって空気の流れが観察できた。このときの砂の温度は41℃，水の温度は33℃であった。この後，線香を外してから，さらに30分ほど容器を同じ場所に置いた。

⑶　容器全体を日の当たらない室内に移動してしばらくしてから，線香を立てて火をつけたところ。線香の煙の硫れる向きが実験⑵と逆になった。

このことについて，次の1，2，3，4の問いに答えなさい。

1　図2のような気圧配置が現れる時期の，栃木県の典型的な天気の説明として，最も適切なものはどれか。

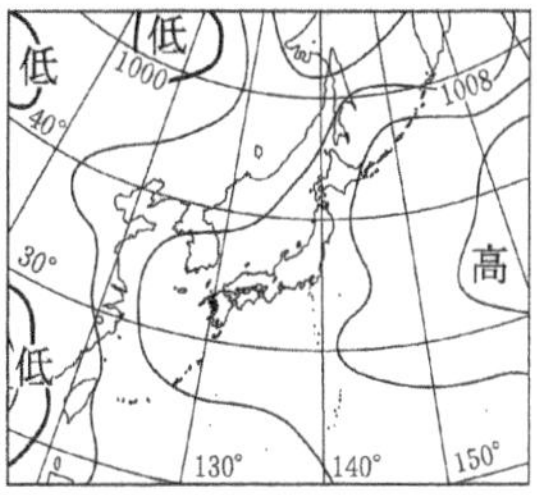

図2

ア　暖かい大気と冷たい大気の境界となり，雨の多い天気が続く。

イ　乾燥した晴れの天気が続く。

ウ　移動性高気圧によって天気が周期的に変化する。

エ　暖かく湿った風が吹き，晴れて蒸し暑い。

2　実験⑵で線香を外した後の，容器内の空気の流れを示した模式図として，最も適切なものはどれか。

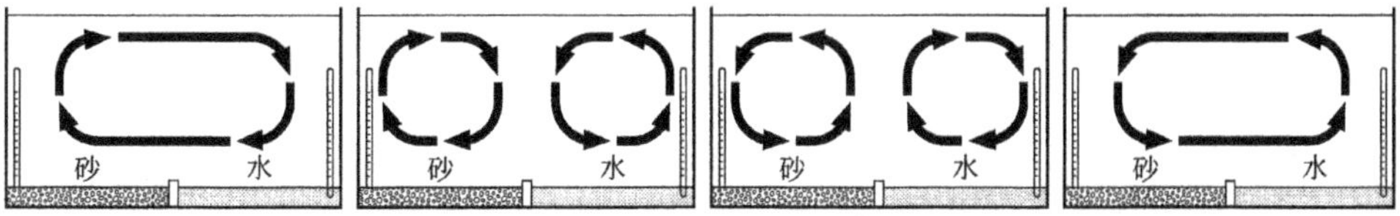

ア　　　　イ　　　　ウ　　　　エ

3　実験⑵，⑶のような結果になったのは，砂と水のある性質の違いによる。その性質の違いを「水の方が砂に比べて」という書き出しで，簡潔に書きなさい。

4　次のページの□内の文章は，冬の日本付近の気圧配置や気象について述べたものである。①，②，③に当てはまる語の正しい組み合わせはどれか。

> 冬の日本付近では，大陸の方が海洋より温度が（　①　）ので，大陸上に（　②　）が発達し，海洋上の（　③　）に向かって強い季節風が吹く。

	①	②	③
ア	高い	高気圧	低気圧
イ	高い	低気圧	高気圧
ウ	低い	高気圧	低気圧
エ	低い	低気圧	高気圧

6　酸とアルカリの反応について調べるために，次の実験(1)，(2)を行った。

(1)　5個のビーカーA，B，C，D，Eを用意し，それぞれに水酸化バリウム水溶液をメスシリンダーで50cm^3ずつはかって入れた。

(2)　(1)のビーカーA，B，C，D，Eにうすい硫酸をそれぞれ体積を変えて加え，生じた白色の沈殿《ちんでん》の質量を測定した。下の表は，その結果をまとめたものである。

	A	B	C	D	E
うすい硫酸の体積〔cm^3〕	2.0	4.0	6.0	8.0	10.0
白色の沈殿の質量〔g〕	0.4	0.8	0.9	0.9	0.9

このことについて，次の1，2，3，4の問いに答えなさい。

1　酸とアルカリを混ぜたときに起こる，互いの性質を打ち消し合う反応を何というか。

2　実験(1)において，メスシリンダーで水酸化バリウム水溶液をはかろうとしたところ，右の図のようになった。50cm^3にするためには，さらに水酸化バリウム水溶液を何cm^3加えればよいか。

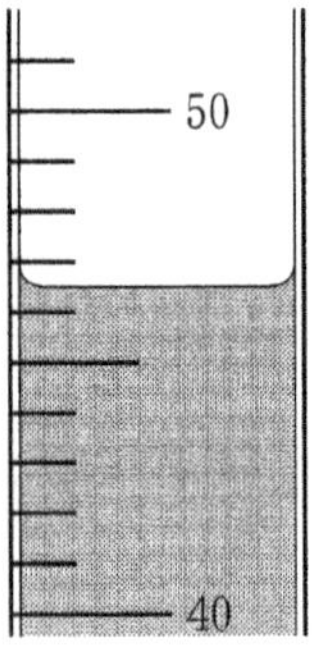

3　実験(2)のビーカー内で起こる変化は，化学反応式で次のように表される。①，②に当てはまる物質の化学式をそれぞれ書きなさい。

$H_2SO_4 + Ba(OH)_2 \longrightarrow$ （　①　）＋2（　②　）

4　実験(2)において，加えたうすい硫酸の体積と生じた白色の沈殿の質量との関係を表すグラフをかきなさい。

7　物体がもつエネルギーについて調べるために，次の実験(1)，(2)，(3)，(4)を順に行った。

(1)　図1のように，水平な床に木片を置き，糸とばねばかりを取り付け，手で引いて木片を20cm動かした。

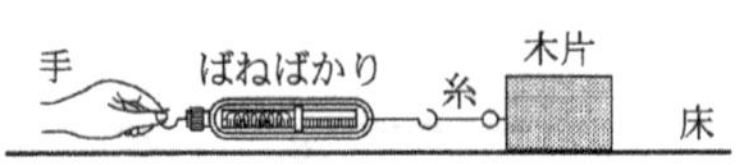

図1

(2)　図2のように，うすいレール上に木片を置き，レール上の点Pから小球をはなして木片に衝突させた。点Pの高さを5cmにして，質量50gの小球A，100gの小球B，150gの小球Cを衝突させたときの木片の移動距離をそれぞれ測定した。このとき，小球や木片はレールから外れなかった。

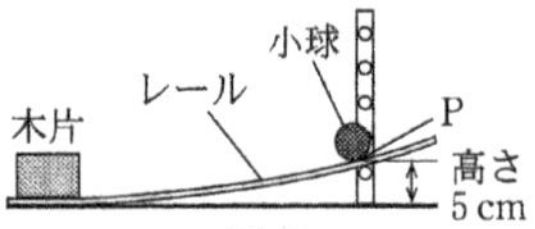

図2

(3)　点Pの高さを10cm，15cm，20cm，25cmに変え，それぞれ実験(2)と同様の測定を行った。図3は，その結果から，点Pの高さと木片の移動距離との関係をグラフに表したものである。

(4)　木片を取り除き，図4のようにレールの端点Qを少し高くした。点Pの高さを25cmにして，そこから小球Aを静かにはなしたところ，レール上を動いて点Qから飛び出し，最高点Rを通過した。

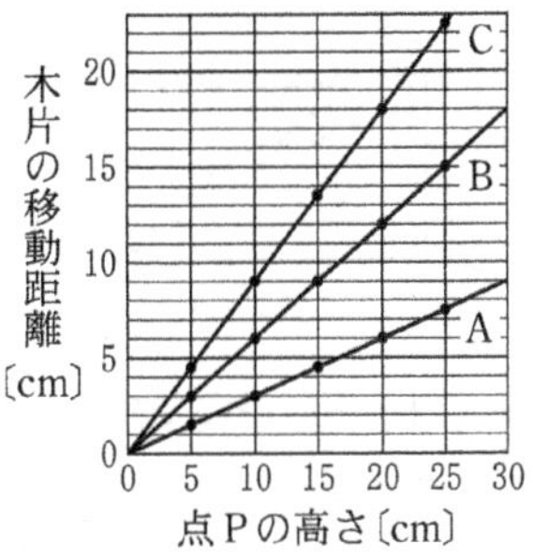

図3

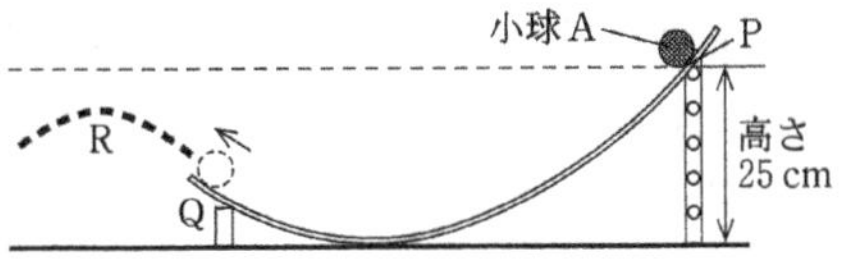

図4

このことについて，次の1，2，3の問いに答えなさい。

1　実験(1)で木片を引く間，ばねばかりは常に2Nを示していた。木片が受けた仕事は何Jか。

2　点Pの高さを20cmにして，質量75gの小球を点Pからはなし，実験(2)と同様の測定をするとき，木片の移動距離として最も適切なものは次のうちどれか。

ア　3cm　　イ　9cm　　ウ　15cm　　エ　21cm

3　小球がもつ力学的エネルギーは保存されるが，点Qから飛び出した後，到達する最高点Rの高さは点Pよりも低くなる。その理由として，最も適切なものは次のうちどれか。ただし，摩擦《まさつ》や空気の抵抗は考えないものとする。

ア　小球は，点Rで運動エネルギーをもつから。

イ　小球は，点Rで位置エネルギーをもつから。

ウ　小球は，点Rでは運動エネルギーをもたないから。

エ　小球は，点Rでは位置エネルギーをもたないから。

8　図1は，ある年の1か月間に日本付近で発生した地震のうち，マグニチュードが2以上のものの震源の位置を地図上に示したものである。震源の深さによって印の濃さと形を変え，マグニチュードが大きいものほど印を大きくして表している。

このことについて，次の1，2，3の問いに答えなさい。

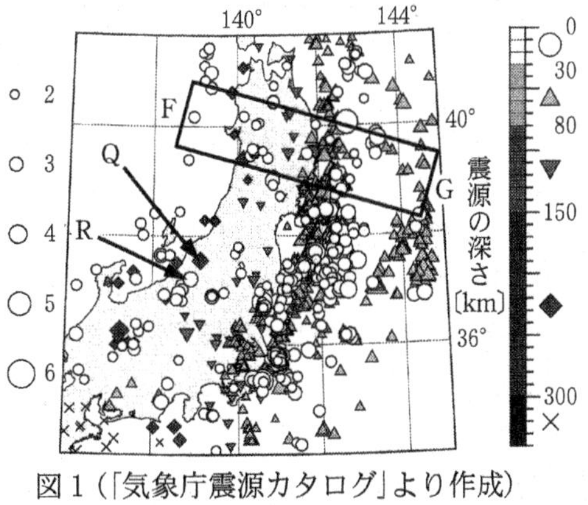

図1（「気象庁震源カタログ」より作成）

1　図1の領域F－Gにおける断面での震源の分布のようすを「●」印で模式的に表したものとして，最も適切なものはどれか。

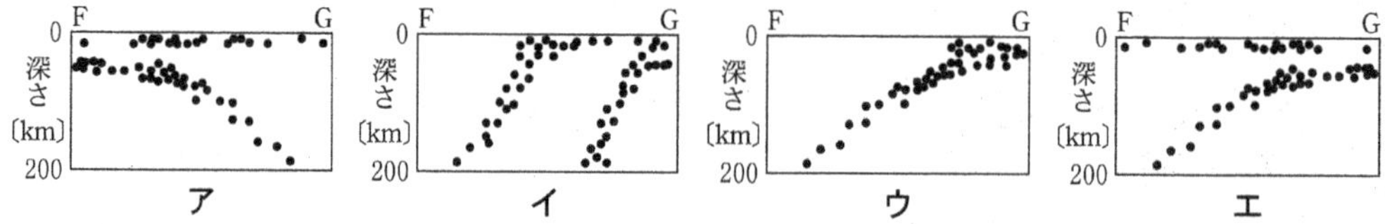

2　図1の震源Qで発生した地震と，震源Rで発生した地震とは，震央が近く，マグニチュードはほぼ等しいが，観測された地震のゆれは大きく異なった。どちらの震源で発生した地震の方が，震央付近での震度が大きかったと考えられるか，理由を含めて簡潔に書きなさい。

3　ある地震が発生し，図2の「•」印のA，B，C各地点でゆれを観測した。下の表は，各地点に地震の波が到達した時刻と，そこから推定された震源からの距離をまとめたものである。この地震の震央として最も適切なものは「×」印の**ア**，**イ**，**ウ**，**エ**のうちどれか。また，その震源の深さは何kmか。ただし，地震の波は直進し，地表も地下も一定の速さで伝わるものとする。

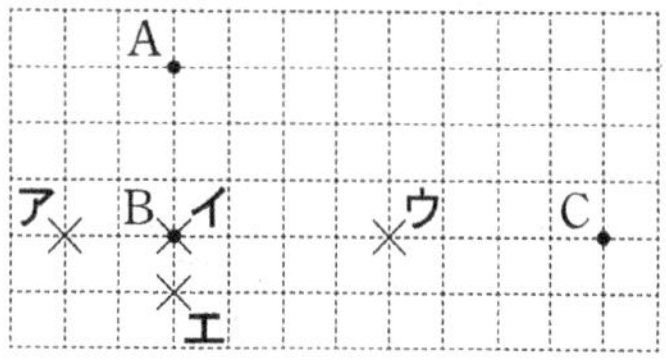

図2（方眼の1目盛りは10 km）

	P波到達時刻	S波到達時刻	震源からの距離
A	5時20分47.7秒	5時20分52.5秒	50 km
B	5時20分46.2秒	5時20分50.0秒	40 km
C	5時20分53.7秒	5時21分02.3秒	89 km

9　植物のはたらきについて調べるために，次の実験(1)から(5)を順に行った。

(1)　青色のBTB溶液にストローで息を吹き込んで緑色のBTB溶液をつくり，4本の試験管に入れ，試験管A，B，C，Dとした。

(2)　試験管A，Bは，空気が入らないように注意しながらそのままゴム栓《せん》をした。

(3)　試験管C，Dには，同じ長さのオオカナダモを入れ，空気が入らないように注意しながらゴム栓をした。

(4)　試験管B，Dを，アルミニウムはくで完全におおった。

図1は，このときの4本の試験管について，その中のようすがわかるように模式的に表したものである。

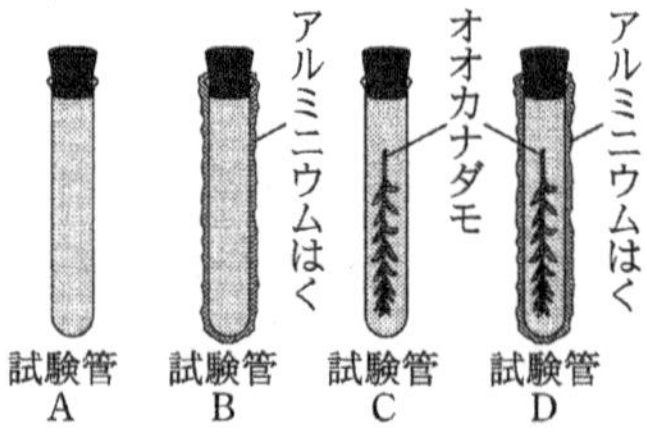

図1

(5)　試験管A，B，C，Dに十分に光を当て，溶液の色を調べた。右の表は，その結果をまとめたものである。また，このとき試験管Cでは，オオカナダモの葉から気泡がさかんに発生していることが観察された。

	A	B	C	D
溶液の色	緑	緑	青	黄

このことについて，次の1，2，3，4の問いに答えなさい。

1　試験管A，Bを用意したのは，試験管C，Dで見られた溶液の色の変化が，次のどれによることを確かめるためか。

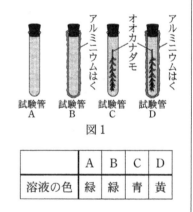

ア　オオカナダモ　　イ　吹き込んだ息　　ウ　BTB溶液　　エ　光

2　次の□内の文章は，実験(5)について，試験管Cで起きたことについて述べたものである。①，②，③に当てはまる語をそれぞれ（　）の中から選んで書きなさい。

> 気泡に多く含まれている気体は①（ 酸素・二酸化炭素 ）である。また，溶液中の②（ 酸素・二酸化炭素 ）が③（ 減少・増加 ）したため，溶液が青色になった。

3　次のうち，実験(1)から(5)によってわかることはどれか。

ア　呼吸には酸素が必要なこと　　イ　光合成には二酸化炭素が必要なこと

ウ　光合成には光が必要なこと　　エ　明るいところでは呼吸をしていないこと

4　図2は，地球全体における大気中の二酸化炭素濃度の変化を表しており，図3は，2010年における世界の森林分布を示している。これらを参考にして，4月から8月にかけて二酸化炭素濃度が減少している理由を簡潔に書きなさい。

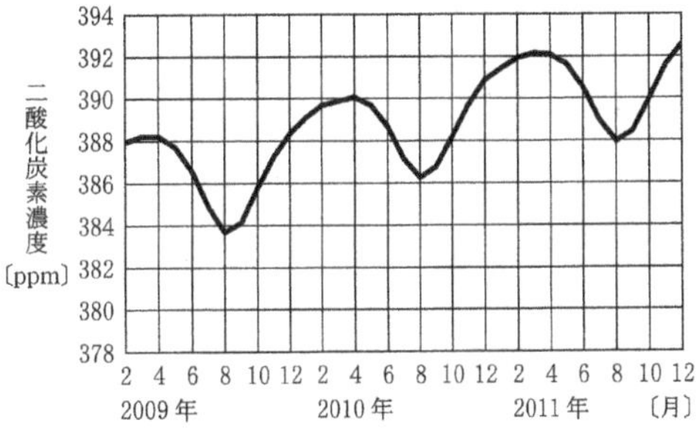

図2

（「温室効果ガス世界資料センター Web サイト」により作成）

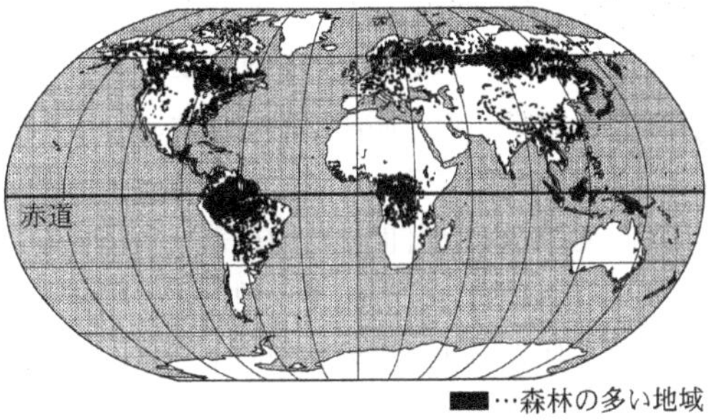

図3

（「国際連合食糧農業機関 Web サイト」により作成）

＜社会＞ 時間 45分 満点 100点

【注意】「□に当てはまる語を書きなさい」などの問いについての答えは，一般に数字やカタカナなどで書くもののほかは，できるだけ漢字で書きなさい。

1 次の１，２の問いに答えなさい。

1 次の(1)から(4)までの文中の□に当てはまるのはどれか。

(1) スペイン語を話す，メキシコやカリブ海諸国からアメリカ合衆国への移民は，□とよばれている。

ア マオリ　イ イヌイット　ウ アボリジニ　エ ヒスパニック

(2) 優れた人材を役人に登用するため，聖徳太子は□という制度を設けた。

ア 大宝律令　イ 冠位十二階　ウ 武家諸法度　エ 御成敗式目

(3) 1492年，スペインの援助を受け，インドなどのアジアをめざした□は，大西洋を横断し，西インド諸島に到達した。

ア コロンブス　イ バスコ・ダ・ガマ　ウ マゼラン　エ ザビエル

(4) 地方公共団体間の財政格差を調整するために，国から□が配分される。

ア 国債費　イ 地方交付税交付金　ウ 国庫支出金　エ 社会保障関係費

2 次の(1)から(4)までの文中の□に当てはまる語を書きなさい。

(1) 発展途上国などでみられる，特定の農産物や鉱産資源などに依存している経済を，□経済という。

(2) 東北地方の太平洋側では，□とよばれる冷たい北東風の影響を強く受けると，稲が十分に育たず収穫量が減ってしまうことがある。

(3) 室町幕府の３代将軍である□は，南北朝を統一し長年続いた内乱を終わらせた。

(4) 最高裁判所は，法律などが憲法に違反していないかどうかを，最終的に決定できる権限をもつことから，「□」とよばれている。

2 あすかさんの旅行記の一部を読み，次の１から５までの問いに答えなさい。

> 成田からインドのデリーへ向かう飛行機の窓から，ⓐ世界で最も高い山がある山脈が見えた。デリーでは，インドで最も多くの人々が信仰している［Ⅰ］教の文化にふれた。
>
> デリーの後に，ⓑタイのバンコクとインドネシアのジャカルタを訪れた。両都市ともⓒ経済発展が進む国の首都であり，活気にあふれていた。
>
> 最後に中国を訪れた。ⓓコワンチョウ（広州）では白かゆなど，ペキン（北京）ではマントウ（蒸しパンの一種）など，伝統的な料理を楽しんだ。

1 次のページの図１は，あすかさんが乗った飛行機の，成田からデリーへの飛行経路を示している。図１のア，イ，ウ，エのうち，下線部ⓐの山脈に最も近い位置にあるのはどれか。

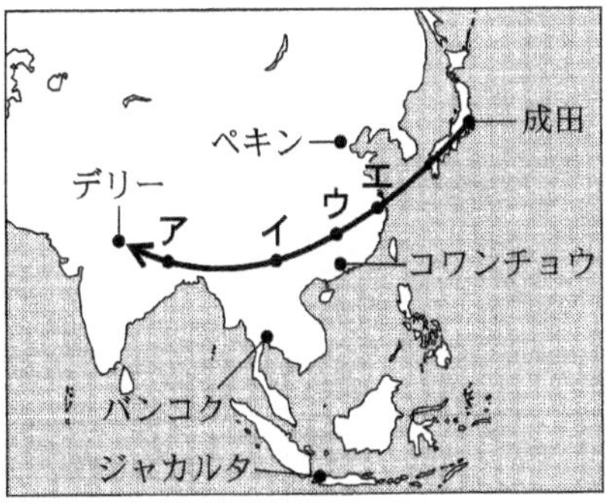

図1

2　旅行記中の Ⅰ に当てはまる語を書きなさい。

3　下線部ⓑに関して，バンコクとジャカルタは同じ気候帯に属する。両都市が属する気候帯に関して，正しく述べているのはどれか。

ア　1年を通して雨が降り，長い冬が続く。寒さに強いじゃがいもなどが栽培されている。

イ　雨が少なく，草木がほとんど育たない。農業は難しく，羊などの遊牧が行われている。

ウ　雨が多く，1年を通して気温が高い。農園で，バナナなどが大規模に栽培されている。

エ　冬に雨が多く降り，夏はほとんど降らない。乾燥に強いぶどうなどが栽培されている。

4　下線部ⓒに関して，**図2**は日本，インド，タイ，インドネシア，中国の主な輸出品，乗用車保有台数，GDPに関する統計をまとめたものである。タイに当てはまるのは，**図2**の**ア**，**イ**，**ウ**，**エ**のどれか。

	主な輸出品(上位3品目)の輸出額に占める割合(%)(2014年)	乗用車保有台数(万台)(2016年)	1人あたりのGDP(ドル)(2015年)
日本	機械類(35.2)，自動車(20.6)，精密機械(6.2)	6,140	34,522
ア	機械類(41.4)，衣類(8.0)，繊維と織物(4.8)	16,560	8,109
イ	石油製品(19.2)，ダイヤモンド(7.6)，機械類(7.4)	3,436	1,614
ウ	石炭(10.6)，パーム油(9.9)，機械類(9.0)	1,348	3,346
エ	機械類(30.5)，自動車(11.3)，石油製品(4.3)	829	5,815

図2(「地理統計要覧」ほかにより作成)

5　下線部ⓓに関して，あすかさんは，ホーペイ（河北）省とコワントン（広東）省の米と小麦の生産量（2016年）を**図3**にまとめ，**図4**の雨温図を作成した。

図3から読み取れる，ホーペイ省とコワントン省の米と小麦の生産の特徴について簡潔に書きなさい。また，**図4**から読み取れる，コワンチョウの気候の特徴を，ペキンと比較して簡潔に書きなさい。

（図3，図4は次のページにあります。）

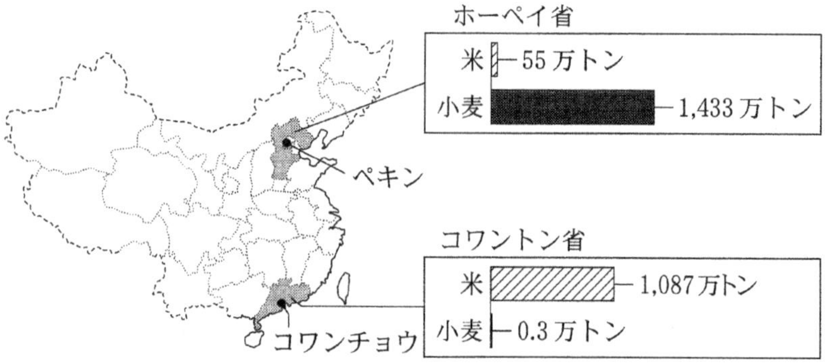

図３（「データブック　オブ・ザ・ワールド」により作成）

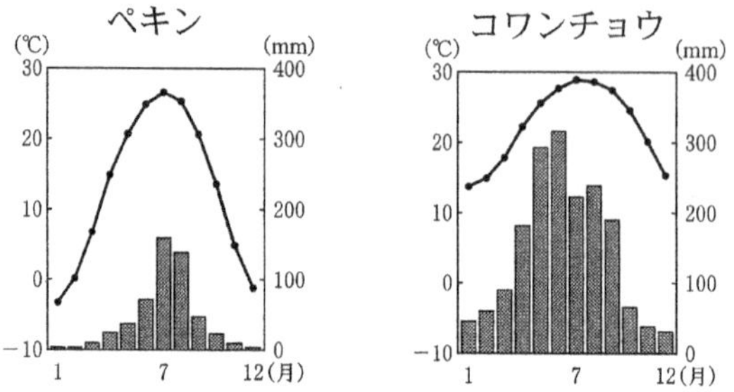

図４（「気象庁ホームページ」により作成）

3　九州地方に関して，次の１から５までの問いに答えなさい。

１　次の文中の I に共通して当てはまる語を書きなさい。

> 九州南部には I とよばれる土壌が分布している。 I 台地は水もちが悪いため，稲作に適さず。畜産が盛んに行われている。

２　図１は，あるカルデラの立体地図である。この立体地図にみられるくぼ地には，市街地が広がっている。図１の地形がみられる場所は，図２のア，イ，ウ，エのどれか。

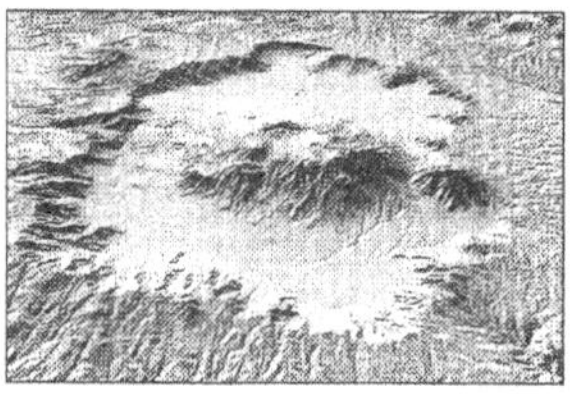

図１（「地理院地図」により作成）

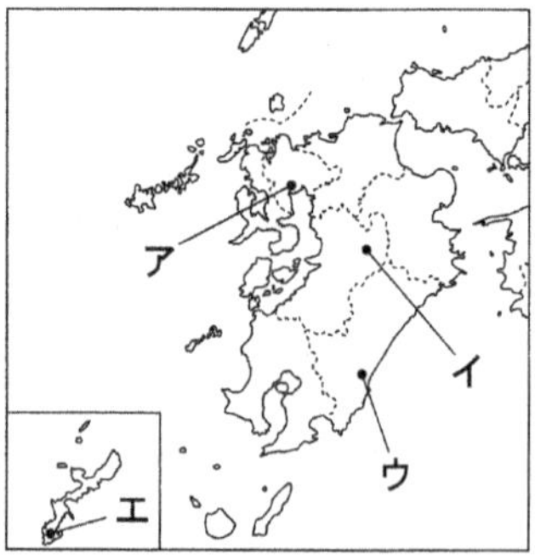

図２

３　図３は，東北，関東，中国，九州各地方の水力，地熱，風力，太陽光による発電量（2015年度）をまとめたものである。地熱による発電量は，図３のア，イ，ウ，エのどれか。

	東北地方	関東地方	中国地方	九州地方
ア	1,819	400	377	659
イ	666	1,339	691	1,628
ウ	1,083	11	0	1,358
エ	15,896	14,069	4,141	7,478

単位：百万 kWh

図３（「日本国勢図会」により作成）

4　図4は，青森県，東京都，愛知県，沖縄県について，労働力人口に占める農林業，製造業，宿泊・飲食サービス業の割合（2015年）を示したものである。沖縄県は図4のア，イ，ウ，エのどれか。

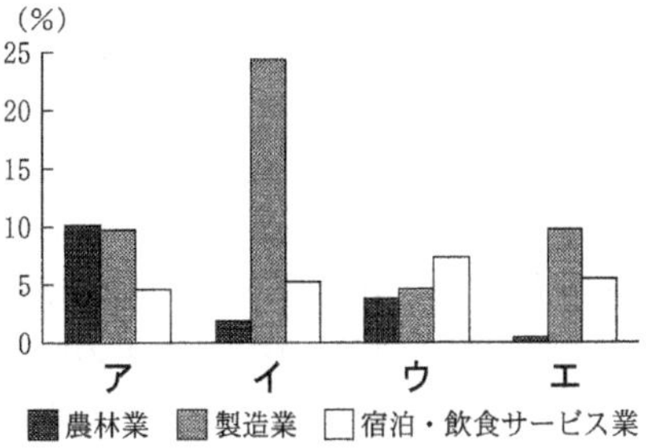

図4（「県勢」により作成）

5　図5は，東京都中央卸売市場におけるきゅうりの取扱量と平均価格（2016年）を示している。また，図6は，きゅうりの生育に適した気温と，きゅうりの主産地である宮崎市，福島市の平均気温を示している。

宮崎県が，平均価格の高い時期に，福島県よりも，きゅうりを多く出荷できる理由について，図6から読み取れることにふれ，「ビニールハウス」，「暖房費」の二つの語を用いて簡潔に書きなさい。

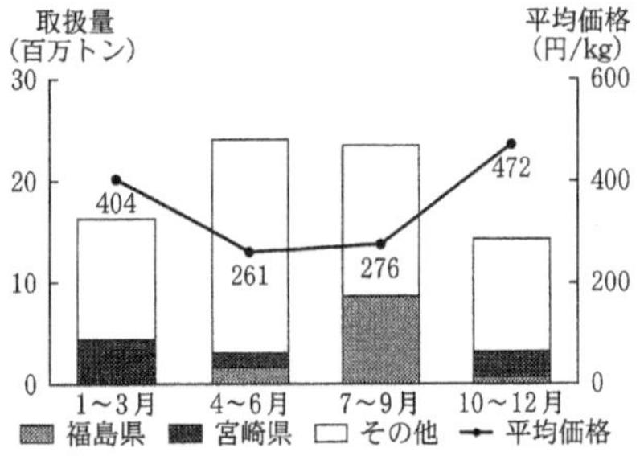

図5（「東京都中央卸売市場ホームページ」により作成）

○きゅうりの生育に適した気温　18～25 ℃

○宮崎市と福島市の平均気温(℃)

	1～3月	4～6月	7～9月	10～12月
宮崎市	9.3	19.7	26.3	14.4
福島市	3.0	16.1	23.4	9.5

図6（「気象庁ホームページ」ほかにより作成）

4　次のAからEのカードは，古代から近代までの5人の女性についてまとめたものである。これらを読み，次の1から7までの問いに答えなさい。

A　【光明皇后】彼女は，民衆に伝染病が広がっていたため，病人に薬を与え治療する施設を都に設けた。また，ⓐ天皇である夫も，寺院を建て，仏教の力によって，国の安定をめざした。

B　【和宮《かずのみや》】彼女は，孝明《こうめい》天皇の妹であり，公武合体策により将軍の家茂と結婚した。夫である家茂が亡くなった後，慶喜が将軍となった。

C　【出雲の阿国】彼女は，豊臣秀吉が活躍した頃に，出雲大社の巫女《みこ》として諸国を巡ったとされている。彼女が始めた［　I　］は，現代でも多くの人に親しまれている伝統文化の原型となった。

D　【建礼門院徳子《けんれいもんいんとくこ》】彼女は，武士として初めて太政大臣となった平清盛の娘である。彼女は，高倉《たかくら》天皇と結婚した。生まれた子がのちに安徳《あんとく》天皇となり，ⓑ平氏はさらに勢力を拡大した。

E　【津田梅子】彼女は，岩倉使節団に加わり，政府が派遣した最初の女子留学生の一人となった。彼女は留学の経験をいかし，ⓒ日本の女子教育と英語教育の発展のために尽力した。

1　下線部ⓐに関して，図1の仏像がある寺院を何というか。

図1

2　次の文のうち，Bのカードの時代と同じ時代区分のものはどれか。

ア　かな文字がつくられ，多くの優れた文学作品が生み出された。
イ　大名が結婚する場合，幕府の許可が必要であった。
ウ　女性にも口分田が与えられ租を負担したが，兵役は課されなかった。
エ　女性にも幕府によって相続権が認められ，地頭や御家人になる者もみられた。

3　Cのカードの［ I ］に当てはまる語はどれか。

ア　浄瑠璃　　イ　狂言
ウ　能　　　　エ　かぶき踊り

4　Dのカードの平清盛と，図2の藤原道長が栄華を誇ることができた理由を，Dのカードと図2をふまえ，簡潔に書きなさい。

今日は女御《にょうご》藤原威子《いし》が皇后となった日である。威子は、藤原道長の三女で、一つの家から三人の皇后がでるのはいまだかつてないことである。…道長は、「この世の中は自分の世のように思われる。まるで満月が少しも欠けていないように思われることだ」とよんだ。…

「小右記《しょうゆうき》」(一部を要約し、現代語訳したもの)

図2

5　下線部ⓑについて，平氏が滅んだ戦いはどれか。

ア　壇ノ浦の戦い　　イ　関ヶ原の戦い
ウ　白村江の戦い　　エ　桶狭間の戦い

6　下線部ⓒについて，明治時代を通して，女子の就学率は徐々に上昇し，1907（明治40）年には，100％近くに達した。女子教育が普及した背景として，明治時代に**当てはまらない**のはどれか。

ア　日清戦争から日露戦争にかけて，軽工業や重工業が発展し，国民生活が向上したこと。
イ　全国各地に小学校がつくられるとともに，大学など高等教育機関の制度も整ったこと。
ウ　憲法にもとづく政治を守る護憲運動がおこり，政党内閣が成立したこと。
エ　学制が公布され，教育を受けさせることが国民の義務となったこと。

7　AからEのカードを，年代の古い順に並べなさい。ただしEを最後とする。

5　略年表を見て，次の1から5までの問いに答えなさい。

年	日本と夏季オリンピックの関わり	年	日本をめぐる国際情勢
1912	第5回大会に日本が初めて参加…………A	1914	第一次世界大戦に参戦……………………↕ⓐ
1920	第7回大会で日本がメダルを初めて獲得	1931	満州事変がおこる……………………………
1938	第12回東京大会(1940)開催権を返上……B	1945	ポツダム宣言の受諾………………………↕ⓑ
1964	第18回東京大会の開催…………………↕ⓒ	1978	日中平和友好条約の締結…………………
2013	第32回東京大会(2020)の開催が決定……	1992	国連平和維持活動(PKO)協力法が成立

1　Aのできごとと同じ年に建国された，アジア最初の共和国を何というか。

2　ⓐの時期における，日本の生活や文化の様子を表したのはどれか。

ア　「ぜいたくは敵だ」などのスローガンのもと，米の配給制も始まり，戦時色が強まった。

イ　テレビが普及し，プロ野球中継が多くの国民の娯楽として人気を集めた。

ウ　太陽暦が採用され，都市では西洋風のレンガ造りの建物もみられるようになった。

エ　文化の大衆化が進むにつれ，新聞や雑誌が多く発行され，ラジオ放送も始まった。

3　Bのできごとに関して，次の文中の □ に当てはまるのはどれか。

> 1936年に，日本はオリンピックの開催権を得たが，その後，□ ため，開催権を返上した。

ア　朝鮮戦争が始まった　　イ　日中戦争がおこった

ウ　シベリア出兵が行われた　　エ　日英同盟が解消された

4　ⓑの時期におきたできごとを，年代の古い順に並べなさい。

ア　サンフランシスコ平和条約の締結　　イ　日本国憲法の公布

ウ　沖縄の返還　　エ　国際連合への加盟

5　ⓒの時期について，**図1**は，モスクワ大会とロサンゼルス大会における，参加辞退国を示し，**図2**は，アトランタ大会から，独立国として初参加した国を示したものである。

図1の国々が参加を辞退した背景と，**図2**の国々が初めて参加できるようになった背景をそれぞれ簡潔に書きなさい。なお，いずれも「ソ連」の語を用いること。

> 〔主な参加辞退国〕
> ・モスクワ大会(1980年)：アメリカ，西ドイツ，日本
> ・ロサンゼルス大会(1984年)：ソ連，東ドイツ

図1(「JOCホームページ」ほかにより作成)

> 〔主な初参加国〕
> ・アトランタ大会(1996年)：ウクライナ，ベラルーシ，カザフスタン

図2(「JOCホームページ」ほかにより作成)

6　次の1，2の問いに答えなさい。

1　次の(1)から(4)までの問いに答えなさい。

(1)　株式会社が利潤を上げた場合，所有する株式数に応じ，株主に支払うお金を何というか。

(2)　次の文中の Ⅰ ， Ⅱ に当てはまる語の組み合わせとして正しいのはどれか。

> 消費税は税負担者と納税者が Ⅰ 税金であり，その税率は所得に Ⅱ 。

ア　Ⅰ－同じ　Ⅱ－関係なく同じである　　イ　Ⅰ－同じ　Ⅱ－応じて異なる

ウ　Ⅰ－異なる　Ⅱ－関係なく同じである　　エ　Ⅰ－異なる　Ⅱ－応じて異なる

(3)　仕事と家庭生活などとの調和を図り，働き方や生き方の充実をめざす考えはどれか。

ア　インフォームド・コンセント　　イ　バリアフリー

ウ　メディアリテラシー　　エ　ワーク・ライフ・バランス

(4)　ODAについて，正しく述べているのはどれか。

ア　発展途上国に対して，資金の提供に加え，農業技術や教育などの援助を行っている。

イ　貿易の自由化を促進するため，関税をなくすなど，経済関係の強化をめざしている。

ウ　地球温暖化を防ぐため，先進国に対して温室効果ガスの削減を義務付けている。

エ　各国の貴重な自然や文化を世界遺産として登録し，保護する活動をしている。

2　中学生のゆりさんと姉のあやさんの会話文を読み，(1)から(6)までの問いに答えなさい。

ゆり　「ⓐ国連総会で演説したマララさんについて学び，教育の大切さを改めて考えたよ。」
あや　「そうだね。16歳で，堂々と意見を主張していたね。ゆりも18歳になったらⓑ選挙権を持てるから，自分の意見をきちんと言えるといいね。」
ゆり　「それに，国会で［Ⅰ］が改正され，成年年齢も18歳になったよね。自分の意思でほとんどのⓒ契約が結べるし，有効期間10年のⓓパスポートも取得できるよ。」
あや　「でも，ⓔ裁判員は重大な判断を求められるので，選ばれる年齢は20歳からなのよ。」
ゆり　「自分でできることが増える分，責任が伴うから，しっかりしないとね。」

(1)　会話文中の［Ⅰ］に当てはまる語はどれか。
ア　条例　　イ　憲法　　ウ　法律　　エ　政令

(2)　下線部ⓐに関して，次の文中の［Ⅱ］に当てはまる語を書きなさい。

第二次世界大戦の後，人権の尊重は世界共通の基礎であるとして，1948年12月10日に，［Ⅱ］が採択された。1966年には，法的拘束力をもつ規約が採択された。

(3)　下線部ⓑに関して，都道府県知事の選出方法として，正しく述べているのはどれか。
ア　被選挙権は25歳以上で，地方議員の中から議会で指名される。
イ　被選挙権は30歳以上で，地方議員の中から議会で指名される。
ウ　被選挙権は25歳以上で，住民の直接選挙で選ばれる。
エ　被選挙権は30歳以上で，住民の直接選挙で選ばれる。

(4)　下線部ⓒに関して，特定の販売方法において，一定期間内であれば契約を取り消すことができる制度を何というか。

(5)　下線部ⓓに関して，氏名や国籍などの個人の私生活に関する情報を，他人に知られたり，勝手に利用されたりしないために，主張されている新しい人権を何というか。

(6)　下線部ⓔに関して，図は，裁判員に選ばれた人の，選ばれる前の気持ちと裁判に参加した後の感想を示している。裁判員制度の導入のねらいについて，図から読み取れることにふれ，「国民の理解」の語を用い，簡潔に書きなさい。

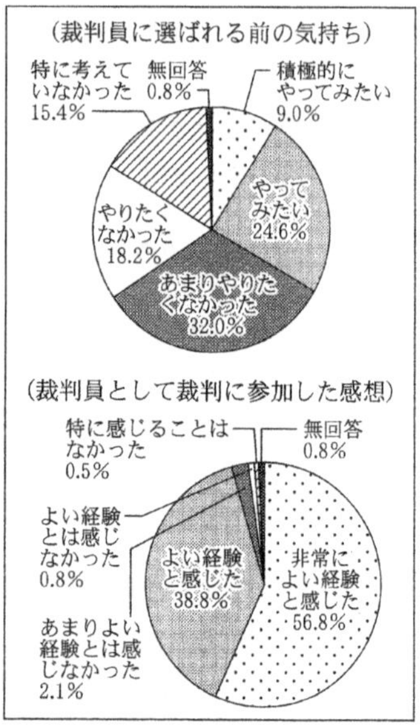

図
(「最高裁判所ホームページ」により作成)

7　まさとさんは，社会科のまとめとしての課題研究に，「A市の魅力をいかしたまちづくり」を取り上げ，A市の課題を「観光の充実」ととらえ，その方法を提案することにした。図1から図5は，その課題研究の発表時に使うスライドの一部である。次の1から4までの問いに答えなさい。

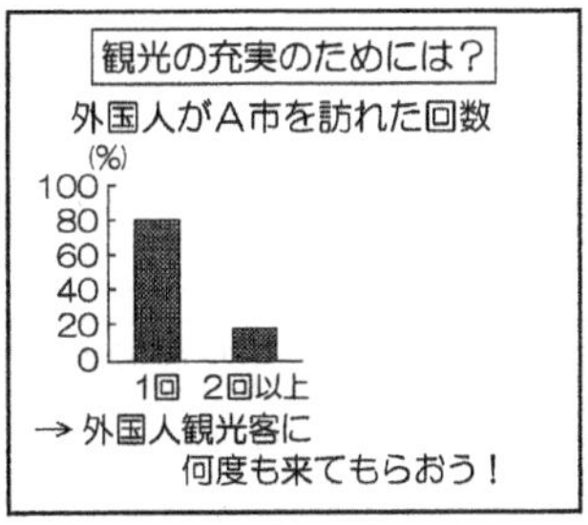

図1

A市の魅力を発信して
外国人観光客をもっと呼びこもう！

・甘いⓐぶどう・桃の栽培
・日本最大級のⓑ医学博物館
・歴史ある町なみと城郭
・節分や七夕などのⓒ年中行事

図2

外国人観光客に聞いた
A市観光で困ったことは？

最も多かった意見

・観光マップが分かりにくい

→この問題点を解決しよう！

図3

1　図2の下線部ⓐを説明するために，まさとさんか作成した次の文中の□に当てはまる語は何か。

> A市には，川が山地から平野に流れ出るときに堆積した土砂でできる□という果樹栽培に適した地形が広がっています。

2　図2の下線部ⓑの展示は，古代，中世，近世，近代の時代区分から構成されている。次のⅠ，Ⅱの展示内容と時代区分の組み合わせとして正しいのはどれか。

Ⅰ－『解体新書』～杉田玄白，解剖書の翻訳にかけた情熱～

Ⅱ－海を越えて日本へ～鑑真，仏教とともに薬を伝える～

ア　Ⅰ－近世　Ⅱ－古代
イ　Ⅰ－近代　Ⅱ－古代
ウ　Ⅰ－近世　Ⅱ－中世
エ　Ⅰ－近代　Ⅱ－中世

3　図2の下線部ⓒに関して，田植えの時期と最も関わりの深いのはどれか。

ア　成人式　　イ　端午の節句　　ウ　盆おどり　　エ　七五三

4　まさとさんは，図3の問題点を解決するための一つとして，図4の観光マップを改善し，図5のように提案した。改善した点を説明するために作成した。次の文中の X ， Y に当てはまる文をそれぞれ簡潔に書きなさい。

> 一つ目は，外国人観光客が読めるように， X しました。二つ目は，外国人観光客だけでなく，多くの人々にも分かりやすいように， Y しました。

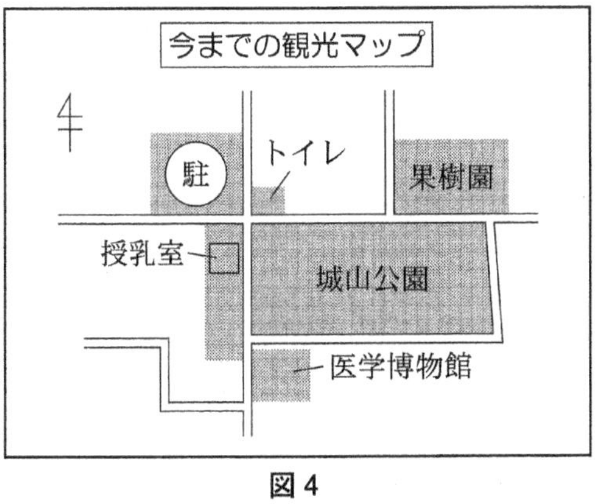

図4

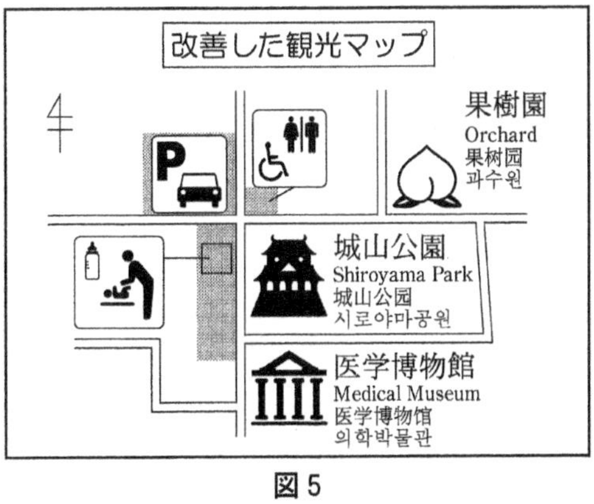

図5

・自分の体験を踏まえて書くこと。
・国語解答用紙⑵に二百四十字以上三百字以内で書くこと。

意見の表明や議論などについてどのような意識を持っているか。

Ⅰ　自分の考えや意見を積極的に表現する方だ

Ⅱ　自分の考えや意見を表現することには消極的な方だ

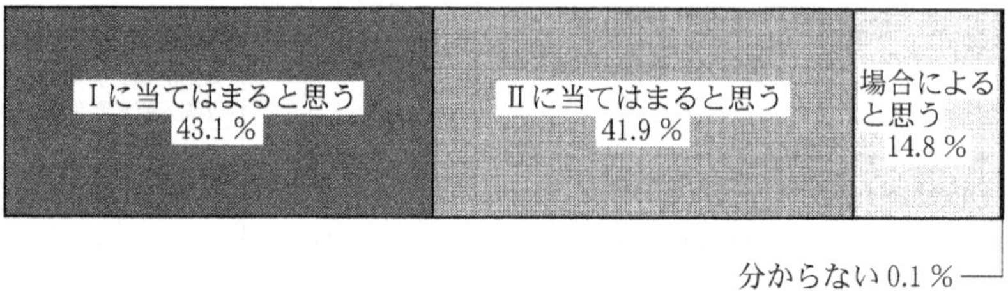

（文化庁　平成28年度「国語に関する世論調査」により作成）

ウ　家にいるはずのひさしが目の前にいて気が動転している。

エ　楽しみの時間を邪魔されたことに気付き悔しがっている。

2　「短いような、長いような時間が過ぎた。」という一文は、大きく場面が転換する位置に入る。この一文が入る最も適切な位置は、本文中の ア ～ エ のうちどれか。

3　(2)自分が脱いだコートをまた頭から被らせて、からだに巻きつけてやった　とあるが、ここには母親のどのような思いが表れているか。

ア　ひさしには暖かくして縁側に坐ったまま待っていてほしい。

イ　ひさしには得体のしれないものから遠ざかっていてほしい。

ウ　ひさしには裸足《はだし》で歩く自分の痛々しい姿を見てほしくない。

エ　ひさしには二度と大声で自分のことを呼んでほしくない。

4　(3)毎朝こうしていた　とあるが、ひさしは母親がどうしていたことを知ったのか。二十字以内で書きなさい。

5　次の図は、ひさしの変化についてまとめたものである。□に当てはまる最も適切な箇所を本文中から三十字で抜き出し、初めと終わりの五字を書きなさい。

◎ひさしの変化が読み取れる主な箇所

・悪いような気がしてきて、途中でやめた。

・妬ましさとさびしさは、ひさしにはちょっと類のないものであった。

・□

↓

ひさしの成長

6　この文章の表現上の特徴として最も適切なものはどれか。

ア　母親とひさしそれぞれの視点から場面を描くことで、父親への思いを対比的に表現している。

イ　母親の行動を丁寧に描写することで、母親のひさしや夫に対する思いを間接的に表現している。

ウ　過去の場面にのみ会話文を使用することで、かつての母親とひさしの心の交流を表現している。

エ　隠喩表現を効果的に用いることで、母親とひさしに対する父親の心情を象徴的に表現している。

5　Aさん、Bさん、Cさん、Dさんの四人が次のページのグラフを見ながら、会話をしている。四人の会話とグラフを参考にして、「自分の意見を伝える」ということについてあなたの考えを書きなさい。

Aさん　「自分の意見を相手に伝えるのは難しいよね。」

Bさん　「うん、そうだね。グラフを見てみると、積極的に意見を伝える人と消極的な人は同じくらいの割合だね。私は自分の意見を積極的に言う方だな。普段から、相手に伝わる表現を使うようにしているんだ。」

Cさん　「私は自分の意見を伝えることには消極的な方かな。だから相手との人間関係を意識して、相手にどうしたら伝わりやすいか気を付けているよ。」

Dさん　「グラフをよく見ると、『場合によると思う』という人もいるね。」

Aさん　「どのように自分の意見を伝えるかは人それぞれの考えがあるんだね。」

《注意》

・自分の考えとその理由を明確にして書くこと。

ア

ひさしはその時になって、この頃母親が肉も魚も食べなくなっていたのは、(注2)願かけのためだったということも初めて知らされた。これはお母さんがすればよいので、ひさしが真似《まね》をするのはよくないとも母親は言った。

畑を通り抜けた所に、その地蔵堂はあった。民家が寄り合っている場所なので、気をつけていないと素通りしかねない入口である。ひさしには、境内に入ってからの広さが意外であった。

イ

母親は、お堂の縁側にひさしを坐《すわ》らせると、今度は(2)自分が脱いだコートをまた頭から被らせて、からだに巻きつけてやった。

「達磨《だるま》さんになって、待っておいで。」

そう言い置いてひさしの前を離れた。馴《な》れた足どりで境内の一隅に行くと、草履《ぞうり》を脱いだ。白い足袋《たび》をとってその上に置いた。

何が祀《まつ》ってあるのかはひさしには分らないのだが、かなり大きな石像の前に跪《ひざまず》いて一礼した母親は、それから何ごとかを唱えながら、決まっているらしい石の道を一《ひ》と廻《めぐ》りした。一礼するとまた唱えごとをしては一と廻りする。

ウ

ひさしは初めのうち、一回、二回と数えていたが、そうして待つのは母親に対しても、また、母親が願いごとをしている何かに対しても悪いような気がしてきて、途中でやめた。母親の唱える声は、気のせいかしだいに強くなり、石の上を廻る速度も少しずつ早くなっていくように見える。ひさしは、母親の足の裏から、血が出ていはしないかと心配であった。

自分の起きる前に、母親は(3)毎朝こうしていたのだと思うと、自分には分らないところで生きている時間の母親は他家《たけ》の人のような気もするのであるが、いちばん気味悪いのは、母親をそうさせてしまう何かで、その何だか知れないものに、母親が逆らうことも出来ずに連れ出されて行く妬ましさとさびしさは、ひさしにはちょっと類のないものであった。

エ

明け方の世界にひとり見放されたかという、来る時の心細さは、帰り道ではほとんどなくなっていた。しかし、家の者がまだ寝ているうちに家を抜け出して、他家の人のようになってお百度参りをする母親を目にしたひさしは、もう、それを知らないうちのひさしに戻るわけにはいかなかった。これはひさし自身にも、どうにもならないことであった。

行きには誰とも会わなかった道で、帰りには、荷馬車と擦れ違った。自転車の人に追い抜かれ、(注3)大八車を引く頬被りの人にも会った。鍬《くわ》を担《かつ》いだ農夫は、擦れ違う時、お早《はよ》うございますと言ってひさし達に頭を下げた。ひさし達も、お早うございますと言って頭を下げた。

(竹西寛子「虚無僧《こむそう》」から)

(注1) 頬被り=頬を隠すように頭から手ぬぐいや布などをかぶること。

(注2) 願かけ=自分の願いの実現を神仏に頼むこと。特定の物を食べない断食《だんじき》(断ち物)やお百度参りなど、祈願のためには様々な方法がある。

(注3) 大八車=荷物を運ぶ大きな二輪車。

1 「(1)どうしたの!」と言ったときの母親の様子として最も適切なものはどれか。

ア 涙を流し自分を呼ぶひさしの声を聞き悲しみ嘆いている。

イ ついて来ないという約束を破ったひさしに困惑している。

エ　自然環境を破壊しながら、生産者として生きること。

2　(2)この生命の大きな輪の中の一端を担っている　とはどういうことか。そのことについて説明した次の文の［　　］に当てはまるように、二十字以内で書きなさい。

人間もまた［　　　　　　］させ、死ぬと自然に戻るという循環の一部であるということ。

3　本文中の［A］、［B］に入る語の組み合わせはどれか。

ア　A　自然　　B　人工
イ　A　意識　　B　無意識
ウ　A　動物　　B　植物
エ　A　非言語　B　言語

4　(3)人間同士の関係性の希薄化　について、次の(I)、(II)の問いに答えなさい。

(I)　人間同士の関係は、かつてどのようにして築かれたと筆者は考えているか。四十字以内で書きなさい。

(II)　人間同士の関係性が希薄化したきっかけを筆者はどのように考えているか。最も適切なものを選びなさい。

ア　各都市で貨幣を統一し都市住民の行動範囲を狭めたこと。
イ　インターネットの普及でコミュニティが弱体化したこと。
ウ　経済の発展により人々の生活が便利で豊かになったこと。
エ　自然の脅威が及ぶことのない都市で生活をし始めたこと。

5　段落の関係について説明したものとして最も適切なものはどれか。

ア　③段落は、①、②段落で提起した問題に対する筆者の見解を述べ、それ以降の論点を提示している。
イ　④段落は、②、③段落で提起した新たな問題に対して、筆者独自の視点から解決策を提示している。
ウ　⑥段落は、④、⑤段落の抽象的な内容を具体的に言い換えたうえで、補足的説明を付け加えている。
エ　⑦段落は、⑤、⑥段落で示された内容を一般化したうえで、新たな視点から別の問題を提起している。

4　次の文章を読んで、1から6までの問いに答えなさい。

早朝、人目を避けて家から出かけていく母親に気付き、ひさしはひそかにその後をつけた。しかし、ついて行くのに精一杯で母親を見失ってしまいそうになる。

明け方の世界にひとり見放されて、何もかも滅茶《めちゃ》滅茶《めちゃ》になってゆきそうなのがたまらなくなり、自分でもおぼえず母親を呼んだ時には、心にもあらず涙声になっていた。

「(1)どうしたの！」

という母親の声は、やさしくは響かなかった。むしろ叱りつけられたようにひさしには感じられた。

母親のおどろきがあまりにも強くて、叱りつける声ででもなければ鎮《しず》まらない程のものだということを理解するには、ひさしはまだ幼な過ぎた。しかし、子供が、寒い朝、しかも学校へ行く前にこんな所まで出て来てはいけないと畑の中で白い息を吐き続ける母親に、ひさしは少しも靡《なび》かなかった。

ひさしの態度に母親は諦めたのか、自分のショールをとって、ひさしに(注1)頬被《ほおかぶ》りさせると、ひさしの肩を抱えるようにして歩き出した。それから、行き先はお地蔵様のお堂で、それは父親の病気が一日も早く癒《いえ》るように、もう何日も前から続けているお百度参りのためであることなどを、順々に話して聞かせた。

3 次の文章を読んで、1から5までの問いに答えなさい。①～⑨は形式段落の番号である。

① 海や土と関わりながら生産者が生きる場がふるさとであり田舎だとすれば、海や土との関わりを絶って生きる消費者はふるさと難民であり、その場は程度の差こそあれ都会的だといえる。

② (1)生命のふるさとから離れて生きることの問題はどこにあるか。

③ それは「生命体としての自分」を自覚できなくなることにあるのではないだろうか。だからこそふるさと難民である都市住民は、リアリティ（生きる実感）と関係性（つながり）を(注1)渇望《かつぼう》している。生きる実感とは、噛《か》み砕いていえば、自分が生きものであるということを自覚、感覚できるということ。生命のふるさとである海と土から自らを切り離してしまった都市住民が生きる実感を失っていくのも、当然のことではないだろうか。

④ 生命のふるさとは、言い換えれば自然だ。自然は生きている。その自然の生命を自分に取り入れることで、私たちは生命を持続させる。私たちも死ねば最後は土や海に戻り、微生物に食べられる。

⑤ (2)この生命の大きな輪の中の一端を担《にな》っているという無意識の感覚が、生きる実感なのだと思う。自然には意識はない。だから、動物や昆虫、植物にも意識がない。人間も言葉がなかった非言語の時代には、無意識の領域が大きく、「自分は自然で、自然は自分」という感覚を無意識に持っていただろう。ところが、人間が言語を獲得してから、［A］の世界が［B］の世界を(注2)凌駕《りょうが》していった。その意識の世界一色になった現代でも、自然と共に生きる農家や漁師には無意識の領域が残っている。だから、彼らには「生きる実感」があっても自覚はないし、言葉にならない。

⑥ その一方で、「自然」という無意識から完全に離れて「人工」という意識の世界にだけ生きている私たちは、生きる実感がない。ゆえに、自然という無意識の世界に触れ、自分の無意識の領域の扉が少し開き、生物としての自分を自覚すると「ない」ものが埋まるので、「ある」と意識でき、「生きる実感を感じた」という言葉になる。

⑦ もうひとつ、(3)人間同士の関係性の希薄化も、人々がふるさとから離れてしまったことに大きく関係しているように思う。

⑧ かつて人間は、剥《む》き出しの自然に日常生活をさらして生きていた。自然災害だけでなく、獣などの動物から身を守る必要もあった。ひとりでは到底生きていくことなどできなかったのだ。だからこそ人々は群れをつくり、コミュニティを形成し、互いの役割を果たし合いながら力を合わせて生きていた。そこには他者のために自分が必要とされているというわかりやすい依存関係が存在した。

⑨ ところが自然の脅威から守られた都市という要塞に暮らすようになると、この共依存関係が崩れ、コミュニティは弱体化することになる。貨幣経済に組み込まれることで、問題解決は「相互扶助」ではなく、サービスの購入や税金という対価を支払った末の行政サービスという形に変わる。さらにインターネットの普及でますますコミュニティの存在意義は薄れ、解体へと向かっていく。

（高橋博之「都市と地方をかきまぜる『食べる通信』の奇跡」から）

(注1) 渇望＝心から強く望むこと。
(注2) 凌駕＝他のものを超えること。

1 (1)生命のふるさとから離れて生きること とあるが、その説明として最も適切なものはどれか。

ア 食事に地元の食材を取り入れず、暮らしていくこと。
イ 田舎から遠い距離にある、都会で生活していくこと。
ウ 自然と関わりを持たず、消費者として生活すること。

2 次の文章を読んで、1から5までの問いに答えなさい。

(注1)異朝に負局《ふきょく》といふ仙人ありき。この仙人は希代の術どもほどこして、人の喜ぶことを、もっぱらに好めり。あるとき、天下の人民、疾病にをかされて、あるひは死し、あるひは苦しむこと、おしなべて見えたり。医工をほどこすといへども、しるしをえず。ただたのむかたは、(1)天道《てんたう》に心を入れて、おのおの祈誓《きせい》申すばかりなり。かく万民の嘆き悲しびけるを、負局こそ、深くあはれに思ひ、深谷へ(注2)ゆいて、岩のはざまにしたたる水を、(注3)八功徳水《はつくどくすい》なればとて、(2)心のままに湧きいだしけり。その水の色は、いかにも鮮やかにして白し。この功徳水をくみて、瓢箪《へうたん》に入れ、(注4)杖《つゑ》にかけて、国々をめぐりて、疾病にをかさるる人をみては、その者のもちける鏡をとって、かの功徳水をもってみがき、あらためて病人にみせければ、たちどころに、病療しかのみならず、はだへもうるはしく、齢《よはひ》もながしと(注5)云々《うんぬん》。病人は喜びに堪《た》へで、(注6)まひなひを引きけれども、あへて一銭もうけ侍《はべ》らず。かくして四百余州をめぐりて、(3)人民をたすけ侍る。されば、一切の仙人の長といへり。年月をへて失《う》せければ、人々、かれが恩を謝せんために、かの八功徳水の上に(注7)ほこらを建てて、神に祭りてうやまへりと云々。

（「室町殿物語」から）

(注1)　異朝＝今の中国のこと。
(注2)　ゆいて＝行って。
(注3)　八功徳水＝八つの優れた点がある水。
(注4)　杖にかけて＝杖の両端に瓢箪《ひょうたん》を引っかけ、担《かつ》いで。
(注5)　云々＝～ということである。
(注6)　まひなひ＝贈り物。
(注7)　ほこら＝神を祭る小さな社。

1　あはれ　は現代ではどう読むか。現代かなづかいを用いて、すべてひらがなで書きなさい。

2　(1)天道に心を入れて、おのおの祈誓申すばかりなり　とあるが、人々が天に祈るしかない理由として、最も適切なものはどれか。

ア　病気を治さないと、八功徳水を手に入れられないから。
イ　病気を治したいが、医術では全く効果がなかったから。
ウ　病気を治した者が、感謝の気持ちを伝えたかったから。
エ　病気を癒やすため、恵みの雨を降らせようとしたから。

3　(2)心のままに湧きいだしけり　の意味として、最も適切なものはどれか。

ア　自分の思った通りに八功徳水を湧き出させた。
イ　病人のために各地で八功徳水を湧き出させた。
ウ　天の意向で仕方なく八功徳水を湧き出させた。
エ　万民の言うがままに八功徳水を湧き出させた。

4　(3)人民をたすけ侍る　とあるが、負局は八功徳水をどのように用いて病人を助けたのか。文末が「という方法。」になるように、三十字以内の現代語で書きなさい。ただし、文末の言葉は字数に含めない。

5　本文において、負局はどのように描かれているか。

ア　人々から受けた恩恵をいつまでも忘れず、感謝の気持ちを伝えるために、諸国を旅しながら恩返しをした。
イ　厳しい修行に励み、自分自身のためだけの究極の術を習得したことで、多くの仙人から長として敬われた。
ウ　各地を歩き病気で苦しむ万民のために尽力したことで、多くの人々から慕われ、後世に神として祭られた。
エ　誰よりも信心深いところがあり、神を敬うために様々な場所にほこらを建て、人々と共に祈りをささげた。

＜国語＞

時間 五〇分 満点 一〇〇点

【注意】 答えの字数が指示されている問いについては、句読点や「 」などの符号も字数に数えるものとします。

1 次の1から3までの問いに答えなさい。

1 次の――線の部分の読みをひらがなで書きなさい。

⑴ 英文を和訳する。 ⑵ 労力を費やす。

⑶ 傾斜のゆるやかな坂。 ⑷ 参加人数を把握する。

⑸ 卒業式の厳かな雰囲気。

2 次の――線の部分を漢字で書きなさい。

⑴ 海でオヨぐ。 ⑵ うさぎをシイクする。

⑶ 手紙がトドく。 ⑷ 会場のケイビをする。

⑸ フクザツな思考。

3 次はAからCを話題にして先生と生徒が会話をしている場面である。それらを読んで、⑴から⑸までの問いに答えなさい。

A 今年より［①］知りそむる桜花 散るといふことはならはざらなむ 紀貫之《きのつらゆき》

B 夏の花みな水晶にならむとす②かはたれ時の夕立の中 与謝野晶子《よさのあきこ》

C 花開《クモ》不㆓同《ともニ》賞《セ》㆒ 花落《ツルモ》③不㆓同《ともニ》悲《シマ》㆒
欲《ス》㆑問《ハント》相《そう》思《シノ》處《ところ》 花開《キ》花落《ツルノ》時 薛濤《せつとう》

生徒「先生、三つの作品を選んできました。」

先生「どうしてこれらを選んだのですか。」

生徒「私は花が好きで、どれも花を詠《よ》んでいるもの④だと思ったからです。」

先生「なるほど。花は、今も昔も多くの歌人によって詠まれている素材ですよ。」

生徒「そうなのですね。Cは以前、先生から（ ⑤ ）本で見つけたのですが、どのような内容の漢詩ですか。」

先生「これは、大切な人と花が咲く喜びや散る悲しみを共有できない切なさを詠んだ漢詩です。花に心を動かされて歌を詠むのは、時代や国が違っても同じですよ。」

⑴ ［①］に入る語として最も適切なものはどれか。

ア 春 イ 夏 ウ 秋 エ 冬

⑵ ②かはたれ時の夕立の中 の部分に用いられている表現技法はどれか。

ア 擬人法 イ 反復法 ウ 直喩 エ 体言止め

⑶ ③不㆓同《ともニ》悲《シマ》㆒ の書き下し文として正しいものはどれか。

ア 同にず悲しま イ 同に悲しまず

ウ 悲しまず同に エ 悲しま同にず

⑷ ④だ と文法的に同じ意味・用法のものはどれか。

ア 明日は雨が降るそうだ。 イ 朝の商店街は静かだ。

ウ 友人と会話を楽しんだ。 エ これは弟の自転車だ。

⑸ （⑤）に入る正しい敬語表現はどれか。

ア お借りになられた イ お借りになった

ウ お借りした エ お借りいただいた

2019年度

解 答 と 解 説

《2019年度の配点は解答用紙集に掲載してあります。》

＜数学解答＞

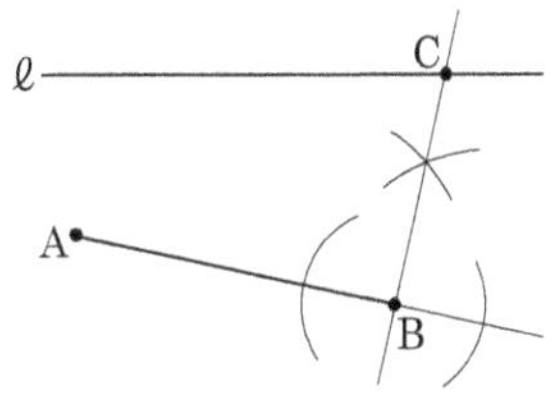

1　1　-2　　2　$6x-4$　　3　$15b^2$　　4　$x^2+2x-48$
5　±5　　6　70(度)　　7　$(a=)-12$　　8　18(cm^2)
9　$(x=)-3$，$(y=)4$　　10　$\frac{1}{6}$　　11　56(度)
12　$(x=)\frac{-7\pm3\sqrt{5}}{2}$　　13　ウ　　14　ア

2　1　右上図　　2　(1)　①　b　　②　a　　(2)　③　11
④　91　　⑤　10　　3　$(a=)\frac{1}{4}$

3　1　24本(途中の計算は解説参照)　　2　(1)　エ
(2)　解説参照

4　1　解説参照　　2　(1)　128π (cm^3)
(2)　$6+4\sqrt{2}$ (cm)

5　1　600(m)　　2　$y=60x+120$(途中の計算は解説参照)
3　(1)　右図　　(2)　540(m)

6　1　10(枚)　　2　98　　3　$x=11$(途中の計算は解説参照)
4　①　13　　②　15　　③　168(枚)

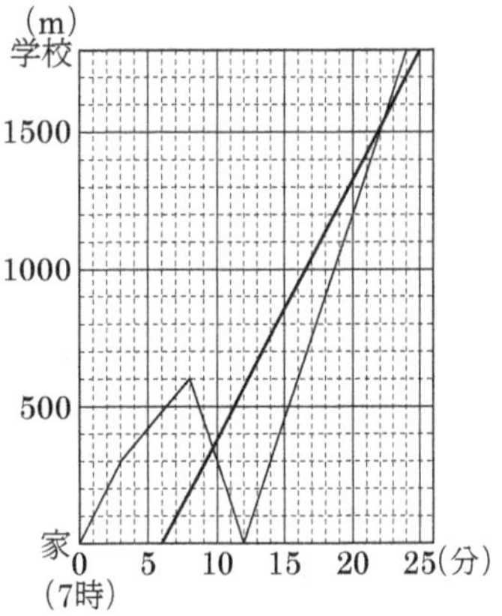

＜数学解説＞

1　(数・式の計算，式の展開，平方根，角度，比例関数，面積，連立方程式，確率，二次方程式，一次関数，投影図)

1　異符号の2数の和の符号は絶対値の大きい方の符号で，絶対値は2数の絶対値の大きい方から小さい方をひいた差だから，$-7+5=(-7)+(+5)=-(7-5)=-2$

2　$\frac{3x-2}{5}\times10=(3x-2)\times2=6x-4$

3　$5ab^2\div\frac{a}{3}=5ab^2\times\frac{3}{a}=\frac{5ab^2\times3}{a}=15b^2$

4　乗法公式$\boldsymbol{(x+a)(x+b)=x^2+(a+b)x+ab}$より，$(x+8)(x-6)=(x+8)\{x+(-6)\}=x^2+\{8+(-6)\}x+8\times(-6)=x^2+2x-48$

5　正の数$\boldsymbol{a}$の平方根のうち，正の方を$\boldsymbol{\sqrt{a}}$，負の方を$\boldsymbol{-\sqrt{a}}$，両方合わせて$\boldsymbol{\pm\sqrt{a}}$と表すから，25の平方根は　$\pm\sqrt{25}=\pm\sqrt{5^2}=\pm5$

6　多角形の外角の和は360°だから，$\angle x=360°-(60°+90°+35°+105°)=70°$

7　$y=\frac{a}{x}$は点$(6,\ -2)$を通るから，$-2=\frac{a}{6}$　$a=-2\times6=-12$

8　相似な図形では，面積比は相似比の2乗に等しいから，$\triangle\mathrm{ABC}:\triangle\mathrm{DEF}=2^2:3^2=4:9$　$\triangle\mathrm{DEF}=\frac{9}{4}\triangle\mathrm{ABC}=\frac{9}{4}\times8=18\mathrm{cm}^2$

9　連立方程式$\begin{cases} 3x+y=-5\cdots① \\ 2x+3y=6\cdots② \end{cases}$　①×3−②より，$7x=-21$　$x=-3$　これを①に代入して，$3\times(-3)+y=-5$　$y=4$　よって，連立方程式の解は，$x=-3$，$y=4$

10　大小2つのさいころを同時に投げるとき，全ての目の出方は　6×6=36通り。このうち，2つとも同じ目が出るのは，大きいさいころの出た目の数をa，小さいさいころの出た目の数をbとしたとき，$(a,\ b)=(1,\ 1)$，$(2,\ 2)$，$(3,\ 3)$，$(4,\ 4)$，$(5,\ 5)$，$(6,\ 6)$の6通り。よって，求める確率は　$\frac{6}{36}=\frac{1}{6}$

11　点Aを含まない$\overset{\frown}{BC}$に対する中心角$\angle BOC=360^\circ-248^\circ=112^\circ$で，**円周角の定理**より，**1つの弧に対する円周角の大きさは，その弧に対する中心角の大きさの半分である**から，$\angle x=\frac{1}{2}\angle BOC=\frac{1}{2}\times112^\circ=56^\circ$

12　**2次方程式$ax^2+bx+c=0$の解は，$x=\frac{-b\pm\sqrt{b^2-4ac}}{2a}$**で求められる。問題の2次方程式は，$a=1$，$b=7$，$c=1$の場合だから，$x=\frac{-7\pm\sqrt{7^2-4\times1\times1}}{2\times1}=\frac{-7\pm\sqrt{49-4}}{2}=\frac{-7\pm3\sqrt{5}}{2}$

13　火をつけてからx分間にろうそくは　毎分2mm×x分=$2x$mm　燃えるから，x分後のろうそくの残りの長さ$y$mmは　$y=150-2x=-2x+150$　よって，yはxの1次関数である。

14　真正面から見た図(**立面図**)が三角形で，真上から見た図(**平面図**)が四角形だから，この立体は四角錐である。

2　**(作図，式による証明，関数$y=ax^2$)**

1　(着眼点)△ABCが辺ACを斜辺とする直角三角形となるということは，∠ABC=90°ということであり，点Cは点Bを通る直線ABの垂線上にある。　(作図手順)次の①～②の手順で作図する。　①　線分ABを延長し，点Bを中心として，直線ABと交わるように円を描く。　②　①でつくった交点をそれぞれ中心として，交わるように半径の等しい円を描き，その交点と点Bを通る直線を引き(点Bを通る直線ABの垂線)，直線ℓとの交点をCとする。

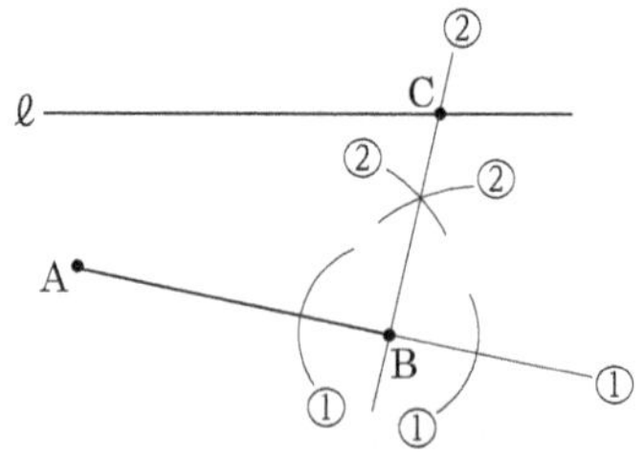

2　(1)　千の位の数をa，百の位の数をbとすると，千の位と一の位が同じ数，そして百の位と十の位が同じ数の4桁の数Nは，十の位の数がb，一の位の数がaだから，$N=1000\times a+100\times b+10\times b+1\times a$　と表すことができる。

(2)　前問(1)のNを整理すると　$N=1000\times a+100\times b+10\times b+1\times a=1000a+100b+10b+a=1001a+110b=11\times91a+11\times10b=11(91a+10b)$　となる。

3　2点A，Bは$y=ax^2$上にあるから，そのy座標はそれぞれ　$y=a\times(-6)^2=36a$　$y=a\times4^2=16a$　よって，$A(-6,\ 36a)$　$B(4,\ 16a)$　直線ABの傾きが$-\frac{1}{2}$であるということは，$y=ax^2$について，xの値が−6から4まで増加するときの**変化の割合**　$\frac{16a-36a}{4-(-6)}=-2a$　が$-\frac{1}{2}$に等しいということだから　$-2a=-\frac{1}{2}$　より　$a=\frac{1}{4}$

3　**(方程式の応用，資料の散らばり・代表値)**

1　(途中の計算)(例)A店で支払った金額とB店で支払った金額の合計は6280円なので　$150\times(1-0.2)\times x+\{150\times(50-x)-500\}=6280$　$120x+7500-150x-500=6280$　$-30x=-720$　$x=24$

この解は問題に適している。

2 (1) **度数**が最も大きい**階級**は20個以上24個未満の階級だから，アは正しくない。**最小値**が12個であることより，12個以上16個未満の階級に属する1人はいちごを12個食べたから，イは正しくない。24個以上の階級において，最も小さい度数は，32個以上36個未満の階級の2人だから，ウは正しくない。20人が食べたいちごの個数の**範囲**は，**最大値**－最小値＝39－12＝27個だから，エは正しい。

(2) (例)26個という記録は，**中央値**の25個よりも大きいから。

4 (相似の証明，円柱の体積と高さ)

1 (証明)(例)△ABCと△EBDにおいて，AB：EB＝10：5＝2：1…①
BC：BD＝8：4＝2：1…②　①，②より　AB：EB＝BC：BD…③
共通な角であるから　∠ABC＝∠EBD…④　③，④より2組の辺の比とその間の角がそれぞれ等しいから　△ABC∽△EBD

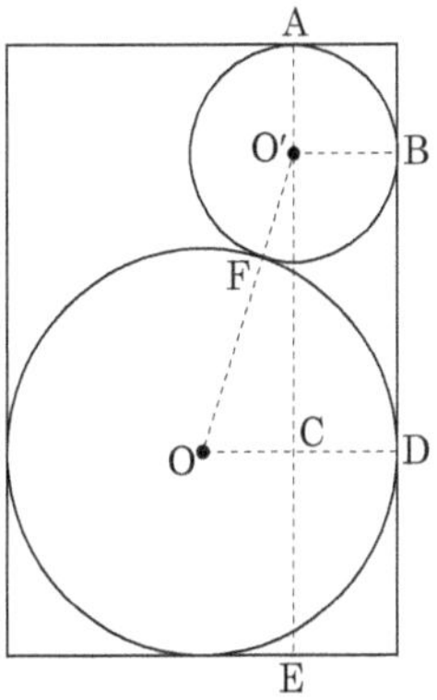

2 (1) 円柱の底面の半径は4cm，高さは8cmだから，円柱の体積＝底面積×高さ＝$(\pi \times 4^2) \times 8 = 128\pi\,\mathrm{cm}^3$

(2) △O′OCで**三平方の定理**より，$\mathrm{O'C}=\sqrt{\mathrm{O'O}^2-\mathrm{OC}^2}=\sqrt{(\mathrm{O'F}+\mathrm{FO})^2-(\mathrm{OD}-\mathrm{O'B})^2}=\sqrt{(2+4)^2-(4-2)^2}=4\sqrt{2}\,\mathrm{cm}$　よって，
円柱の高さ＝$\mathrm{AE}=\mathrm{AO'}+\mathrm{O'C}+\mathrm{CE}=2+4\sqrt{2}+4=6+4\sqrt{2}\,\mathrm{cm}$

5 (関数とグラフ，グラフの作成)

1 **(道のり)＝(速さ)×(時間)**より，あすかさんが家を出てから友人と合流するまでに歩いた距離は　毎分100m×3分＝300m，友人と合流してから忘れ物に気がつくまでに歩いた距離は　毎分60m×5分＝300mだから，あすかさんが家を出てから忘れ物に気がつくまでに歩いた距離は
300m＋300m＝600m

2 (途中の計算)(例)あすかさんが友人と合流したときから忘れ物に気がついたときまでのグラフの傾きは60であるから，xとyの関係の式は　$y=60x+b$　と表すことができる。グラフは点(3, 300)を通るから　$300=60\times3+b$　よって　$b=120$　したがって，求める式は　$y=60x+120$

3 (1) **(時間)＝(道のり)÷(速さ)**より，あすかさんが忘れ物に気がついてから家に戻るまでにかかった時間は　600m÷毎分150m＝4分，再び家を出てから学校に着くまでにかかった時間は　1800m÷毎分150m＝12分　だから，あすかさんがはじめに家を出てから学校に着くまでにかかった時間は　3分＋5分＋4分＋12分＝24分間。よって，太郎さんが家を出てから学校まで移動したようすを表すグラフは，2点(6, 0)，(25, 1800)を結んだ線分である。

(2) 太郎さんが学校に着くまでにかかる時間は　1800m÷毎分100m＝18分　だから，太郎さんが家を出てから学校まで移動したようすを表すグラフは，右図のように2点(3, 0)，(21, 1800)を結んだ線分になる。右図より，太郎さんとあすかさんがすれ違うのは，あすかさんが忘れ物に気がついてから家に戻るまでの途中である。太郎さんのグラフの傾きは100であるから，xとyの関係の式は　$y=100x+b$　と表すことができる。グラフは点(3, 0)を通るから　$0=100\times3+b$　よって　$b=-300$　太郎さんのxとyの関係の式は
$y=100x-300$…①　また，あすかさんが忘れ物に気がつい

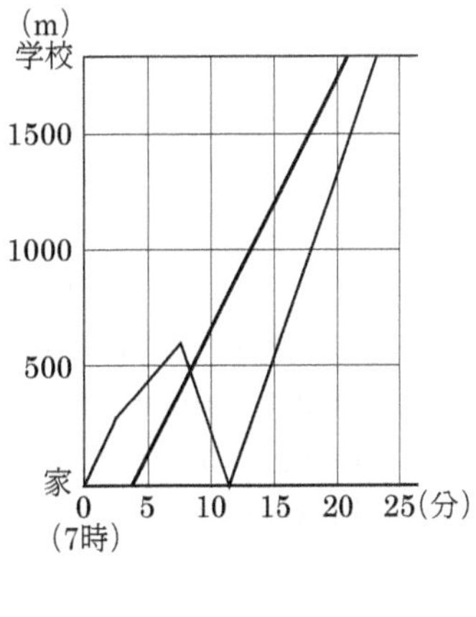

てから家に戻るまでのグラフの傾きは−150であるから，xとyの関係の式は　$y=-150x+c$　と表すことができる。グラフは点(8, 600)を通るから　$600=-150\times8+c$　よって　$c=1800$　あすかさんが忘れ物に気がついてから家に戻るまでのxとyの関係の式は　$y=-150x+1800$…②　①の右辺＝②の右辺　より，$100x-300=-150x+1800$　$x=8.4$　これを①に代入して　$y=100\times8.4-300=540$　以上より，太郎さんとあすかさんがすれ違うのは家から540mの地点である。

6 **(規則性，方程式の応用)**

1　3が書かれた円盤は，長方形状に並べられた円盤のうち，一番外側に並べられた円盤から4つの角にある円盤を除いたものだから，その枚数は　$(2m+2n-4)-4=2m+2n-8=2\times4+2\times5-8=10$枚

2　2と3が書かれた円盤の枚数は，前問1よりそれぞれ4枚と$(2m+2n-8)$枚。また，4が書かれた円盤の枚数は，縦$(m-2)$枚，横$(n-2)$枚の長方形状に並べられた円盤の枚数と考えられるから，$(m-2)(n-2)$枚。以上より，円盤に書かれた数の合計は　2×4枚$+3\times(2m+2n-8)$枚$+4\times(m-2)(n-2)$枚$=4mn-2m-2n=4\times5\times6-2\times5-2\times6=98$

3　(途中の計算)(例)円盤に書かれた数の合計は　$2\times4+3\times4(x-2)+4\times(x-2)^2=4x^2-4x$　これが440になるから　$4x^2-4x=440$　$x^2-x-110=0$　$(x+10)(x-11)=0$　$x=-10$，$x=11$　$x\geqq3$より，$x=11$

4　$m=a+1$，$n=b+1$のとき，4つの角にある円盤の中心を結んでできる長方形は，縦が2cm×m枚−2cm$=2m-2=2(a+1)-2=2a$cm，横が2cm×n枚−2cm$=2n-2=2(b+1)-2=2b$cmだから，その面積は$2a\times2b=4ab\text{cm}^2$　これが780cm^2になるときだから　$4ab=780$　$ab=195$…(1)　$2\leqq a<b$において(1)を満足するa，bの値の組は，$(a, b)=(3, 65)$，$(5, 39)$，$(13, 15)$の3通りある。また，4が書かれた円盤の枚数は，前問2より　$(m-2)(n-2)=(a+1-2)(b+1-2)=(a-1)(b-1)$枚　これが最も多くなるのは$(a, b)=(13, 15)$のときで，そのときの4が書かれた円盤の枚数は　$(13-1)(15-1)=168$枚

＜英語解答＞

1　1 (1) イ　(2) イ　(3) エ　2 (1) ① ア　② イ　(2) ① ウ　② ア　3 (1) teamwork　(2) Friday　(3) leg　(4) voice

2　1 (1) イ　(2) エ　(3) ア　(4) ウ　(5) ウ　(6) ア
2 (1) エ→イ→ア→ウ　(2) ウ→ア→エ→イ　(3) イ→エ→オ→ウ→ア

3　1 (例)ギターの音　2 ウ　3 ウ→イ→ア　4 (例)将来，世界中を旅して，多くの人々に自分の国(ペルー)について伝えること。

4　1 (1) (例1)water and air are clean　(例2)we have clean water and air
(2) (例1)many people are kind　(例2)there are many kind people
2 (1) ① (例1)Let's have lunch together.　(例2)Shall we eat lunch?
② (例1)Do you want to eat some sandwiches?　(例2)Would you like one of my sandwiches?　(2) (例1)I like school lunch better. I don't have to bring lunch every day and my parents will be happy. I can also eat several kinds of food. It is very healthy. I look forward to the school lunch menu

every month. (例2)I like box lunch better because I can eat my favorite foods. I always feel happy when I see my lunch. I sometimes make my own lunch. It takes time but it's fun.

5 1 (例)(友子と絵美が)毎朝一緒に走ること。 2 (例1)you won't be (例2)you will not be 3 (例)人生における真の勝者とは，他人のことを気にかけることができる人 4 ア，エ

6 1 イ 2 ① (例)空気中の水分を補える ② (例)水を十分に得られない 3 ウ 4 エ

＜英語解説＞

1 (リスニング)

放送台本の和訳は，47ページに掲載。

2 (語句選択，語句整序)

1 (全訳) 私は動物が好きなので，私の夢は動物園で働くこと$_{(1)}$です。私は，パンダが世界のすべての動物の中で$_{(2)}$最もかわいいと思います。私たちは日本の上野動物園でそれらを$_{(3)}$見ることができますが，中国には多くのパンダがいます。いつか私はそれらと一緒に時間を$_{(4)}$過ごすためにそこへ行って，パンダについて学びたいです。しかしながら，私は中国に$_{(5)}$行ったことがありません。だから私はこの夏休み$_{(6)}$の間に，中国語を勉強するつもりです。

(1) 主語の My dream は3人称単数。

(2) 直前の the と直後の of から，**＜the＋最上級＋of ～＞「～の中で最も…」**の形と考える。

(3) can は助動詞なので，あとの動詞は原形。

(4) アは「去る，残す」，イは「救う，節約する」，エは「見る」という意味。

(5) 現在完了＜have＋過去分詞＞の形。**have been to ～＝「～に行ったことがある」**

(6)「(特定の期間)の間に」を意味する，アの during が適切。イは接続詞であり，あとに＜主語＋動詞～＞がくるので不適。ウは「～以来，～から」，エは「(2つのもの)の間に」の意味。

2 (1) (My sister was writing a letter)in English.「私の姉[妹]は英語で手紙を書いていました」となる。「～していました」を意味する，過去進行形＜was[were]＋-ing形＞の文。

(2) Ms. Brown(told her students to go)to the gym.「ブラウン先生は生徒たちに，体育館に行くように言いました」となる。語群の told は tell の過去形なので，**＜tell＋人＋to ～＞「(人)に～するように言う」**の文と考える。

(3) (Who will take care of)the dog?「だれがそのイヌの世話をするつもりですか」となる。**疑問詞 who が主語**なので，**直後に動詞を続ける。take care of ～＝「～の世話をする」**

3 (対話文読解問題：語句解釈，適語選択，文整序)

(全訳) 綾子 ：今日のコンサートは楽しかったわね，カミラ。私は特に，ギターの音が気に入ったわ。

カミラ：そう？ 私も$_{(1)}$それがとても気に入ったわ。

綾子 ：カミラ，質問があるの。演奏者の1人が箱に座っていたわね。彼はそれを手や指で叩いて，ときどきそれを(A 蹴っていた)わ。あなたはその箱が何か知ってる？

カミラ：ああ，それはペルーで人気のある楽器よ。カホンと呼ばれているわ。カホンはスペイン語

で「箱」という意味よ。

綾子　：彼はそれに座っていたから，私は最初，それは(B いす)だと思ったわ。

カミラ：カホンは打楽器の一種で，演奏するときはそれに座るの。カホンの背面には大きな穴があって，音はそこから出てくるのよ。

綾子　：ほんとう？　私にはその穴は見えなかったわ。それは新しい楽器なの？

カミラ：いいえ，ちがうわ。カホンには歴史があるのよ。昔，ペルーの奴隷は音楽を愛していたけれど，楽器を持つことが許されなかったの。(ウ)だから彼らは，何か演奏するものを探したわ。→(イ)そして彼らは，木でできた箱を見つけたのね。→(ア)彼らはそれらを，音楽のために使い始めたわ。 このようにして，カホンは生まれたのよ。

綾子　：なるほど。それを演奏するのは簡単なの？

カミラ：ええ，簡単よ。手や指やかかとを使って音を出せるわ。

綾子　：それはいいわね！　ところで，あなたはなぜカホンについてよく知っているの？

カミラ：私の祖母がこのことを教えてくれたのよ。今では，私は自分自身の歴史や文化について知ることは，とても重要だと思っているわ。私は将来，世界中を旅して，多くの人々に自分の国について伝えたいの。

綾子　：わあ，あなたは(2)すばらしい夢を持っているのね！　カミラ，私は世界中のより多くの人々に，日本について知ってもらいたいわ。私は自分の国についてもっと学ぶべきね。

1　下線部を含む文は「私もそれがとても気に入った」という意味。綾子は直前の発言で I especially loved he sound of the guitars. と言っているので，「ギターの音」を指す。

2　A　空所の直後にある it は，box「箱(＝カホン)」を指す。カミラは 5 番めの発言で「手や指やかかとを使って音を出せる」と言っているので，kicked「蹴った」が適切。　B　文の前半に「彼はそれに座っていた」とあるので，chair を入れて「最初，それはいすだと思った」とするのが正しい。

3　空所の直後の文より，カホンが生まれた経緯を説明しているとわかる。何か演奏するものを探して(ウ)，木でできた箱を見つけ(イ)，それらを音楽に使い始めた(＝楽器として演奏し始めた)(ア)という流れ。

4　下線部は「すばらしい夢」という意味なので，直前でカミラが言っている I want ～「私は～したい」の部分を指す。travel は「旅する」，around the world は「世界中」，in the future は「将来」という意味。

4　(英作文)

1　(全訳)

私の町

私はほんとうに私の町が好きです。それにはいくつかのよい点があります。まず，私の町は自然が豊かです。ここでは，(1)(例1)水や空気がきれいです／(例2)きれいな水や空気があります。さらに，夜には星が美しいです。第2に，食べ物がおいしいです。私の町は米で有名です。第3に，(2)(例1)多くの人が親切です／(例2)多くの親切な人がいます。もしあなたが私の町に来たら，きっと幸せになると思います。

(1)　メモの「水や空気がきれい」の項目を英語にする。「きれいな」は clean で表すとよい。

(2)　メモの「親切な人が多い」の項目を英語にする。「親切な」は kind で表す。

2　(全訳)

ジェーン：私はとてもお腹がへったわ。だいたい正午ね。①(例1)一緒に昼食を食べましょう。／

(例 2)昼食を食べましょうか？

華　　　：ええ，そうしましょう。私もお腹がへったわ。

～10 分後～

華　　　：私は今日，おにぎりを持ってきたわ。

ジェーン：わあ！　とてもおいしそうに見えるわね。私はサンドイッチを作ったの。②(例1)あなたはいくらかサンドイッチを食べたい？／(例2)私のサンドイッチを 1 ついかが？

華　　　：ええ。ありがとう！　それなら私はあなたに，私のおにぎりを 1 つあげるわ。

ジェーン：あら，ありがとう。ところで，私たちはふだん，給食を食べるわね。弁当と給食では，あなたはどちらのほうが好き？

(1)　①　直後で華が Yes, let's. と答えていることから，**Let's ～.**「～しましょう」の文か，ほぼ同じ意味を表す **Shall we ～?**「～しましょうか」の文を入れるのがよい。　②　絵の様子から，ジェーンが華にサンドイッチをすすめているとわかる。例2の **Would you like ～?** は「～はいかがですか」という意味で，食べ物[飲み物]をすすめるときによく用いられる。

(2)　まず，弁当と給食ではどちらのほうが好きかを明確にして，あとに理由を続ける。1 文めは I like ～ better(than ….)「私は(…より)～のほうが好きです」の文にするとよい。解答の意味は以下の通り。(例1)「私は給食のほうが好きです。私が毎日，弁当を持ってくる必要がないので，両親は喜ぶでしょう。また，いくつかの種類の食べ物を食べることもできます。それはとても健康的です。私は毎月，給食の献立を楽しみにしています」（例2)「好きな食べ物を食べることができるので，私は弁当のほうが好きです。私は自分の弁当を見ると，いつも幸せな気分になります。私はときどき自分の弁当を作ります。時間がかかりますが，楽しいです」

5 **(長文読解問題・エッセイ：語句解釈，条件英作文，内容吟味，内容真偽)**

私の名前は絵美です。私は中学校の3年生です。私の姉の友子は高校生です。彼女はとてもかしこく，スポーツも得意です。彼女は何でも私より上手にできます。彼女は完ぺきです。だから，私は彼女のことが，この前の長距離走大会までは好きではありませんでした。

私は中学校の長距離走大会が好きではありませんでした，なぜなら私はいつも最後の走者だったからです。ある日，私は母と友子に，「私は今年，長距離走大会に行かないわ」と言いました。母は，「どうして？　これが最後の年じゃない。行くべきよ」と言いました。私は，「私はまた最後になると思うわ」と答えました。すると友子が，「うーん……，私に(1)考えがあるわ。私たちが毎朝一緒に走ればいいと思うの，絵美。長距離走大会の前にまだ 2 週間あるわ」と言いました。私は言いました。「あなたと一緒に2週間，毎朝走るの？　そんなことしたくないわ」「あなたはまた最後になりたいの，絵美？　私があなたと一緒に走るわ。だいじょうぶよ」「ほんとうに？　わかったわ。やってみる」と私は答えました。

その次の朝から，私たちは走り始めました。私はそんなに速く走ることができませんでしたが，友子がいつも私と一緒に走って，たくさんのこと──彼女の学校生活，友達，子どもの頃の思い出などです──について話しました。少しずつ，私は友子と走ることが楽しくなり始めました。ある日，友子が私に言いました。「10年前に両親と動物園に行ったとき，私たちは迷子になったわね。あなたはそれを覚えてる？　私がとても疲れて歩くのをやめたら，あなたが私を見て，私の手を引いたのよ」「私が？」と私はたずねました。「ええ，あなたが。あなたは私と一緒に歩いて，私たちは両親を見つけることができたの。とてもうれしかったわ」

とうとう，長距離走大会の日がやって来ました。スタートラインで，私は逃げ出したくなりました。そのとき，私は友子を見つけました。彼女は，「絵美，毎朝練習したんだから，あなたは最後の走者にならないでしょう。あなたにはできるのよ！」と言いました。私は深く呼吸しました。

「用意，スタート！」　私は走り続けました……，しかし他の生徒のほうが私よりも速かったのです。私の後ろに走者は 1 人も見えませんでした。私はとても疲れて，ほとんどあきらめそうになりました。突然，私の前で，1人の生徒が転倒しました。私は，「私は最後の走者にならないわ！」と思いました。そのとき，私は子どもの頃の思い出を思い出しました。私は立ち止まって，手を差し伸べて，その生徒の手を引きました。私は彼女と一緒に走って，一緒にゴールに着きました。

帰宅して，私は友子に言いました。「私はまた最後の走者だったわ。ごめんなさい」「ああ，それは言わないで。私はあなたを誇りに思っているの。みんながあなたに大きな拍手をしたわ。彼らはあなたの親切な行動に感動したの。私は，人生における真の勝者は，他人のことを気にかけることができる人だと思うわ。(2)私にとっては，あなたが勝者よ。」「私が？　それなら，あなたも勝者よ，友子。あなたは毎朝早く起きて，私と走ったわ。あなたはいつも私のことを気にかけてくれるもの！」　友子と私はお互いを抱きしめました。

1　直後の文の内容を指す。

2　空所を含む部分は，長距離走大会のスタートラインに立つ絵美に，友子がかけた言葉。絵美をはげます内容と考えられるので，「最後の走者にならない」という否定文になる。また，長距離走大会の結果が出るのは先のことなので，未来の文にする。したがって you will not[won't] be のようにするのがよい。**won't は will not の短縮形**。またこの部分は本文第 2 段落半ばの絵美の発言，I think I will be last again.「私はまた最後になると思います」に対応している。

3　下線部の直前の文が理由となる。true は「真の，本当の」，winner は「勝者」という意味。**who** はここでは**主格の関係代名詞**で，who 以下が**名詞**(person)**を後ろから修飾する**。care about ~ は「~を気にかける，~を気づかう」。

4　各選択肢の意味は以下の通り。誤答については，下線部が誤っている部分。　ア 「友子は完ぺきだったので，絵美は長距離走大会より前，友子が好きではありませんでした」(○)　本文第 1 段落の内容に合う。　イ 「絵美は速く走れなかったので，友子は絵美と走ることをあきらめました」(×)　本文第3段落2文め参照。友子はいつも絵美と一緒に走った。**give up は「あきらめる」**。　ウ 「長距離走大会が始まる前，絵美は友子を見つけることができませんでした」(×)　本文第4段落3文め参照。絵美は友子を見つけている。　エ 「絵美は長距離走大会で，生徒を助けるために走るのをやめました」(○)　本文第5段落の内容に合う。　オ 「絵美が長距離走大会で1位をとったので，友子はうれしく思いました」(×)　本文第6段落前半を参照。絵美は最下位だった。　カ 「友子は，早く起きることが長距離走大会で勝つには重要だと言いました」(×)　本文にそのような記述はない。

6 (長文読解問題・説明文：適語選択，語句解釈，文の挿入，内容真偽)

あなたはクモが好きですか？　あなたたちのほとんどは，「いいえ」と答えるでしょう。クモが突然現れたら，あなたは怖がるかもしれません。あなたは，クモは危険だと考え，それらから逃げたくなるかもしれません。でもちょっと待ってください！　クモは[驚くべき]生き物です。

あなたは，クモがクモの巣を作ることを知っていますね。クモの巣はクモの糸でできており，多くのものを捕えることができます。あなたは水滴に覆われたクモの巣を見たことがありますか？　そう，クモの糸は空気中の水分を捕えることができるのです。科学者たちはクモの糸のすばらしい力を研究してきました。彼らは，それが水の問題に対する解決策になると考えました。世界のある地域では，人々は十分な水が得られません。もし彼らがクモの糸のようなものを作れば，それはそのような場所に住んでいる人々の助けになるでしょう。

クモの糸はとても細いので，私たちはそれが弱いと考えてしまいます。しかしながら，それはとてもじょうぶで軽く伸縮性があるので，私たちはそれを衣服に使いたいと考えます。しかしたくさんのクモの糸を集めることは難しいです。そこで，科学者たちは人工のクモの糸を作る方法を見つけました。ウ　これを使うことによって，すばらしい衣服を作っている会社もあります。その衣服はよりじょうぶに，そして軽くなっています。加えて，人工のクモの糸は地球と私たちの未来のためによいものです。私たちは，他の人工の繊維を作るために石油を使わなければなりませんが，人工のクモの糸を作るためには，石油に依存する必要はありません。それを使えば，私たちは石油を節約できます。このように，クモから，私たちは未来を生きる方法を学ぶことができるのです。

あなたは，クモが[驚くべき]力を持っていると気づきましたね。さて，再び同じ質問をしてもいいでしょうか。あなたはクモが好きですか？

1　ア「楽しい」(×)，イ「驚くべき」(○)，ウ「注意深い」(×)，エ「退屈な」(×)

2　下線部から 2 つ前の文の Yes, spider silk can catch water in the air. と，直後の文の In some parts of the world, people don't get enough water. の部分をまとめる。**enough** は「十分な[に]」。

3　このような問では，前後の代名詞や，語句のつながりに注意するとよい。ウに入れると，直前の artificial spider silk「人工のクモの糸」が this「これ」を指し，また wonderful clothes「すばらしい衣服」と直後の The clothes「その衣服」がつながる。

4　各選択肢の意味は以下の通り。誤答については，下線部が誤っている部分。　ア「私たちは，クモがいつも危険な場所に現れると考えます」(×)　本文第 1 段落後半を参照。「クモが危険だと考えるかもしれない」とは書かれているが，このような記述はない。　イ「クモは地球から水を得て，石油を作ることができます」(×)　クモが石油を作れるという記述はない。　ウ「私たちは地球を守るために，クモによって作られた衣服を買うべきです」(×)　本文第 3 段落で述べられているのは，クモの糸でできた衣服について。　エ「クモは私たちに，未来を生きるためのいくつかのアイデアを与えてくれるかもしれません」(○)　本文第 4 段落の内容に合う。

2019年度英語　放送を聞いて答える問題

〔放送台本〕

これから聞き方の問題に入ります。問題用紙の四角で囲まれた1番を見なさい。問題は1番，2番，3番の三つあります。

最初は1番の問題です。問題は(1)から(3)まで三つあります。英語の対話とその内容についての質問を聞いて，答えとして最も適切なものをア，イ，ウ，エのうちから一つ選びなさい。対話と質問は2回ずつ言います。では始めます。

(1)の問題です。　*A:* I'll go to the sea with my family tomorrow.
B: Sounds nice. It is raining hard now, but the news says it will be cloudy tomorrow.
A: Oh, really? I hope it will be sunny.
質問です。　*Q:* What does the news say about tomorrow's weather?

(2)の問題です。　*A:* Tom, I found your watch under your bed.
B: Thank you, Mother. Where is it now?

A: It's on your desk.
質問です。　*Q:* Where did Tom's mother find his watch?
(3)の問題です。 *A:* Excuse me. I want to buy a present for my sister.
B: How about these dolls? The large dolls are 28 dollars and the small dolls are 10 dollars.
A: I have only 20 dollars. My sister will like this one with a hat. I'll take this.
質問です。　*Q:* Which doll will the woman buy for her sister?

〔英文の訳〕
(1)　A：私は明日，家族といっしょに海に行くつもりです。
B：いいですね。今は激しく雨が降っていますが，ニュースは明日はくもると言っています。
A：おや，ほんとうですか？　晴れるといいのですが。
Q：ニュースは明日の天気について何と言っていますか？
(2)　A：トム，あなたの時計をベッドの下で見つけましたよ。
B：ありがとう，お母さん。それは今どこにあるの？
A：あなたの机の上よ。
Q：トムのお母さんはどこで時計を見つけましたか？
(3)　A：すみません。私は姉[妹]のためにプレゼントを買いたいです。
B：これらの人形はどうですか？　大きい人形は28ドルで，小さい人形は10ドルです。
A：私は20ドルしか持っていません。姉[妹]はこの，帽子をかぶったものを気に入るでしょう。これをいただきます。
Q：女性はどの人形を姉[妹]のために買うでしょうか？

〔放送台本〕
次は2番の問題です。問題は(1)と(2)の二つあります。英語の対話とその内容についての質問を聞いて，答えとして最も適切なものをア，イ，ウ，エのうちから一つ選びなさい。質問は問題ごとに①，②の二つずつあります。対話と質問は2回ずつ言います。では始めます。
(1)の問題です。
Mika: Hi, Peter. What are you reading?
Peter: Hi, Mika. I am reading the travel magazine about this city. Next week, my parents will come to Japan, so I am looking for places to go with them.
Mika: That's nice. What are they interested in?
Peter: Well, they are interested in the history and culture of Japan.
Mika: Have you visited the old castle? It's very famous.
Peter: Yes. We have visited it before.
Mika: Then, how about the city museum? You can see many historical things there and you can also wear kimonos. A lot of people from other countries enjoy taking pictures of themselves.
Peter: Wow, that's interesting. We will go to the museum. Thank you very much.
Mika: You're welcome.

①の質問です。 What is Peter looking for?

②の質問です。 Where will Peter and his parents go?

(2)の問題です。

A girl: Excuse me, are you working here?

Brian: Yes, I'm Brian. This is the Information Desk. May I help you?

A girl: Oh, yes. I lost my wallet in this park. I went to the gift shop and found that I didn't have my wallet.

Brian: Will you tell me where you went today?

A girl: First, I visited the English Garden. Next, I had lunch at the restaurant near the Japanese Garden.

Brian: OK. And…?

A girl: Well.... Then, I went to the stage to see a show. During the show, I enjoyed dancing with the dancers. They taught me how to dance. It was fun. I got very thirsty, so I went to the restaurant.

Brian: And you bought something to drink there.

A girl: Yes! I had a glass of orange juice before I visited the gift shop. I'm sure my wallet is at the restaurant.

Brian: You mean the restaurant near the Japanese Garden, right?

A girl: No, no. It's near the coffee shop.

Brian: OK. Wait a minute. I'll call the restaurant.

A girl: Thank you, Brian.

①の質問です。 How did the girl get to the gift shop?

②の質問です。 What will Brian do next?

〔英文の訳〕

(1)　ミカ：こんにちは，ピーター。あなたは何を読んでいるの？

ピーター：やあ，ミカ。ぼくはこの市についての旅行雑誌を読んでいるんだ。来週，ぼくの両親が日本に来るから，彼らといっしょに行く場所を探しているんだよ。

ミカ　　：それはいいわね。彼らは何に興味があるの？

ピーター：ええと，彼らは日本の歴史と文化に興味があるね。

ミカ　　：あなたたちは古い城を訪ねたことはある？　とても有名よ。

ピーター：うん，ぼくたちは以前にそれを訪ねたことがあるね。

ミカ　　：それなら，市立博物館[美術館]はどう？　そこでは多くの歴史に関するものを見られるし，着物を着ることもできるわ。外国からくるたくさんの人々が，自分の写真を撮って楽しんでいるわよ。

ピーター：わあ，それはおもしろいね。その博物館[美術館]に行こうと思う。どうもありがとう。

ミカ　　：どういたしまして。

質問①　ピーターは何を探していますか？

㋐　訪れる場所。　イ　すてきな写真。　ウ　歴史に関するもの。　エ　買うもの。

質問②　ピーターと彼の両親はどこへ行くでしょうか？

ア　城。　㋑　博物館[美術館]。　ウ　着物の店。　エ　書店。

(2)　女の子　：すみません。あなたはここで働いていますか[ここの従業員ですか]？

ブライアン：はい，私はブライアンといいます。ここは案内所です。手助けしましょうか？
女の子　　：ああ，はい。私はこの公園でさいふをなくしました。私はギフトショップに行って，さいふを持っていないことに気づいたのです。
ブライアン：あなたが今日どこに行ったか，私に教えてくれますか？
女の子　　：最初に，私はイギリス庭園を訪れました。次に，私は日本庭園の近くにあるレストランで昼食をとりました。
ブライアン：わかりました。そして……？
女の子　　：ええと……。それから，私はショーを見るためにステージへ行きました。ショーの間，私はダンサーと踊って楽しみました。彼らは私に踊り方を教えてくれました。楽しかったです。私はとてものどがかわいたので，レストランに行きました。
ブライアン：そしてあなたは，そこで何か飲み物を買ったのですね。
女の子　　：そうです！　私はギフトショップを訪れる前に，オレンジジュースを 1 杯飲みました。きっと，私のさいふはそのレストランにあると思います。
ブライアン：日本庭園の近くにあるレストランのことを言っているのですね？
女の子　　：いいえ，ちがいます。コーヒーショップの近くにあります。
ブライアン：わかりました。少々お待ちください。そのレストランに電話します。
女の子　　：ありがとう，ブライアン。

質問①　女の子はどのようにしてギフトショップへ行きましたか？
ア　イギリス庭園　→　Ⓐ　→　Ⓓ　→　Ⓒ　→　ギフトショップ
イ　イギリス庭園　→　Ⓐ　→　Ⓔ　→　Ⓒ　→　ギフトショップ
㋒　イギリス庭園　→　Ⓑ　→　Ⓓ　→　Ⓐ　→　ギフトショップ
エ　イギリス庭園　→　Ⓑ　→　Ⓔ　→　Ⓐ　→　ギフトショップ

質問②　ブライアンは次に何をするでしょうか？
㋐　彼はコーヒーショップの近くにあるレストランに電話します。
イ　彼は日本庭園の近くにあるレストランに電話します。
ウ　彼は案内所の近くにあるギフトショップを訪れます。
エ　彼はコーヒーショップの近くにあるイギリス庭園を訪れます。

〔放送台本〕

次は3番の問題です。あなたは英語で学校新聞を作るために，サッカー部のキャプテンであるジョン(John)にインタビューをしています。そのインタビューを聞いて，英語で書いたメモを完成させなさい。英文は2回言います。では始めます。

Interviewer: John, you had a wonderful game yesterday.
John: Thank you.
Interviewer: We are happy to hear that you won the game. What was the point?
John: Teamwork! I believe teamwork is very important in soccer. Every Friday we had a meeting after practice, so we could understand each other better. That made our teamwork stronger. An important member of our team, Ken, broke his leg and couldn't play in the game. Before the game started, we told Ken that we would win. During the game, we could hear his

voice clearly, and we felt we played the game with him. His voice supported us a lot. We never gave up and finally we won! We said to Ken, “Thank you so much for your help.” I learned all the members of our team are needed.

〔英文の訳〕

インタビュアー：ジョン，昨日はすばらしい試合でしたね。

ジョン　　　　：ありがとう。

インタビュアー：私たちは，あなたたちが試合に勝ったと聞いてうれしいです。何がポイントだったのでしょうか？

ジョン　　　　：チームワークです！ぼくは，チームワークがサッカーではとても重要だと信じています。毎週金曜日，ぼくたちは練習の後にミーティングをしたので，ぼくたちはお互いのことをより理解することができました。それがぼくたちのチームワークをより強くしました。ぼくたちのチームの重要なメンバーであるケンは，脚を骨折したので試合でプレーすることができませんでした。試合が始まる前，ぼくたちはケンに，勝つつもりだと伝えました。試合の間，ぼくたちには彼の声がはっきりと聞こえて，ぼくたちは彼といっしょにプレーしているように感じました。彼の声が，ぼくたちをとても支援してくれました。ぼくたちは決してあきらめず，最終的に勝ちました！　ぼくたちはケンに，「手助けをしてくれてどうもありがとう」と言いました。ぼくは，チームのすべてのメンバーが必要とされていると学んだのです。

〔メモの訳〕

・ジョンは(1)チームワークが重要だと信じています。

・チームは毎週(2)金曜日にミーティングをしました。

・ケンは(3)脚を骨折してプレーすることができませんでした。

・ケンの(4)声がチームを支援しました。

・チームのすべてのメンバーが必要とされています。

<理科解答>

[1]　1　ウ　　2　イ　　3　ア　　4　エ　　5　燃焼　　6　組織液　　7　南中高度　　8　4.8cm

[2]　1　生態系　　2　イ　　3　カエル

[3]　1　(例)フラスコ内の液体が急に沸騰することを防ぐため。　2　イ　　3　試験管B　ウ　　試験管D　エ

[4]　1　ア　　2　150回転　　3　図3　同じ　　図4　逆　　4　エ

[5]　1　エ　　2　ア　　3　(水の方が砂に比べて)　(例)あたたまりにくく冷めにくい。　4　ウ

[6]　1　中和　　2　3.5cm^3　　3　①　$BaSO_4$　②　H_2O　　4　右図

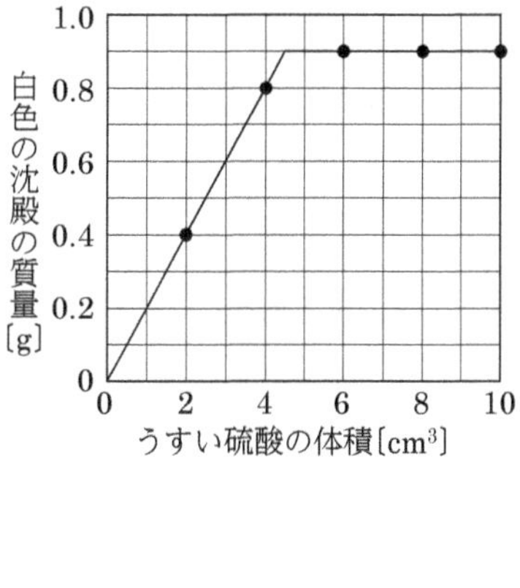

[7]　1　0.4J　　2　イ　　3　ア

8　1　エ　　2　(例)震源Rで発生した地震の方が震源が浅いので震度が大きかった。
3　震央　イ　　震源の深さ　40km

9　1　ア　　2　①　酸素　　②　二酸化炭素
③　減少　　3　ウ　　4　(例)森林が多い北半球が夏になり，光合成がさかんに行われているから。

＜理科解説＞

1　(小問集合)

1　太陽系の8つの**惑星**は，小型でおもに岩石からなるため密度が大きい**地球型惑星**(水星，金星，地球，火星)と大型でおもに気体からなるため密度が小さい**木星型惑星**(木星，土星，天王星，海王星)に分けられる。直径が最大の惑星は木星，最少は水星である。

2　1種類の原子からできている物質を**単体**，2種類以上の原子からできている物質を**化合物**という。したがって，単体の**化学式**は1種類の元素記号のみで表される。水(H_2O)，窒素(N_2)，二酸化炭素(CO_2)，アンモニア(NH_3)

3　体が1つの細胞だけでできている生物を**単細胞生物**というのに対して，体が多くの細胞からできている生物を**多細胞生物**という。

4　**放射線**は，ウランなどの放射性物質から出るが，目には見えない。物質を通りぬける透過性や，原子をイオンにする電離能がある。また，放射線には人工的につくられるものと，自然界に存在するものとがある。

5　物質と酸素との化合を**酸化**といい，このうち光や熱を出しながら激しく進むものを**燃焼**をよぶ。

6　毛細血管の壁はうすく，血液の中の液体の一部がしみ出て細胞をひたしている，この液を**組織液**といい，酸素や不要な物質は組織液に溶けこんだあと，毛細血管と細胞の間を移動する。

7　東からのぼった天体は，真南の空で最も高くなる。これを**南中**といい，このときの地平線から天体までの高さを角度で表したものが南中高度である。

8　$2(\mathrm{cm}) \times 2.4 = 4.8(\mathrm{cm})$

2　(自然界のつり合いー食物連鎖)

1　生物は，自分以外の生物との間に，さまざまな関連をもって生きている。ある環境とそこに生きている生物を1つのまとまりと見たものを**生態系**という。

2　**光合成**によって有機物をつくり出す植物を**生産者**，それを食べてエネルギーを得る草食動物と草食動物を食べてエネルギーを得る肉食動物を**消費者**，生物から出された有機物を無機物にまで分解してエネルギーを得る生物を**分解者**という。Dには，A，B，Cすべてからの有機物の流れが向いている。

3　外来種が持ち込まれる以前は，生物の数量のつり合いが保たれていたことから，バッタが増加した原因はススキが増加したからではなく，バッタを食べるカエルの数量が減少したからだと考えられる。カエルを食べるヘビが増加していないので，カエルが外来種に食べられて減少した。

3　(状態変化ー蒸留)

1　液体を加熱する実験では，液体が急に沸騰して飛び出すのを防ぐため，必ず加熱を始める前に沸騰石を入れる。

2　液体の混合物を加熱すると，**沸点**の低い物質から順に沸騰して気体に変わる。このとき温度は一定にならず，グラフには少しずつ温度が上昇するようすが現れる。エタノールの沸点は78℃，水の沸点は100℃なので，これらの混合物を加熱すると，まず，エタノールがグラフの78℃付近の温度変化が小さい部分で沸騰する。

3　Bはエタノールの沸点付近の温度で出てきた気体を冷やした液体だが，温度の上昇はわずかではあるが続いているので，少量の水がふくまれている。Dには火がつかなかったが，まだ水の沸点に達していないので，わずかにエタノールがふくまれる。

4　**(磁界と電流)**

1　電池の向きから考えて，コイルにはQ→Pの向きに電流が流れ，**磁界**から力を受けて回転する。電流が流れるときはその向きがつねにA→Bなので，LEDは赤色のみが点滅する。

2　$10(\text{回}) \times \frac{60}{4} = 150(\text{回})$

3　図3では磁石の下側がS極なので，磁石による磁界の向きは図2と同じ向きになるため，コイルの回転する向きも同じである。一方，図4では磁石による磁界の向きが図2とは逆なので，コイルの回転する向きも逆になる。

4　たとえば，棒磁石のN極がコイルに近づくときと遠ざかるときでは，コイルに流れる電流の向きは逆になる。次に，N極が遠ざかったあとにはS極が近づくので，コイルにはまずN極が遠ざかるときと同じ向きに電流が流れる。したがって，オシロスコープには同じ向きの山(または谷)が2回ずつ現れる。

5　**(天気の変化，日本の気象)**

1　日本列島が小笠原高気圧にすっぽりおおわれているので，南東の風が吹き，高温で湿度が高く，蒸し暑い夏の典型的な天気である。

2　砂は水よりもあたたまりやすいため，砂の上の空気の密度のほうが水の上の空気よりも小さくなって上昇し，水の上の空気が砂の上へ向かって移動する。

3　砂のほうが水よりも先に冷えるため，その結果，(3)では砂の上の空気のほうが水の上の空気よりも温度が低くなり，(2)とは逆の向きに空気が移動する。

4　冬の日本付近では，大陸の温度が低いのでシベリア高気圧が発達し，**西高東低**の気圧配置になる。このため，高気圧から低気圧に向かって北西の**季節風**が吹く。

6　**(酸とアルカリ－イオン，中和)**

1　**中和**では，**酸**の性質を示す水素イオン(H^+)と**アルカリ**の性質を示す水酸化物イオン(OH^-)が結びついて水(H_2O)が生じ，互いの性質を打ち消し合う。

2　メスシリンダーで液体の体積をはかるときには，液面の最も低い部分をま横から見て，1目もりの$\frac{1}{10}$まで目分量で読みとる。したがって，図の液体の体積は46.5cm³　$50.0-46.5=3.5(\text{cm}^3)$

3　硫酸(H_2SO_4)と水酸化バリウム($Ba(OH)_2$)が反応して，硫酸バリウム($BaSO_4$)と水(H_2O)が生じる。白い沈殿は水に溶けにくい物質である硫酸バリウム。

4　C，D，Eでは硫酸がすべて反応に使われたので，白い沈殿の質量は変化していない。

7　**(運動とエネルギー－力学的エネルギー，仕事)**

1　**仕事**は，物体に加えた力の大きさ(N)と，力の向きに物体が動いた距離(m)の積で求められる。
$2(\text{N}) \times 0.2(\text{m}) = 0.4(\text{J})$

2　図3より，同じ高さの点Pからレール上を下って木片を移動させた距離は，小球の質量に比例することがわかる。点Pの高さを20cmにして，質量75gの小球をレール上で移動させて木片に衝突させると，木片の移動距離は，$6(\mathrm{cm})\times\frac{75}{50}=9(\mathrm{cm})$

3　レールから飛び出した小球Aは，そのまま運動を続けて最高点Rを過ぎても移動する。

8 （地震）

1　日本付近では4枚の**プレート**が押し合っており，海のプレートが陸のプレートの下に沈み込んでいる。プレートの境界で起こる地震の**震源**は，プレートの沈み込みに沿って，太平洋側で浅く，日本海側にいくにつれて深くなる。

2　地震による岩盤の破壊が始まった地下の点が震源で，この震源の真上の地表の点を**震央**とよぶ。**マグニチュード**が等しいので，震源から震央までの距離が小さい震源Rで発生した地震のほうが震央での**震度**は大きい。

3　A，B，Cの各地点のうち，P波の到達時刻が最も早いB地点が震源に最も近い。図2を地表面と考えれば，ア～エのうちでB地点と重なるイが震央にあたる。したがって，B地点の震源からの距離が震源の深さになる。

9 （植物のはたらき－光合成）

1　Cに対するA，およびDに対するBのように，調べたいことの条件だけを変えて，それ以外の条件を同じにして行う実験を**対照実験**という。それぞれの実験結果のちがいは，条件のちがいによるものであることがわかる。

2　Cではオオカナダモに光が当たり，光合成を行った。**葉緑体**では水と二酸化炭素からデンプンなどがつくり出され，酸素が発生する。アルカリ性のBTB溶液に息を吹き込むことによって，二酸化炭素が水に溶けて中性の緑色になった。この二酸化炭素が光合成に使われたため，もとのアルカリ性にもどって溶液は青色になった。

3　AとB，CとDでいずれも光が当たるかあたらないかのちがいによる溶液の色を調べている。

4　図3より，南半球より北半球のほうに森林の多い地域が分布していることがわかる。4月から8月にかけては北半球が春から夏で，森林で光合成がさかんに行われ，大気中の二酸化炭素が使われたと考えられる。

＜社会解答＞

1　1 (1) エ　(2) イ　(3) ア　(4) イ　2 (1) モノカルチャー[経済]　(2) やませ　(3) 足利義満　(4) 憲法の番人

2　1 ア　2 ヒンドゥー[教]　3 ウ　4 エ　5 図3 (例)ホーペイ省は小麦の生産が盛んで，コワントン省は米の生産が盛んである。　図4 (例)コワンチョウは，ペキンと比較し，1年を通して，気温が高く降水量が多い。

3　1 シラス　2 イ　3 ウ　4 ウ　5 (例)宮崎県は，福島県に比べ，冬でも温暖である。そのため，宮崎県では，ビニールハウスを暖める暖房費を抑えながら，冬にきゅうりを生産することができるから。

4　1 東大寺　2 イ　3 エ　4 〔平清盛と藤原道長は〕(例)自分の娘を天皇と結婚させることで権力を強め，朝廷の政治の実権を握ったから。　5 ア　6 ウ
7 A→D→C→B→E

5 1 中華民国　2 エ　3 イ　4 イ→ア→エ→ウ　5 図1 (例)アメリカを中心とする西側諸国と，ソ連を中心とする東側諸国の対立があった。　図2 (例)ソ連の解体により，独立国となった。

6 1 (1) 配当〔配当金〕　(2) ウ　(3) エ　(4) ア　2 (1) ウ　(2) 世界人権宣言　(3) エ　(4) クーリング・オフ〔制度〕　(5) プライバシーの権利〔プライバシーを守る権利〕　(6) (例)やりたくなかった人の多くが，裁判に参加してよい経験と感じているように，裁判員制度は，司法に対する国民の理解を深めることにつながるため。

7 1 扇状地　2 ア　3 イ　4 X (例)英語や中国語などの複数の言語も表記〔しました。〕　Y (例)絵や記号なども表記〔しました。〕

＜社会解説＞

1 (地理的分野―世界地理－人々のくらし・貿易，―日本地理－気候，歴史的分野―日本史時代別－古墳時代から平安時代・鎌倉時代から室町時代，―日本史テーマ別－政治史，―世界史－政治史，公民的分野―地方自治・三権分立)

1 (1) スペイン語を母国語とする，メキシコなど中南米・カリブ海地域の出身者やその子孫でアメリカに居住する人々を**ヒスパニック**といい，メキシコとの国境付近を中心に居住している。ア・イ・ウはそれぞれ先住民族の呼び方で，アのマオリとは，ニュージーランドの，イのイヌイットとは，カナダ北部の，ウのアボリジニとは，オーストラリアの，それぞれ先住民族の名称である。

(2) **聖徳太子**が**蘇我馬子**と協力して603年に定めたのが，**冠位十二階**制度である。冠位十二階が制定される以前は，代々世襲される姓制度による身分制度となっていた。冠位十二階制度は，家柄にこだわらずに有能な人間を登用する，あるいは，特別な功績をあげた人物の働きに報いるため制定されたものである。

(3) **コロンブス**は，イタリアのジェノヴァの人だが，スペイン王の事業として大西洋の横断を実施した。コロンブスは，大西洋を横断し**西インド諸島**に到達したが，生涯そこがアジアであると考えていた。

(4) **地方自治体**の収入の格差を少なくするために，国から交付される資金のことを**地方交付税交付金**という。国税の一部を財政基盤の弱い自治体に配分し，自治体間の財政格差を補うことが目的である。

2 (1) **発展途上国**の中には，数種類の鉱産資源や農産物など特定の輸出に依存しているため，天候や価格の影響を受けやすく，それらの価格や輸出量の変動に左右され，経済が不安定になりがちな国もある。こうした経済状況のことを**モノカルチャー経済**という。

(2) 梅雨明け後に，**オホーツク海気団**より吹く，冷たく湿った北東風を**やませ**といい，北海道・東北地方の太平洋側に吹きつけ，**冷害**をもたらす。

(3) **室町幕府**の三代将軍は**足利義満**である。足利義満は幕府の初代将軍足利尊氏の孫である。父の死により，11歳で**征夷大将軍**となる。1392年には，**南朝**と**北朝**に分かれていた天皇家の再統一に成功した。将軍の座を息子に譲ってからも，実権を握り続け，明国との**勘合貿易**を始めた。金閣を建てたことでも有名である。

(4) 法律や政令が憲法に違反しているかどうかについて，最終的に判断を下すことから，最高裁判所のことを「**憲法の番人**」という。

2 (地理的分野―世界地理－地形・気候・貿易・人々のくらし・産業)

1 インドと中国の**チベット高原**の間に，西から東に走る山脈が**ヒマラヤ山脈**である。世界最高峰の山である**エベレスト**を含んでいる。

2 インドの国民の80％が信仰しているのが，**ヒンドゥー教**である。ヒンドゥー教では牛を食べない。

3 バンコクとジャカルタは，気候帯の**熱帯**に属する。赤道に近いため1年を通して気温が高い。熱帯・亜熱帯地域の広大な農地に大量の資本を投入し，例えばバナナなど単一作物を大量に栽培する大規模農法を，**プランテーション**という。栽培されるのは，輸出目的で作られる商品作物である。

4 アは，**衣類**が多いことから，中国である。乗用車の保有台数が最も多いことも，人口の多い中国に当てはまる。イは，石油製品が多く，また**ダイヤモンド**があることから，インドである。ウは，インドネシアである。インドネシアは，世界最大の**パーム油**生産国で，全世界の50％近くを生産している。パーム油とはアブラヤシという植物から採れる植物油である。残るエが，タイである。タイでは工業化が進み，機械類・自動車・石油製品の3つで輸出の半分近くを占めている。

5 図3 ホーペイ省は，小麦の生産が盛んで，米がほとんど生産されていないのに対し，コワントン省は**米**の生産が盛んで，**小麦**はほとんど生産されていない。 図4 雨温図から，コワンチョウは，降水量の多い都市だとわかる。ペキンが，冬は気温が氷点下になるのと比較し，コワンチョウは，冬でも10度を下回らないことが見てとれる。

3 (地理的分野―日本地理－地形・資源・エネルギー・農林水産業)

1 九州南部に数多く分布する，火山噴出物からなる台地を，**シラス**台地という。典型的な火砕流台地であり，シラスや溶結凝灰岩などで構成される。シラスは雨水がしみやすい，酸性の強い土壌である。

2 阿蘇**カルデラ**は，東西18kmで，南北が25kmと世界でも有数の規模を誇っている。このカルデラは，九州中部・北部を覆い尽くす4回にわたる巨大火砕流噴火の結果生じたものである。阿蘇は，地図上のイである。

3 **太陽光発電**とは，太陽の光エネルギーを電気に変えるエネルギー変換器「太陽電池」を使った発電方法である。日本で最も太陽光発電が進んでいるのは九州である。**地熱発電**とは，地中深くから取り出した蒸気で直接タービンを回し発電するものである。熊本県の南阿蘇村は，日本で有数の地熱資源が存在し，九州は地熱発電が活発に行われている。

4 アの農林水産業の割合が最も多いのは，青森県である。イの製造業の割合が最も多いのは，国内最大の自動車メーカーを県内に有する愛知県である。エの農林水産業の割合がほとんどないのが，東京都である。残るウが，沖縄県である。沖縄県は観光で成り立っているため，飲食・宿泊業の割合が多い。

5 宮崎県は，福島県に比べ，冬でも温暖であること。宮崎県では，**ビニールハウス**を利用し，冬にきゅうりやなすなどの**促成栽培**を行っていること。温暖であるため，ビニールハウスで使用する暖房費を抑えることができること。以上3点を簡潔にまとめ解答するとよい。

4 (歴史的分野―日本史時代別－古墳時代から平安時代・鎌倉時代から室町時代・安土桃山時代から江戸時代・明治時代から現代，―日本史テーマ別－文化史・政治史・外交史)

1　図1は，**聖武天皇**が造立させた**東大寺**の**大仏**(毘盧遮那仏)である。聖武天皇は，**鎮護国家**の仏教に深く傾倒し，都に東大寺を，各国に**国分寺**を作らせた。

2　Bのカードは，江戸時代の幕末の様子を説明している。アは，平安時代のことである。ウは，奈良時代のことである。エは，鎌倉時代のことである。ア・ウ・エとも時代が異なり，イが正しい。江戸時代は，**武家諸法度**により，幕府の許可なしに大名同士が結婚することが禁じられていた。

3　出雲大社の巫女といわれる**出雲の阿国**が創始した芸能が，**かぶき踊り**である。かぶき踊りは，やがて男のみの芸能である**歌舞伎**へと発展していった。

4　**平清盛**と**藤原道長**は，自分の娘を天皇と結婚させ，生まれた男子を天皇として即位させ，天皇の**外祖父**となることで権力を強め，政治の実権を握ったことを，簡潔にまとめ解答する。

5　1185年に長門国壇ノ浦で行われた戦闘が，**壇ノ浦の戦い**である。平氏の血を引く安徳天皇は，入水し，**平氏**は，**源義経**を総大将とする**源氏**の軍に敗れ，この壇ノ浦の戦いで**平氏は滅亡**した。

6　ア・イ・エは，すべて正しい。ウは，大正時代のことを説明しており，明治時代のことに当てはまらない。

7　Aは，奈良時代のことである。Bは，江戸時代末期のことである。Cは，安土桃山時代のことである。Dは，平安時代末期のことである。Eは，明治時代のことである。したがって年代の古い順に並べると，A→D→C→B→Eとなる。

5　**(歴史的分野―世界史－政治史，―日本史時代別－明治時代から現代，―日本史テーマ別－社会史・外交史・政治史)**

1　20世紀初めに，**三民主義**を唱えた**孫文**が**辛亥革命**を指導し，清朝を打倒するとともに，専制政体を倒して，アジアで最初の共和国である**中華民国**を建国した。

2　アは，1930年代の**国民精神総動員法**の説明である。イは，1950年代後半から1960年代前半にかけてのことである。ウは，明治初期の説明である。ア・イ・ウとも別の時代のことであり，エが，ⓐの時期における日本の生活や文化の説明として正しい。

3　アの，**朝鮮戦争**が起こったのは，1950年である。ウの，**シベリア出兵**が行われたのは，1918年である。エの，**日英同盟**が解消されたのは，1922年である。ア・ウ・エとも時期が異なり，イが正しい。

4　アの，**サンフランシスコ平和条約**が締結されたのは，1951年である。イの，**日本国憲法**が制定されたのは，1946年である。ウの，**沖縄の返還**は，1972年である。エの，国際連合への加盟は，1956年である。年代の古い順に並べれば，イ→ア→エ→ウとなる。

5　図1　**アメリカ**を中心とする**西側諸国**と，**ソ連**を中心とする**東側諸国**の対立があり，1980年のソ連の首都モスクワでのオリンピック開催に西側諸国は異を唱えた。西側先進国で参加辞退した国は，アメリカ・西ドイツ・日本・カナダなどである。1984年には，アメリカのロサンゼルスでのオリンピック大会に，東側諸国のソ連・東ドイツ・北朝鮮などが参加を辞退した。以上をまとめて解答する。　図2　それまでソ連の一部であった国々が，1991年の**ソ連の解体**により，それぞれ独立した共和国となり，オリンピックに参加したことを簡潔に指摘する。

6　**(公民的分野―経済一般・財政・消費生活・憲法の原理・基本的人権・三権分立・国際社会との関わり)**

1　(1)　**株式**を発行した**企業**は，利益を上げげると**株主**にそれを分配する。その分配される利益のことを**配当**(**配当金**)という。

(2) 消費税は**間接税**であり，税負担者と納税者が異なる税金である。**所得税**などが**累進課税**制をとっているのに対し，消費税では税率が一定のため，所得の低い人ほど，所得に対する税負担の割合が高くなる傾向がある。

(3) ア **インフォームド・コンセント**とは，患者が医師から，治療法などについて正しい情報を伝えられた上での合意をすることをいう。 イ **バリアフリー**とは，障害者や高齢者が生活していく際の障害を取り除き，誰もが暮らしやすい社会環境を整備するという考え方のことをいう。 ウ 様々なメディアから発信される情報の取り扱いに関する知識と能力のことを，**メディアリテラシー**という。仕事と家庭生活などとの調和を図り，充実感をもって働きながら，家庭生活や地域生活も充実させられること，またはそのための取り組みのことを，エの**ワーク・ライフ・バランス**という。

(4) **ODA**とは**政府開発援助**のことであり，開発途上国の経済・社会の発展や福祉の向上を支援するために，政府が行う資金や技術面での援助を指す。

2 (1) 2015年に**公職選挙法**が改正され，選挙権年齢が20歳から18歳に引き下げられた。

(2) 1945年に国際連合が発足し，3年後の1948年に，第3回国際連合総会で「すべての人間は，生まれながらにして自由であり，かつ，尊厳と権利とについて平等である。」とする**世界人権宣言**が採択された。

(3) **都道府県知事**の選挙権は18歳以上，被選挙権は30歳以上である。都道府県では，議会の議員も，知事も，住民の直接投票で選ばれるため，**二元代表制**といわれる。

(4) 訪問販売や通信販売などのセールスに対して，契約した後に冷静に考え直す時間を消費者に与え，一定期間内であれば無条件で契約を解除することができる制度のことを，**クーリング・オフ**制度という。

(5) 人がその私生活や私事をみだりに他人の目にさらされない権利を，**プライバシーの権利**という。現在では，名前・住所・電話番号・顔写真などの個人情報を守る権利としても考えられるようになっている。プライバシーを守る権利でも正解である。

(6) 上のグラフから，**裁判員**をやりたくなかった人が多いことがわかる。一方，下のグラフから，9割以上の人が，裁判に参加してよい経験になったと感じていることがわかる。以上2点を指摘し，裁判員制度は，司法に対する国民の理解を深めることに貢献していることをまとめるとよい。

7 **(地理的分野―日本地理－地形，歴史的分野―日本史時代別－古墳時代から平安時代・安土桃山時代から江戸時代，―日本史テーマ別－文化史，公民的分野―国際社会との関わり)**

1 河川が山地から平野や盆地に移る所などに見られる，運んできた土砂の堆積によりできた扇状の土地を**扇状地**という。

2 **杉田玄白**らが**『解体新書』**を著したのは，江戸時代であり，近世である。**鑑真**が日本に来たのは，奈良時代であり，古代である。

3 端午の端は「はじめ」という意味で，「端午(たんご)」は5月最初の午(うま)の日のことであった。現在では，5月5日がこどもの日として定着しており，田植えの時期と最も関係が深い。

4 X 改善した観光マップでは，多くの外国人がわかるように，英語・中国語・韓国語でも表記していることを指摘する。 Y 改善した観光マップでは，子供などでも，多くの人が一目でわかるように絵や記号なども表記していることを指摘する。

＜国語解答＞

[1] 1 (1) わやく　(2) つい　(3) けいしゃ　(4) はあく　(5) おごそ
2 (1) 泳　(2) 飼育　(3) 届　(4) 警備　(5) 複雑　3 (1) ア
(2) エ　(3) イ　(4) エ　(5) ウ

[2] 1 あわれ　2 イ　3 ア　4 (例)病人の鏡を八功徳水で磨き，改めて病人に鏡を見せ，病を治す　5 ウ

[3] 1 ウ　2 (例)自然の生命を取り入れて自己の生命を持続　3 イ
4 (Ⅰ) (例)群れを作りコミュニティを形成し，互いが役割を果たし協力し合うことで築かれた。　(Ⅱ) エ　5 ア

[4] 1 ウ　2 エ　3 ア　4 (例)一生懸命にお百度参りをしていたこと。
5 もう，それ～なかった。　6 イ

[5] (例)　私は，自分の意見を積極的に表現したいと考えている。文化祭の出しものを決める時、いろいろな友達が意見を出したおかげで、より良い企画になった。自分の意見が採用されると、嬉しくてやる気も出るからだ。

　自分の意見を一方的に言い張るのではなく、自分以外の考えを受け入れる気持ちを持つことも大切だ。相手も自分と同じようにその人なりの考えをもっているのだ。場合によっては控えた方がいいこともある。より良い方向に進むためには、自分の意見も相手の意見も貴重である。だからこそ、自分の考えをしっかり確立して話し合いに臨むように心がけたい。

＜国語解説＞

[1] (脱語補充，漢字の読み書き，品詞・用法，敬語，表現技巧，和歌・短歌，漢文)

1 (1) 日本語に訳すこと。　(2) 送り仮名に気を付ける。訓読みは「つい・やす」，音読みは「ヒ」。　(3) かたむいて斜めになっていること。その角度。「傾」の訓読みは「かたむ・き」で送り仮名に気を付ける。音読みは「ケイ」。　(4) 優れた能力で，要点を的確に理解すること。「把」は手でつかむ部分，の意。　(5) 静かに行儀作法通りに執り行われる様子。訓読みの送り仮名に気を付ける。

2 (1) 「泳」はさんずい。つくりの部分を「氷」にしない。　(2) 「飼」は，しょくへん＋「司」。(3) 「届」は，とだれ＋「由」。「田」にしない。　(4) 「警備」の「警」は「敬」＋「言」。(5) 「複」は偏に注意する。**ころもへん**である。「ネ」と書かない。

3 (1) 和歌の中に「桜花」とあるので，季節は春である。　(2) 「中」で結ばれているので、体言止め。「かはたれ時」は，薄暗くて「あなたは誰ですか？」と尋ねる意から，夜明け時のまだ薄暗い時分のことである。　(3) 返り点を参考にすると，漢字の読む順番は「同」→「悲」**→「不」となる。「不」は付属語の助動詞なので「ず」と平仮名で書く**ようになる。　(4) 傍線④「だ」は，断定の意味の助動詞である。アは伝聞推定の助動詞「そうだ」の一部，イは形容動詞「静かだ」の一部，ウは過去の助動詞，エは断定の助動詞である。　(5) この場合は**生徒がへりくだって先生を敬うのが適切なので謙譲語**を用いる。**「お～する」の形**がよい。尊敬語の作り方は「～られる」「お～になる」などである。謙譲語の作り方と混同しないようにしたい。

[2] (古文─大意・要旨，内容吟味，文脈把握，仮名遣い，古文の口語訳)

【現代語訳】 中国に負局という仙人がいた。この仙人は世にもまれな術を行い，人が喜ぶのを，しきりに好んでいた。あるとき，世の中の人々が，病気にかかり，ある者は死に，ある者は苦しむことどの者も例外がないように見えた。医学的処置をしても，効き目がない。ただすがることは，心を込めて天へと，それぞれが祈り申し上げるだけである。このように人々が嘆き悲しんでいるのを，負局はとても哀れだと思い，深谷へ行って，岩の間に滴り落ちる水を，八つの優れた点がある水であるからといって，自分の思った通りに八功徳水を湧き出させた。その水の色は，なんとも鮮やかで白い。この功徳水を汲んで，瓢箪に入れ，杖の両端に引っ掛けかつぎ，国々を巡り，病気にかかった人を見つけては，その病人が持っていた鏡を取り，あの功徳水をかけて磨き，あらためて病人にみせると，たちまち，病気(が治る)だけではなく，肌もきれいになり，長生きするようになったということである。病人は喜びに堪えかね，負局に贈り物をするのだが，あえて一銭も受け取りません。こうして四百余りの州を巡り，人々を助けました。だからこそ，すべての仙人の長といわれた。年月が流れていなくなったので，人々は，負局から受けた恩をお返しするために，あの八功徳水の上に神を祭る小さな社を建てて，(負局を)神として祭って敬ったということである。

1 語中・語尾の「は・ひ・ふ・へ・ほ」は現代仮名遣いで「ワ・イ・ウ・エ・オ」と読む。

2 傍線(1)の直前に「医工をほどこすといへども，しるしをえず」とあるのが理由の部分である。**「しるし」は，効果・ききめ・御利益**などの意味がある。口語訳で確認しておくこと。

3 「心」とは負局の心を指す。負局の考え・思ったことであることをふまえて選択肢を選ぶ。

4 文中の「その者のもちける鏡をとって，かの功徳水をもってみがき，あらためて病人にみせければ」が病気治療方法の説明部分になる。それ以降に効果の表れ方が示されていることからもおさえらよう。

5 負局は病気に苦しむ人々を助けた。そのために，**「四百余州をめぐり」**，そして助けられた人々が「かれが恩を謝せんために……**神に祭りてうやまへり**」という。この二つのポイントを見極めれば，適切な選択肢が選べよう。

3 (論説文―文脈把握，段落・文章構成，脱文・脱語の問題)

1 生命のふるさとから離れて生きる者を「ふるさと難民」と称している。その説明は①段落に**「海や土との関わりを絶っていきる消費者」**とあり，ここから選択肢を選べよう。

2 傍線(2)にある「この生命の大きな輪」とは，前段落の「その自然の生命を自分に取り入れることで，私たちは生命を持続させる。私たちも死ねば最後は土や海に戻り，微生物に食べられる」というサイクルのことだ。説明文の内容とほぼ一致する。したがって，空欄には，この前半部を適切にまとめればよい。

3 A・B を含む文の冒頭には**「ところが」と逆接の接続詞**がある。前文には「人間も言葉がなかった非言語の時代には，無意識の領域が大きく……」とあり，それが**「人間が言語を獲得してから」はどうなったかというと，その逆であることをおさえよう。意識の領域が大きくなる**のだ。したがって，A には意識が入る。すると意識が増えれば無意識の世界は減ってしまうのだから B には無意識が入る。

4 (Ⅰ) 人間同士の関係の構築については⑧段落に書いてある。「人々は群れをつくり，コミュニティを形成し，互いの役割を果たし合いながら力を合わせて生きていた。」という記述だ。ここを用いてまとめればよい。 (Ⅱ) ⑨段落に「自然の脅威から守られた都市という要塞に暮らすようになると，この共存関係が崩れ，コミュニティは弱体化することになる。」とある。**都市で暮らすというのが原因**であることをふまえ，指定字数にあうようまとめればよい。

5 本文は①・②で，自然と離れて生きることの問題は何かと提起され，③で「『生命体としての自分』を自覚できなくなること」という筆者の見解を述べている。そして，「生きる実感」ということを挙げ，それ以降の段落で論が展開されていく構成になっている。イの「解決策の提示」，ウの「具体的に言い換えたうえで，補足的説明」，エ「新たな視点から別の問題を提起」という部分が不適切である。

4 **(小説－情景・心情，内容吟味，文脈把握，段落・文章構成，脱文・脱語補充)**

1　傍線(1)「どうしたの！」は，「母親のおどろき」の声である。**自分は人目を避けて知られないように家を出てきたはずなのに，家にいるはずのひさしについてこられたことに驚いた**のである。

2　入れたい一文には「時間が過ぎた。」とある。**空欄の前後で時間の経過がみられる箇所に補う**のが適切である。エは，**その前が母のお百度参りの場面であり，その後は帰り道の場面**となっている。

3　母親はひさしを見つけた時に「子供が，寒い朝，しかも学校へ行く前にこんな所まで出て来てはいけない」と叱り，「自分のショールをとって，ひさしに頬被りさせると，ひさしの肩を抱えるようにして」歩いた。**ひさしが寒がらないように心を配っている**のだ。この母親の心情をふまえて選択肢を選ぶ。

4　傍線(3)にある「こう」という指示内容をおさえればよい。端的に言えば“お百度参りをしていたこと”である。これでは字数に足りないので，どのようにお参りしているのかを加えるとよい。ひさしの眼前で**母親が必死の形相・一生懸命にやっていること**を含めるようにしよう。

5　ひさしの「変化」がわかる箇所を探せばよい。後半部に「もう，それを知らないうちのひさしに戻るわけにはいかなかった。」とある。**知らなかったひさしから，知ってしまったひさしへと変化した**のである。

6　この文章は，ひさしが母親のお百度参りの様子を見ている場面が主で，その前後を含んだものである。**お百度参りの描写が丁寧**だ。ひさしが母親のことを他家の人のような気がするほどに気味悪さを覚えているが，**その異様さから読者は父親を想う母親の心中を察すること**ができる。実に間接的な表現である。また，この母親は愛情も深く，寒さの中の我が子ひさしをとても心配しているであろうことが読み取れる。アは「母親とひさしそれぞれの視点」という部分が，ウは「過去の場面にのみ会話文を使用」という部分が，エは「父親の心情」という部分があてはまらない。

5 **(作文)**

「自分の意見を伝える」というテーマで，積極的か消極的かという意識を問うている。自分はどちらであるかをまず決める。その際，体験を具体例として挙げるように求められているので，**積極的に表現して成功した例や，消極的であるからこそ良かったということを簡潔にまとめる。**どちらの立場であっても構わない。そう行動するのはどうしてなのか，自分自身の考えをアピールできればよいのだ。

それにより，**話し合いがうまくいくことや自分自身の成長に役立つといった理由が挙げられると説得力が出てよい**だろう。

MEMO

大切なことはメモしておこうネ！

解答用紙集

○月×日　△曜日　天気（合格日和）

◆ご利用のみなさまへ
＊解答用紙の公表を行っていない学校につきましては、弊社の責任において、解答用紙を制作いたしました。
＊編集上の理由により一部縮小掲載した解答用紙がございます。
＊編集上の理由により一部実物と異なる形式の解答用紙がございます。

人間の最も偉大な力とは、その一番の弱点を克服したところから生まれてくるものである。 ——カール・ヒルティ——

東京学参株式会社

※ 179％に拡大していただくと，解答欄は実物大になります。

（令 6）

数　学　解　答　用　紙　⑴

受検番号（算用数字ではっきり書くこと。）	番

得点	⑴	⑵	計

◎「得点」の欄には受検者は書かないこと。

問題		答		え	得点
1	1		2		
	3	個	4	$x =$	
	5	$a =$	6	倍	
	7	cm^3	8		
2	1				
	2	答え（ 走る距離　　m，歩く距離　　m ）			
	3				
3	1	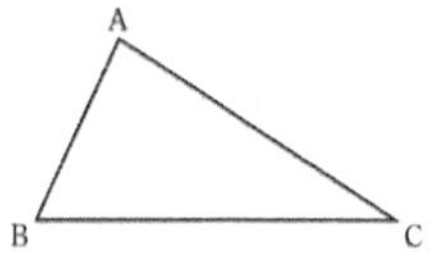	2 ⑴	cm	
			2 ⑵	cm	
	3	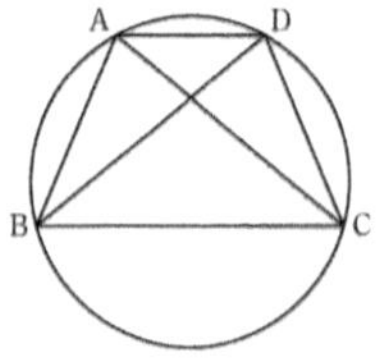（証明）			

※ 179％に拡大していただくと，解答欄は実物大になります。

（令6）

数　学　解　答　用　紙　⑵

受検番号（算用数字ではっきり書くこと。）	番
得　点	

◎「得点」の欄には受検者は書かないこと。

問題			答え	得点
4	1	⑴	分	
		⑵		
	2	⑴	通り	
		⑵		
5	1	⑴		
		⑵	①（　　　）　②（　　　）	
		⑶	答え（ a = 　　　）	
	2	⑴	①（　　　）　②（　　　）	
		⑵		
		⑶	答え（　　　秒後　）	
6	1		列	
	2		人	
	3		①（　　　）　②（　　　）　③（　　　）	

※ 179%に拡大していただくと，解答欄は実物大になります。

（令 6）

英　語　解　答　用　紙

受検番号 （算用数字ではっきり書くこと。）	番

得点計	

◎「得点」の欄には受検者は書かないこと。

問	題	答え	得点	
1	1	(1) (　　) (2) (　　) (3) (　　) (4) (　　)		
	2	(1) (　　) (2) (　　) (3) (　　)		
	3	(1) (　　) (2) (　　) (3) (　　)		
		(4) (　　) (　　)		
2	1	(1) (　　) (2) (　　) (3) (　　) (4) (　　)		
		(5) (　　) (6) (　　)		
	2	(1) (　→　→　→　) (2) (　→　→　→　)		
		(3) (　→　→　→　→　)		
	3	I recommend		
3	1	(　　)		
	2	10 20 25		
	3	10 15		
	4	(　　)		
4	1	(　　)		
	2	10 20 25		
	3	(　　) (　　) (　　)		
	4	(　　)		
	5	(　　)		
5	1			
	2	(　　)		
	3	(　　)		
	4	(1)		
		(2)		
		(3)		
	5	(　　)		
	6	10 20 30 35		

※ 179％に拡大していただくと，解答欄は実物大になります。

（令6）

理　科　解　答　用　紙

受検番号（算用数字ではっきり書くこと）	番
得点計	

◎「得点」の欄には受検者は書かないこと。

問題		答え	得点
1	1	（　　）　2（　　）　3（　　）　4（　　）	
	5	（　　）　6（　　）m	
	7	（　　）　8（　　）	
2	1	（　　）	
	2	①（　　）　②（　　）	
	3	（　　）	
	4	変化が起こる順：（　　）→（　　）→（　　）	
3	1	電気器具（　　）　電流（　　）A	
	2	時間帯（　　）　電力量（　　）Wh	
	3	（　　）	
4	1	（　　）	
	2	（　　）月（　　）日（　　）時	
	3	（　　）	
5	1	①（　　）　②（　　）	
	2	①（　　）　②（　　）	
	3	（　　）	
	4	①（　　）　②（　　）	
6	1	（　　）	
	2	①（　　）　②（　　）	
	3	古い順：（　　）→（　　）→（　　）→（　　）	
	4	①（　　）　②（　　）	
7	1	種子をつくらないグループ（　　）　つくるもの（　　）	
	2	（　　）	
	3	分類されるグループ（　　） 理由	
8	1	①（　　）　②（　　）	
	2	重力の大きさ（　　）N　浮力の大きさ（　　）N	
	3	（　　）	
	4	ようす（　　） 理由	
9	1	発生した液体が	
	2		
	3	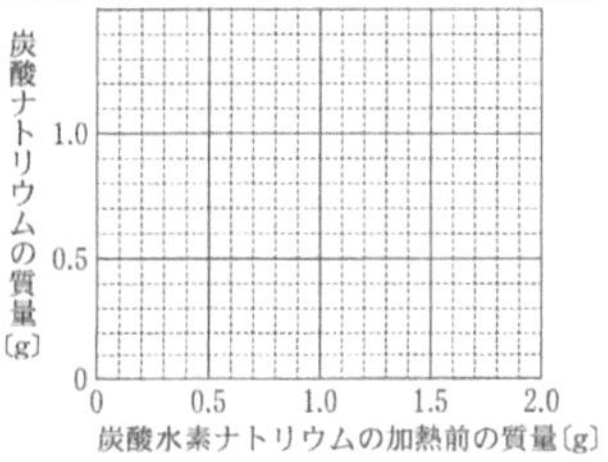 質量（　　）g	

※ 179％に拡大していただくと，解答欄は実物大になります。

（令６）

社　会　解　答　用　紙

受検番号（算用数字ではっきり書くこと。）	番
得点計	

◎「得点」の欄には受検者は書かないこと。

問題			答え	得点
1	1		(　) 2 (　) 3 (　)	
	4	(1)	(　) (2) (　)	
		(3)	(　) (4) (　)	
		(5)		
2	1	(1)	(　) (2) (　) (3) (　)	
	2		(　)	
	3		(　) 4 (　)	
	5		Ⅰ：〔こと〕	
			Ⅱ：〔から〕	
3	1		(　) 2 (　)	
	3	Ⅰ	(　) Ⅱ (　)	
	4	(1)	(　) (2) (　)	
		(3)		
	5		(　)	
4	1	(1)	(　) (2) (　) (3) (　)	
	2		Ⅰ：〔と考えられる〕	
			Ⅱ：〔と考えられる〕	
	3	(1)	(　) (2) (　)	
		(3)	(　)	
5	1		(　)〔主義〕 2 (　)	
	3		(　)〔制〕 4 (　)〔的〕	
	5	(1)	(　) (2) (　)	
	6		(　)	
	7		Ⅰ：〔の両立〕	
			Ⅱ：〔と考えられており〕	
6	1		(　) 2 (　)	
	3		(　) 4 (　) 5 (　)	
	6		Ⅰ：〔ということ〕	
			Ⅱ：〔こと〕	

※ 179%に拡大していただくと，解答欄は実物大になります。

（令6）

国語解答用紙(1)

受検番号（算用数字で横書きにはっきり書くこと。）　　番

得点	
(1)	
(2)	
計	

◎「得点」の欄には受検者は書かないこと。 5 2は「国語解答用紙(2)」を用いること。

問題		答え
1	1	(1) 創刊　(2) 車窓　(3) 裁つ　(4) 促す　(5) 捕獲
	2	(1) テれる　(2) ジュンジョ　(3) カギる　(4) ハソン　(5) エンカク
	小計	
2	1	（　　）
	2	（　　）
	3	
	4	（　　）
	5	(I) X　Y　(II)（　　）
	小計	
	得点　計	

問題		答え
3	1	（　　）
	2	（　　）
	3	
	4	
	5	（　　）
4	1	（　　）
	2	（　　）
	3	
	4	(I)　(II)（　　）
5	1	(1)（　　）　(2)（　　）　(3)（　　）　(4)（　　）　(5)（　　）

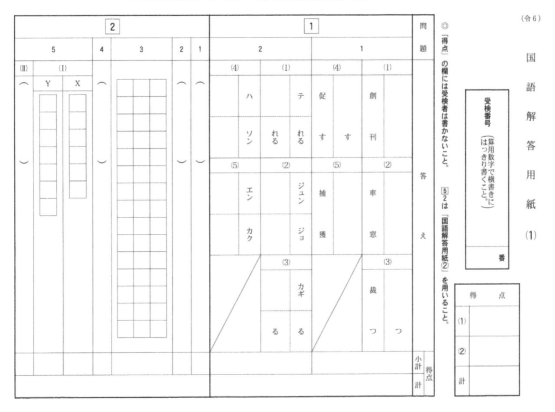

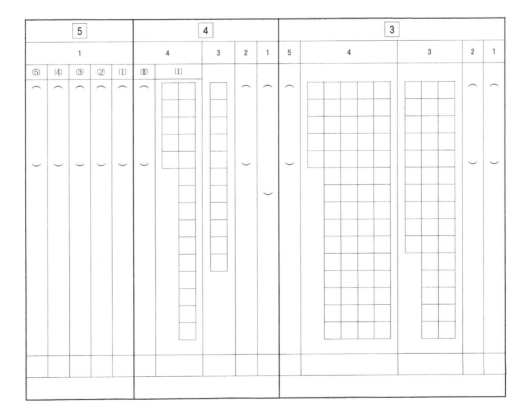

（令6）

国語解答用紙 ⑵

受検番号（算用数字で横書きにはっきり書くこと。）　番

得点	
甲	
乙	
計	

5

2

◎受検者名と題名は書かないこと。

100字

200字

240字

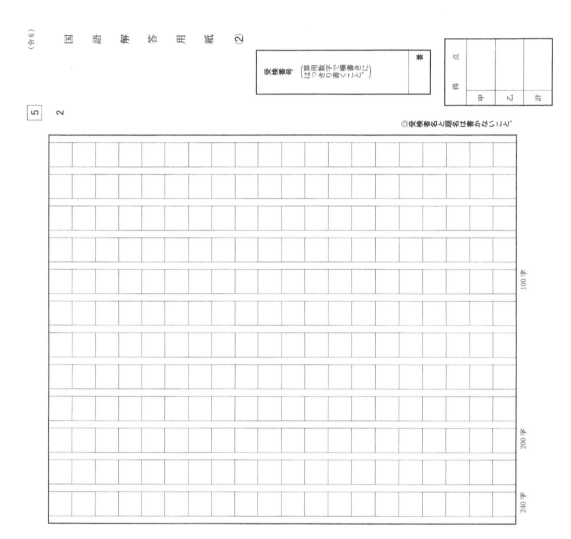

2024年度入試配点表（栃木県）

数学	1	2	3	4	5	6	計
	各2点×8	1　3点 2　6点 3　5点	2(1)　3点 3　7点 他　各4点×2	2(1)　2点 2(2)　4点 他　各3点×2	1(2),2(1) 各4点 ×2　1(3)　6点 2(3)　7点 他　各3点×2	1　3点 2　4点 3　6点	100点

英語	1	2	3	4	5	計
	2,3(4)　各3点×4 他　各2点×7	3　6点 他　各2点×9	1,4　各3点×2 他　各4点×2	1　2点 他　各3点×4	2,3　各2点×2 他　各3点×6	100点

理科	1	2	3	4	5	計
	各2点×8	2　4点　3　2点 他　3点×2 (2·4各完答)	1　2点　2　4点 3　3点 (1·2各完答)	各3点×3 (2完答)	2　3点　4　4点 他　各2点×2 (1·2·4各完答)	100点
	6	7	8	9		
	1·2　各2点×2 他　各4点×2 (2·3·4各完答)	1　3点　2　2点 3　4点 (1·3各完答)	1　2点　4　4点 他　各3点×2 (1·2·4各完答)	1　2点　2　3点 3　5点(完答)		

社会	1	2	3	4	5	6	計
	4(5)　4点 他　各2点×7	5Ⅰ·Ⅱ　4点(完答) 他　各2点×6	4(3)　4点 他　各2点×7	2Ⅰ·Ⅱ　4点(完答) 他　各2点×6	7Ⅰ·Ⅱ　4点(完答) 他　各2点×7	6Ⅰ·Ⅱ　4点(完答) 他　各2点×5	100点

国語	1	2	3	4	5	計
	各2点×10	1·2　各3点×2 3　6点　4　4点 5　各2点×3	1　3点　3　5点 4　6点 他　各4点×2	1·2　各2点×2 4(Ⅰ)　4点 他　各3点×2	1　各2点×5 2　12点	100点

※ 179%に拡大していただくと，解答欄は実物大になります。

（令5）

数　学　解　答　用　紙　(1)

受検番号（算用数字ではっきり書くこと。）	番

	(1)	(2)	計
得　点			

◎「得点」の欄には受検者は書かないこと。

問題		答		え	得　点
1	1		2		
	3		4		
	5		6	$y=$	
	7	度	8	倍	
2	1	$x=$			
	2	答え（ 使用できる教室の数　　）			
	3	①（　　）②（　　） ③（　　）④（　　）⑤（　　）			
3	1	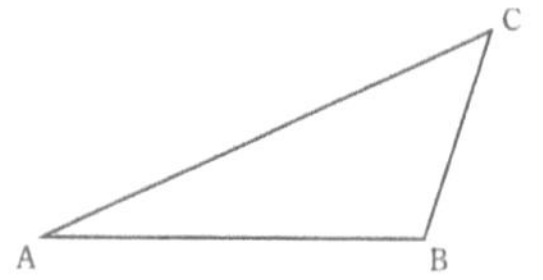	2	(1)　cm (2)　cm^3	
	3	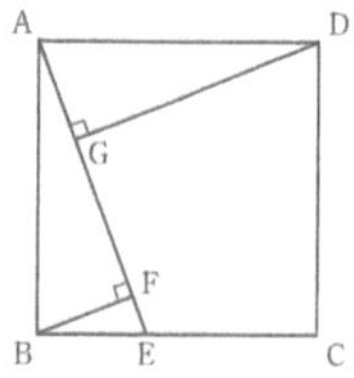（証明）			

（令５）

数　学　解　答　用　紙　⑵

受　検　番　号 （算用数字ではっきり書くこと。）	番
得　点	

◎「得点」の欄には受検者は書かないこと。

問題			答え	得点
4	1			
	2	(1)	人	
		(2)	秒	
	3	(1)		
		(2)		
5	1	(1)	⑵	
		(3)	答え（　$t=$　）	
	2	(1)	毎分　　m	
		(2)	答え（　）	
		(3)	分　　秒後	
6	1		枚	
	2		黒いタイル　　枚，白いタイル　　枚	
	3		①（　）　②（　）　③（　）	

※ 179％に拡大していただくと，解答欄は実物大になります。

(令5)

英　語　解　答　用　紙

受検番号（算用数字ではっきり書くこと。）	番
得点計	

◎「得点」の欄には受検者は書かないこと。

問	題	答え	得点
1	1	(1)（　　）　(2)（　　）　(3)（　　）　(4)（　　）	
	2	(1)（　　）　(2)（　　）　(3)（　　）	
	3	(1)（　　）　(2)（　　） (3)（　　）	
2	1	(1)（　　）　(2)（　　）　(3)（　　）　(4)（　　） (5)（　　）　(6)（　　）	
	2	(1)（　→　→　→　）　(2)（　→　→　→　） (3)（　→　→　→　→　）	
3	1	（　　）	
	2	（　　）	
	3	アリは［□□□□□□□□□□(10)□□□□□□□□□□(20)□□□□□(25)□□□］から，アリがゾウに勝つ。	
	4	（　　）	
4	1		
	2		
	3	（　　）	
	4	（　　）	
	5	（　　）	
5	1	（　　）	
	2	（　　）	
	3	□□□□□□□□□□(10)□□□□□(15)	
	4	(3) (4) (5)	
	5		
	6	（　　）	
	7		

※ 154％に拡大していただくと，解答欄は実物大になります。

（令5）

理　科　解　答　用　紙

受 検 番 号 （算用数字ではっきり書くこと。）	番
得 点 計	

◎「得点」の欄には受検者は書かないこと。

問	題	答　え	得　点
1	1	（　　　） 2 （　　　） 3 （　　　） 4 （　　　）	
	5	（　　　　　　） 6 （　　　　　　）	
	7	（　　　　　　）A 8 （　　　　　　）	
2	1	（　　　　） 2 （　　　　）Hz	
	3	砂ぶくろの重さと音の高さの関係　：　条件（　　　）と条件（　　　） 弦の太さと音の高さの関係　　　：　条件（　　　）と条件（　　　） 弦の PQ 間の長さと音の高さの関係：　条件（　　　）と条件（　　　）	
	4	①（　　　　）　②（　　　　） 波形の変化	
3	1	①（　　　　）　②（　　　　）	
	2	装置 A と装置 B の結果の比較 装置 A と装置 C の結果の比較	
	3	①（　　　　）　②（　　　　）　③（　　　　）	
4	1	（　　　）	
	2		
	3	（　　　），（　　　），（　　　）	
	4	①（　　　　）　②（　　　　）　③（　　　　）	
5	1		
	2		
	3	（　　　）	
6	1	（　　　　）J	
	2	小球の速さの大小関係：　a（　　）b　　a（　　）d　　c（　　）e	
	3	 	
7	1	（　　　　）％ 2 （　　　　）g 3 （　　　）	
	4	記号（　　　） 理由	
8	1	方法（　　　）　無性生殖（　　　　　） 2 （　　　）	
	3		
9	1	（　　　　）	
	2	記号（　　　）　時間帯（　　　　）	
	3	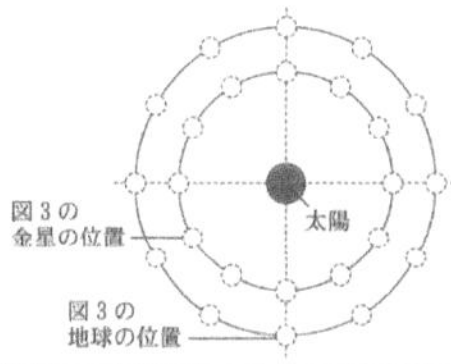 金星の画像（　　　）	
	4	（　　　）	

※ 179%に拡大していただくと，解答欄は実物大になります。

（令５）

社　会　解　答　用　紙

受検番号 （算用数字ではっきり書くこと。）	番

得点計	

◎「得点」の欄には受検者は書かないこと。

問題			答			え	得点
1	1		（　　）	2		（　　）	
	3	(1)	（　　）	(2)		（　　）	
		(3)	（　　）	(4)		（　　）	
		(5)	（　　）				
		(6)	X：			〔という特徴〕	
			Y：			〔ということ〕	
2	1		（　　）	2		（　　）	
	3		（　　）	4		（　　）〔農業〕	
	5		（　　）	6		（　　）	
	7						
3	1		（　　）	2		（　　）	
	3		（　→　→　→　）				
	4	(1)	（　　）	(2)		（　　）	
	5		（　　）	6		（　　）	
	7						
4	1		（　　）	2		（　　）〔運動〕	
	3	(1)	（　　）	(2)		（　　）（　　）	
	4	(1)	P：			〔から〕	
			Q：			〔こと〕	
		(2)	（　　）	(3)		（　　）	
5	1		（　　）〔法〕	2		（　　）	
	3		（栃木県 ―　　国庫支出金 ―　　）				
	4		（　　）	5		（　　）	
	6		（　　）〔法〕				
	7						
6	1		（　　）	2		（　　）	
	3		（　　）	4		（　　）	
	5		（　　）	6		（　　）	
	7		X：			〔こと〕	
			Y：（　　）〔%〕				
			Z：			〔こと〕	

※１７９％に拡大していただくと，解答欄は実物大になります。

（令５）

国語解答用紙（1）

受検番号（算用数字で横書きにはっきり書くこと。）	番

得点	
(1)	
(2)	
計	

◎「得点」の欄には受検者は書かないこと。　5は「国語解答用紙(2)」を用いること。

問題			答え	得点 小計	計
1	1	(1)	停止		
		(2)	模型		
		(3)	競う　う		
		(4)	逃れる　れる		
		(5)	抑揚		
	2	(1)	リョクチャ		
		(2)	フセぐ　ぐ		
		(3)	シュクフク		
		(4)	ヒタイ		
		(5)	クれる　れる		
	3	(1)	（　　）		
		(2)	（　　）		
		(3)	（　　）		
	4	(1)	（　　）		
		(2)	（　　）		
2	1		（　　）		
	2		（　　）		
	3				
	4		（　　）		
	5		（　　）		
3	1		（　　）		
	2		縄文時代の人びとは、　　　ということ。		
	3		（　　）		
	4		（　　）		
	5	(Ⅰ)			
		(Ⅱ)			
4	1		（　　）		
	2		（　　）		
	3		（　　）		
	4		（　　）		
	5				
	6				

（令5）

国語解答用紙　(2)

受検番号	（算用数字で横書きにはっきり書くこと。）	番

得点	甲	乙	計

5

◎受検者名と題名は書かないこと。

100字

200字

240字

2023年度入試配点表（栃木県）

数学	1	2	3	4	5	6	計
	各2点×8	1　3点 2　7点 3　5点(完答)	2(1)　3点 3　7点 他　各4点×2	1　3点 3(2)　4点 他　各2点×3	1(1)　2点 1(3)　7点　2(1) 3点　2(2)　5点 他　各4点×2	1　3点 2　4点(完答) 3　6点(完答)	100点

英語	1	2	3	4	5	計
	1　各2点×4 他　各3点×6	各2点×9	1,4　各3点×2 他　各4点×2	1　2点 他　各3点×4	1,6　各2点×2 7　6点 他　各3点×6	100点

理科	1	2	3	4	5	計
	各2点×8	1　2点　4　4点 他　3点×2 (3・4各完答)	1　2点　2　4点 3　3点 (1・2・3各完答)	1　2点　4　4点 他　各3点×2 (3・4各完答)	各3点×3	100点
	6	7	8	9		
	1　2点　2　3点 3　4点 (2・3各完答)	1　2点　4　4点 他　各3点×2 (4完答)	各3点×3 (1完答)	1　2点　3　4点 他　各3点×2 (2・3各完答)		

社会	1	2	3	4	5	6	計
	3(6)　4点 (完答) 他　各2点×7	7　4点 他　各2点×6	7　4点 他　各2点×7 (3完答)	4(1)　4点 (完答) 他　各2点×6 (3(2)完答)	7　4点 他　各2点×6 (3完答)	7　4点(完答) 他　各2点×6	100点

国語	1	2	3	4	5	計
	各2点×15	各2点×5	2・5(Ⅱ) 各4点×2 他　各3点×4	1　2点　5　5点 6　4点 他　各3点×3	20点	100点

※ 149%に拡大していただくと，解答欄は実物大になります。

（令4）

数　学　解　答　用　紙　(1)

受 検 番 号（算用数字ではっきり書くこと。）	番

得　点	(1)	(2)	計

◎「得点」の欄には受検者は書かないこと。

問　題			答		え	得　点
1	1			2		
	3			4	$x=$	
	5			6	cm	
	7		度	8		
2	1		$n=$			
	2		答え（ 大人　　円，子ども　　円 ）			
	3		$a=$　　，$x=$			
3	1			2	およそ　　個	
	3	(1)	第１四分位数　　日			
			第２四分位数(中央値)　　日			
			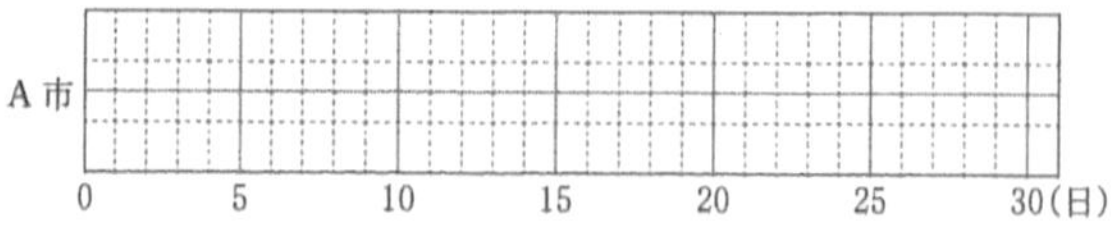			
		(2)	市			
			(理由)			

（令４）

数　学　解　答　用　紙　⑵

受検番号（算用数字ではっきり書くこと。）	番

得　点	

◎「得点」の欄には受検者は書かないこと。

<table>
<tr><th colspan="2">問　題</th><th colspan="4">答　え</th><th>得　点</th></tr>
<tr><td rowspan="4">4</td><td>1</td><td colspan="2">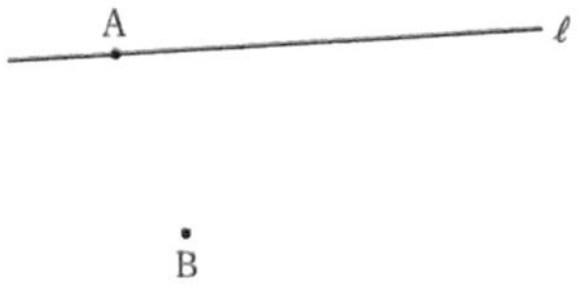</td><td colspan="2">2 ⑴ cm
2 ⑵ cm^3</td><td rowspan="4"></td></tr>
<tr><td>3</td><td colspan="4">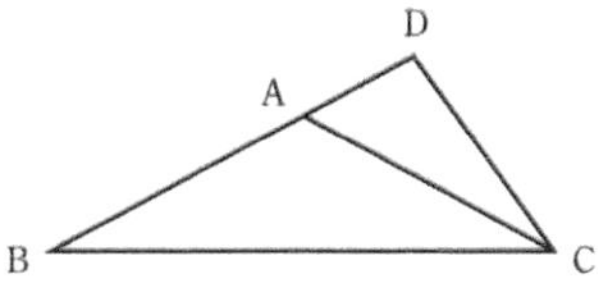（証明）</td></tr>
<tr><td colspan="5"></td></tr>
<tr><td colspan="5"></td></tr>
<tr><td rowspan="4">5</td><td rowspan="2">1</td><td>⑴</td><td></td><td>⑵</td><td>a ＝</td><td rowspan="4"></td></tr>
<tr><td>⑶</td><td colspan="3">答え（　a ＝　　　　）</td></tr>
<tr><td rowspan="2">2</td><td>⑴</td><td>kWh</td><td>⑵</td><td></td></tr>
<tr><td>⑶</td><td colspan="3"></td></tr>
<tr><td rowspan="2">6</td><td>1</td><td colspan="2">記号（　　　　），（　　　　）度目</td><td>2</td><td>回</td><td rowspan="2"></td></tr>
<tr><td>3</td><td colspan="2">Ⅰ（　　　　　　　　）</td><td colspan="2">Ⅱ（　b ＝　　　　　）</td></tr>
</table>

※ 154％に拡大していただくと，解答欄は実物大になります。

（令4）

英　語　解　答　用　紙

受検番号（算用数字ではっきり書くこと。）	番

得点計	

◎「得点」の欄には受検者は書かないこと。

問	題	答　　え	得	点
1	1	(1)（　　）　(2)（　　）　(3)（　　）　(4)（　　）		
	2	(1)（　　）　(2)（　　）　(3)（　　）		
	3	(1)（　　）　(2)（　　）		
		(3)（　　）		
2	1	(1)（　　）　(2)（　　）　(3)（　　）　(4)（　　）		
		(5)（　　）　(6)（　　）		
	2	(1)（　→　→　→　）　(2)（　→　→　→　）		
		(3)（　→　→　→　→　）		
3	1	（　　）（　　）		
	2	(1)		
		(2)		
		(4)		
	3	（　　）		
	4	□□□□□□□□□□ 10 □□□□□ / □□□□ 20 □□□□□□□□□□ 30		
	5	（　　）		
	6			
4	1			
	2			
	3			
	4			
	5	（　　）		
5	1	（　　）		
	2	（　→　→　→　）		
	3			
	4	（　　）		

※ 154%に拡大していただくと，解答欄は実物大になります。

（令4）

理　科　解　答　用　紙

受検番号（算用数字ではっきり書くこと。）	番
得点計	

◎「得点」の欄には受検者は書かないこと。

問題		答		え	得点	
1	1	（　　） 2 （　　）	3	（　　） 4 （　　）		
	5	（　　）	6	（　　）		
	7	（　　）	8	（　　）		
2	1	（　　）	2	（　　）		
	3	斑晶（　　）				
		石基（　　）				
3	1		2	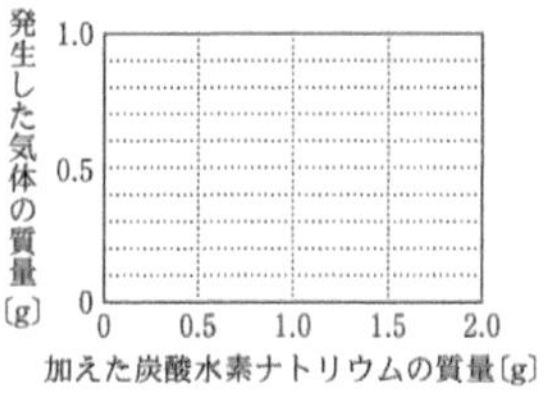		
	3	記号（　　）				
		理由		発生する気体の質量（　　）g		
4	1	（　　）mA				
	2	電圧（　　）V　電気抵抗（　　）Ω				
	3	記号（　　）　電流の大きさ（　　）A				
5	1	（　　）				
	2	①（　　）　②（　　）　③（　　）				
	3	①（　　）　②（　　）				
6	1	（　　）				
	2					
	3					
	4	（　　）				
7	1	（　　）				
	2	①（　　）　②（　　）				
	3	（　　）				
	4	①（　　）度　②（　　）度　③ 地点（　　）				
8	1	（　　）	2	（　　）		
	3	（　　）				
	4					
9	1	（　　）cm/s	2	（　　）		
	3	（　　）	4	（　　）		

※ 154%に拡大していただくと，解答欄は実物大になります。

（令4）

社　会　解　答　用　紙

受検番号（算用数字ではっきり書くこと。）	番

得点計	

◎「得点」の欄には受検者は書かないこと。

問題			答え			得点
1	1		（　）〔都市〕			
	2		（　）	3（　）	4（　）	
	5		（　）	6（　）	7（　）	
	8					
2	1	(1)	（スペイン —　ロシア —　）			
		(2)	（　）			
		(3)	（　）	(4)（　）		
		(5)	X： Y：			
	2	(1)	（　）	(2)（　）		
3	1		（　）	2（　）		
	3		（　）	4（　）		
	5		（　）	6（　）〔貿易〕		
	7					
	8		（　）〔時代〕			
4	1		（　）	2（　→　→　→　）		
	3					
	4		（　）	5（　）		
	6	(1)	（　）	(2)（　）		
5	1	(1)	（　）	(2)（　）		
		(3)	（　）			
	2	(1)	（　）	(2)（　）（　）		
		(3)	（　）			
		(4)	（ X ・ Y ）の政策に賛成			
6	1		A（　）	B（　）〔協定〕		
	2		（　）	3（　）		
	4		（　）	5（　）		
	6		X： Y：			

栃木県公立高校　2022年度
※154%に拡大していただくと，解答欄は実物大になります。

（令4）

国語解答用紙(1)

受検番号（算用数字で横書きにはっきり書くこと。）　番

得点	
(1)	
(2)	
計	

◎「得点」の欄には受検者は書かないこと。　5は「国語解答用紙(2)」を用いること。

問題		答え	得点 小計	得点 計
1	1	(1) 礼儀　(2) 健やか　やか　(3) 陳列　(4) 著しい　しい　(5) 稚拙		
	2	(1) ヒロう　う　(2) ウンチン　(3) サまし　まし　(4) コウセキ　(5) ダンショウ		
	3	（　　）		
	4	（　　）		
	5	（　　）		
	6	（　　）		
	7	（　　）		
2	1	（　　）		
	2	（　　）		
	3	（　　）		
	4	（　　）		
	5	夜道を歩いているとき、臆病な気持ちによって		
3	1			
	2	（　　）		
	3	（　　）		
	4	(Ⅰ)　(Ⅱ)		
	5	（　　）		
4	1			
	2	（　　）		
	3	（　　）		
	4	という生き方		
	5			
	6	（　　）		

(令4)

国語解答用紙 (2)

受検番号 (算用数字で横書きにはっきり書くこと。)	番

得点	
甲	
乙	
計	

5

◎受検者名と題名は書かないこと。

100字

200字

240字

300字

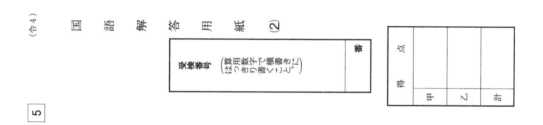

2022年度入試配点表 (栃木県)

数学	1	2	3	4	5	6	計
	各2点×8	1　3点(完答) 2　7点 3　5点(完答)	3(1)　6点(完答) (2)　4点(完答) 他　各3点×2	2(1)　3点 3　7点 他　各4点×2	1(1)　2点　1(2), 2(3)　各4点×2 1(3)　6点 他　各3点×2	1　4点(完答) 2　3点 3　6点(完答)	100点

英語	1	2	3	4	5	計
	1　各2点×4 他　各3点×6	各2点×9	4　4点 6　6点 他　各3点×6	1　2点 他　各3点×4	1,4　各3点×2 他　各4点×2	100点

理科	1	2	3	4	5	計
	各2点×8	3　4点 他　各2点×2	1　2点 2　3点 3　4点(完答)	1　2点 他　各4点×2 (2・3各完答)	1　2点 2　3点(完答) 3　4点(完答)	100点
	6	7	8	9		
	1　2点 3　4点(完答) 他　各3点×2	3　4点(完答) 4　5点(完答) 他　各2点×2(2完答)	1　2点 3　4点 他　各3点×2	1　2点 他　各3点×3		

社会	1	2	3	4	5	6	計
	8　4点 他　各2点×7	1(5)　4点(完答) 他　各2点×6 (1(1)完答)	7　4点 他　各2点×7 (4完答)	3　4点 他　各2点×6	2(4)　4点 他　各2点×6 (2(2)完答)	6　4点(完答) 他　各2点×6	100点

国語	1	2	3	4	5	計
	各2点×15	各2点×5	1・4(Ⅱ) 各4点×2 他　各3点×4	2　2点 3・6　各3点×2 他　各4点×3	20点	100点

※ 154％に拡大していただくと，解答欄は実物大になります。

（令３）

数　学　解　答　用　紙　⑴

受検番号 (算用数字ではっきり書くこと。)	番

	⑴	⑵	計
得　点			

◎「得点」の欄には受検者は書かないこと。

問　題		答		え	得　点
1	1		2		
	3		4		
	5	$c=$	6		
	7	度	8	$y=$	
	9	cm^3	10	$x=$	
	11		12		
	13	$x=$	14		
2	1	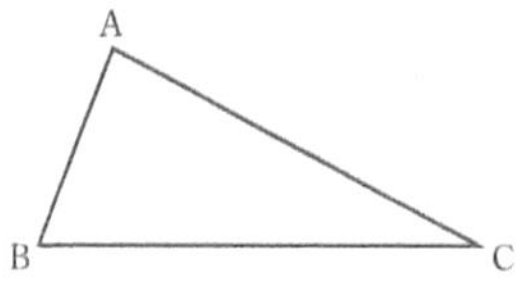	2		
			3	①（ AB＝　　　　） ②（ $a=$　　　　）	
3	1	答え（ 大きい袋　　　枚，小さい袋　　　枚 ）			
	2	⑴		分	
		⑵			
		⑶		分	

（令３）

数　学　解　答　用　紙　⑵

受検番号 （算用数字ではっきり書くこと。）	番

得　点	

◎「得点」の欄には受検者は書かないこと。

問　題		答　え	得　点
4	1	（証明） 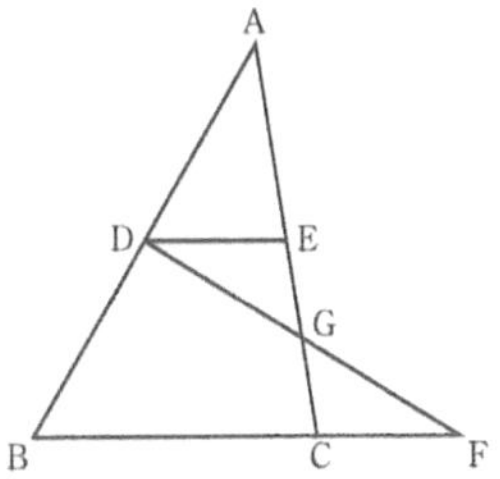	
	2	⑴　　cm　⑵　　cm^2	
5	1	cm^2	
	2	答え（　　）	
	3	$t =$	
6	1	【作り方Ⅰ】（　　）　【作り方Ⅱ】（　　）	
	2	答え（ $x =$ 　　）	
	3	①（ $n =$ 　　）　②（ $n =$ 　　）	

※ 154％に拡大していただくと，解答欄は実物大になります。

（令3）

英　語　解　答　用　紙

受検番号（算用数字ではっきり書くこと。）	番
得点計	

◎「得点」の欄には受検者は書かないこと。

問題		答え	得点	
1	1	(1) (　　) (2) (　　) (3) (　　)		
	2	(1) ① (　　) ② (　　) (2) ① (　　) ② (　　)		
	3	(1) (　　　　) (2) (　　　　) (3) (　　　　) (4) (　　　　)		
2	1	(1) (　　) (2) (　　) (3) (　　) (4) (　　) (5) (　　) (6) (　　)		
	2	(1) (　→　→　→　) (2) (　→　→　→　) (3) (　→　→　→　→　)		
3	1	(　　　) (　　　)		
	2	(1) (2) (5)		
	3	カナダと比べ日本では，□□□□□□□□□□□□(10) □□□□□□□□(20)□□□□□□□□□□(30)		
	4	(　　)		
	5	① (　　　) ② (　　　)		
	6			
4	1	(　　)		
	2	(　　　) (　　　)		
	3			
	4	① □□□□□□□□□□(10)□□ ② □□□□□□□□□□(10)□□□□□(15)□□□		
	5	(　　)		
5	1	(　　)		
	2			
	3	(　　)		
	4	(　　)		

※ 154%に拡大していただくと，解答欄は実物大になります。

（令３）

理　科　解　答　用　紙

受検番号（算用数字ではっきり書くこと。）	番

得点計	

◎「得点」の欄には受検者は書かないこと。

問題		答え	得点
1	1	（　　）	
	2	（　　）	
	3	（　　）	
	4	（　　）	
	5	（　　）	
	6	（　　）	
	7	（　　）	
	8	（　　）%	
2	1	（　　）	
	2	①（　　）　②（　　）　③（　　）	
	3	記号（　　） 理由（　　）	
3	1	（　　）	
	2		
	3	葉の表側（　　）　葉以外（　　）	
	4	記号（　　） 理由（　　）	
4	1	（　　）	
	2	①（　　）　②（　　）	
	3	コイルがつくる磁界の強さは	
5	1	（　　）	
	2	①（　　）　②（　　）　③（　　）	
	3	（　　）	
	4		
6	1	（　　）	
	2	（　　）	
	3	丸い種子の数：しわのある種子の数＝（　　）：（　　）	
7	1	（　　）	
	2	①（　　）　②（　　）	
	3		
	4	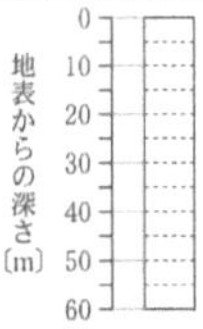	
8	1		
	2	①（　　）　②（　　）　③（　　）	
	3	記号（　　） 理由（　　）	
9	1	（　　）	
	2	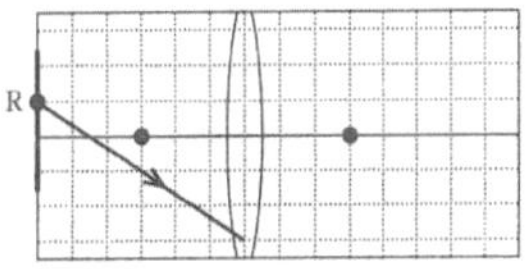	
	3	（　　）	
	4	凸レンズ（　　）の方が（　　）cm 長い	

※ 154％に拡大していただくと，解答欄は実物大になります。

（令3）

社　会　解　答　用　紙

受検番号 （算用数字ではっきり書くこと。）	番

得点計	

◎「得点」の欄には受検者は書かないこと。

問題		答え	得点
1	1	（　　　） 2 （　　　）	
	3	（　　　） 4 （　　　）	
	5	(1) （　　　）〔現象〕	
		(2) 〔ので〕	
	6	（　　　）（　　　） 7 （　　　）	
2	1	（　　　） 2 （　　　） 3 （　　　）	
	4	（　　　） 5 アフリカ州 —（　　　） ヨーロッパ州 —（　　　）	
	6	オーストラリア —（　　　）　石油 —（　　　）	
	7	〔記号〕（　　　）〔理由〕	
3	1	（　　　） 2 （　　　）	
	3	（　　　） 4 （　　　）	
	5	(1) （　　　）	
		(2)	
	6	（　　　） 7 （　→　→　→　）	
4	1	(1) （　　　） (2) （　　　）	
		(3)	
	2	（　　　） 3 （　　　）	
	4	（　　　） 5 （　　　）	
5	1	(1) （　　　） (2) （　　　） 2 （　　　）	
	3	図2： 図3：	
	4	(1) （　　　） (2) （　　　） (3) （　　　）	
6	1	（　　　） 2 （　　　）〔制度〕	
	3	(1) （　　　） (2) （　　　）	
	4	（　　　） 5 （　　　）	
	6		

栃木県公立高校　２０２１年度
※１５４％に拡大していただくと，解答欄は実物大になります。

（令３）

国語解答用紙（1）

受検番号（算用数字で横書きにはっきり書くこと。）	番

得点	
(1)	
(2)	
計	

◎「得点」の欄には受検者は書かないこと。　５は「国語解答用紙②」を用いること。

問題		答え	得点 小計	得点 計
1	1	(1) 専属　(2) 爽快　(3) 潤す　す　(4) 慰める　める　(5) 草履		
	2	(1) ギョコウ　(2) ヒキいる　いる　(3) ショウタイ　(4) チヂむ　む　(5) ジュクレン		
	3	(1)（　）(2)（　）(3)（　）(4)（　）		
	4	（　）		
2	1	（　）		
	2	（　）		
	3	（　）		
	4			
	5	（　）		
3	1	（　）		
	2	という不思議な現象。		
	3	（　）		
	4	（　）		
	5			
	6	（　）		
4	1	（　）		
	2	（　）		
	3	（　）		
	4	と考えたから。		
	5			
	6	（　）		

（令３）

国語解答用紙(2)

受検番号（算用数字で横書きにはっきり書くこと。）　　番

得点	
甲	
乙	
計	

5

◎受検者名と題名は書かないこと。

100字

200字

240字

300字

2021年度入試配点表（栃木県）

数学	1	2	3	4	5	6	計
	各2点×14	各4点×3	1　7点 2(3)　3点 他　各2点×2	1　8点 2(1)　3点 (2)　4点	1　3点 2　7点 3　5点	1　4点 2　7点 3　5点	100点

英語	1	2	3	4	5	計
	2　各3点×4 他　各2点×7	各2点×9	1,4　各2点×2 6　6点 他　各3点×6	3,5　各3点×2 他　各2点×4	1,3　各3点×2 他　各4点×2	100点

理科	1	2	3	4	5	6	7	8	9	計
	各2点×8	1　2点 2　3点 3　4点	1,2 各2点×2 他各4点×2	1　2点 2　3点 3　4点	1　2点 4　4点 他各3点×2	1　2点 2　3点 3　4点	1　2点 4　4点 他各3点×2	1　2点 2　3点 3　4点	1　2点 4　4点 他各3点×2	100点

社会	1	2	3	4	5	6	計
	5(2)　4点 他　各2点×7 (6完答)	7　4点 他　各2点×6 (5,6各完答)	5(2)　4点 他　各2点×7	1(3)　4点 他　各2点×6	3　4点 他　各2点×6	6　4点 他　各2点×6	100点

国語	1	2	3	4	5	計
	各2点×15	各2点×5	1　2点 3・4　各3点×2 他　各4点×3	1　2点 2・3　各3点×2 他　各4点×3	20点	100点

※この解答用紙は159%に拡大していただきますと，実物大になります。

（令2）

数　学　解　答　用　紙　(1)

受検番号（算用数字ではっきり書くこと。）	番

	(1)	(2)	計
得　点			

◎「得点」の欄には受検者は書かないこと。

問題		答		え	得点
1	1		2		
	3		4		
	5		6	$a=$	
	7		8	度	
	9	$x=$	10		
	11	cm^3	12	$x=$	
	13		14	およそ　個	
2	1	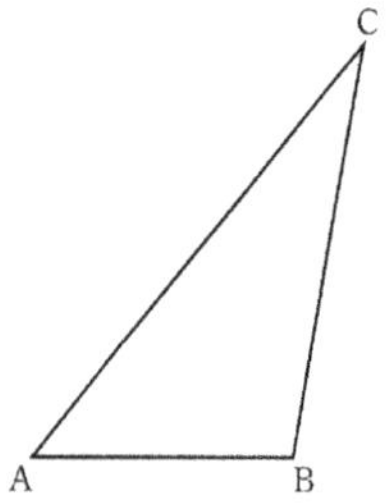	2	①（　） ②（　） ③（　）	
			3	$a=$	
3	1	答え（ A中学校　人，B中学校　人 ）			
	2	(1)			
		(2)	℃		
		(3)			

（令2）

数　学　解　答　用　紙　(2)

受検番号 （算用数字ではっきり書くこと。）	番
得　点	

◎「得点」の欄には受検者は書かないこと。

問題		答え				得点
4	1	（証明） 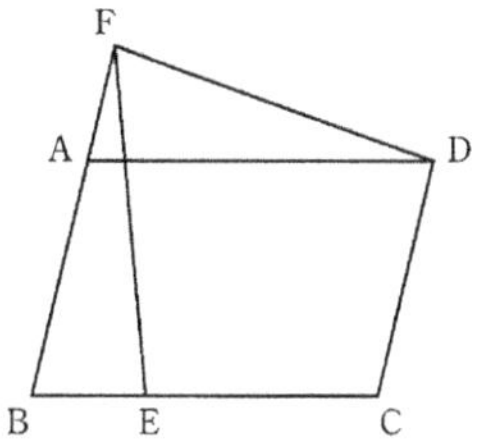				
	2	(1)	cm^2	(2)	cm^2	
5	1	倍		2	m	
	3	答え（　　　　）				
	4	分　　　秒				
6	1	番目		2	個	
	3	答え（ $n=$ 　　　　）				
	4	①（ $b=$ 　　　　）　②（ $a=$ 　　　　）				

栃木県公立高校　2020年度

※この解答用紙は159％に拡大していただきますと，実物大になります。

（令２）

英　語　解　答　用　紙

受検番号（算用数字ではっきり書くこと。）	番

得点計	

◎「得点」の欄には受検者は書かないこと。

問	題	答え	得点	
1	1	(1) (　) (2) (　) (3) (　)		
	2	(1) ① (　) ② (　) (2) ① (　) ② (　)		
	3	(1) (　) (2) (　)		
		(3) (　) (4) (　)		
2	1	(1) (　) (2) (　) (3) (　) (4) (　)		
		(5) (　) (6) (　)		
	2	(1) (　→　→　→　) (2) (　→　→　→　)		
		(3) (　→　→　→　→　)		
3	1	(　) (　)		
	2	(　)		
	3	(　)		
	4	(3)		
		(4)		
		(5)		
	5	(　)		
	6			
	7			
4	1	(　)		
	2	(　) (　) (　)		
	3	①		
		②		
	4	(　) (　)		
5	1	(　)		
	2			
	3	(　)		
	4	(　)		

※この解答用紙は159％に拡大していただきますと，実物大になります。

（令2）

理　科　解　答　用　紙

受検番号 （算用数字ではっきり書くこと。）	番

得点計	

◎「得点」の欄には受検者は書かないこと。

問題		答			え				得点
1	1	（　　）	2	（　　）	3	（　　）	4	（　　）	
	5	（　　）			6	（　　）			
	7	（　　）			8	（　　）cm/s			
2	1	（　　）			2	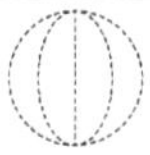			
	3	（　　）							
3	1	（　　）A							
	2	白熱電球Pの電力量（　　）Wh　LED電球の使用時間（　　）時間							
	3								
4	1	（　　）			2	（　　）			
	3	①（　　）　②（　　）							
	4								
5	1	（　　）cm^3			3	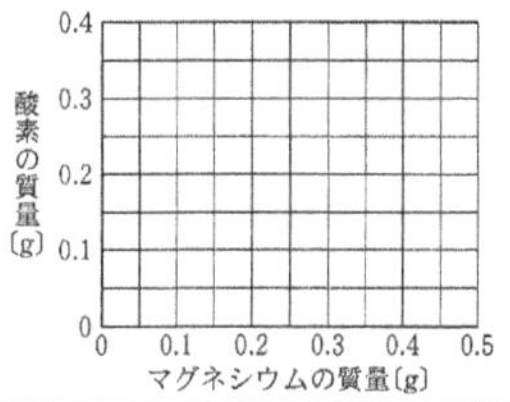			
	2								
	4	（　　）cm^3							
6	1	（　　）							
	2								
	3	（　　）秒							
7	1	（　　）g/cm^3			2	（　　）			
	3	液体（　　） 実験結果（　　）							
8	1	（　　）℃			2	（　　）g			
	3	（　　）			4	（　　）			
9	1	（　　）N			3	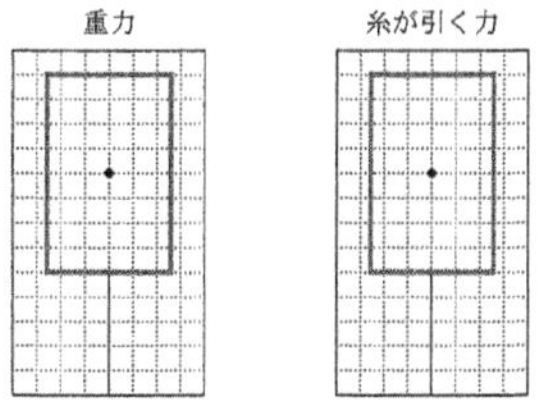			
	2	（　　）N							
	4	①（　　） ②（　　） ③（　　） ④（　　）							

※この解答用紙は159％に拡大していただきますと，実物大になります。

（令2）

社　会　解　答　用　紙

受検番号 （算用数字ではっきり書くこと。）	番

得点計	

◎「得点」の欄には受検者は書かないこと。

問題		答え	得点
1	1	⑴（　　　）　⑵（　　　） ⑶（　　　）	
	2	（　　　）	
	3	⑴（　→　→　→　）　⑵（　　　）	
	4	〔課題〕 〔特徴・成果〕	
2	1	（　　　）	
	2	（　　　）	
	3	（　　　）	
	4	（　　　）〔教〕	
	5	（　　　）	
	6	〔記号〕（　　　）　〔理由〕	
3	1	（　　　）	
	2	（　　　）	
	3	（　　　）	
	4	（　　　）	
	5	（　　　）	
	6	（　　　）	
	7		
	8	（ **A** →　→　→　→ **F** ）	
4	1	（　　　）	
	2	（　　　）	
	3	（　→　→　→　）	
	4	（　　　）	
	5	（　　　）	
	6		
5	1	（　　　）	
	2	⑴（　　　）　⑵（　　　）	
	3	（　　　）	
	4	⑴（　　　）　⑵（　　　）	
6	1	（　　　）	
	2	（　　　）	
	3	（　　　）	
	4	（　　　）	
	5	（　　　）	
	6		
7	1	（　　　）	
	2	（　　　）	
	3	（　　　）	
	4	（　　　）	
	5	**I**　〔です。〕 **II**　〔です。〕	

栃木県公立高校　２０２０年度

(令2

国語解答用紙 (1)

受検番号（算用数字で横書きにはっきり書くこと。）	番

得点	
(1)	
(2)	
計	

◎「得点」の欄には受検者は書かないこと。　5は「国語解答用紙(2)」を用いること。

問題		答え	得点 小計	得点 計
1	1	(1) 貢献　(2) 映える　(3) 承諾　(4) 背ける　(5) 赴く		
	2	(1) ケンキュウ　(2) カりる　(3) ニた　(4) フタン　(5) コウザ		
	3	(1)（　）　(2)（　）　(3)（　）　(4)（　）　(5)（　）		
2	1	（　）		
	2	（　）		
	3	（　）		
	4			
	5	（　）		
3	1	（　）		
	2			
	3	（　）		
	4	（　）		
	5	状態。		
	6	（　）		
4	1	（　）		
	2			
	3	（　）		
	4	（　）		
	5			
	6	（　）		

※この解答用紙は152％に拡大していただきますと、実物大になります。

(令2)

国語解答用紙 ⑵

受検番号（算用数字で横書きにはっきり書くこと。）	番

得点	
甲	
乙	
計	

5

◎受検者名と題名は書かないこと。

100字

200字

240字

300字

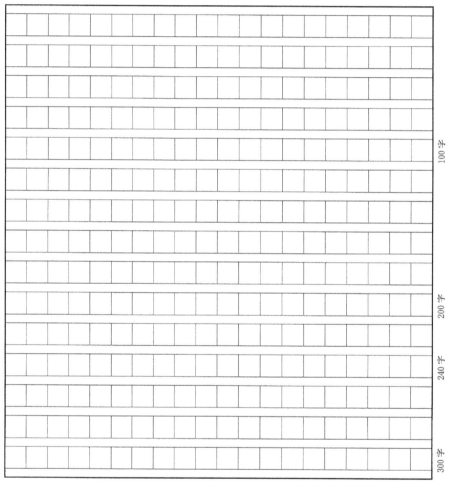

2020年度入試配点表 (栃木県)

数学	1	2	3	4	5	6	計
	各2点×14	2　3点(完答) 他　各4点×2	1　6点 2(3)　3点 他　各2点×2	1　7点 2(1)　3点 (2)　4点	3　6点 4　5点 他　各3点×2	1　2点 2　3点 他　各6点×2 (4完答)	100点

英語	1	2	3	4	5	計
	2　各3点×4 他　各2点×7	各2点×9	4・5　各3点×4 6　4点 7　6点 他　各2点×3	3　各3点×2 他　各2点×4	1　2点 他　各4点×3	100点

理科	1	2	3	4	5	6	7	8	9	計
	各2点×8	各3点×3	1　2点 2　4点 3　3点	1　2点 3　4点 他各3点×2	各3点×4	各3点×3	各3点×3	各3点×4	1　2点 3　4点 他各3点×2	100点

社会	1	2	3	4	5	6	7	計
	4　4点(完答) 他　各2点×6	6　4点(完答) 他　各2点×5	7　4点 他　各2点×7	6　4点 他　各2点×5	各2点×6	6　4点 他　各2点×5	5　4点(完答) 他　各2点×4	100点

国語	1	2	3	4	5	計
	各2点×15	各2点×5	2・5　各4点×2 他　各3点×4	2・5　各4点×2 他　各3点×4	20点	100点

※この解答用紙は159％に拡大していただきますと，実物大になります。

(平31)

数　学　解　答　用　紙　(1)

受検番号 (算用数字ではっきり書くこと。)	番

	(1)	(2)	計
得　点			

◎「得点」の欄には受検者は書かないこと。

問題		答		え	得点
1	1		2		
	3		4		
	5		6	度	
	7	$a=$	8	cm^2	
	9	$x=$　　　，$y=$	10		
	11	度	12	$x=$	
	13		14		
2	1	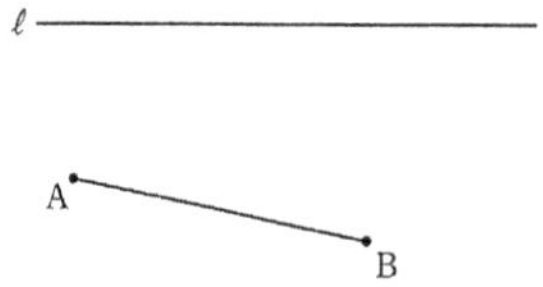	2	(1) ①（　　　） ②（　　　） (2) ③（　　　） ④（　　　） ⑤（　　　）	
			3	$a=$	
3	1	答え（　　　本）			
	2	(1)			
		(2)			

数　学　解　答　用　紙　⑵

受検番号 (算用数字ではっきり書くこと。)	番
得　点	

◎「得点」の欄には受検者は書かないこと。

<table>
<tr><th colspan="2">問　題</th><th colspan="4">答　　　　え</th><th>得　点</th></tr>
<tr><td rowspan="2">4</td><td>1</td><td colspan="4">(証明)
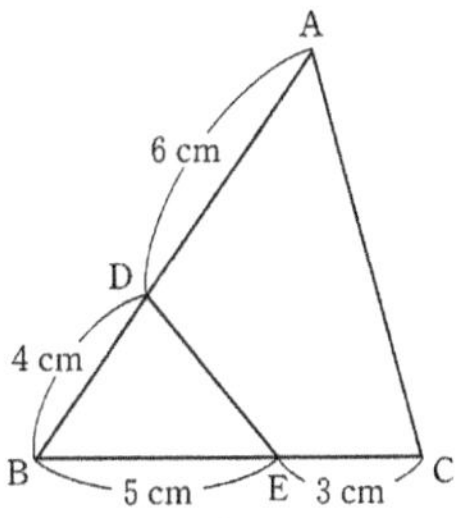</td><td rowspan="2"></td></tr>
<tr><td>2</td><td>(1)</td><td>cm^3</td><td>(2)</td><td>cm</td></tr>
<tr><td rowspan="3">5</td><td>1</td><td colspan="4">m</td><td rowspan="3"></td></tr>
<tr><td rowspan="2">2</td><td rowspan="2">答え(　　　　　　　　)</td><td rowspan="2">3</td><td>(1)</td><td>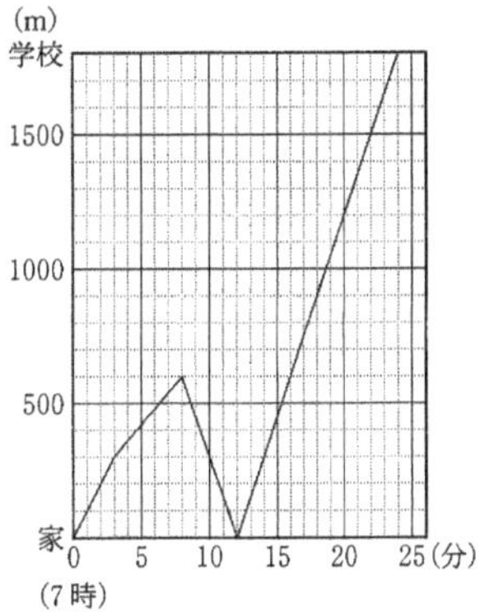</td></tr>
<tr><td>(2)</td><td>m</td></tr>
<tr><td rowspan="3">6</td><td>1</td><td>枚</td><td>2</td><td colspan="2"></td><td rowspan="3"></td></tr>
<tr><td>3</td><td colspan="4">答え(x =　　　　　　)</td></tr>
<tr><td>4</td><td colspan="4">①（　　　　）　②（　　　　）　③（　　　　）枚</td></tr>
</table>

※この解答用紙は159％に拡大していただきますと，実物大になります。

(平31)

英　語　解　答　用　紙

受検番号 (算用数字ではっきり書くこと。)	番
得点計	

◎「得点」の欄には受検者は書かないこと。

問	題	答え	得	点
1	1	(1) (　　) (2) (　　) (3) (　　)		
	2	(1) ① (　　) ② (　　) (2) ① (　　) ② (　　)		
	3	(1) (　　) (2) (　　) (3) (　　) (4) (　　)		
2	1	(1) (　　) (2) (　　) (3) (　　) (4) (　　) (5) (　　) (6) (　　)		
	2	(1) (　→　→　→　) (2) (　→　→　→　) (3) (　→　→　→　→　)		
3	1			
	2	(　　)		
	3	(　→　→　)		
	4			
4	1	(1) (2)		
	2	(1) ① (1) ②		
		(2)		
5	1			
	2			
	3			
	4	(　　) (　　)		
6	1	(　　)		
	2	① (　　) ② (　　)		
	3	(　　)		
	4	(　　)		

※この解答用紙は159％に拡大していただきますと，実物大になります。

（平31）

理　科　解　答　用　紙

受検番号（算用数字ではっきり書くこと。）	番
得点計	

◎「得点」の欄には受検者は書かないこと。

問題		答え		得点	
1	1	（　） 2 （　）	3 （　） 4 （　）		
	5	（　）	6 （　）		
	7	（　）	8 （　）cm		
2	1	（　）	2 （　）		
	3	（　）			
3	1				
	2	（　）			
	3	試験管B（　）　試験管D（　）			
4	1	（　）	2 （　）回転		
	3	図3（　）　図4（　）			
	4	（　）			
5	1	（　）	2 （　）		
	3	水の方が砂に比べて			
	4	（　）			
6	1	（　）	4 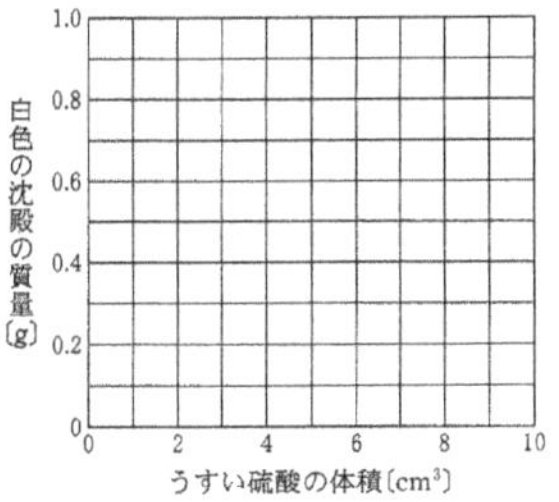		
	2	（　）cm^3			
	3	①（　） ②（　）			
7	1	（　）J			
	2	（　）	3 （　）		
8	1	（　）			
	2				
	3	震央（　）　震源の深さ（　）km			
9	1	（　）			
	2	①（　）　②（　）　③（　）			
	3	（　）			
	4				

※この解答用紙は159％に拡大していただきますと，実物大になります。

（平31）

社　会　解　答　用　紙

受検番号 （算用数字ではっきり書くこと。）	番
得点計	

◎「得点」の欄には受検者は書かないこと。

問題		答			え	得点	
1	1	(1)	（　　）	(2)	（　　）		
		(3)	（　　）	(4)	（　　）		
	2	(1)	（　　）〔経済〕	(2)	（　　）		
		(3)	（　　）	(4)	（　　）		
2	1		（　　）	2	（　　）〔教〕		
	3		（　　）	4	（　　）		
	5		図3：				
			図4：				
3	1		（　　）	2	（　　）		
	3		（　　）	4	（　　）		
	5						
4	1		（　　）	2	（　　）		
	3		（　　）				
	4		〔平清盛と藤原道長は〕				
	5		（　　）	6	（　　）		
	7		（　→　→　→　→ E ）				
5	1		（　　）	2	（　　）		
	3		（　　）	4	（　→　→　→　）		
	5		図1：				
			図2：				
6	1	(1)	（　　）	(2)	（　　）		
		(3)	（　　）	(4)	（　　）		
	2	(1)	（　　）	(2)	（　　）		
		(3)	（　　）	(4)	（　　）〔制度〕		
		(5)	（　　）				
		(6)					
7	1		（　　）	2	（　　）		
	3		（　　）				
	4	X	〔しました。〕				
		Y	〔しました。〕				

（平31）

国語解答用紙(1)

受検番号（算用数字で横書きにはっきり書くこと。）	番

得点	
(1)	
(2)	
計	

◎「得点」の欄には受検者は書かないこと。　5は「国語解答用紙(2)」を用いること。

問題		答え	得点 小計	得点 計
1	1	(1) 和訳　(2) 費やす（やす）　(3) 傾斜　(4) 把握　(5) 厳か（かな）		
	2	(1) オヨぐ（ぐ）　(2) シイク　(3) トドく（く）　(4) ケイビ　(5) フクザツ		
	3	(1)（　）　(2)（　）　(3)（　）　(4)（　）　(5)（　）		
2	1	（　）		
	2	（　）		
	3	（　）		
	4	［マス目］という方法。		
	5	（　）		
3	1	（　）		
	2	人間もまた［マス目］させ、死ぬと自然に戻るという循環の一部であるということ。		
	3	（　）		
	4	(I)［マス目］　(II)（　）		
	5	（　）		
4	1	（　）		
	2	（　）		
	3	（　）		
	4	［マス目］		
	5	［マス目］～［マス目］		
	6	（　）		

※この解答用紙は１４９％に拡大していただきますと、実物大になります。

国語解答用紙 (2)

受検番号（算用数字で横書きにはっきり書くこと。）　番

得点	
甲	
乙	
計	

5

◎受検者名と題名は書かないこと。

100字

200字

240字

300字

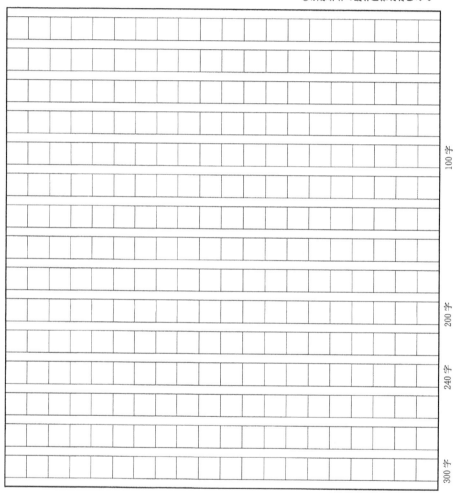

2019年度入試配点表（栃木県）

	1	2	3	4	5	6	計
数学	各2点×14	2　各2点×2 （各完答） 他　各4点×2	1　6点 2(1)　2点 (2)　4点	1　7点 2(1)　3点 (2)　4点	1　2点 2　6点 3(1)　4点 (2)　5点	1　2点 2　3点 他　各6点×2 (4完答)	100点

	1	2	3	4	5	6	計
英語	2　各3点×4 他　各2点×7	各2点×9	1　2点 4　4点 他　各3点×2	1　各2点×2 2(1)　各3点×2 (2)　6点	3　4点 4　各3点×2 他　各2点×2	1　2点 他　各3点×4	100点

	1	2	3	4	5	6	7	8	9	計
理科	各2点×8	各3点×3	1　3点 2　2点 3　4点	3　2点 4　4点 他各3点×2	1　2点 他各3点×3	1　2点 3　4点 他各3点×2	各3点×3	3　4点 他各3点×2	1　2点 4　4点 他各3点×2	100点

	1	2	3	4	5	6	7	計
社会	各2点×8	5　4点 他　各2点×4	5　4点 他　各2点×4	4　4点 他　各2点×6	5　4点 他　各2点×4	2(6)　4点 他　各2点×9	各2点×5	100点

	1	2	3	4	5	計
国語	各2点×15	各2点×5	2・4(I)　各4点×2 他　各3点×4	4・5　各4点×2 他　各3点×4	20点	100点

〈ダウンロードコンテンツについて〉

本問題集のダウンロードコンテンツ、弊社ホームページで配信しております。現在ご利用いただけるのは「2025年度受験用」に対応したもので、**2025年3月末日**までダウンロード可能です。弊社ホームページにアクセスの上、ご利用ください。
※配信期間が終了いたしますと、ご利用いただけませんのでご了承ください。

栃木県公立高校　2025年度

ISBN978-4-8141-3259-1

[発行所] 東京学参株式会社
〒153-0043　東京都目黒区東山2-6-4

書籍の内容についてのお問い合わせは右のQRコードから　⇒

※書籍の内容についてのお電話でのお問い合わせ、本書の内容を超えたご質問には対応できませんのでご了承ください。

2024年5月31日　初版